《河北蒙古族史》全面介绍了蒙古族自蒙元以来进入河北的历史活动、经济文化、风俗习惯以及新中国成立以来在各方面取得的辉煌成就，特别是系统梳理了不同历史时期河北蒙古族的发展脉络、时代特征、英雄业绩，突出河北蒙古族在中华文明史上的独特地位以及在河北历史发展中的重大贡献，谱写了一曲蒙古、汉等各民族水乳交融、相互促进、共同发展的时代赞歌。

鞠志强 主编

《河北少数民族史》丛书

河北省哲学社会科学基金项目

河北蒙古族史

冯金忠　陈瑞青　著

民族出版社

沽源梳妆楼（鞠志强摄）

元中都中心大殿台基遗址（张春长提供）

元中都博物馆（鞠志强摄）

张家口镇朔楼（薛志清提供）

脱脱衣冠冢（脱炳勋摄）

三娘子庙（位于张家口大境门内，冯金忠摄）

金山岭长城（鞠志强摄）

蒙古王公 万树园赐宴图
（藏于故宫博物院，赵艳玲提供）

土尔扈特全部归顺记·优恤
土尔扈特部众记碑亭
（陈世杰摄，赵艳玲提供）

承德普乐寺（鞠志强摄）

张家口大境门（冯金忠摄）

逐水草而牧畜的蒙古人家　（采自钱树信编著《热河旧影》）

民众抗日同盟军收复察东失地阵亡将士纪念塔（冯金忠摄）

1990 年 6 月 16 日围场满族蒙古族自治县举行成立大会（任继远提供）

蒙古族敖包（冯金忠摄）

张北县四台蒙古驿站（鞠志强摄）

河北蒙古族高级中学（河北省民族宗教事务厅提供）

美丽的塞罕坝森林（河北省民族宗教事务厅提供）

序 一

民族问题是当今世界普遍存在的社会问题，在一些民族问题敏感地区，它往往又与宗教问题互相交织在一起，这就更增加了民族问题的复杂性。特别是冷战结束以来，世界上出现了新一轮的民族主义浪潮，民族冲突与宗教纷争明显加剧，强烈地震荡和冲击着世界政治格局。因此，民族问题已成为当今世界动荡不安的重要因素。其中东欧剧变与苏联解体，再一次雄辩地证明：在社会主义条件下，正确处理民族问题是一个带有根本性的问题，它关系民族的团结、国家的统一和社会的安定，关系社会主义事业的兴衰成败。

自古以来，我国就是一个统一的多民族国家。中华人民共和国成立后，在共产党和人民政府领导下，各族人民翻身解放，做了国家主人，建立起平等、团结、互助、和谐的社会主义民族关系。特别是改革开放以后，各级政府积极贯彻落实党的民族政策，大力支持少数民族发展社会经济，不断提高少数民族物质生活和精神生活水平，使我国的民族关系步入了历史上最稳定、最和谐的时期。

但是，也应该看到，一些少数民族在经济社会发展等方面还相对比较落后，且这种状况在短期内不可能从根本上改变。因此，各民族之间发展上的差距也就随之凸显出来。不缩小或消除这种差距，社会主义时期的民族问题就不会很好地解决。特别是在当今经济转轨、社会转型期内，民族问题与其他社会问题相互交织，导致影响民族关系和民族问题的因素更加复杂，这就需要引起我们的足够重视。必须尽快地帮助少数民族脱贫致富，实现各民族之间共同繁荣发展，已经成为社会主义时期处理民族问题的根本任务。

认识当今我国的民族问题，一方面要有国际视野，看到我国民族关系所处的复杂的国际环境；同时，也要有历史眼光。众所周知，民族是一个历史范畴，是人类发展到一定历史阶段的产物，现今的民族格局与民族问题都有一定的历史根源。因此，要认识当前的任何民族问题，绝不能离开它的历史环境和社会发展过程。在我国现阶段，各民族之间事实上的不平等问题，并不是社会主义制度本身造成的，而是历史遗留问题。我们常说“以史为鉴”，就是要深入了解过去，察古知今，为当前民族工作做决策参考。

在中国历史上，河北地处中原农耕文化和北方民族游牧文化的结合部。由于这种独特的地理位置，很多少数民族都曾在河北大地上活动、生息和繁衍，如与战国“七雄”共同称王的北方少数民族狄族鲜虞部建立的中山国便出现在河北，著名的“胡服骑射”改革，也发生在河北，如此等等。

从历史上看，举凡盛世，都是民族关系处理较好、民族关系比较和谐的时期，西汉王朝“文景之治”如此，唐王朝“贞观之治”“开元盛世”如此，清代“康雍乾盛世”亦如此。无论是正面的成功经验，还是反面的失败教训，对于社会主义时期的民族工作，都是宝贵的精神财富，值得我们深入发掘与虚心借鉴。在这方面，《河北少数民族史》丛书做出了有益的尝试，填补了河北少数民族史研究的学术空白。

主编鞠志强同志曾在河北省民族宗教事务厅任领导职务二十余年，具有丰富的民族工作经验，对河北省少数民族的历史与现状比较熟悉。为了以史为鉴，更好地做好新时期的民族工作，在省委、省政府的领导下，在有关部门和同志的帮助下，从2010年起，他同几位专家、民族工作者一起全身心地投入《河北少数民族史》丛书的编写工作中。从立规划、筹资金，到调查研究、认真编写，克服种种困难，殚精竭虑，不辞劳苦。经过几年的努力，丛书终于陆续杀青付梓。

《河北少数民族史》丛书，包括《河北古代少数民族史》《河北满族史》《河北回族史》《河北蒙古族史》《河北朝鲜族史》《河北少数民族简史》《河北少数民族史图集》《河北少数民族史编写纪实》，共计八部。这套丛书既有对整个河北古代少数民族发展史的纵观梳理，也有对世居少数民族的分卷研究，经纬交错，点面结合，深刻昭示了河北各族人民共同创造河北历史和灿烂文化的丰功伟绩。此外，还值得称道的是，为了适应不同读者的需求，该部著作除编有一卷图集外，还在其他各卷附有一些插图，做到了图文并茂，雅俗共赏，学术性和可读性的有机统一。

在全国各族人民为实现中华民族伟大复兴中国梦的进程中，《河北少数民族史》丛书的出版面世，恰逢其时，无论是对河北省的民族研究工作，还是对整个河北省的历史、政治、文化研究工作，乃至对以史为鉴做好新时期河北民族工作都具有重要的现实意义和深远的历史意义。

赵金铎

2013 年 7 月于石家庄

（作者曾任中共河北省委副书记、河北省政协主席、第十一届全国政协民族和宗教委员会副主任）

序　二

鞠志强

一

民族是由早期氏族血缘集团逐渐扩大形成的，它是以一定的文化传统为特征的社会人群。他们在长期的共同社会生活中，形成共同的信仰、习俗、心理、语言文字、行为模式和族群认同。因此，民族是一个历史范畴，是指经过长期历史发展而逐渐形成的一个拥有共同语言、共同地域、共同生活方式、共同意识与共同情感的共同体。其中，共同意识与共同情感，是民族最主要的特征。

中国自古以来就是一个统一的多民族国家。从远古时代起，各民族祖先便在中国这块辽阔富饶的土地上劳动、生息、繁衍，并以顽强卓绝的奋斗精神，披荆斩棘，历尽艰辛，共同创造了灿烂辉煌的古代文化。因此，中华民族所有成员，都是历史的主人，都为中国的历史发展做出了伟大贡献。

按照一些民族学家的说法，中国远古文明的源头，可以分为六大区系，而河北位居其一。在河北张家口阳原县泥河湾遗址，考古学家发现了一组古人类餐食活动遗迹，表明早在距今200万—180万年前，原始人类便已在河北境内活动。长期以来，距今170万年的云南元谋人，被考古学界认为是中国境内最早的原始人类，而泥河湾遗址人类遗迹的发掘，又将中国原始人类历史提前了30万—10万年。

当中国历史进入传说时代以后，以黄帝、炎帝为首领的华夏族与蚩尤率领的东夷族，曾在河北涿鹿进行了一场大战，史称“涿鹿之战”。最后蚩尤战败被杀。涿鹿之战在中华民族形成史上，是一个具有划时代意义的重大事件。从此，华夏族与东夷族融为一体，迎来中华文明的第一缕曙光，既为中华民族的形成奠定了基础，也为河北古代少数民族的历史拉开了序幕。

在中华民族发展史上，河北具有非常独特的地理位置，特别是春秋战国以来北方诸国陆续修筑的长城，横亘于河北北部，成为中原农耕文明和草原游牧文明的分界线，使河北处于中原汉族与北方少数民族不断冲突和逐渐融合的前沿。

自春秋时起，到清朝覆灭时止，在两千六百多年的历史长河中，曾有白狄、匈奴、乌桓、羯、鲜卑、突厥、奚、回纥、沙陀、契丹、女真、蒙古、回、朝鲜、满等几十个少数民族在河北大地上生产与生活，有的少数民族还建立了政权，他们所倡导的社会风尚，对河北各族人民的社会心理和社会生活产生了巨大影响。

春秋时期，白狄建立了肥、鼓、中山等国。其中，中山国定都灵寿（今河北平山），国力强盛，是仅次于“战国七雄”的千乘之国。秦汉时期，匈奴、乌桓等少数民族曾纵横驰骋在河北大地，与汉族政权逐鹿中原。步入魏晋南北朝以后，由于大量少数民族迁居内地，河北少数民族也迎来了一个发展高峰期。在此期间，羯族石勒建立了后赵，定都襄国（今河北邢台），后迁都邺（今河北临漳）。鲜卑慕容氏建立了前燕和后燕，先后定都邺和中山（今河北定州）。东魏将都城从洛阳迁到邺城，大批鲜卑贵族迁往河北，被安置在邺城及其周边地区。承袭东魏的北齐，也定都邺城。北齐虽然是汉族大姓高氏建立的政权，但统治阶层的核心是鲜卑族。逮至唐代，由于突厥、奚、契丹、回纥、粟特等少数民族相继涌入河北，使河北成为当时受少数民族风俗习尚影响最为剧烈的地区。唐代后期，以魏博、成德、幽州为代表的河北藩镇，上至节度使，下至军将，许多都出自少数民族。辽、金两朝，分别由契丹族、女真族建立。辽与北宋南北对峙时，控制了河北中北部，金灭辽和北宋后，又统治了河北全境。至于蒙古族和满族，更是建立了大一统的元朝与清朝两个帝国。特别是随着金、元、明、清诸朝相继建都北京，河北一跃而为畿辅重地。政治地位的提升，吸引了全国各地少数民族迁居河北。其中，蒙古族、回族、满族、朝鲜族等少数民族在这个历史时期大量进入河北，初步奠定了延续至今的河北少数民族的分布格局。

自古以来，河北少数民族不仅长于骑射，骁勇善战，而且富有聪明才智，涌现出许多能工巧匠。他们在与汉族兄弟的长期文化交流中，既保留了本民族的文化特色，又积极汲取汉族文化之长，无论是在器物制造，还是在宫殿、陵寝建筑等方面，均以雄浑厚重、粗犷大气著称于世，为创造中华民族的璀璨文化做出了杰出贡献。如河北平山的战国中山王墓，出土器物数量之庞大，器物之奇瑰精美，令世人叹为观止。其中，一件铁足铜鼎，铭文多达469个字，是铭文字数最多的战国时期青铜器。现存河北大名的唐代魏博节度使粟特人何进滔德政碑，高12.3米，宽3米，重140.3吨，号称中国现存第一大古碑。清朝建筑的东、西两座陵寝，分别坐落在河北遵化和易县境内，无论是从整体设计，还是从建筑规模，乃至建筑美学诸方面，都可以说举世无双。因此，被联合国列入世界文化遗产。

鸦片战争以后，中国沦为半殖民地半封建社会。为反抗帝国主义侵略和封建专制统治，争取国家、民族独立和人民民主权利，河北少数民族与汉族兄弟肝胆相照，并肩战斗，在燕赵大地上，谱写了一曲曲可歌可泣的英雄赞歌，建立了永垂青史的不朽功绩。

中华人民共和国成立后，中国共产党和人民政府实行民族区域自治政策，在中国历史上第一次实现了民族之间的真正平等，河北少数民族也由此进入了一个崭新的发展时期。特别是改革开放以后，由于人口的频繁流动，河北成为当代中国拥有56个民族的省份之一，截至2013年，少数民族总人口达到330多万，占全省常住人口的4.3%。生活在河北的55个少数民族，在党和政府的领导下，与汉族兄弟和睦相处，团结奋斗，为河北的社会和谐、经济发展、人民福祉做出了突出贡献，其模范人物与先进事迹，彰显当代，光耀千秋。

因此，无论是研究河北政治史、经济史，还是研究河北文化史、思想史，乃至研究河北宗教史、风俗史等，都不能忽视少数民族在河北各个历史时期所发挥的重要作用。正是基于这种思想理念，我们编写了这套《河北少数民族史》丛书。

二

中国古代殷商时期，在甲骨文、金文中，就有对少数民族活动的记录。西汉时，伟大的历史学家司马迁在其所著《史记》中，首开为少数民族立传之先河，由此开创了中国正史记述少数民族历史的优良传统。此后，中国历代封建王朝修纂的“正史”，也都开辟专门章节，或多或少地记述了少数民族的历史。魏晋南北朝时期，还出现一大批叙述少数民族活动的专史。但是，由于受长期以来封建统治者推行的大汉族主义正统意识形态的影响，对世居中原汉族周边的少数民族，不仅采取诸如“东夷、南蛮、西戎、北狄”等带有鄙视性的称谓，而且对少数民族的记载也多是负面的，在整个封建社会充斥“华夷之辨”与民族歧视的思想倾向。

真正学术意义上的中国民族史研究，始于20世纪初的梁启超先生。他在倡导新史学时，专门提出了民族史科目。从此，中国民族史逐步从中国政治史中分离出来，成为一门独立的学科。此后，吕思勉、林惠祥、王桐龄、吕振羽等史学大家，相继涉足民族史研究领域。他们筚路蓝缕，钩稽史料，考镜源流，为后代学者开展中国民族史研究奠定了雄厚的学术基础。

中华人民共和国成立后，党和政府十分重视民族工作，中国民族史研究更是如火如荼。1958年，国家民族事务委员会直接领导和主持编纂《民族问题五种丛书》，陆续为55个少数民族编写了各自的简史，堪称是中国民族史研究事业上的创举。1988年冬，著名社会学家、民族学家费孝通先生提出了“中华民族多元一体格局”的观点，推动了中华民族整体综合性学术研究。此后，王锺翰先生主编的《中国民族史》、罗贤佑先生等撰写的《中国历代民族史》著作，都是这种整体综合性学术研究的重要成果。与此同时，区域民族史也硕果累累，如杨建新先生主编的《中国西北少数民族通史》，傅朗云、杨旸先生撰写的《东北民族史略》，安瓦尔·拜图尔先生撰写的《新疆民族史》，尤中先生撰写的《云南民族史》等。

在此期间，河北少数民族研究也取得了一定成绩，相继出版了《河北省志·民族志》和大厂、孟村、青龙、丰宁、宽城、围场六个民族自治县概况以及《沧州回族》《邯郸地区民族志》《廊坊地区民族志》等。但是，从总体上看，河北少数民族史的研究还相对薄弱，迄今为止尚未有一部省域性专著，专题论文也很少。因此，亟须进行整体规划，积极整合社会资源，以填补河北少数民族史研究的空白，为凝聚河北56个民族力量，全面建设小康社会奉献自己的聪明才智。我们组织编写的这套《河北少数民族史》丛书，正是这种时代呼唤的产物。

《河北少数民族史》丛书主要围绕着六个方面进行阐释：①河北少数民族的历史源流、形成发展过程和分布状况以及不同时期的历史作用；②河北少数民族的社会、政治、经济、文化诸方面演变发展的历史轨迹；③河北在不同朝代、不同历史时期的民族政策，突出中国共产党成立和中华人民共和国成立以来所采取的民族政策；④河北少数民族之间以及少数民族与汉族之间的关系变化；⑤少数民族与汉族共同为河北的经济、政治、文化发展做出的历史贡献；⑥中华人民共和国成立后，河北少数民族与汉族同胞“共同团结进步、共同繁荣发展”等情况。力争全景式地展现河北历史上少数民族面貌，试图从河北少数民族史这个侧面，揭示中国自古以来就是一个统一的多民族国家，各民族都为中华民族做出了重大贡献的主题。

《河北少数民族史》丛书共含八部图书。《河北古代少数民族史》记述中国古代众多少数民族在河北境内各自发展史。《河北满族史》《河北回族史》《河北蒙古族史》《河北朝鲜族史》记述河北境内四个世居少数民族的历史。另外还编写了《河北少数民族简史》《河北少数民族史图集》《河北少数民族史编写纪实》。由于每部专史都在50万字左右，字数较多，阅读比较费时费力，根据部分干部群众的要求，为节省时间，方便读者阅读，在《河北古代少数民族史》及河北满族、回族、蒙古族、朝鲜族史基础上，经过概括、综合、提炼而成《河北少数民族简史》，总字数为20多万字。在编写过程中，作者们搜集了大量的图片资料，有一部分用到了书上，但尚有相当一部分珍贵图片由于篇幅所限不得不忍痛割爱。为充分利用资源，抢救宝贵资料和适应读者喜欢图文并茂书籍的需要，编写组对数千张照片进行了认真挑选，编写了《河北少数民族史图集》。《河北少数民族史编写纪实》则主要反映领导重视、单位支持、专家帮助和编写者的艰辛劳动，从中可以看到丛书编写的艰苦历程。

诸位作者，既有从事史学研究的专家学者，也有资深民族工作者。撰写分工如下：《河北古代少数民族史》，由冯金忠、陈瑞青同志撰写；《河北满族史》，由任继远同志撰写；《河北回族史》，由吴丕清同志撰写；《河北蒙古族史》，由冯金忠、陈瑞青同志撰写；《河北朝鲜族史》，由李印林同志撰写。《河北少数民族简史》《河北少数民族史图集》《河北少数民族史编写纪实》由编写专史的部分同志共同撰写。

从事地域史研究，首先应该在时空概念上，对所研究的对象加以界定。撰写《河北少数民族史》也概莫能外。河北的行政区划，在历史上几经变化，特别是与北京、天津有着不可分割的联系。1958 年，河北通州专区的通县、顺义等九个县划入北京市；天津曾隶属河北，又一度为河北省会驻地。河北与山东、河南、山西、内蒙古、辽宁等省区毗邻，相邻地县的行政区划也曾多次变动。因此，《河北少数民族史》丛书在空间上，本着尊重历史的原则，大体以现河北省行政区域为主，并参酌历代政区和历史地理情况作适当伸缩。在时间上，《河北古代少数民族史》从传说时代起，至清道光二十年（1840 年）鸦片战争前止；《河北满族史》《河北回族史》《河北蒙古族史》《河北朝鲜族史》则从满族、回族、蒙古族、朝鲜族四个少数民族进入河北始，并对其族源适当追溯，下限一般截至 2012 年。

撰写《河北少数民族史》丛书是一项政治性、政策性、学术性很强的科研工作。为此，我们力争做到：①坚持以历史唯物主义为指导，充分体现民族平等原则。②认真贯彻党中央关于“民族、宗教无小事”的思想精神，严格遵循实事求是的思想原则，正确地分析和阐释历史上的民族关系。既要清除历代封建王朝的正统观念和大汉族主义的影响，又要冲破历史上遗留的民族偏见以及狭隘民族主义的思想束缚，注意突出各民族共同创造祖国光辉历史和灿烂文化的客观事实。③在撰写过程中，点面结合，力求勾画出河北少数民族丰富多彩、生动活泼的历史面貌。④参考和吸取国内外最新学术研究成果，并将其融摄书中；凡有引文，必注明出处，以示尊重。⑤本丛书主要面向各族干部群众，在撰写过程中，力求学术性、知识性、趣味性相结合，并在行文中，插排一些历史图片，以增加直观性、可读性。为了使读者对少数民族史的历史有一个连续、清晰的了解，在每部专史之后，均附有大事记。

三

《河北少数民族史》丛书于2009年下半年开始酝酿准备；2010年上半年，研究工作正式启动。2010年5月，被列入河北省社会科学基金项目，2013年下半年，书稿陆续完成，征求各界意见，认真修改，最终定稿。

在几年的时间里，为了将这项研究工作做好，我们首先成立了专门的撰写机构，由曾任中共河北省委副书记、河北省政协主席、第十一届全国政协民族和宗教委员会副主任的赵金铎同志，河北省民族宗教事务厅厅长陈会新同志担任顾问；河北省民族宗教事务厅原厅长鞠志强同志担任主编，负责领导撰写工作；设有办公室，由河北省民族宗教事务厅原处长任继远同志负责日常具体工作。

这里需要说明的是，目前，河北除满族、回族、蒙古族、朝鲜族4个世居少数民族外，还有其他51个少数民族。他们主要是因历史、工作、婚姻和经商等多种原因而迁居河北的。从中华人民共和国成立以后全国六次人口普查结果，可以清楚地看到河北少数民族逐渐增多这一发展趋势：1953年，全国第一次人口普查，河北少数民族为11个，人口为35万；1964年，全国第二次人口普查，河北少数民族为30个，人口为73万；1982年，全国第三次人口普查，河北少数民族为41个，人口为85万；1990年，全国第四次人口普查，河北少数民族为55个，人口为240万；2000年，全国第五次人口普查，河北少数民族为55个，人口为290万；2010年，全国第六次人口普查，河北少数民族为55个，人口为300万。在300万少数民族人口中，满族、回族、蒙古族、朝鲜族占少数民族人口大多数，河北其他少数民族的特点是人口较少，居住分散。尽管如此，他们与全省各族人民一道，艰苦奋斗，努力工作。他们当中，既有领导干部、专家教授、劳动模范，又有技术能手、个体工商户，同样为河北的经济发展与社会和谐做出了重要贡献。

最后，特别值得一提的是，《河北少数民族史》丛书从酝酿、启动到撰写、出版，一直得到中共河北省委、河北省人民政府的重视和关怀，先后担任中共河北省委常委、统战部部长的刘永瑞、田向利、范照兵同志非常关心编写工作，多次给予热忱帮助；河北省政府副省长孙士彬同志、许宁同志充分肯定编写工作的重要性，指示要保质保量地搞好编写工作，在经费上给予了有力支持。中共河北省委党史办公室、河北省财政厅、河北省文物局等单位，在工作上给予了积极支持。河北省民族宗教事务厅厅长陈会新同志对编写工作给予许多帮助，要求所属有关处室积极配合；河北省内各市民族事务部门和专家学者为编写工作提供了不少珍贵资料和便利条件；民族出版社对该丛书的顺利出版倾注了大量心血。在此，我们一并深表谢忱。

此外，由于我们为视野、能力所限，书中的缺漏、错谬之处在所难免，敬请学界方家和各界人士不吝赐教，以待来日修正。

是为序。

2013 年 7 月于石家庄

前　言

河北省是一个少数民族散杂居省份，全省共有 55 个少数民族，其中蒙古族为四个世居少数民族之一（其余三个为满族、回族、朝鲜族）。据河北省统计局与河北省民族宗教事务厅统计数据，2013 年，河北省少数民族总人口 333.3189 万，其中蒙古族 21.5907 万，占全省少数民族人口的 6.48%，人口数量仅次于满族和回族，位居第三。蒙古族在河北省各市县均有分布，但分布很不均衡，具有“大分散、小聚居”的特点。其中承德 159106 人，张家口 12995 人，唐山 11693 人，廊坊 8955 人，石家庄 5949 人，保定 5902 人，秦皇岛 4455 人，沧州 3686 人，邯郸 1433 人，衡水 845 人，邢台 683 人，定州 125 人，辛集 80 人。[①] 承德、张家口两市蒙古族最为集中，人口也最多，合计占 79.74%，在地级市中衡水、邢台最少，均不足 1000 人。

中华人民共和国成立后，诸少数民族真正翻身成为国家主人，党和政府在民族平等、民族团结和民族共同繁荣的原则下，实行具有中国特色的民族区域自治政策，在政治、经济、文化等方面都有了飞跃发展。改革开放后，河北省经国务院批准，在秦皇岛市和承德市满族、蒙古族聚居的县域分别建立了青龙满族自治县和丰宁满族自治县、宽城满族自治县、围场满族蒙古族自治县。除此之外，参照国家在五大自治区之外设立民族省的做法，经河北省政府批准，将县域地区少数民族人口比例较高的隆化、平泉、滦平三县列为民族县，在经济社会事业发展方面享受自治县的有关政策待遇。这三个民族县，蒙古族比较集中，特别是隆化县，满族、蒙古族人口数量占全县总人口的 53.2%，平泉县满族、蒙古族、回族占 35.4%。民族县层级之下，还设有民族乡、民族村。2005 年，河北省共有 55 个民

① 河北省民族宗教事务厅编：《河北省少数民族基本情况统计资料》（2013 年度），17 页，内部资料，2014。

族乡，其中蒙古族乡（包括民族联合乡）9个，全部集中于承德市，即丰宁满族自治县南关蒙古族乡，隆化县庙子沟蒙古族满族乡、八达营蒙古族乡、西阿超满族蒙古族乡、白虎沟蒙古族满族乡，平泉县平房满族蒙古族乡、蒙和乌苏蒙古族乡、茅兰沟满族蒙古族乡、南五十家子蒙古族满族乡。民族村1398个，其中蒙古族村44个（张家口市25个，承德市17个，保定市2个）。[①]

一、河北蒙古族的来源及其构成

蒙古族是一个历史悠久的古老民族，其族源可追溯至战国时的东胡，室韦被认为是其直系祖先。由于翻译的原因，蒙古在中国古代史籍中的称谓很不一致，诸如蒙兀、萌古、萌骨、盲骨子、蒙国斯等，不一而足。最晚在南宋绍兴年间（1131—1162年）已正式出现了“蒙古”一词，但蒙古的名称是从成吉思汗起才开始正式行用的。在成吉思汗统一蒙古高原的过程中，蒙古民族最终形成。

蒙古族在历史上是由多个民族混融而成，其始只是一个小部落，后来吸收了其他部落，乃至色目、契丹、女真、汉族等民族成分，才似滚雪球般越来越大。陈寅恪先生曾指出，在中国历史上民族的区分，文化重于血统。以蒙古族而言，蒙元时期一些蒙古人原本为汉人，由于为蒙古统治者所宠遇，得赐蒙古名字，视同蒙古人，久而久之，遂成为蒙古人。例如，贾昔剌，燕之大兴人，本姓贾，其父仕金为庖人。贾昔剌体貌魁硕，岁甲申（1224年），因近臣入见庄圣太后（拖雷之妻——引者注），遂从睿宗（即拖雷——引者注）于和林，典司御膳。以其须黄，赐名昔剌，“俾氏族与蒙古人同，甚亲幸之；又虑其汉人，不习于风土，令徙居濂州”[②]。又如，邸顺，保定行唐人，占籍于曲阳县。以讨武仙之功，赐名曰察纳合儿，升骠骑卫上将军，充山前都元帅；弟常，赐名金那合儿。[③] 刘敏，字有功，宣德青鲁里人。岁壬申（1212年），成吉思汗师次山西，刘敏时年十二，俾留宿卫。“习国语（即蒙古语——引者注），阅二岁，能通诸部语，帝嘉之，赐名玉出干”，后其子世亨也蒙赐名塔塔儿台，世济赐名散祝台，为必阇赤，入宿卫。[④] 清代入关前建立蒙古八旗，实行满蒙同盟政

① 河北省地方志编纂委员会：《河北省志·民族与宗教志》（1979—2005），43～51页，石家庄，河北人民出版社，2019。

② 《元史》卷一六九《贾昔剌传》。

③ 《元史》卷一五一《邸顺传》。

④ 《元史》卷一五三《刘敏传》。

策，有清一代，蒙古人具有特殊地位。一些汉人因战功、勋劳等被破格准予入蒙古八旗旗籍，即成为蒙古人。

另外，蒙元时期，蒙古族进入内地后，逐渐与汉族融合，随着元朝灭亡，除了一部分蒙古人追随元顺帝返回漠北外，大部分则留在了内地，逐渐融入汉族。清代蒙古族在汉文化的影响下，用汉文、说汉语，乃至改为汉姓的现象十分普遍。汪国钧《蒙古纪闻》专门载录有喀喇沁右翼蒙古族姓氏及改汉姓者，如博罕岱氏，今姓杨；莽努特氏，今姓何；齐默特氏，今姓陈；札哈齐特氏，今姓于；新楚特氏，今姓章；额勒图特氏，今姓白；博鲁特氏，今在西伯格川者姓陈，在老哈河川者姓李；哈尔努特氏，今姓韩；札拉楚特氏，今姓陶、秦。以上皆为大族，其余如司、包、秦、郭、霍、彭、梁、孟、姚、伊等姓亦然。"有因远离本族，各自另起一姓者；有因指名为姓者；有因陡遇汉人，互问姓氏时随口而起为姓者，所以一族而有数姓者也。"①

河北省蒙古族的来源主要有四部分：一是世居的蒙古族，包括喀喇沁部和察哈尔部；二是厄鲁特蒙古达什达瓦部的后裔；三是清代驻守围场的蒙古八旗兵丁及其家属；四是清廷派驻各地驿站、关隘及城镇驻防的蒙古八旗官兵，主要分布于山海关、沧州、保定、遵化、雄县、玉田、三河、易县、张家口等市县，以后逐渐在当地定居。

总之，河北蒙古族人口形成及其分布是一个历史的产物，其间经历了一个长期的历史过程，至清代才初步奠定了如今的分布格局。即使对于河北蒙古族最为集中的张家口、承德两地而言，来源亦有不同。承德，在清代是联络蒙古等民族的政治中心（副首都），今承德市的平泉、围场、承德、隆化等县，在清代为蒙古喀喇沁部的游牧地，分属喀喇沁中旗、喀喇沁右旗，现居此地的蒙古族人多为其后裔。张家口，在清代是对蒙古特别是外蒙古经济文化联系的中心，与杀虎口、独石口、喜峰口、古北口同为驿路通道。张家口地区的崇礼、赤城、张北、沽源、尚义、康保以及承德地区的丰宁、围场、隆化县一部分，历史上是察哈尔部左翼正蓝、镶白、正白、镶黄四旗蒙古游牧地，现居此地的蒙古族多为其后裔。上述两支部落属于元代以来在河北北部世居的蒙古族。清乾隆年间又有一部分厄鲁特蒙古达什达瓦部迁入河北，被安置于今承德市。中华人民共和国成立后，世居之外的河北蒙古族，或来自婚嫁，或因工作调动，或随厂校搬迁，或

① 汪国钧著，玛希、徐世明校注：《蒙古纪闻》，121页，呼和浩特，内蒙古人民出版社，2006。

因上学、参军等，人口较少，散居各处，没有聚居村落。同时，河北蒙古族也由于各种原因而存在迁出者。

二、河北蒙古族历史的阶段性、特点及其发展变化

河北蒙古族史是中国多民族发展史上的重要一环。按照历史发展的线索，河北蒙古族史，大致可分为蒙元、明代、清前期、晚清、民国、中华人民共和国成立六个阶段。

成吉思汗攻金伊始，蒙古族即开始大量进入河北。河北是蒙古汗国较早控制的地区，蒙古统治者以燕京为中心，笼络利用当地汉族地主势力（特别是"世侯"），在河北统治逐渐稳固下来，并使河北成为推行"汉法"以及灭金和南宋的基地。元朝建立后，定鼎于北京（时称"大都"），河北作为京畿根本之地，称为"腹里"，在此背景下，蒙古族遍布河北各地。为了加强大都和上都之间的联系，蒙古统治者还在两都之间的今河北张北县建立了中都。元朝灭亡后，元室北迁，蒙古统治者退出中原，但在河北内地仍遗留了相当数量的蒙古族人口。残留下的军队，被明王朝收编，编入军户，他们与其他蒙古民户一起在与汉族长期接触中逐渐融合，有的还在明王朝为官，一些人甚至仕至高位。

明初，蒙古分为鞑靼、瓦剌和兀良哈三部。鞑靼与瓦剌迭兴迭废，与明王朝形成长期军事对峙，长城以北今河北张家口、承德坝上成为蒙古族游牧地。瓦剌在也先统治时，势力南及长城，一度控制了河北北部。特别是"土木堡之变"，俘虏了明英宗，以此为标志，明王朝由盛转衰。"庚戌之变"中，鞑靼部首领俺答入围北京，河北为之震动。明王朝为了防御蒙古诸部，修建长城，河北北部作为京师门户，更是防御重点。著名的"九边重镇"中的宣府、蓟州二镇即在河北。有明一代，蒙古族失去了统治全国的地位，作为边疆少数民族，与明王朝虽有冲突，甚至兵戎相见，但彼此间互市不绝，友好交往是关系之主流。特别是"隆庆和议"后，明王朝与蒙古在张家口、喜峰口等地"通贡互市"，促进了蒙古族与汉族人民的经济与文化交流，也标志着蒙古族与汉族的友好关系达至一个新的高度。

清代在入关前，即实行满蒙联姻，蒙古族具有特殊地位。蒙古将士随清军入关后，再一次大量进入内地，形成了继蒙元之后第二次蒙古进入内地的高潮。随着避暑山庄、外八庙、木兰围场的建立及"口外"蒙地的开发，承德、张家口坝上地区的社会状况有了明显的改善和进步。特别是清中期后，大批汉族涌入蒙古地"走西口"和"闯东关"，改变了草原边

缘区域人口构成，加速了蒙地的开发，汉、蒙古等族杂居共生，民族融合进一步加速。

鸦片战争后，在西方列强坚船利炮下，中国开始沦为半殖民地半封建社会。在抗击西方殖民者侵略中，河北蒙古族与其他民族一起，为捍卫中华民族独立和领土完整，前仆后继，奋勇杀敌，涌现出了裕谦等为代表的民族英雄。

日本在辛亥革命时期策动“满蒙独立”失败后，转而采取所谓“和平的”“渐进的”“经济的”方式，加强向内蒙古地区渗透，扩张势力，特别是扩展经济势力。1933 年 2 月，日本侵占热河，接着向察哈尔进军，4 月 9 日占领察哈尔重镇多伦。“卢沟桥事变”后，日军向察哈尔、绥远大举进攻，8 月 27 日侵占张家口，9 月 4 日在张家口成立“察南自治政府”。随着抗日战争全面爆发，中华民族同日本帝国主义之间的民族矛盾上升为中国社会的主要矛盾。察哈尔、热河等地的蒙古族人民，在中国共产党的领导下，高举反帝、反封建的旗帜，揭露日本帝国主义侵略和分裂蒙古的阴谋，动员蒙古族抗日图存，建立广泛的抗日民族统一战线，为民族解放事业做出了巨大贡献。1946 年 4 月 3 日，内蒙古自治运动联合会和东蒙人民自治政府在承德召开“四三会议”，结束了内蒙古东西部长期的分裂状态，在组织上解决了东西蒙古实现统一的问题，为建立内蒙古自治政府奠定了政治基础。特别是明确了中国共产党是内蒙古自治运动的领导者，从理论、思想上解决了内蒙古自治运动的方向、道路问题，是中国共产党民族政策和统一战线政策的伟大胜利，具有极其深远的历史意义。1947 年 5 月 1 日，内蒙古自治政府成立，标志着蒙古族历史进入了一个新纪元，这是中国共产党民族区域自治政策的成功实践，蒙古族彻底翻身做了主人。

内蒙古自治区作为中国最早实行民族区域自治的省级地区，张家口市在 1949 年底至 1952 年夏一度是其首府，并在张家口制定并完成了第一个五年计划。为了恢复历史上蒙古族地域，更好地贯彻民族区域自治政策，察哈尔、热河两省相继撤销，进行了大规模行政区划调整，大体奠定了今天河北蒙古族分布格局。中华人民共和国成立后，特别是改革开放以来，在中共河北省委、省政府的正确领导下，在建设中国特色社会主义的伟大实践中，以马克思主义民族观和我党的民族工作最新理论为统领，坚持民族区域自治制度，弘扬各民族“共同团结奋斗，共同繁荣发展”的主旋律，努力巩固和发展平等、团结、互助、和谐的社会主义民族关系，以提高少数民族群众生产、生活水平为出发点和落脚点，河北蒙古族在政治、经济、文化等方面都进入了一个全新的快速发展时期，面貌焕然一新，他们同其他兄弟民族一起，为本民族进步、河北的振兴乃至中华民族的伟大复兴做出了突出贡献。

自蒙元以来至今，河北蒙古族先后经历了奴隶社会、封建社会、半殖民地半封建社会、资本主义社会、社会主义社会等多种社会形态，具体而言在以下诸方面发生了巨大变化。

首先，社会经济形态的巨大变化。蒙古族是一个传统的游牧民族，但在与汉族等其他民族的长期交往中，有些也开始农耕，走向了定居生活。特别是在近代以来，随着蒙地的全面放垦，大量荒田隙地乃至草原变为了农田，牧区被蚕食，畜牧业急剧衰退。在封建领主和外来西方列强的双重压迫下，蒙古地区的贫困化成为当时一个突出的社会问题。在此背景下，蒙古地区弃牧经商、弃牧运货和弃牧为农者骤增。另外，随着西方列强的经济入侵，蒙古社会也被裹挟卷入了商品化浪潮之中，成为西方列强的原料掠夺地和商品倾销地，传统的领主经济趋于解体。这一时期，随着近代工业的兴起，现代交通通信设施的兴建，河北蒙古族开始了从传统游牧经济向近代化的转型。民国时期，在国民党统治下，农业区和半农半牧区的蒙古族人民，不仅要负担盟旗政府和王公、札萨克原有的种种徭役，而且要承受省县政府新加的田赋和苛捐杂税，生活于水深火热之中。中华人民共和国成立后，随着社会主义改造的完成，蒙古社会也迈入了社会主义建设的新时代。特别是党的十一届三中全会以后，开始肃清极“左”影响，平反民族领域的冤假错案，落实民族区域自治政策，使民族工作逐渐走向正轨。中共河北省委、省政府加大对包括蒙古族在内的少数民族地区的财政投入和支持力度，在政策、资金、项目等方面给予大力支持和帮助，特别是建立了现场办公和挂钩帮扶制度，河北蒙古族经济实现了跨越式发展。

其次，行政区划的变化。蒙元时期以至清末，蒙古社会制度，以元代的万户、千户，明代的兀鲁思、鄂托克（和硕），清代的盟、旗、佐等为最明显的基本单位。[①] 清初以来，由于圈地运动以及土地兼并等，内地汉族人通过古北口、喜峰口等地不断涌入蒙古草原，造成蒙古、汉、满等族混居杂处的局面。为了加强对这些地区的管理，清王朝开始在蒙地设厅。从雍正元年（1723 年）到乾隆三十九年（1774 年），在今承德一带先后

① ［日］田山茂，潘世宪译：《清代蒙古社会制度》，前言，4 页，北京，商务印书馆，1989。

设置了热河直隶厅、八沟直隶厅、承德直隶州、四旗直隶厅、塔子沟直隶厅和喀喇河屯厅、三座塔厅、乌兰哈达厅；在张家口、独石口外设置了张家口、多伦诺尔、独石口三直隶厅。乾隆中后期，改热河各厅为府、州、县，一并属承德府，由此形成旗、县并立的格局。1914 年 7 月 6 日，根据北洋政府教令第九十三号，正式建立热河、察哈尔、绥远三个特别区，设都统管辖。1928 年 9 月，国民政府又将热河、察哈尔、绥远三个特别区改为行省，至此，内蒙古各盟旗完全被分割于新设行省之下。新设省的地区，自清朝以来，本已随着陆续设治，存在着旗县并存的局面，既导致农牧矛盾，又不断酿成民族纠纷。在中国共产党领导下，1947 年，内蒙古自治政府成立，中华人民共和国成立后，实行民族区域自治政策，着力恢复蒙古族传统的历史地域，先后撤销了察哈尔、热河、绥远三省。在河北蒙古族比较集中的地区设立自治县、民族县、民族乡、民族村等，蒙古族等少数民族的权益得到了切实保护。

再次，人口分布格局的变化。有元一代，蒙古统治者将全国人口分为四等，蒙古族作为统治民族，被列为第一等，享受种种特权。但随着元朝灭亡，除了一部分留在内地外，蒙古族主体北撤至漠北，形成鞑靼、瓦剌与明王朝对峙的局面。明武宗正德四年（1509 年）冬，泰宁卫满蛮率部落两万余人，欲附居塞下以避鞑靼，明王朝令居于故镇安堡（今河北赤城东北部）。嘉靖二十九年（1550 年），鞑靼部的达赉逊汗迫于俺答的压力，由原来的驻牧地宣府塞外，率所部十万徙帐于辽东。察哈尔部十万余落，从河北北部移牧于兴安岭东南部，不仅是河北蒙古族史，而且是整个蒙古族发展史上的一件大事。在蒙古族南迁、东迁之外，以后蒙古族人口大致经历了一个从面到点的地域上的收缩变化。清代中后期，由于口内汉民的涌入，蒙地大量牧场被开垦为农田，蒙古族不断向北迁移。除了极个别集中区外，大部分形成与满族、汉族等其他民族混居杂处的局面。例如，乾隆四十三年（1778 年），四旗厅改设丰宁县后，察哈尔左翼四旗蒙古族游牧地域北移。镶黄旗（旗治丰宁县大阁镇）即从现五道营乡、窟窿山乡、海留图（现大滩镇）迁至坝上草原游牧；镶白旗（旗治丰宁县凤山镇）、正白旗（旗治隆化县郭家屯镇）、正蓝旗（旗治隆化县城）经郭家屯镇、苏家店乡、森吉图乡，到达多伦诺尔以北处游牧。1957 年后，由于“左”的影响，张家口坝上部分蒙古族村迁往内蒙古自治区。1978 年，坝上仅剩 5 个蒙古族牧业队。党的十一届三中全会后，落实民族政策，蒙古族人口逐渐稳定下来。

最后，社会风尚的变化。在与汉族等民族长期交往融合过程中，蒙古族与其他民族（主要是汉族）的影响是双向的，蒙古族学习汉族，汉族也学习蒙古族，形成你中有我、我中有你、水乳交融的局面。在蒙古人聚居区，河北蒙古族至今仍保留了一些本民族的风尚，而在农区和半农半牧区，蒙古族的语言、服饰、居住、婚姻、葬俗、日常生活等方面则与汉族差异不大。

三、河北在蒙古族史上的地位

河北由于其特殊的地理位置，有史以来即是多民族共居之地。在历史上，长城作为中原农耕文明和草原文明的分界线，横亘于河北北部。一般而言，长城以南为农耕区，长城以北为游牧区或半农半牧区。张家口、承德地区、秦皇岛北部，在历史上既是游牧民族的牧场，也是农耕文化和游牧文化的交汇之地。元代定都北京（时称大都），明、清因之，河北作为畿辅之地，政治地位进一步抬升。独特的地理区位和政治地位决定了河北在蒙古族发展史上具有举足轻重的地位。

（一）河北为蒙古族人口大省

蒙古族在全国的31个省（市、自治区）中均有分布，据2010年中国第六次人口普查数据，以内蒙古自治区最为集中，共有422.609万人，占全国蒙古族总人口的70.65%。全国蒙古族人口在10万以上的省份，除了内蒙古自治区，还有河北、辽宁、吉林、黑龙江和新疆。河北省蒙古族人口为18.0849万，在全国仅次于内蒙古和辽宁，位居第三。[①] 对于河北省内少数民族而言，蒙古族人口仅次于满族和回族，居第三位。1989年，成立了围场满族蒙古族自治县，截至2005年，还有滦平、隆化、平泉3个民族县，9个蒙古族乡（包括民族联合乡），44个蒙古族村。[②]

（二）河北为蒙古族重要的活动区域，历史文化遗产丰厚

元朝正式将北京定为都城。河北作为畿辅的重要地位，是蒙古人重点戍守之地，自然也吸引着众多的蒙古人来此定居。河北北部在明代是兀良哈、鞑靼，在清代时是喀喇沁、察哈尔等部的游牧之地，其间发生的一些重要事件影响巨大，乃至影响了中国历史的发展进程。例如，元代实行多都制，除了大都、上都外，还有中都，中都即位于河北张北，为元朝三都中迄今保存最为完好的都城遗址，为研究元代都城形制提供了极为重要的

---

① 据中华人民共和国统计局网站（http：//www. stats. gov. cn/）“第六次人口普查数据”。

② 河北省地方志编纂委员会：《河北省志·民族与宗教志》（1979—2005），43～69页，石家庄，河北人民出版社，2019。

考古材料。明代时“土木堡之变”，明军全军覆没，甚至明英宗被俘，由此成为明代由盛转衰的转折点。土木堡即位于今河北怀来。明王朝与蒙古俺答部的互市贸易中，宣化新开堡、张家口堡为主要的马市场所，并直接催生了张家口这个城市的诞生。明代长城即主要是为了防御蒙古而修建；九边重镇中，宣府、蓟镇位于河北，地位也最为重要。清代的承德外八庙和木兰围场为清统治者羁縻笼络蒙古上层而置。乾隆三十六年（1771 年）九月，乾隆帝在避暑山庄接见了千里迢迢回归祖国的蒙古族土尔扈特部首领渥巴锡。在蒙古族集聚地有许多以蒙古语命名的村落，如河北隆化至今保留下来的蒙古语村名就有博洛河屯（意为青城）、什巴尔台（意为沼泽地）、闹海营、八档营、海岱沟、苏鲁等几十个。

（三）河北蒙古族名人辈出，蒙古族历史上许多著名人物都曾在河北大地上生活、活动过

蒙元时期，一代天骄成吉思汗自不必言，真定（今河北正定）为其子拖雷家族的分地，后在此建玉华宫，作为家庙；忽必烈治邢，推行汉法，“邢州新政”是蒙古统治者以汉法治汉地的现实试验，以后开创了大元帝国。明代蒙古族名将有马荣、马永父子，满桂等，都在防御蒙古入侵中屡建战功，有的还殁于战场。文臣有张守直，河北遵化人，官至户部尚书。晚清时，裕谦为察哈尔蒙古镶黄旗人，官至两江总督，第一次鸦片战争中，在浙江沿海抗击英军，壮烈殉国。在第二次鸦片战争中，僧格林沁在大沽口英勇抗击英法联军。蒙古族第一批共产党员乌兰夫、奎璧、多松年等曾在河北工作，多松年还将一腔热血洒在了张家口大地上。中华人民共和国成立后，蒙古族翻身做了国家主人，在社会主义建设的各方面发挥着重要作用，做出了独特的贡献。例如，开国少将索立波，曾长期在河北工作，孟克图木尔等人代表河北蒙古族参加了国庆大典，齐燕铭三次当选全国人大代表，拉希·扎木索两次当选全国人大代表，等等。

（四）在现代蒙古族的解放、自治运动史上，河北发挥了独特的作用

1925 年 10 月，内蒙古人民革命党在张家口上堡原都统府召开第一次代表大会，它是经李大钊提议成立的，是第一次国内革命战争时期中国共产党团结内蒙古地区蒙古、汉各阶层人民共同进行革命斗争的统一战线性质组织，也是内蒙古地区的蒙古民族有史以来所组织的第一个革命政党。该党领导机关，初期即设在张家口（后迁银川）。1945 年 11 月 26 日，内蒙古自治运动联合会成立大会在张家口远来庄礼堂举行。1946 年 4 月 3

日，内蒙古自治运动统一会议，即影响深远的“四三会议”在承德召开。1949 年底，内蒙古自治区首府迁往张家口是河北蒙古族史上非常重大的事件，在张家口制定和完成了第一个五年计划。直至 1952 年，内蒙古自治区首府才自张家口迁往归绥（今呼和浩特市）。1952 年撤销察哈尔省，1954 年撤销热河省，以及 1962 年将商都划归内蒙古，遂基本上奠定了如今河北省蒙古族分布区域的格局。

四、需要说明的几个问题

在中国古代，传统史书绝大多数是在大汉族主义思想指导下修成的，由于阶级立场的不同，在记载上充斥着对少数民族的歪曲、偏见和污蔑，对于蒙古族当然亦不例外。本书在征引史料时，为了保存历史资料的本真，一般仍沿其旧，但这并不代表笔者的立场，这是首先需要说明的。

另外，元朝是蒙古族建立的，蒙古族作为统治民族，而明清时期则是处于被统治地位，在这种背景下，封建史官对蒙古族的记载是有选择的，多是蒙古族与中央王朝间征战和朝聘的记录，对蒙古族自身的经济、文化、生活往往阙而不书，即使记载也是十分简略。这对我们全面、准确认识历史上的河北蒙古族，复原当时社会的实态，无疑困难重重。因此，我们应积极挖掘利用其他文献资料，以与汉族史籍相互参证。

在少数民族与中原王朝的关系上，中国传统史籍记载最多的是战争和冲突，以致给人造成一种在历史上蒙古、汉关系中，冲突和战争为关系主流的假象。事实上，尽管历史上各民族间发生过冲突乃至大规模战争，也曾不断出现过民族歧视、民族压迫、民族对抗乃至割据和分裂的状况，但包括蒙古族在内的各族劳动人民之间的友好交往才是历史上民族关系的主流。各民族间在交往接触中，逐步接近、互相吸收、互相依存，共同开拓了祖国辽阔的疆土，共同创造了光辉灿烂的中华文明，共同促进了中国历史的不断进步。这是任何人为的力量所不能阻挡的。

由于京津冀在历史上是一个完整的地理单元，中华人民共和国成立后，天津甚至一度曾为河北省的省会。本书的“河北”，以今河北省地域为核心，但考虑到以上特殊的历史原因和当时地理、行政区的完整性，有时也作了一些适当延伸，如元代之前的今北京、天津等地也在本书涵及范围之内，但不作重点论述。

目　录

第一章　蒙古族的族源及兴起 …… (1)
第一节　蒙古族的族源 …… (1)
第二节　蒙古族的兴起 …… (3)

第二章　蒙元时期蒙古族进入河北 …… (8)
第一节　蒙古伐金及占领河北 …… (8)
一、蒙古汗国建立之前与金朝的关系 …… (9)
二、野狐岭之战 …… (11)
三、攻克中都 …… (12)
四、木华黎经略河北 …… (15)
五、蒙古与南宋在河北的角逐 …… (18)
六、蒙古军在攻伐河北中的政策变化 …… (20)
第二节　蒙元时期河北蒙古族的经济 …… (24)
一、河北蒙古族畜牧经济的扩张 …… (24)
二、河北蒙古族农耕经济的兴起及发展 …… (30)
三、河北蒙古族的手工业 …… (34)
四、河北蒙古族的商业 …… (39)
第三节　蒙元之际蒙古族在河北统治的巩固和制度探索 …… (44)
一、赋税制度的建立 …… (44)
二、燕京行尚书省（燕京行台）的设立 …… (51)
三、达鲁花赤的设置 …… (53)
四、封置世侯 …… (58)
五、忽必烈领漠南军国事及“邢州新政” …… (64)
第四节　元代蒙古在河北统治的加强及制度建设 …… (69)
一、忽必烈、阿里不哥争立及在河北的斗争 …… (70)

二、忽必烈定都大都及两都巡幸制的确立 …………………… (71)
三、废罢世侯 …………………………………………………… (75)
四、建立元中都 ………………………………………………… (80)
五、元代在河北的行政区划 …………………………………… (83)
第五节　蒙元时期蒙古统治者在河北的分封 ………………… (85)
一、诸宗王在河北的封地食邑 ………………………………… (86)
二、后妃公主在河北的封地食邑 ……………………………… (95)
三、蒙古勋臣在河北的封地食邑 ……………………………… (97)
四、世祖、仁宗时期对河北分封的调整控制 ……………… (102)
第六节　蒙元时期河北蒙古族的宿卫镇戍及其分布 ……… (105)
一、蒙古族在河北的宿卫及驻防 …………………………… (105)
二、蒙古族在河北的分布 …………………………………… (111)
第七节　元代的衰落及在河北统治的崩溃 ………………… (121)
一、成宗后蒙古族宫廷内部斗争的激化 …………………… (122)
二、文宗、明宗之嬗替及“两都之战” …………………… (123)
三、元中后期农民大起义与蒙古统治在河北的崩溃 ……… (126)
四、元末诸镇之间及与元廷斗争的激化 …………………… (128)
第八节　蒙元时期河北蒙古族的宗教文化及风尚习俗 …… (131)
一、宗　教 …………………………………………………… (131)
二、文化教育 ………………………………………………… (142)
三、社会生活及其风俗习尚 ………………………………… (155)

第三章　明朝时期的河北蒙古族 ………………………………… (171)
第一节　元朝灭亡及蒙古统治者在河北的复国活动 ……… (172)
一、明初蒙古统治者对河北的袭扰 ………………………… (173)
二、明初对河北蒙古残余势力的征伐 ……………………… (177)
第二节　明成祖时期防线内移及与蒙古族在河北的冲突 ……… (181)
一、兀良哈三卫的建立及南迁 ……………………………… (182)
二、永乐间对蒙古平衡政策及在河北的冲突 ……………… (188)
第三节　宣德正统初蒙古的南进及明防线的收缩 ………… (193)
一、兀良哈对河北的袭扰 …………………………………… (194)
二、瓦剌独大，兀良哈与明冲突的加剧 …………………… (196)
第四节　土木之变 …………………………………………… (200)
一、朝贡事件：土木之变的导火线 ………………………… (200)

二、土木之变 …………………………………………………………… (203)
三、也先攻围北京 ……………………………………………………… (207)
第五节 鞑靼的重振与庚戌之变 ……………………………………… (211)
一、蒙古内部纷争及也先失势 ……………………………………… (212)
二、达延汗统一蒙古及对河北的袭扰 ……………………………… (214)
三、兀良哈对河北的侵扰 …………………………………………… (219)
四、俺答汗的崛起及察哈尔部东迁 ………………………………… (220)
五、庚戌之变 …………………………………………………………… (225)
第六节 俺答封贡及河北互市的建立 ……………………………… (232)
一、蒙汉间走私贸易的盛行 ………………………………………… (233)
二、"庚戌之变"后宣府马市的建立 ……………………………… (235)
三、明与蒙古关系破裂及俺答对河北的袭扰 ……………………… (239)
四、"隆庆和议"及河北互市的恢复与发展 ……………………… (242)
五、"隆庆和议"后兀良哈对河北的袭扰 ………………………… (255)
第七节 明中后期对蒙古的防御及河北沿边重镇 ………………… (257)
一、河北境内的明长城 ……………………………………………… (258)
二、河北沿边防御蒙古之重镇 ……………………………………… (260)
三、河北沿边烧荒御敌 ……………………………………………… (265)
第八节 明代河北蒙古族的迁徙分布 ……………………………… (267)
一、明初北边蒙古族之内迁 ………………………………………… (268)
二、明中后期蒙古族之内迁 ………………………………………… (272)
三、留居内地的河北蒙古族及其后裔 ……………………………… (274)
四、明代河北蒙古族中的著名武将文臣 …………………………… (282)
第九节 明代河北蒙古族的文化习尚 ……………………………… (287)
一、语言文字 …………………………………………………………… (288)
二、医　药 ……………………………………………………………… (289)
三、宗　教 ……………………………………………………………… (289)
四、姓氏和婚姻 ………………………………………………………… (291)
五、丧　葬 ……………………………………………………………… (291)

第四章 清前期河北蒙古族的发展 ………………………………… (294)
第一节 明清之际的蒙古族 ………………………………………… (294)
一、明、后金（清）、蒙古三角格局及满蒙同盟的建立 ………… (295)
二、蒙古八旗的建立 ………………………………………………… (302)

三、旗界的划定 …… (304)
四、清入关前蒙古人在河北的征战 …… (307)
第二节　清初河北蒙古族的政治制度 …… (309)
一、蒙古统治机构蒙古衙门、理藩院的建立 …… (310)
二、满、蒙古、汉复职的国家机构 …… (312)
三、盟旗制度的建立 …… (313)
第三节　清代蒙古族在河北的迁徙及分布 …… (318)
一、察哈尔部迁入张家口 …… (319)
二、察哈尔部左翼四旗及四旗厅、丰宁县之设立 …… (323)
三、漠西蒙古东迁张家口 …… (325)
四、乾隆年间张家口蒙古族的西迁 …… (326)
五、漠西蒙古迁居承德 …… (328)
第四节　康雍乾时期对河北蒙古族的政策 …… (334)
一、蒙古族与木兰行围 …… (336)
二、避暑山庄等行宫与蒙古族 …… (339)
三、外八庙与蒙古族 …… (344)
第五节　蒙古八旗在河北的驻防 …… (346)
一、张家口地区的驻防 …… (347)
二、承德地区的驻防 …… (349)
三、河北其他地区的驻防 …… (355)
第六节　清前期河北蒙古族的经济 …… (358)
一、清初圈地运动中蒙古族在河北内地土地的扩张 …… (358)
二、口外蒙古族的农业 …… (362)
三、畜牧业 …… (372)
四、手工业 …… (376)
五、商业与交通 …… (377)
第七节　清前期河北蒙古族的宗教 …… (386)
一、萨满信仰 …… (386)
二、藏传佛教 …… (387)
三、道教、民间信仰 …… (389)
第八节　清代河北蒙古族的习尚风俗 …… (390)
一、衣　食 …… (390)
二、住　行 …… (393)
三、娱　乐 …… (393)

四、风　俗 …………………………………………………… (395)
五、婚　姻 …………………………………………………… (396)
六、墓　葬 …………………………………………………… (397)

第五章　河北蒙古族的近代转型 ……………………………… (399)
第一节　河北蒙古族的反侵略斗争 ………………………… (399)
一、第一次鸦片战争中的河北蒙古族 ……………………… (399)
二、第二次鸦片战争中河北蒙古族抗击英法联军 ………… (403)
三、察哈尔蒙古参与收复新疆 ……………………………… (406)
四、中日甲午战争中的河北蒙古族 ………………………… (409)
五、清末河北蒙古族反洋教及抗击八国联军的斗争 ……… (410)
第二节　河北蒙古族的反封建斗争 ………………………… (412)
一、反抗封建剥削压迫的斗争 ……………………………… (413)
二、蒙古人民的反清起义 …………………………………… (415)
第三节　近代河北蒙古族社会经济状况 …………………… (418)
一、河北蒙地全面放垦及其影响 …………………………… (418)
二、传统畜牧业的萎缩 ……………………………………… (433)
三、近代工商业的初步发展 ………………………………… (434)
第四节　近代河北蒙古族的文化与社会风俗 ……………… (440)
一、河北蒙古族近代教育的开展 …………………………… (441)
二、河北蒙古族的宗教信仰 ………………………………… (448)
三、河北蒙古族的生活习俗 ………………………………… (450)

第六章　民国时期河北蒙古族的觉醒 ………………………… (453)
第一节　民国初期对河北蒙古族的统治 …………………… (453)
一、辛亥革命时期的河北蒙古族 …………………………… (453)
二、《蒙古待遇条例》颁布与第一次“东蒙古王公会议” … (455)
三、熊希龄与热河蒙防 ……………………………………… (457)
四、民国初期的治蒙政策与措施 …………………………… (458)
五、河北蒙区的早期革命运动 ……………………………… (467)
第二节　日伪统治下的河北蒙古族 ………………………… (477)
一、热河、察哈尔相继沦陷 ………………………………… (477)
二、蒙古伪政权的建立 ……………………………………… (484)
三、日伪统治下的河北蒙区状况 …………………………… (490)

四、河北蒙古族自发、群众性抗日斗争 ……………………(498)
五、中国共产党领导下的河北各族群众抗日斗争 …………(505)
第三节　解放战争时期的河北蒙古族 ……………………(508)
一、河北蒙区相继解放 ……………………………………(508)
二、解放战争期间河北蒙古族的历史贡献 ………………(513)
第四节　从自治运动到内蒙古自治区的成立 ……………(516)
一、蒙区光复后中共领导的自治运动 ……………………(516)
二、承德“四三”会议的召开及其影响 ……………………(520)
三、内蒙古自治区政府的成立 ……………………………(525)
第五节　民国时期河北蒙区的社会状况 …………………(527)
一、经济状况 ………………………………………………(527)
二、文化教育 ………………………………………………(539)
三、社会风俗 ………………………………………………(549)

第七章　新中国时期河北蒙古族的跨越发展 ………………(552)
第一节　张家口作为首府时期的内蒙古自治区 …………(552)
一、内蒙古自治政府机关从乌兰浩特迁往张家口 ………(552)
二、蒙绥合署办公与撤销绥远省 …………………………(554)
三、察哈尔、热河撤省 ……………………………………(555)
四、张家口作为首府时期内蒙古自治区的施政 …………(557)
五、内蒙古自治区首府由张家口迁往归绥 ………………(558)
第二节　河北蒙古族翻身做主 ……………………………(559)
一、认真学习和贯彻党的政策，维护民族团结 …………(559)
二、历届全国人大中的河北蒙古族代表 …………………(561)
三、历届河北省人民代表大会蒙古族代表 ………………(565)
四、历届中国人民政治协商会议河北省委员会蒙古族委员 …(567)
五、参与民族事务管理 ……………………………………(568)
六、河北省蒙古族干部 ……………………………………(570)
第三节　落实民族区域自治政策 …………………………(570)
一、蒙古族乡的建立及演变 ………………………………(570)
二、围场满族蒙古族自治县的建立 ………………………(575)
三、民族县的建立 …………………………………………(577)
四、民族村 …………………………………………………(577)
第四节　跨越式发展的河北蒙古族经济 …………………(580)

一、牧　业 …………………………………………………………（581）
二、农业及副业 ……………………………………………………（586）
三、个体及乡镇企业 ………………………………………………（588）
四、特色旅游业 ……………………………………………………（589）
第五节　蓬勃发展的河北蒙古族文化 ……………………………（592）
一、教　育 …………………………………………………………（593）
二、文艺活动 ………………………………………………………（599）
三、民族古籍、歌谣等整理 ………………………………………（601）
四、体　育 …………………………………………………………（602）

大事记 ………………………………………………………………（606）
参考文献 ……………………………………………………………（631）
后　记 ………………………………………………………………（638）

第一章　蒙古族的族源及兴起

蒙古族是一个古老的少数民族，其族源可追溯至战国时期的东胡，室韦是其直系祖先，以后在历代史籍中名称不一，多有变化，至晚在南宋绍兴年间（1131—1162年）已正式出现了“蒙古”的名称。在12世纪末之前，蒙古部仅是蒙古高原上的一个小部落，但在成吉思汗领导下迅速崛起，并于13世纪初，接连吞并了克烈、蔑儿乞、乃蛮、汪古、塔塔儿等部，最终统一了蒙古草原，诸多部落被纳入蒙古部之中，作为一个民族的蒙古族形成。自此“蒙古”也由起初的部落名称演变为一个民族的概念。

第一节　蒙古族的族源

战国时期，东胡强盛一时，与林胡、楼烦合称“三胡”，以居匈奴（胡）以东而得名，[①] 活动于潢河（今内蒙古自治区赤峰市境内西喇木伦河）、大凌河、老哈河等诸河流域，对燕、赵等国均构成一定威胁。随着匈奴的崛起，东胡为匈奴冒顿单于击败，部众离散。其中退居乌桓山的一支称为乌桓，退居鲜卑山的一支称为鲜卑。居于兴安岭以西（属呼伦贝尔地区）鲜卑人的一支被称为“室韦”。从现有史料来看，室韦之名，最早见于《魏书》卷一〇〇，时称“失韦”。室韦与契丹同源，大致以兴安岭为界，“其南者为契丹，在北者号为失韦”[②]。其语言与库莫奚、契丹等族同，在主要进行游牧、射猎生活之外，已开始从事较粗放的农业生产，

① 《史记》卷一一〇《匈奴列传》。司马贞《史记索隐》引服虔曰：“在匈奴东，故曰东胡。”

② 《北史》卷九四《室韦传》。

种植粟、麦及穄，养牛、马，夏则城居，冬逐水草。

6 世纪时，室韦分为南室韦、北室韦、钵室韦、深末怛室韦和大室韦五部，[①] 各部又分为若干支，分布于契丹之北、靺鞨之西、突厥之东，约当今洮儿河以北，东起嫩江，西至呼伦贝尔的广大地区，从东魏武定二年（544 年）起，室韦就不断遣使至中原王朝进献方物。其时，突厥强盛，室韦受其役使，突厥设三吐屯总领之。唐贞观三年（629 年），东突厥汗国为唐王朝所灭，室韦继契丹、奚之后，也转而附唐。其时的室韦被认为是“契丹之别类”[②]“契丹别种”[③]。诸部中有一部被称为“蒙兀室韦”[④]，“蒙兀”即蒙古的另译。此乃迄今所知最早见于著录的蒙古名称。[⑤] 他们游牧于斡难河（今鄂嫩河）和怯绿连河（今克鲁伦河）之间，虽已开始有了一些农耕，但仍基本上处于“剡木为犁，人挽以耕，田获甚褊”[⑥] 较原始的状态。

应该指出的是，从南北朝至隋唐时期，室韦（或称“失韦”）是汉文文献中之名，而突厥人则称之为“达怛”。例如，唐玄宗开元二十年（732 年），在斡尔浑河右岸竖立的《阙特勒碑》中记载有“三十姓达怛”。所谓“三十姓达怛”，可能是紧邻突厥的一个强大的室韦部落或部落联盟的名称，突厥人以此来称呼所有的室韦部落。唐后期，汉文文献中也出现了“达怛”之名，当时唐王朝与回鹘（或称“回纥”）关系密切，此名称有可能是从回鹘人那里传来的。例如，唐武宗会昌二年（842 年），宰相李德裕所撰《赐回鹘嗢没斯特勒等诏书》中即提到一个回鹘左相阿彼兀部落“黑车子达怛”。[⑦] 黑车子，即室韦的一个部落。《辽史》中亦载有“黑车子室韦部”[⑧]，可见达怛与室韦实为同一部族。“达怛”的名称，由于突厥、回鹘人的影响被带至中原和西方，人们以此来称呼蒙古高原各部，甚至一些突厥部落（如乃蛮）也被称为达怛。至于室韦一名，辽人虽仍用以称呼北方一些部落，但范围已大为缩小，此后就从历史上消失了。[⑨]

---

① 《北史》卷九四《室韦传》。
② 《旧唐书》卷一九九下《北狄·室韦传》。
③ 《新唐书》卷二一九《北狄·室韦传》。
④ 《旧唐书》卷一九九《北狄·室韦传》。
⑤ 韩儒林主编：《元朝史》，6 页，北京，人民出版社，1986。
⑥ 《新唐书》卷二一九《北狄·室韦传》。
⑦ （清）董诰：《全唐文》卷六九八，7171 页，北京，中华书局，1983。
⑧ 《辽史》卷一《太祖纪上》。
⑨ 韩儒林主编：《元朝史》（上册），6 页，北京，人民出版社，1986。

9 世纪下半叶，回鹘汗国崩溃，种族离散，其部众或西迁，或南移，蒙古高原一时处于势力真空的状态，这自然为室韦（达怛）人进入提供了契机。他们大批进入今蒙古高原，随着所处环境的改变，其生产生活方式也发生了很大变化，由原来的射猎经济开始向游牧经济转变。至 10 世纪前期，从今克鲁伦河到杭爱山地区，已经到处都是室韦，即达怛人的部落了。据《辽史·萧韩家奴传》载："阻卜诸部，自来有之。曩时北至胪朐河（今克鲁伦河），南至边境，人多散居，无所统一，惟往来抄掠。及太祖西征，至于流沙，阻卜望风悉降。"阿保机西征发生在天赞三年(924 年)。所谓"阻卜"，即达怛之异称。[①] 从《辽史》所记载的阻卜部落分布范围来看，辽初他们已据有了今蒙古高原的大部分地区。

在宋辽金时期的汉籍中，室韦除了被称为阻卜外，还有萌古、萌骨、盲骨子、蒙国斯、蒙古等名称。南宋初，洪皓《松漠纪闻》一书中就已明确指出蒙古部与室韦部的关系："盲骨子，《契丹事迹》谓之朦骨国，即唐所谓室韦部"。[②]"蒙古"这个译名最早见于徐孟莘《三朝北盟会编》所引《炀王江上录》。[③] 此书卷二二九炎兴下帙绍兴三十一年七月二十一日载："宣谕云向来北边有蒙古韃靼等从东昏王数犯边境，自朕即位久已宁息。"[④] 据此南宋初，蒙古之名已正式出现。至成吉思汗时代，由于蒙古部迅速崛起，以蒙古族为核心统一了整个蒙古高原，"达怛"一名遂逐渐被"蒙古"所代替。[⑤]

第二节　蒙古族的兴起

蒙古兴起时，中国境内存在南宋、金、西夏、西辽、大理、吐蕃等多个政权。众多政权并峙，是当时蒙古所处的历史背景。

---

① 韩儒林主编：《元朝史》（上册），13 页，北京，人民出版社，1986。

② 洪皓著，阳羡生校点：《松漠纪闻》，47 页，上海，上海古籍出版社，2012。

③ 韩儒林主编：《元朝史》（上册），7 页，北京，人民出版社，1986。

④ （宋）徐梦莘：《三朝北盟会编》卷二二九炎兴下帙绍兴三十一年七月二十一日，1649 页，上海，上海古籍出版社，1987。

⑤ 韩儒林指出，蒙古的名称是从成吉思汗起开始正式使用的。成吉思汗以前，蒙古族有几十个部落，如乃蛮、塔塔儿、克烈等，没有一个总的名称，韃靼强大的时候，其余各部落曾经都称为韃靼。成吉思汗强大起来后，就放弃了韃靼这个名称，使用了蒙古这个名称。蒙古成为一个概括其他部落的名称，在世界政治舞台上沿用到今天。参见邓广铭、韩儒林等：《大师讲史》（下册），53 页，北京，中共中央党校出版社，2007。

蒙古部，最初只是一个包括捏古思和乞颜两个氏族的小部落，在额尔古纳河以南的山林地区生息繁衍。根据波斯史学家拉施特的说法，蒙古先民曾与其他突厥部落发生纠纷，并诉之于战争，最后蒙古先民被打败，遭到血腥的屠杀，只有两男和两女侥幸逃脱。这两个男人就是捏古思和乞颜。他们逃到了一个名叫额儿古涅昆的荒僻之地。那里周围群山环绕，只有一条狭仄难行的小路与外界相通，形成一个与外界相对隔绝的世界。山谷间青草繁茂，自然条件十分优越，捏古思和乞颜于是就在这个地方定居下来。后来由于子孙繁衍日众，此地已难以容纳，他们开矿炼铁，开辟出一条通路，最终走出了大山，来到了广阔的草原。[①] 如此看来，蒙古人并非生来就是一个游牧民族，他们与历史上的鲜卑等族类似，最初也是生活在山林之中，只是后来才迁徙到草原，并开始游牧生活。

蒙古族见诸中国史籍的最早男性祖先是孛端察儿。孛端察儿，亦作"孛端叉儿"[②]，是成吉思汗铁木真的十世祖。他自幼木讷寡言，不善言辞，家中一些人由此认为他憨傻，对他歧视嘲笑，但母亲阿兰豁阿却认定孛端察儿将是诸子之中最有出息的一个。阿兰豁阿死后，孛端察儿的四个哥哥抢分了全部家产，并将孛端察儿赶出了家门，孛端察儿一无所有，孤身一人在草原上流浪。他捕获了一只雏鹰，将其养大，用它来捕猎，逐渐成长为草原上受人爱戴的英雄。后来，他的哥哥们也来投奔他，并一起收服了一个没有首领的部落（指兀良哈），这就是蒙古部众的开始。

11 世纪中叶以前，蒙古还是一个比较弱小和分散的部落，受辽的统治和役使。宋人叶隆礼《契丹国志》载，正北至蒙古里国，"无君长所管，亦无耕种，以弋猎为业，不常其居，每四季出行，惟逐水草，所食惟肉酪而已。不与契丹争战，惟以牛、羊、驼、马、皮、毳之物与契丹为交易"[③]。这里称"蒙古里国"，实际并不准确，从当时并无君长之设来看，蒙古里（即蒙古）仍处于氏族部落阶段，还未形成国家。《辽史》中也有不少漠北各部入贡牛羊马驼的记载，而且数量很大。这说明，自 10 世纪以来，蒙古各部已拥有大量剩余牲畜和畜牧业产品，并与辽王朝关系密切。辽道宗太康十年（1084 年）二月，首见"萌古国遣使来聘"；三月，

---

① ［波斯］拉施特主编，余大钧、周建奇译：《史集》，第一卷第一分册，251 ~252 页，北京，商务印书馆，1983。

② 《元史》卷一《太祖纪》。

③ （宋）叶隆礼撰，贾敬颜、林荣贵点校：《契丹国志》卷二二《州县载记 · 四至邻国地里远近》，214 页，上海，上海古籍出版社，1985。

又遣使来聘。[①]

辽置西北路招讨司，管辖胪朐河以西阻卜等部。随着蒙古诸部势力壮大，开始与辽王朝在边境发生一些摩擦，甚至还发生了反抗辽统治的叛乱，之前“不与契丹争战”的状况发生改变。辽圣宗时，西北路招讨使（又称“阻卜都详隐”）萧挞凛镇压了阻卜等部的叛乱，在阻卜之地建立了镇州（亦称“可敦城”，即今蒙古国布尔根省咔鲁哈河下游南之青托罗盖古城）、防州和维州三城，并以镇州为西北路招讨使驻地。辽圣宗统和二十九年（1011 年），又置阻卜各部节度使，企图分而治之。由于这些节度使强取豪夺，大肆欺压部民，引起了阻卜各部的强烈反抗，此后大概就不再设置节度使，而改任各部酋长管理本部落。[②] 辽王朝任命阻卜部落首领为令稳（辽小部族官）、详稳（辽大部族官）或太师、大王等官职，反映了辽对蒙古诸部实行的是一种比较松散的间接统治。

金朝建立后，蒙古与金敌对，关系变得紧张，常常侵扰金的边境。与此同时，蒙古部还两次打败蔑儿乞人。在不到一个世纪的时间里，蒙古就从一个比较弱小的部落，发展成为足与克烈、塔塔儿等部争雄的漠北强部。宋高宗绍兴三十一年（1161 年），金国给南宋的公文中称北边蒙古等部，“比之以前，保聚尤甚，众至数十万”[③]，显然蒙古已对金朝构成相当大的威胁。但总的来看，当时蒙古草原仍陷于分裂的局面，主要是诸部之间的内争，而尚无对外开拓之野心。

12 世纪，蒙古社会剧烈变化，正处于由氏族、部落组织向国家过渡的时期。在这新旧制度交替之时，蒙古草原充满了动荡和血腥劫杀。当时，蒙古部中最强大的氏族为泰赤乌部和乞颜部。成吉思汗铁木真即出于乞颜部。在成吉思汗兴起之前，统治蒙古部的是泰赤乌部。根据传说，札剌亦儿人进入蒙古部牧地，杀害了莫拏伦一家，她的孙子海都长大后，起兵复仇，攻灭了札剌亦儿部。海都死后，其次子察剌孩领忽为首领，遂为泰赤乌氏的始祖。拜姓忽儿之子屯必乃薛禅（成吉思汗四世祖）后裔繁盛，形成另一支强大的势力——乞颜部，但它一直与泰赤乌氏联合在一起。后来，屯必乃之子合不勒汗被推举为首领，“管辖了全蒙古百姓”，在忽里勒台（即族众会议）上被推举为汗，至此蒙古开始使用“汗”号。[④] 他是蒙古部第一个称汗的首领，其时代大致相当于辽末金初。合不

① 《辽史》卷二四《道宗纪四》。

② 陈得芝：《辽代西北路招讨司》，载《元史及北方民族史研究集刊》，1978（2）。

③ （宋）李心传：《建炎以来系年要录》卷一九一，北京，中华书局，2013。

④ 《蒙古族通史》编写组：《蒙古族通史》（修订版），24 页，北京，民族出版社，2001。

勒汗死后，俺巴孩、忽图剌先后继承汗位。忽图剌死后，其侄也速该把阿秃儿统治了蒙古，金大定十一年（1171 年），被塔塔儿人毒死。此后，泰亦赤兀惕集团内部发生争夺汗位的斗争，最后导致了蒙古的分裂。

成吉思汗，本名铁木真，出自蒙古乞颜部孛儿只斤氏，生于金大定二年（1162 年）。在他 9 岁（一说 13 岁）时，其父也速该被塔塔儿人毒死。在王罕和札木合的帮助下，大定二十五年（1185 年）消灭了蔑儿乞部。二十九年（1189 年），铁木真被推选为乞颜部可汗。

当时蒙古草原上的战争更加频繁，规模也越来越大。内部的汗位之争已演变成诸部之间争夺蒙古草原统治权的斗争。铁木真被推举为乞颜部的可汗后，由于羽翼未丰，遂与克烈部王罕结盟，依靠王罕的力量来发展自己的势力。铁木真与塔塔儿部有杀父之仇，故在消灭了蔑儿乞部后，自然将下一个矛头对准了塔塔儿部。塔塔儿部在蒙古草原诸部中，与金东北毗邻，与金的关系也最为密切。从金初以来，金朝一直利用塔塔儿部防卫东北路，并使之牵制蒙古诸部，在金与蒙古诸部之间起到了缓冲作用。后塔塔儿部叛金，金泰和二年（1202 年）春，铁木真联合王罕参加了金朝对塔塔儿部的讨伐，在斡里札河之战中大获全胜。铁木真不仅报了父仇，东部劲敌塔塔儿部从此一蹶不振，还使他获得了金朝的封赏。金朝统帅完颜襄以铁木真在讨伐塔塔儿部中立了大功，承制授以“札兀惕·忽里”之职。“札兀惕”，即汉文史籍中的“乣”，乣军即金朝北方的边防军；“忽里”是统帅的意思。[①] 铁木真就是乣军的统兵官，地位并不很高。当时金封王罕为王，“罕”就是王之意，地位远高于铁木真。随着铁木真势力的不断壮大，他与王罕的矛盾也尖锐起来。次年，铁木真与王罕决裂，最终蒙古草原上力量最强的克烈部也被消灭，铁木真尽并其众，这是铁木真被推举为蒙古部首领以来所取得的最辉煌胜利。翌年，铁木真迎战率军来攻的乃蛮部的太阳罕，在纳忽山一带大败之，又消灭了国土广大、百姓众多的乃蛮部。

在克烈部、乃蛮、蔑儿乞等部相继败亡后，札木合完全丧失了部众，被其手下擒送于铁木真，被杀。金泰和六年（1206 年），铁木真召集众贵族、那颜在斡难河源举行忽里勒台（蒙古语 quraltai 的汉语音译，意为大聚会），建九脚白旄纛，即大汗位，尊称为“成吉思汗”（意思是拥有四海的汗），建立了大蒙古国。从此，结束了蒙古草原群雄林立、互不统

① 邓广铭、韩儒林等：《大师讲史·元史》（下册），52 页，北京，中共中央党校出版社，2007。

属、互相征伐的局面，原来各有名号的诸部都统一在了蒙古的旗帜之下，逐渐融合为一个新的民族共同体——蒙古族，蒙古族的历史也由此进入了一个新的阶段。

第二章　蒙元时期蒙古族进入河北

在统一蒙古草原后，成吉思汗即开始对外扩张。他利用五六年时间，先后降服了“林木中百姓”、畏吾儿、合剌鲁、西夏。在西征的同时，亦开始向南发展，由此与其宗主国金朝爆发了直接冲突。金贞祐元年（1213 年），蒙古军攻克金都城中都（今北京），金宣宗被迫南迁，金哀宗天兴三年（1234 年）灭金，从而奄有河北全境。在此之前，成吉思汗在灭西夏前夕已死，窝阔台、贵由、蒙哥等先后继立为汗。从成吉思汗到蒙哥时期，漠北是蒙古汗国的中心区域。蒙哥死后，蒙古汗国彻底分裂为四个汗国。忽必烈在汉人士大夫支持下，任用汉人，奉行汉化政策，蒙古统治重心逐渐南移。至元元年（1264 年）八月，下诏改燕京为中都，定为陪都。至元八年（1271 年），改国号为元，次年将都城从上都开平迁至大都。大都与上都为元代长期并存的两大都城，两都巡幸制也随之建立。

随着定鼎北京，河北成为畿辅之地，时称“腹里”。元武宗时，还在今河北张北另建新都，史称“元中都”。自汉代凿空西域以来，中经唐末宋辽西夏，一度断绝的陆上丝绸之路，以北京为中心，在元代又重新贯通。对于河北而言，则从近边变为中心，在全国的政治、经济、文化地位甚至超越了汉唐之时，蒙古族在河北也迎来了全盛时期。

第一节　蒙古伐金及占领河北

蒙古族进入河北，自此成为河北世居民族之一。这一历史进程的导因则是对金的战争。蒙金战争大体可分为三个阶段：第一阶段 1211—1216 年，蒙古军由成吉思汗亲临指挥；第二阶段 1217—1229 年，木华黎奉命经略中原，木华黎死后，改由其子孛鲁接替指挥；[①] 第三阶段1230—1234年，窝阔台和拖雷分兵两路，最后与南宋联合灭金。金朝建都中都（今北京），河北作为畿辅之地，自然成为蒙金交战的首要战场，并以河北为经略全国的重要基地。随着蒙古对金战争，蒙古人也揭开了大举进入河北的序幕。

一、蒙古汗国建立之前与金朝的关系

金朝原为蒙古的宗主国，金太宗完颜晟时（1123—1135年在位），蒙古合不勒汗应召入朝，这是蒙古和金朝官方关系的最早记录。随后由于合不勒汗杀死金朝使臣，双方关系长期处于敌对状态。当时蒙古草原诸部林立，彼此互相攻伐，这种分裂混战状态其实是金统治者最希望看到的结果，它不希望其中的任何一部独大，而对其构成威胁。故一方面挑拨诸部之间的矛盾，如令属部塔塔儿进攻蒙古部，使其互相征伐，借以削弱双方的力量；另外，还多次直接出兵剿杀，先后捕杀了蒙古部首领俺巴孩汗、斡勒巴儿合黑、合答安把阿秃儿等。

俺巴孩是成吉思汗曾祖父合不勒汗的堂兄弟和继承者。他本系泰亦赤兀惕部，而成吉思汗出于乞颜部，并非直系。俺巴孩的被杀也与塔塔儿部有很大干系。根据记载，在合不勒汗时期，蒙古同塔塔儿因为一个巫医引发的事件发生冲突。为平息矛盾，缓和与塔塔儿的关系，俺巴孩登上汗位后，答应将其女儿嫁给塔塔儿的一个部落（主因人）酋长，但在护送出嫁女儿途中，被塔塔儿人擒获，并送与金朝皇帝。俺巴孩被抓后，自知难以幸免，托人对合答安太子说："要以我为戒。你们就是五个指甲磨秃了，十个指头磨尽了，也要给我报仇。"[②] 金朝皇帝命人将俺巴孩钉在木驴之上残忍地处死了，这是专门惩治游牧部族叛人的刑罚。自此，埋下了蒙古与金之间的宿仇。宋人孟珙所著《蒙鞑备录》记载，金世宗大定年间（1161—1189年），燕京（今北京）及原契丹之地流传着一首具有预言性质的民谣云："鞑靼去，赶得官家没去处。"金世宗完颜雍闻之，认定"鞑人"（即蒙古人）将对其国构成大患，"乃下令极于穷荒出兵剿之，每三岁遣兵向北剿杀，谓之'减丁'，迄今中原人尽能记之，曰二十

---

① 或云1211—1217年为成吉思汗亲自率军进攻金国时期，1218—1227年为木华黎及其子孛鲁承制领军进攻金国时期。

② 谢再善译：《蒙古秘史》，12～13页，北京，中华书局，1956。

年”[①]。被俘的蒙古人则被卖内地充作奴隶，当时河北、山东殷实之家都竞相买“鞑人”为奴婢，并以此为时尚。乃至其部落首领也多有被掳掠，而住于金国者。[②] 每年蒙古部向金朝贡，金统治者出于歧视，令于塞外接受蒙古人礼币而遣之，不许其入境。凡此种种举措无异火上浇油，更加剧了蒙古与金之间的矛盾，导致蒙古人对金怨入骨髓。

金朝以诸属部军队守卫北方边境，称为“乣军”，任命节度使或详稳（多为本部首领）统之。除此之外，金还大力加强边境防御，金界壕就是主要为了防御蒙古诸部而修建的。金界壕是一项规模巨大的军事防御工程，它是在分散孤立的边堡基础上发展起来的。金大定二十一年（1181年）时，东北路招讨司设有19堡、临潢路24堡，评事移剌敏言：“东北及临潢所置，土堉樵绝，当今所徙之民姑逐水草以居，分遣丁壮营毕，开壕堑以备边。”[③] 四月，吏部开始经画壕堑，到金章宗时，已形成东西长达3000里的壕堑，从今内蒙古莫力达瓦达斡尔族自治旗到黄河河套止。河北丰宁满族自治县西北境内曾发掘出一段“界壕”遗址，全长15里，壕墙高2～3米、底宽3.6～4米，边堡设四角楼，城址内还出土了金代犁铧、铁镞、雷石、鸡腿瓶、定瓷等器物。据专家考察，壕堑与外壕墙是相结合的，靠近山口处则完全采用深挖壕堑的方法。农具、生活用具和武器的出土，说明守卫者遇敌则战，无战则农耕不辍，亦兵亦农。[④]

蒙古与塔塔儿部有世仇宿怨，金利用其中的矛盾，支持塔塔儿部，而打压蒙古。金章宗承安元年（1196年），塔塔儿部叛金，金派宰相完颜襄率军讨伐，铁木真一改原来与金为敌的政策，转而助金讨伐塔塔儿，杀死塔塔儿部首领蔑古真·薛古勒图。为此，金廷特授予铁木真“札兀惕·忽里”的官职。铁木真虽然与金有父祖之仇，但在羽翼未丰之际，他还是希望能借助金的官号以自高，并且保持了对金的臣属关系，以腾出手来剪灭蒙古草原其他诸部。直到他统一漠北做了大汗后，还按例每年亲自到金朝边境上的贡场进奉。[⑤] 从表面看来，蒙古与金的关系趋于缓和，但这

---

① （宋）孟珙撰，（清）曹元忠校注：《蒙鞑备录校注》，见《续修四库全书》史部杂史类，上海，上海古籍出版社，2002。

② （宋）孟珙撰，（清）曹元忠校注：《蒙鞑备录校注》，见《续修四库全书》史部杂史类，上海，上海古籍出版社，2002。

③ 《金史》卷二四《地理志上》。

④ 张汉英：《河北丰宁境内的古长城和金代界壕》，载《文物春秋》，1993（1）。

⑤ 《元史》卷一《太祖纪》。又李心传《建炎以来朝野杂记》乙集卷一九“鞑靼款塞”条载：“［鞑靼］又有白黑之别，今特默津乃黑鞑靼也。皆臣属于金，每岁其王自至金界贡场，亲行进奉。”“特默津”，即铁木真。

不过是铁木真一时的策略，随着力量的增强，铁木真便开始与金拔刀相向。

成吉思汗攻金，除了自身力量的增强之外，金统治者的日益腐败也是一个重要原因。金世宗之后，金朝便开始走下坡路。特别是泰和八年（1208 年）十一月，金章宗死，卫绍王完颜永济即位，柔弱寡能，更为成吉思汗所不齿，成吉思汗面对金朝使者，不愿跪拜卫绍王的诏书，公然向南唾曰："我谓中原皇帝是天上人做，此等庸懦亦为之耶，何以拜为！"①自此，蒙古遂断绝了与金的朝贡关系。

二、野狐岭之战

成吉思汗统一蒙古草原诸部，建立蒙古汗国之后，便"始议伐金"②。金作为蒙古的宗主国，地广人众，成吉思汗一开始也有所忌惮，不敢轻举妄动。他首先从西夏下手，剪除金的侧翼，使其不能与金遥相呼应。金泰和七年（1207 年）秋，成吉思汗以西夏不肯纳贡称臣为由，入侵西夏，攻破斡罗该城（即兀剌海城），西夏殊死抵抗，蒙古只好撤军。卫绍王大安元年（1209 年）秋，蒙古再次入侵，长驱直入西夏都城中兴府（今宁夏银川），迫使襄宗李安全纳女求和，签订城下之盟，每年向蒙古纳贡。西夏臣服后，蒙古获得了巩固的后方，在战略上获得了优势。在进攻金时，蒙古不时遣兵假道西夏境，并征西夏军从征。西夏对金也趁火打劫，自遵顼即位以来，奉行附蒙攻金政策，希望从中弥补对蒙古的损失，由此自贞祐初，"以至构难十年不解，一胜一负精锐皆尽，而两国俱弊"③。西夏牵制了金大量兵力，客观上策援了蒙古的南进。

为了师出有名，成吉思汗打出了替先祖俺巴孩等复仇的旗号。金大安三年（1211 年）二月，成吉思汗在克鲁伦河誓师，开始主动进攻金。桓州（城址在今内蒙古自治区正蓝旗）是金朝西北路招讨司的所在地，同时又是金重要牧场。蒙古军攻克桓州，获监马数百万匹，分属诸军，遂军势大振。④

金朝对成吉思汗的动向也早有警觉，于大安二年（1210 年）增修西北边墙，并筑乌沙堡。乌沙堡，在今河北张北县境内野狐岭。成吉思汗命

① 《元史》卷一《太祖纪》。

② 《元史》卷一《太祖纪》。

③ 《金史》卷一三四《西夏传》。

④ 《元史》卷一二二《槊直腯鲁华传》。蒙古军攻克桓州，获得金监马的具体时间不详，但从下文"岁辛未，破辽东、西诸州，唯东京未下"来看，应在辛未（1211 年）年之前。

哲别（或作遮别）袭杀其众，遂略地而东。次年二月，成吉思汗又南下伐金，当时金将定薛拥重兵据守野狐岭（今河北万全膳房堡北）。成吉思汗先遣察罕前去觇察虚实，察罕回来报告说，金军马足轻动，不足畏也。成吉思汗大喜，遂命鼓行而前，大败金军，取大水泺、丰利等县。金复筑乌沙堡，此年秋，蒙古军由达里泊进入金境，仍以哲别为先锋，攻破乌沙堡，取乌月营。金军统帅独吉思忠（千家奴）因失于备御，被解职，改由参知政事胡沙虎接任。胡沙虎见蒙古军势盛，不敢迎战，从抚州（今河北张北）退往宣平（今河北张家口西南），于是昌州（今内蒙古太仆寺旗西南九连城）、桓州（今内蒙古正蓝旗北四部城）、抚州（今河北张北县北）三州之地尽失。成吉思汗至抚州，金将纥石烈九斤等率军三十万来援，与蒙古战于野狐岭北口之獾儿觜。金军号称四十万，蒙古军只有十万。成吉思汗挥师攻之，木华黎见彼众我寡，身先士卒，率敢死之士，策马横戈，大呼陷阵，金军遂全线崩溃，主帅胡沙虎等仓皇逃遁，蒙古军乘胜追击至浍河堡（今河北怀安东）①，纵兵击之，金军又大败，伏尸遍野。“金之精兵、猛将尽没于此。”② 这就是著名的野狐岭之战。

野狐岭，在张北县城南 15 公里处，为张北、万全两县之界山。海拔 1561 米，属阴山支脉，东西绵亘数十里。为历代军事要地，古战场。③ 野狐岭之战是蒙古攻金取得的第一场重大胜利，也是中国历史上一次以少胜多的著名战例，歼灭了金军数十万精锐，极大地鼓舞了蒙古军斗志，增强了其战胜强大金朝的信心。

三、攻克中都

野狐岭之战后，蒙古与金之间大规模战事暂告结束，金军获得了暂时的喘息时间。金至宁元年（1213 年）七月，蒙古军又大举南下，攻克抚州（今河北张北），越过野狐岭，攻陷宣德府（今河北宣化），金军主帅胡沙虎逃往中都。蒙古军乘胜攻德兴府（今河北涿鹿），先为金守军所败，皇子拖雷、驸马赤驹等奋勇攻城，遂拔之。进至怀来，与金行省完颜

① 《元史》卷一《太祖纪》言为“会河川”。

② 《新元史》卷三《太祖纪下》。《元史》卷一五〇《石抹明安传》云：“岁壬申（1212 年），太祖率师攻破金之抚州，将遂南向。”《圣武亲征录》亦云：“金人精锐尽没于此。”关于野狐岭之战，诸书记载并不一致。蒙古方面的记载强调忽捏坚答巴（即野狐岭）的战斗，金朝方面的记载只提及了浍河堡的溃败。另外，战役的时间，诸书记载也不一致，或谓在辛未年（1211 年），或谓在壬申年（1212 年），《元史・太祖纪》则分为两次。今采用韩儒林先生的观点，见韩儒林主编：《元朝史》（上册），113 页，北京，人民出版社，1986。

③ 尹自先主编：《张北县志》，535 页，北京，中国社会科学出版社，1994。

纲、元帅术虎高琪所率乣、汉守军激战，败之，直趋居庸北口。

居庸关为中都屏障，易守难攻，“中都之有居庸，犹秦之崤、函，蜀之剑门也”①。金兵恃险为塞，为了防止蒙古铁骑突入，冶铁封锢关门，并在蒙古铁骑可能经过之处布铁蒺藜百余里，以精兵把守。成吉思汗采纳札八儿之策，采取迂回战术，留怯台等佯攻居庸关，而以札八儿为向导，自率主力，驰向西南，从北边黑松林中，趁着夜幕，衔枚而进，取道紫荆关（今河北易县西）入关，次日拂晓已绕过居庸关至平地。金军发觉蒙古军意图后，急忙派军驰援，但已经晚了，金军甫至，蒙古军已攻克紫荆关。哲别奉命率精骑驰攻南口，出其不意，破之，进至北口，与怯台军里外夹攻，遂取居庸关，逼临中都城下。

成吉思汗驻军居庸关南口的龙虎台，连克涿、易二州，命怯台等率一部分军队围攻中都，其余分兵三路：皇子术赤、察合台、窝阔台为右军，循太行山东麓而南，取保、遂、安肃、安、定、邢、洺、磁、相，直抵黄河北岸卫（今河南汲县）、孟（今河南孟县）诸州，再沿太行西麓向北，掠河东南、北路诸府州而还；皇弟哈撒儿及斡陈那颜等率左军向东，取蓟、平（今河北卢龙）、滦（今河北滦县）、辽西诸州而还；成吉思汗与拖雷亲率中军南下，取雄、霸、莫、安、河间、沧、景、献、深、祁、蠡、冀、恩等州。另遣木华黎率军攻下益都、滨、棣诸城，遂次霸州，史天倪、萧勃迭率众来降，并任命为万户。②

在金军连连败北之际，其统治阶级内部又发生了内乱。这场内乱是由胡沙虎③挑起的。胡沙虎为人贪残专恣，在野狐岭与蒙古作战中弃军而逃，导致金军全线溃败，在宣德府被围时，又临阵而逃，逃回中都。但由于他深得卫绍王完颜永济宠信，金廷不仅未予治罪，反而擢升其为右副元帅，赐金牌，并把精锐部队武卫军数千人交由他统率，屯于中都城北。当时蒙古大军逼近中都，卫绍王责备胡沙虎只顾驰猎，不恤军事。胡沙虎大怒，至宁元年（1213 年）八月，发动叛乱，逼卫绍王退位，改立丰王完颜珣为帝，史称宣宗，改年号贞祐，胡沙虎自为太师、都元帅。

金贞祐二年（1214 年）春，蒙古三路大军聚合于中都附近。“是岁，河北郡县尽拔，唯中都、通、顺、真定、清、沃、大名、东平、德、邳、海州十一城不下。”④ 诸将请乘胜攻中都，但成吉思汗仍很冷静，未被胜

---

① 《金史》卷一〇一《李英传》。

② 《元史》卷一《太祖纪》。

③ 《元史》卷一《太祖纪》作“忽沙虎”。

④ 《元史》卷一《太祖纪》。

利冲昏头脑，他看到中都有重兵把守、城防坚固，难以一时骤拔，加之蒙古军不服水土，多有疾疠，遂有退兵之意，但空手而归又实非所愿，便遣使对金宣宗说："汝山东、河北郡县悉为我有，汝所守惟燕京耳。天既弱汝，我复迫汝于险，天其谓我何。我今还军，汝不能犒师以弭我诸将之怒耶?"① 当时中都被围日久，城中发生饥荒，白金三斤不能易米三升，死者甚众。金宣宗无奈之下只得求和，以卫绍王之女岐国公主献之，并献金帛、童男女五百、马三千，成吉思汗这才引军退出居庸关。

成吉思汗派主卜罕等使臣通好于宋，但为金所阻，成吉思汗便以此为借口第二次伐金，成吉思汗亲自率军攻潼关，令哲别攻居庸关。贞祐二年（1214 年）五月，在蒙古军队咄咄逼人的态势下，金宣宗被迫迁都汴京（今河南开封），史称"贞祐南渡"。南迁途中，乣军溃去，兵势益弱，遂尽徙诸路军户百万余口于河南，而令军士留守，并分隶河南行枢密院及帅府。同时，以完颜福兴及参政抹燃尽忠辅佐太子留守中都。由于担心太子安全，金宣宗不久又召太子南渡，大臣完颜素兰极力反对，表示"完固不敢必，但太子在彼则声势俱重，边隘有守则都城可无虞。昔唐明皇幸蜀，太子实在灵武，盖将以系天下之心也"②。无奈，金宣宗不从。太子南渡更使中都人心惶惶，河北地区形势更为严重，加速了留守政权的崩溃，六月，驻守中都之南的乣军哗变，杀死详稳，率军投降蒙古。成吉思汗遂遣三模合拔都，以降将契丹人石抹明安、汉人王檝为向导，引蒙古军南下与乣军会合，围攻中都。中都附近州县守将和官员纷纷投降，翌年三月，金御史中丞李英等率军来援，战于霸州，被击溃。四月，蒙古军克清、顺二州，对中都的包围圈越来越小。当时中都被围已十个月，城内早已断粮，军民饿死者十有四五。五月，金中都留守完颜福兴见大势已去，服药自尽，平章政事抹燃尽忠弃城逃遁，中都遂陷。时成吉思汗驻于桓州凉泾避暑，接到捷报，即派失吉忽秃忽等籍中都帑藏，尽数运至漠北，同时任命札八儿为黄河以北铁门以南天下都达鲁花赤，与诸将守中都。③

由于金军固守中都长达一年，蒙古军也付出了惨重的代价，在攻占中都后，为了报复，进行了大规模洗劫焚烧，"僧寺道观，内外园苑，百司

① 《元史》卷一《太祖纪》。

② 《金史》卷一〇九《完颜素兰传》。

③ 《元史》卷一二〇《札八儿火者传》。"铁门"，指居庸关，据同书《札八儿火者传》"金人恃居庸之塞，冶铁锢关门，布铁蒺藜百余里，守以精锐"，故名。

庶府，室屋华盛，[至是] 焚毁无遗”[①]。燕蓟留后长官石抹咸得卜贪暴不仁，大肆征敛，杀人盈市，造成中都在兵燹之后，形势动荡，人心思乱，盗贼横行。特别是在成吉思汗去世后，中都局势变得更为混乱不堪，盗贼恣意残杀，甚至在白日公然剽掠富庶人家，载运其物，而官吏根本不敢禁止。摄政的拖雷派遣塔察、吾图撒合里前往治之，杀首恶者十六人，盗始屏息。[②] 塔察，即成吉思汗手下号称“四杰”之一的博尔忽的从孙；吾图撒合里，即耶律楚材。[③]

四、木华黎经略河北

攻取中都后，成吉思汗遣使至金，“谕金主以河北、山东未下诸城来献，及去帝号为河南王，当为罢兵”[④]。但这议和条件被金宣宗拒绝。成吉思汗正欲用兵，不巧蔑儿乞部脱脱弟忽都等作乱，由于后方不稳，成吉思汗遂从前线北返，转而致力于西北地区的平叛，而将征服金朝的任务交给了木华黎。

木华黎，系出札剌儿氏，其父孔温窟哇在讨伐乃蛮时为救成吉思汗而死。木华黎少从军戎，以骁勇闻，屡立战功，深得成吉思汗信任和赏识，为其手下“四杰”之一。成吉思汗初即汗位，首命木华黎为左翼万户长。金宣宗兴定元年（1217 年）八月，成吉思汗仿金制封木华黎为太师、国王、都行省承制行事，并赐以御用大驾所建的九旄大旗，告诫诸将曰：“木华黎建此旗以出号令，如朕亲临也。”这意味着授予了木华黎经略汉地的全权，并对木华黎说：“太行之北，朕自经略，太行以南，卿其勉之。”[⑤] 木华黎乃建行省于云、燕，以图中原。分弘吉剌、亦乞烈思、兀鲁兀、忙兀等十军及归降的契丹、女真、乣、汉诸军，并属木华黎麾下。

木华黎自燕南攻河北、山东诸州，刘伯林、石抹也先等所部汉军跟从出征，攻遂城及蠡州（今河北蠡县）诸城，拔之。冬，破大名府，遂东定益都、淄、登、莱、潍、密等州。易州人张柔聚宗族数千家，结寨自保，金朝授予经略使之职，兴定二年（1218 年）八月于紫荆口，兵败投降蒙古军，木华黎命其仍以旧职，统领本部人马。于是，张柔召集部曲，

① （宋）宇文懋昭撰，崔文印校证：《大金国志校证》卷二三《纪年·东海郡侯下》，北京，中华书局，1986。

② 《元史》卷一一五《睿宗传》。

③ 参见《元史》卷一一九《博尔忽传》，《元史》卷一四六《耶律楚材传》。

④ 《元史》卷一《太祖纪》。

⑤ 《元史》卷一一九《木华黎传》。

连克雄、易、安（今河北新安西南）、保等州，驻于满城。

木华黎统兵攻入山西，史天倪、史天祥兄弟等各统所部从行，连下太原、平阳、绛州等八十余城。次年（1219 年），金将郭文振、张开收复太原，胡天作收复平阳。在山西局势陷入胶着时，河北几支地主武装（即所谓“义军”）趁机从蒙古军手中收复了一些州县，金朝为笼络他们，高悬赏格，不吝高官厚禄，封他们为公，许置公府，使之统众守土，收复失地。金兴定四年（1220 年）二月，就河北、山西“义军”原有势力范围，凡分封九公：王福为沧海公（驻沧州），移剌众家奴为河间公（驻河间），武仙为恒山公（驻真定），张甫为高阳公（驻雄州），靖安民为易水公（驻涿州），郭文振为晋阳公（驻辽州），胡天作为平阳公（驻平阳），完颜开（即张开，赐姓完颜）为上党公（驻上党），燕宁为东莒公（驻莒州）。金军为了利用他们的力量牵制蒙古军南下，赋予了这些人很大的权力，“总帅本路兵马，署置官吏，征敛赋税，赏罚号令得以便宜行之”[①]。另外，“除已画定所管州县外，如能收复邻近州县者，亦听管属”[②]。但这九公在大敌当前仍忙于争夺地盘，互相攻伐，而不能摒弃个人恩怨，团结对敌，故面对蒙古军凌厉的攻势，注定了失败的命运。

当时河北诸“义军”中兵力最强、势力最大的是拥据真定（今河北正定）的恒山公武仙。[③] 武仙，威州（今河北井陉）人，或传说曾出家为道士，故时人以此呼之。金贞祐二年（1214 年），蒙古军侵掠河北时，武仙组织乡兵在威州西山一带聚守抗击，附者日众，被金朝任命为权摄威州刺史。兴定元年（1217 年）三月，金将石海在真定（今河北正定）叛金降蒙，武仙率兵讨之，降其部众，并进驻真定，权知真定府事，屡次发兵攻张柔，双方迭有胜负。三年（1219 年），先已降附蒙古的藁城土豪董俊攻入真定，逐走武仙。四年（1220 年），武仙得金援兵，击败董俊，复据真定。鉴于河北局势的恶化，其年秋，木华黎又将攻略的重点转至河北，由燕徇赵，并亲驻满城，遣史天祥攻真定。武仙穷蹙之下不得已出降，于是，真定复归蒙古。木华黎以史天倪为河北西路兵马都元帅、行府事，武仙副之。兵至滏阳，金邢州节度使武贵迎降，进攻天平寨，破之。遣蒙古不花分兵略定河北卫、怀、孟诸州，入济南。邢（今河北邢台）、相（今河南安阳）、卫、怀诸州相继被蒙古军攻占。东平严实知南宋不可恃，乃

① 《金史》卷一一八《苗道润传》。

② 《金史》卷一一八《苗道润传》。

③ 《金史》卷一一八《武仙传》云：“同时九府，财富兵强恒山最盛。”

籍所辖彰德、大名、磁、洺、恩、博、滑、浚等州户三十万诣木华黎军门降，[①] 木华黎承制授严实金紫光禄大夫、山东西路行尚书省事。兴定五年（1221）十一月，南宋京东安抚使张琳以京东诸郡来降，木华黎以张琳为沧、景、滨、棣等州行都元帅。至次年秋之前，蒙古已尽取河北之地。[②]

金宣宗元光二年（1223 年），木华黎死后，由其子孛鲁继其职，继续经营河北。[③] 在蒙古军凌厉的攻势下，河北大部底定，但由于武仙复叛，河北形势又开始变得扑朔迷离。

武仙降蒙后，木华黎任命史天倪为河北西路都元帅，治于真定，以武仙副之。这一人事安排犯了一个很大的错误，埋下了二人火并的种子。史天倪和武仙均系地方实力派，势力相侔，积怨甚深，史称"仙与史天倪俱治真定且六年，积不相能"[④]。双方不断侵占对方地盘，扩展自身势力。金正大二年（1225 年）二月，史天倪攻取武仙所据山寨，武仙以设宴的名义，召请史天倪赴宴，趁机杀死了他。武仙料到蒙古军势必进行报复，遂复以真定降金。董俊判官李全亦以中山（今河北定州）叛蒙古，一时河北震动，许多州县又随之叛蒙附金，导致河北形势陡转直下，"河朔诸郡，十九俱叛"[⑤]，"南北裂分，危疑翻覆，势不容喘"[⑥]。当时成吉思汗正忙于讨伐西夏，蒙古军主力调离中原，宋将彭义斌乘之，由山东西进，攻取邢、洺、磁等州。这对于金朝而言无疑是收复失地的绝佳机会，但金却反应迟缓，坐失良机，不仅没有主动出兵策应，也未给予武仙以及其他在河北坚持抗战的"义军"以有力支持。诚如金朝大臣白华上奏所言："北兵有事河西，故我得少宽。今彭义斌招降河朔郡县，骎骎及于真定，宜及此大举，以除后患。"[⑦] 但最后事竟不行。

面对河北突然出现的变局，蒙古方面却反应迅速。国王孛鲁任命帐前

① 元好问：《东平行台严公祠堂碑铭》，见《元好问全集》（增订本）卷二六，552 页，太原，山西古籍出版社，2004。《元史》卷一一九《木华黎传》言严实，"籍所隶相、魏、磁、洺、恩、博、滑、浚等州户三十万，诣军门降"。

② 据《元史》卷一《太祖纪》，成吉思汗对前来求和的金使者乌古孙仲端说："我向欲汝主授我河朔地，令汝主为河南王，彼此罢兵，汝主不从。今木华黎已尽取之，乃始来请耶？"

③ 据《元史》卷一二二《按扎儿传》："岁癸未（1223 年）春，至闻喜县西下马村，木华黎卒，诏以子孛鲁袭其爵。"

④ 《金史》卷一一八《武仙传》。

⑤ （元）李冶：《太傅忠烈公董俊神道碑》，见（光绪）《畿辅通志》卷一七一，《续修四库全书》史部地理类，第 636 册，上海，上海古籍出版社，2002。

⑥ （元）李冶：《赵振玉神道碑》，见（光绪）《畿辅通志》卷一七四，《续修四库全书》史部地理类，第 636 册，上海，上海古籍出版社，2002。

⑦ 《金史》卷一一四《白华传》。

军总领史天泽袭其兄史天倪之职为都元帅，[①] 招集史氏旧部攻中山，并遣肖乃台率蒙古精骑三千驰援，[②] 藁城董俊亦出兵会之。武仙遣其骁将葛铁枪拥众万人来援，肖乃台撤围迎击，遇诸新乐，奋击败之。会日暮，阻水为营。肖乃台料葛铁枪兵败，士气低落，必趁夜逃遁，于是乘胜复进击，又大败之，生擒葛铁枪，其余众悉溃。中山守将亦宵遁，遂克中山，取无极，拔赵州。武仙弃真定，逃至西山抱犊寨，结寨自保。肖乃台与史天泽入真定城，抚定其民。未几，武仙潜结真定城内军为内应，夜开南门，武仙复据其城。肖乃台仅率步卒七十人狼狈逃奔藁城，求援董俊。董俊授以锐卒数百，夜赴真定，迟明，手下溃卒聚集，兵势复振，袭取真定。武仙弃城，又遁于抱犊寨。肖乃台怒真定百姓反复无信，驱赶万人出城，将屠之，史天泽苦谏，认为百姓被胁迫，出于不得已，肖乃台这才将这些百姓释放。[③] 由于抱犊诸寨为武仙巢穴，肖乃台和史天泽合军急攻，下之，武仙遁去。继又取蚁尖、马武等寨，而相、卫诸州亦降，河北诸州又全陷于蒙古。

五、蒙古与南宋在河北的角逐

在蒙古军进入河北后，土著地主、乡绅等往往聚其乡里自保，依山结寨，以抗御蒙古军，号称“义军”。当时河北存在红袄军、各地义军、南宋势力以及金残余武装等多股势力，形势十分复杂。蒙古利用金国和南宋之间的矛盾，在南下攻金时，试图联合南宋共同灭金。对南宋而言，它最重要的愿望就是利用金衰败之际，趁机收复失地，一雪前耻，这也是与国内主战派的目标相一致的。在这种背景下，蒙古和南宋在灭金的目标下达成了共识，形成暂时的同盟。

蒙古军大举南下，金朝在北方的统治迅速土崩瓦解，特别是“贞祐南渡”后，金军主力已基本撤出了河北。当时对河北的争夺，不只有蒙古与金两股势力，南宋王朝也卷入进来。虽然自“绍兴和议”以来，南宋偏安东南一隅，与金以淮河—大散关为界，维持了近百年的南北对峙，

① 《元史》卷一二〇《肖乃台传》中未明言任命史天泽袭领兄职的国王为谁，从其上下文来看，似指木华黎。但当时木华黎已死去两年，此处的国王当为其子孛鲁。《元史》卷一五五《史天泽传》即明言为孛鲁：“天泽时为帐前军总领，孛鲁承制命绍兄职为都元帅。”

② 《元史》卷一五五《史天泽传》作“笑乃歹”。

③ 《元史》卷一五五《史天泽传》。而《元史》卷一二〇《肖乃台传》则言由于肖乃台求情，真定百姓才得以活命。两说大相径庭。当时肖乃台为主帅，真定百姓性命全悬于其手，当以《史天泽传》的说法为是，《肖乃台传》显系为传主粉饰。

但在南宋统治者看来，中原是其旧疆，在金朝统治岌岌可危的情况下，南宋朝廷也对河北之地抱有觊觎之心，幻想从中渔利，借以恢复故土。不过它介入的方式不是直接出兵，而主要是支持一些地方势力与蒙古对抗，反映了在河北地区蒙古、金和南宋三者之间错综复杂的关系。

金末，为了反抗金的暴政，爆发了红袄军起义。红袄军转战河北、山东等地，在河北的深州、祁州、真定、沧州等地都有红袄军的活动。兴定二年（1218 年），红袄军首领李全降宋，南宋授以京东路兵马副总管之职，李全遂以南宋的旗号召集义军，收复了山东南部诸州。益都张林、济南严实也相继附宋，一时山东全境均为宋有。但南宋对李全等人并不信任，各派力量之间也龃龉不断，矛盾重重，兴定四年（1220 年）秋，木华黎率军入济南境，严实见蒙古强大而南宋不足恃，遂以所辖彰德、大名、磁、洺（今河北永年东南）、恩（今山东武城旧城）、博（今山东聊城）、滑（今河南滑县）、浚等州三十万户降蒙，木华黎承制授以山东西路行尚书省事，总管本部军民。至此，红袄军基本上已被蒙古所消灭或招降，但仍有一些余部继续使用南宋的旗号开展反蒙斗争，最著名者为彭义斌。

彭义斌，原为李全手下，由于李全投降蒙古，金元光元年（1222 年），他与李全决裂，北上积极开展抗蒙斗争，进攻被蒙古占领的京东诸州县，并被南宋任命为大名路总管。武仙复降金后，彭义斌与之联络，共同抗击蒙古。至正大二年（1225 年），彭义斌已占领真定、大名等地，声势浩大。时木华黎已死，局势对南宋似乎颇为有利。史天倪被杀后，孛鲁派精兵三千救援河北，逐武仙，又收复了真定。四月，彭义斌围攻东平，守将严实遣使求救于不里海拔都儿，不里海拔都儿失期不至，严实穷蹙之下，乃伪降彭义斌。七月，彭义斌挟严实北上，与不里海拔都儿对垒五马山（今河北赞皇境内）。史天泽扼诸赞皇，武仙不能进。彭义斌势蹙，乃焚山自守①，严实于阵前倒戈，彭义斌兵败被俘，拒不投降，大骂而死。②在这次追剿彭义斌的行动中，蒙古军也参与其中。《元史》卷一二〇《肖乃台传》载，肖乃台引兵出太行山东，遇宋将彭义斌，“与战，败之，追至火炎山，破其营，擒义斌斩之”。至大名，守将苏元帅以城降，遂引兵临东平，败安抚王立刚于阳谷，围东平。王立刚走连水，金守将弃城遁，

---

① 《元史》卷一五五《史天泽传》。

② 《元史》卷一《太祖纪》则记载太祖二十年（1225 年）夏六月，彭义斌以兵应武仙，史天泽御于赞皇，擒斩之。

他将邀击败之，遂定东平。肖乃台又与蒙古不花徇河北、怀、孟、卫诸州，从国王孛鲁定益都。[①] 从此，河北、山东复为蒙古所有，成为稳固占有的新附区。此后，金朝苟延残喘近二十年，直至天兴三年（1234 年）正月为蒙古所灭。

六、蒙古军在攻伐河北中的政策变化

蒙古军从金大安三年（1211 年）进入河北，至正大二年（1225 年）完全占领河北，在短短十四年中，以十余万之众，战胜了兵力远胜于己的金军和众多的地方势力，所至郡邑，几乎皆势如破竹，一鼓而下。《元史·太祖本纪》中赞誉成吉思汗，“深沉有大略，用兵入神”，除了成吉思汗杰出的军事才能以及蒙古骑兵剽疾如风、彪悍善战之外，其他一些原因，也颇值得探究。

美国学者巴菲尔德指出，相比匈奴、突厥等少数民族，蒙古人的入侵更有组织，更具策略性，而最重要的则是采取围困战略，这是其他草原军队所不曾有过的。蒙古人征募了中原那些具有围城经验的工匠用其所长，而其他游牧力量只会在坚墙之下大肆掳掠一番而去。故而在将速度、冲击力以及技术能力融为一体之后，蒙古军队就远胜于同时期的所有对手。[②] 蒙古统治者对工匠人才十分重视，在攻占一城一地，大规模屠戮前，会先将其中的工匠挑选出来，保全他们的性命，使他们为其所用。在蒙古军中，除了中原内地工匠外，还有大量来自西域中亚的能工巧匠。在蒙古人攻略河北诸城时，就利用了汉人、色目等工匠所制造的炮、云梯等攻城器械。例如，攸哈剌拔都，渤海人，初名兴哥，从木华黎攻通州，献计，一夕造炮三十、云梯数十，附城，通州守将大惧，乃出宝货以降。[③] 金哀宗也曾对臣下感叹：“北兵（指蒙古兵——引者注）所以常取全胜者，恃北方之马力，就中国之技巧耳。我实难与之敌，至于宋人，何足道哉。”[④] 这时金哀宗因不堪蒙古军的紧逼，放弃了都城中都，逃到了开封，以上言语就是在这一背景之下有感而发的。弯刀、骏马以及攻城器械、回回炮等相配合，成为蒙古军队无往不克的利器。

蒙古在初入中原之初，采取残暴的屠杀政策，“军法，凡城邑以兵得

① 《元史》卷一二〇《肖乃台传》。

② ［美］巴菲尔德著，袁剑译：《危险的边疆：游牧帝国与中国》，259 页，南京，江苏人民出版社，2012。

③ 《元史》卷一九三《攸哈剌拔都传》。

④ 《金史》卷一一九《完颜娄室传》。

者，悉坑之”[1]，“国制，凡敌人拒命，矢石一发，则杀无赦”[2]。血腥残杀并非是蒙古军的人性使然，主要还是为了给敌人造成一种心理震慑。当时蒙古人口和军队均不多，据学者推测，蒙古人的总兵力最多时候也不会超过 12 万。蒙古人对自己兵力上的劣势很清楚，于是便将恐怖杀戮作为瓦解敌人抵抗的一种工具。[3] 元人对此言之甚明：“我太祖（即成吉思汗——引者注）始加兵中原，围燕不攻，而坑中山，蹂山东，河北诸名城皆碎。”[4] 仅几年间，自蒙古军长驱而南，“燕、赵、齐、魏，荡无完城”[5]。揆诸史实，例如，清光绪《正定县志》卷四二《义行·庞公》载：“贞祐癸酉，元兵南侵恒阳（即今正定），抗敌不服，越七日，城陷，乃屠之，绝无人烟，其骸骨暴弃纵横原隰。”“贞祐癸酉”，即贞祐元年。繁华的城市变为丘墟，百业凋零，满目疮痍，无辜生灵惨遭屠掠。除了屠戮外，蒙古人还将大批掳掠或投降的民众迁往漠北充作驱口（奴隶）。如河北地主武装首领史秉直降附后，蒙古仍令其管领降人十余万家，但旋即命将这些人迁往漠北，沿途挨饥受冻，死者甚众，至漠北后，被安置于土拉河之地，不过两三年，饿死者达十之七八。[6]

在经略河北过程中，如果说蒙古将领都是滥杀无辜，也是不尽客观、真实的。例如，塔本，伊吾庐人，他跟随成吉思汗围燕，征辽西，下平滦、白霫诸城，屡有战功。军士有妄杀人者，塔本戒之曰：“国之本，民也。杀人得地，何益于国。且杀无罪以坚敌心，非上意。”[7] 成吉思汗闻之大喜，赐金虎符，令其镇抚白霫诸郡，号行省都元帅，管内得承制除县吏，死囚得专决，后又徙治兴平（今河北卢龙）。兴平兵燹伤残之余，百姓惨无生意，塔本召集当地父老，询问疾苦，为除之，“薄赋敛，役有时。民大悦，乃相与告教，无违约束，归者四集。塔本始至，户止七百，

① （元）苏天爵：《元文类》卷五七，姚燧：《序江汉先生死生》，444 页，北京，商务印书馆，1958。

② （元）苏天爵：《元文类》卷五七，宋子贞：《中书令耶律公神道碑》，833 页，北京，商务印书馆，1958。《元史》卷一四六《耶律楚材传》亦云：“旧制，凡攻城邑，敌以矢石相加者，即为拒命，既克，必杀之。”

③ ［美］巴菲尔德著，袁剑译：《危险的边疆：游牧帝国与中国》，260 页，南京，江苏人民出版社，2012。

④ （元）姚燧：《怀远大将军招抚使王公神道碑》，见《牧庵集》卷二一，四部丛刊初编本。

⑤ （元）元好问：《广威将军郭君墓表》，见《元好问全集》（增订本）卷二八，603 页，太原，山西古籍出版社，2004。

⑥ 《元史》卷一四七《史天倪传》。又见（元）姚燧：《牧庵集》卷一六《荣禄大夫福建等处行中书省平章政事大司农史公神道碑》，四部丛刊初编本。

⑦ 《元史》卷一二四《塔本传》。

不一二年，乃至万户。出已马以宽驿人；贷廉吏银，其子钱不能偿者，焚其券。农不克耕，亦与之牛，比岁告稔，民用以饶”①。

在这一阶段，蒙古军攻城略地，其主要目标不是据有城池，而是掳掠财物和人口，重杀伐，而轻治理，大部分州县都是在占领后即自行放弃，对社会生产造成了极大破坏。这种重攻轻守的流动作战方式，导致蒙古对河北的统治长期得不到巩固，民变、叛乱时有发生。虽然他们占领了某地，一旦离开后，又往往为金军或义军所据，使得他们不得不又转过身来进行讨伐，疲于奔命。在攻占中都后，王檝进言：“国家以仁义取天下，不可失信于民，宜禁虏掠，以慰民望。”三合拔都、太傅猛安令王檝招谕保定、新城、信安、雄、霸、文安、清、沧诸城，皆望风款附，乃置行司于沧州以镇之。“时河间、清、沧复叛，帝命檝讨之”②。金贞祐二年（1214 年），金将挞鲁，以惠州渔河口为隘，有众数万，谋划收复北边失地。蒙古大将吾也而以精兵千人击之，斩挞鲁于军中。另有赵守玉，据兴州，吾也而讨平之。兴定元年（1217 年），兴州监军重儿以兵叛，吾也而征之，大破之。③ 这反映蒙古对河北的占领并非一帆风顺，人心犹贰，即使是较早占领的河北北部亦复如此。这种状况的出现，主要源于蒙古在占领河北初期政策上的偏差和失误，也是他们由草原游牧生活乍进入中原社会时不得不经历的一个阶段，必须为此付出一定代价。在半个多世纪之后，忽必烈对此有深刻的反思，至元十二年（1275 年），他曾对南宋降臣、参知政事高达说：“昔我国家出征，所获城邑，即委而去之，未尝置兵戍守，以此连年征伐不息。夫争国家者，取其土地人民而已，虽得其地而无民，其谁与居。今欲保守新附城壁，使百姓安业力农，蒙古人未之知也。尔熟知其事，宜加勉旃。”④

这种情况在木华黎以太师、国王全权经营中原汉地之后，才逐渐有所改观，其中汉人在其中起了至关重要的作用。金宣宗兴定四年（1220年），木华黎复由燕徇赵，至满城，武仙举真定来降。权知河北西路兵马事史天倪对木华黎进言曰：“今中原粗定，而所过犹纵兵抄掠，非王者吊民之意也。”木华黎曰：“善。”乃下令严禁剽掠，所获老幼，悉遣还田里，于是军中肃然，吏民大悦。⑤ 这一时期，蒙古统治者注意招徕利用汉

① 《元史》卷一二四《塔本传》。
② 《元史》卷一五三《王檝传》。
③ 《元史》卷一二〇《吾也而传》。
④ 《元史》卷八《世祖纪五》。
⑤ 《元史》卷一一九《木华黎传》。

人地主武装和士大夫，以获其用，“我国家初入中原，命太师、国王招集豪杰，戡定未下城邑”①，“北人能以州县下者，即以为守令，僚属听自置，罪得专杀”②。此所谓“北人”，非指蒙古人，而指的是金朝统治下的臣民。例如，谭资荣，字茂卿，德兴怀来人，敦厚寡言，颇知读书，仕金为县令。“岁己卯（1219 年），河朔归版图，资荣率众款附，主帅稔闻其名，即日以金符授元帅左都监，为县令如故。”③

一般而言，蒙古人对降附者往往并不信任，但为形势所迫，又不得不利用他们，特别是对那些在地方上根基深厚、拥有重兵的汉人武装势力集团更是如此。为了控制他们，常用的做法是令其“纳质”。例如，大兴府永兴史秉直率里中老幼数千人诣涿州军门降，木华黎以其长子史天倪为万户，而留次子史天安于军中为质。④ 张柔被俘，复其旧职，“主帅恐公为变，质二亲于燕”⑤。武仙降蒙古，“弟质于军中”⑥。这些汉人武装首领除了“纳质”外，还要接受一般由蒙古人担任的达鲁花赤的监临，承担助军、纳贡赋、入觐等义务。

元光元年（1222 年），有人向金宣宗上奏说：“河朔受兵有年矣，向皆秋来春去，今已盛暑不回，且不嗜戕杀，恣民耕稼，此殆不可测也。”⑦蒙古人作为北方游牧民族，耐严寒，而惮于溽热，故在内地往往不服水土，极易发生疾疫。故当他们在盛暑季节也不撤兵，且“不嗜戕杀，恣民耕稼”，显示出长期屯驻的迹象时，金人怎能不心存恐惧？虽然蒙古对汉地和汉民的态度有所改变，但在此后相当长的一段时间内，除了在某些战略要地驻军和派遣达鲁花赤外，它在河北各地的统治机构仍未能有效地建立起来。

① （元）苏天爵著，陈高华、孟繁清点校：《皇元赠通议大夫翰林直学士上轻车都尉荥阳郡侯郑公神道碑》，见《滋溪文稿》卷二〇，327 页，北京，中华书局，1997。

② （元）姚燧：《磁州滏阳高氏坟道碑》，见《牧庵集》卷二五，四部丛刊初编本。

③ 《元史》卷一六七《谭资荣传》。

④ 《元史》卷一四七《史秉直传》。

⑤ （元）苏天爵辑撰，姚景安点校：《元朝名臣事略》卷六之三《万户张忠武王》，96 页，北京，中华书局，1996。

⑥ 《元史》卷一一九《木华黎附孛鲁传》。

⑦ 《金史》卷一〇八《胥鼎传》。

第二节　蒙元时期河北蒙古族的经济

蒙古族作为一个游牧民族，逐水草而居，牧场、牲畜是基本的生产、生活资料，“人以孳畜多寡为富贫，所衣皆皮毳，所食唯酮及畝，无菽粟币帛，以毡为屋状而居”①。而且与契丹、女真等族入主中原前已开始从事农耕不同，蒙古族一直以游牧为业，对农业并不熟悉，故当他们进入中原内地后，其思想认识和政策方针的转变更为困难。表现在进入内地后，把本民族原有的一些游牧生产方式也带了进来，破坏农田的事情时有发生，大量耕地被改为牧场。当时由于战乱频仍，百姓逃散，大量耕地因无人耕种而被抛荒。除了这些客观原因外，土地抛荒，被改作牧场，还有蒙古统治者的主观因素，是由他们原有的游牧生产方式所决定的，“因为大块无人居住的空地对于畜牧是主要的条件”②。在他们看来，土地就是用来放牧的，饲养马、牛、羊等才是正道。例如，窝阔台即位初，中使别迭就提出，“汉人无补于国，可悉空其地以为牧场”③，主张将汉人全部赶走，把耕地全部变为牧场。特别是蒙古族以肉食、奶制品为主，以皮毛为衣，这种饮食和生活习尚不是短时期内就能改变的。另外，蒙古军主要是骑兵，凭弓马之利取天下，更增加了对畜牧业的需求。在军队驻地周围，一般都开辟牧场孳养马匹。大量人口沦为驱口，手工业者变成工奴，一度使农业生产遭到严重破坏，人为地导致游牧区向南移动。但与此同时，在进入中原内地后，随着所处环境的变化，特别是在汉族士大夫的思想影响下，蒙古统治者逐渐认识到汉地传统的经济方式的重要性，开始重视农耕，并实行中原赋税制度。在此背景下，除军士屯田外，迁入河北的蒙古人也有部分转入定居和农耕，生产和生活方式发生了较大变化。

一、河北蒙古族畜牧经济的扩张

蒙古人进入河北后，由于战争破坏，大量土地抛荒。例如，顺天府，治于清苑县，宋时改为保塞，重兵所宿，常倍高阳诸戍。金既都燕，升县为州，名曰保州，县则复清苑之号，且置顺天节度使。当时“民物繁夥，

① （元）张养浩：《归田类稿》卷一一《驿卒佟锁住传》。又见《全元文》卷七七五，640页，南京，江苏古籍出版社，2001。

② 马克思著，徐坚译：《政治经济学批判》，160页，北京，人民出版社，1955。

③ 《元史》卷一四六《耶律楚材传》。

辇毂而南，最为雄镇”，自蒙古军南下，张柔自满城移驻于此，“时顺天为芜城者十五年矣”[①]。蒙古人除了以荒田为牧地外，还将相当一部分良田变为牧场。“据民田为牧地”的现象相当普遍。[②] 显然，这种畜牧经济的植入和畸形发展，并非社会经济自然发展的结果，而是蒙古军事征服和分封制度的派生物。它不仅与当地自然环境条件不相适应，“田蚕之地，非马所产”[③]，与长达千余年的农耕文化传统相悖，而且掠夺农民土地改为牧场，大大激化了民族矛盾。忽必烈即位之初，首诏天下，指出国以民为本，民以衣食为本，衣食以农桑为本，于是颁布《农桑辑要》，俾民崇本抑末。[④] 他屡次下令严格限制诸王权贵和蒙古军队的牧地范围，禁止强占民田为牧地。中统四年（1263 年）七月，诏阿术戒饬蒙古军，不得以民田为牧地。[⑤] 至元元年（1264 年）四月，当御苑官南家带奏请兴修驻跸凉楼，并扩充御用牧地时，忽必烈诏命凉楼俟农隙动工，牧地则分给周围无地之农户。[⑥]

忽必烈还多次颁布诏令，严禁蒙古军践踏农田，损害禾稼。中统三年（1262 年）正月，曾禁止诸道戍兵及权势之家放纵牲畜侵害桑枣禾稼。次年七月，又下诏禁止野狐岭行营蒙古人进入南、北口纵牲畜，损践桑稼。[⑦] 中统五年（1264 年）八月，颁发的圣旨条画规定：“诸军马营寨及达鲁花赤、管民官、权豪势要人等，不得恣纵头匹，损坏桑枣，踏践田禾，骚扰百姓。如有违犯之人，除军马营寨约会所管头目断遣，余者即仰本处官司就便治罪施行，并勒验所损田禾、桑果分数赔偿，及军马不得于村坊安下，取要饮食。”[⑧] 至元十年（1273 年）十一月，大司农司言：“中书移文，以畿内秋禾始收，请禁农民覆耕，恐妨刍牧。”忽必烈则以农事有益于国，下诏勿禁。[⑨] 至元十三年（1276 年）七月，申禁羊马群之在北者，八月内毋纵出北口诸隘，践食京畿之禾，犯者没其畜。[⑩]

---

① （元）元好问：《顺天府营建记》，见《元好问全集》（增订本）卷三三，692 页，太原，山西古籍出版社，2004。

② 《元史》卷一三四《撒吉思传》。

③ 《元史》卷一四六《耶律楚材传》。

④ 《元史》卷九三《食货志一》。

⑤ 《元史》卷五《世祖纪二》。

⑥ 《元史》卷五《世祖纪二》。

⑦ 《元史》卷五《世祖纪二》。

⑧ 方龄贵校注：《通制条格校注》卷一六《田令·司农事例》，471 ~ 472 页，北京，中华书局，2001。

⑨ 《元史》卷八《世祖纪五》。

⑩ 《元史》卷九《世祖纪六》。

居庸关有南北二口，所谓北口、南口，即此之谓。以上史籍中，显示南口、北口似乎为当时农牧之分界线。长城，自秦汉以来为中国古代农牧分界线，《辽史·营卫志中》即云：“长城以南，多雨多暑，其人耕稼以食，桑麻以衣，宫室以居，城郭以治。大漠之间，多寒多风，畜牧畋渔以食，皮毛以衣，转徙随时，车马为家。此天时地利所以限南北也。”另外，蒙古统治者诏书中屡次申严畜牧损坏禾稼桑果之禁，一方面反映了蒙古统治者已认识到农业乃国家根本所系，注意保护农业的正常发展，但同时也反映出当时畜牧区向南之扩展，以致对农耕区造成了影响。特别是诏敕屡屡发布，三令五申，反映出当时农耕经济和游牧经济的矛盾是比较严重的，此问题长期未得到有效解决，显然二者尚未建立一个动态、和谐的状态。

元朝建立后，逐步建立了管理畜牧业的机构。太仆寺，专管牧业，下辖十四个官牧场，所有水草腴美之地都用来放牧马群。元世祖中统四年（1263 年），设群牧所，隶太府监。寻升尚牧监，又升太仆院，改卫尉院。院废，立太仆寺，属之宣徽院。后隶中书省，典掌御位下、大斡耳朵之马匹。其牧地，“东越耽罗，北逾火里秃麻，西至甘肃，南暨云南等地，凡一十四处，自上都、大都以至玉你伯牙、折连怯呆儿，周回万里，无非牧地”[①]。具体而言，十四处官牧场包括：“东路折连怯呆儿等处，玉你伯牙、上都周围，哈剌木连等处，阿剌忽马乞等处，斡斤川等处，阿察脱不罕，甘州等处，左手永平等处，右手固安州等处，云南亦奚卜薛，芦州，益都，火里秃麻，高丽耽罗国。”[②] 其中，与河北有关的为玉你伯牙（今河北张家口西北）、永平（今河北卢龙）、固安州（今河北固安）。牧场上的牧人称为哈赤、哈剌赤，按照千户、百户组织管理，职业世系，父死子继。太仆寺官每年秋季前去检查登记，造册备案。

除了官马外，还有民间养马。民间养马是官府所需马匹的一个重要补充。“马之在民间者，有抽分之制。数及百者，取一，及三十者，亦取一。杀乎此则免，牛羊亦然。其抽分之地，凡千有五，或遇征戍，及边圉乏马，则和市拘括，以应仓卒之用，非常制也。”[③]

河北地区牧场大致分布如下：

---

① 《元史》卷一〇〇《兵志三·马政》。“一十四处”，《元文类》卷四一《经世大典序录·马政》596 页，作“二十四所”。

② 《元史》卷一〇〇《兵志三·马政》。

③ （元）苏天爵：《元文类》卷四一《经世大典序录·马政》，596 页，北京，商务印书馆，1958。

其一，隆兴路（兴和路）。

今张家口、承德，地处河北北部，自古以来就是游牧经济比较发达的地区。蒙元时期，河北蒙古人的牧场主要集中于此。玉你伯牙，位于今张家口西北部，是元代十四道官牧场之一。

元至元二十二年（1285 年），卢世荣上奏："国家以兵得天下，不藉粮馈，惟资羊马，宜于上都、隆兴等路，以官钱买币帛易羊马于北方，选蒙古人牧之，收其皮毛筋角酥酪等物，十分为率，官取其八，二与牧者。马以备军兴，羊以充赐予。"世祖忽必烈对此十分赞同，但似乎也有所疑虑："汝先言数事皆善，固当速行。此事亦善，祖宗时亦欲行之而不果，朕当思之。"[①] 按：隆兴路，中统三年（1262 年）升抚州置，治高原县（今河北张北）。元皇庆元年（1312 年）改隆兴路为兴和路。据《元史》卷五八《地理志一》，兴和路，上，唐属新州，金置柔远镇，后升为县，又升抚州，属西京。元中统三年（1262 年），以郡为内辅，升隆兴路总管府，建行宫。户八千九百七十三，口三万九千四百九十五。领县四、州一。

延祐七年（1320 年）七月，括马于兴和以颁卫士。[②] 至元二十四年（1287 年），世祖忽必烈平定乃颜叛乱后，阿沙不花以大同、兴和两郡当车驾所经有帷台岭者，数十里无居民，请诏有司作室岭中，徙邑百户居之，割境内昔宝赤牧地使耕种以自养，世祖从之。阿沙不花既领昔宝赤，世祖复欲尽徙兴和桃山数十村之民，以其地为昔宝赤牧地。阿沙不花固请存三千户以给鹰食，世祖皆听纳。民众感激其德，至今饮食必祭之。[③]

元代诗人、户部尚书贡师泰，在《过柳河》一诗中写道："野旷山寒露易霜，短榆疏柳路茫茫。雨来黄潦聚成海，风过白沙堆作冈。驿馆到时逢数骑，驼车宿处错群羊。客怀政尔无聊赖，忽见南飞雁一行。"[④] 柳河，即今河北承德市的伊逊河，流经围场、隆化、滦平三县，在承德市滦河镇汇入滦河。此诗"驿馆到时逢数骑，驼车宿处错群羊"，显示出一派典型的塞外风光，是对当地游牧经济的形象写照。

其二，永平府。

永平为元代十四道官牧场之一。金贞祐三年（1215 年），蒙古军已占

① 《元史》卷二〇五《奸臣·卢世荣传》。

② 《元史》卷二七《英宗纪》。

③ 《元史》卷一三六《阿沙不花传》。

④ （元）贡师泰：《过柳河》，见武安国、聂振弢：《元诗选注》，437 页，郑州，中州古籍出版社，1991。

领丰宁，将潮河川一带的农田辟为游牧区。[1] 清光绪《永平府志》卷二七《古迹下》提到点马厅，即为原牧马场之遗迹，“在滦州北十里横山营社炮石甸，周围草场百余顷，盖牧马地也。中有厅，点验种马，民甚便焉。明时遗址尚存。其地又有千里台，因马有千里之号，故名。今俱废”[2]。

其三，大都附近。

元定都大都，蒙古贵族和军人萃聚于此，他们自然热衷于在大都周围圈占牧场。例如，中统初，四怯薛官奏请割大都外近地牧马，忽必烈已口头答应，四怯薛官绘制了一个具体的土地划割图呈上。察必皇后欲谏止之，又担心忽必烈不听，于是旁敲侧击，佯装责备太保刘秉忠说：“汝汉人聪明者，言则帝听，汝何为不谏。向初到定都时，若以地牧马则可，今军蘸俱分业已定，夺之可乎？”忽必烈听罢不禁默然，遂寝其事。[3] 四怯薛官圈地为牧场的方案虽然最后被废弃，但反映出当时蒙古贵族在大都周围圈占牧地是很普遍的现象。东平布衣赵天麟所上《太平金镜策》即指出：“伏见今王公大人之家，或占名田近于千顷，不耕不稼，谓之草场，专用牧放孳畜。”[4] 又如，新城县密迩畿甸，太保曲出的圉人纵畜牧践踏农田啃啮禾稼，以此被县令投入大牢。[5] 《元史》卷一〇〇《兵志·马政》载有“涿州哈剌赤不鲁哈思”。元制自御位及诸王，皆有“哈剌赤”，哈剌赤即牧人。固安州（今河北固安），亦是元代十四道官牧场之一。

其四，真定、河间、保定、大名等河北中南部。

河北中南部地区，为传统农业区，但在某些地方由于河泊密布，水草丰茂，也具有发展畜牧业的一定条件。《周礼·职方氏》曰：“河内曰冀州……其畜宜牛羊。”《宋史·地理志二》载：河北路“大名、澶渊、安阳、临洺、汲郡之地，颇杂斥卤，宜于畜牧”。

蒙古人放牧，“自夏及冬，随地之宜，行逐水草，十月各至本地”[6]。此即通常所说的夏营地和冬营地。秋末冬初，漠北和漠南气候寒冷，元朝廷往往将中原地区赐给诸王作为牧养牲畜的冬营地。如至顺二年（1331年）十二月，“以河间路清池、南皮县牧地赐斡罗思驻冬，仍以忽里所牧

---

① 《丰宁文史资料》，第一辑，内部资料，1986。

② （清）游智开修，史梦兰纂：《永平府志》卷二七《古迹下》（新修方志丛刊），1932页，台北，学生书局，1968。

③ 《元史》卷一一四《后妃传一·世祖昭睿顺圣皇后》。

④ （明）黄淮、杨士奇：《历代名臣奏议》卷一一二，上海，上海古籍出版社，2012。

⑤ （元）苏天爵著，陈高华、孟繁清点校：《滋溪文稿》卷一一《皇元赠集贤直学士赵惠肃侯神道碑铭》，178页，北京，中华书局，1997。

⑥ 《元史》卷一〇〇《兵志三》。

官羊给之"[①]。斡罗思，元人也称斡罗斯、兀罗思、兀鲁思、阿罗思和斡鲁速惕等，随着蒙古人西征而进入中国内地。这些人虽非蒙古人，但同样是游牧民族，可以想见在安置蒙古人时，势必也是如此。史载东平、大名诸路有诸王牧马草地，与民田相间，互相侵冒，有司视强弱为予夺，连岁争讼不能定。世祖忽必烈乃命起千奴治之，其讼遂息。[②]

这些地区畜牧业较为发达，至元二十四年（1287 年）二月，以真定所牧官马四万余匹分牧他郡。[③] 这里所言的官马四万余匹，可能还并非真定一地全部的官马数，以情理揆之，似乎不大可能将所有的官马都迁至他郡，但即使以四万匹计，真定官马数量之大也是惊人的。除了官马外，民间也盛行养马，故朝廷有时在这些地区征马和市马。征马是无偿的，市马则属于购买性质，但事实上官府往往将价格压得很低，而且带有一定的强制性。至元二十六年（1289 年）七月，"发至元钞万锭，市马于燕南……保定、河间、平滦。"[④] 天历元年（1328 年）十月，"令广平、大名两路括马"[⑤]。括马，又称"刷马""拘刷马"，即当发生紧急战事，急需用马，而不及购买之时，则直接从民间征括的制度，这是没有任何代价、完全强制性的征收，实际上是一种公开的、赤裸裸的掠夺。

河北蒙古族官私牧场的分布，除了自然条件外，也与蒙古贵族的分封有一定关联。据《元史》卷一〇〇《兵志三》载：

> 玉你伯牙等处御位下：玉你伯牙地哈剌赤百户忽儿秃哈、兀都蛮、燕铁木儿、暗出忽儿、也先秃满、玉龙铁木儿、月思哥、明里不兰。
>
> 大斡耳朵位下：乞剌里郭罗赤马某等。哈里牙儿苟赤别铁木儿。伯只剌苟赤阿蓝答儿。阿察儿伯颜苟赤教化的等。塔鲁内亦儿哥赤、塔里牙赤等。伯只剌阿塔赤忽儿秃哈。桃山太师月赤察儿分出铁木儿等。伯颜只鲁干阿塔赤秃忽鲁等。玉你伯牙奴秃赤、火你赤。
>
> 左手永平等处御位下：永平地哈剌赤千户六十。乐亭地拙里牙赤、阿都赤、答剌赤迷里迷失，亦儿哥赤马某撒儿答。香河按

① 《元史》卷三五《文宗纪》。
② 《元史》卷一三四《和尚附子千奴传》。
③ 《元史》卷一四《世祖纪一一》。
④ 《元史》卷一五《世祖纪十二》。
⑤ 《元史》卷三二《文宗纪》。

赤定住、亦马赤速哥铁木儿。河西务爱牙赤孛罗解。滦州哈剌赤脱忽察。桃花岛青昔宝赤赤班等。

大斡耳朵位下：河西务玉提赤百户马札儿。

右手固安州四怯薛八剌哈赤平章那怀为长：固安州哈剌赤脱忽察，哈赤忽里哈赤、按赤不都儿。真定昔宝赤脱脱。左卫哈剌赤塔不解。青州哈剌赤阿哈不花。涿州哈剌赤不鲁哈思。

二、河北蒙古族农耕经济的兴起及发展

随着游牧经济的发展，牧民中逐渐分离出一部分专门从事农业生产的人。另外，对于被掳掠的农民，蒙古统治者不可能把他们都变成牧奴，往往仍令他们择地耕种，进行农业生产，以作为游牧经济的补充。这样，漠北气候、土壤、水源等条件较为适宜之处被辟为耕地，形成一些零星定居的农业居民点。《蒙古秘史》记载有“有板门的百姓”“于土城内住的百姓”，此类人可能就是从事农业生产的。怯绿连河上游，辽代曾在此屯田，丘处机和张德辉经过此地时，发现蒙古人与汉人杂处，筑土屋而居，从事耕作。考古工作者曾在色楞格河下游发现13世纪汉族式样的土屋和耕地遗迹，[①] 均是蒙古早期从事农业的例证。但总的来看，在蒙古草原，蒙古人仍主要从事畜牧业，农业并不占重要地位。蒙古族传统上全族皆兵，一般男子都有当兵的义务，而且需要自己置备和携带衣装、武器、马匹以及其他给养。但这是建立在游牧经济基础上的，一旦蒙古人进入中原内地，转入定居或驻防，随着生产、生活环境的巨大变化，转向农耕是不可改变的历史趋势。

（一）军　屯

在蒙古族所从事的农业生产中，较早出现的形式是军屯。古者寓兵于农，备边在足兵，足兵则在屯田。一般认为，中国古代屯田兴起于西汉，历代均有之，蒙元时期亦不例外。“国初，用兵征讨，遇坚城大敌，则必屯田以守之。”[②] 在军队脱离后方，给养难以供应时，屯田成为军队自食其力、就地解决军粮问题的一种有效途径。蒙古军队在成吉思汗时期即已出现屯田。史称“太祖起朔方，其俗不待蚕而衣，不待耕而食，初无所

---

① 厄·雷格德隆：《色楞格河考古发现物上的汉文铭文》，载《布里雅特蒙古科学研究所集刊》，1957（23），转见韩儒林主编：《元朝史》（上册），211页，北京，人民出版社，1986。

② 《元史》卷一〇〇《兵志三·屯田》。

事焉”[①]。《元史·食货志一》在叙述农桑部分时，从世祖忽必烈开始讲起，其实这并不准确。成吉思汗西征时，曾命大将镇海在西北阿鲁欢地区屯田。镇海，属于克烈部怯烈台氏，“立镇海城戍守之”[②]。在占领河北地区后，太祖十六年（1221 年），龙虎卫上将军、霸州等路元帅孛迭儿，“以黑军镇守固安水寨。既至，令兵士屯田，且耕且战，披荆棘，立庐舍，数年之间，城市悉完，为燕京外蔽”[③]。蒙古军在河北屯田首见于此。

忽必烈即位后，重视农耕，军屯成为休养生息、恢复发展农业生产、减轻百姓负担的一个重要手段。军屯大多数以汉军、新附军和各地的乡兵入屯耕种，蒙古、色目卫军和蒙古军都万户府的屯田，也由部分汉军、新附军人与探马赤军、色目军人一同入屯耕种。[④] 此时河北经长期对金战争，人口离散，大量土地抛荒，加之处于对南宋的战争前沿，在此背景下，军屯发展较为迅速。至元二年（1265 年）正月，以河南北荒田分给蒙古军耕种。[⑤] 至元十年（1273 年），令探马赤随处入社，与编民等。[⑥] 从令探马赤入社来看，反映了蒙古统治者将蒙古军纳入农耕轨道的努力，在当时的背景下，也含有解决劳动力匮乏的动机。

蒙古汗国时期和元朝初期的军屯，多为且耕且战的临时性措施，一般事罢即废，而形成制度是在元统一全国之后。“内则枢密院各卫，皆随营地立屯，军食悉仰足焉。外则行省州郡，亦以便利置屯。”[⑦] 军屯按照军队组织系统管理。在侍卫亲军各卫和各地的万户府之下，大多设有屯田千户所，专掌屯田军人，亦置千户、百户、弹压等职，级别较一般行军千户所稍低。[⑧] 至元二十三年（1286 年）二月，枢密院奏：“前遣蒙古军万人屯田，所获除岁费之外可粜钞三千锭，乞分廪诸翼军士之贫者。”[⑨] 世祖甚悦，令从便行之，又调京师新附军两千，立营屯田。说明当时军屯还是颇有成效的。

元枢密院所辖有左卫屯田、右卫屯田、中卫屯田、前卫屯田、后卫屯

① 《元史》卷九三《食货志一·农桑》。

② 《元史》卷一二〇《镇海传》。

③ 《元史》卷一五一《石抹孛迭儿传》。

④ 陈高华、史卫民：《中国政治制度通史》（元代卷），232 页，北京，人民出版社，1996。

⑤ 《元史》卷六《世祖纪三》。

⑥ 《元史》卷九三《食货志一》。

⑦ 《元文类》卷四一《经世大典序录·屯田》，597 页，北京，商务印书馆，1958。

⑧ 陈高华、史卫民：《中国政治制度通史》（元代卷），233 页，北京，人民出版社，1996。

⑨ 《元史》卷一四《世祖纪十一》。

田、武卫屯田等。[①] 各卫屯田率以汉军为主，但亦有蒙古人。例如，至元二十年（1283 年）四月，枢密院臣上奏："蒙古侍卫军于新城等处屯田，砂砾不可种，乞改拨良田。"从之。[②] 按：新城，位于大都京北二百里。至元二十六年（1289 年）二月，罢蒙古侍卫军从人之屯田者，别以斡端、别十八里回还汉军及大名、卫辉两翼新附军，与前、后二卫迤东还戍士卒合并屯田，设左、右翼屯田万户府以领之。[③] 前揭材料中，蒙古侍卫军从人屯田，不知始于何时，人数亦不详，但直至至元二十六年才废止。

再看河北各地蒙古戍军的军屯。至元十八年（1281 年）十二月，以诸王札忽儿所占文安县地给付屯田。[④] 文安县，属霸州，等级为下县。土土哈，钦察人，至元二十年（1283 年），改同知卫尉院事，兼领群牧司。他请以所部哈剌赤于畿内屯田，诏给霸州文安县田四百顷，益以宋新附军人八百，俾领其事。次年，又籍河东诸路蒙古军子弟 4600 人隶其麾下。[⑤] 至元二十二年（1285 年）八月，遣蒙古军 3000 人屯田清、沧、靖海。[⑥] 按：清州，下，五代置乾宁军，宋为乾宁郡，大观间以河清，改称清州。金为乾宁郡，元太宗二年（1230 年），改清宁府，七年，又改清州。至元二年（1265 年），以靖海、兴济两县及本州司候司并为会川县。后复置清州。领三县：会川、靖海、兴济，辖境相当于今河北青县和天津静海等地。至元二十四年（1287 年），发本卫军 1512 人，分置左右手屯田千户所及钦察屯田千户所，于清州等处屯田。[⑦] 至正二十一年（1361 年）九月，命孛罗帖木儿于保定以东、河间以南屯田。[⑧]

（二）民　耕

其始，蒙古贵族掠夺和剥削的直接对象是各色民户，虽然他们圈占了大量土地，但这些土地主要不是用来进行农业生产，而是荒为牧场，用来

① 《元史》卷一〇〇《兵志·屯田》。

② 《元史》卷一二《世祖纪九》。

③ 《元史》卷一〇〇《兵志·屯田》。

④ 《元史》卷一一《世祖纪八》。

⑤ 《元史》卷一二八《土土哈传》。

⑥ 《元史》卷一三《世祖纪十》。而嘉靖《河间府志》卷一〇《恤政志》则记载，世祖七年丙寅，遣蒙古军三千人屯田清、沧、静海。两书不仅记载时间不同，而且一作"靖海"，一作"静海"。明洪武初年改"靖"为"静"，故嘉靖《河间府志》作"静海"当为沿用明代之称谓，在元代应作"靖海"。

⑦ （嘉靖）《河间府志》卷一一《武备志·兵变》，见《天一阁藏明代方志选刊》，上海，上海古籍书店，1964。

⑧ 《元史》卷二〇七《逆臣·孛罗帖木儿传》。

放牧。即使是忽必烈即位后，朝廷赐予汉族官员农田，而赐给蒙古贵族的则是农户。这反映出即使是立国近五十年后，蒙古贵族的传统观念仍是根深蒂固的，仍不大重视农业。但一般内迁蒙古民众在中原农业经济的影响下，则较早、较迅速地向农耕经济转变。

窝阔台即位初年，当时中原甫定，百废待兴，耶律楚材“条便宜一十八事”，其中即有这样的内容：“拟自今后，中原之地，财用所出，宜存恤其民，州县非奉上命，敢擅行科差者罪之。贸易借贷官物者罪之。蒙古、回鹘、河西诸人，种地不纳税者死。”① 从这些规定来看，进入中原的蒙古人已有一部分转向了农耕生产，并开始纳税，而且纳税成为一项强制义务，种地不纳税者将被处死，处罚不可谓不严。

中统元年（1260 年），忽必烈即位不久，即设十路宣抚司，命各路宣抚使选择通晓农事者充随处劝农官。二年，设劝农司，姚燧为大司农，以陈邃、崔斌等八名精于农事的官员为使，命他们分道考察农业生产状况，并颁布诏令规定：“有能安集百姓，招诱逃户，比之上年增添户口，差发办集，各道宣抚司关部申省，别加迁赏。如不能安集百姓，招诱逃户，比之上年户口减损，差发不办，定加罪黜。”② 至元元年（1264 年），立迁转法，进一步把“户口增，田野辟”作为官吏考课“五事”中最主要的两项标准。这一年新立条格中规定“蒙古户种田，有马牛羊之家，其粮仕支；无田者仍给之”③，明确了蒙古人种田及有羊马之家停止供给口粮，但无田土者依旧由官府供给的政策。不过这些人多半是内迁的军户，属于下层。至元三年（1266 年）五月，规定凡良田为僧所据者，听蒙古人分垦。④ 至元六年（1269）八月，“诏诸路劝课农桑。命中书省采农桑事，列为条目，仍令提刑按察司与州县官相风土之所宜，讲究可否，别颁行之”⑤。至元七年（1270 年），以参知政事张文谦拜大司农卿，奏立诸道劝农司，巡行劝课。⑥ 同年又颁农桑之制一十四条。规定县邑所属村疃，凡五十家立一社，择高年晓农事者一人为之长。增至百家者，另设长一员。不及五十家者，与近村合为一社。地远人稀，不能相合，各自为社者

---

① 《元史》卷一四六《耶律楚材传》。

② 陈高华等点校：《元典章》卷一九《户部五・荒闲田地给还招收逃户》，677 页，天津，天津古籍出版社，2011。

③ 《元史》卷五《世祖纪二》。

④ 《元史》卷六《世祖纪三》。

⑤ 《元史》卷六《世祖纪三》。

⑥ 《元史》卷一五七《张文谦传》。

听。其合为社者，仍择数村之中，立社长官司长以教督农民为事。正是在此背景下，蒙古人的农垦进入了一个新阶段。至元十八年（1281年）九月，"辛巳，大都立蒙古站屯田，编户岁输包银者及真定等路阑遗户，并令屯田，其在真定者与免皮货"①。

《元史》卷九六《食货志四·俸禄·职田数》载，至元三年（1266年）、十四年（1277年）定北方路府州县官吏职田。其中，达鲁花赤的职田，上路16顷，下路14顷，散府12顷，上州10顷，中州8顷，下州6顷。官吏职田的佃户数如下："诸职官三品职田，佃户有至五、七百户，下至九品，亦不下三、五十户。"② 至元中期以后，蒙古贵族已不满足于所受封的食邑，而普遍垂涎钟情于土地，常常采取巧取豪夺、投献赐予等手法，大肆兼并土地。当时权臣桑哥已有"扈从之臣，种地极多"之说。③ 至大元年（1308年），元武宗把大都路固安县二百余顷田地赐给中书左丞乞台普济。④ 至顺元年（1330年），立宣忠扈卫亲军都护，营于大都之北，夺买民田一百三十余顷。⑤ 这表明，蒙古贵族已经完成了向封建地主的转化，从原来的牧场主变成了一个个大大小小的封建地主。他们大多将土地租给汉族农民或已改变奴婢身份但仍有隶属关系的人耕种，坐享地租之利。"黄河两岸多有退滩闲地，有塔察大王位下头目人等，冒占作投下稻田，令侧近农民写立种佃官文字，每岁出纳租课。自余不得开耕。"⑥ 另外，史书中亦不乏"课僮奴耕稼畜牧"⑦ 的记载，这些"僮奴"对封建主有较深的人身依附关系，地位也较一般农民为低。

三、河北蒙古族的手工业

蒙古牧民在畜牧业之外，还从事家庭手工业，男子制造弓箭、鞍具、车帐、皮革等，妇女制作乳酪，缝皮衣、鞋帽，主要用于满足日常生产、生活所需。在漠北地区，蒙古官营手工业集中在和林、称海等地，工匠主要来自中原内地，也有来自中亚、波斯和西欧的匠人。他们为蒙古统治者

---

① 《元史》卷一一《世祖纪八》。

② 陈高华等点校：《元典章》卷二五《户部十一·禁职田佃户规避差役》，966页，天津，天津古籍出版社，2011。

③ 《元史》卷一五《世祖纪十二》。

④ 《元史》卷二二《武宗纪一》。

⑤ 《元史》卷三四《文宗纪三》。

⑥ （元）王恽：《定夺黄河退滩地》，见《秋涧先生大全文集》卷九一，四部丛刊初编本。

⑦ （元）姚遂：《牧庵集》卷一七《百夫长赠中大夫上轻车都尉曹南郡侯坤都岱公神道碑》，四部丛刊初编本。

建造宫室，制造各种奢侈品及生产生活用品。据考古发掘来看，在和林曾出土10座冶炼炉和大量金属制造品，当地烧造的陶瓷器也很多，一些瓷器上还刻有汉族工匠的姓名。蒙古建国后，蒙古统治者陆续派汉族工匠到谦谦州生产武器、丝织品，还派人向当地人传授制陶、冶铁和造船等技术。漠南地区的手工业，主要集中在上都等地。上都的官营手工业管理机构，分别隶属于元朝中央政权和上都留守司管辖，行业众多，包括制毡、制革、制甲、铁器冶造以及金银制造业等，主要用来满足皇室和官府需要。至于蒙古诸王、贵族的分地内，如弘吉剌、汪古等部，分别设置了人匠总管府、怯怜口民匠总管府和提领所等机构，属下的各色工匠为他们制作手工业用品。

蒙古族进入中原内地后，今张家口、涿州、大都等地都是手工业比较集中和发达的地区，有弓箭、染织等业。工匠主要为汉人和回回人，但管理者则主要是蒙古人。据有关记载，今丰宁满族自治县长阁蒙古族乡工匠营村，曾是当年元代制作弓箭之地。[①] 在丝织品中，最有名者当属“纳石失”。“纳石失”，为波斯语音译，亦作“纳失失”，一般指以片金线或圆金线为纹纬的织金锦或织金缎，是一种用金线显示花纹，从而形成具有金碧辉煌效果的织锦。这种织物在战国时已出现，但在元代得到空前发展，工艺技术达到顶峰。《元史·舆服志一》载：“玉环绶，制以纳石失。（原注：金锦也）上有三小玉环，下有青丝织网。”陶宗仪《南村辍耕录·金灵马》载：“凡宫车晏驾……舆车用白毡青缘纳失失为帘，覆棺亦以纳失失为之。”元代在弘州和荨麻林（今张家口西洗马林）都设有纳石失局。哈散纳，系出怯烈亦氏，太宗窝阔台时，曾受命领阿儿浑军，并回回人匠三千户驻于荨麻林。[②] 蒙古统治者收罗天下童男童女及工匠，置局于弘州。既而得西域织金绮纹工三百余户及汴京织毛褐工三百户，皆分隶弘州，命镇海世掌焉。[③] 按：弘州，治永宁县（今河北阳原），辖境相当于今河北阳原县及宣化县西南部。涿州出产的纳石失也很有名，据马可·波罗记载，涿州“居民以工商为业，织造金锦丝绢及最美之罗”[④]。元代在涿州设有织染局。直脱儿，蒙古人，太宗八年（1236年）建织染七局于

① 李景瑞主编：《承德古代史》，319页，北京，民族出版社，2009。

② 《元史》卷一二二《哈散纳传》。

③ 《元史》卷一二〇《镇海传》。

④ ［意］马可·波罗著，冯承钧译：《马可·波罗游记》，142页，长春，吉林出版集团有限责任公司，2009。

涿州。次年，改涿州路，以直脱儿为达鲁花赤。[①]

由于生活环境的变化，蒙古族手工业在原来的基础上又出现了一些新品种，呈现出新的特点。

第一，制盐业。盐是人们日常饮食中不可缺少的生活必需品，历代以来大多官营，由官府垄断经营。从品种来看，蒙元时期盐分为海盐、池盐、井盐、土盐。元代对盐业的管理越来越规范，管理机构也日趋完善。在盐产地设盐场，由各地都转运盐使司（或盐课提举司、茶盐转运司）管理。今河北地区主要是海盐，集中在河间、大都。太宗庚寅年（1230年），始立河间税课所，置盐场，拨灶户二千三百七十六隶之，每盐一袋，重四百斤。甲午年（1234年），立盐运司。庚子年（1240年），改立提举盐榷所，岁办三万四千七百袋。癸卯年（1243年），改立提举沧清盐课使所，岁办盐九万袋。定宗四年（1249年），改真定河间等路课程所为提举盐榷沧清盐使所。宪宗二年（1252年），又改河间课程所为提举沧清深盐使所。世祖中统元年（1260年），改立宣抚司提领沧清深盐使所。四年，改沧清深盐提领所为转运司。[②] 光绪《畿辅通志》卷一四四载有一个铜权，上刻蒙古和汉文两种文字，正面四行，由前而后为“真定河间宣课所”七字。由于定宗四年（1249年）改真定河间等路课程所为提举盐榷沧清盐使所，“此锤（权）以真定、河间并言，盖在定宗四年以前，当南宋理宗淳祐时也”[③]。

元廷先是分别设置了大都盐运司和河间盐运司，大德七年（1303年）合并为大都河间等路都转运盐使司，秩正三品，掌场灶榷办盐货，以资国用。[④] 据《元史》卷八五《百官志一》载，大都河间等路都转运盐使司，辖盐场22所：利国场、利民场、海丰场、阜民场、阜财场、益民场、润国场、海阜场、海盈场、海润场、严镇场、富国场、兴国场、厚财场、丰财场、三叉沽场、芦台场、越支场、石碑场、济民场、惠民场、富民场。其中除芦台场、越支场、海阜场在辽金时已存在外，大部分盐场为元代所创设。例如，三叉沽盐场，据元人王鹗《三叉沽创立盐场旧碑》曰：“国家创制，事从简易，燕京所辖，有县曰宝坻、芦台、越支，畴昔之盐场也，曰三叉沽，则未之闻。甲午之秋（1234年），三叉之地，未霜而草

① 《元史》卷一二三《直脱儿传》。

② 《元史》卷九四《食货志二》。

③ （光绪）《畿辅通志》卷一四四《金石七》，见《续修四库全书》史部地理类，第635册，上海，上海古籍出版社，2002。

④ 据《元史》卷九四《食货志二》载，大德元年，遂罢大都盐运司，并入河间。

枯，滩面宽平，盐卤涌出，或经日自生。时人指以为瑞，遂相率诉于官。按验得实，受旨煎造。……是年办课五百余锭，比之他场几倍之。"[①] 该盐场设立于太宗六年（1234 年）后。盐运使有时也以蒙古人为之。例如，至正二十六年（1366 年）乙未，命知枢密院事买闾以兵守直沽，命河间盐运使拜住、曹履亨抚谕沿海灶户，俾出丁夫从买闾征讨。[②] 又如，咬咬，蒙古人，泰定丁卯年（1327 年）为大都河间都转运盐使，任上以身率下，惩治宿弊，前任遗留下盐引一十万五千二百五十，积滞而不能售，咬咬于省部言状，终于将此盐引售完。由于政绩斐然，当地人为其立德政碑。[③]

"国之所资，其利最广者莫如盐。"[④] 由于盐利甚丰，元代民间制贩私盐活动十分活跃，元廷对盐控制甚严，规定"诸犯私盐者，杖七十，徒二年，财产一半没官，于没物内一半付告人充赏"[⑤]。但因为利之所在，受暴利的驱使，不仅汉人，就是蒙古人也卷入制贩私盐之中。中统四年（1263 年）七月，下诏规定，禁蒙古、汉军诸人煎、贩私盐。[⑥] 八月，冀州蒙古百户阿昔等犯盐禁，没入马一百二十余匹，以给军士之无马者。[⑦] 有元一代，蒙古人被称为"国人"，在全国四等人中地位最高，享有诸多特权，但在禁止制贩私盐方面，官府却毫不容贷，专门规定诸蒙古人私煮盐者，依常法。[⑧]

第二，酿酒业。元代造酒业发达，凡婚丧嫁娶、宴享聚会，乃至一日三餐，酒成为人们居家生活不可或缺的日常消费品。蒙古人性格豪爽好饮，其统治者对酒有特殊的癖好，大多嗜酒成瘾。例如，太宗窝阔台，"素嗜酒，日与大臣酣饮"[⑨]；世祖忽必烈亦好饮。上则好之，下必甚焉，在蒙古统治者的示范效应下，这种饮酒风气愈演愈烈。在此背景下，酿酒业成为规模超迈前代的独立的手工业部门。

---

① （元）王鹗：《三叉沽创立盐场旧碑》，见李修生主编：《全元文》卷二四五，第 8 册，10 页，南京，江苏古籍出版社，1999。

② 嘉靖《河间府志》卷十一《武备志·兵变》，见《天一阁藏明代方志选刊》，上海，上海古籍书店，1964。

③ （元）张养浩：《大都河间等路都转运盐使咬咬惠政碑》，见李修生主编：《全元文》卷七七五，第 24 册，650 页，南京，江苏古籍出版社，1999。

④ 《元史》卷九四《食货志二》。

⑤ 《元史》卷一〇四《刑法志三·食货》。

⑥ 《元史》卷五《世祖纪二》。

⑦ 《元史》卷五《世祖纪二》。

⑧ 《元史》卷一〇四《刑法志三·食货》。

⑨ 《元史》卷一四六《耶律楚材传》。

蒙古族进入内地后，他们素常饮用的马湩（即马奶酒）也随之引入，给中原内地酒类增添了新品种。元人杨允孚《滦京杂咏》写道：“内宴重开马湩浇，严程有旨出丹霄。”① 所描写的宫廷宴会中，饮用的即是马湩。忽必烈嗜好马湩，因饮用过量，患了足疾，后屡次发作，不胜其苦，虽曾遍请名医诊治，也难以痊愈。在蒙古族风尚的影响下，马湩在中原内地民间也开始流行。元好问《过应州》诗曰：“随俗未甘尝马湩，敌寒直欲御羊裘。”② 此说的是今山西北部的情况，当地饮用马湩已浸然成俗。在蒙古族聚集的今河北地区，当更概莫能外。

除了马湩外，蒙古人饮品还有葡萄酒和白酒。葡萄酒是用葡萄或葡萄汁发酵酿成，而白酒则主要是用粮食酿成。由于酿白酒，当时粮食消耗量是相当惊人的。大都汗八里，列肆数百，诸坊肆中，每日酿酒有多至三百石者。③ 有学者推算，大都仅酿酒，一年就需粮食一千二百多万石。权臣伯颜之弟马扎尔台于通州置榻房，开酒馆、糟房，日至万石。④ 真定一路仅仅在城内的糟房，每日蒸汤二百余石，一月计六千余石。⑤

为了减少粮食过多的消耗，与元代社会尚饮形成对照的是，元代酒禁甚严，朝廷屡发禁令，规定诸私造唆鲁麻酒者，同私酒法，杖七十，徒二年，财产一半没官，有首告者，于没官物内一半给赏。当时不少蒙古人为了谋利也私自酿酒。法律规定“诸蒙古、汉军辄酿造私酒醋曲者，依常法”⑥。

第三，矿冶业。元代，矿藏的经营由朝廷控制，其经营方式一般是派官员组织人匠开采，或包给私人募人开采。窝阔台时，中贵怯薛苦木思不花奏拨山后一万民户，采炼金银和栽种葡萄。中书令耶律楚材奏言：“太祖有旨，山后百姓与本朝人无异，兵赋所出，缓急得用。不若将河南残民贷而不诛，可充此役，且以实山后之地。”⑦ 窝阔台然之。山后，即燕山以北地区，包括今张家口、承德地区，在此似乎专指张家口张北一带。《马可·波罗游记》中提到申达州（即抚州，今河北张北），居民多以制造君主臣下之武装为业，“此州有一山，中有银矿甚佳，采量不少，其名

① （清）顾嗣立：《元诗选》（初集），1964页，北京，中华书局，1987。

② 元好问：《过应州》，见《元好问全集》（增订本）卷九，207页，太原，山西古籍出版社，2004。

③ 《牧庵集》卷十五《中书左丞姚文献公神道碑》，四部丛刊初编本。

④ （元）权衡撰，任崇岳笺证：《庚申外史笺证》卷上，34页，郑州，中州古籍出版社，1991。

⑤ （元）王恽：《秋涧先生大全文集》卷九十《禁酿酒》，四部丛刊初编本。

⑥ 《元史》卷一〇四《刑法志三·食货》。

⑦ （元）苏天爵：《元文类》卷五七《中书令耶律公神道碑》，833页，北京，商务印书馆，1958。

曰伊的非儿”[①]。中统三年（1262 年），功臣博都欢利用其投下匠户包采宣德州、德兴府等处银冶，“岁取银及石绿、丹粉输官”，诏从之。[②]

四、河北蒙古族的商业

蒙古族虽然以畜牧业为主，但有着重商传统，也十分重视商业。元代疆域辽阔，国内驿路交通发达，为商业发展提供了良好的条件。商业之盛不只表现于国内贸易，对外贸易也盛极一时。在灭南宋以前，陆道贸易占主体，主要沿着传统丝绸之路进行，但灭南宋后，海道贸易逐渐取而代之。当时欧、亚、非商人接踵而至，各大都会中商贾云集、珍奇荟萃，琳琅满目，令人目不暇接。元文宗天历年间（1328—1329 年），商税总额达 76 万余锭（7600 余万贯）之巨。

由于蒙古统治者的重视，蒙元时期河北地区商业十分兴盛。“权”，俗称“秤砣”，河北各地屡屡出土元代铜权，其中不少是在今张家口、承德地区发现的，而以上地区在元代是蒙古人聚集区，这正是当时河北蒙古族商业发展的实物例证。例如，1983 年 6 月，河北宽城县物资局基建施工时出土两件元代铜权。其中一件大德三年（1299 年）权，权体呈束腰六面体，高 10 厘米，重 725 克。权身正面有阴文“大德三年大德路造”字样，背面铭文模糊不清，其余四面均刻蒙古文。元时宽城属大宁路，从铭文来看，此铜权铸于大德路，但元代并无大德路，如果不是释读错误，似乎应为大都路之讹。不管怎样，此件铜权显然非本地铸造，而是由外地流入宽城的。另一件大德七年（1303 年）权，权体呈亚腰。[③]

以下主要从斡脱钱和纸币两方面对此时期商品经济的状况加以介绍。

（一）斡脱钱在河北的泛滥

蒙古人商业主要是通过回回人来进行，在蒙古草原时如此，在进入中原内地后亦是如此。中统四年（1263 年）左右，在大都的回回人近三千户。这些回回人善于经商，兴贩营运，而不承担差役。他们所进行的商业活动中，最著名的是所谓“斡脱钱”。斡脱，源于突厥语，有合伙之意。蒙古大汗，乃至蒙古贵族官吏委托回回人经营商业和放债，赚取高额利息，这些回回人被称为斡脱，他们所发放的高利贷即称“斡脱钱”。至元

① ［意］马可·波罗著，冯承钧译：《马可·波罗游记》卷一，84 页，长春，吉林出版集团有限责任公司，2009。

② 《元史》卷五《世祖纪二》。

③ 马瑞雪：《河北宽城出土两件元代铜权》，载《文物》，1990（9）。

九年（1272 年），元设斡脱所，后扩大为斡脱总管府，在全国各地设立斡脱局或斡脱府，以加强对斡脱商业经营和放债谋利诸事务的管理。

斡脱钱，始于成吉思汗时代，到太宗窝阔台时期愈益发展。南宋彭大雅曾出使蒙古汗国，他在《黑鞑事略》中记述："其贾贩，则自鞑主以至伪王、伪太子、伪公主等，皆付回回以银，或贷之民而衍其息。一铤之本，展转十年后，其息一千二十四铤。或市百货而懋迁，或托夜偷而责偿于民。"① 这种高利贷，年息 100%，次年转息为本，本再生息，时称"羊羔利""羊羔息"。自乙未（1235 年）定籍后，役烦赋重，官府征收赋税期限甚急，为了能按时交纳，民户常常被迫借斡脱钱。但一旦负债，则难以挣脱，多至卖田宅，鬻妻子，即使这样往往也难以偿还时时翻倍的本息，许多人为此而家破人亡。不仅普通百姓，有时地方州县官员迫于朝廷赋税压力，也不得不借斡脱钱。太宗十年至十一年（1238—1239 年），真定路遭遇蝗旱灾害，又继以饥荒，当地官府不得已借斡脱钱以完纳赋税，本息积至银一万三千余锭（六十五万多两），根本无力偿还。最后本路最高长官史天泽拿出全部家产积蓄，并让手下官吏捐款，才得以还清。②

太宗十二年（1240 年），王珍入觐，授总帅大名路军马管民次官，他对太宗说："大名困于赋调，贷借西域贾人银八十铤，及逋粮五万斛，若复征之，民无生者矣。"③ 窝阔台下诏官偿所借银，复尽蠲其逋粮。大名行省的状况在拉施特主编《史集》中也有记载："汉地有一座城大名府的居民诉苦说：'我们有八千巴里失的债，这就将是［我们］贫困的原因，因为债主催［还］。如果能降旨让他们签订一个和缓的协议，我们就可逐渐偿付而不至于最后破产'。合罕说：'迫使债主们签订和缓的协议将造成他们的损失，［对这件事］置之不理，将引起臣民叛乱。最好由国库全部偿付吧。'于是发出通告，让债主们带着收据或领着负债人来向国库领钱。有很多人，一个装作债主，另一个装作他的负债人，前来冒领巴里失，结果，领走了比原来的数目多许多倍的钱。"④ 拉施特这则材料引自何书不详，所记载的史实与《元史》虽基本相同，但也有一些差别。例如，

① （宋）彭大雅：《黑鞑事略》，536 页，续修四库全书本。

② （元）王恽：《秋涧先生大全文集》卷四八《开府仪同三司中书左丞相忠武史公家传》，四部丛刊本。

③ 《元史》卷一五二《王珍传》。

④ ［波斯］拉施特主编，余大钧、周建奇译：《史集》卷二，91 页，北京，商务印书馆，1985。

王珍的身份，《元史》言为“总帅本路军马管民次官”，而《史集》未提到他的姓名，只云大名府的居民，显然有失准确。另外，一些人冒领钱财造成国库巨额损失之事，则为《元史》所无，二书记载可相互参证补充。

这些回回商人在蒙古统治者支持下，发放斡脱钱，牟求暴利，弄得许多人妻离子散，民怨沸腾，即使镇守一方的汉人世侯也为之焦头烂额，疲于应对，以此引发朝野上下的普遍不满。耶律楚材上奏希望使斡脱钱，“本利相侔而止，永为定制，民间所负者，官为代偿之”①。世祖忽必烈在潜邸时，姚枢上书中也提到了斡脱钱之弊：“倚债负，则贾胡不得以子为母，破称贷之家。”② 但由于回回人有蒙古权贵为其撑腰，蒙古统治者也从中渔利，故直至元亡，斡脱钱害民问题一直未得到有效解决，这也是造成元朝统治下阶级矛盾激化的重要因素之一。

（二）发行纸钞

元武宗至大二年（1309 年），曾效仿前代开铸铜钱，名曰“大元通宝”。它并非以历代常见的年号以名之，分为汉文和蒙古文两种。但元代最著称于世的还是其纸钞。

图 2－1　大元通宝（八思巴文，藏于河北大学博物馆，冯金忠摄）

① 《元史》卷一四六《耶律楚材传》。

② 《元史》卷一五八《姚枢传》。

中国历史上最早的纸币，可追溯至唐代的飞钱（又称“便换”）。北宋庆历以来，四川地区出现了交子，南宋建炎后，东南地区出现了会子。交子、会子已是真正意义上的纸币，但它们流通有着明显的区域性，还不是全国通行的纸币。成吉思汗时期，蒙古统治者便仿照宋金之制印造会子、交钞。[①]“当太祖末年，何实行元帅府事于博州。值兵火后，货物不通，实以丝数，印置会子，权行一方，民获贸迁之利。”[②] 太宗八年（1236年）正月，诏印造交钞。[③] 宪宗岁癸丑（1253年），忽必烈奏立交钞提举司，印钞以佐经用。[④] 当时各路都在本境内印制使用自己的纸钞，全国尚无统一的钞币。

中统元年（1260年），忽必烈即位伊始，即发行中统钞，自十文至二贯文，凡十等，原来行用的旧钞、钱一律废止，规定百姓交纳税赋都要使用中统钞。在真定宣抚使刘肃的建议下，命令各路以旧钞如数倒换中统钞，以避免百姓蒙受损失。灭南宋后，中统钞又被推广至江南地区。至元二十四年（1287年），又印制至元钞，与中统钞并行。元武宗时虽然也曾改行至大银钞，但不久即废。整个元代通行的主要是中统钞和至元钞。元世祖时，马可·波罗至中国，第一次见到元代之纸币，感到十分神奇和惊讶，他对之评价甚高：

> 此种纸币之上，钤盖君主印信，由是每年制造此种可能给付世界一切帑藏之纸币无数，而不费一钱。
>
> 既用上述之法制造此种纸币以后，用之以作一切给付。凡州郡国土及君主所辖之地莫不通行。臣民位置虽高，不敢拒绝使用，盖拒用者罪至死也。兹敢为君等言者，各人皆乐用此币，盖大汗国中商人所至之处，用此纸币以给费用，以购商物，以取其售物之售价，竟与纯金无别。其量甚轻，致使值十金钱者，其重不逾金钱一枚。[⑤]

---

① 郭庠林：《关于元代纸钞的几个问题》，载《学术月刊》，1983（6）。

② （明）王圻：《续文献通考》卷九《钱币考》，上海，上海古籍出版社，2000。

③ 《元史》卷二《太宗纪》。

④ 《元史》卷四《世祖纪一》。

⑤ ［意］马可·波罗著，冯承钧译：《马可·波罗游记》，第二卷，125页，长春，吉林出版集团有限责任公司，2009。

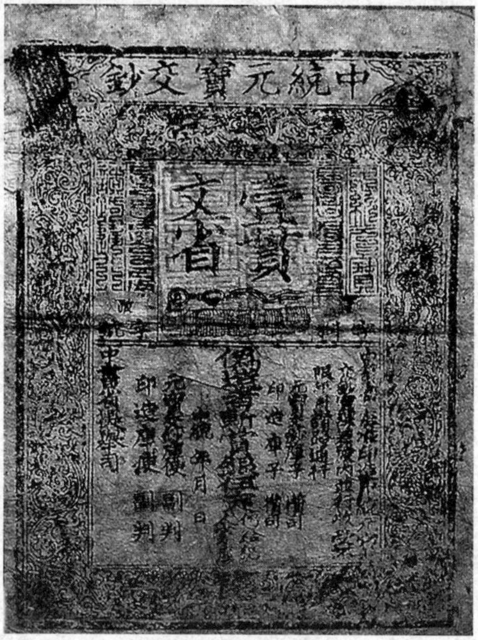

图 2-2　中统钞（冯金忠摄）

忽必烈即位后，简择信臣，宣抚十道，其中布鲁海牙出使真定（今河北正定）。布鲁海牙，畏吾儿人，曾掌管庄圣太后（即拖雷之妻、忽必烈生母唆鲁禾帖尼，后尊谥庄圣太后）在真定的汤沐邑，历任真定路达鲁花赤、燕南诸路廉访使、断事官等，由于他长期在真定任职，对真定当地的情况十分熟悉。全国已发行中统新钞，但在真定遇到了一个棘手问题。当时为了确保中统钞的信用，以金银作准备金，规定诸路领钞，以金银为本。也就是说，各路换钞时须把本路金银送往中书省，“本至，乃降新钞”①。由于真定是庄圣太后的分地（汤沐邑），她生前已将真定的金银全部辇运至上都开平，这样真定无本可交。按照朝廷规定，根本不可能得到新钞。于是，布鲁海牙遣幕僚邢泽前往大都反映真定的情况，对主管其事的平章王文统说：“昔奉太后旨，金银悉送至上京，真定南北要冲之地，居民商贾甚多，今旧钞既罢，新钞不降，何以为政。且以金银为本，岂若以民为本。又太后之取金帛，以赏推戴之功也，其为本不亦大乎！”②王文统考虑到真定的实际情况，遂打破常规，拨付中统钞五千锭给真定。

① 《元史》卷一二五《布鲁海牙传》。

② 《元史》卷一二五《布鲁海牙传》。

不难看出，真定之所以出现以上问题，全是由于庄圣太后为代表的蒙古贵族对真定分地大肆搜刮，将其金银搜刮一空的结果。

第三节 蒙元之际蒙古族在河北统治的巩固和制度探索

蒙古汗国建立后，成吉思汗将全蒙古分为95个千户，分别授予开国功臣，令世袭管领。千户下设百户，百户下设十户。千户制打破了蒙古原有的氏族部落组织，既是军事组织，又是地方行政单位。通过千户制，全蒙古百姓都被纳入千户之内，并被固定在指定牧区之内，不得任意迁徙。千户之上，统以万户，但万户是军事统帅，而非行政长官。万户和千户那颜在其管辖范围内，不仅享有世袭封地之权，还拥有分配牧场、征收赋税、差派徭役、统领军队等权力。

蒙古初伐中原时，设万户一职，以统军旅，另设断事官一职，以治政刑，两职均由蒙古亲贵担任。在进入中原内地后，为了适应统治中原的需要，开始参用汉、契丹、女真等族官员、士大夫，并仿金制，设官命职，呈现出蒙古旧制与汉地制度杂糅的形态。随着时间的推移，汉制愈益占据主要地位。经过四五十年的曲折过程，到忽必烈时，才比较全面地推行汉法，建立了汉族式的封建王朝。① 在中原内地，河北是蒙古统治者最早控制的地区之一，对其统治经历了一个从间接统治到直接统治的过程，其地的制度建设对于全国而言具有一定的示范意义。

一、赋税制度的建立

蒙古统治者进入中原内地初期，财货、物资、粮秣、器仗等的获得，多采取直接抢掠的手段，对占领区的征敛并无标准，具有很大随意性。将帅、臣下也无俸禄，只是将战争的掳获物、战利品，按照其官位高低进行分配，没有参战的大臣也能分得一份，谓之曰“俵分”。故当时，“官吏多聚敛自私，赀至巨万，而官无储偫”②。这种经济形态是与蒙古早期的游牧生产方式相适应的，具有很大的不稳定性。在进入内地转入定居农耕后，这种旧的经济形态已与新的环境不再适应。在汉族士大夫影响下，蒙

① 韩儒林主编：《元朝史》（上册），236页，北京，人民出版社，1986。

② 《元史》卷一四六《耶律楚材传》。

古统治者逐渐认识到“取人家国，欲得百姓土地”[①] 的道理。窝阔台时期开始调整统治政策，吸收汉地传统的制度文化，检括户口，定诸路课税，在制度建设上迈出了一大步。

（一）庚寅税制及燕京等路课税所的建立

太祖二十二年（1227 年），成吉思汗死，遗命第三子窝阔台继任大汗，由幼子拖雷监国。1229 年秋，窝阔台继立。窝阔台在位十三年，是蒙古汗国历史上一位很有作为的大汗，庙号太宗。他继承其父遗志，继续开疆拓土，于太宗六年（1234 年）灭金，次年又派拔都西征。另外，他即位后注意制度建设，致力于大蒙古国统治的巩固与完善，比如颁布大札撒，规定抽分制度，建都和林，给符印，立钞法，定均输，置仓廪，立驿传，等等，使庶政略备。但最重要的制度还是赋税制度的建立。赋税制度由耶律楚材首倡。耶律楚材，字晋卿，为契丹贵族之后裔，他自幼学儒，博学多才，兼通佛、道、医术、天文、地理等，在金朝官至燕京行省员外郎。耶律楚材在蒙古军攻破中都（即燕京）时归降，在成吉思汗时，初以占卜星象等术，充任必阇赤（即书记官、“令史”），窝阔台汗即位后始受到重用。

窝阔台即位伊始，耶律楚材便对窝阔台建议说，陛下将南伐，军需宜有所资，中原之地，财用所生，如果实行赋税制度，则地税、商税、盐、酒、铁冶、山泽之利，岁可得银五十万两、帛八万匹、粟四十余万石，足以供给军需和各种费用。耶律楚材的做法十分高明，赋税制度对初入中原的蒙古统治者而言是一个全然陌生的制度，如果径自建议施行，很可能为窝阔台所断然拒绝。故他采取了迂回的策略，导之以利，从窝阔台当前萦怀于心的灭金大计中寻找突破口。大举伐金，首先需要解决军需粮饷等问题，窝阔台为此一筹莫展。耶律楚材向窝阔台保证说，若施行新税制，就足以提供军需和各种费用。果不其然，窝阔台闻之大悦，采纳了耶律楚材的建议，下令着手制定新税制：“命河北汉民以户计，出赋调，耶律楚材主之；西域人以丁计，出赋调，麻合没的滑剌西迷（即牙老瓦赤、牙剌瓦赤——引者注）主之。”[②] 据《元史》卷二《太宗纪》载：太宗二年（1230 年）庚寅春正月，“定诸路课税，酒课验实息十取一，杂税三十取一。”这次税制分为两部分，一部分是针对河北汉民，另一部分是针对西域人，二者的赋调征收标准也不同，河北汉人以户为标准，而西域人则以

① 《元史》卷二〇八《外国传 · 日本》。
② 《元史》卷二《太宗纪》。

丁为标准，分别由耶律楚材和麻合没的滑剌西迷主掌，体现出鲜明的二元制特点。应该说，当时针对河北汉民、西域人不同的经济特点而制定不同的政策，具有一定的合理性。其中，河北汉民无疑是民户主体，按户出赋调，还规定对酒课等征税，十取一，杂税三十取一。这种税率在当时并不算太高。税率多少，可置之不论，这种定额税制的出现，改变了以前蒙古统治者和地方官员随意征敛的状况，无论对于汉人世侯还是蒙古统治者均构成一种约束，一定程度上减轻了百姓的负担，从历史上看，无疑是一个很大的进步。

为了征税，太宗二年（1230 年）十一月，耶律楚材又奏立燕京等十路征收课税所。[①]“十路”，指燕京、宣德、西京、太原、平阳、真定、东平、北京、平州、济南，包括了当时除李全辖境之外的全部蒙古统治区。与今河北有关的是燕京、宣德、真定、平州四路。每路设正、副课税使两员，多由汉人儒者担任。燕京路为陈时可、赵昉，宣德路为刘中、刘桓，真定路为王晋、贾从，平州路为夹谷永、程泰。他们专掌钱谷之事，不受地方长官统摄。[②] 耶律楚材亲自坐镇燕京。实际上，各路的兵民大权都掌握在当地长官（多数是汉人世侯）手中，课税使只有按额验收赋税的权力。[③]

太宗三年（1231 年）秋，各路将上一年赋税上报，窝阔台见所征银币及仓廪米谷已如数收纳，赋税制度迅速取得了成效，遂龙颜大悦。即日，授耶律楚材中书省印，俾领其事，事无巨细，一以委之。[④] 时宣德路长官、太傅秃花拖欠官粮万余石，他自恃勋旧，密奏求免。窝阔台问："中书知否"？秃花对曰："不知。"窝阔台乃叱出之，令其白中书省偿之，仍敕今后凡事先白中书，然后奏闻。[⑤] 此时"始立中书省"[⑥]，以耶律楚材为中书令。但此中书省事实上与后来忽必烈所置作为全国最高行政机关的中书省性质截然不同，它只是大汗侍从官中主行文书的必阇赤班子。[⑦]

---

① 《元史》卷一四六《耶律楚材传》。

② 据《元朝名臣事略》卷五《中书耶律文正王》言："先是，诸路长吏兼领军民钱谷，往往恃其富强，肆为不法。公奏：'长吏专理民事，万户府总军政，课税所掌钱谷，各不相统摄'。遂为定制。"（元）苏天爵辑，姚景安点校：《元朝名臣事略》，北京，中华书局，1996。

③ 韩儒林主编：《元朝史》（上册），233 页，北京，人民出版社，1986。

④ （元）苏天爵辑，姚景安点校：《元朝名臣事略》卷五《中书耶律文正王》，77 页，北京，中华书局，1996。

⑤ （元）苏天爵辑，姚景安点校：《元朝名臣事略》卷五《中书耶律文正王》，77 页，北京，中华书局，1996。

⑥ 《元史》卷二《太宗纪》。

⑦ 韩儒林主编：《元朝史》（上册），238 页，北京，人民出版社，1986。

（二）乙未定籍及庚申税制

太宗六年（1234年），蒙古灭金，自此淮河以北的领土都归于蒙古。按照成吉思汗生前所定下的规矩："取天下了呵，各分地土，共享富贵。"[①] 所得的中原汉地土地和百姓，都是"黄金家族"的共有财产，应在宗亲中进行分配，各得一份。金朝既亡，标志着蒙古对中原汉地的攻伐告一段落，按旧制必须进行统一的分配和赏赐。翌年（1235年）窝阔台下令再次括户，以其养弟失吉忽秃忽[②]为中州大断事官，总领其事。忽秃忽，本为塔塔儿人，在幼时被蒙古军所掳，送于成吉思汗的母亲诃额仑处抚养。[③] 在籍民问题上，忽秃忽与耶律楚材发生了争执。忽秃忽主张以丁为户，耶律楚材极力反对，认为若丁逃则赋无所出，当以户定之。经再三争论，窝阔台最终还是采纳了耶律楚材的意见，分遣官员赴各路括户。事实上在灭金前一年，已有过一次括户，但这一次规模更大，组织更严密。窝阔台下令："不论达达（即蒙古人——引者注）、回回、契丹、女真、汉儿人等，如是军前虏到人口，在家住坐，做驱口。因而在外住坐，于随处附籍，便系是皇帝民户，应当随处差发。主人见，更不得识认，如是主人识认者，断按打奚罪戾。"[④] 随处民户，不论是侨居抑或土著，均在其所居住州县入籍；僧、道、驿站等户分别登记，按规定免除差发。应属诸权贵的驱口，也通行立籍，附于本使户下。在括户中，许多官员、权势之家摄于严令，不得不交出一部分影占荫庇的人口，编入民籍。次年（1236年）六月，编籍中原户口的工作全面完成，忽秃忽奏上所籍诸路民户数一百一十多万户。[⑤] 因为括户在上年（1235年）进行，1235年为旧历"乙未"，故史称"乙未定籍"。乙未户账成为元朝长期奉行的定额。例如，至元三年（1266年），"诸势家言有户数千，当役属为私奴者，议

---

① 陈高华等点校：《元典章》卷九《吏部三·改正投下达鲁花赤》，296页，天津，天津古籍出版社，2011。

② 《元史》卷二《太宗纪》作"胡土虎那颜"，同书卷一四六《耶律楚材传》作"忽都虎"。

③ 谢再善译：《蒙古秘史》，第13节，59页，北京，中华书局，1956。

④ 陈高华等点校：《元典章》卷一七《户部三·户口条画》，584~585页，天津，天津古籍出版社，2011。

⑤ 《元史》卷二《太宗纪》谓"得续户一百一十余万"，似乎不包括癸巳年所籍的七十三万户。《圣武亲征录》仅言"籍到汉民一百一十一万有奇"，无"续户"字样。唯据《耶律楚材神道碑》、《元史》卷九八《兵志一》及卷一五七《刘秉忠传》，则乙未年"天下户"，总数似仅一百余万（碑作一百四万，兵志作一百万四千多）。又，《元史》卷五八《地理志一》谓乙未籍户，"自燕京、顺天等三十六路，户八十七万三千七百八十一，口四百七十五万四千九百七十五"。或以为此系除封户外的系官民户数，若加上封户，则总户数应有一百七十余万。参见爱宕松男：《元朝税制考——关于税粮和科差》载《东洋史研究》23卷4号，1965。

久不决。（张）文谦谓以乙未岁户账为断，奴之未占籍者，归之势家可也，其余良民无为奴之理。议遂定，守以为法”①。

在“乙未定籍”的基础上，太宗八年（1236年），更定天下赋税。这一年为旧历丙申年，史称“丙申税制”。其内容如下：

税粮。分为两种，一为丁税（或称“丁粮”），每丁科粟一石，驱丁五斗，新户丁、驱各半之，老幼不征；二为地税，根据牛具之数和土地等级征收。上田每亩税三升半，中田三升，下田二升半，水田亩五升。二者中，若丁税少而地税多者纳地税，地税少而丁税多者纳丁税。工匠、僧、道纳地税，官吏、商贾纳丁税。

科差。由当差民户负担。包括两项：一为丝料，每二户出丝一斤以供官用；五户出丝一斤输于本位（即投下），每户共纳丝十一两二钱，属于政府的民户也按此税额交纳。二为银丝杂色。

诸课。商税三十分之一，盐每银一两四十斤。

以上为永额。② 此外，还有“随路丝线、颜色”之不定期的临时征税，③ 主要用于军需或使臣来往。“丙申税制”在华北确立了丁税、地税、丝料、商税等税目，后来又加上包银一项。它基本延续了中原汉地传统的赋税制度，奠定了有元一代北方赋税体制的基础。

需要指出的是，本来按照窝阔台本意，这一年的分土分民，与以前在漠北推行的“忽必”（领地）和“莎余儿合勒”分封制度在本质上并无区别。按照这种制度，受封者均可以各治其分邑，自征其分民。但这样势必形成许多大大小小各不相统属的领地，与中原汉地高度发展的封建经济基础和中央集权制度是不相适应的。故耶律楚材极力反对，但分封业已施行，于是耶律楚材提出了以下补救措施：“若树置官吏，必自朝命，除恒赋外，不令擅自征敛。”④ 窝阔台采纳了这个建议，遂命各投下只在分地设达鲁花赤监临，而由朝廷统一设官，将赋税征收上来后，再按其应得数额分赐给他们，非奉诏不得擅征。诸投下分民，“每二户出丝一斤，并随路丝线、颜色输于官；五户出丝一斤，并随路丝线、颜色输于本位”⑤。

---

① 《元史》卷一五七《张文谦传》。

② （元）苏天爵辑，姚景安点校：《元朝名臣事略》卷五《中书耶律文正王》，80～81页，北京，中华书局，1996。

③ 《元史》卷九三《食货志一·科差》

④ （元）苏天爵辑，姚景安点校：《元朝名臣事略》卷五《中书耶律文正王》，80页，北京，中华书局，1996。

⑤ 《元史》卷九三《食货志一·科差》。

这就是“五户丝制”，蒙古语称为“阿合探马儿”，有兄弟们享受之利益的意思。

蒙古的“忽必”“莎余儿合勒”分封制度推行到中原汉地，衍变为五户丝制，它限制了蒙古贵族对百姓任意搜刮，保证了国家赋税收入，有利于加强中央集权，应该说是一个很大的历史进步。但尽管有种种限制，诸王权贵在食邑内自设课税官吏擅行课税者，也并不罕见。例如，拖雷在真定的分地，委派畏兀人孟速思，使视“显懿庄圣皇后分邑岁赋”①，庄圣太后还委派高林为规运库使，经营高利贷，“岁上供子息”②。

太宗十三年（1241 年），窝阔台去世，由皇后乃马真摄政，史称她“崇信奸回，庶政多紊”③。诸王贵戚肆意聚敛，破坏税法。定宗三年（1248 年），国内大旱，河水尽涸，野草自焚，牛马十死八九，民不聊生。在这种情况下，诸王及各部仍遣使于燕南迤南诸郡征求货财、弓矢、鞍辔等物，驲骑络绎，昼夜不绝，导致民力益困。④ 故史书称，“然自壬寅以来，法度不一，内外离心，而太宗之政衰矣”⑤。

（三）蒙哥“壬子税制”

辛亥年（1251 年），蒙哥即位，次年下令对民户“从新再行抄数”⑥，即重新登记户口，由燕京等处行尚书省主持其事，结果增户二十余万。⑦这次重新括户，是蒙古汗国时期最后一次大规模括户，此后直到至元七年（1270 年）仍以此户数作为定税的根据。⑧ 与窝阔台时期一样，这次括户也是实行新税制的前奏。1252 年为旧历壬子，故蒙哥此年制定的税制史称“壬子税制”。其内容大致如下：

其一，实行包银制。辛亥年（1251 年），用燕京行尚书省断事官牙刺

① 《元史》卷一二四《孟速思传》。

② （元）姚燧：《牧庵集》卷二三《有元故少中大夫淮安路总管兼府尹兼管内劝农事高公神道碑》，四部丛刊初编本。

③ 《元史》卷一四六《耶律楚材传》。

④ 《元史》卷二《定宗纪》。

⑤ 《元史》卷二《定宗纪》。

⑥ 陈高华等点校：《元典章》卷一七《户部三 · 户口条画》，580 页，天津，天津古籍出版社，2011。

⑦ 《元史》卷五八《地理志一》。

⑧ 据《元史》卷一七〇《杨湜传》载，至元七年，改制国用使司为尚书省，杨湜拜户部侍郎，仍兼交钞提举。“时用壬子（1252 年）旧籍定民赋役之高下。”湜言：“贫富不常，岁久浸易，其可以昔时之籍，而定今之赋役哉！”据《元典章》卷一七《户部三 · 户口条画》，至元八年，世祖颁布《户口条画》，对户籍进行了一次较大规模的整顿，将被诸王贵族、权豪势要之家非法侵占为奴的人民按籍追出，编籍为民。

瓦赤的创议，将原来各路征收的差发丝银正式定为国赋项目，每户征银六两，谓之“包垛银”，命各路推行。但遭到了各地极力反对。例如，真定路兵马都总管史楫上请曰：“兵后生意未苏，民恐不堪，如银与物折，各减二数，庶民力少宽，且无逋负。允其请，诏为定制，迄今天下赖焉。”[①]结果只征四两，减额三分之一，并且二两输银，二两折收丝绢、颜色等物。[②] 对于投下户而言，二两纳官府，二两纳于位下。

其二，丝料增加一倍。旧制，每户纳丝十一两二钱，至此增加为二十二两四钱。五户丝户，每户纳官丝一斤，五户丝六两四钱，每五户合为二斤，因称“二五户丝”。

（四）忽必烈对税制的调整

忽必烈即位后，在中书省平章政事王文统的主持下，对汉地的户口进行了整顿和分类。旧制，诸王封君投下五户丝径自从相关路州征取，王文统等认为这样弊端甚多，“恩不上出，事又不一，于政体未便”[③]，奏准实行各路皆输京师大都总藏，每年令各投下差官赴中书省验数关支的新办法。翌年，中书省又对投下私属人户进行甄别梳理，按照不同情况逐一确定他们所承担的投下赋役和朝廷差发。

中统元年（1260年），对五户丝的数额进行了调整，各投下封户每五户共出丝七斤，其中五斤上交国家，二斤交于投下。投下五户丝的数额增加一倍的同时，而将另一项国家赋税包银减半，由每户白银四两改为交钞四两（交钞二两等于白银一两）。增加五户丝的数量，显然是出于国家和投下对丝的巨大需求。

以上所述经济制度，主要是在包括河北在内的汉地施行。从庚寅税制、庚申税制，到壬子税制，制度规定在一步步完善，其税额也在增加，反映了蒙古统治者在汉族士大夫的协助下，开始摆脱游牧经济的思维方式，逐渐接受了汉地传统的统治方式。虽然此过程十分艰难，中间迭经曲折和反复，但却是不可逆转的历史趋势。河北地区，经过金元之际数十年的社会震荡，终于赓续了辽金的经济制度，并在以后灭南宋的战争中，成

---

① （元）王恽：《秋涧先生大全文集》卷五四《大元故真定路兵马都总管史公神道碑铭》，四部丛刊初编本。

② 《元史》卷九三《食货志一》。而据《元史》卷一五二《张晋亨传》，张晋亨为严忠济手下幕吏，其本传言由于他向宪宗反映情况，才得以蠲户额三之一，仍听民输他物，遂为定制。《元史》卷一五三《王玉汝传》：“宪宗即位，有旨令常赋外，岁出银六两，谓之包垛银。玉汝曰：‘民力不支矣！’纠率诸路管民官，愬之阙下，得减三分之一。”

③ （元）王恽：《秋涧先生大全文集》卷八〇《中堂事记》，四部丛刊初编本。

为蒙古统治者巩固的后方和财赋基地。

二、燕京行尚书省（燕京行台）的设立

太宗六年（1234 年），蒙古灭金，尽得中原之地。但当时蒙古的统治中心远在和林，仅仅依靠中书省所领的十路课税所来监督课税和地方行政已不能适应形势发展的需要，故有必要在汉地设立一个权力更为集中的机构，代表朝廷对地方各级官府进行监督。燕京等处行尚书省就是适应这种形势需要而出现的机构。

燕京等处行尚书省，亦称燕京行尚书省、燕京行台、中都行台，是蒙古南下期间统治汉地的最高行政机构。太宗六年（1234 年）七月，窝阔台以失吉忽秃忽为中州断事官，主治汉民，中原各地户口、赋税、刑法等诸事尽归之，设治于燕京，称为燕京等处行尚书省（燕京行台）。由于其权力与汉地的丞相有些类似，故有些汉典籍称失吉忽秃忽为“胡丞相”。

在此之前，在蒙古伐金过程中，曾仿宋金之制授予一些降将以行省之职。例如，攻占中都后，任命金降将石抹明安为太保、都元帅、燕京行省。此燕京行省与燕京行尚书省名称虽然相似，但性质决然不同。燕京行尚书省基本上是依照蒙古汗庭大断事官机构建立的，反映的是蒙古旧制。大断事官总辖民政、财政、司法等权力，职责主要包括两方面：一是审刑断狱；二是掌握民户的分配。在官制简朴的蒙古汗国时期，大断事官实际上就是最高行政长官，[①] 下设若干断事官为其僚属，皆御位下及中宫、东宫、诸王各投下怯薛丹等人为之。

断事官，蒙古语称“札鲁忽赤”。金泰和二年（1202 年），成吉思汗灭塔塔儿部后，命其异母弟别里古台整治外事，审断斗殴、盗贼等案件，此为断事官设置之始。[②] 按照蒙古制度，所征服的定居地区，都属于“黄金家族”的共有财产，由大汗设官统治，各支宗王也派自己的代表任断事官参与议事，协同管理，监督其赋入，以维护各自的权益。因此，燕京行尚书省（燕京行台）设立后，除大汗所任命的大断事官为长官外，诸王亦遣一家臣任断事官“参决尚书事”。例如，唐兀人昔里钤部，受贵由之命，为大名路达鲁花赤，他同时又是燕京行尚书省的断事官，一身二任。畏兀儿人布鲁海牙，受拖雷之妻唆鲁禾帖尼（即庄圣太后）之命，

---

① 陈高华、史卫民：《中国政治制度通史》（元代卷），61 页，北京，人民出版社，1996。
② 王锺翰主编：《中国民族史》（增订版），596 页，北京，中国社会科学出版社，2006。

任分地真定路达鲁花赤，后又兼燕京断事官。[①] 当时汉人因金旧制，习惯上把它比作金代行台尚书省，称之为燕京行尚书省或行尚书省、行台。

燕京行尚书省，也设有类似汉地的幕府机构，其参佐人员必阇赤，在汉文献中拥有“行尚书六部事”（简称“行六部”“行部”）、“尚书”、“侍郎”等官职。赛典赤、赵璧、刘汝翼、马月合等人，史籍中或以汉式官职称之，或径称为必阇赤。

燕京行尚书省设立后，即实行“画境之制”，对地方行政区进行调整，增置了许多路、府，至窝阔台末年，所统有二十余路。太宗八年(1236年)，各路、府、州、县遍置达鲁花赤，位在地方长官之上。但各地世侯的权力并没有削除（这要到忽必烈罢世侯、行迁转后才得以最终实现，关于世侯以下将有专门介绍），但已受到一定限制，他们的行省、都元帅、节度使等五花八门的职名先后被罢去，改为路、府总管及州、县“军民长官”“次官”的统一官称。另外，原来由汗庭大必阇赤兼管的诸路课税所，改归行尚书省节制。断事官经常钩考地方钱谷，上计行尚书省成为世侯所辖州郡的基本义务之一，乃至于“行台驻燕总皇纲，上计委积如陵冈”[②]。世侯所辖州郡还经常派人到燕京要求断事官减免地方杂税。例如，史楫在真定为真定兵马都总管，“时又有言食肴之酱请按籍计口桩散者，业以从之，公（指史楫——引者注）诣行台，论其不可，曰：‘盐铁本贸易物，难同差税一例配著，今民资单弱，是愈抵于困，不若依旧便’。议遂寝”[③]。同时，行尚书省也兼领刑法之权，《元史·布鲁海牙传》云，当时制度未定，“断事官得专生杀，多倚势作威”。例如，断事官牙鲁瓦赤与不只儿等总天下财赋于燕，视事一日，便杀二十八人。[④] 不过从实际情况来看，“凡赋役刑罚、除授官吏，州郡皆得专之”[⑤]，地方刑法之权仍主要掌握在世侯之手，断事官刑法之权仅是其推行政令的一种手段。

燕京行尚书省的建立，标志着蒙古汗国对汉地的统治发展到了一个新的阶段。但总的来看，它仍像达鲁花赤一样是蒙古统治者源于草原旧俗所

---

① 《元史》卷一二五《布鲁海牙传》。

② （元）王恽：《秋涧先生大全文集》卷五一《大元故大名路宣差李公神道碑铭并序》，四部丛刊初编本。

③ （元）王恽：《秋涧先生大全文集》卷五四《大元故真定路兵马都总管史公神道碑铭》，四部丛刊初编本。

④ 《元史》卷四《世祖纪一》。

⑤ 苏天爵著，陈高华、孟繁清点校：《滋溪文稿》卷二二《元故征士赠翰林学士谥文献杜公行状》，375页，北京，中华书局，1997。

建立的一种居高临下的行政机制。由于这种行政机制没有基层的行政机构作支撑，因此其权力涉及范围虽广，但真正奏效的职能却只有征收赋税一项。因此，作为一种行政机制，如果按照汉地传统地方最高行政机构标准来衡量，它还很不成熟。[①]

在燕京等处行尚书省治下，遍布着由窝阔台和蒙哥所分封的、分属于诸王功臣的大大小小的“汤沐邑”（投下），其所影占人户几乎为当时政府所籍民户总数的70%以上。[②] 诸王的分地及封户，下面将设专节介绍，此不赘述。

中统元年（1260年）三月，忽必烈在开平即汗位，次月即立中书省。七月，又立燕京行中书省，以祃祃为丞相，王文统、赵璧为平章政事。这时，总领汉地政事的实际责任主要是由燕京行省担负。燕京行省与中书省的关系，仍是“既立都省，车驾行幸，都省官从，而留都者，亦谓之行省”[③]。中统二年（1261年），燕京省官奉诏率诸路宣抚使赴开平申报钱谷大计，并得预议朝政。该年在充实中枢的同时，分定了中、行两省各自人选。大约中统三年前后，燕京行省遂合并于中书省而不复存在。[④]

三、达鲁花赤的设置

成吉思汗起于漠北，统有其众，部落野处，诸事草创，设官甚简，“后以西域渐定，始置达鲁花赤于各城监治之”[⑤]。《元史》卷一《太祖纪》系此事于太祖十八年（1223年）。《蒙古秘史》第四十节《成吉思合罕西征》记载，取花剌子模后，“成吉思合罕既取撒儿塔兀剌各城，降旨每城置一答鲁合臣（即达鲁花赤，意为镇守官——译者）”[⑥]。以此观之，达鲁花赤似乎首先设于西域，而后才在中原内地加以推广。但根据一些汉籍，似乎在此之前汉地已设置有达鲁花赤。例如，太祖十年（金贞祐三年，1215年），攻占中都后，成吉思汗北归，以西域色目人札八儿火者为“黄河以北铁门以南天下都达鲁花赤”，与诸将一起镇守中都。[⑦] 绍古儿，

① 符海朝：《元代汉人世侯群体研究》，127页，保定，河北大学出版社，2007。

② 周良霄：《论忽必烈》，载《中国社会科学》，1981（2）；后收入南京大学历史系元史研究室编：《元史论集》，101页，北京，人民出版社，1984。

③（元）苏天爵：《元文类》卷四〇《经世大典序录·各行省》，532页，北京，商务印书馆，1958。

④ 韩儒林主编：《元朝史》（上册），298页，北京，人民出版社，1986。

⑤（明）陈邦瞻：《元史纪事本末》卷一四《官制之定》，119页，北京，中华书局，1979。

⑥ 谢再善译：《蒙古秘史》，177页，北京，中华书局，1956。

⑦《元史》卷一二〇《札八儿火者传》。

麦里吉台氏，事太祖，命同饮班朱尼河之水，扈从亲征。已而从破信安，略地河西，赐金虎符，授洺磁等路都达鲁花赤。[①] 河北地区是蒙古统治者较早的占领区，虽然不能称是最早，但说在河北较早设置达鲁花赤应是没有任何问题的。

达鲁花赤，乃蒙古语 daruqaci 之音译，意为“镇守者”。[②] 蒙古统治者以所谓“六事”来控制新占领区，其中之一便是设置达鲁花赤。[③] 达鲁花赤设在新占领征服地区，地位在当地长官之上，拥有最后裁定军民政务的权力。明人叶子奇《草木子》卷三下云：“元路州县各立长官曰达鲁花赤，掌印信，以总一府一县之治。判署则用正官，在府则总管，在县则县尹。达鲁花犹华言荷包上压口捺子也，亦由古言总辖之比。”[④] 达鲁花赤多由大汗信任的蒙古人和色目人充任，代表大汗监视汉人世侯和地方官员，是一种监临性长官。故元人或称达鲁花赤为“宣差”[⑤]。

从类别上看，蒙元时期达鲁花赤大致可分为以下两种：

一是路、府、州、县系统的达鲁花赤。窝阔台在以断事官总管中原汉地的同时，对地方行政区划进行了调整，增设了许多路。他即位伊始(1229 年)，耶律楚材设立诸路课税所时，仅有十路，至窝阔台末年，燕京行尚书省（燕京行台）节制所及已达二十余道（路）。[⑥] 姚燧《牧庵集》卷二四《谭公神道碑》云：“太宗之八年丙申，州县守令上皆置监。”所谓“置监”，即指设置达鲁花赤。较早的路总管府达鲁花赤，约在窝阔台在位时出现。例如此时期，布鲁海牙曾任真定路达鲁花赤，耶律绵思哥曾任中都路也可达鲁花赤。[⑦] 起初，地位高而职事简，除了押署行文案牍和掌管印信外，并无掌判之类的具体职事，但到了元后期，则较多地介入各种政务。达鲁花赤位居路总管之上，当在太宗朝“画境之制”推行之后。不过，元世祖忽必烈以前的路总管府并不正规，某些路达鲁花赤只是

---

① 《元史》卷一二三《绍古儿传》。

② 李治安：《元代政治制度研究》，110 页，北京，人民出版社，2003。有的史籍则认为是“掌印官”。

③ 《元史》卷二〇九《外夷传二·安南》。此“六事”为：君长亲朝；子弟入质；编民数；出军役；输纳税赋；置达鲁花赤统治之。后又增加了“设驿”。

④ （明）叶子奇：《草木子》卷三下，64 页，北京，中华书局，1959。

⑤ 如（元）王恽《秋涧先生大全文集》卷五一《大元故大名路宣差李公神道碑铭并序》中提及的大名路宣差李公（益立山），即指的是在蒙哥汗时任大名路都达鲁花赤。

⑥ 元好问：《大丞相刘氏先茔神道碑》，见《元好问全集》（增订本）卷二八，592 页，太原，山西古籍出版社，2004。又据王恽《秋涧先生大全文集》卷五一《大元故大名路宣差李公神道碑铭并序》，宪宗时燕京行台所统亦二十余道。

⑦ 《元史》卷一五〇《耶律阿海传》。

在汉世侯把持汉地诸路州的体制下蒙古统治者所派遣的监临官。[①]

《元史》卷八五《百官志一》载："官有常职，位有常员，其长则蒙古人为之，而汉人、南人贰焉。"在地方而言，"其长"主要即指达鲁花赤。但此蒙古人任达鲁花赤制度的形成也有一个过程，并非一蹴而就。在蒙古入主内地之始，有时也任用汉人、契丹、女真等族人任达鲁花赤。例如，赵瑨，蔚州人，《元史》卷一五〇有传，他约己卯（1219 年）前后为易州达鲁花赤，癸巳（1233 年）以功迁中山、真定二路达鲁花赤。石抹查剌，契丹人，为石抹也先之子，《元史》卷一五〇有传，辛丑（1241 年）太宗嘉其功，授真定、北京两路达鲁花赤，癸卯（1243 年）卒于柳城，其子库禄满袭职，中统三年（1262 年）从征李璮，中流矢卒。[②] 忽必烈即位后，重用汉人，达鲁花赤中的汉人数量剧增。但李璮之乱后，忽必烈对汉人猜忌日深，他规定达鲁花赤须用蒙古人、色目人的条例，也被强制推行于达鲁花赤的举荐委任中。至元五年（1268 年）三月，罢诸路女真、契丹、汉人为达鲁花赤者，回回、畏兀、乃蛮、唐兀人仍旧。[③] 于是，元中后期，仅蒙古人、色目人有资格出任投下食邑达鲁花赤，而汉人、南人多被排斥在外。[④]

二是投下达鲁花赤。投下封君向五户丝食邑委派达鲁花赤是丙申年与五户丝税制同时确立的。[⑤] 委派私臣充任食邑的达鲁花赤，是窝阔台汗规定投下封君享有的一项基本特权。据《元史·太宗纪》，丙申分封中，"遂命各位止设达鲁花赤"。出任投下达鲁花赤者，多为宗王勋戚的私属。就连州县一级的达鲁花赤，也常由诸王王府宿卫、"参谋"身份的人担任。起初，投下达鲁花赤大多由诸王等自行委任，而不必奏闻朝廷，由朝廷加以批准。在蒙哥汗时，对投下达鲁花赤的任命加以收权，包括宗工在内的食邑投下达鲁花赤，已开始由朝廷正式任命。[⑥] 王恽《大元故大名路宣差李公神道碑铭》记载，碑主李益立山充任贵由食邑大名路都达鲁花赤，当时战乱之后，官府甫建，群豪诸司，错迭长雄，各不相下，致使政令不行，事多龃龉。有鉴于此，李益立山"无巨细，一以重典从事，初

① 李治安：《元代政治制度研究》，111 页，北京，人民出版社，2003。

② 《真定县志校注》卷五［（明）周应中修，梁勇校注，太原，山西人民出版社，1992］言，石抹也先、石抹查剌、赵瑨都是在太祖（成吉思汗）时任真定达鲁花赤，误。

③ 《元史》卷六《世祖纪三》。

④ 李治安：《元代分封制度研究》（增订本），74 页，北京，中华书局，2007。

⑤ 李治安：《元代分封制度研究》（增订本），65 页，北京，中华书局，2007。

⑥ 李治安：《元代分封制度研究》（增订本），66～67 页，北京，中华书局，2007。

则愕然，既而弭耳，听约束惟谨”[①]。

元世祖忽必烈时期，随着中央集权的加强，不仅五户丝税法逐渐规范化，食邑达鲁花赤制度也健全完善起来。[②] 早在至元初，忽必烈就想废除投下达鲁花赤。[③] 至元十九年（1282 年）四月，中书左丞耿仁等上言：“诸王公主分地所设达鲁花赤，例不迁调，百姓苦之。依常调，任满，从本位下选代为宜。”诏从之。[④] 仁宗延祐二年至四年（1315—1317 年），按照丞相铁木迭儿的建议，又一度改行以常选官为正达鲁花赤，投下官为副达鲁花赤。[⑤] 但这两项措施均相继夭折。此外，朝廷在允许投下官任食邑达鲁花赤的同时，经常以一定数量的流官达鲁花赤与之并存。例如，至元七年（1270 年），真定路中山府即有“系官达鲁花赤故博儿”[⑥]。达鲁花赤除了在本投下食邑内迁转外，偶尔也有迁转为流官的。苏天爵《从仕郎保定路庆都县尹尚侯惠政碑铭》载，元末“尝以诸侯王命监卫辉郡”的完者帖木耳，因捕盗有功，被中书省改奏为保定路庆都县达鲁花赤。[⑦] 这表明，迁为流官乃是元末统治者对投下达鲁花赤的一种奖赏和恩典。

由于蒙古人汉文化水平一般较低，对中原汉地的制度不熟悉，甚至大部分人不懂汉语，在初入中原时显得与汉地环境扞格难入，正如元人马祖常《石田文集》中所言：“国家官制，率以国人居班簿首。州县则又仍国初官，各置达鲁花赤员，并守令、丞佐，连位坐署，轰然言语，气俗不相通。大或恣睚压僚吏，小或啮螯单弱。”[⑧] 史书中对他们往往多有微词。王磐《史天泽神道碑》称：“国朝之制，州府司县，各置监临官，谓之达鲁花赤，州官府往往不能相下。公独一切莫与之较，由是唯真定一路，事

① （元）王恽：《秋涧先生大全文集》卷五一《大元故大名路宣差李公神道碑铭并序》，四部丛刊初编本。

② 李治安：《元代分封制度史》（增订本），72 页，北京，中华书局，2007。

③ 《元史》卷五《世祖纪二》。

④ 《元史》卷一二《世祖纪九》。

⑤ 《元史》卷二五《仁宗纪二》。

⑥ 陈高华等点校：《元典章》卷八《吏部二·达鲁花赤弟男承荫》，257 页，天津，天津古籍出版社，2011。

⑦ （元）苏天爵著，陈高华、孟繁清点校：《滋溪文稿》卷一八《从仕郎保定路庆都县尹尚侯惠政碑铭》，304 页，北京，中华书局，1997。

⑧ （元）马祖常著，李叔毅点校：《石田文集》卷一三《霸州长忽速剌沙遗爱碑》，郑州，中州古籍出版社，1991。文中的霸州达鲁花赤于阗忽速剌沙为色目人。姚燧《牧庵集》卷二四《谭公神道碑》亦云：“太宗之八年丙申，州县令守上皆置监，动惟国言。”“国人”“国言”即指蒙古人、蒙古语。

不乖戾，而民以宁。”① 从这则材料可以看出，汉地世侯与达鲁花赤之间矛盾冲突是广泛存在的，史天泽以隐忍退让的方式换取了与达鲁花赤之间的相安无事。又如，衡水县达鲁花赤忙兀觧，贪暴不法，县民苦之。当地人赵清曝扬其罪，忙兀觧本已服罪，时值上司派人巡察，忙兀觧认为是一个翻案的机会，便将赵清家人请来饮酒，席上以利啖之，诱令其翻供。在诱骗不成的情况下，欲杀人灭口。赵清一人逃脱获免，忙兀觧尽杀其全家。赵清诉诸官府，但权要包庇忙兀觧，不仅不予受理，还欲治赵清之罪。王磐为真定、顺德等路宣慰使，查悉实情，将忙兀觧绳之以法，并籍其家赀，以半给予赵清，作为补偿。②

当然，这是就总体而言，蒙古人担任的达鲁花赤并非皆是如此，也有一些例外。例如，忙哥撒儿任真定监郡（即达鲁花赤），“以国兵奥鲁数万口散处州郡间，营帐所在，大致驿骚，伐桑蹂稼，生意悴然，公腾奏太后（即庄圣太后唆鲁禾帖尼——引者注），悉徙居岭北。由是军民肩息，田里遂有生之乐。迄今真定兵甲民数胜于他郡，由公牧养其根本故也”③。前已提及，由于史天泽的隐忍退让，与忙哥撒儿还能相安无事，二人之间的关系可能也会影响忙哥撒儿在真定的施为。特别是进入内地既久，在汉文化潜移默化的熏染下，一些达鲁花赤兴利除弊，主持当地公共工程建设，政绩斐然。举例来说，真定路府署，中统壬戌（1262 年）建，主名不可考。泰定乙丑（1325 年）达鲁花赤康里复撒又进行了修缮。④ 灵寿县署在城内西北隅，元至元二十三年（1286 年）达鲁花赤聂古伯建。⑤正德《大名府志》卷四《祠祀志》“浚县”条载：“八蜡坛，在山川坛，此元延祐二年达鲁花赤玉龙帖木儿重建，后兵毁。”同书卷六《名宦》“浚县”条载：“阿鲁浑普剌，尝监郡五年，赋役均平，恩威并著，民到于今思之”。但较著名的还是元末的月鲁不花。月鲁不花，字彦明，系出蒙古逊都思氏，任保定路达鲁花赤。保定岁输粮数十万石于新乡，百姓苦之。月鲁不花乃奏请改输京仓以便民。俄除吏部尚书，保定父老数百人诣

① （元）苏天爵：《元文类》卷五八《中书右丞相史公神道碑》，842 页，北京，商务印书馆，1958。

② 《元史》卷一六〇《王磐传》。

③ （元）王恽：《秋涧先生大全文集》卷四八《开府仪同三司中书左丞相忠武史公家传》，四部丛刊初编本。

④ （清）郑大进纂修：《正定府志》卷八《公署》（新修方志丛刊），804 页，台北，学生书局，1968。

⑤ （清）郑大进纂修：《正定府志》卷八《公署》，814 页。同书卷二三《职官》也提到，聂古伯，元［至］正中灵寿达鲁花赤，建县署。

阙，乞留监郡，遂以尚书仍知郡事。后又召还为详定使。保定民不忍其去，绘像以祀之。① 又如，伯颜察儿为永清达鲁花赤，才识精敏，抚绥多方，在其离任后，当地士民仍怀其德，为之立碑。②

四、封置世侯

蒙古初入中原时，军队人数并不多。例如，木华黎伐金时所统蒙古军总数不过二万三千骑，只能用于机动作战和镇守一些战略要地。随着战线的拉长和占领区的扩大，其兵员不足的问题便越来越突出。在这种情况下，他们不得不利用金朝降将及一些汉族地主武装。当时在河北，蒙古军所面对的除了金军外，还有形形色色的所谓“义军”。“在金叔世，宣宗戚国播汴，河朔豪杰，所在争起，倡纠义兵，完保其乡。金訹以官，冀赖其力，复所失地。”③ “自兵兴以来，河北桀黠，往往聚众自保，未有定属。”④ “贞祐初，金弃燕南渡，所在豪强乘乱而起，一偾一兴，迭为雄长，人昧夫依於，楫与弟存廼集乡义年少团大望山以自保。”⑤ 这种地主武装为了保卫乡里，自发地组织和武装起来，具有较强的战斗力，在抵御蒙古入侵、保境安民中发挥了一定的作用。这些地主武装成为蒙古和金朝竞相拉拢的对象。

在蒙古入据河北之前，河北先后为辽、金两个少数民族政权所统治。自澶渊之盟后，辽与北宋以白沟为界，占有河北北部，而金灭北宋，奄有河北全境。经过近三百年的少数民族统治，特别是长期的民族融合，河北当地汉族民众在心理、习尚等方面与少数民族逐渐趋同，夷夏之防的观念也逐渐淡化，故在不危及其根本利益的情况下，他们对蒙古族进入及其统治并不十分排斥。而与此同时，金末的括地政策，则导致汉人与金朝的矛盾日趋尖锐，加之蒙金战争爆发后，金统治者腐败无能，金军及州县守宰或一触即溃，或望风而逃，接连丧师失地。特别是金宣宗放弃中都，渡河南迁，这种弃河北于不顾的错误政策，使民众对金统治者失望至极。“河

① 《元史》卷一四五《月鲁不花传》。

② （光绪）《畿辅通志》卷一四〇《金石三·达鲁花赤伯颜察儿去思碑》，见《续修四库全书》史部地理类，第635册，上海，上海古籍出版社，2002。

③ （元）姚燧：《牧庵集》卷二二《金故昭勇大将军行都统万户事荣公神道碑》，四部丛刊初编本。

④ 《金史》卷一〇〇《完颜伯嘉传》。

⑤ （元）王恽：《秋涧先生大全文集》卷五二《泰安州长清县朱氏世系碑铭并序》，四部丛刊初编本。

北诸路以都城既失，军户尽迁，将谓国家举而弃之。”① 悲观失望情绪在河北蔓延，造成人心涣散、军无斗志。兴定元年（1217 年）八月，蠡州被围，金太守铁哥婴城自固，城内民众懔懔崩角，莫知所属，全无斗志，博野人史忠聚集众人说：“金驾而南，委河朔去，州又自顾不暇，事势至此，吾辈将安所托？正有畏天顺时，得全性命，为计之上，不然，何为束手俟死！”遂率孟庄、铁千、两河、夏村等老幼百余人持牛酒诣木华黎行帐投附。② 这种情况并非个例，而是在当时河北地区具有一定普遍性。

（一）窝阔台汗时设立河北世侯

成吉思汗攻金时，已注意收罗归降的契丹、汉人等，稍改滥杀无辜的政策。木华黎受命专征后，更注意争取金朝降将及汉人地主武装势力，对纳土归降的金朝降将和汉族地主武装首领，大多因其故官，或授予行省、领省、都元帅、州尹、县令等汉地官衔，或授予万户、千户、百户等蒙古官职，利用他们在当地的影响力以治理新征服地区。正如史书所云：“国家自开创已来，凡纳土及始命之臣，咸令世守。”③

窝阔台即位后，正式设立汉地万户世侯，起初仅有刘黑马、史天泽、萧札剌汉军三万户，“选三大帅分统汉地兵”④，后增置为七万户⑤，逐渐形成真定（今河北正定）史氏、顺天（今河北保定）张氏、东平（今山东东平）严氏、益都（今山东青州）李氏等几股较大的封建割据势力。正如元人魏初所称：“窃念壬辰北渡后，诸侯各有分邑。开府忠武史公之于真定，鲁国武惠严公之于东平，蔡国武康张公之于保定，地方二三千里，胜兵合数万，如异时齐、晋、燕、赵、吴、楚之国，竞收纳贤俊，以

① 《金史》卷一〇九《许古传》。

② （元）王恽：《秋涧先生大全文集》卷四七《故蠡州管匠提领史府君行状》，四部丛刊初编本。

③ 《元史》卷一二六《廉希宪传》。

④ （元）王恽：《秋涧先生大全文集》卷四八《开府仪同三司中书左丞相忠武史公家传》。关于汉军三万户，诸史籍记载有异。据《元史》卷一四九《耶律秃花传》：“统万户札剌儿、刘黑马、史天泽伐金。”此云“札剌儿”，实即“萧札剌”。参见胡小鹏：《窝阔台汗乙丑年汉军万户萧札剌考辨——兼论金元之际的汉地七万户》，载《西北师大学报》，2001（6）。而姚燧《邸泽神道碑》（《元文类》卷六三）作刘伯林（刘黑马之父）、粘合重山、史天泽。《元史》卷一四九《刘黑马传》重山作“重喜”。参阅钱大昕：《十驾斋养心录》卷九《太宗三万户名不同》。

⑤ 《元史》卷一四九《刘黑马传》：“会增立七万户，仍以黑马为首，重喜、史天泽、严实等次之。”钱大昕谓：“此七万户之名，史家止举其四，余无考。”屠寄《蒙兀儿史记》卷五三《邸郝王梁孟五万户列传》谓：“史天泽本以真定兼领河间、济南、东平、大名，后乃析济南张荣、东平严实、大名郝和尚，将其本路军，各开万户府。刘嶷（即黑马）本兼领西京、太原、平阳、京兆、延安五路，后乃许平阳李守贤独开一万户府，梁瑛代嶷为五路都万户。”

系民望，以为雄夸。”① 这些大小世侯在辖境内集命吏、征税、刑罚等诸权于一身，拥有重兵，多者六七万，少者亦不下二三万。不仅可以自辟僚属，享有专杀权，而且“皆世其官，父死子继，兄终弟及，或父兄存，将传子弟者，亦惟命”②，专制一方，俨然春秋时各有分邑的诸侯或唐后期藩镇之再现。当时统称他们为“世侯”。而与河北有关的世侯，主要有真定史氏和顺天张氏，其中史氏力量最强，史称“真定表山带河，连属三十余城，生杀进退，咸倚专决”③。此外，还有中山邸顺、大名王珍等小世侯。

蒙古统治者封置汉人世侯，是当时汉地特定社会条件与蒙古早期封建制度相结合的产物，是他们在力量不足以对汉地直接统治的情况下，不得已依靠当地地主势力，实行间接统治和管辖。而许其世袭，既是在不得已条件下对汉人世侯的优宠、羁縻和妥协，又反映了蒙古草原制度向内地的移植。故其作用具有两面性：一方面是对战国以来传统的中央集权制度的倒退，中国北方农民的封建人身依附关系在这个时期也有所加强，另一方面也应看到，汉世侯的统治方式比起与农耕文明隔阂较深的蒙古游牧贵族，毕竟要好一些。④

（二）蒙古统治者对世侯的控制

蒙古统治者与汉人世侯之间关系十分微妙，一方面蒙古统治者需要借助汉人世侯来弹压地方，维持地方统治秩序，另一方面汉人世侯也同样需要依恃蒙古统治者维护其既得地位。正是在互相借助、依赖的基础上，二者形成暂时的利益共同体。而蒙古统治者是占据主导、较为强势的一方，汉人世侯在自己的辖区内拥有人事上的任免权，但重要文武官的任免权仍控制在蒙古大汗之手。例如，千户这一高级军官的任命权一直牢牢掌握在蒙古大汗手里，即使大世侯也只有推荐的权力。⑤ 汉人世侯在自己的辖境，虽然俨然一方诸侯，但一旦蒙古统治者觉得他们不可靠，便可以立刻褫夺其官位，甚至身家性命也难保。这可以张柔的例子加以说明。

张柔，字德刚，易州定兴人，世代为农。金宣宗南迁后，河北大乱，张柔聚其族党数千家，结寨自保，金授以定兴令，累迁清州防御使、遥领

① （元）魏初：《故总管王公神道碑铭》，见李修生主编：《全元文》卷二六七，488页，南京，江苏古籍出版社，1998。

② （元）姚燧：《牧庵集》卷二四《潭公神道碑》，四部丛刊初编本。

③ 《元史》卷一四七《史天泽附楫传》。

④ 李治安：《忽必烈传》，14页，北京，人民出版社，2004。

⑤ 符海朝：《元代汉人世侯群体研究》，117页，保定，河北大学出版社，2007。

永宁军节度使，兼雄州管内观察使，权元帅左都监，行元帅府事。在苗道润被杀后，张柔被金朝任命为中都留守，兼大兴府尹、本路经略使，行元帅事。金兴定二年（1218 年），蒙古军出紫荆关，张柔率所部逆战于狼牙岭，马仆被擒，遂以众降。木华黎令张柔以旧职领军，并许以便宜行事。张柔遂招集部曲，连下雄、易、安、保诸州，并徙治满城。金真定帅武仙，聚真定、深、冀诸州军数万来攻，张柔屡败之，辟地千余里，深、冀以北，真定以东三十余城，莫不听命，缘山反侧鹿儿、和和、野狸、狼山等寨，相继望风降附，由是“威名镇河朔”①。以功升河北东西路都元帅，蒙古赐号曰“拔都鲁”。

张柔威名日盛，反而增加了蒙古统治者对他的猜忌。燕帅孱赤台数凌之，张柔不为之下，孱赤台遂谮毁张柔于中都行台曰：“张柔骁勇无敌，向被执而降，今委以兵柄，战胜攻取，威震河朔，失今不图，后必难制。常欲杀我，我不敢南也。”② 行台遂召张柔，囚于一土室，孱赤台施帐寝其上，对张柔百般凌辱，并环以甲骑，防其逃脱，次日准备杀之。但不知何故，孱赤台晚上暴卒，张柔得以幸免。张柔戍杞时，帐下小吏夹谷显祖获罪逃逸，为免于处罚，反咬一口，诬构张柔谋反，蒙廷信其言，执柔以北。幸亏一些大臣以身家性命为张柔担保，卒辨其诬，夹谷显祖伏诛。屠寄《蒙兀儿史记》卷五一对此事也有记载：“帐下夹谷显祖得罪亡走，上变告柔。时六皇后乃蛮真氏摄国，误信之。有旨逮柔至和林廷讯，大臣素知柔，以百口相保，卒白其诬，而诛显祖。”③ 尽管张柔为蒙古统治者立下了赫赫战功，但由于其汉人身份，还是不能得到蒙古统治者的完全信任，这也是他数遭诬构、屡陷囹圄的根本原因所在。

蒙古统治者对河北汉人世侯十分猜忌，对他们严加防范，在控制中利用，在利用中控制。控制汉人世侯的方式，主要有以下五种：

第一，纳质。蒙古统治者“或取诸侯将校之子弟充军，曰质子军，又曰秃鲁华军”④。“秃鲁华”，乃质子的蒙古语音译。汉人世侯所纳人质，或送至蒙古汗庭，或送到诸王处。例如，史秉直，河北永清人，金末在当地组织“清乐社”，保境安民。在投降蒙古后，他以长女嫁于木华黎为妻。即便如此，其家人子弟仍难以逃脱作为人质的命运。木华黎任命史秉

① （元）苏天爵辑撰，姚景安点校：《元朝名臣事略》卷六《万户张忠武王》，97 页，北京，中华书局，1996。

② 《元史》卷一四七《张柔传》。

③ 屠寄：《蒙兀儿史记》卷五一《张柔传》，391 页，上海，上海古籍出版社，2012。

④ 《元史》卷九八《兵志一》。

直的长子史天倪为万户，而质次子史天安于军中。[①] 第三子史天泽也被作为人质随侍木华黎左右。正如史书所言，在史天倪遇害时，史天泽“方为质太师国王，将觐漠北，在燕市贽物”[②]。此处“太师国王”，即木华黎。而史秉直管领降人家属，屯于霸州，抚视殷勤，远近闻之，莫不归附，不月余，众至十万家。蒙古撤军后，史秉直又被迁至漠北，实际上也是作为人质。又如，张柔于狼牙岭被俘后，蒙古帅（指木华黎）“壮而释之，其散卒稍稍来集，主帅恐公为变，质二亲于燕”[③]。即将他的父母置于燕京作为人质。张柔之子张弘略，先在漠北汗庭为人质，后又质于军中，最后因年龄太小才被送回张柔身边。阿里不哥与忽必烈争夺汗位之际，忽必烈北征，诏张柔入卫，张柔行至胪朐河，有诏止之。分其兵三千五百卫京师，并以其子弘庆为质。[④]

第二，离散其家族。蒙古统治者控制汉人世侯的另一个重要措施是离散其家族，使他们分处各地，难以合成一股势力。例如，前面提及的史秉直投降蒙古后，先被迁于漠北，后从攻北京（即原金中京大定府，今内蒙古宁城西北），乙亥（1215 年）三月后任北京路行六部尚书，而其子史天倪、史天泽等先后镇守真定，睽隔于两地，非经蒙古大汗批准不得见面。后史秉直“以年高，倦于事，又子孙俱在真定”为由，向主帅提出南归的请求，“主帅为白于王，王特遂其请”[⑤]。庚寅（1230 年）十一月，史秉直方归真定，得享天伦之乐，这中间整整经历了 15 年的时间。[⑥] 而其母亲和弟弟史进道则继续留守北京，史进道常对人无奈地感叹：“人生处世，幼不能事父母，壮不能事兄长，于义诚有阙矣。且吾有老兄，别居镇阳（即真定），吾尝思之，每驰神南迈，吾兄得无引领北向乎？慨然为之变色。”[⑦] 直至甲午（1234 年）八月，经窝阔台批准，史进道才得以返回真定，享受兄弟子侄团圆之乐。

---

① 《元史》卷一四七《史天倪附枢传》。

② （元）姚燧：《牧庵集》卷一六《荣禄大夫福建等处行中书省平章政事大司农史公神道碑》，四部丛刊初编本。

③ （元）苏天爵辑撰，姚景安点校：《元朝名臣事略》卷六《万户张忠武王》，96 页，北京，中华书局，1996。

④ 《元史》卷一四七《张柔传》。

⑤ （元）刘祁：《本朝故北京路行六部尚书史公神道碑铭》，见《中国地方志集成·河北府县志辑》，第 27 册，354 页，上海，上海书店，2006。

⑥ 刘祁所撰《本朝故北京路行六部尚书史公神道碑铭》云“首尾二十年”。但史秉直在北京任职，从乙亥年至庚寅，实际只有十五年。

⑦ （元）段绍先：《义州节度使行北京路兵马都元帅史公神道之碑》，见《中国地方志集成·河北府县志辑》，第 27 册，357 页，上海，上海书店，2006。

第三，以蒙古人监其军。汉人世侯军队虽然由汉人组成，其各级军将也多为汉人，但蒙古统治者往往以一个亲信蒙古人担任监军。以河北世侯中力量最强、最受蒙古统治者重视的史氏为例，史天倪被武仙所杀，其弟史天泽击败武仙，又收复了真定。蒙古统治者遂任命史天泽为真定、河间、济南、东平、大名五路万户，但同时命撒吉思卜华佩金虎符，以总师行省监其军。① 撒吉思卜华，系出蒙古克烈氏，其家族与河北渊源颇深，其父槊直腯鲁华，徇地河北，在攻大名时，大小数十战，在城即将被攻陷之时，中流矢而卒。撒吉思卜华，遂代父将其军。

第四，从征。河北世侯有从征的义务，在灭金及南宋过程中，蒙古统治者多次命张柔、史天泽等世侯及其子弟亲属从征。一方面体现了对他们的倚重，借助其力量；另外一方面也是借此削弱他们与本土的联系，努力将他们纳入国家官僚的轨道。

第五，对世侯辖地的分割。窝阔台汗在“大料汉民，分城邑以封功臣”② 的同时，还施行“画境之制”。“丙申岁（1236 年），析天下为十道，沿金旧制，画界保之。”③ 对汉人世侯的地盘进行了一些调整，其中重点打击的对象主要是东平严氏。严实为东平路行军万户，偏裨赐金符者八人，“初，公之所统有全魏，有十分齐之三、鲁之九”，包括彰德、大名、磁、洺、恩、博、滑、浚等州。及画境之制行，“公之地于魏，则别大名，又别为彰德；齐与鲁，则复以德、兖、济、单归于我”④，辖境大为缩小。东平奏差官王玉汝竭力维护严实的利益，才避免了严实的地盘被蚕食。在河北世侯中，张柔属城亦“多为邻道所分割，阅数岁，有诏特还之”⑤。大概也是经过了一番争执乃至斗争才将其收回的。这里所说的“为邻道所分割”，实际上邻道乃是秉承了蒙古最高统治者的意旨，没有朝廷的支持或者默许，他们是断不敢擅自如此的。

在汉人世侯设立之初，蒙古汗庭中便出现了要求削弱其权力的呼声。太宗二年（1230 年）十一月，按照耶律楚材建议且由他亲自主持成立的十路课税所，即是直接从税收上限制汉人世侯的权力。课税所官员除了管

---

① 《元史》卷一二二《槊直腯鲁华传》。槊直腯鲁华，为蒙古克烈氏。

② 《元史》卷一二一《畏答儿传》。

③ （元）王磐：《张柔神道碑》，见（光绪）《畿辅通志》卷一六八，《续修四库全书》史部地理类，第 636 册，上海，上海古籍出版社，2002。

④ 元好问：《东平行台严公神道碑》，见《元好问全集》（增订本）卷二六，549 页，太原，山西古籍出版社，2004。

⑤ （元）王磐：《张柔神道碑》，见（光绪）《畿辅通志》卷一六八，《续修四库全书》史部地理类，第 636 册，上海，上海古籍出版社，2002。

理赋税征收外，其职权还大为延伸，“故官吏污滥，得廉纠之，刑赋舛错，得釐正之。至于风俗之疵美，盗贼之有无，楮货之低昂，得季奏之。凡佐吏许自辟以从”①。耶律楚材还针对当时“诸路长吏兼领军民、钱谷，往往恃其富强，肆为不法”的现象，提出了军民分治的建议，“长吏专理民事，万户府总军政，课税所掌钱谷，各不相统摄，遂为定制”②。但是耶律楚材限制汉人世侯权力的做法，在当时很难完全行得通。“遂为定制”，实际上由于权贵的阻挠，并未成为定制，除了十路课税所剥夺了汉人世侯的一部分财权外，军民分治的方案实际上在窝阔台汗和蒙哥汗时期一直未能得到切实地贯彻执行，诸汉地世侯依然“尽专兵民之权”。例如，史氏在真定，兵民之柄“并居一门”。史天泽在宪宗时尝奏：“臣始摄先兄天倪军民之职，天倪有二子，一子管民政，一子掌兵权，臣复入叨寄遇，一门之内，处三要职，分所当辞。臣可退休矣。”帝曰：“卿奕世忠勤，有劳于国，一门三职，何愧何嫌！”竟不许。③ 史天泽的做法表面看起来是谦退，但其前提是其侄一人掌民政，一人握兵权，史氏家族势力已根深蒂固，即便他一人退出，也不会造成大的损害和削弱。

由于汉人世侯割据一方，其制度本身同中原内地既有的专制主义中央集权的政治传统相悖离，在蒙古族统治者初入中原内地，统治还未巩固之时，一定时期内有其存在的基础和合理性，但一旦蒙古统治者在内地的统治逐渐稳固，他们与汉人世侯之间的势力平衡遂被打破。加之随着蒙古统治者在“遵用汉法”道路上步步前进，汉人世侯“分土专民”的特权逐步受到限制，蒙哥年间，“朝廷裁抑诸侯，法制寖密”④，忽必烈时期终于废罢世侯，彻底解决了汉人世侯问题，至此世侯退出了历史的舞台。

五、忽必烈领漠南军国事及“邢州新政”

太宗十三年（1241 年），窝阔台死，蒙古统治者内部在大汗继承人问题上发生了激烈斗争，汗位虚悬达五年之久。在这段时间，由窝阔台皇后脱列哥那（乃马真氏）临朝称制，史称“乃马真摄政”。丙午（1246 年），她遣使召集各支宗王在和林召开忽里勒台选汗大会，推举窝阔台长

---

① （元）杨奂：《耶律楚材改课税制》，见李修生主编：《全元文》卷七，150 页，南京，江苏古籍出版社，2001。

② 宋子贞：《中书令耶律公神道碑》，见《元文类》卷五七，832 页，北京，商务印书馆，1958。

③ 《元史》卷一五五《史天泽传》。

④ 《元史》卷一六〇《李昶传》。

子贵由为大汗，史称定宗。但贵由在位仅三年就死了，又经过一番激烈交锋，辛亥（1251 年），拖雷长子蒙哥继为大汗。从窝阔台去世到蒙哥即位的 10 年间，蒙古贵族的各个集团围绕着汗位继承权，拉帮结派，明争暗斗，乃至剑拔弩张，最终使蒙古大汗继承权由窝阔台一系转入了拖雷一系。

（一）忽必烈开幕金莲川及领漠南军国事

蒙哥即位后，任命对汉地较为熟悉的其弟忽必烈主管“漠南汉地军国庶事”。忽必烈在拖雷诸子中排行第四，与蒙哥均系唆鲁禾帖尼（即庄圣太后）所生。在蒙哥争位过程中，忽必烈给予了他很大的支持，故为了回报，蒙哥即位伊始，便授予忽必烈主管漠南的重任。忽必烈移驻漠南，将藩府设在潮河上游的金莲川（今河北沽源小宏城村南），他身边有许多汉人儒士辅佐，形成一个强大的汉儒幕僚集团。从此，忽必烈以漠南为根据地，开始登上了历史舞台。

自成吉思汗建立蒙古汗国，其政治中心一直在漠北，太宗七年（1235 年），建都和林（今蒙古国境内前杭爱省西北），而漠南则是蒙古汗国的经济基地。窝阔台时代，据传每年有五百车食物由漠南运入和林。①

燕京为金朝旧都，是漠南地区的政治中心。蒙哥在任命忽必烈主管漠南的同时，遣塔儿、斡鲁不、察乞剌、赛典赤、赵璧等诣燕京，抚谕军民。以忙哥撒儿为断事官，以孛鲁合掌宣发号令、朝觐贡献及内外闻奏诸事，以牙剌瓦赤、不只儿、斡鲁不、睹答儿等充燕京等处行尚书省事。②壬子（1252 年），以断事官牙剌瓦赤（或作“牙鲁瓦赤”）与不只儿等总天下财赋于燕。二人欲立威权，视事首日便处决 28 人。其中一个盗马者，本来受杖责后已释放，恰巧有人献给不只儿一把环刀，不只儿立即命人将盗马者追还，亲自用此环刀杀死了他，其理由竟然只是为了试验一下这把刀究竟是否锋利。忽必烈获悉此事，十分恼怒，斥责不只儿说：“凡死罪必详谳而后行刑，今一日杀二十八人，必多非辜。既杖复斩，此何刑也？”③ 不只儿错愕，无言以对。这件事虽小，但多少反映了忽必烈与蒙古权贵把持的燕京行尚书省之间的矛盾。

当时，燕京等处行尚书省是蒙古汗国设在中原汉地的最高行政机构，

---

① 多桑著，冯承钧译：《蒙古史》，336 页，北京，商务印书馆，2013。

② 《元史》卷三《宪宗纪》。

③ 《元史》卷四《世祖纪一》。

它与忽必烈主管"漠南汉地军国庶事"之间存在着一定程度的权力交叉，两者的关系并没有理顺。特别是牙剌瓦赤、不只儿等人因善于聚敛颇得蒙哥宠信，他们主管燕京等处行尚书省无疑对忽必烈造成了掣肘。这种局面当然不是雄心勃勃、意欲有一番作为的忽必烈所能忍受的。他利用朝觐的机会，请求蒙哥将黄河以南所属地区划分出来，交由自己试行治理，不令燕京行尚书省牙剌瓦赤有所钤制，蒙哥居然答应了这个请求。[①] 从这可以看出，当时蒙哥对其弟忽必烈还是相当信任的。宪宗四年（1254 年），在征服大理后，八月，忽必烈自大理而还，"驻桓、抚间，复立抚州……岁乙卯，春，复驻桓、抚间。冬，驻奉圣州北"[②]。奉圣州，属上都路宣德府，即今河北涿鹿县。

忽必烈总领漠南军国重事，其实只领军事，除其分地所在的邢州、京兆、河南等地一度尚能全面治理外，基本不能插手财赋，而主要负责川陕、河南前线对南宋的作战。即使如此，由于他重用汉人，还是受到了蒙哥的猜忌。岁丁巳（1257 年），一些蒙古权贵趁机向蒙哥进言说忽必烈王府之人多专擅不法，蒙哥遂命阿蓝答儿、刘太平至京兆，钩考忽必烈所部，置计局百四十二条以考核之，并以酷吏分领其事。告讦之门大开，获罪者甚众，忽必烈总领漠南军国重事的权力也被解除了。忽必烈亲自入朝面见蒙哥，进行澄清，最终得到蒙哥的谅解，才得以结束钩考，但所有忽必烈创设的经略司、都转运司、宣抚司、从宣府、行部等机构尽被撤销。在保守势力的阻挠下，忽必烈在包括河北在内的漠南施政措施遭到了重创。

（二）邢州新政

金朝灭亡后，窝阔台在中原括户的基础上，大封诸王、功臣汉地食邑。太宗八年（1236 年），将邢州（治今河北邢台）一万四千余户赐给斡鲁纳氏启昔礼、八答两个答剌罕，[③] 由他们自派达鲁花赤进行治理。答剌罕，意为"大自在的人"，一般只有对成吉思汗及其子孙有救命之恩，

① （元）苏天爵辑撰，姚景安点校：《元朝名臣事略》卷七《丞相史忠武王》，117～118 页，北京，中华书局，1996。

② 《元史》卷四《世祖纪一》。

③ 《元史》卷一五七《张文谦传》云"世祖居潜邸，受邢州分地"，似乎邢州为忽必烈的分地，事实上忽必烈的中原分地只有京兆和怀州，邢州不过受人代管而已，其地的贡赋岁入五户丝等仍归封君两答剌罕。《元史》卷五《世祖纪二》提到中统三年四月，命怯烈门、安抚张耕分邢州户隶两答剌罕。因此，直到中统三年，邢州仍是两个答剌罕的分地。另据《张文谦传》"初分二千户为勋臣食邑"，似乎两个答剌罕所领只有二千户，综合诸书记载，不确。《元史》卷四《世祖纪一》言"八答"为"把带"。

立有殊勋者，才能被授予此称号，享有各种特权，如无论任何时候可以不必通报即可觐见大汗；蠲免赋税；独享战利品；可以九次犯罪而不受处罚；一般蒙古人游牧都有规定的地域范围，答剌罕则可自由放牧，等等。由于当时投下封君委派的达鲁花赤，大多是不习吏事、贪墨残暴之辈，他们飞扬跋扈，肆意敲剥，“不知抚治，征求百出，民弗堪命”①，再加上邢州地当南北之要冲，蒙古汗庭使者多在此停驻，当地官吏疲于应付，不胜其扰。而这些负担都转嫁到普通百姓身上，大量百姓破产逃亡，邢州户口日减月削，从起初的一万四千余户剧减至五七百户②。剩余民户平时皆以土塞门，穴地出入，如果望见单马奔驰则吓得藏匿于草丛中，等马飞奔过后才敢出来。行人过客口渴想入户求勺水喝，亦不可得，当官者为了安全，处理公务也是昼伏夜出，故有人称之曰“鬼衙”，甚者一些官员弃印而去。③

大约在忽必烈受命总领漠南前后，邢州所属沙河县达鲁花赤吕诚、进士马德谦等仰慕忽必烈之贤达，不远万里，赴漠北具言于本部，愿以所属之地归之王府（即忽必烈——引者注），遂合辞以请，朝命许之。邢州两个答剌罕无奈只好请求忽必烈择任良吏，代为治理。

邢州是忽必烈僚佐刘秉忠、张文谦的故乡，故二人比起其他人心情更为急切。他们向忽必烈建议：“今民生困弊，莫邢为甚，救焚拯溺，宜不可缓。盍择人往治，要其成效，俾四方诸侯取法于我，则天下均受赐矣。”④ 忽必烈从之，奏请蒙哥汗，任命近臣脱兀脱、张耕为安抚使，刘肃为商榷使，以治邢州。⑤ 三人到任后，兴办铁冶，印制纸钞，还整顿驿站，规定驿马由圉人饲养，驿车编甲乙受雇。对于民愤极大的不法官吏，

① 《元史》卷一五七《张文谦传》。

② 《元史》卷四《世祖纪一》云：宪宗元年（1251 年），邢州两个答剌罕对忽必烈言：“邢吾分地也，受封之初，民万余户，今日减月削，才五七百户耳。”

③ （元）宋子真：《改邢州为顺德府记》，见（雍正）《畿辅通志》卷九七，文渊阁四库全书本。

④ 《元文类》卷五八李谦《中书左丞张公神道碑》，844 页，北京，商务印书馆，1958。

⑤ 忽必烈所派之人选，诸史籍记载颇有舛异。李谦：《中书左丞张公神道碑》（《元文类》卷五八）载为近臣脱兀脱、故刘尚书肃、李侍郎简。《元史》卷一五七《张文谦传》同。《元朝名臣事略》卷七《太保刘文正公》言为张耕和刘肃，其中张耕为安抚使，刘肃副之。刘秉忠《藏春集》卷六《故光禄大夫太保刘公墓志》则言为刘肃和李简子敬行。《新元史》卷一五七《张文谦传》言张耕为安抚使，刘肃、李简为副。《牧庵集》卷二七《提刑赵公夫人杨君新阡碣》则载脱兀脱和赵瑨的职务是断事官，位安抚使上。今从《元史》卷四《世祖纪一》。

则杀一儆百，“诛尤为民害者一人，其余或黜或降”[①]，洗涤蠹敝，革贪去暴，吏治为之一新。为了方便官民通行，又在邢州之北郭新建了一座石桥。经过这番兴利除弊，外地的流亡百姓纷纷返回，不期月，户增十倍，[②] 邢遂大治。诸路州政绩考课时，邢州为最。在此示范效应下，邻近的洺、磁、威三州亦相继纳土。[③]

在治邢过程中，忽必烈虽未亲莅其地，但脱兀脱、张耕、刘肃等官员都是其幕府侍臣，是由他亲自简拔选任的。由于他的大力支持，他们才能在治邢中放开手脚，不断排除阻力。例如，王府侍从赵良弼担任安抚司幕长，凡政事遇有掣肘时，就直接北上启奏忽必烈，以求得忽必烈的令旨。两年时间竟往返六次，所请无不允准。[④] 忽必烈远征大理之际，已升为断事官的脱兀脱居功自傲，其属下交媾嫌隙，蛮横不法，阻挠庶政，由原来的新政积极推行者蜕变为绊脚石。但由于他为断事官，是邢州当地的最高官员，又身为蒙古族，属于“国人”，赵良弼只好乘驿向忽必烈禀白，最后忽必烈断然罢黜了脱兀脱。

忽必烈治邢，推行汉法，取得了明显的成效：“遂兴铁冶，以足公用，造楮币，以通民货，车编甲乙，受顾而传，马给圉户，恒养而驿，官舍既修，宾馆有所，川梁仓庾，簿书期会，群吏守法惟谨，四方传其新政焉。”[⑤] 虽然它是当地官吏的一次偶然请求引发的，但对忽必烈以后政策的影响却不可小觑。如果说金莲川开府，是忽必烈从理念上初步学习和认同汉法的话，那么“邢州新政”则是他以汉法治汉地的现实试验，而且是一次成功的试验。通过这次试验，忽必烈进一步认识到，蒙古人旧有的统治草原的方式和经验是不适合汉地的，而利用中原士大夫，以汉法治汉地，才是现实的、唯一的正确出路。因为邢州安抚使张耕，副使刘肃都是儒士，忽必烈由此“益重儒士，任之以政”[⑥]，进一步扩大了汉地士大夫的任用。忽必烈治邢的成功，加上在其封地京兆、河南的一系列努力，使

---

① （元）宋子真：《改邢州为顺德府记》，见（雍正）《畿辅通志》卷九七，文渊阁四库全书本。

② 《元史》卷一五七《张文谦传》。刘秉忠：《藏春集》卷六《故光禄大夫太保刘公墓志》亦言：“旧邢之版籍，户不过二千，月余流民归者二万。”而（雍正）《畿辅通志》卷九七《改邢州为顺德府记》则言为三万，今不取。

③ （元）宋子真：《改邢州为顺德府记》，见（雍正）《畿辅通志》卷九七，文渊阁四库全书本。

④ （元）苏天爵辑撰，姚景安点校：《元朝名臣事略》卷一一《枢密赵文正公》，225 页；《元史》卷一五九《赵良弼传》。

⑤ （元）苏天爵辑撰，姚景安点校：《元朝名臣事略》卷十《尚书刘文献公》。

⑥ 《元文类》卷五八《中书左丞张公神道碑》，844 页，北京，商务印书馆，1958。

"中土诸侯民庶翕然归心"[①]，争取了民心、士心，为以后与阿里不哥争位中取胜奠定了基础。

综上所述，蒙古统治者在进入中原内地后，特别是在窝阔台在位时期虽因统治需要和汉文化的影响，陆续创置了若干行政机构和有关制度，进行了一些有益的探索，但总的说来，仍基本上保持着草原游牧国家对被征服的定居农耕区间接统治的格局。直至忽必烈建立元朝，这种局面才获得根本的改变。忽必烈借鉴金朝制度，中统、至元间的创置，奠定了有元一代之制。[②] 忽必烈也由此成为少数民族君主中统一南北和以汉法治汉地的第一人。[③]

第四节　元代蒙古在河北统治的加强及制度建设

大蒙古国时期采用十二生肖纪年，从成吉思汗到蒙哥四位大汗在位时都没有使用年号。忽必烈即位后，模仿汉地王朝的制度，始以中统为年号。所谓"中统"，即"中华开统"之义，[④] 自认为是华夏中央王朝的正统。至元四年（1267 年），忽必烈将都城从开平移至燕京，并改名大都。八年（1271 年），又取《易经》"大哉乾元"之义，改"大蒙古"国号为"大元"。后元灭南宋，完成了国家的统一。以蒙古族为统治核心的元王朝，是我国历史上由少数民族建立的第一个统一的封建王朝。

忽必烈继承了前代蒙古大汗对汉人世侯限制、控制的做法，最终废罢世侯，铲除了封建割据的隐患，加强了中央集权。他作为元代制度的主要肇建者，援唐宋之故典，参辽金之遗制，设官分职，内而中书省、枢密院、御史台，外而行省、行院、宣慰司、总管府、州县官等，建立了一整套完整的政治制度。但在行汉法的同时，也未完全抛弃蒙古旧制，而是在糅合蒙古旧典、中原汉法的基础上成一代新制。河北在当时称为"腹里"，属于中书省直辖，有元一代，蒙古统治者的制度建设多与河北密切相关。

① （元）苏天爵辑撰，姚景安点校：《元朝名臣事略》卷一一《参政商文定公》。

② 韩儒林主编：《元朝史》（上册），296 页，北京，人民出版社，1986。

③ 李治安：《忽必烈传》，545 页，北京，人民出版社，2004。

④ 《元文类》卷一六《东昌路贺平宋表》，201 页，北京，商务印书馆，1958。

一、忽必烈、阿里不哥争立及在河北的斗争

宪宗九年（1259 年），蒙哥在进攻南宋时，死于四川合川东钓鱼山下。由于蒙哥猝死，生前并未指定汗位继承人，围绕着汗位，他的两个弟弟忽必烈和阿里不哥展开了争夺。燕京（今北京地区）作为当时蒙古汗国统治中原汉地的中心，自然成为双方争夺的重点。

阿里不哥也是唆鲁禾帖尼所生，按照蒙古旧俗，作为幼子，他承袭了拖雷夫妇大部分蒙古千户和分地。当时他留守和林，主持蒙古汗国庶政，汗国内部许多蒙古大臣也支持他。他首先占据了燕京，宣布大赦，任命亲信脱里赤为断事官，行尚书省事，按图籍，号令诸道，“已行大汗之事矣”[①]。为了讨伐忽必烈，脱里赤于河北大肆括兵敛财，造成燕、蓟骚动。真定名士李槃曾奉奉庄圣太后之命担任阿里不哥侍读，阿里不哥希望李槃为其所用，但李槃拒之，脱里赤怒李槃不附己，将他囚禁了起来。[②] 当时忽必烈还在鄂州前线，其妻子察必看到事态严重，将这些消息飞报忽必烈。忽必烈闻讯，匆忙回军，轻装简从，倍道兼程，于闰十一月二十日抵达燕京。他质问脱里赤为何如此行事，脱里赤佯称是蒙哥汗遗命，忽必烈洞悉其心，下令遣散其所括兵卒，并将横敛上来的财物悉归于民。此举既瓦解了敌人，又大获民心，重新获得了对燕京的控制权。

中统元年（1260 年）四月，忽必烈于开平即汗位，以祃祃、赵璧、董文炳为燕京路宣慰使。当时阿里不哥也在和林自称大汗，由此蒙古汗国陷入分裂，出现了两个大汗并存的局面。阿里不哥的势力范围是漠北，而忽必烈的势力范围是漠南，驻于开平（今内蒙古自治区锡林郭勒盟正蓝旗境内）。

河北是忽必烈的战略后方和财赋基地，地位攸关，“（燕）山以南，国之根本也”[③]。五月，为了防御阿里不哥，征诸道兵三万驻燕京近地，并命诸路市马万匹送于开平。六月，诏燕京、西京、北京三路宣抚司运米十万石，输开平府及抚州（治今河北张北）、沙井、净州、鱼儿泺，以备军储。[④] 六月，诏十路宣抚司造战袄、裘、帽，各以万计，输开平。七月，又敕燕京、北京、西京、真定、平阳、大名、东平、益都等路宣抚

---

① 《元文类》卷一三《班师议》；《元史》卷一五七《郝经传》。《元史》卷一二六《廉希宪传》则言“脱里赤”为“脱里思”。

② 《元史》卷一二六《廉希宪传》。

③ 《元史》卷一五六《董文炳传》。

④ 《元史》卷四《世祖纪一》。

司，造羊裘、皮帽、袴、靴，皆以万计，输开平。七月，忽必烈亲征阿里不哥，十二月，忽必烈至自和林，驻跸于燕京近郊。

中统二年（1261 年）十月，忽必烈修缮燕京旧城。为了防御阿里不哥，命平章政事赵璧、左三部尚书怯烈门率蒙古、汉军驻燕京近郊、太行一带，东至平滦，西控关陕，应有险阻，于附近民内，选谙武事者，修立堡寨守御。① 并诏平章政事塔察儿率军士万人，由古北口西便道赴行在所。十一月，与阿里不哥在昔木土脑儿（今蒙古苏赫巴托省南部）发生激战，阿里不哥军大败，北遁。忽必烈以尚书怯烈门、平章政事赵璧兼大都督，率诸军从塔察儿北上追击。分蒙古军为二：怯烈门从麦肖出居庸口，驻宣德德兴府；讷怀从阿忽带出古北口，驻兴州。忽必烈亲将诸万户汉军及武卫军，由檀、顺州驻潮河川。② 十二月癸巳，以抚州（今河北张北）等处荐罹兵革，免当岁租赋。甲午，师还。诏撤所在戍兵，放免民间新签军。

经过四年的斗争，阿里不哥被迫投降，其势力彻底被消灭。忽必烈虽然战胜了阿里不哥，完全控制了蒙古本土，但由于他的势力基础在中原汉地，而蒙古汗国旧都和林，地处漠北，旧势力根深蒂固，因此，他不可能仍都于此，汗国政治中心的南移势在必行。

二、忽必烈定都大都及两都巡幸制的确立

蒙古族作为一个游牧民族，逐水草而居，其始并无城郭之制。窝阔台即位后，太宗七年（1235 年）春，从中原汉地调集工匠，开始兴建和林城。和林，或称“哈剌和林”，位于今蒙古国后杭爱省厄尔得尼召北，方圆十二里，大汗所居的万安宫位于和林城西南隅，其形制仿照中原的宫阙制度。和林城建立后，蒙古汗国始有了固定的都城和宫殿。

蒙哥即位后，以其弟忽必烈总领漠南军国事。宪宗六年（1256 年），忽必烈命刘秉忠于桓州东、滦河北之龙岗，营建新城，名曰开平（今内蒙古正蓝旗北），作为王府的常驻之所，三年而毕。开平，地处蒙古草原的南缘，北连朔漠，南控中原，既便于与和林汗庭的联系，又有利于对华北、关中汉地的就近控制。忽必烈以开平为基地，在其周围麇集了一批重要僚佐谋士，推行汉法。庚申（1260 年），忽必烈即汗位于开平。

随着蒙古统治中心的南移，为了加强对中原地区的统治，位置偏北的

① 《元史》卷四《世祖记一》。
② 《元史》卷四《世祖记一》。

开平显然已不适合作为全国的国都。燕京作为金朝故都，战略位置十分重要，“东控辽碣，西连三晋，背负关岭，瞰临河朔，南面以莅天下”①，自然成为国都之首选。忽必烈在蒙哥为大汗时，曾对木华黎之孙霸突鲁说，“今天下稍定，我欲劝主上驻跸回鹘，以休兵息民，何如?”霸突鲁立即反对说：“幽燕之地，龙蟠虎踞，形势雄伟，南控江淮，北连朔漠。且天子必居中以受四方朝觐。大王果欲经营天下，驻跸之所，非燕不可。”忽必烈如梦方醒曰：“非卿言，我几失之。”②“幽燕之地”，具体来说，即指燕京。木华黎受命经营汉地，特别是燕京行尚书省设立后，该地很快成为蒙古汗国在汉地的大本营。

忽必烈即汗位之初的四五年，都城仍是开平，设有中书省，燕京仅设行中书省。由于处理政务的需要，忽必烈频繁召燕京行中书省官员赴开平议政和面聆诏旨，忽必烈本人也常在冬季驻帐于燕京郊外。③中统四年（1263年）五月，诏以开平为上都。至元元年（1264年）八月，下诏改燕京名曰中都。至元四年（1267年），忽必烈命张柔行工部尚书事，在中都旧城东北营建新城。九年（1272年）二月，改称大都。大都，突厥语作“汗八里”，意谓“汗城”。原来的草原都城和林被废弃，改立宣慰司管理。迁都大都意味着忽必烈政权的统治重心由漠北移至汉地，也意味着他对草原中心传统的部分“背叛”。④

应该说，上都、大都两都制的形成，是蒙古统治者对蒙古、汉两种势力妥协的产物，也是当时历史条件下不得已，但却是一种现实、合理的选择。将大都定为首都，不但可以加强对中原的统治，还为实现统一全国的政治愿望准备了条件。以上都作为陪都，保持蒙古族旧俗，联系蒙古宗王和贵族，则为蒙古族的发展提供了较好的条件。两都制的实施，对蒙古族是有好处的。⑤

虽然定都大都，政治中心完成了南移，但蒙古族作为一个北方少数民族，历来以游牧射猎为生，在中原农耕地区并不适应，特别是难以忍受大都夏季的酷暑和溽热。为了解决这个问题，与辽金等草原民族类似，蒙古统治者也存在着纳钵制，其具体体现便是两都定期巡幸。

---

①（元）郝经著，秦学清点校：《郝文忠公陵川集》卷三二《便宜新政》，449页，太原，山西人民出版社、山西古籍出版社，2006。

②《元史》卷一一九《木华黎附霸突鲁传》。

③ 李治安：《忽必烈传》，375页，北京，人民出版社，2004。

④ 李治安：《忽必烈传》，112页，北京，人民出版社，2004。

⑤ 陈高华、史卫民：《元代大都上都研究》，159页，北京，中国人民大学出版社，2010。

两都之中，大都为大元帝国的正都，为政治中心；上都则为陪都，为夏都，是避暑行宫。此制始于世祖忽必烈，“每年四月，迤北草青，则驾幸上都以避暑，颁赐于其宗戚，马亦就水草。八月草将枯，则驾回大都。自后官里岁以为常”①。每年6、7、8三个月，元朝皇帝常于上都避暑，并成定例。②

从大都到上都，不满千里，有驿站十八处③，历程需二十余天。据元人周伯琦《扈从诗前序》所载，从大都至上都，有四条路：一曰驿路；二曰东路，即周氏此行所走的黑谷路；三曰东路二，即古北口路；四曰西路，即野狐岭路。这四条路在使用上是有所分工的。

元人赴上都多经由驿路，这是两都间最重要的交通干线，长八百余里。所经地点有：大都建德门；昌平县；新店；南口、居庸关、北口；居庸关过街塔；榆林驿；怀来县；统墓店；洪赞；枪杆岭；李老谷、尖帽山；龙门站、雕窝站；赤城站；云州；独石口站；偏岭、檐子洼；牛群头驿；察罕脑儿；李陵台驿；桓州；望都铺；滦河。④

东路的两条路，一条由黑谷（峪）至上都；另一条由古北口至上都。⑤其中，黑谷道，俗称“辇道”，为皇帝赴上都所走的路线。“每岁扈从，皆国族大臣及环卫有执事者，若文臣仕至白首或终身不能至其地也。”⑥ 至正十二年（1352年），监察御史周伯琦即随元顺帝由此路赴上都，颇以为荣，并撰文以记之。途中宿营之纳钵计有瓮山、车坊、黑谷、色泽岭、龙门、黑店头、黄土岭、程子岭、磨儿岭、颉家营、白塔儿、沙岭、黑嘴儿、失八儿秃等。此线路最短，沿途水草茂美，牧畜尤便。古北口路，狭仄难行，“两旁峻崖，中有路，仅容车轨”⑦。许亢《奉使行程录》也载：“古北口止

① （元）叶子奇：《草木子》卷三《杂制篇》，64页，北京，中华书局，1959。

② 马可·波罗著、冯承钧译《马可·波罗游记》第二卷即云：元代皇帝“居汗八里都城大宫中六月，即阳历9月、10月、11月、12月、1月、2月是已。已而赴海岸举行大猎者三月，即阳历3月、4月、5月是已。猎后复返其汗八里宫中，留居三日。其后赴其营建之上都，竹宫所在之地，历阳历6月、7月、8月。最后复还其汗八里都城”。

③ 《元史》卷二一《成宗纪四》则云大都至上都十二驿。

④ 陈高华、史卫民：《元代大都上都研究》，160～163页，北京，中国人民大学出版社，2010。

⑤ 周伯琦：《扈从集序》云：“大抵两都相望，不满千里，往来者有四道焉。曰驿路，曰东路二，曰西路。东路二者，一由黑谷，一由古北口。”参见贾敬颜：《五代宋金元人边疆行记十三种疏证稿》，364页，北京，中华书局，2004。

⑥ （元）周伯琦：《扈从集·前序》，见贾敬颜：《五代宋金元人边疆行记十三种疏证稿》，北京，中华书局，2004。

⑦ （宋）李焘：《续资治通鉴长编》卷七九大中祥符五年十月己酉条，1795页，北京，中华书局，2004。

通人马，不可行车。”此路为“御史按行处”，由此路出行者较少。

“西路”，即“孛老路”，或云“孛落站道”，是辽金时期经抚州（中统三年升为隆兴府，后又升兴和路），过野狐岭，经宣德府、雷家、统墓等站至燕京的古驿道。元朝皇帝每年巡幸上都，一般“东出西还”，即由东道辇路赴上都，经西道返回大都。从中统四年（1263 年）忽必烈正式实行两都巡幸制，至元顺帝至正十八年（1358 年）上都毁于战火，野狐岭路都是元朝皇帝返回大都的必经之路。忽必烈以前，南北使臣往来也都取道野狐岭路，如邱处机、张德辉等人均是如此。蒙古汗国时期，这条道路为驿道正路，设有多处驿站。以野狐岭为界，以北“诸驿皆蒙古部族所分主也，每驿各以主者之名名之”。由于野狐岭下第一站名为“孛落”，故此段驿道乃被称为“孛老（孛落异译）站道”。中统三年（1262 年）改望云道为驿路正道后，孛老道变成了专一搬运段匹、杂造、皮货等物的运输道路，在该路上的驿站大大减少，从统墓到察罕脑儿，只在雷家店、宣德等几处地方保持了原来的驿站设置。①

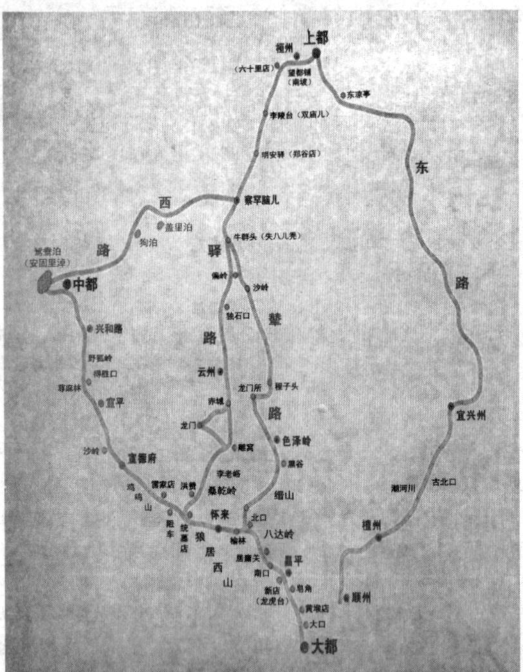

图 2－3 上都与大都间驿路示意图（冯金忠摄于元中都博物馆）

---

① 陈高华、史卫民：《元代大都上都研究》，168～171 页，北京，中国人民大学出版社，2010。

三、废罢世侯

忽必烈即位后，对汉人世侯的控制力度进一步加大，大刀阔斧地采取了一个接一个措施。这些措施主要有设立宣抚司、宣慰司，立迁转法，最后废罢了世侯。

（一）设立十路宣抚司

中统元年（1260 年）五月，设十路宣抚司：燕京、益都济南、河南、北京、平阳太原、真定、东平、大名彰德、西京、京兆。在此之前即有宣抚司之设。例如，蒙哥在位时期，杨惟中曾为关中宣抚使，戊午（1258 年）罢宣抚司。[①] 但在全国范围内广设宣抚司，这还尚属首次。各路宣抚司，设宣抚使（又称“宣抚大使”）一至二人，另置副使一人。以赛典赤、李德辉为燕京路宣抚使，徐世隆副之；宋子贞为益都济南等路宣抚使，王磐副之；史天泽为河南宣抚使；杨果为北京等路宣抚使，赵炳副之；张德辉为平阳太原路宣抚使，谢瑄副之；孛鲁海牙、刘肃并为真定路宣抚使；姚枢为东平路宣抚使，张肃副之；张文谦为大名彰德等路宣抚使，游显副之；粘合南合为西京路宣抚使，崔巨济副之；廉希宪为京兆等路宣抚使。[②] 担任诸路宣抚使、副使者，只有赛典赤、孛鲁海牙等四名色目人，其他人均为汉人。他们大多数为忽必烈藩邸旧臣，而蒙古人绝无一见。

十路宣抚司中，与河北有关的为燕京路宣抚司、真定路宣抚司、大名彰德路宣抚司等。赛典赤、李德辉为燕京路宣抚使，徐世隆为副；孛鲁海牙、刘肃为真定路宣抚使；张文谦为大名彰德等路宣抚使，游显为副。

宣抚司成立伊始，主要限于经济方面的职能，其立司条格中规定：“欲差发办而民不扰，盐课不失常额，交钞无致阻滞。”[③] 其后职能逐渐扩大，如督办军马粮草和衣袄器仗、验灾伤减免差发、限制军马践踏良田、劝课农桑、安抚鳏寡孤独、审理囚犯、缉拿盗贼、禁治游手好闲之徒、惩治贪官污吏、举荐茂才异等和文学才识之士，等等。次年六月，又宣谕十路宣抚司，定盐酒税课之法，严禁诸王擅遣使招民及征私钱，严禁侵扰宣圣庙及管内书院等。[④] 由此可以看出，宣抚司的职能十分广泛，几乎涵盖

---

① 《元史》卷一五九《商挺传》。

② 《元史》卷四《世祖纪一》。

③ 《元史》卷二〇六《叛臣·王文统传》。

④ 《元史》卷四《世祖纪一》；（元）王恽：《中堂事记》，四部丛刊初编本。

了州郡一级官府的所有职能。

十路宣抚使设置的目的很明确，在于削夺郡县官吏世袭专擅之弊。从当时特定的时代环境来看，主要是针对和削弱汉人世侯军阀势力的。[①] 对于那些盘踞一方、手握大权的汉人世侯，忽必烈即位不久，郝经即提出了“建监司以治诸侯”的建议。[②] 他指出：“诸镇诸侯，各握兵民，不可猝罢。当置监司，以收其权，制其所为，则兵民息肩，而政可立矣。”[③] 郝经洞察到汉人世侯已形成尾大不掉之势，为了加强中央集权，提出了渐进式的解决方案，收其权，制其所为。这样的方式在当时无疑是很明智的。

忽必烈试图改变前四汗时期对汉人世侯粗放式的控制机制，向金字塔式控制机制的下端发展，以使控制机制更为有效，设立十路宣抚司即是加强对汉人世侯控制的具体举措。无论从职司规定还是实际政绩来看，十路宣抚司都是在不触动、不改变各地世侯统治机构和地盘的前提下，代表朝廷对汉人世侯进行监督和较有效的管辖。[④] 虽然是渐进、温和的措施，但也引起了汉人世侯的强烈反弹。他们公推张柔谏阻此事。中统二年（1261 年）正月，张柔觐见忽必烈于上都，“廷议削诸侯权，选耆德监之。诸万户惧，请柔阻其事。柔言于上曰：‘今治郡者皆年少，未习于政事，若获罪不加以刑，则废法，重绳之，则没其先世之微劳。请使老成人监之为便。’世祖大悦，遂立十道安抚司。诸万户皆怒”[⑤]。张柔老于世故，他之所以附和郝经之论，是因为他已洞悉忽必烈削世侯之权的决心甚大，不管汉人世侯是赞同还是反对，此举恐怕都是难以改变的。既然如此，不妨以有限的让步，来换取朝廷保存世侯制度。张柔以退为进的苦心可谓良苦。可惜当时许多汉人世侯没有体会到老成持重的张柔的苦心，反而认为张柔是借出卖世侯的利益来博取朝廷的欢心，不过后来他们才慢慢体会到张柔的高明之处，“已而咸德之”[⑥]。

另外，设置宣抚使虽然主要是针对汉人世侯的，但对蒙古投下专擅跋

① 李治安：《元代政治制度研究》，96 页，北京，人民出版社，2003。李治安在《忽必烈传》中指出：“如果说建立中书省是中央机构引入汉法的开端，那么十路宣抚司之设又是对汉世侯实施的较有效监督和管辖。”

② （元）郝经撰，秦雪清点校：《郝文忠公陵川集》卷三二《便宜新政》，太原，山西人民出版社、山西古籍出版社，2006。

③ （元）郝经撰，秦雪清点校：《郝文忠公陵川集》卷三二《便宜新政》，太原，山西人民出版社、山西古籍出版社，2006。

④ 李治安：《忽必烈传》，119 页，北京，人民出版社，2004。

⑤ 《新元史》卷一三九《张柔传》。

⑥ 《新元史》卷一三九《张柔传》。

扈和征敛无度也有所限制，故众投下也心萌不满并加以抵制。在外有阿里不哥叛乱，在内李璮反迹已露的情况下，忽必烈为了安定人心，缓和与其他世侯的关系，使其不为李璮所诱，中统二年（1261 年）十一月，“罢十路宣抚司，止存开元路”，征诸路宣抚司官赴中都。① 从宣抚司设置到废罢，仅存在了一年半有余。忽必烈即位后，削夺汉人世侯之权的努力第一次就这样无果而终。

（二）设立十路宣慰司

中统三年（1262 年）二月，忽必烈将之前的宣抚司改头换面，进行部分人员调整，设立十路宣慰司，以继续实行对汉人世侯监察之职能。虽然其职能仍大抵沿袭此前的宣抚司，但在人选上，蒙古人和色目人的数量显著增加。② 显然这是李璮反叛爆发后，忽必烈对汉人臣僚产生疑忌所致。当时阿里不哥之乱基本平息，李璮又开始公开反叛。忽必烈认为汉人世侯体制是李璮反叛的根源，故在军事讨伐的同时，需要从制度上加以彻底解决。

十路宣慰司与十路宣抚司相比较，平阳太原、真定、东平、大名、河南、西京、北京等路不变，减燕京、京兆两路，而增加了顺天、开元两路。按：开元路，乃古肃慎之地，隋唐曰黑水靺鞨。唐初，以其地为燕州，置黑水都督府。其后渤海兴起，靺鞨皆役属之。乙未岁（1235 年），设立开元、南京二万户府，治黄龙府。京兆原为忽必烈之分地，“京兆诸郡臂指陇蜀，诸王贵藩环拥周布，户杂羌戎，尤号难制”③。顺天，为世侯张柔所辖。此次设宣慰司，减京兆、燕京，而增顺天、开元两路，可见此次监察针对汉人世侯的目的性更强，范围也更广，原十路宣抚司中，并未列入的张柔辖境这次也列入了监察范围，基本实现了全覆盖。在人员选择上，阔阔、怯烈门、游显行宣慰司于大名，赵瑨行宣慰司于顺天，王磐、布鲁海牙行宣慰司于真定顺德。

由于宣慰司是作为监治各地汉人世侯的“监司”而出现的，至元元年（1264 年），朝廷迁调各地“世职守令”，罢黜汉地世侯，随着其历史使命的完成，十路宣慰司自然也就寿终正寝了。

（三）立迁转法，废罢世侯

前面已经讲到，忽必烈为了限制汉人世侯，置十路宣抚司，但由于李

① 《元史》卷四《世祖纪一》。

② 李治安：《元代政治制度研究》，96 页，北京，人民出版社，2003。

③ 《元朝名臣事略》卷七《平章廉文正王》。

璮反迹已露，为了安抚其他世侯，不得已罢宣抚司。从表面上看，忽必烈在与汉人世侯交锋的第一个回合中失利，但李璮之乱却反而成为忽必烈废罢世侯的契机，毕其功于一役，从而彻底解决了汉人世侯的问题。

李璮，小字松寿，潍州人，乃金末红袄军领袖李全之养子。太祖十六年（1221年），李全叛宋，举山东州郡归附蒙古，太师、国王孛鲁承制拜李全山东淮南楚州行省。太宗三年（1231年），李全攻宋扬州，败死，李璮遂袭为益都行省，仍得专制其地。中统元年（1260年），忽必烈即位后，加李璮江淮大都督。李璮专制山东三十余年，朝廷数征其兵，辄诡辞不至，又以宋要挟朝廷，而自为完缮益兵之计。中统二年（1261年），李璮利用忽必烈与阿里不哥鏖战胜负难分之际，于中统三年（1262年）发动叛乱。二月，他遣使至南宋联络，并以献涟海三城为条件，请求南宋出军声援配合。他还师益都，进据济南，传檄于山东、河北，计划联络各地汉人世侯，共反蒙古。但令他始料不及的是，各地起兵呼应者寥寥。忽必烈倾全力调集大军镇压，将济南城重重包围，派右丞相史天泽专征，诏诸将皆受节度。七月，济南城破，李璮被俘死。这场叛乱从起兵到失败，前后不足五个月。

李璮之乱虽然很快被平定，但影响巨大，它增加了以忽必烈为代表的蒙古统治者对汉人的疑惧心理，从此开始重用色目人。可以说，中统三年（1262年）以后，忽必烈对汉人官僚士大夫的态度已由之前的充分信任，转向使用中又加以戒备防范。李璮之乱后，忽必烈在清肃其同党的同时，“惩李璮之乱，欲潜销方镇之横”①，对地方实力派中那些汉人世侯施加压力，趁机大削其权。

史天泽是拖雷家族真定分地的守土臣，身份特殊。中统二年（1261年）五月，史天泽担任中书省右丞相（当时另一右丞相为不花），这也是所有汉臣和汉人世侯中唯一居此职者。在讨伐李璮时，史天泽被任命为诸军三个统帅之一②。《元史·李璮传》载，史天泽在俘获李璮后，既不献俘，也不请示，竟以“宜即诛之，以安人心”为辞，在军前将其处死，这与史天泽“慎密谦退”③的一贯表现很不相类。周良霄先生根据李璮受审时攀引张宏（张荣之孙）、严忠范和史天泽为同谋的史实，指出：“我

---

① 《元史》卷一五六《董文炳传》。

② 除了史天泽外，还有宗王合必赤和平章政事赵璧。宗王合必赤是名义上的最高统帅。史、赵二人都获得了忽必烈“责以专征，俾诸将皆听节度”的诏旨，而且都是自始至终地秘不示人。

③ 《元史》卷一五五《史天泽传》；《元史》卷一四七《史天倪附楫传》。

绝不是刻板地相信《故牒》所说的，当时李璮与史天泽等之间有一个同叛的盟约。这从当时的形势并不可能。但这些军阀们平时因与蒙古统治者间也存在矛盾，彼此之间书信交通，批评时局，互相支持和利用，这是完全可能的。”① 对于擅自处置李璮有杀人灭口之嫌的史天泽，忽必烈一度因有人告发他“子侄布列中外，威权太盛，久将难制”，诏罢其丞相，并鞫问其罪，后经平章廉希宪的竭力谏阻，才最终予以优容。②

为了表示对朝廷的忠诚，解除蒙古君臣对其的疑虑，史天泽带头请求：“兵民之权，不可并于一门，行之请自臣家始。”③ 忽必烈立即予以批准。史天泽解兵权迁他官，史氏子弟即日解除兵权者十七人。史楫为史天倪之子，原任真定路总管、同判本道宣抚司事，即日解绶致仕，以职让于其弟江汉大都督史权。史楫选胜西郊，筑治亭圃，每日以植花木、玩泉石为终老之计，死时只有59岁。④ 史天泽的姻亲，时任武卫亲军指挥使的李伯祐，也在平定李璮叛乱后，“既讫赏，遂致事”⑤。史氏原受卫州之汲、胙城、新乡、获嘉、苏门五县封邑，也一并辞还。⑥ 东平严氏、满城张氏、济南张氏等世侯迫于形势，也都效法史天泽，先后向朝廷提出陈请。忽必烈遂定制：“父兄弟子并仕同途者，罢其弟子”⑦，“一门不可兼掌兵民之柄”⑧。“其有相而兼将万夫者，诏俾自择为之，欲将弃相，欲相弃将。”⑨ 中统三年（1262年）十二月，忽必烈进一步以诏令形式将军民分治这项措施加以制度化，癸亥诏：“各路总管兼万户者，止理民事，军政勿预。其州县官兼千户、百户者，仍其旧”；同月戊寅诏：“诸路管民官理民事，管军官掌兵戎，各有所司，不相统摄”。⑩ 强调军民分治，禁止汉人世侯兼管民政，并进而在此基础上削弱了他们的军权，把军权集中到了皇帝手中。军民分治的举措，虽然限制了世侯的权力，但仍不彻底，

① 周良霄：《李璮之乱与元初政治》，见南京大学历史系元史研究室编：《元史论集》，121页，北京，人民出版社，1984。周先生虽然没有明确称史天泽确实卷入，但从其上下文来看，其意思是很明显的。

② 《元朝名臣事略》卷七《平章廉文正王》。

③ 《元史》卷一五五《史天泽传》。

④ （元）王恽：《秋涧先生大全文集》卷五四《大元故真定路兵马都总管史公神道碑》，四部丛刊初编本。

⑤ （元）姚燧：《牧庵集》卷一九《侍卫亲军都指挥使李公神道碑》，四部丛刊初编本。

⑥ （元）姚燧：《牧庵集》卷一六《平章政事史公神道碑》，四部丛刊初编本。

⑦ 《元史》卷一五二《王珍传》。

⑧ 《元史》卷一四七《史权传》。

⑨ （元）姚燧：《牧庵集》卷二三《真定新军万户张公神道碑》，四部丛刊初编本。

⑩ 《元史》卷五《世祖纪二》。

在军、政权力不可兼得的情况下，他们多选择军权，因为他们深知军权是立身、权力之基，“故其时有宁弃相而专将者，岂不以相能振耀一时，未若既将可传子孙、绎绎无究乎！”①

中统四年（1263 年），姚枢为中书左丞，奏罢世侯，置牧守。② 此建议虽未被采纳，但罢世侯已成为不可遏制的潮流。从根本上动摇汉人世侯根基的举措是实行迁转法。至元元年（1264 年）十二月，“始罢诸侯世守，立迁转法”③。这项动议是由廉希宪提出的。当时廉希宪为中书平章政事，他建言：“国家自开创以来，凡纳土及始命之臣，咸令世守，逮今垂六十年。故其子若孙，并奴视所部，而郡邑长吏，皆其皂隶僮使，此在古所无。宜从更张，俾考课黜陟。”于是“始议行迁转法，五品以上制授，六品以下敕授”④。在此之前，世侯僚属皆听自置，但自迁调之制行，“遂使天下大官小职，咸知名器自朝廷出”⑤。至元二年（1265 年），张弘范改任大名路总管，史权（史天泽之侄）自真定改任东平总管，济南张宏则迁守真定，离开了他们多年经营的根据地，至外地任官。除此之外，实行易将制，命令世侯交出原先统率的军队，改由其他将领节制，以此切断世侯与旧部将卒的隶属关系，使将不擅兵。例如，史天泽之子史格奉命接替张柔之子张弘范，掌管亳州万户，而史氏旧属邓州二万户移交董文炳节制，张弘范则代替董文炳统辖益都诸军。至此，汉人世侯终于被废罢，退出了历史舞台。

四、建立元中都

关于元中都，前后所指是有所变化的，元世祖初年指的是燕京（今北京）。金代以燕京为中都，元中统四年（1263 年），忽必烈升开平府为上都，次年即至元元年，又以燕京为中都。据《元史》卷五八《地理志一》，此年中书省臣上奏：“开平府阙庭所在，加号上都，燕京分立省部，亦乞正名。”遂改燕京名曰中都，其大兴府仍旧。⑥ 但由于此后在中都旧城东北另建新城，并改名大都，此中都之名遂废。我们一般所说的元中

---

① （元）姚燧：《牧庵集》卷二三《真定新军万户张公神道碑》，四部丛刊初编本。

② 《元史》卷一五八《姚枢传》。

③ 《元史》卷五《世祖纪二》。

④ （元）苏天爵辑撰：《元朝名臣事略》卷七《平章廉文正王》。《元史》卷一二六《廉希宪传》文字略有舛异。

⑤ （清）沈涛：《常山贞石志》卷一六《无极县厅事题名记》，见《续修四库全书》史部金石类，第 906 册，553 页，上海，上海古籍出版社，2002。

⑥ 《元史》卷五八《地理志一》。

都，指的是元武宗在兴和路（今河北张北）旺忽察都所建的新都，它位居上都、大都两都之间，南去大都 265 公里，北距上都 195 公里，为元代三都之一。

元武宗，名海山，是元代第三位皇帝，他为忽必烈曾孙，太子真金次子答剌麻八剌之长子，曾统军北边，被封为怀宁王。大德十一年（1307 年），元成宗病殁，储位虚悬，海山回大都奔丧，被群臣拥立为帝，死后庙号武宗。

武宗不甘做一位守成之君，很想有一番大的作为，“当富有之大业，慨然欲创治改法而有为”[①]。大德十一年（1307 年）六月，即位伊始，便诏于旺兀察都之地（今河北省张北县馒头营乡白城子）修建行宫，“立宫阙为中都”[②]。七月，为了建造中都，置行工部于旺兀察都。由于工程浩大，除了工匠外，武宗还大量征调侍卫军士服役。至大元年（1308 年）正月，命枢密院发六卫军一万八千五百人，以供旺兀察都建宫工役[③]。二月，又调上都卫军三千人赴役。同年七月，“旺兀察都行宫成。立中都留守司兼开宁路都总管府”[④]。但这里所说的行宫建成，仅指初具规模而已，实际上行宫并未完全竣工。至大二年（1309 年）四月，又诏营建中都皇城角楼。中书省臣上疏反对：“今农事正殷，蝗蝝遍野，百姓艰食，乞依前旨罢其役。”但武宗根本不为所动，仍下旨：“皇城若无角楼，何以壮观！先毕其功，余者缓之。”[⑤] 至大三年十一月，仍敕修建中都，以牛车运土，令各部卫士助之，并严令来年四月十五日毕集，失期者治各部长官之罪，自愿以车牛输运者予以厚赏。[⑥]

至大元年（1308 年）七月，设中都留守司兼开宁路都总管府后，又相继于中都设立了虎贲司、光禄司、银冶提举司及万亿库等官署。同年十二月，中都立开宁县。亘武宗之世，中都一直在施工扩建。至大四年（1311 年），武宗死，因营建中都劳民伤财过大，仁宗即位伊始，便下诏停止中都营建工程，又罢中都留守司，复置隆兴路总管府，“凡创置司存悉罢之”[⑦]。但由于中都位于上都和大都之间，位置适中，仁宗“罢城中

---

① 《元史》卷二三《武宗纪二》。
② 《元史》卷二二《武宗纪一》。
③ 《元史》卷二二《武宗纪一》。
④ 《元史》卷二二《武宗纪一》。
⑤ 《元史》卷二三《武宗纪二》
⑥ 《元史》卷二三《武宗纪二》。
⑦ 《元史》卷二四《仁宗纪一》。

都”后，中都仍作为行宫使用。元朝皇帝在两都之间往返时，常常在此停驻。后任英宗、泰定帝、文宗、元顺帝等多位皇帝都曾到此巡幸，进行议政、畋猎、作佛事等活动。例如，至治三年（1323年），泰定帝于上都即位后，返回大都途中，十一月车驾次于中都，修佛事于昆刚殿；泰定三年（1326年）八月，次中都，畋于汪火察秃之地。[1] 至正十八年（1358年），红巾军烧毁中都宫阙，自此中都沦为一片废墟。

图2-4　元中都宫城西南角台（张春长提供）

元中都遗址，位于河北省张北县馒头营乡白城子村西南一公里处。根据考古发掘得知，元中都遗址从内到外包括宫城、皇城和廓城三重。宫城南北长607米、东西宽548米，城墙存高3~4米，墙基宽约15米，四角存有方形夯土角台。城墙四面各有一缺口，系原四城门遗址。皇城南北长929米、东西宽777米。皇城城墙距宫城城墙东、北、西三面间距115米，南部两墙相距207米，残墙高出地面1米左右，墙基宽5~7米。廓城规模较大，确切范围尚待考古进一步勘探。在宫城内发现建筑遗迹27处。大殿建筑台基遗址位于宫城南北中轴线上的中心位置，南北长120米、东西宽38~59米、高3.5米，工字形布局，是宫城主体建筑。在大殿遗址出土了大量柱础、黄色琉璃瓦、滴水和汉白玉螭首等各类建筑构件，是目前元代皇宫正殿的唯一发掘实例。宫城西南角楼基址，内外两侧呈三折角，在元代考古发掘中首次再现了传统角楼三出阙古制。宫城南门

① 《元史》卷三〇《泰定纪二》。

为内附重门广场的两阙三门道过梁式，左右阙台依次出轩，与东西角楼三出阙相呼应，整体建筑形制仿自大都崇天门，内设重门广场的规制独具一格，展现了元代都城的独特建筑风格。①

图 2－5　元中都汉白玉螭首（张春长提供）

元中都虽然毁没于元末战火之中，但因地处偏远，人迹罕至，遗址保存完好，为元代大都、上都、中都三都中迄今保存最为完好、破坏最少的都城遗址，为研究元代都城形制提供了极为重要的考古材料，被评为“1999 年度全国十大考古新发现”。2001 年，元中都遗址由国务院公布为第五批全国重点文物保护单位。

五、元代在河北的行政区划

中统元年（1260 年）四月，忽必烈仿照宋金之制，在中央设立中书省，总全国政务；在地方设立行中书省，简称“行省”，治理地方。至元二十七年（1290 年），在全国范围内调整行省建制，共置十行省。行省之下的地方统治机构有路、府、州、县。各路的政务机构是总管府，设达鲁花赤、总管各一员，兼管劝农事。至元二年（1265 年）二月规定：“以蒙

① 张春长：《元中都——1998—2003 年发掘报告》，北京，文物出版社，2012。

古人充各路达鲁花赤，汉人充总管，回回人充同知，永为定制。”① 各州也设达鲁花赤一员，知州、同知、判官，兼捕盗之事。各县设达鲁花赤一员，县尹、县丞、县簿、县尉等各一员。路、州、县的达鲁花赤多由蒙古人和色目人担任。

河北，元称为腹里，属中书省直辖，在今河北或与河北有关者主要有：大都路、上都路、兴和路、永平路、保定路、真定路、河间路、顺德路、广平路、大名路。

大都路，治大兴县、宛平县（今均属北京），金为中都，元易址重建，改称大都。所辖府、州、县在今河北的有八州十二县，其中大都路直领一县。八州为涿州、霸州、通州、蓟州、漷州、东安州、固安州、龙庆州。

上都路，治开平县（今内蒙古自治区正蓝旗东北），金为桓州，元以宫阙所在，加号上都。辖一府六州十三县，其中在今河北的有顺宁府（即宣德府）、保安州（即奉圣州，治河北涿鹿县涿鹿镇）、蔚州、兴州。

兴和路，治高原县（今张北县张北镇），金为抚州，元升为兴和路。直领四县，其中三县在河北，即高原、怀安、威宁（治今尚义县壕堑镇）。

永平路，治卢龙县，金为平州，元升为路，以水患改称永平。辖一州（滦州），直领四县：卢龙、迁安、抚宁、昌黎。

保定路，治清苑县，金为保州，元改保定路。辖七州十九县，其中直领八县：清苑、满城、唐县、庆都、行唐、曲阳、新安、博野。七州为易州、祁州、雄州、安州、遂州、安肃州、完州。

真定路，治真定县（今河北正定），金为真定府，元升为路。辖一府（中山府）五州二十六县，其中直领九县：真定、藁城、栾城、元氏、获鹿、平山、灵寿、阜平、涉县。五州为赵州、冀州、深州、晋州、蠡州。

河间路，治河间县（今河间市），辖六州二十一县，直领六县，其中有两县在今河北，即河间、肃宁。所辖六州，其中在今河北者：沧州、景州、清州、献州、莫州。

顺德路，治邢台县（今邢台市），辖九县：邢台、巨鹿、内丘、平乡、广宗、沙河、南和、唐山（治今隆尧县尧山乡）、任县。

广平路，治永年县，辖二州十一县，直领五县：永年、曲周、肥乡、鸡泽、广平。二州为磁州、威州。

---

① 《元史》卷六《世祖纪三》。

大名路，治元城县，辖三州十一县，其中有四县在今河北：元城、大名、魏县、清河。

第五节　蒙元时期蒙古统治者在河北的分封

分封制是蒙元的重要制度，创始于成吉思汗。蒙古汗国建立后，1207—1214年，成吉思汗把三十余个千户的草原部民及蒙古汗国东、西两翼之地分授给诸子和诸弟，形成东、西道诸王兀鲁思。“兀鲁思”，是蒙古语“人众”“国家”之意。之所以称其为“诸王兀鲁思”，是因为受封诸王对所封百姓和领地拥有相当大的支配权，俨然较独立的国中之国。分封给家族的土地称为“忽必”，分封给功臣的土地称为“莎余儿合勒”。“忽必”，意为分得的“份子”，包括领地和百姓。依照蒙古贵族家产分配的习俗，蒙古统治者每一次检括户口，都在宗亲、贵族中进行一次权益的分配和赏赐。之后窝阔台时期、蒙哥时期和忽必烈灭南宋平定江南以后又有三次较大规模的分封。元朝建立后，也陆续有所分封，分封对象主要是宗室诸王。其中以仁宗时期规模较大，总计达三十余万户。就分封实体而言，包括草原兀鲁思分封、五户丝食邑分封、投下私属分拨及宗王出镇四种形式。[①] 宗王兀鲁思的基本领地主要分布在漠南北的草原地带，后来也间或向农耕区域扩展延伸，宗王出镇则是一种特殊的分封形式。虽然在中原王朝中几乎历代都有分封，但从蒙元时期分封特点来看，它主要是蒙古旧俗下的产物，但在进入中原内地后，日益受到中原汉文化的影响，如从窝阔台时期的丙申分封中即可以清楚地看出这一点。窝阔台本打算遵循草原分封旧制，裂土分民，各治其邑，但由于耶律楚材极力反对，最后采纳了耶律楚材的建议，命各投下在分地只设达鲁花赤，由朝廷置官吏统一征收赋税，投下领取应得份额，非奉诏不得擅自征收兵赋。而且除五户丝外，不得再向民户搜刮他物。在这种情况下，诸投下所得的其实是食邑。忽必烈时期的分封集中在江南，主要是江西、湖广、福建、广东等地，与河北地区无涉。在蒙元时期四次分封中，与河北有关的主要是窝阔台时期和蒙哥汗时期。

灭金以后，窝阔台令忽都虎（或称“忽都忽”“失吉忽秃忽”）调查登记户口，太宗八年（1236年）六月，籍户（括户）工作结束，凡得一

---

① 李治安：《元代分封制度研究》（修订版），导言，1～2页，北京，中华书局，2007。

百一十余万户。七月，“诏以真定民户奉太后汤沐，中原诸州民户分赐诸王、贵戚、斡鲁朵”[①]。此年是旧历丙申，故这次分封，史称“丙申分封”。这次分封主要是由忽都虎主持进行的，他当时的身份是燕京等处断事官。分授民户的根据是“惟视旧数多寡”[②]，即是以成吉思汗草原兀鲁思分封户数为基准，相应地授予十至二十倍的汉地民户，但也适当考虑了军功等因素。分封的地区主要包括山东、河北、山西，还有陕西的延安府，都是当时比较稳定、户口较多的地方。被分封的民户，称为投下或投下户，他们不同于一般民户，单独立籍。蒙哥汗（宪宗）时期的分封，虽涉及壬子、癸丑、丁巳、戊午四个年份，但因为壬子与癸丑、丁巳与戊午相邻，故亦可以说宪宗朝的宗王食邑分封大体是分两次进行的：第一次即壬子年、癸丑年，第二次即丁巳年、戊午年。[③] 这样经过太宗、宪宗分封，中原汉地散布了很多以户额分拨诸王功臣的五户丝户。

一、诸宗王在河北的封地食邑

蒙元王朝的权力核心包括成吉思汗“黄金家族”的成员和各级那颜。“黄金家族”的成员，即成吉思汗的兄弟、子侄及其直系后代，一般称为“蒙古宗王”。蒙古汗国时期，制度草创，诸宗王对汉地的封爵制度尚不熟悉，不重视名爵，而且遵循成吉思汗不许宗王带荣号头衔的祖训：“然初制简朴，位号无称，惟视印章，以为轻重。”[④] 前四汗时期，诸王印章大抵只分金印、银印，大约在忽必烈时期才确立了诸王六等印章封爵制度。据《元史·诸王表》载，有金印兽纽、金印螭纽、金印驼纽、金镀银印驼纽、金镀银印龟纽、银印龟纽六个等级。元代以“一字王”最为尊贵，诸宗王的分封构成了分封制的主体。

诸王分地是蒙元时期的一类特殊政区。每个王有分属于他的一部分民户和牧地，称为“爱马”（ayimaq），汉译为部，或称位下（也作“投下”）。诸王视其地位高低、属民多寡，设置有王傅、府尉、司马或断事官等，管理所领军民，并可以成立自己的怯薛，形成许多不同层次、大小不等的藩领。当然，他们都统属于大汗（皇帝），王位的承袭、官属的设置，都必须得到皇帝的批准。[⑤]

---

① 《元史》卷二《太宗纪》。

② 《元史》卷一二一《畏答儿传》。

③ 李治安：《元代分封制度研究》（修订版），53～54页，北京，中华书局，2007。

④ 《元史》卷一〇八《诸王表》。

⑤ 韩儒林主编：《元朝史》（下册），180页，北京，人民出版社，1986。

蒙古统治者在河北的大规模分封，始于窝阔台时期[①]，其分布大致如下：

其一，大名：贵由食邑。

大名路，治元城县（今河北大名）。贵由，又译作"古与"，乃窝阔台之长子。《元史·食货志三》载，丙申年（1236年），分拨大名68593户。史籍中有"大名王"之称，金印螭纽，其首任大名王为禾忽。禾忽为元定宗贵由第三子，"禾忽，袭定宗大名路岁赐，故时称大名王，其分地在叶密立（或作'叶密里'），亦定宗潜邸之分地"[②]。据《元史》卷一八〇，中统三年（1262年），耶律希亮困居叶密里城，一直欲东归，"定宗幼子大名王闵其不能归，遗以币帛鞍马，乃从大名王至忽只儿之地"[③]。此所谓"定宗幼子"，即指禾忽。

文宗至顺（1330—1332年）中，大名王驻于大名路，随从部曲多达三千。[④] 此处的"大名王"，姓名不详，从时间上看，应为禾忽之子嗣。这个大名王在大名城内有官邸，还与当地官员发生了一些冲突。例如，一次他想在宣圣庙（即孔庙）内的空地击毬，大名治中安礼谏阻道，宣圣庙乃风化所原，非戏乐之所，大名王听后也就只好作罢。还有一次，大名王佯为谦逊地询问安礼自己做事有何不当之处。大名王不过是故作姿态，但出乎大名王意料的是，安礼却毫不隐讳，详细列举了大名王之前的种种疏失。大名王听罢大怒，安礼并不畏惧，坦然地说："王问，当以正对，谀以陷王不义，可乎？"大名王悟，乃改容谢之。[⑤]

其二，河间：阔列坚食邑。

河间路，治河间县（今河北河间市）。阔列坚，又译作"果鲁干"，乃成吉思汗第六子，由二皇后忽兰所生。阔列坚死后，其所辖军队和王

---

① 据《元史》卷一五三《王檝传》，成吉思汗在取得中都后不久，在中原也似有一次分封："帝命阇里毕与皇太弟国王分拨诸侯王城邑，谕阇里毕曰：'汉人中若王宣抚者，可任使之。'遂以前职，兼判三司副使。"

② 《新元史》卷一一二《定宗诸子》。[法]韩百诗著《元史·诸王表笺证》（长沙，湖南大学出版社，2005）作"火忽"，似误。《元史》卷一八〇《耶律希亮传》载："时六皇后之妹主后位，与宗王火忽皆欲东觐。"其下又载："三年，定宗幼子大名王闵其不能归，遗以币帛鞍马，乃从大名王至忽只儿之地。"显然宗王火忽与"定宗幼子大名王"非一人。

③ 《元史》卷一八〇《耶律希亮传》。

④ （元）许有壬：《至正集》卷六〇《安伯宁知府墓志铭》[《元人文集珍本丛刊》（七），277页，台北，新文丰出版公司，1985]记载，墓主安礼，字伯宁，由大名路治中升知沔阳府，"大名王邸在焉，部曲三千人"。

⑤ （元）许有壬：《至正集》卷六〇《安伯宁知府墓志铭》，见《元人文集珍本丛刊》（七），277页，台北，新文丰出版公司，1985。

位，依次由长子忽察、嫡孙兀鲁带、曾孙也不干继承。[①]

《元史·食货志三》载，丙申年（1236 年），阔列坚受封河间路 45930 户。其子忽察当是第一位河间王。[②] 河间王，为金印驼纽。嘉靖《河间府志》卷一二《世系志》“元代”提到“河间王忽察”，下注“太祖孙，国初受封”，即指此。定宗丁未年（1247 年），阔列坚太子位下景州节度使贾德“年五十有二”，即致政闲居。其《行状》云，贾德“为人恬退，每物盛为戒”[③]，是其去官闲居的原因。实际上，这只是撰者的文饰之词。当时蒙古汗国并未建立严格的致仕制度。史称丙申分封后若干年，“朝廷黜减诸侯王官属”[④]，贾德就是按照上述黜减投下官的规定去职闲居的。至元二年（1265 年），置河间路总管府，成吉思汗第六子、阔列坚之孙兀鲁带被封为河间王。至元二年二月，“赐亲王兀鲁带河间王印，给所部米千石”[⑤]。闰五月，检覆诸王兀鲁带部民贫无孳畜者 30724 人，人月给米 2 斗 5 升，四阅月而止。至元二十四年四月，乃颜反，也不干也参与叛乱，世祖亲自出征平叛，并下诏罢也不干河间分地达鲁花赤。[⑥]

其三，真定：拖雷家族食邑。

成吉思汗分封诸子，其中术赤、窝阔台、察合台三嫡子封地在阿勒台山之西，称为西道诸王。幼子拖雷，除继承管领成吉思汗四大斡耳朵和中央兀鲁思所属千户外，吉儿吉思也为其封地。[⑦] 在河北地区，真定为其食邑。“真定，睿宗（即拖雷——引者注）分地”[⑧]。但严格来说，当时承封的是其妻唆鲁禾帖尼。故《元史·太宗纪》以宪宗朝以降的尊号称之为“奉太后汤沐”。拖雷伐金时曾在真定短暂停留。他从其兄窝阔台收定河南诸郡，特别是在三峰山之战，歼灭了金军精锐，“四月，由半渡入真定，过中都，出北口，住夏于官山”[⑨]。太宗四年（1232 年），拖雷不明

---

① ［波斯］拉施特主编，余大钧、周建奇译：《史集》卷一，89 页，北京，商务印书馆，1985。

② ［法］韩百诗著，张国骥译：《元史·诸王表笺证》，218 页，长沙，湖南大学出版社，2005。

③ （元）王恽：《秋涧先生大全文集》卷四七《故金吾卫上将军景州节度使贾公行状》，四部丛刊初编本。

④ （元）张养浩：《济南姚氏先德碑铭》，见李修生主编：《全元文》卷七七七，674 页，南京，江苏古籍出版社，2001。

⑤ 《元史》卷六《世祖纪三》。

⑥ 《元史》卷一四《世祖纪一一》。

⑦ 李治安：《忽必烈传》，8 页，北京，人民出版社，2004。

⑧ 《元史》卷一三四《小云石脱忽怜传》。

⑨ 《元史》卷一一五《睿宗传》。

不白地死去，未及赶上丙申年的分封。他死后，其妻唆鲁禾帖尼继续掌握拖雷原麾下的军队、部众及分地。唆鲁禾帖尼，怯烈氏，出自蒙古克烈部，是王罕的侄女，宪宗二年（1252 年）死，至元二年（1265 年）追谥庄圣皇后，升祔睿宗庙。丙申年（1236），封真定路 80000 户，唆鲁禾帖尼先后命位下民匠官布鲁海牙和断事官小云失脱忽怜担任真定路达鲁花赤。[①]

真定作为拖雷的分地，与拖雷家族关系十分密切，唆鲁禾帖尼特意为幼子阿里不哥请来真定汉族名士李槃担任侍读。[②] 时以真定藁城奉庄圣太后汤沐，庚戌（1250 年），太后命择藁城邑中子弟觐见，董文用始从董文炳谒太后于和林城。[③] 太后死，幼子阿里不哥承袭了拖雷夫妇的大部分蒙古千户和分地，当然也包括真定分地。阿里不哥曾遣人向忽必烈索要真定分地民张础。据《元史》卷一六七《张础传》，张础之父张范，曾任真定劝农官，因家焉。张础业儒，丙辰岁（1256 年），平章廉希宪荐于忽必烈。阿里不哥以张础不附己，心衔之，遣使对忽必烈说："张础，我分地中人，当以归我。"世祖命使者回复道："兄弟至亲，宁有彼此之间，且我方有事于宋，如础者，实所倚任，待天下平定，当遣还也。"[④] 委婉地拒绝了阿里不哥的要求。

拖雷家族除了阿里不哥这一嫡支外，其他支系在真定也有封地。例如，拨绰，拖雷第八子，为庶出，骁勇，善骑射，宪宗命为大将军，北征钦察有功，赐号拔都。岁丁巳（1257 年），受封蠡州 3347 户，为其食邑。[⑤] 蠡州亦属真定路。

其四，深州：察合台食邑。

察合台，又译作"茶合斛"，为成吉思汗次子、窝阔台的次兄。丙申年（1236 年）封太原 47330 户；戊戌年（1238 年）增封真定深州 10000 户。史载，察合台食邑深州衡水县达鲁花赤忙兀解贪暴不法，宣慰使王磐，"奏置诸法，籍其家赀"，以半数给苦主。[⑥]

其五，晋州：术赤食邑。

术赤，成吉思汗之长子，成吉思汗曾一度欲立术赤为继承人，但遭到

---

① 《元史》卷一二五《布鲁海牙传》；（元）黄溍：《金华黄先生文集》卷二四《辽阳等处行中书省左丞相亦辇真公神道碑》，四部丛刊初编本。

② 《元史》卷一二六《廉希宪传》。

③ 《元史》卷一四八《董俊附文用传》。

④ 《元史》卷一六七《张础传》。

⑤ 《元史》卷一一七《牙忽都传》。

⑥ 《元史》卷一六〇《王磐传》。

次子察合台极力反对。由于成吉思汗妻子孛儿帖曾被蔑儿乞人掳掠，回来后生下了术赤，察合台据此认为术赤很可能是蔑儿乞人之子，根本无资格继承汗位。最后成吉思汗也不得不妥协，改以第三子窝阔台为嗣。太宗丙申分封时，术赤已死，其子拔都继承其兀鲁思，遂成为家族的代表，受封平阳四万一千三百二户。戊戌年（1238年），又分拨真定晋州一万户。[①]《元史》卷一一七《术赤传》云，术赤"其位下旧赐平阳、晋州、永州分地，岁赋中统钞二千四百锭，自至元五年己卯岁始给之"。其中也提到了晋州之分地。元代晋州，辖鼓城、饶阳、安平、武强四县。

郝经《河东罪言》云："平阳一道，隶拔都大王，又兼真定、河间道内鼓城等五处，以属籍最尊，故分土独大，户数特多。"[②] 至元二年（1265年），其后嗣月即别遣使来求分地岁赐，以赈给军站。世祖以降，对投下食邑的签军较频繁。术赤位下晋州安平县五户丝户也在至元九年朝廷签军之列。[③] 王安仁，中统元年（1260年）知晋州，先是州废为县，安仁之父任当处节度使，奏升为州，未几，分属王府，仍为军民万户，而鼓城等四县仍隶焉。王安仁以事体既大，非州无以统治，谋于诸弟安土，欲易州以继父志，疏上，朝廷可其奏，即授节度使，知州如故。[④] 据《元史·地理志》"晋州"条："元太祖十年，改晋州。太宗十年，立鼓城等处军民万户所。中统二年，复为晋州。"王安仁事迹可为晋州沿革补充具体史实，其中提到的"王府"，即术赤后王王府。

由以上可看出，真定路是诸王食邑聚集之处。除了拖雷家族外，术赤、察合台等其他诸王也在真定拥有食邑。就封户数量而言，庄圣太后—阿里不哥位下最多，约占全路户数的60%。而术赤、察合台、拨绰的封户多系丙申后增封，或随晋、深、蠡三州拨属真定的。如此可以说，世祖朝以前的史天泽真定路辖区是阿里不哥、旭烈兀（拖雷六子）、两答剌罕、孛鲁带等封地并存，而改置后的真定路则应称为以庄圣太后—阿里不哥封地为主的投下食邑了。[⑤]

其六，彰德：旭烈兀食邑。

---

① 《元史》卷九五《食货志三·岁赐》。

② （元）郝经撰，秦雪清点校：《郝文忠公陵川文集》卷三二，447页，太原，山西人民出版社、山西古籍出版社，2006。

③ 《元史》卷九八《兵志一·兵制》至元四年正月；（元）魏初：《青崖集》卷四《奏议》，文渊阁四库全书本。

④ （清）郑大进纂修：《正定府志》卷二九《名宦》，2424页，台北，学生书局，1968。

⑤ 李治安：《元代分封制度研究》（增订本），102页，北京，中华书局，2007。

彰德，治安阳县（今河南安阳），辖境相当于今河南安阳、汤阴、林州、鹤壁及河北临漳等市县。旭烈兀，为拖雷之子、忽必烈之弟，丁巳年（1257 年）受封彰德路 25056 户。

元宪宗九年（1259 年），彰德府宣课使常德驰驿前往西域觐见统兵西征的旭烈兀，他从正月二十一日从哈喇和林出发，往返历时十四个月，于次年三月回到中原。元世祖中统四年（1263 年）三月，刘郁将常德的西行旅程和见闻形诸文字，名曰《西行记》。常德的西行觐见旭烈兀，显示彰德路与旭烈兀存在较密切联系，为旭烈兀之食邑提供了直接的证据。[①]

为了直观起见，诸王在河北的食邑，据《元史》卷九五《食货志》列表如下：

受封者	身份	分封时间	分地	路分	初封户数（单位：户）	延祐六年户数（单位：户）	备注
贵由	窝阔台之子	丙申年	大名	大名	68593	12835	
术赤	成吉思汗长子	戊戌年	晋州	真定	10000		
察合台	成吉思汗次子	戊戌年	深州	真定	10000	17211	《元史》卷九五《食货志·岁赐》名“茶合解”
拖雷	成吉思汗第四子	丙申年	真定	真定	80000	15028	《元史》卷九五《食货志·岁赐》言为睿宗子阿里不哥
拨绰大王	拖雷庶子	丁巳年	蠡州	真定	3347	1472	又见《元史》卷一一七《牙忽都传》
旭烈兀	拖雷之子	丁巳年	彰德	彰德路	25056	2929	
阔列坚	成吉思汗第六子	丙申年	河间	河间路	45930	10140	
阿鲁浑察大王		丁巳年	广平	广平	30	5	
霍里极大王	别里古台之孙	丁巳年	广平	广平	150	87	

① 《西行记》，见《秋涧先生大全文集》卷九四。此条材料乃朱建路先生提供，特致谢忱。

以上诸王分封，集中在窝阔台至蒙哥汗时期。元代建立后，基本上仍得以沿袭，但封户数量有较大缩减。从封主身份上看，包括成吉思汗诸子及其子嗣，反映了草原财产共有传统在内地的延续。其中，拖雷家族尤其值得注意。不仅嫡子阿里不哥和旭烈兀有封地，就是庶子拨绰也受封，其封户数量均远超出术赤和察合台在河北的封户数。当时蒙哥身为大汗，当然会对其家族有特殊照顾。这是汗位从窝阔台系转至拖雷系后，在权益分配上的直观反映。另外，从地区上看，封地主要集中在大名、真定、广平、河间、彰德等路，大多是经济富庶、人口稠密之地。例如，河间濒海，“当水陆要冲，四方供亿皆取给焉”①，盛产食盐，为元代重要的盐产地。真定为河朔大郡，北枕三关，南临大陆，滹沱东注，太行右腋。“河朔为天下之根本，而正定又为河朔之根本。其地河漕易通，商贾四集，常倚为北面之重”②。

但以上并非诸王在河北封地的全部，除了以上《元史·食货志》所载之外，根据史籍，尚有其他分封。

其一，平滦路：斡赤斤食邑。

斡赤斤·铁木哥，又作“斡斤”“斡陈”，为成吉思汗幼弟。他以灶主的身份继承了其母所封千户，故在东道诸王中所拥有的千户最多，实力最为雄厚。在成吉思汗西征和窝阔台死后，斡赤斤曾两度奉命监国。窝阔台去世后，斡赤斤企图利用他监国的特殊地位夺取汗位而未果，贵由汗即位，将其处死。

斡赤斤有一块食邑在平滦州。据《元史》卷二《太宗纪》，太宗八年七月的分封中，即提到斡陈那颜（即斡赤斤）封于平滦州。蒙古伐金中，金兴平路兵马都总管王诰，“挈二州五县板图”降于斡赤斤国王，丙申后，其子孙即袭为斡赤斤分邑平滦州长官③。世祖中统元年（1260 年）秋七月，诏中书省给诸王塔齐尔益都、平州封邑，岁赋金帛。④ 塔齐尔，即塔察儿，为斡赤斤之孙。乃颜，为塔察儿之孙，至元二十四年（1287年）四月，乃颜反，忽必烈亲自出征平叛，并罢乃颜所署益都、平滦分

① 《元史》卷一二四《塔本附迭里威失传》。

② （清）郑大进纂修：《正定府志》卷二《形胜》，239 页，台北，学生书局，1968。

③ （元）王恽：《秋涧先生大全文集》卷五七《大元故昭勇大将军北京路总管兼本路诸军奥鲁总管王公神道碑铭》，四部丛刊初编本。《元史》卷二《太宗纪》亦言封邑名是“平、滦州”。清光绪《永平府志》卷二九《纪事上》，2122 页记载：“（太宗）八年秋七月，以中原诸州民户分赐诸王贵戚。旺沁诺延于平滦州拨赐。”“旺沁诺延”，盖斡赤斤的异译。

④ 《元史》卷四《世祖纪一》。其中“平州”，当为“平滦州”之讹。

地达鲁花赤。[①] 至元二十七年（1290 年），中书平章也速带儿奉旨抚定斡赤斤·铁木哥位下食邑平滦州，“收三藩王而鞠之，始皆倔强不伏，既得其情，徐谕以祸福之重轻，乃伏其辜。事（间）［闻］，上甚韪之”[②]。按：中统元年（1260 年），平滦州升为平滦路，后改名永平路。元武宗即位初，永平路被转封于鲁国长公主皇妹祥哥剌吉，并规定“租赋及土产悉赐之”[③]，从而永平路又成为鲁国公主位下的实封之地。这也是《元史·食货志三·岁赐》中斡赤斤大王的五户丝食邑不称平滦州，而只称益都路的原因所在。

其二，真定：豫王食邑。

王懿德，至元十一年（1274 年）生，本为良乡县修村附籍涿州驿站户，后迁范阳县在城居止，曾任豫王位下真定等处种田总管。至顺二年（1331 年）十二月，卒于范阳县西沙沟村之新业。[④] 按：据《元史》卷一〇八《诸王表》，豫王，即阿忒思纳失里，天历元年（1328 年）封。

其三，广平：广平王食邑。

广平王，始封时间不详，元仁宗皇庆元年（1312 年），封知枢密院事木剌忽为广平王。文宗天历二年（1329 年）十一月壬申，毁广平王木剌忽印，命哈班代之，更铸印以赐。[⑤] 元顺帝时，身为“广平金闺之籍人”的全州路灌阳县达鲁花赤久住，赴任伊始，即“谒奠广平王祠”[⑥]。

其四，清州：宁王阔阔出食邑。

清州，治今青县，属河间路。阔阔出，为忽必烈第八子，元大德十一年（1307 年）由宁远王进封宁王。元武宗至大三年（1310 年）二月，谋为不轨，事泄，下狱，赐其妻完者死。三宝奴，赐号“答剌罕”，以阔阔出食邑清州赐之，自达鲁花赤而下并听举用。[⑦] 六月，赐太师淇阳王月赤察儿清州民户万七千九百一十九。[⑧] 以此来看，清州本为宁王之食邑，但

---

① 《元史》卷一四《世祖纪一一》。

② （元）黄溍：《金华黄先生文集》卷二四《江浙行中书省平章政事赠太傅安庆武襄王神道碑》，四部丛刊初编本。

③ 《元史》卷二二《武宗纪一》。

④ 《元敕授星子县达鲁花赤兼管本县诸军奥鲁劝农事王公（懿德）之墓志》，见中国文物研究所、河北省文物研究所编：《新中国出土墓志·河北卷》（下册），123 页，北京，文物出版社，2004。又见杨卫东、黄涿生：《涿州贞石录》，122 页，北京，北京燕山出版社，2005。

⑤ 《元史》卷三三《文宗纪二》。

⑥ （清）萧煊修，范光琪纂：《灌阳县志》卷一六《重建县厅谯鼓记》，全国图书馆缩微文献复制中心，1992。

⑦ 《元史》卷二三《武宗纪二》。

⑧ 《元史》卷二三《武宗纪二》。

因叛乱，被剥夺了封邑，改赐予三宝奴。月赤察儿，乃成吉思汗建国功臣“四杰”之一博尔忽的曾孙，因在平定宁王阔阔出叛乱中有功，以清州民户一万七千九百一十九户赐之。

其五，抚宁：抚宁王彻里帖木儿食邑。

彻里帖木儿为宪宗蒙哥之后裔，其父晃火帖木儿，历封嘉王、并王。至元元年（1264 年），晃火帖木儿与丞相唐其势串通，图谋叛乱，后事败自杀。六年，封其子彻里帖木儿为抚宁王。①

其六，永平：永平王伯撒里食邑。

据《元史》卷四七《顺帝纪十》，元顺帝至正二十七年（1367 年）八月，封太师伯撒里为永平王。此又见于清光绪《永平府志》卷三《封爵表》，唯伯撒里作“博撒里”。光绪《永平府志》卷三《封爵表》还记载有永平王燕赤，燕赤为永平王乃顺帝至元四年（1338 年）追封，其生前并未莅任。

另外，真金，忽必烈次子，中统三年（1262 年）十二月封为燕王。文宗子阿剌忒达纳，天历三年（1330 年）三月封为燕王。孛罗，阿里不哥之孙，延祐四年（1317 年）正月，由镇宁王进封冀王。此燕王、冀王食邑盖与河北有关，姑系于此。

元代抚州（治今河北张北），处于漠南边缘，中统三年（1262 年）十一月升为隆兴府，以昔剌斡脱为总管，割宣德之怀安、天成及威宁、高原隶焉。至元四年（1267 年）正月，析隆兴府自为一路，行总管府事。虽然史籍中未言隆兴为诸王分地，但也有一些蛛丝马迹。元成宗大德四年（1300 年）十一月壬寅朔，诏颁宽令：免上都、大都、隆兴大德五年丝银、税粮，附近秣养马驼之郡免税粮十分之三，其余免十分之一，徒罪各减一半，杖罪以下释之。② 大德九年（1305 年）二月，免大都、上都、隆兴差税、内郡包银、俸钞一年。免除隆兴丝银，即所谓五户丝，这为投下户的负担。元成宗元贞二年（1296 年）五月诏令表述更为具体明确，“诏诸王、驸马及有分地功臣户居上都、大都、隆兴者，与民均纳供需”③。至大四年（1311 年）二月，敕诸王、驸马户在缙山、怀来、永兴县者，与民均服徭役。④ 缙山、怀来、永兴均属隆兴路。因此，隆兴也为

---

① （清）游智开修，史梦兰纂：《永平府志》卷三《封爵表》，338 页，台北，学生书局，1968。

② 《元史》卷二〇《成宗纪三》。

③ 《元史》卷一九《成宗纪二》。

④ 《元史》卷二四《仁宗纪》。

诸王分地，唯不详具体为何王。

有元一代，大漠南北的草原地带一直是多数蒙古宗王栖息游牧地。虽然他们在中原有分地，但他们长驻食邑者并不多。另外，虽然朝廷划定了各王的封地范围，但他们越界争地、争夺民户的现象仍时有发生。例如，大德三年（1299 年）五月，禁阿而剌部毋于广平牧马。① 阔出（窝阔台第三子）之幼子小薛的分地，本来在河南睢州以及山西潞州（今山西上党），但他却染指真定一带，此事甚至还惊动了皇帝，大德七年（1303 年）二月，下诏诸王小薛及鹰师等毋于真定近地纵猎扰民。②

二、后妃公主在河北的封地食邑

由于早期氏族社会的影响，蒙古族妇女地位较高。在宫廷中，后妃（皇后）地位也很高。朝会时后妃可以与大汗并席而坐，参政议政，甚至在大汗去世，汗位虚悬时，常由后妃摄政。按照蒙古习俗，大汗的后妃，依所居斡耳朵排列。斡耳朵，是突厥蒙古语 Ordo 的音译，意即宫帐，是游牧社会的产物，在辽金时期即已存在，蒙古不过是沿用辽金之旧俗。成吉思汗时有四大斡耳朵，分别由四个后妃（皇后）孛儿帖、忽兰、也遂和也速干管领。新大汗即位后，建立新的斡耳朵，但原来的斡耳朵及其组织机构仍然保留。元朝建立后，定都大都，大都的皇宫为土木建筑而不再是蒙古族原有的帐篷，但斡耳朵的名称及制度仍延续下来。忽必烈也有四个斡耳朵，其后的元朝皇帝也都有自己的斡耳朵，各有属民、纳税和皇室岁赐等收入，去世后留给后妃和其皇家继承人。故蒙元时期斡耳朵实际上包含双重含义，既指皇后、妃子所居宫帐，又指后妃等占有和继承财产、私属人口的组织形式。③

秦汉以来一般只有皇帝之女才可称为公主，而在蒙元时期，不仅大汗、皇帝，就是诸王之女也可称为公主。除诸王外，后妃、公主皆可受封，蒙元时期对后妃、公主的分封主要集中在宪宗、世祖、成宗、仁宗等时期，但与今河北地区分封有关的主要为宪宗、世祖、仁宗。为了直观起见，据《元史》卷九五《食货志三》列表如下：

① 《元史》卷二〇《成宗纪三》。
② 《元史》卷二一《成宗纪四》。
③ 陈高华、史卫民：《中国政治制度通史》（元代卷），48 页，北京，人民出版社，1996。

受封者	食邑所在地	时间	初封户数	延祐六年封户数
太祖大斡耳朵	保定路	乙卯年（1255 年）	60000 户	12693 户
太祖第二斡耳朵	河间青城县	丁巳年（1257 年）	2900 户	1556 户
太祖第三斡耳朵	真定	壬子年（1252 年）	318 户	121 户
太祖第四斡耳朵	真定	壬子年（1252 年）	283 户	116 户
塔出驸马	真定	壬子年（1252 年）	270 户	232 户
八不别及妃子位	河间清州	至元二十五年（1288 年）	510 户	

从上表可以看出，太祖成吉思汗四大斡耳朵的封户高下悬殊，多则六万户，少的只有二三百户。虽然按照蒙古习俗，大汗的后妃只依所居斡耳朵排列，并无中央王朝所谓“正宫”的概念，四斡耳朵之主，均称皇后，[①] 但由于第一斡耳朵为成吉思汗的嫡妻孛儿帖亲领，成吉思汗的四个嫡子，包括蒙哥之父拖雷皆其所出，故受封最多，达六万户。蒙哥汗时对后妃的分封主要是针对太祖成吉思汗的四大斡耳朵，但她们受封并不同时，而是分壬子年（1252 年）、乙卯年（1255 年）和丁巳年（1257 年）三次。最先受封的是第三和第四斡耳朵，在蒙哥汗即位次年受封，不知何故，第一斡耳朵反而在三年之后才受封，最先受封的户数反而大大少于其后受封的。

塔出驸马，系出斡勒忽讷兀惕部，他所尚公主的姓名，《元史》卷一〇九《诸公主表》阙佚，而据拉施特《史集》云，塔出驸马尚成吉思汗幼女，名阿勒塔仑。阿勒塔仑，又译作“阿儿答鲁黑”“按塔伦”“阿勒塔鲁罕”等，为成吉思汗第一斡耳朵孛儿帖所生。塔出驸马之所以受封，主要是由于公主阿勒塔仑的原因，故《元史》卷九五《食货志三》将其受封系于“后妃公主”条目之下。

八不别及妃子，为成吉思汗诸妃之一，史籍佚其氏族，其所守斡耳朵未详。但从她在世祖至元二十五年（1288 年）得以受封，大概她在成吉思汗生前应是比较得宠的，或与忽必烈具有某种关系。

除了以上《元史·食货志》所载外，今河北境内后妃公主封地还有一些。

张孔孙，至元年间任大名路总管兼府尹，“有献故河堤三百余里于太

① 李治安：《忽必烈传》，666 页，北京，人民出版社，2004。

后者，即上章，谓宜悉还细民。从之”①。这里的“太后”，按照上下文来看，似乎应为元世祖忽必烈的生母唆鲁禾帖尼，即庄圣太后，但庄圣太后卒于宪宗二年（1252 年）。时间明显不合。此太后到底何指，姑且存疑。

大德十一年（1307 年）七月，元武宗即位初，以永平路为皇妹鲁国长公主祥哥剌吉的分地，“租赋及土产悉赐之”②。鲁国长公主下嫁给斡陈之子斡罗真驸马。斡罗真驸马，出于弘吉剌部，袭封鲁王，其分地主要位于今山东、河南。除此之外，“又有永平路滦州、卢龙、迁安、抚宁、昌黎、石城、乐亭六县，此至大元年之所赐也”③。这些分地是以鲁国公主的名义得到的，实际上也就是上面提到的大德十一年七月所封。也就是说，鲁国公主所封为永平路滦州、卢龙、迁安、抚宁、昌黎、石城、乐亭六县。至大四年（1311 年），武宗死，仁宗即位，鲁国大长公主进号皇姊大长公主。九月，元仁宗奉太后旨以永平路岁入，除经费外，悉以赐之。④

三、蒙古勋臣在河北的封地食邑

在蒙元时期，勋臣也是一个重要的受封群体。他们作为异姓，为蒙元王朝的建立和巩固做出了重要贡献。蒙古统治者“分城邑以封功臣”⑤，即是对他们尽忠效劳的一种回报。从史籍记载来看，似乎在成吉思汗时期，即开始于今河北地区分封勋臣。

镇海，出身怯烈台氏，壬申年（1212 年）从成吉思汗伐金，帅次隆兴（治今河北张北），与金将忽察虎大战，中箭后裹伤再战，蒙古军在他的激励下大败金军。在攻占燕京后，成吉思汗命他于城中环射四箭，凡箭所至园池邸舍之处，悉以赐之。⑥

据《元史》卷一一九《博尔术传》云：“皇子察哈歹（即察合台——引者注）出镇西域，有旨从博尔术受教，博尔术教以人生经涉险阻，必获善地，所过无轻舍止。太祖谓皇子曰：‘朕之教汝，亦不逾是。’未几，赐广平路户一万七千三百有奇为分地。以老病薨，太祖痛悼之。”博尔术，

① 《元史》卷一七四《张孔孙传》。

② 《元史》卷二二《武宗纪一》。

③ 《元史》卷一一八《特薛禅传》。弘吉剌部的上述中原分地，是以鲁国公主名义得到的，不包括郓国公主名下的封地。又见《元史》卷五八《地理志》，云为至大元年（1308 年）和二年所赐。

④ 《元史》卷二四《仁宗纪》。

⑤ 《元史》卷一二一《畏答儿传》。

⑥ 《元史》卷一二〇《镇海传》。

蒙古阿儿剌氏，为成吉思汗手下“四杰”之一，志意沉雄，善战知兵，战功卓著。蒙古汗国建国后，博尔术为千户长、右翼万户长，后从成吉思汗征西夏，不久即病殂。按：博尔术死于太祖二十一年（1226 年），以此来看，他受封于广平，当在太祖二十一年之前。

据《元史》卷一一九《木华黎附孛鲁传》：“丙戌（1226 年）夏，诏封功臣户口为食邑，曰十投下，孛鲁居其首。”孛鲁为木华黎之子，很可能博尔术和孛鲁是同一次分封的，都是在丙戌年，即 1226 年。博尔术之子孛栾台及其孙玉昔帖木儿死后都被追封广平王，当是从博尔术生前封地而得名。《元典章》卷九《吏部三 · 投下设首领官》载，至元二十二年（1285 年）十二月，御史大夫玉昔帖木儿请求中书省将其广平路食邑民哈剌帖木儿以投下私人派往全州路分地担任首领官。这里也提到了博尔术家族在广平路的食邑。

虽然早在成吉思汗时，即开始在河北分封勋臣，但与诸宗王分封一样，在河北的勋臣分封也主要出现在太宗窝阔台时期和宪宗蒙哥两朝。现据《元史》卷九五《食货志 · 岁赐》，列表如下：

受封者	官职	封地	初封时间	初封户数	延祐六年（1319 年）封户数	族属
合丹大息千户	左翼千户长	河间路齐东县	丙申年（1236 年）	1023	366	
也速不花等四千户	左翼千户长	河间路陵州	丙申年（1236 年）	1317	559	兀良合惕部者勒蔑
也速兀儿等三千户	左翼千户长	河间路宁津县	丙申年（1236 年）	1775	722	
帖柳兀秃千户	左翼千户长	河间路临邑县	丙申年（1236 年）	1450	354	
八答子	右翼千户长	顺德路	丙申年（1236 年）	14087	4446	斡剌纳儿氏
孛罗台万户	右翼万户长	广平路洺水县	丙申年（1236 年）	17333	4733	阿鲁剌惕氏
忒木台驸马	右翼千户长	广平路磁州	丙申年（1236 年）	9457	2407	
斡阔烈阇里必	右翼千户长	广平路	丙申年（1236 年）	15807	1703	
孛鲁古妻佟氏		真定	丙申年（1236 年）	100	39	

续表

受封者	官职	封地	初封时间	初封户数	延祐六年（1319年）封户数	族属
孛哥帖木儿		真定	丙申年（1236年）	58		
迭哥官人		大名清丰县	丙申年（1236年）	1713	1307	
添都虎儿		真定	丙申年（1236年）	100		
孛罗先锋	探马赤军将官	广平	丙申年（1236年）	100	70	
行丑儿		大名	丙申年（1236年）	100	38	
忽都虎官人	右翼千户长，大断事官	广平	壬子年（1252年）	4000		塔塔儿氏
孛罗口下裴太纳	探马赤军将官	广平	壬子年（1252年）	82	30	
阿术鲁拔都	探马赤军将官	大名	壬子年（1252年）	310	301	斡勒忽纳惕氏
孛罗浑官人		保定	壬子年（1252年）	415		许兀慎氏
也速鲁千户		真定路	壬子年（1252年）	169	40	
镇海相公	中书右丞相	保定	壬子年（1252年）	95	53	克烈氏
哈剌口温		真定	壬了年（1252年）	32		
曳剌中书兀图撒罕里		大都	壬子年（1252年）	870	449	
霍木海		大名	壬子年（1252年）	33		
贾答剌罕（又作贾塔剌浑）	都元帅	大都	壬子年（1252年）	14		冀州人
阿剌博儿赤		真定	壬子年（1252年）	55		

续表

受封者	官职	封地	初封时间	初封户数	延祐六年（1319年）封户数	族属
忽都那颜		大名	壬子年（1252年）	20		
忽辛火者		真定	壬子年（1252年）	27		
大忒木儿		真定	壬子年（1252年）	22		
布八火儿赤		大都	壬子年（1252年）	84		
憨刺哈儿		保定	壬子年（1252年）	21		
昔里吉万户		大都	壬子年（1252年）	79		
也速	清河县达鲁花赤	大名	壬子年（1252年）	20		
刘元帅	塔剌罕	顺德	壬子年（1252年）	19		
阿剌罕万户	蒙古军都元帅，上万户	保定	壬子年（1252年）	1		札剌儿氏
徐都官人	左翼千户长	大都	壬子年（1252年）	31		蒙力克之子，晃豁坛氏
宿敦官人	右翼千户	真定	丁巳年（1257年）	1100	64	逊都思氏
鱼儿泊八剌千户		真定	大德元年（1297年）	1000	600	

注：此表主要根据《元史·食货志·岁赐》制成，在封君身份族属方面参考了李治安《元代分封制度研究》133页《元代五户丝食邑分封一览表》。

上表中的受封顺德路的“八答子”即“博理察”，其父即本章第三节所述忽必烈“邢州新政”中被封于邢州的启昔礼。启昔礼，始事王罕。王罕初与成吉思汗结为盟友，但随着成吉思汗力量日益壮大，阴忌之，企图趁宴会之时杀害成吉思汗。启昔礼偷偷将王罕的阴谋告诉了成吉思汗，成吉思汗于是与手下二十余人趁夜逃走，得以免遭毒手。由于这救命之恩，故成吉思汗在消灭王罕后，擢升启昔礼为千户，赐号答剌罕。博理察，太宗时从拖雷攻河南，取汴、蔡，灭金，赐顺德以为分邑。[①]

太宗丙申年（1236年）功臣分封，依据封君身份和封户多寡大致有两种类型，即大功臣投下和小功臣投下。所谓“大功臣投下”，主要指查剌温国王（木华黎之孙）、茶合带郡王、锻真郡王（术赤台之孙）、蒙古寒札郡王（畏答儿之子）、火斜、术思千户以及孛鲁带（博尔术之子）万户为首的右翼诸千户、合丹大息、也速不花、也速兀儿、帖柳兀秃等左翼九千户。[②] 这些大功臣都是漠北千户那颜，朝廷对他们采取类似宗王贵戚的方式，大体是以府、州为单位所在民户一次性分赐。另一方面，孛鲁带万户为首的右翼诸千户那颜、合丹大息等左翼九千户那颜却大致是依漠北千户为单位受封的。封户所在地也比较集中，右翼诸千户在邢、洺、磁三州（后分为广平路、顺德路），左翼诸千户在河间路。由于窝阔台时期封君地位较高，故从封户数量上来看，此时期封户数量一般较蒙哥汗时期为多。窝阔台时期受封者14人，总共64420户，人均4601户。超过千户者有9人，其中有3人超过了万户。而蒙哥汗时期受封者22人，集中于壬子年（1252年），有21人，丁巳年（1257年）受封者只有1人。总共封户为7499户，人均341户。封户最少者只有1户，超过1000户的只有2人，即忽都虎官人（4000户）、宿敦官人（1100户）。忽都虎身份特殊，为成吉思汗的养子，考虑到这个因素，其封户数量远高于其他勋臣便不难理解了。

从封地地区分布来看，窝阔台时期，河间4人、广平4人、真定3人、大名2人、顺德1人，主要分布于河北中南部；蒙哥时期，广平2人、真定6人、大名4人、顺德1人、保定4人、大都5人。除了河北中南部之外，北部特别是保定、大都（时称燕京）附近封地增多，是蒙哥汗时期分封出现的一个新现象。

需要指出的是，上表中所列也并非当时河北受封蒙古勋臣之全部，尚有一些缺遗。例如，孛鲁欢，系出蒙古怯烈氏，幼事拖雷，入宿卫。蒙哥即位时，他与蒙哥撒儿密赞谋议，有翊赞之功，由是拜中书右丞相，遂专国政，赐真定之束鹿为其食邑。至元元年（1264年），以党附阿里不哥论罪伏诛。[③] 布智儿，蒙古脱脱里台氏。蒙哥以布智儿为大都行天下诸路也可扎鲁忽赤，印造宝钞，深得信任，赐七宝金带燕衣十袭，又赐蔚州、定

① 《元史》卷一三六《哈剌哈孙传》。其中启昔礼初所事的“王可汗脱斡璘”，即王罕。王罕，名脱里或脱斡璘。

② 《元史》卷二《太宗纪》；《元史》卷九五《食货志三·岁赐》。

③ 《元史》卷一三四《也先不花传》。

安为食邑。[①] 苏天爵《皇元赠集贤直学士赵惠肃侯神道碑铭》载："（新城）驻跸庄者，丞相柏柱赐田封户在焉。"[②] 按：新城在京北二百里，"柏柱"，《元史》作"拜住"，系木华黎之后、安童之孙。安童被封为东平忠宪王，新城县西北三十里有其纪功碑，至治元年（1321 年）敕立，元明善撰并书。高碑店之地名，即因此碑而得名。忽鲁虎，以侍卫军从成吉思汗定中原，太宗赐以东昌、广平四十余户，其子石高山遂徙居广平之洺水。[③]

元世祖一朝分封功臣主要在至元十八年（1281 年），"是岁，颁群臣食邑"[④]。当时南宋已灭，在对原南宋江南地区户籍的编制核定工作完成后，分封自然也提到了日程。但这时的分封主要集中在新占领的江南地区，与本书内容无涉，故不赘述。

四、世祖、仁宗时期对河北分封的调整控制

分封是大汗（皇帝）对其宗族及臣下的一种特殊恩典，也是调整统治阶级内部关系的有效方式。但分封于人，并不意味着便永远归其所有，大汗（皇帝）掌握着调配乃至没收的权力。由于亲疏关系的变化和内部矛盾斗争等因素，分封关系并不稳固。特别是忽必烈即位后，大力加强中央集权，对封地的调整也就在所难免。

（一）罢世侯后，忽必烈对诸王投下封地的调整

蒙古诸王在河北广有封地，虽然他们大多并不亲居此地，但如何处理与当地汉人世侯之间的关系，也是他们必须正视和亟待解决的问题。河北最著名的世侯史天泽所在的真定一府十一州之地被诸封君所分割，其中便有拖雷、术赤、窝阔台等诸王食邑。从性质上看，汉人世侯由朝廷委派和任命，他们并非诸王、驸马封君的投下官吏。即便如此，他们也与辖区内诸王等封君发生了一定程度的隶属联系，有遣子弟入侍（入质）、朝觐等义务。正如李治安先生所指出的："诚然，这种隶属关系是和世侯与朝廷间的隶属同时并存的。而且在军事、行政等方面后者更显著。这就构成了汉世侯不是正规食邑投下官，同时兼有诸王'守土'臣的双重属性。"[⑤]

---

① 《元史》卷一二三《布智儿传》。

② （元）苏天爵著，陈高华、孟繁清点校：《滋溪文稿》卷一一，178 页，北京，中华书局，1997。

③ 《元史》卷一六六《石高山传》。

④ 《元史》卷一二七《伯颜传》。

⑤ 李治安：《元代分封制度研究》（增订本），72 页，北京，中华书局，2007。

前已讲到，忽必烈借平定李璮之乱后的有利形势，一举罢黜了汉世侯。由于作为投下食邑“守土”臣的汉世侯不复存在，调整和变动与中原投下封地相关的行政建置的客观条件也随之成熟。至元二年（1265年），投下封地陆续置路、州。其做法大致是，在原汉世侯辖区内，以较重要的诸王勋贵分地为单位，采取分设、新立、改置及维持原状等方式，众建路州，划一食邑，尽可能使拥有较多封户的诸王贵族独占一路一州，或在该路州占据主导地位，尽可能避免、减少同路州中数投下封君领民纷杂交织的现象。

在投下设置路州，是忽必烈怀柔投下的措施。对于地位重要的宗王，往往将某一州、县的民户全部赐给他们，这些州、县很自然成了投下（位下）的分地，这就使诸王封地获得了路和直隶州一级的较独立的行政建置。按照惯例，新设置的路总管府，“言可以专达，事可以专决”①。即使是投下直隶州，也可以享有路一级直接向都省申报、奏请政务的权力。至于那些地位较低的受封者，由于他们受封的户口较少，只是某州某县居民的一部分，为了投下管理的方便，忽必烈将同一投下的某些分地的行政建置加以调整，尽可能加以合并。同时也应看到，由于食邑置路州是与“各投下者，并入所隶州城”② 的措施同步进行的，原先某些“一道细分”、各自为政的投下总管府等，也由此并入了所在路总管府，纳入了国家统一的官僚体系，从而加强了中央集权。

（二）忽必烈对投下官员的限制

窝阔台时期，在耶律楚材的建议下，中原内地的分封在性质上已不同于漠北地区的分封。以前封君获取的是领地，但此时封地只是一种食邑，他们只能获取赋税，而且是必须由朝廷统一征收后，再转交给他们。但在执行中，以上原则并不能完全加以贯彻。宗王、后妃、公主、勋臣等委派亲信担任封地内的达鲁花赤、总管等职，代表他们管理封地内的五户丝及诸色人匠赋役等事，这些官员被称为投下官。“近年以来，各投下官员恃顽不同常调，但凡所须物色，悉皆科拨本管人户”③。

至元初年，忽必烈开始对投下私属官府的各级官员任命、授权等权限作了详细规定：投下总管府达鲁花赤、总管以上官吏“俱受御宝圣旨”，

① （元）欧阳玄：《升姚安路记》，见李修生主编：《全元文》卷一〇九六，第34册，529页，南京，凤凰出版社，2004。

② 《元史》卷六《世祖纪三》。

③ 方龄贵校注：《通制条格校注》卷二《户令·非法赋敛》，85页，北京，中华书局，2001。

同知、副总管、提举俱受诸王令旨，提举以下多受王傅府及总管府札付。[①] 不难看出，此时受御宝圣旨的投下总管府达鲁花赤、总管等官，以前是接受诸王委任令旨的，他们的任命权操于诸王之手。现在转归朝廷，朝廷甚至规定，“投下人员未受朝命，不应之任”[②]。这与五户丝食邑达鲁花赤先由王府移文中书省荐举，统一由朝廷颁宣命的程序，似乎有所不同。至元十三年（1276 年）后，又对包括皇子在内的诸王普遍削夺事权，主要措施有：遍置行省兼辖投下分地，肢解东道诸王兀鲁思和只必帖木儿兀鲁思，检括役使兀鲁思领民，立都万户府编组各投下签起的军队等。[③]

应该看到，尽管忽必烈推行了一系列加强中央集权的措施，但蒙古诸王仍拥有对他们领地（投下）相当多的行政、军事、财政、司法等权。特别是忽必烈经过李璮之乱后，对汉人疑忌益重，在采用中原传统统治方式方面有所退步，又转而更多地依靠蒙古权贵和色目人。在这种背景下，对投下封君的限制势必不会走得太远，这就注定他对当时分封制的改造不会是彻底的。

（三）仁宗时期对投下封户的分割

元仁宗爱育黎拔力八达，是元朝第四位皇帝。他是武宗之弟，武宗在位时被封为皇太弟。至大四年（1311 年），武宗死后，仁宗即位。他在位期间，减裁冗员，整顿朝政，恢复科举，编撰法典，推行“以儒治国”政策，在打击封君势力、维护中央集权方面也做了许多努力。

至大四年（1311 年）冬，仁宗即位伊始，便下令撤销诸王的札鲁忽赤（汉译“断事官”），蒙古人犯盗诈者，命所隶千户鞫问。由于札鲁忽赤代表诸王处理其领地中蒙古人的法律事务，撤销札鲁忽赤显然意味着剥夺了诸王直接审理他们属下的蒙古人案件的权力。仁宗的这一诏令只实行了很短的时间，不久便由于蒙古贵族的大力反对，又恢复了札鲁忽赤之设。但仁宗限制封君的决心并未因此动摇。延祐元年（1314 年），诏令在江浙、江西、河南等地进行田产登记，史称“延祐经理”。延祐六年（1319 年），又对封户数量大幅削减，以诸封君中最重要的宗王为例，贵由位下大名封户，初封 68593 户，被削减为 12835 户；拖雷位下真定封户，初封 80000 户，被削减为 15028 户；旭烈兀位下彰德封户，初封

① 《元史》卷八九《百官志五》。

② 陈高华等点校：《元典章》卷十《吏部四 · 赴任 · 投下人员未换授不得之任》，374 页，天津，天津古籍出版社，2011。

③ 李治安：《忽必烈削弱宗藩加强中央集权》，载《南开大学学报》，1985（3）。

25056户，被削减为2929户；阔列坚位下河间封户，初封45930户，被削减为10140户。其力度之大，可见一斑。但随着仁宗的死去，限制封君的努力又付诸流水。

第六节　蒙元时期河北蒙古族的宿卫镇戍及其分布

在成吉思汗伐金过程中，相当一部分蒙古族进入河北，其中主要为军人及其家属，这也拉开了蒙古族迁入河北的序幕。忽必烈定都大都后，河北成为畿辅，是当时政治中心所在，部署有重兵，担任驻防和宿卫任务，同时也是蒙古族民户辐辏之所。元中后期，由于漠北草原灾害频仍，大批蒙古人南迁，其中有相当部分涌入了河北，河北地区人口结构随之发生了一定变化。

一、蒙古族在河北的宿卫及驻防

蒙古军队数量虽少，但为蒙元王朝统治的支柱。忽必烈即位后，蒙古汗国的统治重心由漠北草原转移到了中原汉地。在这种背景之下，原来的军队编制系统已不能适应新的形势需要。忽必烈用了三十余年的时间，改造军队的组织体系，建立起中央宿卫军和地方镇戍军两大组织系统，宿卫军在内，镇戍军在外，内外相维。其中宿卫系统的军队由怯薛军和侍卫亲军构成。

（一）怯薛军

怯薛军是蒙元朝时期最重要、最精锐的禁卫军。“怯薛”一词，来源于突厥蒙古语，为轮流值宿守卫之意。怯薛成员称为怯薛歹，“无事则各执其事，以备宿卫禁庭；有事则惟天子之所指使。比之枢密各卫诸军，于是为尤亲信者也”①。

怯薛，起源于蒙古草原的部落贵族亲兵，具有浓郁的父权制色彩。成吉思汗称大汗后，在原来的贴身护卫基础上建立了一万人的怯薛，其中火儿赤（箭筒士）一千人，客卜帖兀勒（宿卫）一千人，秃鲁花（散班，质子军）八千人，主要来源于万户、千户、百户、十户的子弟及其随从。

① 《元史》卷九九《兵志二·宿卫》。

这支队伍，当时称为“大中军”，分由木华黎、赤老温、博尔忽、博尔术四个宿卫长统率，除了充当宿卫、保护大汗的主要目的之外，也是以征调子弟入质来控驭臣下的一种手段。由于怯薛是大汗最贴身的侍卫，其地位甚高，在外千户若与怯薛发生争斗，则不论事情的是非曲直，一律处罚千户。大汗死后，各斡耳朵都保留了一定数量的怯薛。诸王也建有自己的怯薛。但我们通常所说的怯薛，一般专指蒙古大汗（皇帝）手下的怯薛。

元朝建立，特别是定都大都后，怯薛制度也被移植到中原内地。大都和皇城的一般军务由五卫亲军负责，但四怯薛轮番入侍之制仍然保留了下来，其常额在一万人以上，称为万人怯薛，或云一万二千人，或云一万四千人，由博尔忽、博尔术、木华黎、赤老温的子嗣世袭领之。他们分四番入值，每番三昼夜。马可·波罗在其游记中详细记载了当时怯薛值宿的情况：“此一万二千人四将领之，每将各将三千人。而此三千人卫守宫内三昼夜，饮食亦在宫中。三昼夜满，离宫而去，由别一三千人卫守，时日亦同，期满复易他人。”①

怯薛与中原王朝宫廷禁卫军不同的是，他们与大汗（皇帝）的关系，既是君臣关系，还是主仆关系。因此，除了从事值宿保护大汗（皇帝）的人身安全外，还承担大汗（皇帝）斡鲁朵的各种服役，涵及乘舆、饮食、药饵、衣服、门卫、文书、灯烛等日常生活诸方面。这些内廷服役之臣，总称为“怯薛执事”，其职务是世袭的。怯薛还参与国家军政事务的管理，是元朝高级军政官员的最主要来源，官员出身以怯薛出身最为显贵。有些怯薛歹在朝中为官，即使贵盛之极，但往往仍保持着原来的执事身份，按规定日期入宫廷服务，显示出浓重的草原旧制遗迹。

除蒙古人外，怯薛中还吸收了一些色目人乃至汉人。例如，藁城董文忠，汉族，乃董俊之子，在世祖时为怯薛执事。但总的来看，怯薛以蒙古人为主体。元成宗以后，明令禁止再招收汉人、南人入怯薛，至此，怯薛的蒙古禁卫军的色彩更为突出。

（二）侍卫亲军

忽必烈在重组万人怯薛的同时，又创设了侍卫亲军。侍卫亲军的前身为武卫军，至元元年（1264 年）十月，改组为左、右翼侍卫亲军。至元八年（1271 年）七月，又扩建为左、中、右三卫亲军都指挥使司。至元十六年（1279 年），又增置前、后卫，合称“五卫军”，以象五方。在管

① ［意］马可·波罗著，冯承钧译：《马可·波罗游记》，第二卷，113～114 页，长春，吉林出版集团有限责任公司，2009。

理上，糅蒙古旧制与金制于一体，其中诸卫长官仿金制，设都指挥使和副都指挥使，品秩与万户相当（正三品），隶属枢密院。其下设千户、百户、十户等，乃蒙古旧制。与怯薛专门负责皇帝宫城、斡耳朵防卫不同的是，侍卫亲军除了守卫大都、上都之外，还需镇戍朝廷直辖区"腹里"，常以中央常备精锐部队奉命赴边地征战。[①] 以后侍卫亲军规模逐渐扩大，至元末，先后设置三十余卫。

在创设之初，侍卫亲军主要是汉人。灭南宋后，部分蒙古军自江南北撤，为了加强京师守卫，也为了监视防备汉人，至元十四年（1277 年）五月，选蒙古、汉军相参，以备都城内外及万寿山宿卫。[②] 这样除了五卫军外，也有了蒙古卫军。至元十七年（1280 年）八月，蒙古侍卫总管府改编为蒙古侍卫亲军都指挥使司，设官十二员、奥鲁官二员。大德七年（1303 年），又改为左、右翊蒙古侍卫亲军都指挥使司。其中，都指挥使三员，正三品；副都指挥使二员，从三品；佥事二员，正四品；经历二员，从七品；知事二员，承发架阁兼照磨一员，并从八品；令史七人，译史、通事、知印各一人，典吏二人，镇抚二员。[③]

元英宗至治二年（1322 年）五月，又创置宗仁蒙古侍卫亲军都指挥使司。其创设出于右丞相拜住的建议，主要是为了收容安置蒙古亦乞列思民户。据《元史·兵志》载，拜住上奏说："先脱别铁木叛时，没入亦乞列思人一百户，与今所收蒙古子女三千户，清州匠二千户，合为行军五千，请立宗仁卫以统之。"[④] 但根据《元史·拜住传》的记载，拜住之所以奏请设立宗仁蒙古侍卫亲军都指挥使司（宗仁卫），乃是由于漠北的天灾，其文称："延祐间，朔漠大风雪，羊马驼畜尽死，人民流散，以子女鬻人为奴婢。拜住以兴王根本之地，其民宜加赈恤，请立宗仁卫总之，命县官赎置卫中，以遂生养。"[⑤] 不管是由于叛乱，还是由于天灾，总之最后元英宗采纳了拜住的建议，以拜住总领宗仁蒙古侍卫亲军都指挥使司事，佩三珠虎符，如右卫率府，又置行军千户所隶焉。[⑥] 官员设置包括：都指挥使三员，正三品；副都指挥使二员，从三品；佥事二员，正四品；

① 史卫民：《元代侍卫亲军建置沿革考述》，见《元史论丛》，第四辑，北京，中华书局，1992。

② 《元史》卷九《世祖纪六》；《元史》卷九九《兵志二》。

③ 《元史》卷十一《世祖纪八》。而《元史》卷八六《百官志二》言至元十八年，蒙古侍卫总管府被改编为蒙古侍卫亲军都指挥使司。

④ 《元史》卷九九《兵志二》。

⑤ 《元史》卷一三六《拜住传》。

⑥ 《元史》卷二八《英宗纪二》。

经历二员，从七品；知事二员，照磨一员，俱从八品；令史七人，知印二人，怯里马赤二人，译史二人，镇抚二员。①

元朝建立后，仿照汉地储君制度，至元十年（1273 年），忽必烈立次子真金为太子。太子东宫也有自己的侍卫亲军，包括两部分：一是侍卫亲军都指挥司，至元十六年（1279 年），忽必烈抽取侍卫亲军一万人，划归东宫，此为汉军；二是蒙古侍卫亲军都指挥使司，至元二十一年（1284 年）划归东宫，但不久太子真金就死了。至元三十一年（1294 年），成宗即位后，改属皇太后，随而易名为隆福宫右都威卫使司。②

（三）探马赤军

探马，顾名思义，即侦察敌情的骑兵。探马赤军就是充当先锋的军队，他们由各千人队、百人队中遴选出来的人组成，是蒙古统治者的精锐部队和军事骨干，主要有三个方面的任务，即征伐、镇戍和宿卫。③

需要指出的是，所谓探马赤军的任务为征伐、镇戍和宿卫，是就总体笼统而言，其任务具体到各时期各有侧重。蒙古军南下之初，以劫掠为主，对城池旋攻旋弃。这时探马赤军冲锋陷阵，为征伐之先锋。金贞祐三年（1215 年）攻占中都后，成吉思汗将伐金之全权交于木华黎，从漠南的兀鲁（或云“兀鲁兀”）、忙兀（或云“忙古台”）、扎剌儿（或云“札剌亦儿”）、弘吉剌、亦乞烈思（或作“秃伯怯烈氏”）五个部落的千户、百户之中，挑选矫健骁勇的士卒，组成五投下探马赤军，各置将一人统率，在占领地驻兵留守，这样探马赤军就开始具有镇戍军的职能。

在蒙金争夺拉锯阶段，由于控制区迭有更易，所以镇戍地区并不固定，须视军事和占领形势而定，尚未形成制度。金亡后，在包括河北在内的广大的华北占领区，探马赤军“随处镇守”④。窝阔台曾自豪地宣称，

---

① 《元史》卷八六《百官志二》。

② 《元史》卷九九《兵志二·宿卫》。

③ 杨志玖：《元代的探马赤军》，见南京大学历史系元史研究室编：《元史论集》，207、215 页，北京，人民出版社，1984。杨志玖：《探马赤军问题三探》，载《南开学报》，1982（2）。关于探马赤军的民族构成，由于史籍记载混乱，学界争论较大。《元史》卷九八《兵志一》言：“若夫军士，则初有蒙古军、探马赤军。蒙古军皆国人，探马赤军则诸部族也。”以此来看，探马赤军与蒙古军并列，是由诸部族组成的。柯劭忞《新元史》卷九八《兵志一》载：“非其部族者谓之探马赤军。”亦认为探马赤军不包括蒙古人。但杨志玖先生持不同意见，认为探马赤军最初由兀鲁、忙兀、扎剌儿、弘吉剌、亦乞烈思五部组成，这些部族都是蒙古而非其他。除蒙古人外，探马赤军中也确有汉人、色目人。探马赤军虽由蒙古、汉人、色目人共同组成，却应以蒙古人为主体。因此，探马赤军常被称为蒙古人军。本书采用杨志玖先生的观点。

④ 《元史》卷九九《兵志二》。

他即位后，做了四件其父亲成吉思汗生前没有做过的事，其中第四件便是“于各城郡设立阿勒斤赤、探马赤，使人民能得安居”①。这说明探马赤军的镇戍已趋于常态化、制度化。这时由于金朝已灭亡，对南宋的大规模战争还未提上日程，所以探马赤军的驻地比较稳定。《元史·阔阔不花传》记载了探马赤军的驻防情况：“岁丙申（1236 年），太宗命五部将分镇中原。”其中阔阔不花镇益都、济南，按察儿镇平阳、太原，孛罗镇真定，肖乃台镇大名，怯烈台镇东平，并分拨牧马草地，以供探马赤军使用。②五部探马赤镇守的益都、济南、平阳、太原、真定、大名、东平等地，都是汉人世侯盘踞的地盘。“分镇中原”，除了加强对当地广大人民的镇压以外，显然也含有监视威慑汉人世侯之意。其中与河北有关者为真定和大名。真定由孛罗镇守，大名由肖乃台镇守。肖乃台，又译作“萧乃台”“笑乃带”，秃伯怯烈氏人。其他河北地区，如彰德、邢州、名（洺）州、磁州也有数量不等的探马赤军驻防。

这些探马赤军在内地随处镇守，屯驻散居，长此以往遂著籍于当地，甚至“多有入民籍者”③。例如，那海为合剌吉台人，其父脱密剌温，“从王师讨山东贼，至冀州之信都，因家焉”。那海在元仁宗皇庆元年（1312 年）任宿州蒙古汉军上万户府达鲁花赤，后告老归于冀州。④ 石高山，蒙古族，德兴府（治今河北涿鹿）人。其父忽鲁虎，以侍卫军从太祖定中原，太宗赐以东昌、广平四十余户，遂徙居广平之洺水。⑤ 石高山即著籍于广平之洺水。当时为了恢复发展北方经济，元廷甚至让他们入社，从事农业生产。中国古代虽有寓兵于农的传统，但如此亦有使这支精锐部队疏于训练、斗志消弭的危险。元廷一些人看到了其中蕴含的隐患，特别是当时南北尚未统一，在对南宋作战中尚需要他们披坚执锐从事征战。中统三年（1262 年），原五部探马赤军将领石高山入见忽必烈，认为散居各处的探马赤军宜加招集，以备驱策。忽必烈立刻采纳了他的建议，下令诸官府重新招集旧部，既籍其数，让石高山佩银符统领。《元史》卷九八《兵志一》记载此事言：“（中统）三年三月，诏：‘真定、彰德、邢州、洺磁、

① 谢再善译：《蒙古秘史》，196 页，北京，中华书局，1956。“斡歌歹”，即窝阔台。

② 《元史》卷一二三《阔阔不花传》。孛罗即孛鲁。

③ 《元史》卷一六六《石高山传》。其中言他们在金亡之后，“散居牧地，多有入民籍者”，颇使人费解，疑“牧地”当为内地之牧地，并非蒙古草原本土。

④ （元）元明善：《宿州万户府达鲁花赤那海神道碑》，见（光绪）《畿辅通志》卷一五一，《续修四库全书》史部地理类，第 635 册，上海，上海古籍出版社，2002。

⑤ 《元史》卷一六六《石高山传》。

东平、大名、平阳、太原、卫辉、怀孟等路各处，有旧属按札儿、孛罗、笑乃解、阔阔不花、不里合拔都儿等官所管探马赤军人，乙卯岁籍为民户，亦有签充军者。若壬寅、甲寅两次签定军，已入籍册者，令随各万户依旧出征；其或未尝为军，及蒙古、汉人民户内作数者，悉签为军。'”例如，肖乃台之子兀鲁台，中统三年（1262年），从石高山奉旨拘集探马赤军，授本军千户。[①] 另外，从这道诏令可以看出，在这些地区的汉人也被佥为探马赤军，这大概是汉人大量参加探马赤军的开始。[②]

至元九年（1272年）七月，为征伐南宋，“阅大都、京兆等处探马赤户名籍”[③]。至元十六年（1279年），消灭了南宋最后一支抵抗力量，南宋灭亡。随着战事的结束，元廷下诏废罢探马赤军，令各于本投下应役。至元十九年（1282年），仍令充军。随着全国统一，忽必烈着手建立镇戍军体系，以适应大规模军事征服结束后巩固广大新征服地区的需要。“命宗王将兵镇边徼襟喉之地，而河洛、山东据天下腹心，则以蒙古、探马赤军列大府以屯之。淮、江以南，地尽南海，则名藩列郡，又各以汉军及新附等军戍焉。”[④] 镇戍军，包括蒙古军、探马赤军、汉军、新附军四种成分。淮河以南的原南宋统治区，主要由汉军镇戍，而作为“腹里”的河北，则主要由蒙古军和探马赤军戍守。

这些探马赤军长期在外屯驻，逐渐与蒙古本部诸千户脱离了统属关系，转而直接归枢密院管辖，朝廷专设山东河北蒙古军都万户府进行管理。山东河北蒙古军都万户府，至元二十一年（1284年）六月，由蒙古军都元帅府改建，下辖原都元帅阿术属下的五万户蒙古军。成宗大德七年（1303年），都万户府定名为山东河北蒙古军都万户府。天历二年（1329年），又改为大都督府，迁府治于濮州（今山东鄄城北），都府下辖六个万户府和两翼直属千户。[⑤] 探马赤军人均隶籍于都万户府所在地区，称作探马赤军户或者蒙古军户。例如，刘哈剌不花，其先江西人，为人倜傥好义，不事家产，有古侠士之风，“居燕赵有年，遂为探马赤军户”[⑥]。

在以上部分探马赤军转入镇戍之外，五投下探马赤军则转属东宫系

---

① 《元史》卷一二〇《肖乃台传》。

② 杨志玖：《元代的探马赤军》，原载《中华文史论丛》第六辑，又见南京大学历史系元史研究室编：《元史论集》，215页，北京，人民出版社，1984。

③ 《元史》卷九八《兵志一》。

④ 《元史》卷九九《兵志二》。

⑤ 陈高华、史卫民：《中国政治制度通史》（元代卷），207页，北京，人民出版社，1996。

⑥ 《元史》卷一八八《刘哈剌不花传》。

统。至元二十一年（1284 年），枢密院奏，以五投下探马赤军俱属之东宫，复置官属如旧。翌年，改蒙古侍卫亲军指挥使司。[①] 也就是说，平金的探马赤五部军在至元二十一年（1284 年）即拨归东宫，保卫太子，次年改称为蒙古侍卫亲军都指挥使司。至元三十一年（1294 年），又改为隆福宫右都威卫使司。

有元一代，始终保持着探马赤军的建制，若战时则签发丁壮为军，军士的装备器械一律自备，没有固定的军饷。蒙古军和蒙古探马赤军一般不设达鲁花赤，隶属该奥鲁当役军士所在的万户、千户之下。蒙古军在河北驻防的数目，史籍中并无具体记载，蒙古统治者对此也讳莫如深，作为一项重大军事机密，一般汉臣根本无权知晓，“以兵籍系军机重务，汉人不阅其数。虽枢密近臣职专军旅者，惟长官一二人知之。故有国百年，而内外兵数之多寡，人莫有知之者”[②]。

二、蒙古族在河北的分布

蒙元时期是中国历史上又一个民族大迁徙和大融合的时代，这一时期徙入中原的各族，族群之繁，人数之多，分布之广，皆远迈前代。有学者估计，徙入中原的蒙古、色目人大约有 40 万户 200 万口，占全国总人数的 3%。[③] 就分布地区而言，清人赵翼指出，元代蒙古、色目人散居各地，与汉人相混，并无限制，因而在中原、江南分布甚广。

在蒙古汗国建立至元朝建立前的半个多世纪中，蒙古人不断南下。进入内地的蒙古人，绝大部分以军户著籍。元代诸户实行分户管理，有军户、站户、僧户、道户、也里可温、答失蛮、儒户等类。军户是诸户的一种，一入军籍，一般便不得改变。“天下既平，尝为军者，定入尺籍伍符，不可更易。”[④] 每一军户出军当役的人数，依军事需要和军户丁力等具体状况而定。如至元四年（1267 年）规定，每户二丁、三丁者出一人，四丁、五丁者出二人，六丁、七丁者出三人。至元十九年（1282 年）十月，签发渐丁军士，又规定：“遵旧制，家止一丁者不作数，凡二丁至五

---

① 《元史》卷九九《兵志》。探马赤最初由兀鲁、忙兀、扎剌儿、弘吉剌、亦乞烈思五部组成，纳海系人名，非部族，《兵志》此处有误。杨志玖：《元代的探马赤军》，见南京大学历史系元史研究室编：《元史论集》，202 页注文，北京，人民出版社，1984。

② 《元史》卷九八《兵志一》。

③ 萧启庆：《蒙元支配对中国历史文化的影响》，见《内北国而外中国：蒙元史研究》，49 页，北京，中华书局，2007。

④ 《元史》卷九八《兵志一》。

丁、六丁之家，止存一人，余皆充军。”① 漠南蒙古五部中一部分以及后来被编入探马赤军的其他各族军士的家庭，则以探马赤军户著籍。军户种田，四顷土地可蠲免税粮，称为“赡养地”。至元十七年（1280 年）三月，敕军户贫乏者还民籍。② 虽然在一定条件下，军户可放免为民户，但有元一代军民分立异属的制度是被严格执行的。

早在蒙哥汗二年（1252 年）大规模籍户时，已对军、民有明确区分，至元十五年（1278 年）十一月，“定军民异属之制，及蒙古军屯戍之地”。③ 元代对于军户的管理，是通过奥鲁系统实现的。“奥鲁”，系蒙古语音译，汉译为“老小营”。蒙古人出征时，所携带的家口、辎重屯驻在距离前线不太远的地方，作为兵站基地和给养补给地，名之曰“奥鲁”。奥鲁制在蒙古汗国时期即已存在，不过到忽必烈时代，奥鲁制度才进一步发展和完善起来。蒙古军、探马赤军均在各万户、千户之下设奥鲁官，管辖当役军士族属。在此影响下，即使是汉军也开始设立奥鲁。《元文类》卷四一《军制》称：“军出征戍，家在乡里曰与鲁，州县长官结衔兼与鲁官以莅之。”④ 例如，大德四年（1300 年），行中书省参知政事王思廉所撰的《大元真定府获鹿县龙泉院营建记》，碑文末小字部分题记有：“忠翊校尉获鹿县达鲁花赤兼诸军奥鲁劝农事□思丁，进义副尉获鹿县主簿兼诸军奥鲁邢宥，职事郎获鹿县尹兼诸军奥鲁劝农事李端”。⑤ 奥鲁的职责有两项：一是配合军前派来的起军户，选择合适的人当军应役；二是征集出军当役者的鞍马、器仗、盘缠等。蒙古、探马赤奥鲁还兼管所属军户婚姻、负债、斗殴、私奸、杂犯等“不系官军捕捉”的民军诉讼。

入迁内地的“蒙古军即营以家”⑥，与汉人杂处。宪宗二年（1252 年），分汉地封宗亲，规定各村驻扎蒙古一户。蒙古统治者曾颁布过一些律令，如规定编组在各千户之人不许随意迁移。但由于驻夏、战乱、天灾等因素，当时河北蒙古族的迁徙流动成为常态。特别是元中后期，统治者称其为“自家骨肉”的蒙古民众也不免贫困化，在战乱、天灾等的威胁下，许多南迁内地，在河北的分布进一步扩大。

---

① 《元史》卷九八《兵志一》。

② 《元史》卷一一《世祖纪八》。

③ 《元史》卷九九《兵志二》。

④ （元）苏天爵：《元文类》卷四一《政典总序·军制》，592 页，北京，商务印书馆，1958。“与鲁”，即“奥鲁”。

⑤ 此碑现立于河北鹿泉区龙泉寺内的三尊殿南，青石质，高 1.55 米、宽 0.77 米、厚 0.17 米。

⑥ （元）苏天爵：《元文类》卷四一《政典总序·屯戍》，594 页，北京，商务印书馆，1958。

第一，生活习性导致的定期性、季节性流动。蒙古族作为草原游牧民族，耐寒而惧热，对湿溽的气候很不适应，为了照顾他们的生活习性，存在着驻冬（或称住冬）、驻夏（或称住夏）之制，即夏季和冬季分处两地，夏季在蒙古草原，冬季在中原内地。例如，元成宗大德六年（1302年）正月，以大都、平滦路（治今河北卢龙）上年遭受水灾，其军应赴上都驻夏者，免其调遣一年。① 这里虽然没有明言为蒙古军，但从“驻夏”一语观之，“其军”当为蒙古军无疑。为了避暑，大都、平滦路的蒙古军夏季移驻上都。又如，元文宗至顺二年（1331年）二月，敕探马赤军士岁以五月十日迁处山后诸州。② 兴和路以及上都路的宣德州、奉圣州、兴州等位于今河北北部，均属“山后诸州”，由于处于蒙古高原的南缘，海拔较高，是纳凉避暑的好所在。

第二，战乱。为了争夺汗位和皇位，蒙古统治者内部爆发了一系列大规模的武装冲突。如蒙哥死后，他的两个弟弟忽必烈和阿里不哥之间的汗位之争持续了四年之久。在忽必烈统治期间又发生了海都、乃颜等地方藩王的叛乱。海都为窝阔台之子，在阿里不哥与忽必烈争位时，曾支持阿里不哥。至元五年（1268年），海都发动叛乱，战争旷日持久，虽然忽必烈曾几次击败海都，但都无法取得彻底胜利。史称海都其民来归者七十余万，散居云、朔间。为了安置这些归附的蒙古民众，统治者内部还发生了一些分歧。桑哥主张迁徙至内地就食，尚书左丞马绍极力反对。桑哥发怒道：“马左丞爱惜汉人，欲令馁死此辈耶？”马绍并不动怒，不紧不慢地说：“南土地燠，北人居之，虑生疾疫。若恐馁死，曷若计口给羊马之资，俾还本土，则未归者孰不欣慕。言有异同，丞相何以怒为？宜取圣裁。”③ 马绍主要是从气候及生活习性等方面立论的，忽必烈最后还是采纳了马绍的意见，并未将这些人南迁。但当时这些人散居云、朔间，与河北毗邻，进入河北也不是没有可能。又如，泰定帝死后，为争夺帝位，上都和大都分为两派，混战不已，使社会生产受到极大破坏。天历二年（1329年）三月，文宗诏“蒙古饥民之聚京师者，遣往居庸关北，人给钞一锭、布一匹，仍令兴和路赈粮两月，还所部”④。由于蒙古饥民大量南迁，聚集京师，京师承受的压力骤然增大。朝廷下令遣返，但难民根本不愿返回原籍，朝廷也不得不作了一些妥协，同意他们先于居庸关之北周

---

① 《元史》卷二〇《成宗纪三》。
② 《元史》卷三五《文宗纪四》。
③ 《元史》卷一七三《马绍传》。
④ 《元史》卷三三《文宗纪二》。

转，由朝廷发放路费钱粮，再返回原部。

第三，天灾。元代皇帝大肆赏赐诸王权臣，造成国帑空虚，另外，游牧经济比较脆弱，易受天灾等影响。元武宗之后，旱暵霖雨之灾迭见，饥疫荐臻，百姓流离，蒙古族百姓也深受其殃。至大元年（1308 年）二月，和林贫民北来者甚众，武宗令以钞十万锭济之，仍于大同、隆兴（治今河北张北）等处籴粮以赈，就令屯田。[①] 这一次流民规模很大，达八十六万多户，全仰赖朝廷救济，给朝廷财政造成了很大负担。三月，“以北来贫民八十六万八千户，仰食于官，非久计，给钞百五十万锭、币帛准钞五十万锭，命太师月赤察儿、太傅哈剌哈孙分给之，罢其廪给”[②]。元仁宗延祐间，漠北大风雪，羊马驼畜尽死，蒙古诸部部众流散，乃至以子女鬻为奴婢。延祐四年（1317 年）七月，命有司赎之还各部。[③] 同年十二月，遣官至兴和路（治今河北张北）及净州发廪赈给流民。延祐六年（1319 年）四月丙辰，命京师诸司官吏运粮输上都、兴和赈济蒙古饥民。[④] 据《元史·英宗纪一》，延祐七年（1320 年）四月，赈大都、净州等处流民，给粮马遣还北边。这次饥荒蔓延很广，死者甚众。同年五月，和林百姓阎海掩埋殍死者三千余人，官府为此旌表其门。和林一地，仅阎海一人就埋葬了饿死的三千余人，显然当时和林一地饿死者远不止此，当时饥荒之严重可见一斑。六月，又赈北边饥民，有妻子者给钞一千五百贯，孤独者给七百五十贯。九月，括兴和路马以赡北部贫民。在这种背景下，许多蒙古人流入河北内地求食。

自金末蒙古族进入河北，至元末的一百五十多年间，他们散布于河北各地，但由于政治、经济以及地缘等因素，主要集中于以下地区：

一是大都及其附近。

燕京为金朝旧都，自成吉思汗于金哀宗正大二年（1225 年）攻占后，长期是蒙古统治汉地的重要基地，曾设立燕京等路行尚书省（燕京行台）等机构。由于突出的政治地位，自然是蒙古族官员、军人及其家属较为集中的所在。据史籍记载，张雄飞，本为琅琊临沂人。金亡，由于不知其父身在何处，张雄飞往来泽、潞间，寻找了十余年也未找到，“遂入燕。居数岁，尽通国言及诸部语”[⑤]。所谓“国言”即蒙古语，从张雄飞入燕后

① 《元史》卷二二《武宗纪一》。

② 《元史》卷二二《武宗纪一》。

③ 《元史》卷二六《仁宗纪三》。

④ 《元史》卷二六《仁宗纪三》。

⑤ 《元史》卷一六三《张雄飞传》。

数岁便尽通蒙古语来看，燕地当有较多的蒙古人，具有习练蒙古语很好的环境条件。

忽必烈定都燕京，并改名大都，政治地位进一步抬升。其始，近臣旧族的赐第多集中于大都内城之西郊，与汉人隔离居住，但至元末年，大都中的蒙古人已突破地域上的分割状态，开始与汉人混杂居住，以至于一些蒙古权贵为此忧心忡忡，主张蒙古人应恢复与汉人相间居处的状态，以备不虞。平章政事不忽木驳斥道，大都新民迁来不久，还没有完全安顿下来，若再更张，必导致他们无以为生。并认为主张将蒙古新迁民与汉人重新加以隔离居住的提议，乃奸人贪图贸易之利而编造的不实之言。不忽木还特意绘制了大都蒙古贵宦宅第与汉人民居犬牙交错的形势图，进呈忽必烈，忽必烈阅罢，最后采纳了不忽木的意见。[①]

在大都中除了蒙古族常住人口外，还有大量流动人口。元中期以后，统治逐渐腐败，战争不断，灾害频仍，史书中充斥着诸王告饥、请求朝廷赐予的记载，流民问题也开始凸显出来。蒙古部众散入内地，许多涌入了大都，这在前面已有所提及。由于人数甚众，乃至朝廷不得不加以限制。至大元年（1308 年）九月，以内郡岁不登，诸部人马之入都城者，减十之五。[②] 同年闰十一月，以大都米贵，发廪十万石减其价以粜赈贫民。北来民饥，有鬻子者，命有司为赎之。[③] 所谓“北来民”，主要系指蒙古人。由于饥荒，他们甚至沦落到不得不鬻儿卖女的境地，可见情况之严重。仁宗延祐年间，“朔漠大风雪，羊马驼畜尽死，人民流散”[④]，大量蒙古人口涌入大都及其附近。延祐七年（1320 年）正月，赈通、漷[⑤]二州蒙古贫民。四月，括马三万匹给蒙古流民，遣还其部。给通、漷二州蒙古户夏布。[⑥]

大都附近的东安州（今河北涿州），故治在河北安次西北，历来为元代后妃贬谪、流放之地。例如，卜鲁罕皇后，系出伯岳吾氏（或译作“伯要真氏”），乃驸马脱里思之女。元贞初，元成宗立为皇后。大德十年（1306 年），曾谋划贬顺宗妃答吉与其子仁宗于怀州。次年，成宗死，又谋立安西王阿难答失里，自己临朝称制。后仁宗自怀州入清宫禁，既诛安

---

① 《元史》卷一三〇《不忽木传》。

② 《元史》卷二二《武宗纪一》。

③ 《元史》卷二二《武宗纪一》。

④ 《元史》卷一三六《拜住传》。

⑤ 漷州，元至元十三年（1276 年）置，隶大都路，领武清、香河二县，州治在今天津武清县河西务，元末迁至今北京通州南郭村。

⑥ 《元史》卷二七《英宗纪一》。

西王，又以卜鲁罕皇后与他人私通为借口，将她贬居东安州，不久赐死。[①] 泰定帝妃二人，一曰必罕，一曰速哥答里，皆弘吉剌氏，为兖王买住罕之女。文宗天历初（1328 年），俱安置于东安州。[②] 文宗卜答失里皇后，与宦者拜住谋杀明宗皇后八不沙。在文宗死后，拥立明宗次子懿璘质班，是为宁宗，尊卜答失里为皇太后。宁宗寻崩，又立明宗长子妥欢帖睦尔，是为元顺帝（惠宗）。元统元年（1333 年），尊为太皇太后，仍称制临朝。至元六年（1340 年）六月，已成年的顺帝为了替父亲明宗报仇，不仅毁掉宗庙内文宗的牌位，还削去卜答失里太皇太后的尊号，徙居东安州安置，不久卜答失里暴卒。

二是兴和路及奉圣州等山后诸州。

兴和路（治今河北张北）和奉圣州（今河北涿鹿）地处蒙古高原南缘，是蒙古进入中原的通道。由于特殊的地缘因素，这里也是蒙古族集中的地区。元人张德辉在北行日记中记载，自大都经宣德府（治今河北宣化），出得胜口，抵樞胡岭下，有孛落驿，“自是以北诸驿皆蒙古部族所分主也，每驿各以主者之名名之。由岭而上，则东北行，始见毳幕毡车，逐水草畜牧而已，非复中原之风土也”[③]。可见当时樞胡岭以北，蒙古族分布相当广泛。

元贞二年（1296 年），成宗下诏：“诏诸王、驸马及有分地功臣户，居上都、大都、隆兴者，与民均纳供需。”[④] 这里的“隆兴”，治今河北张北，说明在今张家口张北地区，元代中期已有大量蒙古族居住。这批蒙古人很可能是在至元元年（1264 年）随同阿里不哥迁入的。阿里不哥与忽必烈争位，被击败后，“至是与诸王玉龙答失、阿速带、昔里给，其所谋臣不鲁花、忽察、秃满、阿里察、脱忽思等来归”[⑤]。这些归顺忽必烈的蒙古族可能即被安置在隆兴一带。

《元史》卷五八《地理志一》记载上都路，金置桓州，“元初为札剌儿部、兀鲁郡王营幕地”。兀鲁部，为蒙古的一支，其后裔封德清郡王，故志文称为兀鲁郡王。木华黎，札剌儿部人，其封地在桓州、兴和（治今河北张北）一带。太宗十一年（1239 年），木华黎之孙速浑察嗣位为国

① 《元史》卷一一四《后妃传》。
② 《元史》卷一一四《后妃传》。
③ （元）王恽：《秋涧先生大全文集》卷一〇〇《纪行》，四部丛刊初编本。
④ 《元史》卷一九《成宗纪二》。
⑤ 《元史》卷五《世祖纪二》。

王，“即上京之西阿儿查秃置营”①，其具体地望不详，要之殆不外乎桓州界。札剌儿家族的先茔在兴和辽阳一带，元人黄溍笔下的墓主札剌尔（即“札剌儿”）公，延祐四年（1317 年）卒，死后葬于檀州仁丰乡潮水西，而未祔葬于先茔。② 札剌儿部迁往辽阳行省驻牧，可能是在中统、至元之初，③ 但仍有部分部落成员留在了当地没有迁徙。例如，元成宗元贞二年（1296 年）二月，命札剌尔忽都虎所部户居于奉圣者与民均供徭役。④ “札剌尔”即上文的“札剌儿”。奉圣州，后改名保安州，领永兴（治今涿鹿县涿鹿镇）一县。至元三年（1266 年）十月，降德兴府为奉圣州。元仁宗爱育黎拔力八达，生于缙山县境香水园（今北京延庆沈家营镇上下花园一带），他登基后于延祐三年（1316 年）九月，割上都宣德府奉圣州怀来、缙山二县隶大都路，并改缙山县为龙庆州，“帝生是县，特命改焉”⑤。

由于这里地处大都和上都之间，是元朝皇帝在两都巡幸的必经之地，置有一些行宫和驿站，均由蒙古人主之。行宫中比较著名的为察罕脑儿行宫。

图 2－6　察罕脑儿，即小宏城遗址（冯金忠摄）

① 《元史》卷一一九《木华黎附速浑察传》。

② （元）黄溍：《金华黄先生文集》卷二五《朝列大夫佥通政院事赠荣禄大夫河南江北等处行中书省平章政事柱国追封鲁国公札剌尔公神道碑》云：“其家公先茔在兴和辽阳，道远弗克以昭穆序葬，遂以其年三月日奉柩葬檀州仁丰乡潮水西。”

③ 韩儒林主编：《元朝史》（下册），201 页，北京，人民出版社，1986。

④ 《元史》卷十九《成宗纪二》。

⑤ 《元史》卷二五《仁宗纪二》。

察罕脑儿，又作“察罕淖儿”，汉语为白海之意，水深不可测，气皆白雾，故名之。据元人周伯琦《扈从北行后记》载：“由上都南宿六十里店纳钵，越三日至察罕脑儿，由此转西至怀秃脑儿，又西二十里为兴和路。”元统治者为了往来便利，在两都之间开辟了四条驿路，并在上都东西驿路各修建了一座行宫，称为西凉亭和东凉亭。察罕脑儿，即西凉亭，位于金莲川幕府旧地。这里不仅湖川广布，水草丰饶，景色甚美，有鹤、天鹅等多种禽鸟，适于狩猎游幸，更是忽必烈的龙兴之地。元朝历代皇帝每年都在此驻夏消暑，举行行围狩猎、大宴群臣、祭祀祖先等活动。《马可·波罗游记》中对此也有记载：“三日后，至一城，名曰察罕脑儿。中有大宫一所，属于大汗。周围有湖川甚多，内有天鹅，故大汗极愿居此。”[①] 皇庆元年（1312 年）四月，置察罕脑儿捕盗司，延祐二年（1315 年）置云需总管府，掌守护察罕脑儿行宫及行宫供办之事。

元中都被废止后，还曾作为行宫使用。蒙古牧民要承担对驿站的一切负担，包括与驿站有关的一切劳役，如提供过往使臣的食宿、安排站马、铺马和车、牛等，负担十分沉重。元英宗至治三年（1323 年）四月，察罕脑儿蒙古军驿户饥，赈之。[②] 文宗至顺二年（1331 年）三月，以陕西盐课钞万锭，赈察罕脑儿蒙古饥民。[③] 同年十一月，“兴和路鹰坊及蒙古民万一千一百余户，大雪畜牧冻死，赈米五千石”[④]。可见兴和路（隆兴路）的蒙古民户和鹰坊户至少在 11000 户以上。延祐七年（1320 年）十一月，元英宗即位伊始，宣德蒙古驿饥，命通政院赈之。[⑤] 当时今河北丰宁、滦平、隆化、围场等县，也是蒙古人聚居之地，每户汉族人按规定要供养三户蒙古人。[⑥] 察罕脑儿行宫于元末农民起义中毁于战火。

三是真定。

真定是拖雷家族的分地，其地蒙古人甚多，“国兵奥鲁数万口散处州郡间”，蒙古军人及其家属就有数万之众，以至于“营帐所在，大致驿骚，伐桑蹂稼，生意悴然”[⑦]。延祐七年（1320 年）四月，河间、真定、

---

① ［意］马可·波罗著，冯承钧译：《马可·波罗游记》，第一卷，84 页，长春，吉林出版集团有限责任公司，2009。

② 《元史》卷二八《英宗纪二》。

③ 《元史》卷三五《文宗纪四》。

④ 《元史》卷三五《文宗纪四》。

⑤ 《元史》卷二七《英宗纪一》。

⑥ 李景瑞主编：《承德古代史》，315 页，北京，民族出版社，2009。

⑦ （元）王恽：《秋涧先生大全文集》卷四八《开府仪同三司中书左丞相忠武史公家传》，四部丛刊初编本。

济南等处蒙古军饥，朝廷赈之。[1]

元仁宗时恢复科举制度，分乡试、会试、殿试三级，采取蒙古人、色目人、汉人分榜之制，录取名额分配于各地。每年天下乡试合格者300人赴会试，于内取中选者100人，其中蒙古人、色目人、汉人、南人分卷考试，各25人。“蒙古人取合格者七十五人：大都十五人，上都六人，河东五人，真定等五人，东平等五人，山东四人，辽阳五人，河南五人，陕西五人，甘肃三人，岭北三人，江浙五人，江西三人，湖广三人，四川一人，云南一人，征东一人。”[2] 这里提到全国蒙古人会试合格者75人，名

图2-7　石家庄毗卢寺壁画中的蒙古人形象

（位于东南壁下层左侧，郝建文提供）

① 《元史》卷二七《英宗纪一》。

② 《元史》卷三一《选举志一》。

额分配于真定路者 5 人，仅次于两都路，与河东路、河南、陕西行省等持平，甚至高于甘肃、岭北、江西、湖广、四川、云南诸行省。由于录取人数基本上是根据当地蒙古人口数量确定的，这反映真定路蒙古人数量当是很可观的。河北石家庄市西北上京村的毗卢寺壁画，虽然是佛教题材，但许多画面却是当时现实世俗生活的折射。其中除汉人外，尚有蒙古人形象，这也反映了当时真定路居民中汉族与蒙古族共同生活的真实场景。

四是永平路。

永平路（治今河北卢龙），是元代蒙古族的一个重要聚居地。据《元史》卷一〇〇《兵志》载，左手永平等处御位下：永平地哈剌赤千户六十；乐亭地拙里牙赤、阿都赤、答剌赤迷里迷失，亦儿哥赤马某撒儿答；香河按赤定住、亦马赤速哥铁木儿。[①] 按：牧人曰哈赤、哈剌赤，有千户、百户，父子相承任事。英宗至治二年（1322 年）五月，朝廷于此置营，收养被鬻卖至各地的蒙古族子女，共计三千户，并立宗仁侍卫亲军都指挥使司以统之。[②] 由于永平路中蒙古及其他周边民族的移民较多，对当地的社会风尚也造成了一定影响，“俗混华夷，人多刚鸷而尚才勇”[③]。

五是河间。

延祐七年（1320 年）四月，河间、真定、济南等处蒙古军饥，赈之。[④] 泰定帝致和元年（1328 年）二月，河间、汴梁二路属县及开成、乾州蒙古军饥，并赈之。[⑤] 这里均提到了河间的蒙古人。

六是大名。

抄思，乃蛮部人，后归成吉思汗，随从征伐，后授万户。丁酉（1237 年）秋七月，奉旨调军，得西京、大名、滨、棣、怀、孟、真定、河间、邢、洺、磁、威、新、卫、保等府州四千六十余人，统之。后移镇颍，以疾归大名。岁戊申（1248 年）正月卒，享年四十四岁。[⑥] 抄思一生中虽然并未在河北为官，但致仕后居于大名，并卒于此。伯颜，一名师圣，字宗道，哈剌鲁氏，隶军籍蒙古万户府，世居开州濮阳县。他学贯经史，四方来学者达千余人，“时号河朔夫子”。至正十八年（1358 年），

① 《元史》卷一〇〇《兵志三·马政》。
② 《元史》卷八六《百官志二》；《元史》卷二八《英宗纪二》。
③ 赵万里辑校：《元一统志》卷一《风俗形势》，67 页，北京，中华书局，1966。
④ 《元史》卷二七《英宗纪一》。
⑤ 《元史》卷三〇《泰定帝纪》。
⑥ 《元史》卷一二一《抄思传》。

为了躲避农民军，伯颜渡漳河北行，乡里从之者数十万家。最后在磁州被害。①

七是广平。

广平，为成吉思汗手下四杰之一的博尔术分地。据《元史·博尔术传》："赐广平路户一万七千三百有奇为分地。以老病薨，太祖痛悼之。大德五年，赠推忠协谋佐运功臣、太师、开府仪同三司，追封广平王，谥武忠。"其子孛栾台，袭爵万户，死后也追封广平王。元代广平有蒙古驻军，这些军队即属于博尔术的右手万户。例如，诺怀，属于蒙古酎温台氏，其曾祖父丑哥以材武隶属右手万户，"驻营广平，因家焉"②。按：《元史·地理志一》载："广平路，下。唐洺州，又为广平郡。元太宗八年，置邢洺路总管府，以邢、磁、威隶之。宪宗二年，为洺磁路，止领磁、威二州。至元十五年，升广平路总管府。户四万一千四百四十六，口六万九千八十二。领司一、县五、州二。州领六县。"

第七节　元代的衰落及在河北统治的崩溃

至元三十一年（1294年），世祖忽必烈去世，由于太子真金早死，遂由真金之子、皇太孙铁穆耳即位，是为成宗。成宗即位后，下诏停止世祖末年发动的对外战争，专力整顿国内军政，限制诸王势力、减免赋税、新编律令等，一定程度上缓和了至元末年以来逐渐激化的社会矛盾。同时，击败了西北叛王海都、笃哇等势力，使西北长期动乱的局面有所改观。但与此同时，由于滥增赏赐，导致入不敷出，国库匮乏，钞币贬值。大德十一年（1307年）成宗死，由于未及指定继承人，围绕着皇位继承问题，各派之间展开了激烈争夺，元朝政局陷入了长期动荡。最后，成宗的侄子海山即位，是为武宗。从武宗即位，至元朝灭亡，短短六十年间，其中元顺帝一人在位便达三十六年。若不计元顺帝，在短短二十余年间，竟更换了九位皇帝。正是在愈演愈烈的内部斗争中，盛极一时的元王朝一步步走向了衰落乃至崩溃。

---

① 《元史》卷一九〇《伯颜传》；正德《大名府志》卷七《人物志·忠节》，见《天一阁藏明代方志选刊》，第三册，上海，中华书局，1966。

② 此碑录文参见朱建路：《元代蒙古酎温台家族史事考》，载《殷都学刊》，2012（2）。

一、成宗后蒙古族宫廷内部斗争的激化

元世祖忽必烈生前曾立次子真金为太子，但真金在至元二十二年（1285 年）病死，真金有三个儿子：甘麻剌、答剌麻八剌和铁穆耳。忽必烈立铁穆耳为皇太孙，至元三十一年即位，是为成宗，年号元贞，后改大德。海山为答剌麻八剌之子，大德三年（1299 年），成宗命海山代替宁远王阔阔出镇守漠北；大德八年（1304 年），册封为怀宁王，佩金印。大德十一年（1307 年）春，成宗病死。这时海山远在漠北，他显赫的军功和强大的兵力，使其成为帝位强有力的竞争者。

按照蒙元旧制，在成宗暴崩皇位虚悬之时，暂由皇后卜鲁罕摄政。当时朝中围绕皇位继承人的问题分为两派：一派以皇后卜鲁罕和中书左丞相阿忽台为首，支持安西王阿难答继位；另一派以中书右丞相哈剌哈孙为首，联合部分蒙古、汉官员主张拥立爱育黎拔力八达。卜鲁罕和左丞相阿忽台倾向拥立成宗的堂弟安西王阿难答，阿难答在忽必烈诸孙中年龄最长。而爱育黎拔力八达为海山之弟，其时与其母答己出居怀州。在得到成宗死讯后，爱育黎拔力八达以奔丧为名迅速赶回京城，并在右丞相哈剌哈孙支持下，先发制人，逮捕了左丞相阿忽台和安西王阿难答等人，并以“乱祖宗家法”的罪名将他们全部处死。此时阔阔出等诸王劝爱育黎拔力八达即位，但爱育黎拔力八达却不敢贸然称帝。因为其兄海山拥重兵在外，他对此颇为忌惮，故只以监国之名义掌握朝政，派使者奉玉玺北迎海山，声称欲拥海山为帝。三月，海山率三万精兵到达和林；五月，至上都。爱育黎拔力八达与左右部诸王齐聚上都，废成宗皇后卜鲁罕，并赐死。海山于上都即位，是为武宗。

武宗即位后，虽然立爱育黎拔力八达为皇太子，宣布其为继承人，但实际上对爱育黎拔力八达时刻提防，疑忌甚重。爱育黎拔力八达对此也心知肚明，故韬光养晦，伺机而动。武宗骤得帝位，沉耽酒色，不久即身染重病，至大四年（1311 年）驾崩。武宗死后，爱育黎拔力八达即位，是为仁宗。仁宗大力倡导汉化改革，元朝历史也由此进入了一个新的时期。延祐七年（1320 年），仁宗去世，他背弃了与其兄海山的约定，并未将帝位传于海山之子和世㻋，而是传给了自己的长子硕德八剌。从此，残酷而血腥的帝位争夺进一步白热化。

硕德八剌即位，是为英宗。元英宗幼从汉儒学习经史典籍，并锐意于改革。其祖母答己对此十分不满，欲废之，事泄，英宗尽诛后党，任命木华黎之后拜住为中书左丞相，并极力打压答己、铁木迭儿一党的势力，厉

行改革。至治二年（1322 年）秋，答己及铁木迭儿相继病死，英宗遂专任拜住，天下为之风动。但革新措施遭到一部分保守蒙古贵族的抵制和反对。至治三年（1323 年）八月五日，元英宗与拜住自上都南返大都，途经上都西南三十里的南坡店驻营。当日夜晚，铁木迭儿的余党铁失与铁木迭儿之子锁南、知枢密院事也先帖木儿、大司农失秃儿等人发动政变，以阿速卫军为外应，杀死了元英宗和拜住，史称“南坡之变”。“南坡之变”是元代中后期统治阶级内部的一次残酷的政治斗争。在此次血腥的政变中，元英宗和他所倚重的中书右丞相拜住皆遇害，臣弑君，在元朝历史上这还是第一次。

随后，政变群臣迎立晋王也孙铁木耳即位，即泰定帝。事实上，也孙铁木耳对这次政变阴谋是完全知情的。铁失曾遣人至其府邸，告以政变之谋，并约定事成后推其为帝。也孙铁木耳自然乐见其成，但他心思缜密，又担心政变万一不能成功，遂作了两手准备，将铁失的使者囚禁，并派人赴上都告变，但在路上故意迁延不前，这样使者还未到上都，政变就发生了。也孙铁木耳即位后，遣使至大都，以即位告天地、宗庙、社稷，并为了掩人耳目，洗刷自己，诛杀了参与政变的也先帖木儿、完者、锁南、秃满、铁失、失秃儿、赤斤铁木儿、脱火赤、章台等人，戮其子孙，籍没家产，还假惺惺地在海云寺悬挂拜住画像，大做佛事，为其祈福。

二、文宗、明宗之嬗替及“两都之战”

致和元年（1328 年）七月，泰定帝崩于上都。丞相倒剌沙专权，当时围绕着皇位之争，形成拥立泰定帝之子阿速吉八的“上都派”和拥立武宗次子图帖睦尔的“大都派”两股势力。留守大都的武宗旧臣、佥枢密院事燕铁木儿，执掌枢密符印，握有兵权，他勾结西安王阿剌忒纳失里，图谋拥立武宗之子。元武宗有两个儿子，长子和世㻋，次子图帖睦尔。八月甲午黎明，百官集兴圣宫，燕铁木儿率阿剌铁木儿、孛伦赤等十七人，兵皆露刃，对众臣说：“武宗皇帝有圣子二人，孝友仁文，天下正统当归之。今尔一二臣，敢紊邦纪！有不顺者斩。”① 乃手缚平章政事乌伯都剌、伯颜察儿，分命勇士执中书左丞朵朵，参知政事王士熙，参议中书省事脱脱、吴秉道等人，皆投诸监狱，并派人迎图帖睦尔于江陵。

为了防止上都一方的进攻，燕铁木儿调兵守御关要，征诸卫兵屯守京师。燕铁木儿之弟撒敦、其子唐其势，时留上都，皆弃妻子自上都逃回。

① 《元史》卷三二《文宗纪一》。

八月初，倒剌沙分道进攻京畿，燕铁木儿迅即在迁民镇（今河北山海关）、古北口、居庸关等地增兵。二十五日，古北口守将脱脱木儿与上都诸王失剌、平章政事乃马台、詹事钦察战于宜兴（今河北承德西北）。斩钦察于阵，生擒乃马台，送京师杀之，失剌败走。九月初，燕铁木儿遣弟撒敦于榆林（今北京昌平西北）袭败上都梁王王禅、右丞相塔失铁木儿。旋即进攻来自辽东的上都宗王也先帖木儿、平章秃满迭儿于蓟州（今天津蓟县）东流沙河。元帅阿兀剌守居庸关。上都军攻碑楼口，指挥使也速台儿御之，不克。同知枢密院事脱脱木儿与辽东秃满迭儿战于蓟州两家店。是时，倒剌沙及宗王脱脱、王禅拥立泰定帝之子、年仅九岁的阿速吉八于上都即位，改元天顺。燕铁木儿等亦奉图帖睦尔于大都称帝，是为文宗，改元天历。两都势力形同水火，元王朝陷入分裂。

九月中旬，燕铁木儿领兵出蓟州以拒秃满迭儿，但听说王禅兵袭破了居庸关，进逼大都，急忙回军，于榆河（今北京昌平南）北击败上都军。下旬，两军又鏖战于白浮（今昌平东北）之野。燕铁木儿势不可挡，于阵上手刃七人，王禅大败。后王禅收集散亡，复来战，燕铁木儿军列阵于白浮之西，敌不敢犯。至夜，撒敦、脱脱木儿前后夹攻，败走之，追及于昌平北，斩首数千级，降者万余人。文宗遣使赐燕铁木儿上尊，告谕曰："丞相每临阵，躬冒矢石，脱有不虞，奈何？自今第以大将旗鼓督战可也。"燕铁木儿回答："凡战，臣必以身先之，敢后者，论以军法。若委之诸将，万一失利，悔将何及！"① 但此战并未使上都军丧失元气，对大都的威胁仍在。燕铁木儿募丁壮千人守捍城郭。上都兵突入古北口，将士皆溃，其知枢密院事竹温台以兵掠石槽（位于今北京延庆）。燕铁木儿遣撒敦倍道趋石槽，趁其不备，击之。燕铁木儿大兵继至，转战四十余里，至牛头山，擒驸马孛罗帖木儿，平章蒙古塔失、帖木儿，将作院使撒儿讨温，送阙下斩之，将校降者万人。余兵奔窜，燕铁木儿夜遣撒敦出古北口逐之。脱脱木儿与辽东军战于蓟州南，杀获无算。又调河南蒙古军老幼五万人增守京师，募丁壮守直沽，调临清万户府运粮军三千五百并御河分守，山东丁壮万人守御益都、般阳诸处海港，居庸关垒石以为固。丁亥，辽东军抵京城，燕铁木儿引兵拒之。令京城里长招募丁壮及百工合万人，与兵士为伍，乘城守御。

由于上都军连战皆失利，遂改变战法，分东西两路，自通州、紫荆关对大都发动钳形攻势。上都诸王忽剌台等兵入紫荆关，守军皆溃。陕西行

---

① 《元史》卷三二《文宗纪一》。

台御史大夫也先帖木儿引兵从大庆关（今陕西大荔东）渡黄河，配合上都军进攻，河东官吏皆弃城而逃，大都再次岌岌可危。十月，燕铁木儿引军至通州，脱脱木儿领兵四千西援紫荆关。紫荆关溃卒南走保定，沿途大肆剽掠，同知路事阿里沙及故平章张珪之子武昌万户景武等，率民持梃击毙溃卒数百人。紫荆关兵进逼涿州，同知州事教化的调丁壮御之。壬辰，也先捏以军至保定，杀阿里沙等及张景武兄弟五人，并取其家赀。忽剌台游兵进逼南城，燕铁木儿令京城居民每户出壮丁一人，持兵仗从军士乘城，仍于诸门列瓮贮水，以防火。十月初，燕铁木儿与上都军阳翟王太平、国王朵罗台等决战于檀子山之枣林（今北京通州区东南），大破之，杀死了太平，敌军死者蔽野，余者皆宵遁。又昼夜兼程转至良乡，阻击上都宗王忽剌台，迫其西走。时上都辽东军秃满迭儿复入古北口，燕铁木儿引军御之，大战于檀州（治今北京密云）南，复败之。其万户以兵万人降，秃满迭儿遂逃回辽东。

当两都兵在长城沿线鏖战之际，据守辽东的齐王月鲁帖木儿、东路蒙古元帅不花帖木儿，于十三日，乘虚进围上都，迫使倒剌沙等于次日奉皇帝宝出降，阿速吉八不知所终，武宗系最终获胜。甲辰，晋邸及辽王所辖路府州县达鲁花赤并罢免禁锢，选流官代之。十一月癸未，倒剌沙伏诛，磔其尸于市。王禅亦赐死。此次内战绵亘三个多月，战场主要在京师附近，给社会生产造成了极大的破坏，大大消耗了元廷实力。

在这次内战中，武宗系的文宗之所以取胜，主要是由于燕铁木儿骁勇善战、调度得力，加之据有都城大都，取得了名义上的正统地位。但更重要的是，依托江南、河北等地财赋收入，军器粮秣资仗等具有较良好的保障。例如，九月，诏命造兵器，江浙、江西、湖广三省六万事，内郡四万事；命海道万户府来年运米三百一十万石；遣使分行河间、保定、真定及河南等路括民马，如此等等。而这些后勤保障则是上都派所难以企及的。

天历二年（1329 年）正月，通过政变即位的文宗图帖睦尔，摄于其兄周王和世㻋手拥重兵，又为嫡长，数次遣使迎之，假惺惺以帝位让之。周王信以为真，于当月即皇帝位于和宁之北，是为明宗。文宗本来不过是故作姿态，但不想弄假成真，在木已成舟的情况下，三月，遣权臣燕铁木儿奉皇帝宝玺，迎明宗于途中。明宗得到皇帝宝玺后，乃立图帖睦尔为皇太子。同年五月，图帖睦尔从大都出发，北迎明宗。八月一日，明宗至王忽察都（今河北张北北）。次日，文宗入见，兄弟二人相见甚欢，明宗举行宴会，宴请图帖睦尔、大臣于行殿。但至六日，明宗暴崩，年仅三十岁。

八月十五日，回到上都后，图帖睦尔重新即皇帝位于上都。明宗暴死于王忽察都之地，完全是权臣燕铁木儿和文宗图帖睦尔事先精心策划的结果。[①] 后至元六年（1340 年），明宗之子元顺帝翻起旧账，说其叔图帖睦尔曾“谋为不轨，使明宗饮恨而崩”，下诏“除其庙主”。[②]《元史》卷一三八《燕铁木儿传》明确记载，明宗暴毙乃是为燕铁木儿等人所害。史言燕铁木儿在文宗死后，迎立明宗之子妥欢帖睦尔于京师，至良乡，燕铁木儿与之并马而行，于马上举鞭指画，告以国家多难遣使奉迎之故。而妥欢帖睦尔卒无一语酬之。燕铁木儿疑其意不可测，且明宗之崩，实与逆谋，恐其即位之后追举前事，故宿留数月，而心志日以瞀乱。

三、元中后期农民大起义与蒙古统治在河北的崩溃

从成宗以后，元朝统治日趋腐败，国内阶级矛盾和民族矛盾进一步激化。不仅汉族人民反抗此起彼伏，就是作为“国人”，处于第一等级的蒙古族民众在地主阶级的统治下，许多人也陷于贫困，甚至典儿卖女，流离失所。元仁宗皇庆元年（1312 年），沧州等处爆发了阿失歹儿、睹海、塔海等人的起义。[③] 他们将田主许大射死，遭到元廷的追捕，于是他们在南抵黄河、北至大宁的广大范围内，来往拒敌，抗击官军，甚至元军统帅宽彻大王也被射死。同年十一月，阿失歹儿、睹海、塔海被捕，惨遭杀害，其家属也被断为宽彻大王的驱口。[④]

元末顺帝在位时，社会矛盾进一步激化，特别是由于“开河”和“变钞”，终于酿成全国范围的、声势浩大的红巾军大起义。北方红巾军领袖主要有韩山童、刘福通等人。韩山童，原为栾城（今河北石家庄栾城区）人，其祖父因传授白莲教被谪徙河北永年白鹿庄。韩山童以白莲教为武器，声称天下将大乱，其时弥勒降生，明王将出世，以拯救天下百姓。他自称是宋徽宗八世孙，当为中原之主，借以鼓动百姓起事，反抗蒙古统治者的暴政。至正十一年（1351 年）五月，韩山童、刘福通等准备起事，由于叛徒告密，韩山童被捕牺牲，刘福通遂率众起义。十五年（1355 年）二月，刘福通立韩山童之子韩林为帝，国号宋，建元龙凤，派

① 《元史》卷一三八《燕铁木儿传》。

② 《元史》卷三六《文宗纪五》。

③ 这些人的族别不详，周良霄先生指出：“从名字上推测，这是一起入居内地的蒙古人的反抗斗争。”参见周良霄、顾菊英：《元史》，604 页，上海，上海人民出版社，2004。

④ 方龄贵校注：《通制条格校注》卷二〇《获贼》，575～576 页，北京，中华书局，2001；《元史》卷二四《仁宗纪一》。

三路大军北伐，其中毛贵率领的东路军由山东进军河北，发展最为迅速，对蒙古统治者的威胁也最大。

至正十七年（1357 年）七月，中书省臣上言："山东般阳、益都相次而陷，济南日危，宜选将练卒，信赏必罚，为保燕赵计，以卫京师。"[①]但疏奏不报。监察御史迭里弥实、刘杰也上言，力陈当时危险的形势："疆域日蹙，兵律不严，陕西、汴梁、淮颍、山东之寇有窥伺燕赵之志，宜俯询大臣，共图克复之宜，预定守备之策。"[②] 希望引起元顺帝的警醒，但又不报。至正十八年（1358 年）二月，毛贵攻占济南，遂进军河北。陷清州、沧州，遂据长芦镇。三月庚戌，毛贵陷蓟州，顺帝诏征四方兵入卫。乙卯，毛贵犯漷州（治今北京通州南），至枣林，枢密副使达国珍战死，遂略柳林。枣林、柳林均在北京通州境内，与都城大都近在咫尺。京师人人自危，大臣有的劝顺帝北逃，有的劝迁都关陕，众议纷然。但起义军因悬军深入，缺乏友军配合和后勤保障，在同知枢密院事刘哈剌不花反击下，毛贵败于柳林，退师济南。毛贵的东路主力虽然被击退，但一些小股义军仍活动于大都附近。七月，进犯京城，刑部郎中不花守西门，夜开门击退之。[③]

中路军由关先生（即关铎）、破头潘（即潘诚）等率领，至正十七年（1357 年）九月，越过太行山进入山西。由于元军在山西、河北的兵力甚强，中路军主力转向晋北，原拟由山西进入河北，但与毛贵军会合的计划未能实现。九月，攻保定路，不克，转攻完州（今河北完县）。十月，占领大同、兴和（今河北张北）等路。十二月，关先生、破头潘等攻陷上都，焚宫阙，驻留七日，转略往辽阳，进入高丽。二十二年（1362 年）正月，关先生在高丽战死，余众败退辽阳，这一支义军也以失败告终。至于其他义军情况，由于与河北无关，兹不赘述。

在全国红巾军大起义影响下，也有蒙古族卷入反对元顺帝的浪潮中。例如，至正十九年（1359 年）三月，京城北兵马司指挥周哈剌歹与林智和等谋叛，事泄，伏诛。[④] 又如，至正二十年（1360 年），阳翟王阿鲁辉帖木儿拥兵数十万屯于木儿古彻兀，将犯京畿，派人指责元顺帝说："祖宗以天下付汝，汝已失其太半；若以国玺付我，我当自为之。"顺帝遣人

① 《元史》卷四五《顺帝纪八》。
② 《元史》卷四五《顺帝纪八》。
③ 《元史》卷四五《顺帝纪八》。
④ 《元史》卷四五《顺帝纪八》。

答复道："天命有在，汝欲为则为之。"① 命枢密院事秃坚帖木儿等将兵击之，不克，军士皆溃，秃坚帖木儿逃奔上都。周哈剌歹、阳翟王阿鲁辉帖木儿二人官位虽然高下不同，但都属于蒙古统治阶层，在农民起义强大冲击下，蒙古统治者内部出现了分化，有些人也开始站到了统治者的对立面，他们的背叛对元朝统治者的打击是致命的。除了蒙古统治阶层外，处于社会底层的蒙古民众的反应更为激烈，他们中的一些人甚至举起了起义的大旗。

当时天下大乱，辽东郡县只有永平（治今河北卢龙）尚未罹兵爨之灾，储粟十万，刍藁山积，居民殷富，元官军力量也较薄弱。至正二十二年（1362 年），雷帖木儿不花、程思忠率领的一支红巾军乘虚占领永平，势及辽东部分地区，垒土筑城，因河为堑，以作固守之计。元顺帝急忙调集知枢密院事也速进剿，收复了滦州和迁安县。也速又外筑大营，绝其樵采，将雷帖木儿不花等义军团团困于永平城中。城内义军被围日久，粟薪断绝，几次突围均失败，损失惨重。也速又从义军手里收复了昌黎、抚宁二县，最后雷帖木儿不花被擒，送于京师被杀。雷帖木儿不花被杀后，义军处境更为艰难，便假意乞降于参政彻力帖木儿，彻力帖木儿请命于朝，诏许之，顺帝命也速退军。义军本欲利用元军退军之际乘机突围，不想计策被也速识破，也速加强戒备，防御甚严。义军弃城遁去，也速穷追不舍，一直追至瑞州（属大宁路），杀获万计。② 这支起义军在元军残酷镇压下最终失败了。

四、元末诸镇之间及与元廷斗争的激化

在镇压起义军中，依靠地主武装起家的察罕帖木儿、答失八都鲁、李思齐、张良弼等势力逐渐崛起，形成新的军阀集团，这些地方实力派成为镇压农民军的主力。但他们为了控制朝政和争夺地盘，彼此之间也存在许多矛盾。答失八都鲁在北方红巾军的打击下病死，其子孛罗帖木儿继之，驻守大同，后进据晋、冀，与察罕帖木儿势同水火，征战不休。而宗王不颜帖木儿、秃坚帖木儿等皆称兵与孛罗帖木儿相合。③ 无论是孛罗帖木儿，还是察罕帖木儿，都与朝中各派相勾结，内外呼应，从而使蒙古统治者内部矛盾更为尖锐。

---

① 《元史》卷四五《顺帝纪八》。

② 《元史》卷一四二《也速传》。《元史》卷一四五《月鲁不花传》则云雷帖木儿不花伪降，事觉被擒杀之。

③ 《元史》卷二〇五《奸臣·搠思监传》。

察罕帖木儿死后，其养子扩廓帖木儿（即王保保，本为其甥，察罕收为养子）袭任。至元二十二年（1362 年）十月，孛罗帖木儿勾结张良弼，欲复图晋、冀，引兵南侵扩廓帖木儿之地，遂据真定路。① 次年六月，孛罗帖木儿遣方脱脱迎匡福于彰德，扩廓帖木儿遣兵追之，败还，匡福遂据保定路。

元顺帝在位日久，太子爱猷识理达腊春秋鼎盛，军国之事皆其所临决。奇皇后谋划迫使顺帝禅位于太子，但顺帝不甘心丧失权力，于是朝中顺帝和太子各拥有一派势力，围绕着皇位的斗争趋于白热化。至正二十三年（1363 年）十二月，老的沙事件成为双方决裂、兵戎相见的导火索。

当时丞相搠思监与权宦朴不花、党于扩廓帖木儿，都属于太子一派。御史大夫老的沙为顺帝的舅舅，弹劾朴不花，欲除掉朴不花等人，但反被太子罢官，令于东胜州（今内蒙古自治区托克托县）安置。老的沙逃匿孛罗帖木儿军中，顺帝暗中派宦官密谕孛罗帖木儿，令留老的沙于军中。皇太子爱猷识理达腊倚恃扩廓帖木儿为外援，屡次索要老的沙，都为孛罗帖木儿拒绝。至正二十四年（1364 年）三月，搠思监、朴不花指责孛罗帖木儿图谋不轨，顺帝迫于情势，不得已下诏削夺孛罗帖木儿官爵，解除其兵权，令于四川安置，但孛罗帖木儿拒命不受。四月，诏命扩廓帖木儿讨孛罗帖木儿。孛罗帖木儿悉知诏令调遣之事非出顺帝之意，皆右丞相搠思监及宦者朴不花所为，遂令秃坚帖木儿举兵向阙，以清君侧为名，索要搠思监、朴不花二人。秃坚帖木儿大军入居庸关，知枢密院事也速、詹事不兰奚迎战于皇后店，大败。皇太子率侍卫出光熙门，东走古北口，趋兴、松。秃坚帖木儿兵至清河，列营。百官从顺帝守城，皇太子统兵迎于清河，命也速军于昌平。而孛罗帖木儿前锋已度居庸关至昌平，也速一军上下皆无斗志，不战而溃，皇太子驰入城，寻出奔于太原。时都城无备，人情惊骇，顺帝令百官吏卒分守京城。秃坚帖木儿扬言若得到搠思监、朴不花立刻退军。元顺帝趁势缚搠思监、朴不花送于秃坚帖木儿，并恢复孛罗帖木儿的官爵，搠思监、朴不花皆为孛罗帖木儿所杀。

五月，皇太子出奔至路儿岭，顺帝使者追及之，令还宫。皇太子听说又恢复了孛罗帖木儿的官爵，恚怒不已。他不甘心失败，命扩廓帖木儿出兵大同进攻孛罗帖木儿。东道以白锁住领兵三万守御京师，中道以貊高、竹贞领兵四万，西道以关保领军五万，合击之。关保等兵逼大同。七月，

① 《元史》卷二〇七《孛罗帖木儿传》载，至正二十三年十月，孛罗帖木儿复南侵扩廓帖木儿所守地，遂据真定。

孛罗帖木儿留部分兵力守大同，而亲率军与秃坚帖木儿、老的沙复大举向阙，京师震骇。孛罗帖木儿前锋军入居庸关，皇太子自率军御于清河，军士皆无斗志。皇太子驰还都城。锁住扈从太子出顺承门，由雄、霸、河间，取道往冀宁。孛罗帖木儿入大都，元顺帝任其为中书右丞相、监修国史，节制天下兵马，老的沙为平章政事，秃坚帖木儿为御史大夫。

至正二十五年（1365 年），皇太子在冀宁日夜谋划恢复京师。二月，调遣岭北、甘肃、辽阳、陕西及扩廓帖木儿等军，讨伐孛罗帖木儿。在大军压境之下，孛罗帖木儿先幽禁皇后奇氏于诸色总管府，取印章伪造奇皇后书信以召太子。并遣秃坚帖木儿率众攻上都之附太子者，调中书右丞相也速南御扩廓帖木儿之兵。也速军次良乡，便迁延不前，与将士商议，认为孛罗帖木儿悖逆不道，图危宗社，中外同愤，遂勒兵归永平。西连太原扩廓帖木儿，东连辽阳也先不花国王，共讨孛罗帖木儿，军声大振。孛罗帖木儿十分恐惧，遣骁将同知枢密院事姚伯颜不花往讨之，军过通州，适值白河水溢不能进，也速出其不意袭破之，擒斩姚伯颜不花。孛罗帖木儿大怒，亲率军讨也速，至通州，大雨三日，无果而还。孛罗帖木儿先曾以猜疑杀其骁将保安，既又失姚伯颜不花，犹失左右手，郁郁不乐，乃每日与老的沙饮宴，荒淫无度，酗酒杀人，喜怒不测，人皆畏忌。顺帝对孛罗帖木儿的跋扈不臣也难以容忍，七月，孛罗帖木儿伏诛，秃坚帖木儿、老的沙皆遁走。遣使函孛罗帖木儿首级往冀宁，召皇太子还京师，大赦天下。九月，皇太子和扩廓帖木儿入京，顺帝任命扩廓帖木儿为中书左丞相。

朝廷内争甫息，诸藩之间争斗又起。先是察罕帖木儿与李思齐同起兵镇压农民起义军，察罕帖木儿死后，下诏扩廓帖木儿袭其职，代领父兵，封河南王，而李思齐亦受扩廓帖木儿节制。李思齐自认为是扩廓帖木儿的父辈，不愿受其节制，与其他将领张良弼、孔兴、脱列伯等均欲独立成军。至正二十六年（1366 年）二月，扩廓帖木儿还河南，分立省部以自随，寻居怀庆，又居彰德，调度各处军马。陕西张良弼拒命。二十七年（1367 年）正月，李思齐、张良弼、脱列伯自会于含元殿基，推李思齐为盟主，同拒扩廓帖木儿。冬十月，貊高以兵入山西，定孟州、忻州，下滹州，遂攻真定。顺帝诏也速自河间以兵会貊高取真定，已而不克，命也速还河间，貊高还彰德。在诸地方势力混战正酣时，朱元璋的大军已开始北伐。

第八节 蒙元时期河北蒙古族的宗教文化及风尚习俗

蒙古族各部最初信仰萨满教，奉行万物有灵的观念，认为日、月、火、水、土、山川、河流等均有神灵。而“长生天”是主宰一切的最高神，是万物的创造者。“其常谈，必曰‘托着长生天底气力、皇帝底福荫’。彼所为之事，则曰‘天教凭地’。人所已为之事，则曰‘天识着’，无一事不归之天。自鞑主至于民，无不然。”① 萨满教长老称为“别乞”，地位很高，在新大汗即位时，一般都由他们主持拜日、告天等仪式。但萨满教作为一种原始宗教，随着蒙古社会的发展演进，其地位逐渐被佛教、道教等所代替。蒙古统治者虽然特别尊崇藏传佛教，但对于其他宗教，如汉传佛教、道教乃至外来的伊斯兰教、基督教等均采取宽容的态度，允许它们的存在和传播，甚至还采取鼓励的政策。

作为一个草原游牧民族，蒙古族的文化水平远较中原王朝中其他民族为低，但在进入内地后，在汉文化的影响下，蒙古统治阶级的文化水平不断提高，创制了蒙古文字，实行尊儒政策，甚至开科取士，文化面貌有了较大的改观，而且草原风尚与内地风尚相融合，形成独特的风尚习俗。

一、宗 教

（一）佛 教

蒙古族接触佛教甚早，“元起朔方，固已崇尚释教”②，其历史可追溯到成吉思汗时。窝阔台在位时，佛教地位逐步提高。太宗七年（1235年），修建和林城时即开始兴建佛寺，据耶律楚材诗云：“龙沙玄教未全行，故筑精蓝近帝城。须仗檀那垂手力，一轮佛日焕然明。”③ 当时中原汉地禅宗兴盛，特别是禅宗中的临济宗、曹洞宗两派尤盛，时有“临天下，曹一角”之说。蒙古统治者较早接触的佛教宗派便是禅宗。行秀，号万松老人，为曹洞宗第十四代宗主，耶律楚材入仕前曾在其门下参禅三年，并得其印可。金章宗敬仰行秀的道行，诏于内殿说法，甚至不惜以堂

① （宋）彭大雅撰，许全胜校注：《黑鞑事略校注》，兰州，兰州大学出版社，2014。
② 《元史》卷二〇二《释老传》。
③ 耶律楚材：《湛然居士文集》卷一四《和林建佛寺疏》，四部丛刊初编本。

堂皇帝之尊，亲自躬身迎礼。在蒙古进入内地后，行秀继续得到蒙古最高统治者的优宠礼遇，太宗二年（1230 年），窝阔台曾赐他佛牙一枚。海云印简，俗姓宋，为临济宗大师，金时曾任镇州临济寺、大都庆寿寺主持，元初著名政治家刘秉忠曾是其弟子。金亡后，海云印简曾赴漠北觐见窝阔台。宪宗元年（1251 年）六月，蒙哥以海云印简掌领全国佛教。[①] 忽必烈在潜邸时，曾召请海云印简前去说法传戒。

赵县柏林寺，乃唐后期赵州从谂开创的古佛道场，为中国禅宗著名祖庭。唐称观音院，宋称永安院，金代一度改禅为律，改曰柏林禅院。丁酉之夏，即蒙古太宗九年（1237 年），时任赵州节度使的移剌麻捏见柏林禅院久为律居，殿堂颓毁，庙貌荒寒，欲恢复古佛道场昔日之宗风，延请临济宗杨岐方会下第九代法孙归云志宣主持该寺，重建道场，革律为禅，时人赞曰："赵州再来矣。"[②] 宗风得以重振，不到二年，负郭得良田五千亩。元世祖至元十九年（1282 年），圆朗禅师来居，将寺院进行整修扩建，使离散信士归向众聚，尽复归云之旧。

据《柏林禅寺志·护法》载，元代十一位记录在册的护法中，包括元世祖、元成宗、元仁宗三位皇帝。[③] 另据《古佛道场——柏林禅寺》一书载，有元一代，元太宗、元世祖、元成宗、元仁宗、元文宗五代君王与柏林禅院有殊胜因缘。[④] 元世祖忽必烈、元成宗铁穆耳、元仁宗爱育黎拔力八达曾先后降旨于柏林禅院，并宣谕寺庙免收粮税等，受圣旨恩泽保护。三道圣旨分别颁于蛇儿年（元世祖至元三十年，1293 年）、猴儿年（元成宗元贞二年，1296 年）和鼠儿年（元仁宗皇庆元年，1312 年），其中时代较早的蛇儿年圣旨中只提到了"成吉思皇帝"，即成吉思汗；猴儿年圣旨中提到了"成吉思皇帝""月阔歹皇帝""薛禅皇帝"，即成吉思汗、窝阔台、忽必烈。鼠儿年圣旨中将窝阔台称为"月古台皇帝"，并在前三位的基础上增加了"完者笃皇帝""曲律皇帝"，即元成宗铁穆耳、元仁宗爱育黎拔力八达。

蒙古统治者先后三道圣旨颁于一寺，显示出柏林寺道场受到几代君王的护持，充分肯定了柏林禅寺崇隆不凡、北方禅宗重镇的地位，柏林寺也进入了极盛时期。三道圣旨中宣赐的对象都是柏林禅寺主持圆朗禅师

---

① 《元史》卷三《宪宗纪》。

② （元）陈时可：《赵州重建柏林禅院碑》，见净慧主修，明海主编：《柏林禅寺志》，508 页，郑州，大象出版社，2015。

③ 净慧主修，明海主编：《柏林禅寺志》，108～111 页，郑州，大象出版社，2015。

④ 明海主编：《古佛道场——柏林禅寺》，10 页，石家庄，河北禅学研究所，2007。

（碑文中或作“元朗”），显示出圆朗与蒙古统治者间极不寻常的关系。圆朗禅师自元世祖至元十九年（1282 年）主持柏林寺，至仁宗延祐元年（1314 年）示寂，凡主持柏林禅寺三十二年。至元三十年（1293 年），敕赐“圆明普照大禅师”之号；元成宗元贞二年（1296 年）又加“月溪”二字。

三道圣旨勒于一石，此碑现存柏林寺内。“碑身高八尺，宽三尺二寸，螭纽龟趺”[①]，碑额已折失，碑文正书三排，共六十五行。清陈钟祥编《赵州石刻全录》云：“考此碑分三截。上截蛇儿年旨，按禅师碑，至元十九年主柏林，世皇赐圆明普照之号，以是推之，此系至元三十年癸巳所降，凡廿一行；中截猴儿年旨，按禅师碑，成宗加月溪二字，此系元贞二年丙申所降，凡廿二行；下截鼠儿年旨，按禅师碑，示寂于元祐改元，而此旨已列，成宗、武宗国语谥号自系仁宗皇庆元年壬子所降，凡廿二行。”[②]

碑阴榜文十七行，为至元三十年（1293 年）十月宣政院榜文，其文曰：

> 皇帝圣旨里宣政院准御史中丞柏林禅寺功德主咨：照得真定赵州柏林禅寺临济宗派赵州古佛道场，名高千古，法传四方。今有本寺主持长老圆明普照大禅师朗公，德行精洁，为国焚修。以此保咨宣政院颁降护持圣旨，付本寺钦受外，乞出榜仍照会合属钦依施行，咨请照验事，准此使院除外合行出榜，晓谕诸人钦依。本寺现奉圣旨处分事，意毋得骚扰科取差役。如有违犯之人，严行断罪施行须议，榜示者。
>
> 右榜付柏林寺晓谕通知
>
> 至元三十年十月　日[③]

虽然蒙古统治者较早接触禅宗，但最令他们倾心、最受重视的还是具有浓厚神秘色彩的藏传佛教。元定宗元年（1246 年），藏传佛教高僧萨斯

---

① （清）陈钟祥编，蔡寿臻、查辂辑：《赵州石刻全录》，见《地方金石志汇编》，第二册，558 页，北京，国家图书馆出版社，2011。

② （清）陈钟祥编，蔡寿臻、查辂辑：《赵州石刻全录》，见《地方金石志汇编》，第二册，558 页，北京，国家图书馆出版社，2011。

③ （清）陈钟祥编，蔡寿臻、查辂辑：《赵州石刻全录》，见《地方金石志汇编》，第二册，569～570 页，北京，国家图书馆出版社，2011。

迦班智达应窝阔台之子阔端邀请来到凉州，从此藏传佛教开始在蒙古人中传播。[1] 蒙古统治者对宗教持一种实用的态度，他们对所谓义理、教义和派别之分并不很感兴趣，他们重视占卜、巫术和所谓神通法术，[2] 而藏传佛教口诵真言咒语，以高度组织化的咒术仪礼、俗信为主要特征，自然很适合蒙古统治者的口味。

藏传佛教盛行是元代佛教的一个突出特点，也是河北蒙古族宗教信仰由传统萨满教到藏传佛教的一个重要转变。忽必烈受命主持中原政事时，藏传佛教萨迦派高僧八思巴很受忽必烈赏识。中统元年（1260 年），忽必烈在开平（今内蒙古正蓝旗东）称大汗后，任命八思巴为国师，统领天下佛教事务。至元元年（1264 年），忽必烈自开平迁都燕京，于中央设总制院（后改名宣政院），掌管全国佛教事务并统辖吐蕃地区，以八思巴领总制院事。同年秋，忽必烈从八思巴受菩萨戒，正式皈依佛教。蒙古后妃、皇子和诸王贵戚等在忽必烈的影响下也相继灌顶受戒。至元六年（1269 年），八思巴奉命创制了蒙古新字——八思巴文，地位愈加显赫，受封为“大宝法王”和帝师，成为钦定的全国最高宗教领袖。至元十一年（1274 年），八思巴返回吐蕃，忽必烈又任命其弟亦邻真承袭帝师之位。直至元末，帝师这一名号始终由萨迦派领袖人物担任。至元十六年（1279 年），八思巴圆寂，忽必烈赐号“皇天之下一人之上开教宣文辅治大圣至德普觉真智佑国如意大宝法王、西天佛子、大元帝师”。延祐七年（1320 年）十一月，元英宗即位伊始，便下诏各州建帝师八思巴殿，其祭祀规格甚至超过了孔子。至治元年（1321 年）三月，下诏建八思巴寺于京师，[3] 后又令州县建庙通祀。泰定元年（1324 年），将十一幅八思巴绘像颁于各行省，以供塑像之用。[4]

在元代，不仅高僧大德受尽尊崇，就是一般僧人也享有诸多特权。元代诸色户计中，有专门的僧户，他们有“告天延祝圣寿”的义务。忽必烈曾颁布《优礼僧人诏书》，保证僧人享受诸多权益和特权，规定不许侵占僧人田产，不得在僧人居所居住，不得向僧人征派供应、乌拉差役，属于寺院的土地、水磨等，任何人不得侵占。这一政策基本上为以后历代蒙

① 韩儒林主编：《元朝史》（下册），193 页，北京，人民出版社，1986。

② （宋）孟珙《蒙鞑备录》载：成吉思汗，“凡占卜吉凶，进退杀伐，每用羊骨扇，以铁锥火椎之，看其兆坼，以决大事，类龟卜也”。据《元史》卷三《宪宗纪》，蒙哥也“酷信巫觋卜筮之术，凡行事必谨叩之，殆无虚日，终不自厌也”。

③ 《元史》卷二七《英宗纪一》。

④ 《元史》卷二〇二《释老传》。

古统治者所承袭。由于统治者的大力扶持，藏传佛教的影响远远超过了汉传佛教。“百年之间，朝廷所以敬礼而尊信之者，无所不用其至，虽帝后妃主，皆因受戒而为之膜拜。正衙朝会，百官班列，而帝师亦或专席于坐隅。且每帝即位之始，降诏褒护，必敕章佩监络珠为字以赐，盖其重之如此。”①

在以总制院（后改名宣政院）统辖全国佛教的体制下，忽必烈又设立了行宣政院、僧录司、僧正司等僧官机构管理汉地的寺院和僧徒。据宣政院至元年间统计，全国有佛寺4.2万余所，僧尼21.3万有余，若加上私度者则远不止于此。

元大都作为全国的首都，藏传佛教僧人云集，新建了许多藏传佛教寺院，著名的有大圣寿万安寺、大护国仁王寺、大承天护圣寺、大普庆寺、大天寿万宁寺、大崇恩福元寺等，多系蒙古统治者为藏传佛教的领袖人物开展佛教活动而创建。其规模之宏大、装饰之富丽、资产之雄厚、权势之熏灼，皆是辽金时期的燕京名刹难以望其项背的。大护国仁王寺是京城数一数二的大寺，有田十万余顷，分布于大都、河间，乃至江淮等地。② 当时寺院拥有大量财富，僧侣成为地主阶级的重要代表，甚至“财产之富，虽藩王贵戚不及也”③。

蒙古统治者虔信佛教，主要是出于祈福、禳灾、延年益寿等现实的目的。元成宗体弱多病，卜鲁罕皇后为了替成宗祈福，于京师创建了一座万宁寺。

元成宗的母亲也是一位虔诚的佛教徒，元贞元年（1295年）闰四月，元成宗为母亲于五台山修建佛寺，任命前工部尚书涅只为将作院使，领工部事，燕南河北道肃政廉访使宋德柔为工部尚书，董其役，并下诏令大都、保定、真定、平阳、太原、大同、河间、大名、顺德、广平十路应其所需。④ 泰定帝泰定三年（1326年）五月，遣指挥使兀都蛮镌“西番咒语”于居庸关崖石。⑤ 所刻为藏传佛教密宗的咒语，今居庸关尚有其遗迹。

元代蒙古贵族阶层大多对佛教十分虔诚，不仅平时烧香、诵经、修寺、建塔、供养僧人，向寺院施舍钱财、田地，就是在亲人死后也往往大

① 《元史》卷二〇二《释老传》。
② 《元史》卷九五《食货志三》。
③ （清）赵翼：《陔余丛考》卷一八《元时崇奉释教之滥》，上海，上海古籍出版社，2011。
④ 《元史》卷一八《成宗纪一》。
⑤ 《元史》卷三〇《泰定帝二》。

做功德，以求死者继续得享人间富贵。河北宣化鸡鸣山顶，有一寺曰永宁寺，寺侧矗立着一方古碑，高约一丈，宽三尺五寸，碑额题“敕赐太师秦王复建永宁寺碑”。碑阴文字由于年久风化，剥落磨泐，已难以辨识。据乾隆《宣化府志》卷一三记载：“永宁寺在鸡鸣山巅，辽圣宗太平四年建。元至元丁丑，地震寺圮，太师秦王伯颜答剌罕重建。欧阳元为记。”①据此可知，永宁寺乃辽代古寺，至元丁丑（即至元三年，1337 年）的地震，造成寺院殿舍倾圮，秦王伯颜扈从南还，目睹该寺倾圮破败之惨状，乃以己资复建。自至元戊寅（1338 年）八月开始动工，至次年己卯三月落成。

另外，河北正定隆兴寺内有一方《秦王夫人施长生钱记》，此碑也与秦王伯颜家族奉佛有关。此碑在大悲阁月台西侧，元至正十四年（1354 年）三月刻立，王访撰文并书丹，周伯琦题盖，碑高 2.35 米、宽 1.14 米。

按：据《元史·伯颜传》，伯颜，出身于蔑儿吉䚟氏，其祖父称海，从蒙哥伐宋，殁于王事。父谨只儿，总宿卫隆福太后宫。伯颜十五岁时，侍武宗于藩邸，大德十一年（1307 年），赐号伯颜拔都儿。因翊戴文宗、顺帝之功，至顺四年（1333 年），由中书左丞相，拜右丞相。元统二年（1334 年），进太师，又进封秦王，三年赐以答剌罕之号，世袭之。五年十月，诏为大丞相。伯颜专权自恣，由是日益为顺帝所不容，六年被贬黜，不久即病死。

隆兴寺内之碑，乃其夫人为伯颜追福施舍龙兴寺（即今正定县隆兴寺）的记录。伯颜夫人系出蒙古怯烈真氏，乃故丞相埜仙普化（也先不花）之女。根据碑文的记载，她在丈夫伯颜死后，悲痛欲绝，本欲从丈夫于地下，但念及孩子尚幼，无人照料，只好“苟延残喘，聊度余生”，“膏铭罢施，珠珍废饰，纹绣靡龙，疏粝自奉”，后来剃发出家，做了比丘尼。她认为“爹王冥报，则须崇善，善之所崇，宜莫如佛。事佛之至，须广伽蓝”②。她在汴梁曾创修大明最胜禅寺，但犹不餍足，至真定后，又施舍纸币五千锭于龙兴寺，以这些钱的利息用作在伯颜生日和忌日时供佛饭僧超度的开支。

由于蒙古统治者为供佛大兴土木，广施功德，造成极大的人力和物力

① （清）吴廷华修，王者辅等纂：《宣化府志》卷一三《典祀志》，268 页，台北，成文出版社，1968。

② （清）沈涛：《常山贞石志》卷二四，见《续修四库全书》史部金石类，第906 册，上海，上海古籍出版社，2002。

的浪费，也大大加重了国家财政的负担，从而加剧了国内的社会矛盾。张养浩于至大三年（1310 年）所上《时政书》中言："略会国家经费，三分为率，僧居二焉。"① 例如，延祐五年（1318 年），各寺做佛事日用羊万头，"此供养之费，虽官俸兵饷不及也"②。

（二）道　教

金元之际，社会动荡，战乱频仍，无论是民族矛盾，还是阶级矛盾都十分尖锐。在此背景之下，孕育了中国历史上道教的一场大变革，出现了太一教、大道教、全真教等新教派。这三个教派，不像道教旧教派那样热衷于符箓、斋醮，而主修内丹，所以有人称之为"河北新道教"。③ 三大教派中太一教在金元之际创立时间最早，但与今河北有关的主要为大道教和全真教。

大道教的创始人刘德仁，号无忧子，沧州乐陵（今属山东）人，后徙居盐山（今属河北）。他以老子《道德经》为基础，吸收儒家和佛教思想，主张清静无为，柔弱谦下，知足守贫；不讲飞升化炼之术，不尚符箓，不化缘乞食，提倡自耕而食；又教人忠于君，孝于亲，诚于人；以严格的清规戒律进行自我约束，以佛教"五戒"律己劝人，表现出明显的三教合一的倾向。金世宗大定元年（1161 年），刘德仁奉诏入京，居于燕京天长观，后赐号"东岳真人"。大道教五传至郦希诚。郦希诚，妫州（今河北怀来）人，早年曾住怀来县水浴之太虚观。他受到元宪宗蒙哥的召见，受赐"太玄真人"的称号，还获准在每州建立一座道观，以便统辖信徒。为示尊崇，大道教被赐名为"真大道教"。第八祖岳德文，范阳（今河北涿州）人，有"涿州八岳"之称，得到元世祖忽必烈的大力尊崇，至元二十一年（1284 年），被授予"崇玄广化真人、掌教宗师，统辖诸路真大道教事"④。13 世纪末 14 世纪初，大道教内部发生内讧，影响逐渐式微。

全真教，亦称"全真道"，是宋元道教革新浪潮中涌现出来的一个影响最大、最重要的新教派。大道教和太一教到元末便匿迹消亡了，只有全真教长盛不衰，成为与正一教并峙，并传续至今的道教两大派别之一。其

---

① （元）张养浩：《时政书》，见李修生主编：《全元文》卷七七〇，第 24 册，576 页，南京，江苏古籍出版社，2001。

② （清）赵翼：《陔余丛考》卷一八《元时崇奉释教之滥》，上海，上海古籍出版社，2011。

③ 陈垣：《南宋初河北新道教考》，石家庄，河北教育出版社，2001。

④ （元）虞集：《道园学古录》卷五十《真太（大）道教第八代崇玄广化真人岳公之碑》，四部丛刊初编本。

创始人为金初的王喆（即王重阳），他主张儒、释、道三教合一，认为三教同源，共遵一“道”，共信一“祖”，彼此平等，无所谓高下之分。以《道德经》《孝经》《般若波罗蜜多心经》为主要经典。在修持方法上，重清修，不尚符箓，不事黄白之术；严格教规，要求道徒不娶妻，不茹荤，出家住丛林。全真教强调慈悲为本、忠孝体国和绝欲苦修，适应了当时社会现实的需要，故影响日隆。

邱处机（1148—1227 年），为王喆弟子，人称长春子，创立了全真教中的龙门派。太祖十四年（1219 年），他应邀率领弟子千里迢迢前往中亚觐见成吉思汗，被成吉思汗尊称为神仙。十九年（1224 年），主持燕京天长观（后改名长春宫，今北京白云观），掌管天下道教。他在蒙古统治者的支持下，广收门徒，并派弟子在各地建立宫观，积极传教，全真教迅速风行黄河南北，正如《顺德府通真观碑》所描述的，“由一化百，由百以化千，由千以化万，虽十族之乡，百家之间，莫不有玄学以相师授”；“南际淮，北至朔漠，西向秦，东向海；山林城市，庐舍相望，什百为偶，甲乙授受，牢不可破”。[①] 当时河北地区，信奉全真教者几乎占到民众总数的五分之一，“今河朔之人，什二为所陷没”[②]。但物极必反，全真教势力在中原的迅猛发展，不仅引起了其他教派的忌妒仇视，而且也引起了蒙古统治者的警觉，担心东汉末年的太平道以及五斗米道运动再起。特别是忽必烈即位后，大力扶植佛教特别是藏传佛教，而对道教从早期的尊崇扶植变为了抑制。至元十八年（1281 年），下令除《道德经》外，其余道书一律焚毁。[③] 由于失去了统治者的支持，全真教遂逐渐由盛转衰。

元代集贤院掌提调学制和道教事务，在诸色户计中有专门的道户，享有免役免税的特权。真定是拖雷的分地，炼师王道妇曾服侍拖雷夫妇多年，后出家。中统二年（1261 年）七月，忽必烈敕令真定管民官选择佳地，起盖宫观，资给衣粮，以“玉华”之名赐之，令王道妇主持。[④] 忽必烈降旨给王道妇，明确表示王道妇及玉华宫的职责：“以为我家祈福之地，朝夕焚诵，用报我皇考妣罔极之恩。……常教告天，与皇家子孙祝延

---

① 姚奠中主编，李正民增订：《元好问全集》卷三五《紫微观记》，740 页，太原，山西古籍出版社，2004。

② 姚奠中主编，李正民增订：《元好问全集》卷三五《紫微观记》，741 页，太原，山西古籍出版社，2004。

③ 《元史》卷一一《世祖纪一》。

④ （元）王恽：《秋涧先生大全文集》卷八二《中堂事记》。而《元史》卷四《世祖纪一》则云命王道妇于真定筑道观，赐名“玉华”，与此记载有异。

福寿。”[①] 由于玉华宫是拖雷家庙，加之王道妇曾服侍拖雷夫妇多年，忽必烈特别规定：“所在有司，宜加持护，毋容他人妄相侵夺，毋以差役相毒，以致不安。”[②] 而一般道观、道教徒则是根本无法享受此等特权的。

河北承德丰宁县胡麻营乡铁沟村现存一方崇道观碑，立于元至元三年（1266年）。碑高1.71米、宽0.80米、厚0.17米，共212字，楷书“崇道观”三字居中，在正文之外，其下列有功德主的姓名：功德主伯达见相公、福定知院次主歹怙相公、次男管阿速总管日里伯。碑阴也列有功德主的姓名，有功德主知枢密院事荣禄大夫福定、夫人伯忽都，等等。[③] 这些蒙古族官员为崇道观提供供养，有的还是全家，显然他们都是虔诚的道教信徒。

（三）伊斯兰教及景教

1. 伊斯兰教

伊斯兰教和景教都属于外来宗教。伊斯兰教产生于7世纪的阿拉伯半岛，唐宋时期通过海路由广州、泉州等地开始传入中国内地。蒙古帝国建立后，发动了三次大规模西征，使得中亚沿陆路进入中国的通道被彻底打通。在这个背景之下，中亚信奉伊斯兰教的波斯、阿拉伯人等大批涌入中国内地。他们在元代官方文书中被称为“回回”，多从事商业活动，有的在朝廷为官，甚至仕至高位，有的被编入探马赤军，被派遣到各地进行驻防和屯戍。当时回回人在中国各地分布甚广，正如《明史·西域传》所云：“元时回回遍天下。”他们在进入中国内地的同时，也带来了伊斯兰教。

蒙元时期，回回人属于色目人，社会地位仅次于蒙古人，其所信奉的伊斯兰教得到了蒙古统治者的尊重和保护。据记载，在窝阔台修建的和林城内就有两座清真寺。伊斯兰教士在元代被称作“答失蛮”，教徒被称作“木速蛮”。中央掌管伊斯兰教的机构为回回哈的司。据《河北省志·宗教志》载，河北易县城内清真寺中有一方石碑，记载该清真寺在城东南碑东村，始建于元代。[④] 今河北定州犹存元顺帝至正八年（1348年）所立的“重建清真礼拜寺记碑”，该清真寺位于定州市中山中路与清风街交

---

① （元）王恽：《秋涧先生大全文集》卷八二《中堂事记》，四部丛刊初编本。

② （元）王恽：《秋涧先生大全文集》卷八二《中堂事记》，四部丛刊初编本。

③ 白瑞杰、张汉英主编：《丰宁文物志》，171～172页，呼和浩特，内蒙古人民出版社，1998。

④ 河北省地方志编纂委员会：《河北省志·宗教志》，146页，北京，中国书籍出版社，1995。

汇处，碑中对定州回回人数、修建礼拜寺缘起以及伊斯兰教教理、教义和一些相关制度均作了详细记述，是用汉文介绍伊斯兰教教义的最早碑刻之一，是元代伊斯兰教在定州传播的珍贵实物见证。碑中称："今近而京城，远而诸路，其寺万余"；"回回之人遍天下，而此地尤多，朝夕亦不废礼"。可见当时定州回回人数量很多。定州的这所清真寺不知创建于何时，碑文中称其为"古刹"，显然始建甚早。当时堂宇只有三间，显得狭仄不堪，难以满足教众礼拜的需要，故于至正三年由中山府兵马统领普彦帖睦儿（蒙古族穆斯林）带头捐俸金一百两，"并谕教之同志者各出赀以营治之"，进行了扩建，两年后，正殿建成，"但见画栋雕梁，朱扉藻棁，而壮丽华彩，有不可以言语形容者"。[①] 以后明清两代又进行了增修，布局严整，气势恢宏，成为一方名寺。

元代伊斯兰教在河北传播的另一重要记载，见于邢台威县城关镇黄家街之《黄氏族谱》。其谱原为清康熙四十年（1701 年）所修，1914 年又进行了重修。该谱扉页《重修黄氏族谱略引》称："余族本西域人也，祖意不拉兮（即易卜拉欣，穆斯林之常用名）进贡中国，朝廷赐姓黄氏，占籍山东济南，又移临清。因威州知事王公讳伯大，不识经典，聘请吾祖再三为阿訇，不得已，二祖凤与鸾，奉祖母来威以布教。此时威州无有清真古教，王公于是建立清真寺，与吾祖黄氏同入威籍。"[②]《河北省志·宗教志》据此考证伊斯兰教传入威县的时间为元至正十年（1350 年），并出现了清真寺，连当地的威县知事也皈依了伊斯兰教。另外，从黄氏族谱来看，黄氏先祖自山东济南、临清，迁至威县，威县的伊斯兰教也由此传入，在传播途径和路线上与我们上面提到的河北诸地有所不同。

在蒙古族统治者的支持下，伊斯兰教在河北获得了较大发展，但由于风俗习惯的较大差异，回回人与蒙古统治者之间也产生了一些冲突。例如，至元十六年（1279 年）十二月，从北边八里灰携带海东青向忽必烈进贡的回回人，沿途拒食别人宰杀的羊，给百姓带来了一定的骚扰，甚至连忽必烈赏赐的食物，这些贡使也拒绝食用，声称"这种食物是我们所忌的"。这大大挫伤了忽必烈的自尊心，恼怒之下，至元十六年十二月二十四日，忽必烈降圣旨云：

---

① 关于碑文，转见孙贯文：《重建礼拜寺记碑跋》，载《文物》，1961（8）。

② 河北省地方志编纂委员会：《河北省志·宗教志》，146 页，北京，中国书籍出版社，1995。

> 成吉思皇帝降生，日出至没，尽收诸国，各依风俗。这许多诸色民内，唯有回回人每，为言“俺不吃蒙古之食”上，“为天护助，俺收抚了您也。您是俺奴仆，却不吃俺底茶饭，怎生中?”么道，便教吃。“若抹杀羊呵，有罪过者。”么道，行条理来。[①]

按照穆斯林的风俗，宰羊使用断喉法，即“抹杀羊”。而蒙古人宰羊，缚其四肢，破胸，入手紧握其心脏，即破腹杀法。伊斯兰教徒认为宰杀不以法便是不洁，食之有罪。他们严守其俗，拒食采用其他方式所宰杀的羊。忽必烈却以统治者的姿态认为奴应随主便，禁止伊斯兰教徒“抹杀羊”，甚至还用从良、赏以所没收财产等手段，鼓励其奴婢进行告密。[②]这项政策实质上反映了蒙古统治者对伊斯兰教教义的压制。它实施了长达七八年之久，在一些地方，回回人不敢公开宰羊。为捍卫自己的宗教信仰，许多人离开了中国，“木速蛮国家的商人也不来了，关税收入不足，珍贵货物不运来”[③]。如此对元朝对外贸易造成极大损害，桑哥执政时，忽必烈不得已收回成命，允许回回人以断喉宰羊。

2. 景教

聂思脱里派为基督教的一支，唐初由波斯经陆路传入中国内地，当时被称为景教，今陕西西安碑林中保存着一方“大秦景教流行中国碑”，唐建中二年（781 年）刻立。唐武宗会昌年间（841—846 年）灭佛时，景教也遭受波及和牵连，遂在中原传播中绝。蒙元时期，随着蒙古人入主中原，景教在内地又再度传播，时称“也里可温教”。《马可 · 波罗游记》中记载，巴章府“城内尚有若干基督教徒，置有教堂一所”[④]。“巴章府”，根据该书的记载，距离涿州之南四日程，一说为今正定，一说为今河北河间。

蒙古诸部中克烈、乃蛮、汪古等部信仰聂思脱里教者甚众，忽必烈的母亲唆鲁禾帖尼即也信仰该教。据马可 · 波罗的记载，乃颜信仰基督教，

---

① 陈高华等点校：《元典章》卷五七《刑部卷之十九 · 禁宰杀 · 禁回回抹杀羊做速纳》，1893 页，天津，天津古籍出版社，2011。

② 《元史》卷一〇《世祖纪七》；陈高华等点校：《元典章》卷五七《刑部卷之十九 · 禁宰杀 · 禁回回抹杀羊做速纳》，天津，天津古籍出版社，2011。

③ 转引自邱树森：《中国回族史》，219 页，银川，宁夏人民出版社，1996。

④ ［意］马可 · 波罗著，冯承钧译：《马可 · 波罗游记》，第二卷，172 页，长春，吉林出版集团有限责任公司，2009。

其军队中有许多基督教徒，甚至他们的军旗上也缀有基督十字架的徽记。[①] 至元二十六年（1289 年）二月，元廷设立从二品的官署——崇福司，专门管理全国聂思脱里教的传教、礼拜等事务。而后，各地又设置了数十个也里可温掌教司。河北沽源县城东偏南 7.5 公里南沟村的梳妆楼，当地人一直传说是辽代萧太后的“梳妆楼”，但据考古发掘发现，它其实是一处元代贵族的家族墓，墓主为汪古部的首领阔里吉思[②]。在漠北草原上，汪古部以农耕为业，当时人称之为“种田的白鞑靼”，其族上下大多信仰景教。

二、文化教育

（一）蒙古文字的创制及其在河北的行用

起初，蒙古人没有文字，在日常生产、生活中主要靠口头传情达意，“凡发命令，遣使往来，止是刻指以记之”[③]。具体来说，用小木长三四寸刻之于四角，如差十马，则刻十下，大率只刻其数也。金末，金朝叛亡降附之臣无地容身，逃至蒙古，始教蒙古人以汉字，故以文书与金国往来，开始使用汉字。金泰和四年（1204 年），成吉思汗在征服乃蛮部过程中，俘虏了太阳汗的掌印官、畏吾儿人塔塔统阿，成吉思汗命他用畏吾儿字母来书写蒙古语，并教授诸王子弟。蒙古汗国建立后，畏吾儿字蒙古文遂成为蒙古的通用文字，用来书写成吉思汗的“札撒”以及公文、信件、碑文等。著名的《蒙古秘史》最初就是用畏兀儿字蒙古文书写的。蒙古文字的创制，是蒙古民族共同体形成的标志之一，也标志着蒙古族文化发生了一个巨大飞跃。合剌普华，幼侍母奥敦氏居于益都，有志于学，其父岳璘帖木尔任保定断事官，合剌普华前往保定，父亲遂让他学习畏兀书及经

① ［意］马可·波罗著，冯承钧译：《马可·波罗游记》，第二卷，97 页，长春，吉林出版集团有限责任公司，2009。

② 关于墓主的身份，学界也存在争议，从梳妆楼周围发现的一块碑刻残片，上面刻有“襄阔里吉思……敕撰……翰……臣为”等字样。可以认定墓主为阔里吉思，但《元史》有三个“阔里吉思”，一般认为此为忽必烈外孙、成宗驸马的阔里吉思。有的认为此阔里吉思是忽必烈的女儿月烈公主的驸马。黄可佳根据墓上享堂采用流行西域的建筑形式，提出墓主人可能为元代著名学者爱薛之子阔里吉思［《沽源梳妆楼蒙元贵族墓葬墓主考略》，载《草原文物》，2013（1）］。但林梅村认为墓主为阿难达（又作“阿难答”），参见氏著《蒙古皇族阿难达陵墓的发现》（《松漠之间：考古新发现所见中外文化交流》，266~269 页，北京，三联书店，2007）。

③ （宋）孟珙撰，（清）曹元忠校注：《蒙鞑备录校注》，见《续修四库全书》史部杂史类，上海，上海古籍出版社，2002。

史。[①]“畏兀书”，即畏吾儿字蒙古文。

但畏兀儿字蒙古文存在一些缺陷，如标音不够准确，更重要的是，以畏兀儿字母拼写蒙古语，毕竟不是蒙古本民族自己的文字。辽、金等少数民族政权都创制了自己的文字，而蒙古族作为统治民族却无属于本民族的文字，不仅于一代制度实为未备，就是在心理上蒙古统治者也是难以接受的。忽必烈即位后，就命佛教高僧八思巴着手创制蒙古新字。由于蒙古新字是八思巴依据吐蕃文字所制，故习称“八思巴字”。至元六年（1269年）二月，诏颁行于天下，规定自今以往，“凡有玺书颁降者，并用蒙古新字，仍各以其国字副之”[②]。易言之，在创制蒙古新字后，畏兀儿字蒙古文并未废弃，它作为八思巴字的补充仍在一定范围内行用。

八思巴字，“其字仅千余，其母凡四十有一。其相关纽而成字者，则有韵关之法；其以二合三合四合而成字者，则有语韵之法；而大要则以谐声为宗也”[③]。简言之，八思巴字是一种字母文字，包括四十一个字母，主要由藏文字母组成，也包括少数梵文字母及新造字母。字母多呈方形，分元音和辅音，有正体和篆体两种，篆体多用于官方印章。行款从左至右直写，与藏文自左至右横写不同。但书写单位是音节，不是词，这一点与藏文相同。

为了推广这种新文字，至元六年（1269 年）七月，置诸路蒙古字学。[④] 十二月，中书省定学制，颁行之。命诸路府官子弟入学，人数规定上路二人，下路二人，府一人，州一人。余民间子弟，上路三十人，下路二十五人。愿充生徒者，免除杂役。次年四月，设诸路蒙古字学教授，专门负责教授八思巴字，并将以这种文字编写的《通鉴节要》作为教材。蒙古新字的学习，不仅限于蒙古族官员，汉人官员子弟也得入学学习。当时蒙古字称为国字，在地位上高于其他文字，至元八年（1271 年）十二月，设国字学，遣百官子弟入学。[⑤] 灭南宋后，又进一步把蒙古字学推广到江南地区。元顺帝时，为了强化蒙古族的优越地位，至元三年（1337年）四月诏：“禁汉人、南人，不得习学蒙古、色目文字。”[⑥] 这可能是针对普通百姓而言，对于官员子弟则并不适用。

---

① 《元史》卷一九三《忠义一·合剌普华传》。
② 《元史》卷二〇二《释老传》。
③ 《元史》卷二〇二《释老传》。
④ 《元史》卷六《世祖纪三》。
⑤ 《元史》卷七《世祖纪四》。
⑥ 《元史》卷三九《顺帝纪二》。

由于八思巴文笔画繁复，书写不便，虽然在元统治者的强力推行下得以行用一时，但元朝灭亡后，此文字也被摒弃，以后逐渐变为一种死文字。迄今八思巴文碑刻，传世不多，全国现存也不过三十余通。主要分为两种：一种是单纯的八思巴蒙古文，另一种为蒙汉双语。前者可见居庸关刻字、河北宣化妙峰寺碑等。妙峰寺在宣化城东北三十里，明大理孙琦碑记云："寺有蒙古碑，丞相太师不花撰。"但此碑内容已湮没无考。[①] 后者蒙汉双语碑，一般碑阳为八思巴字文，碑阴刻汉语白话译文，或上截为八思巴字，下截刻汉语白话译文。八思巴字多数是元官方文件，还有一些宗教功德碑文和题记等。河北地区较著名的为开化寺圣旨碑。该碑原立于河北省元氏县城西南隅开化寺内，现存元氏县旅游局大院。青石质，由碑首、碑身、赑屃座三部分组成。碑首高 1.1 米，呈半圆形，六龙蟠结，气魄刚劲；额近方形，上面楷书题"圣旨"二字。碑身高 2.2 米、宽 1.1 米、厚 0.4 米。开化寺，始建时间不详，兴于隋唐，盛于宋金，金初佛殿毁于战火，天会年间重修，至元代仍为元氏县内大寺。该碑由开化寺主持普宣于延祐二年（1315 年）九月九日立。沈涛《常山贞石志》、樊文卿《畿辅碑目》、缪荃孙《艺风堂金石文字目》等均有著录。碑阳上截为"古燕蒙古译史"杨德懋所书的八思巴字蒙古文圣旨，凡 24 行。下截为槐阳杨嘉会所书的汉字正书白话译文，共 26 行，行字不等。碑阴共有三列，汉字正书，分刻书人、立石人及年月。

此碑蒙汉文书法均极工丽，为后世金石家所重。其内容主要是以圣旨形式敕令有关官员对开化寺加以保护和减免差役赋税等。元代禁约骚扰宫观的公告文书，例由各地方官府的译史依据中书颁发的蒙古字原文译为汉语白话文体。此碑汉文部分，即先由蒙古译史杨德懋译为汉文，再由杨嘉会书写。

有元一代，寺院圣旨碑甚多，正如清人叶昌炽所云："开国之初，崇尚道释，琳宫梵宇往往有圣旨碑，皆缁黄请免徭役之词，其体式略同。"[②] 但元代圣旨碑中以汉字刊刻者居多，而以八思巴字刊刻者甚少。河北元氏开化寺圣旨碑系八思巴字与汉字兼具的合璧碑，其价值更为突出。由于蒙古文和汉文两种文字是互译的，故可以相互参较研究。元氏县，元属真定路，故此碑汉译圣旨内称"属真定路的元氏县里有的开化寺"，但此碑八

---

① （光绪）《畿辅通志》卷一四九《金石十二》，见《续修四库全书》史部地理类，第 635 册，上海，上海古籍出版社，2002。

② （清）叶昌炽：《语石》卷三，201 页，北京，中华书局，1994。

思巴蒙古文圣旨中并无“真定路”一词，而出现了“察罕巴剌哈孙”这一蒙古语专名。此碑证实真定在蒙古语中被称为“察罕巴剌哈孙”，并可为拉施特《史集》以及《马可·波罗游记》中的有关记述提供新证。① 另外，碑文中称引前帝至武宗曲律皇帝，末署虎儿年四月，即仁宗延祐元年甲寅（1314 年）。此为圣旨颁布的时间。

除此之外，河北尚有其他一些蒙汉双语碑，详见下表：

名目	存地	刻立时间	大致内容	备注	出处
忽必烈大王令旨碑	易县兴国寺	蒙古乃马真后三年（1244 年）	护（忽）必烈颁赐兴国寺僧朗公为佛灯普照大师并免徭役之文	汉字基本清晰，八思巴蒙古文剥泐严重，字漶漫不清	《北京图书馆藏中国历代石刻拓本汇编》；周清澍《忽必烈早年的活动和手迹》［《中国史研究》，2005（1）］
元丞相脱脱帖木儿碑	原存于河北滦平县兴州村北路旁	至正元年至十四年（1341—1354 年）	功德、德政碑	民国年间有人还见到此碑，今已佚	余寀《塞程别纪》
禁约碑	河北赵县柏林寺内	至元三十年（1293 年）	宣政院颁给赵州（今河北赵县）柏林禅寺的禁约榜		
圣旨残碑	河北昌黎道者山云峰寺遗址	元成宗大德年间	护寺庙除免差发赋税之圣旨。正面为八思巴蒙古文，背面残存汉字数行	碑存半截	蔡美彪《八思巴字蒙文碑石译存》［《蒙古学信息》，1996（3）］
加封孔子制诰碑	定州文庙内	元成宗大德十一年（1307 年）	加封孔子的诏旨	正面为八思巴文，碑阴为汉文。汉文个别残损，八思巴文却清晰可辨	光绪《畿辅通志》卷一五〇《金石十三》；《金石分域编》言“上层蒙古书，下层正书篆额”，误

① 蔡美彪：《元氏开化寺碑译释》，载《考古》，1988（9）。

续表

名目	存地	刻立时间	大致内容	备注	出处
龙兴观皇太后懿旨碑	易县龙兴观	至顺二年（1331年）六月		碑阳为皇太后懿旨内容，碑阴书蒙古字十四行，额题蒙古字三行	光绪《畿辅通志》卷一五〇《金石十三》
加封北岳手诏碑	曲阳	至元二十八年（1291年）二月		上截蒙古字，下截译文、正书	《寰宇访碑录》《金石分域编》；光绪《畿辅通志》卷一五三《金石十六》
祈（祁）林院圣旨碑	灵寿	大德六年（1302年）二月	额题“皇帝圣旨碑皇太后懿旨皇后懿旨帝师法旨”十八字。	碑前书“狗儿大德壹年二月皇帝圣旨皇太后懿旨，次牛儿大德五年三月皇后懿旨，末帝师法旨。旨皆国语”	光绪《畿辅通志》卷一四五《金石八》
安童碑	新城（今高碑店）	至治元年（1321年）十二月	东平忠宪王安童纪功碑	碑阴蒙古文，今碑不存	《金石分域编》；光绪《畿辅通志》卷一四二《金石五》

在元代八思巴字颁行后，其作为官方文字，以国家法律形式强制推行，规定“诸奏目及官府公文，并用国字，其有袭用畏兀字者，禁之”①。除了奏疏、官府公文外，官印也使用八思巴文。② 但畏兀儿字书并未废弃，当时的蒙古人仍喜欢使用这种文字。元仁宗时，却吉斡斯尔又在畏兀儿字蒙古文的基础上加以改进，使之更臻完善，并一直沿用至今。另外，汉字在中原汉地使用已有千余年的历史，蒙古统治者也不得不接受这一现实，以汉字作为八思巴字的补充，规定“诸内外百司五品以上进上表章，并以蒙古字书，毋敢不敬，仍以汉字书其副”③。前面已提到的河北沽源梳妆楼，其实是汪古人阔里吉思的家族墓。史称阔里吉思笃好儒术，他于私第筑万卷堂，每日与诸儒讨论经史，阴阳、术数无不通晓，“在北边为

① 《元史》卷一〇五《刑法志四·禁令》。

② 1978年，河北承德隆化县隆化镇土城子城址出土一方武士角斗纽八思巴文印，长方形，长2.9厘米、宽0.9厘米、通高2.5厘米，重23克。印面阳刻八思巴文，背为武士角斗纽。参见姜振利主编：《隆化文物志》，126页，北京，中国文史出版社，2007。

③ 《元史》卷一〇二《刑法志一》。

庙以祀孔子，表贺圣节独用汉文”[①]。

（二）尊儒政策及开科取士

1. 前四汗时期的儒教政策

蒙古族在进入中原内地后，其生产、生活方式发生了很大的变化。“时北方人初至，犹以射猎为俗，后渐知耕稼播殖如华人。”[②] 自汉武帝“罢黜百家，独尊儒术”后，儒家思想便成为中国封建社会占主导地位的意识形态，是汉文化的核心部分。以耶律楚材为代表的儒士，竭力向蒙古统治者宣导儒学的意义和功用。太祖十年（1215 年），蒙古占领燕京后，燕京行台官王檝复建了夫子庙学。“时都城（即燕京——引者注）庙学，既毁于兵，檝取旧枢密院地复创立之，春秋率诸生行释菜礼，仍取旧岐阳石鼓列庑下。”[③] 而据《续资治通鉴》之记载，蒙古统治者采纳耶律楚材的建议，在燕京修建新的孔庙。二者所记当系一事，王檝不过是修建孔庙的具体执行者，其所为实际上是在蒙古统治者的授意之下。太宗五年（1233 年）六月，攻克金蔡州后，诏求孔子直系后裔，得孔子五十一代孙元措，遂沿用前代旧规令他袭封衍圣公，付以孔林、孔庙之地，同年冬又敕修复孔庙。太宗八年（1236 年）三月，复修孔子庙，[④] 且使孔、孟、颜等儒家圣人的子孙依僧、道一体蠲免差发杂役。同年六月，耶律楚材奏请在燕京建立编修所，在平阳成立经籍所，编集经史，由名儒梁陟充任长官，王万庆、赵著副之，使直释九经，进讲东宫，俾知圣人之道，“由是文治兴焉”[⑤]。耶律楚材还说服蒙古统治者对儒士进行考试，量才授用，合格者准予蠲免身役，凡得士四千三十人，免为奴者四之一。[⑥] 这一年为戊戌年（1238 年），史称“戊戌选士”。它免除了部分儒士的奴籍，使儒士继僧、道之后开始享受一定的赋役优待。例如，安滔，太原离石人，世以儒为业，九岁以经童登第，壬辰（1232 年）至真定之藁城，戊戌选士

① 《新元史》卷一一六《阔里吉思传》。

② （正德）《大名府志》卷十《文章志 · 伯颜宗道传》，见《天一阁藏明代方志选刊》，第三册，上海，中华书局，1966。

③ 《元史》卷一五三《王檝传》。

④ 《元史》卷二《太宗纪》。而《元史》卷七六《祭祀志五》云：“阙里之庙，始自太宗九年，令先圣五十一代孙袭封衍圣公元措修之，官给其费。”

⑤ 《元史》卷一四六《耶律楚材传》。

⑥ 《元史》卷一四六《耶律楚材传》。

之中，安滔以词赋中选。[1] 赵良弼这次也中选了，得以教授赵州。[2] 但儒者免役执行得并不彻底，曾一度停废，蒙哥时期，又加以恢复，规定凡业儒者试通一经，即不同编户，并著为令甲。[3] 河北赵县有一通“重修宣圣庙州学记碑”曾立于州学大成殿丹墀前左侧，由元好问撰，李冶书。此碑无纪年，记中云岁癸卯，故其应在太宗乃马真后二年。[4]

需要指出的是，蒙古前四汗时期，最高统治者对儒学、儒士的接受和认同程度是很有限的，儒学、儒士的地位仍然很低，绝大多数儒士并未受到应有的重视和任用。

2. 忽必烈的尊儒政策

忽必烈是第一位主动接触和学习汉地儒学的蒙古贵族。[5] 宪宗元年（1251 年），蒙哥汗任命忽必烈总治汉地。次年，北方名士元好问、张德辉欲尊忽必烈为“儒教大宗师”，虽然忽必烈可能并不清楚“儒教大宗师”的真正含义，但他还是欣然接受了这一称号。在此前后，忽必烈所在的金莲川幕府汇聚了一大批汉人儒士，人才济济。他特意命令皇子真金从名儒姚枢、窦默学习《孝经》。忽必烈根据张德辉的请求，颁降令旨让地方官府严格执行蠲免儒户兵赋的规定，并令张德辉提举真定学校。[6] 同年二月和六月，忽必烈两次责令燕京等处行中书省断事官牙老瓦赤等修复燕京孔庙。翌年，又令担任燕京路都总管的赛典赤·瞻思丁负责修缮，使文庙焕然一新。当道士和儒士因庙产发生纠纷时，忽必烈两次颁布令旨，明确支持儒士，表示“以后我与你每作主”[7]。孔子和孔庙等早已成为汉地文化的重要象征，忽必烈的做法，在众多蒙古上层中显得卓尔不群，使他很快赢得了汉人的倾心归属。

中统二年（1261 年）八月，忽必烈听取翰林学士承旨王鹗的建议，特诏各路设立提举学校官，选博学硕儒王万庆、敬铉等三十人充任，训诲

① （清）郑大进纂修：《正定府志》卷三九《流寓》，又见《正定府志》卷四七《碑》中著录的王思廉所撰《安石峰先生墓碑》。

② （元）苏天爵撰，姚景安点校：《元朝名臣事略》卷一一《枢密赵文正公》，225 页，北京，中华书局，1996。

③ 《元史》卷一三四《月合乃传》。

④ （光绪）《畿辅通志》卷一五二《金石十五》，见《续修四库全书》史部地理类，第 635 册，上海，上海古籍出版社，2002。

⑤ 李治安：《忽必烈传》，544 页，北京，人民出版社，2004。

⑥ （元）苏天爵撰，姚景安点校：《元朝名臣事略》卷十《宣慰张公》，207 页，北京，中华书局，1996。

⑦ （元）熊梦祥著，北京图书馆善本组辑：《析津志辑佚》，199～200 页，北京，北京古籍出版社，1983。

在学诸生。[1] 这意味着，在蒙古统治下，中国北部地区官办儒学的全面恢复和重建，一定程度上改变了蒙古统治者不重视儒学文治的偏向。中统三年（1262 年）正月，修宣圣庙成。至元六年（1269 年），正式设置国子学，以许衡为第一任国子祭酒，选拔贵胄子弟入学。许衡担任国子祭酒期间，对那些蒙古官员子弟要求甚严，“课诵少暇，即习礼，或习书算。少者则令习拜跪、揖让、进退、应对，或射，或投壶，负者罚读书若干遍。久之，诸生人人自得，尊师敬业，下至童子，亦知三纲五常为生人之道”[2]。至元二十四年（1287 年）闰二月，又增设国子监，掌国子学之教令。生员一百二十人，蒙古、汉人各半，官府供给纸札饮食，仍隶集贤院。至元二十七年（1290 年）正月，敕从臣子弟入国子学。

但对忽必烈的尊儒政策也不宜估计过高。忽必烈本人不通汉语，不能直接和汉人对话，他对儒学的态度主要是为了巩固中原汉地统治，着眼于实用。正如李治安先生所指出的，忽必烈对儒学始终没有完全信奉和尊崇，而仅仅是有选择地学习和吸收。[3] 宋代以来理学大兴，蒙元时期许衡、赵复等人将理学传至北方，但忽必烈对高谈性理、讳谈兵赋的理学和理学家抱有很大的偏见，认为无益于国，这也充分反映出其对待儒学的局限性。

3. 仁宗恢复科举

忽必烈死后，成宗即位，诏中外崇奉孔子，“大德以后，承平日久，弥文之习胜，而质简之意微”[4]。大德六年（1302 年）六月，成宗诏建文宣王庙于京师。大德十一年（1307 年）九月，为敷扬圣道，加封孔子为“大成至圣文宣王”，派使者至孔子的故里——阙里举行盛大的祭礼，并命全国各地孔庙刊碑以记之，今河北定州、新乐、赵州、曲阳、巨鹿等地均立有加封孔子制诰碑。但元代尊儒文治政策达至顶峰是在元仁宗时期。

元仁宗爱育黎拔力八达自幼即受到儒学的熏陶和教育，为太子时，遣使四方，旁求经籍，并擢任当时的一代文宗元明善为太子文学。仁宗对儒学的治国功能认识十分深刻，他曾将儒学与佛教进行了一番比较，指出：“明心见性，佛教为深；修身治国，儒道为切。”又曰：“儒者可尚，以能

① 陈高华等点校：《元典章》卷三一《礼部四·儒学·立儒学提举司》。《元史》卷四《世祖纪一》言为九月。

② 《元史》卷一五八《许衡传》。此云至元八年许衡为国子祭酒。《元史》卷八一《选举志一·学校》载至元八年春正月，始下诏立京师蒙古国子学，似乎亦认为许衡至元八年为国子祭酒。

③ 李治安：《忽必烈传》，544、546 页，北京，人民出版社，2004。

④ 《元史》卷八五《百官志一》。

维持三纲五常之道也。”[①] 即位伊始，中书右丞孛罗铁木儿进呈蒙古文译《孝经》，仁宗诏曰：“此乃孔子之微言，自王公达于庶民，皆当由是而行。其命中书省刻版模印，诸王而下皆赐之。”[②] 他很重视唐人吴兢所编《贞观政要》一书，谕翰林侍讲阿林铁木儿曰：“此书有益于国家，其译以国语刊行，俾蒙古、色目人诵习之。”[③] 延祐四年（1317 年）二月，升蒙古国子监秩正三品，赐银印。

仁宗实行文治的最重要措施便是恢复科举制。科举制自隋唐创制以来，宋辽金皆沿用不辍，是选拔官员的主要途径。元初入仕之途，或由宿卫，或由儒，或由吏，虽曾有汉人提议恢复科举，但几次都被忽必烈拒绝。在忽必烈看来，实行科举制会限制蒙古贵族入仕的特权，汉人大量由此入仕，会从根本上动摇蒙古族统治的根基。直至元仁宗时，恢复科举制才提上了日程。皇庆二年（1313 年），下诏恢复科举，此时距蒙古开国已一百余年，即使距改国号为元也已四十余年。延祐二年（1315 年），第一次开科取士，以后三年举行一次。在内容上，仁宗采纳了深受南宋理学家影响的程钜夫的意见，“经学当主程颐、朱熹传注”[④]，科举考试、学校教学一律采用朱熹的传注。从此，四书五经成了圣经，程、朱成了圣人的代言人。这种考试内容的规定为明、清所沿袭，对后世影响深远。

仁宗虽然恢复了科举制，但元代科举与宋辽金时期相比，录取人数很少。据许有壬所言：“今通事等天下凡三千三百二十五名，岁余四百五十六人。玉典赤、太医、控鹤，皆入流品。又路吏及任子其途非一。今岁自四月至九月，白身补官受宣者七十二人，而科举一岁仅三十余人。”[⑤] 加之科举时置时辍，例如，后至元元年（1335 年），彻里帖木儿拜中书平章政事，首议罢科举。因此，科举制在元代人才选拔中并不占主要地位。

虽然蒙古统治者给予儒生一定优待，但总的来看，儒的地位居于释、道之下，“更有在前先生每，三教里：释迦牟尼佛系当中间里安置；老君底、孔夫子底像左右安置。自来如此”[⑥]。甚至元代的职业户计中有“九儒十丐”的说法，此说法出自南宋移民郑思肖《大义略叙》，其文曰：“鞑法：一官、二吏、三僧、四道、五医、六工、七猎、八民、九儒、十

① 《元史》卷二六《仁宗纪三》。
② 《元史》卷二二《武宗纪一》。《新元史》卷一五言孛罗铁木儿为中书左丞。
③ 《元史》卷二四《仁宗纪一》。
④ 《元史》卷一七二《程钜夫传》。
⑤ 《元史》卷一四二《彻里帖木儿传》。
⑥ 蔡美彪：《元代白话碑集录》，29 页，北京，科学出版社，1955。

丐，各有所统辖。僧为僧官统僧，道士为道官统道士。”① 按照这种排序，儒的地位不仅在官、吏、僧、道之下，甚至还低于医、工、猎、民等户，仅高于乞丐。虽然有学者指出，上述排序中的“九儒十丐”，只是郑思肖按职业户计的胪列，并非官方的正规等级制度，因此不能全面反映元朝时期儒士的实际地位。② 但儒的地位总体不高，应是事实。

（三）河北蒙古族文化习俗等的改变

由于蒙古统治者的尊儒政策，特别是进入内地后在汉文化的影响下，蒙古族的文化水平有所提高。蒙元时期，河北蒙古族的文化水平总体上是与全国蒙古族的发展趋向相一致的，但由于他们处于京畿，人文荟萃，河北是全国政治文化中心地区，河北蒙古族的文化习俗等的改变尤为明显。

1. 姓名的汉化

汉人姓名，由姓和名两部分组成，有些人还有字和号，如唐人李白，字太白，号青莲居士；宋人陆游，字务观，号放翁。“字”，又称“表字”，《礼记·曲礼上》云：“男子二十冠而字。”古代男子成人后，别人不便再直呼其名，故另取一个与本名涵义相关的别名，称之为字。这就是所谓“名以正体，字以表德”③。凡人相敬而呼，必称其字。以此来看，字是礼仪制度的反映，也是中原汉文化所特有的。

蒙元时期，在汉文化的影响下，有些蒙古人的姓名也逐渐汉化。例如，郝天挺，字继先，出于蒙古朵鲁别族，自曾祖而上，迁居安肃州（治今河北徐水）。其父和上拔都鲁，太宗、宪宗之世多著武功，为河东行省五路军民万户。郝天挺英爽刚直，有志略，受业于名儒元好问，以勋臣子，元世祖忽必烈召见之，俾执文字，备宿卫春宫。④ 到郝天挺时，其家族在安肃州（治今河北徐水）居住已逾四代，其父和上拔都鲁，《新元史》作“郝和尚拔都”，尚是典型的蒙古族名字，但至郝天挺这一代便改从了汉名，还取了表字“继先”。⑤

有些蒙古人虽然姓名仍保持着本民族的特征，但有了字号。前面提到的伯颜，字宗道，其部族为曷剌鲁氏。其祖上隶山东河北蒙古军籍，遂家

---

① （宋）郑思肖：《大义略叙》，见《郑思肖集》，186 页，上海，上海古籍出版社，1991。

② 李治安：《忽必烈传》，557 页，北京，人民出版社，2004。

③ （北齐）颜之推撰，王利器集解：《颜氏家训集解》卷二《风藻》，上海，上海古籍出版社，1980。

④ 《元史》卷一七四《郝天挺传》。

⑤ 李玠奭《〈元史·郝和尚拔都传〉订误及几点释疑》[《南京大学学报》，2002（4）] 认为，郝和尚拔都不是蒙古人朵儿边氏，属于汉族。此可备一说。

于濮阳县南之月城村。伯颜师从名儒黄履道，无论寒暑昼夜，均诵习不辍，诸史百家之言无不遍观，“于是伯颜先生之名溢于河朔”。他不仅有字，还自号曰“愚庵”。① 又如，虎都铁木禄，合鲁氏人，好读书，与学士大夫交游，字之曰“汉卿”。仁宗曾对左右说：“虎都铁木禄字汉卿，汉名卿不让也，汝等以汉卿名之宜矣。”其母姓刘氏，故人又称之曰刘汉卿。② 许有壬《至正集》卷五七收录有万嘉闾的神道碑，其碑称：“公蒙古酎温台氏，小字万嘉闾，长因为名，国俗也。既华学，友字以国卿。其家广平，盖曾大父天造初颖右部分戍地也。”③

2. 礼制的强化

在中国古代封建社会中，讲究君臣、尊卑、上下、亲疏等关系，即所谓“礼有等差”。蒙元时期，蒙古族由于存在较浓重的氏族社会残留，人与人之间并不特别注重礼仪，其始并无严格的等级制度。例如，避讳不严，在元代刻本中几乎见不到讳字的痕迹。但是在其他场合避讳也并非绝对没有。例如帖木儿，系出蒙古兀里养哈觫氏，在成宗铁穆耳即位后，帖木儿为了避成宗的名讳，改名为也速觫儿。④ 在儒家文化的影响下，随着时代的推移，他们的礼仪观念也得到强化。这可以蒙古人在书写中的“平阙”为例，试加以说明。

平、阙二者都是古代书疏中体现尊卑程度与相互关系的外化形式。平，指行文时逢特定的字词要移行平出；阙，指行文时在特定的字词前要空一至数格。前面提到的现存正定隆兴寺内的《秦王夫人施长生钱记》碑文中即使用了平阙。例如，凡提到佛、父、天子之处均平出，另起一行，以示对佛、天子、父亲的尊重。当然，此碑施主秦王夫人虽然出身蒙古怯烈真氏，但撰者并书丹者王访却是汉人，使用平阙可能反映的是汉人王访的观念。河北曲周县出土的诺怀墓志更能说明问题。诺怀，系出蒙古酎温台氏，文末曰：“孤哀子明威将军、镇江万户府达鲁花赤永安泣血谨书，承事郎永康县尹俞希鲁填讳。”⑤ 此碑是由墓主之子永安亲自书写的，但凡涉及先辈名讳之处，则请别人代笔书写，以示不敢冒犯先辈。这种处

① （正德）《大名府志》卷十《文章志·伯颜宗道传》，见《天一阁藏明代方志选刊》，上海，中华书局，1966。

② 《元史》卷一二二《铁迈赤传》。

③ （元）许有壬：《至正集》卷五七《故通议大夫江西等处榷茶都转运使万公神道碑并序》，见《元人文集珍本丛刊》（七），268 页，台北，新文丰出版公司，1985。

④ （元）黄溍：《金华黄先生文集》卷二四《江浙行中书省平章政事赠太傅安庆武襄王神道碑》，四部丛刊初编本。

⑤ 此碑录文见朱建路：《元代蒙古酎温台家族史事考》，载《殷都学刊》，2012（2）。

理方式比单纯使用平阙显然有过之而无不及。

古代儒家十分重视孝道，规定父母死后，子女按礼需持丧三年，其间不得议行婚嫁之事，不得参加吉庆之典，任官者也必须离职，称之为“丁忧”。在汉文化的影响下，一些蒙古族官员也开始实行丁忧，但此举遭到那些坚持蒙古旧制之人的极力反对。泰定帝致和元年（1328 年）四月己亥，塔失帖木儿、倒剌沙奏请凡蒙古、色目人效汉法丁忧者，一律除名，诏从之。[①] 但仅仅过了六年，元顺帝元统二年（1334 年）六月，便下诏规定蒙古、色目人行父母之丧。[②]

3. 河北蒙古族状元、进士

忽必烈在位时大阐文教，命大儒许衡以经学教授蒙古子弟，“然知学者，公卿贵游人耳”[③]。马锁住，元末人，“其先居朔方”，随着蒙古统治者南下占领燕京而入居蓟州，遂为遵化人。曾祖祃祃，仕元为中书左丞，祖达失蛮为达鲁花赤，从祖秃忽赤为开府仪同三司、太尉、录军国重事，父阿老丁为明威将军。马锁住出身显赫，官至枢密院断事，虽然仍沿袭祖风，“尤闲于兵法”，但“自幼从事诗书”[④]，已绝非单纯之赳赳武夫。

蒙古族文化修养之提高，科举制在其中发挥了不可忽视的作用。在科举制度下，修习儒家经典不仅仅是为了提高个人文化修养，修身养性，更是与仕途联系在一起。固然一些权贵子弟可以依靠门荫出身入仕，但对于大多数蒙古平民来说，根本没有这样的特权，而科举制为他们跻身仕途提供了另外一种途径，客观上也促进了他们文化素质的提高。史称“延祐科举肇立，遂取国人如汉人之半，而彬彬乎四海矣”[⑤]。

有元一代，总共举行了 16 次科举考试。殿试分右、左两榜。因元朝以右为尊，蒙古人、色目人名列右榜，汉人、南人列左榜。两榜的第一名均称状元。蒙元时期，河北蒙古族中出现了一些状元。例如，阿察赤，生卒年不详。据明嘉靖《清河县志》记载为清河人。元泰定四年（1327 年）为右榜状元。阿察赤中状元前（泰定二年），曾任定海县达鲁花赤。

① 《元史》卷三〇《泰定帝纪二》。

② 《元史》卷三八《顺帝纪一》。

③ （正德）《大名府志》卷十《文章志》，见《天一阁藏明代方志选刊》，上海，中华书局，1966。

④ （明）李贤：《古穰集》卷一六《遵化卫指挥佥事赠昭勇将军马公墓表》，国家图书馆藏明刻本。从马锁住先世的姓名来看，也不排除为回回色目人。但从“其先居朔方”来看，似乎当为蒙古人。

⑤ （正德）《大名府志》卷十《文章志》，见《天一阁藏明代方志选刊》，上海，中华书局，1966。

后应科考，一举夺魁。《元史》卷三〇《泰定帝纪二》载，泰定四年三月“丙午，廷试进士阿察赤、李黼等八十五人，赐进士及第、出身有差”[①]。阿察赤为该科右榜，即蒙古、色目人榜状元。

笃列图（1312—1348年），蒙古捏古氏人，字敬夫，祖籍燕山（今属河北），后迁至永丰（属江西）。其父卜里也秃思，从文宗于潜邸，后官至靖江路总管。至顺元年（1330年），笃列图举进士第一。文宗览其对奏曰：“是必世家子弟，何以知吾家事若是之详。”[②]乃钦点状元，授集贤修撰，累迁江南行台监察御史，按治湖广、江浙诸路，咸有名迹。召为内台御史，以病卒。笃列图工书法，陶宗仪《书史会要》即称其善书大字。

顺帝元统元年（1333年），全国录取的24名蒙古族进士中有2名来自真定路。[③]其中同同，字同初，真定人，生于元大德六年（1302年），系出蒙古那歹氏，其父玉速帖木儿。同同在大都应乡试，得中第四名。后参加会试获第二十三名。元统元年（1333年），廷试中一举夺得蒙古、色目人右榜第一名，即状元，时年32岁。他在《同初铭为同同待制作》一诗写道：“天高地下，万物散殊。礼制有定，其象可模。念彼厥初，同此一善。太和坱圠，庶汇万变。山川草木，发生于春。克己复礼，天下归仁。”[④]句式整齐，意境深远，一气呵成，非经长期陶冶不能成此文，其文化修养可见一斑。

（四）河北蒙古族的文化建设及成就

蒙元时期，河北地区一些蒙古族官员很重视文教事业。例如，获鹿县（今河北鹿泉区）文庙在县治东南，元至元十年（1273年）知县何金改建，二十八年达鲁花赤忽都不花重修。[⑤]关于忽都不花，据清乾隆《正定府志》卷二三《职官》云为蒙古人，至元初为获鹿令。一些河北蒙古族为当地学人撰写碑铭。例如，甄璧，其先恒山岩城人，后因乱徙于新乐县西长村，遂家焉。甄璧性纯直，好学务践履，以礼法闻于世，曾撰《祖宗世系》，大德十一年（1307年）卒。蒙古学正叭喇哈为他撰写碑铭，赞其为“鲜虞巨儒”[⑥]。馆陶文庙，位于馆陶旧县城（今北馆陶）内东南

---

① 《元史》卷八一《选举志一》言为86人。《新元史》卷一九《泰定帝纪》言为85人，今从之。

② 《新元史》卷二一四《笃列图传》。

③ 萧启庆校注：《元统元年进士录校注》，食货月刊复刊印刷，1983。

④ （元）朱德润：《存复斋文集》卷一，四部丛刊续编本。

⑤ （清）郑大进纂修：《正定府志》卷八《学校》，833页，台北，学生书局，1968。

⑥ （清）郑大进纂修：《正定府志》卷三九《隐逸》，2960页，台北，学生书局，1968。

隅，始建于唐，金皇统中，孔子四十八代孙县令孙渊实重修。经过金元之嬗代，文庙倾圮残毁，至元二十一年（1284年），达鲁花赤旭世笃暖、县尹刘著，“更相勉勖，纲纪学事，故门观堂庑廊筵斋构，完旧重新”①。

内丘县神头村的扁鹊庙，又名鹊山庙、鹊王庙，因供奉春秋时期的神医扁鹊而得名，是中国现存最大的祭祀扁鹊的庙宇。始建不详。自汉至今，历代均有修葺，现存为元代建筑。扁鹊殿内有元碑数方，其中有几块由蒙古人所撰。如《平章政事不忽□题诗碑》，高0.72米、宽1.90米、厚0.15米。② 其中“□”，当为“木”字。不忽木，一名“时用”，字用臣，自号静得，本为康里人。其父燕真幼时，由拖雷妃唆鲁禾帖尼鞠养，因此，不忽木虽为色目人，但已蒙古化了，故《元史》卷二四《仁宗纪》即谓不忽木为蒙古人。至元八年（1271年），忽必烈降旨令新任国子祭酒许衡教蒙古生四人，后增至七人。这几名蒙古学生都是忽必烈亲自挑选出来的，其中就有不忽木。至元十三年（1276年），不忽木与同舍生坚童、太答、秃鲁等上疏曰：“为今之计，如欲人材众多，通习汉法，必如古昔遍立学校然后可。若曰未暇，宜且于大都弘阐国学。择蒙古人年十五以下、十岁以上质美者百人，百官子弟与凡民俊秀者百人，俾廪给各有定制。选德业充备足为师表者，充司业、博士、助教而教育之。”③ 文凡千言，极言儒学之要，规划学校制度及考试之法甚备。不忽木深受汉文化影响，陈垣先生称之为“纯为儒者”④，至元二十八年（1291年）五月，不忽木为中书平章政事，至元三十一年（1294年），出为陕西行省平章政事，将行，留为昭文馆大学士、平章军国重事，故此碑当撰于至元二十八年至三十一年间。⑤

三、社会生活及其风俗习尚

蒙古族在蒙古草原以游牧为主，但在进入中原后，随着生活环境的改变，特别是在汉人的影响下，其生活方式和风俗习尚等也势必发生某些变化。

---

① （元）张士观：《重修庙学记》，见《馆陶县志》卷十《艺文志》，1294页，台北，成文出版社，1976。

② 石永士等：《河北金石辑录》，337页，石家庄，河北人民出版社，1993。

③ 《元史》卷一三〇《不忽木传》。

④ 陈垣：《元西域人华化考》卷二，见刘梦溪主编：《中国现代学术经典》（陈垣卷），60页，石家庄，河北教育出版社，1996。

⑤ 石永士等《河北金石辑录》（石家庄，河北人民出版社，1993），337页云此碑至元二十年立，误。至元二十年不忽木尚为提刑按察使。

（一）住室、服饰

蒙古人在草原上逐水草放牧，以毡帐为居室。在入居中原后，一定时期仍保留着原来的住毡帐、放牧的习惯。特别是在进入中原之初，大量农田被改作牧场，使这一习俗人为地得以延续。至元十五年（1278 年），文天祥被俘后由江南解往大都，途经河北徐水，作有《保州道中》一诗，记述其经途见闻，诗曰："昨日渡滹沱，今日望太行。白云何渺渺，天地何茫茫。落叶混西风，黄尘昏夕阳。牛车过不住，毡屋行相望。小儿骑蹇驴，壮士驾乘黄。高低叶万顷，黑白草千行。村落有古风，人间无时妆……"① "毡屋"，即人们习称的蒙古包，一般呈圆形，以树枝做骨架，外覆毛毡或兽皮，易拆卸，很适合游牧流动的生活方式。

蒙古族传统衣着式样，与其游牧生活相适应。男女服装款式相似，都习着长袍。中国古代少数民族服装一般为左衽，蒙古族却与汉族相同为右衽，《黑鞑事略》载："其服右衽而方领，旧以毡毳革，新以纻丝金线，色以红紫绀绿，纹以日月龙凤，无贵贱等差。"蒙古族进入内地后，其服制受到汉族的影响。例如，元仁宗令蒙古贵族着汉装，并以身作则，加速了民族融合的步伐。

蒙古族的长袍，无论尊卑贵贱，式样基本相同，所不同的是质料和颜色。贵族袍多为交领，袍长至膝下，腰束大带，头戴笠子帽，肩部云肩装；普通百姓则穿圆领袍，头戴宋式巾或笠；贫苦劳动人民则着短衣、披蓑衣，穿裤或赤足裤腿，腰系大带。蒙古族妇女亦穿长袍扎腰带，右衽交领，大袖，袖口处较紧窄。贵族服色鲜丽，平民不许用彩色，只许穿褐色。女子所穿的衣衫、短袄大多袖口窄小，衫袄之外罩穿半臂。蒙古族男女冬天喜欢戴暖帽、貂帽、四方瓦楞帽，夏天多戴各种质料、装饰的笠，穿皮革制的靴子。

蒙古人的帽子本来没有帽檐，俗称"胡帽"，但这种帽子在人昂首射箭时，若阳光刺目，则影响骑射，忽必烈的皇后察必对此进行了一些改进，在帽子上加了一个前帽檐，较好地解决了这个问题。忽必烈令定为帽子的标准样式。察必皇后又创制了一种衣服，前有裳而无衽，后边长度相当于前边的一倍，无衣领和衣袖，缀以两排襻襻，十分便于骑射，称之曰"比甲"（马甲），当时人争相仿效。中原内地很早就有称为"半臂"的服式，察必皇后所制的"比甲"（马甲），很可能吸收了中原内地半臂的

① （宋）文天祥：《文山先生文集》卷一四《保州道中》，四部丛刊初编本。或云诗乃刘因所作，诗题曰《遂州道中》，遂州治今河北徐水西遂城。

样式，是文化融合的产物。

与此同时，在元代，蒙古族作为统治民族，其传统服饰对内地汉人的影响较大，曾出现了一定程度的蒙古化倾向，正如《明太祖实录》卷三〇所言："初元世祖起自朔漠以有天下，悉以胡俗变易中国之制，士庶咸辫发椎髻，深襜胡俗。衣服则为袴褶窄袖及辫线腰褶，妇女衣窄袖短衣，下服裙裳，无复中国衣冠之旧。甚者易其姓氏，为胡名，习胡语，俗化既久，恬不知怪。"①

（二）婚姻及婚俗

1. 蒙汉通婚

成吉思汗建国后，立蒙古弘吉剌部人孛儿帖为正后，窝阔台曾降旨明确规定，弘吉剌氏"生女世以为后，生男世尚公主，每岁四时孟月，听读所赐旨，世世不绝"②。由此，弘吉剌部成为蒙古诸部中敕定的与"黄金家族"世代联姻的对象，享有特殊地位。除了弘吉剌部外，汪古、亦乞列思、斡亦剌等部，亦与"黄金家族"保持着通婚关系。

进入内地后，蒙古统治者的婚姻圈逐渐扩大，开始与汉族通婚。例如，忽必烈曾将汉人侍女郭氏赐予皇孙答剌麻八剌为妻，郭氏后来生了一个儿子——阿木哥。对于蒙古统治者来说，他们进入内地后，所面临的一个很现实的问题是本族人口很少，为了巩固统治，必须依靠广大汉人，扩大统治基础。与汉人的联姻，便成为维系与笼络汉人的一种政治手段。在汉地世侯中，他们为了巩固自己的势力，也热衷于与蒙古权贵联姻。例如，史楫为真定路兵马都总管，他有三位夫人，两人为蒙古族。其中一位散竹氏，为金紫光禄大夫、北京七路兵马都元帅乌野儿之长女，另一位为蒲散氏。有女儿十三人，"俱适华族"，诸外孙中有一人名叫塔列赤。③从姓名来看，塔列赤应为蒙古人。如此史楫不仅自己娶了两位蒙古女子为妻，其女儿也有的嫁于蒙古人。史氏与蒙古统治者联姻，比较功利，但好歹还是自愿，但有些蒙古人娶汉人则属于强取豪夺，即使是汉人高官也难以幸免。例如，张珪，易州定兴人，为著名的汉人世侯张柔之孙、张弘范之子。张氏一门世代簪缨，冠冕不绝，张珪本人曾任中书平章政事。权臣也先捏不仅杀害了张珪五子，还强娶张珪之女，事后，奏报文宗。天历元

---

① 《明太祖实录》卷三〇洪武元年二月壬子条，上海，上海书店，1982。

② 《元史》卷一一八《特薛禅传》。《元史》卷一一四《后妃传》则云："有旨：生女为后，生男尚公主，世世不绝。"

③ （元）王恽：《秋涧先生大全文集》卷五四《大元故真定路兵马都总管史公神道碑》，四部丛刊初编本。

年（1328 年）十月，文宗以诏旨的形式恩准了这桩婚事。只是由于御史的上疏谏阻，最后才得以革正。[①]

2. 收继婚

蒙古族本来盛行收继婚，父死则妻其从母，兄弟死则收其妻，这种古老的婚姻形态在北方少数民族中一度流行很广，不独蒙古族为然。在进入内地后，这种婚俗也被带入中原。忽必烈之女囊家真公主两次改嫁和被前夫之弟收继，说明入元以后，即使贵为帝姬、金枝玉叶的公主也不能免俗，甚至直至元末仍然如此。至正十五年（1355 年）正月，大斡耳朵儒学教授郑咺建言："蒙古乃国家本族，宜教之以礼。而犹循本俗，不行三年之丧，又收继庶母、叔婶、兄嫂，恐贻笑后世，必宜改革，绳以礼法。"[②] 但此主张废止收继婚的建议未被元顺帝采纳。朱元璋北伐檄文中，甚至也提及蒙古族的收继婚，将其视为失德的一种表现："至于弟收兄妻，子烝父妾，上下相习，恬不为怪。"[③] 收继婚本来与汉人传统的儒家观念存在着尖锐冲突，但在这种风气影响下，甚至一些汉人也效法蒙古族实行收继婚，蒙古统治者不得不下诏予以制止。例如，文宗至顺元年（1330 年）九月敕："诸人非其本俗，敢有弟收其嫂、子收庶母者，坐罪。"[④]

在元代，蒙古族作为统治民族，统治者极力保持其民族的独立性，维护旧俗，收继婚的根深蒂固即是一例。但儒家文化的影响也是潜移默化的，虽然统治者极力维护这一旧俗，但在蒙古统治者内部也开始有人加以抵制。元文宗皇姑鲁国大长公主，史称其"蚤寡守节，不从诸叔继尚，鞠育遗孤"。为此文宗天历二年（1329 年）十二月诏谕臣曰："朕思庶民若是者犹当旌表，况在懿亲乎！赵世延、虞集等可议封号以闻。"[⑤] 乃晋封鲁国大长公主为徽文懿福贞寿大长公主。这说明，即使是元文宗对鲁国大长公主坚持守节、不从诸叔继尚的做法也是支持的。在民间普通蒙古族中亦有这样的例子。例如，脱脱尼，雍吉剌氏，在她年仅二十六岁时，丈夫哈剌不花就死了。哈剌不花前妻的两个儿子都已成人，而尚未娶妻，想要依从蒙古旧制收继脱脱尼，脱脱尼誓死不从。但两个儿子并不死心，仍

① 《元史》卷三二《文宗纪一》。

② 《元史》卷四四《顺帝纪七》。

③ （清）谷应泰：《明史纪事本末》卷八，103 页，北京，中华书局，1977。

④ 《元史》卷三四《文宗纪三》。《元史》卷一〇三《刑法志二 · 户婚》亦言："诸汉人、南人，父没子收其庶母，兄没弟收其嫂者，禁之。诸姑表兄弟嫂叔不相收，收者以奸论。"

⑤ 《元史》卷三三《文宗纪二》。

百般纠缠，脱脱尼气愤地大骂道：“汝禽兽行，欲妻母耶，若死何面目见汝父地下？”两个儿子这才悻悻然罢手，最后析业而居。[①]

3. 贞节观念的兴起

在唐代以前，妇女改嫁本来是很正常之事，但宋代以后随着理学的兴起，理学家主张“饿死事小，失节事大”，宣扬守节和所谓从一而终，认为妇女改醮再嫁是失节的行为。蒙元时期，蒙古族也开始受此观念的影响。史籍记载，忽必烈曾经出猎，道中口渴难耐，至一帐，见一年轻女子正在帐外缉驼茸，便上前询问家中有无马湩。年轻女子答道：“马湩倒是有，但我父母和诸兄都不在家，我一个女子不方便给你。”忽必烈听罢便欲离开，年轻女子却又拦阻道：“我独居于此，你自来去，于礼不宜。我的父母快回来了，不如等他们回来，你再走吧。”不久，她的父母回来了，拿出马湩款待忽必烈。忽必烈对此女子印象极佳，表示：“得此等女子为人家妇，岂不美耶！”后纳此女为太子妃。[②]其中反映的男女授受不亲、重视名节等观念无疑是中原汉人的传统观念，而游牧社会中女子粗犷豪放，对此根本是不屑的。正史中这些记载，盖系后世史臣的粉饰美化之词，但这从一个方面显示了儒家观念对蒙古统治者的影响。

又如，元仁宗是元代一个汉化甚深的君主，他师从大儒元明善，博览坟典，对儒家思想十分推崇，曾诏命刊行《图象孝经》《列女传》诸书，并颁赐臣下。据光绪《畿辅通志》卷一五三载，河北曲阳县存立有石刻《孝经》，即建于元仁宗延祐年间。[③]有元一代，蒙古统治者常常下诏令地方官举荐并旌表节妇烈妇：“诸义夫、节归、孝子、顺孙，其节行卓异，应旌表者，从所属有司举之，监察御史廉访司察之，但有冒滥，罪及元举。”[④]文宗至顺二年（1331 年）三月，旌同知大都府事忙兀秃鲁迷失妻海迷失贞节。[⑤]元顺帝至元四年（1338 年）四月乙未，加封孝女曹娥为慧感灵孝昭顺纯懿夫人。[⑥]对节妇烈女，官府不仅蠲免本人甚至全家徭役赋税，还旌表门闾，这无疑是光宗耀祖的莫大荣誉，具有一定的示范效应。元廷还规定，官员的妻子不许改嫁，否则就要褫夺宣敕，这也是一些

---

① 《元史》卷二〇〇《列女传一》。

② 《元史》卷一一六《后妃传二》。

③ （光绪）《畿辅通志》卷一五三《金石十六》，见《续修四库全书》史部地理类，第 635 册，上海，上海古籍出版社，2002。

④ 《元史》卷一〇二《刑法志一》。

⑤ 《元史》卷三五《文宗纪四》。

⑥ 《元史》卷四〇《顺帝纪三》。

女性矢志守节的重要外在原因。

在蒙古统治者的倡导下，节妇烈女大量涌现，《元史》中专门列有《列女传》，其中不乏蒙古族女性。例如，前面提到的脱脱尼，在丈夫死后，三十年以贞操闻。[①] 又如，观音奴之妻卜颜的斤，乃宗王黑间之女。元末大都被围，卜颜的斤对丈夫说："我乃国族，且年少，必不容于人，岂惜一死以辱家国乎！"遂自缢而死。[②] 贵哥，为同知宣政院事罗五十三之妻。天历初，罗五十三获罪，贬谪海南，并籍其家，诏以贵哥赐予近侍卯罕。卯罕亲率车骑至其家迎之。贵哥自知难以幸免，令婢仆将卯罕请入厅堂招待饮食，以拖延时间，自己在马棚悬梁自尽。[③] 只鲁花真，在她年仅二十六岁时丈夫忽都病死，只鲁花真发誓不改嫁，孝养公婆，守节二十五年。公婆去世后，她尘衣垢面，庐于墓旁，直至死亡。至元间，官府旌表之。[④]

但总的来看，蒙元时期道德舆论还是相对宽松的。入主中原以后，蒙古统治者对寡居女性守志或改嫁也都采取自愿的原则，并无要求女性守节的硬性规定。当时社会的主流舆论对于女性改嫁不但不予以谴责，反而认为是理所应当的，与明清时期不可同视而语。

（三）葬　俗

蒙古族起初以游牧为生，迁徙不定，居无定所，人死后实行野葬，将尸体放在车上，赶着马车在野外周游，直至尸体被颠落于地，野葬才算完成。定居后的蒙古人，受汉族的影响，开始有了固定的墓地，一般实行土葬，但不起坟陇。太祖二十二年（1227 年）七月，成吉思汗去世，葬于起辇谷，其地当在克鲁伦河与土拉河上源之间的肯特山中。[⑤] 其后历代蒙古大汗都葬于此，即使是定都大都，将统治重心转移到漠南的忽必烈，在至元三十一年（1294 年）死后，也不能免俗，归葬漠北，葬于起辇谷，从诸帝陵。[⑥] 由于时代的不同，蒙古各个阶层的葬俗也呈现出不同的特点。

---

① 《元史》卷二〇〇《列女传一》。

② 《元史》卷二〇一《列女传二》。

③ 《元史》卷二〇〇《列女传一》。

④ 《元史》卷二〇〇《列女传一》；又见金志节原本，黄可润增修：《口北三厅志》卷八，138 页，台北，成文出版社，1968。

⑤ 陈得芝：《元察罕脑儿行宫今地考》，载《历史研究》，1980（1）；后收入《元史论集》，669 页，北京，人民出版社，1984。

⑥ 《元史》卷一七《世祖纪十四》。

1. 皇族独木棺葬

据叶子奇《草木子》载，蒙元大汗死后，将梡木劈成两片，中间凿空，类似人形大小，将尸体放入里面，两木合在一起，就做成一具独木棺。表面涂髹漆，再用黄金缠绕三圈，然后深埋地下。地面堆土后，让马在上面践踏，将土堆踏平，并派军队将这一区域严密封锁起来，直至第二年青草长成，弥望平衍，根本看不出一点坟墓痕迹了，才解除封锁。①

中国传统的帝王陵墓，其地下墓室的上方一般都堆有高高的封土，上面建有陵寝，庄严肃穆，气魄宏大，是地位和财富的象征。封土和陵寝可以保护地下的墓室，但也很容易使人确定陵墓的所在，发生盗掘。蒙古大汗的陵墓地面不建坟陇（即冢）和陵寝，很难使人发现陵墓的确切位置，在防止盗掘方面，安全性较好。但这同时也带来了一个问题，那就是亲属后人在祭祀时难觅葬所。蒙古人有一些很独特的办法，在埋葬死者时，他们会杀小骆驼殉葬，同时让小骆驼的母亲在旁边。其后他们祭祀时，就让被杀小骆驼的母亲带路，“其踯躅悲鸣之处，则知葬所矣”②。但时间既久，易世之后，其子孙也往往难以寻觅葬所了。

《元史》卷七七《祭祀志六》也提到了独木棺葬：“凡宫车晏驾，棺用香楠木，中分为二，刳肖人形，其广狭长短，仅足容身而已。”这是介绍的蒙古大汗（皇帝）的情况，至于一般蒙古官员和普通百姓的葬俗，由于史籍记载缺略，难得其详。但据一些考古发现，我们可以得悉蒙元时期河北蒙古族葬俗的一些情况。

河北沽源县城东偏南 7.5 公里南沟村的梳妆楼，当地人传说为辽萧太后之梳妆楼。清乾隆《口北三厅志》卷三《古迹》对此记载甚详：“其制，内外皆方，以砖为之，高二丈余，顶如平台，半圮，门东南向，左右两旁各有石牕。其外四面各广三丈，其内下方中为八角，上圆起，花如覆盂。然外有缭垣，址基尚存，蒙古又谓之察汗格尔。”③ 其书编者认为，此楼为《元史》所载鹿顶殿之遗制，但实际上它是元代蒙古汪古部阔里吉思的墓上享堂。④ 阔里吉思是高唐王爱不花之子，其母月烈公主为元世祖忽必烈的女儿。

阔里吉思，属于汪古部，汪古部是蒙古四个子部之一。当年成吉思汗

---

① （元）叶子奇：《草木子》卷三之下，北京，中华书局，1959。

② （元）叶子奇：《草木子》卷三之下，北京，中华书局，1959。

③ （清）黄可润纂修：《口北三厅志》卷三，53 页，台北，成文出版社，1968。

④ 赵琦：《河北省沽源县“梳妆楼”元蒙古贵族墓墓主考》，载《中国史研究》，2003（2）。

统一蒙古草原各部落时，与乃蛮部为敌，成吉思汗和乃蛮部都积极拉拢汪古部。汪古部首领阿剌兀思剔吉忽里支持成吉思汗，并娶了成吉思汗的第三个女儿阿里赫，并且先期出兵一举平定了乃蛮部，不料在胜利班师时被部下叛将所杀，长子不颜昔班也同时遇难。成吉思汗平定云中后，感念其德，追封阿剌兀思剔吉忽里为高唐王，以其子孛要合尚幼，先封其侄镇国为北平王，并且许以联姻，世世勿绝。自此，该部首领多与蒙古上层通婚。墓主阔里吉思之父爱不花，娶了世祖忽必烈之女月烈公主，阔里吉思本人先娶了忽必烈太子真金的女儿忽答迭迷失公主，后又娶了元成宗的女儿爱牙失里公主。

史载阔里吉思，性勇毅，娴习武事，尤笃好儒术，于私第筑万卷堂，每日与诸儒讨论经史，性理、阴阳、术数，靡不该贯。成宗即位，封其高唐王，赐金印，“驸马封王，自阔里吉思始也”①。是时，海都、笃哇叛乱，屡扰北边，阔里吉思主动请缨，请往讨之，成宗不许。阔里吉思再三坚请，成宗乃许之。临行，阔里吉思发誓说：“若不平定西北，吾马首不南。”② 大德二年（1298 年）秋，阔里吉思与叛军作战，三战三捷，乘胜逐北，不料战马意外跌倒，遂被俘。面对敌人的威逼利诱，阔里吉思毫不屈服，笃哇大怒，将其杀害于卜罗的荒远之地，就地草草埋葬。大德九年（1305 年），元廷加赠阔里吉思推忠宣力崇文守正亮节保德功臣、太师、开府仪同三司、上柱国、驸马都尉，谥忠献，后又追封赵王。

阔里吉思死后，由于其子术安尚幼，改由其弟术忽难袭封。至大元年（1308 年），术忽难晋封赵王。时术安已长大成人，术忽难遂以王位让之。术安既袭赵王后，一日，召见王傅脱欢、司马阿昔思，对他们说：“先王旅殡卜罗，荒远之地，神灵将何依，吾痛心欲无生，若请于上，得归葬先茔，瞑目无憾矣。”③ 二人为之奏闻元武宗，武宗嗟叹道，术安真是一个孝子呀！于是派人护送术安至卜罗殡所，打开棺材，只见阔里吉思面容如生，遂归葬焉，建“梳妆楼”。

梳妆楼坐北朝南，为青砖穹隆顶结构，平面呈正方形。从下至上逐渐收分，顶部为穹隆顶，外观酷似蒙古包，具有鲜明的蒙古族传统特色。每面墙体上部呈“山”字形女儿墙，顶部叠涩出三层楼檐，呈犬牙交错之势。南面墙体中部辟一横门，一券一伏砌法。券外饰一周“凹”形嵌线，

① 《新元史》卷一一六《阔里吉思传》。
② 《元史》卷一一八《阔里吉思传》。
③ 《元史》卷一一八《阔里吉思传》。

券门上方为栏额，门两侧为砖砌立夹。东西两面墙体辟窗。楼内下方，中为八角，每角用砖砌出立柱，上为栏额、普柏枋，再上为砖砌单抄四铺座斗拱，斗拱上为层层叠涩而成的巨大穹顶，是典型的汉地建筑风格。因此，梳妆楼建筑呈现出蒙汉建筑合璧的特色。

图 2-8　梳妆楼（冯金忠摄）

1999 年秋，河北省文物研究所对梳妆楼进行了考古勘察，在楼内中央地下发现一座古墓。墓穴土圹内东西排列三个长方形砖室，中室最长最宽，棺内盛装一具男性尸骨，西侧和东侧棺内为女性尸骨，显然这是一座夫妻合葬墓。盛装男性尸骨的棺木是独木棺样式。棺外有三道宽 6 厘米、厚 0.5 厘米的铁条锔束。保存完整的西室棺木为柏木做成，厚 9 厘米，棺木内距棺底 5 厘米有一层隔板，隔板厚 3 厘米，上面有七个圆洞，圆洞排列形状与北斗七星相一致，故又称为“七星棺”。从发掘现场和隔板下的残留物中分析判断，隔板上原放置尸骨，隔板下放置有香料和防腐材料。这反映了不仅大汗（皇帝）使用独木棺葬，就是官员贵族也有使用，当然也可能是对死于国难的阔里吉思的特殊恩遇。墓中虽遭盗掘，但还是清理出具有元代蒙古族特色的马鞍、马镫、铅灯、弓箭、铁剑、铜质印章、织金锦衣物残片、皮革马靴等随葬品。在尸骨胸部出土了一副完整的鎏金银质带饰，上面有二龙戏珠图案，制作十分精美。

2001 年和 2002 年两次考古发掘，又在梳妆楼四围发掘并清理墓葬 24 座，建筑遗址两处，出土了一大批极有研究价值的随葬品和文物标本，并发现了三具不同形状的木棺。迄今为止，考古界发现的元墓极少，元代蒙古贵族墓更是绝无仅有，梳妆楼是迄今为止我国发现的唯一一处元代贵族墓葬，为研究蒙古贵族的丧葬习俗和生活习惯提供了实物资料，具有极其重要的价值和意义。梳妆楼本是墓葬的地上享堂，这种丧葬样式与蒙古族的传统葬俗截然不同。另外，梳妆楼发现的四座树葬墓，填补了树葬墓只有历史记载而未见实物的空白。

图 2－9　梳妆楼独木棺（冯金忠摄）

2. 葬丧的本地化

蒙古族在进入内地之初，由于与漠北草原联系仍较密切，死后大多归葬漠北。前面提到的元朝诸帝死后，都归葬漠北起辇谷。当然作为蒙古最高统治者，情况具有特殊性。又如，曾镇于大名的肖乃台，在灭南宋过程中，率军南征，以功赐东平户三百，俾食其赋，后以老病卒于东平，死后也归葬漠北。①

随着在汉地日久，这些蒙古族在居地逐渐土著化，乃至子孙数代都居于此，与漠北的关系越来越疏离，许多人不再返葬漠北，而葬于当地。这些地方遂成为他们新的祖茔所在，即使在外地为官的，死后有时也返葬祖茔。例如，忙古歹，元世祖时官至右丞相，死后葬于河北遵化城西南十二

① 《元史》卷一二〇《肖乃台传》。

里的张七哥庄。[①] 哈剌哈孙，系出于斡剌纳儿氏。成宗时任中书右丞相，武宗即位，拜太傅、录军国重事，仍总百揆。后出镇和林，薨，年仅五十二岁。帝闻之惊悼曰："丧我贤相。"赙钞二万五千贯，诏归葬昌平。[②] 也速䚟儿，本名帖木尔，系出蒙古兀里养哈䚟氏，大德二年（1298年）八月十九日，以疾薨于位，还葬于大都宛平县郎山之原。[③]

河北曲周县近年曾出土一合墓志，志盖篆书"元太中大夫镇江万户府达鲁花赤诺怀公圹志"。诺怀，元末人，属于元代蒙古酎温台氏，曾大父丑哥，以材武隶右手万户，"驻营广平，因家焉"[④]；父蓦克笃，曾从都元帅阿术平江南，后因功升福州新军千户达鲁花赤，戍兴化，至大庚戌（1310年）九月卒于戍所，次年二月归葬于广平曲周县某乡之原。[⑤] 诺怀本人，至元三年（1337年）升任镇江万户，六年为本府达鲁花赤，至正四年（1344年），以疾致仕，次年六月薨于京口私第。他为官镇江七年之久，死后其子奉灵柩归葬广平，并与妻子合葬于曲周县和仲乡第四疃祖茔之侧。[⑥] 从"祖茔"一词来看，可能从诺怀曾祖父丑哥家于广平，即葬于此。

3. 神道碑及墓志的出现

入居河北的蒙古族在汉文化的影响下，葬丧呈现出逐渐汉化的趋势，其中一个重要表现便是神道碑及墓志的出现。前面提到的诺怀公圹志即是一例。圹，墓穴，圹志即墓志。与墓志埋于地下不同的是，神道碑立于神道前的地面上。上面提到的诺怀，光绪《广平府志》卷二六有载，称"达鲁花赤诺怀墓碣，在曲周县东北二十里胡家庄，旧有碣在路侧，岁久湮没，今墓傍翁仲颓然犹存"。所谓"墓碣"，即神道碑。神道两旁竖立翁仲，已完全是内地汉文化的仪制。胡家庄在曲周县第五疃与傅庄村之间，靠近傅家庄一侧，甚至直至"文化大革命"前当地尚存石马、石羊之类的翁仲。[⑦] 保定莲池博物馆收藏有一通"达鲁花赤河西老索神道碑"，

① （光绪）《畿辅通志》卷一七四，见《续修四库全书》史部地理类，第636册，上海，上海古籍出版社，2002。

② 《元史》卷一三六《哈剌哈孙传》。

③ （元）黄溍：《金华黄先生文集》卷二四《江浙行中书省平章政事赠太傅安庆武襄王神道碑》，四部丛刊初编本。

④ 此墓志情况及录文，参见朱建录：《元代蒙古酎温台家族史事考》，载《殷都学刊》，2012（2）。

⑤ （元）许有壬：《至正集》卷五六《赠佥太常礼仪院事蓦克笃公神道碑铭》，见《元人文集珍本丛刊》（七），262页，台北，新文丰出版公司，1985。

⑥ 此墓志情况及录文，参见朱建录：《元代蒙古酎温台家族史事考》，载《殷都学刊》，2012（2）。

⑦ 参见任乃宏：《丛台碑志文存》，100页，呼和浩特，内蒙古文化出版社，2011。

碑侧记有“至正十年四月曾孙诺怀”字样。可见老索为诺怀之曾祖父，但此记载与上揭诺怀公圹志颇有不合。圹志言其曾大父为丑哥，而此云老索。另外，从河西老索的称谓来看，显系色目人，但到了其曾孙诺怀时，即自称蒙古酎温台氏，变为一个蒙古家族。从老索到诺怀死后都树立了神道碑。

（四）祭祀礼仪

蒙元时期，蒙古统治者最主要的祭祀是祭天和祭祖。祭天依然采用洒白色牝马奶子的蒙古旧俗。关于祭天的详细情况，《马可·波罗游记》载：“每年 8 月 28 日，大汗离此地（指上都——引者注）时，尽取此类牝马之乳，洒之地上。缘其星者及偶像教徒曾有言曰，每年 8 月 28 日，宜洒乳于地，俾地上空中之神灵得享，而保佑大汗及其妻女财产，以及国内臣民，与夫牲畜、马匹、谷麦等物。洒乳以后，大汗始行。”① 元成宗大德九年（1305 年）十一月，祀昊天上帝于南郊，牲用马一、苍犊一、羊豕鹿各九。② 如果说祭天仍较多地保留了蒙古旧俗，主要是草原传统的延续，那么祭祖则较多地受到了中原汉文化的影响。

忽必烈即位后，至元元年（1264 年）十月，奉安神主于太庙，初定太庙七室之制。皇祖、皇祖妣第一室，皇伯考、伯妣第二室，皇考、皇妣第三室，皇伯考、伯妣第四室，皇伯考、伯妣第五室，皇兄、皇后第六室，皇兄、皇后第七室。凡室以西为上，以次而东。二年十月己卯，享于太庙，尊皇祖成吉思汗为太祖。三年冬十月，太庙成。丞相安童、伯颜上言：“祖宗世数、尊谥庙号、配享功臣、增祀四世、各庙神主、七祀神位、法服祭器等事，皆宜以时定。”③ 乃命平章政事赵璧等集议，制尊谥庙号，定为八室。列祖神元皇帝、皇曾祖妣宣懿皇后第一室，太祖圣武皇帝、皇祖妣光献皇后第二室，太宗英文皇帝、皇伯妣昭慈皇后第三室，皇伯考术赤、皇伯妣别土出迷失第四室，皇伯考察合带、皇伯妣也速伦第五室，皇考睿宗景襄皇帝、皇妣庄圣皇后第六室，定宗简平皇帝、钦淑皇后第七室，宪宗桓肃皇帝、贞节皇后第八室。从此，蒙古统治者的祭祖活动真正纳入中原王朝祭祖之轨道，但仍保留了一些蒙古本民族特色。

其一，历代天子庙制，多为七庙，正如《礼记·王制》所云：“天子

① （元）王恽：《秋涧先生大全文集》卷八一《中堂事记》；［意］马可·波罗著，冯承钧译：《马可·波罗游记》，第一卷，86 页，长春，吉林出版集团有限责任公司，2009。

② 《元史》卷二一《成宗纪四》。

③ 《元史》卷七四《祭祀志三》。

七庙，三昭三穆，与太祖之庙而七。”而元初八庙制与中原历代王朝均不同。其始，初定为七庙制，但在丞相安童、伯颜等蒙古贵族的动议下，改为八庙制。虽然赵璧等汉臣也参与了集议，但最后忽必烈仍采纳了安童、伯颜等人的意见。至元十四年（1277 年）八月乙丑，诏建太庙于大都，以后才逐渐恢复了七庙之制。

其二，“凡室以西为上，以次而东”①，此与中原礼制中三昭三穆，昭处于东，穆处于西不同，是蒙古人尚右“国礼”的又一体现。

其三，中原王朝太庙中供奉的只是直系亲属，包括父、祖、曾祖、高祖、二祧（远祖）和始祖。而元初太庙中除了太祖成吉思汗、父拖雷外，还包括了伯父察合台、窝阔台，兄长蒙哥，实际上只有三代人。

其四，在祭品上也表现出浓重的草原特色。“凡大祭祀，尤贵马湩。”② 太仆寺挏马官专管马湩，每当致祭时“奉尚饮者革囊盛送焉”③。除马湩外，“牲斋庶品”中还有天鹅、野马、塔剌不花（原注：其状如獾）、野鸡、鸧、黄羊、胡寨儿（原注：其状如鸠）、葡萄酒等具有蒙古族特色的祭物。并且这些祭品“以国礼割奠”④。所谓“国礼”，系指蒙古传统祭礼。《元史》卷七七《祭祀志六》“国俗旧礼”条云：

> 每岁，太庙四祭，用司禋监官一员，名蒙古巫祝。当省牲时，法服，同三献官升殿，诣室户告腯，还至牲所，以国语呼累朝帝后名讳而告之。明旦，三献礼毕，献官，御史、太常卿、博士复升殿，分诣各室，蒙古博儿赤跪割牲，太仆卿以朱漆盂奉马乳酌奠，巫祝以国语告神讫，太祝奉祝币诣燎位，献官以下复版位载拜，礼毕。

礼毕，将割奠之余撒在南棂星门外，名曰“抛撒茶饭”。凡大祭太庙，行割奠之礼，用国礼行事，以示隆重。一般说来，太庙祭祀，应由皇帝亲自主持。但实际上元代皇帝“亲享”者并不多，往往由巫祝主持，称之曰摄祀。由于元代尊崇藏传佛教，藏传佛教的仪式也被移植入太庙之礼中。至元六年（1269 年），忽必烈命国师僧在太庙做佛事七昼夜，“始

① 《元史》卷七四《祭祀志三》。
② 《元史》卷七四《祭祀志三》。
③ 《元史》卷七四《祭祀志三》。
④ 《元史》卷七四《祭祀志三》。

造木质金表牌位十有六，设大榻金椅奉安祏室前”[1]。此为在太庙做佛事之始，也是历代郊庙之仪中所没有的。至元七年（1270 年）十月，“敕宗庙祝文书以国字”[2]。“国字”，即蒙古文字。

忽必烈即位后，追封其父拖雷为睿宗。真定是拖雷的分邑，为了祭祀拖雷，中统二年（1261 年）在真定修建了玉华宫，由王道妇主持。[3] 据乃贤《河朔访古记》记载，玉华宫在真定城中，衙城之北，潭园之东，外为红绰楔垣墙，四周槐柳森列，重门棨戟，广殿修庑，金碧辉映，拟于宫掖。沿用汉地祭祀先人遗像的影堂之俗，玉华宫中专门建有孝思殿，以布置拖雷夫妇的御容影堂。每逢祭日，中书省奏闻皇帝，皇帝令由集贤院大臣代祭，使臣函香致礼，遣太常雅乐，率燕南宪臣、真定守臣，具朝服，备牲牢，行三献之礼。而本路官吏释奠。起初多在九月、十二月致祭，元顺帝至元三年（1337 年）十二月后，改于正月二十日致祭。[4] 玉华宫的祭祀活动十分隆重，元统乙亥（即元统三年，1335 年），集贤院大学士只儿哈丹奉旨代祭玉华宫，萨都剌为监礼官，得以亲眼目睹此祭祀盛况，赋诗一首，咏其事曰：“大帝天香出内宫，孝思与世总无穷。百年礼乐行三献，一派箫韶起半空。使者领班云气里，女仙摇珮月明中。小臣监礼陪清列，两袖葵花映烛红。”[5]

祭祖的影堂，起初只有真定的玉华宫，至元十五年（1278 年）十一月，忽必烈令翰林学士承旨和礼霍孙绘制太祖成吉思汗的御容，御容皆纹绮局织锦为之。翌年二月，又命绘制其父拖雷与太宗窝阔台的御容，一并置于大都翰林院，由院官春秋致祭。由最初的祭日祭祀，扩展为常祭、节祭。文宗时，影堂统一改称为“神御殿”。[6] 事实上，有元一代，由于历代皇帝崇信佛教，影堂更多地置于大都佛寺之内。例如，元世祖、裕宗（即元世祖之太子真金）帝后影堂在大圣寿万安寺，顺宗、仁宗帝后影堂在大普庆寺，成宗帝后影堂在大天寿万宁寺，武宗及二后影堂在大崇恩福元寺，明宗帝后影堂在大天源延圣寺，英宗帝后影堂在大永福寺。

蒙古人除了祭天、祭祖、尊崇佛教等外，还信奉万物有灵的观念，存

---

① 《元史》卷七四《祭祀志三》。

② 《元史》卷七四《祭祀志三》。

③ （元）王恽：《秋涧先生大全文集》卷八二《中堂事记》。而（光绪）《正定县志·古迹》卷四和（乾隆）《正定府志》卷六《事纪》则云王道。

④ 《元史》卷三九《顺帝纪二》。

⑤ （元）萨都剌：《萨天锡诗集》第 1483 册《元统乙亥岁集贤学士只儿合舟（丹）奉旨代祀真定路玉华宫睿宗仁圣景襄皇帝影堂仆备监礼》，四部丛刊初编本。

⑥ 《元史》卷七五《祭祀志四》。

在着自然崇拜，祭祀对象包括山、川、日、月、星辰等。“崇拜日月山河五行之属。出帐南向，对日跪拜。奠酒于地，以酹天体五行，以木或毡制偶像，其名曰 Ongon，悬于帐壁，对之礼拜。食时先以食献，以肉或乳抹其口。”[①] 祭祀神灵之地，不能不提到“敖包”。敖包原是成吉思汗征服蒙古草原各部落过程中的产物。当年，每当成吉思汗占领一处部落，便在其高处用土堆积一个圆形的围子，插上旗帜，表示该处已为己占有，并作为传递信号之用。在统一各部后，随着藏传佛教的传入，敖包逐渐失去了原来的意义，而变为宗教的产物。后又几经变化，演变为蒙古人祭祀神灵的场所。

（五）尚猎之风

蒙古人作为传统游牧民族，向以骑射为生，射猎是他们日常生活中的重要部分，“国朝大事，曰征伐，曰蒐狩，曰宴飨，三者而已”[②]。他们甚至认为，“不骑射，无以为乐”[③]。即使是在定都大都环境改变后，狩猎仍为元朝宫廷固定的生活内容。

大都东南的柳林为元朝诸帝、诸王著名的行幸狩猎之地。每年春季，皇帝常到柳林，“纵鹰隼搏击，以为游豫之度，谓之飞放”[④]。漷州所在的柳林，地处延芳淀，延芳淀方圆数百里，春时鹅鹜来集，夏秋多菱芡，[⑤]辽代皇帝即常于此行猎。辽代设漷阴县，后改称漷县，即今北京通州区漷县镇。到了元代，英宗至治二年（1322 年）建行殿于柳林，元顺帝则在柳林修建了行宫。但其作为行猎之地可以追溯至忽必烈时代。

甘麻剌，为忽必烈之孙、太子真金的长子，至元中，奉旨镇北边，至元二十六年（1289 年），忽必烈以其居边日久，特命猎于柳林之地。[⑥]《马可·波罗游记》卷二，专辟了一节介绍忽必烈的行猎活动，言“君主由此路径赴海洋，其地距其汗八里都城有二日程”[⑦]。以此来看，文中所谓“火奇牙儿末敦”，实即柳林。随同大汗前往的还有大汗诸子、大臣及其眷属。“人员之众，及逐日由各地来此者之多，竟似大城一所。盖其地

① 冯承钧译：《多桑蒙古史》，第一卷，35 页，上海，上海古籍出版社，2014。

② （元）王恽：《秋涧先生大全文集》卷五七《大元故关西军储大使吕公神道碑铭》，四部丛刊初编本。

③ 《元史》卷一四六《耶律楚材传》。

④ 《元史》卷一〇一《兵志四·鹰房捕猎》。

⑤ 《辽史》卷四〇《地理志四》。

⑥ 《元史》卷一一五《显宗传》。

⑦ ［意］马可·波罗著，冯承钧译：《马可·波罗游记》，第二卷，121 页，长春，吉林出版集团有限责任公司，2009。

有医师、星者、打捕鹰人，及其他有裨于此周密人口之营业，而依俗各人皆携其家属俱往也。”① 大汗“当其居此之时，除在周围湖川游猎外，别无他事。其他湖川甚多，风景甚美，饶有鹤、天鹅及种种禽鸟。周围之人亦时时行猎，逐日献种种猎物无算”。马可·波罗目睹此情此景，不胜感慨：“丰饶至极，其乐无涯，未目击者决不信有此事也。”②

自 3 月迄于 5 月中旬，大汗在此驻留达两个半月，之后才循原路返回大都。

① ［意］马可·波罗著，冯承钧译：《马可·波罗游记》，第二卷，122 页，长春，吉林出版集团有限责任公司，2009。

② ［意］马可·波罗著，冯承钧译：《马可·波罗游记》，第二卷，122 页，长春，吉林出版集团有限责任公司，2009。

第三章　明朝时期的河北蒙古族

元末，由于蒙古统治者进入内地日久，耽于享乐，逐渐腐化堕落，早已失去开国之初的锐气和斗志，当时镇压农民起义军和各地割据势力主要依靠的是汉族地主武装，如李思齐、王保保（后赐名扩廓帖木儿）等人。但退出中原之后，蒙古统治集团在险恶的环境中，重新迸发出生机，浴火重生。起初仍使用大元国号，史称“北元”，明永乐时，始放弃元的国号，而径称蒙古。

明代蒙古族长期陷于分裂的局面，主要有鞑靼、瓦剌、兀良哈等部，由元王朝时的统治民族变为明王朝境内的少数民族。[①] 他们与明王朝的关系也随着其势力消长而调整变化，叛附无常，不时入塞犯边，构成了对明王朝北方边境的主要威胁。特别是明中后叶，直隶长城口外广大地区落入蒙古诸部之手，蒙古骑兵动辄深入明内地，甚至兵临北京城下。“土木堡之变”中明军全军覆没，明英宗本人也被俘；“庚戌之变”中，北京城也几乎被攻破。明王朝为了加强北部防御，大力修筑长城，沿边部署重兵，史称“九边”。但尽管如此，明与蒙古之间经济文化交流仍未中断，特别是隆庆年间“俺答封贡”后，沿边贸易兴盛一时，明蒙关系进入一个新的时期。

明代蒙古族主要分布在东自松花江、脑温江（今嫩江）和辽河流域，西至天山、衣烈河（今伊犁河）流域，北抵也儿的失河（今额尔齐斯河）、谦河（今叶尼塞河），南临明北部防线的广大区域内，是当时中国北方势力最强大、影响最广泛的少数民族。此外，还有几十万蒙古族居住

---

① 北元（蒙古）与明王朝的关系，学界存在不同意见。一种意见认为北元（蒙古）是独立于明朝的一个国家；另一种意见否认北元（蒙古）有自己的政治实体，认为是明朝的臣属；还有一种观点认为北元（蒙古）是中国境内的一个政权，明朝与北元（蒙古）的对峙，是中国历史上第三次南北朝，此种意见以胡钟达为代表，参见《明朝与北元—蒙古关系之探讨》［《内蒙古社会科学》，1984（5）］。本文仍采用传统观点，即第二种观点。

在明朝内地、西北和南方的一些省内。[①]

河北处于中原农耕文化和游牧文化的结合部，长城横亘于河北北部。特别是明成祖迁都北京后，河北由边地变为畿辅之地，战略地位骤然抬升。九边重镇中宣府、蓟镇为京师的北大门，明与蒙古之间许多重要事件发生在河北。一方面河北北部是明与蒙古之间冲突战争的前沿，另一方面也是他们进行互市贸易和经济文化交流的主要地区。

第一节　元朝灭亡及蒙古统治者在河北的复国活动

元末在红巾军农民大起义军打击下，元朝的统治已经摇摇欲坠。在诸支义军中，朱元璋的势力逐渐壮大起来，他在消灭了陈友谅、张士诚、方国珍等南方割据势力后，开始挥戈北上，逐鹿中原。至正二十七年(1367年）十月，朱元璋任命徐达为征虏大将军，常遇春为副，统兵二十五万，由淮入河，北取中原，制定的战略是“先取山东，撤其屏蔽；旋师河南，断其羽翼；拔潼关而守之，据其户槛”[②]。由此，天下形势入其掌握，然后再进兵攻取元都。朱元璋命宋濂起草了《谕中原檄》这篇著名的讨元檄文，利用人们对蒙古统治者腐朽统治的仇恨心理，以恢复汉族统治为号召，提出“驱逐胡虏，恢复中华；立纲陈纪，救济斯民”[③] 的口号，这对当时饱受蒙古腐朽统治压迫的汉族民众是颇有号召力的。同时，为了争取蒙古人的归附，分化瓦解敌人，檄文中又声称“有能知礼义，愿为臣民者，与中夏之人抚养无异”[④]。这可以解除一般蒙古人的疑惧心理，减少了进军的阻力。

徐达大军势如破竹，进展神速，至次年二月，短短三个月时间就平定了山东。接着又由山东折而向西，分水陆两路进攻河南。与此同时，冯胜所部也攻克了陕州（今河南陕县)、潼关等地，扼住了三秦门户，阻断了驻扎在关陕地区的元将李思齐、张思道等与元朝的联系。至此，大都的屏蔽已撤，外援被切断，完全陷入了明军钳形包围之中。

由于元朝统治者内部矛盾重重，特别是扩廓帖木儿、李思齐等地方实

---

① 翁独健主编：《中国民族关系史纲要》，594页，北京，中国社会科学出版社，1990。

② （清）谷应泰：《明史纪事本末》卷八，北京，中华书局，1977。

③《明太祖实录》卷二六吴元年冬十月丙寅条。

④《明太祖实录》卷二六吴元年冬十月丙寅条。

力派，彼此倾轧乃至互相征伐，导致元军人心离散、斗志全无，根本组织不起有效的抵抗，常常一触即溃，望风而逃。至正二十八年（1368 年）闰七月，徐达、常遇春率军从汴梁（今河南开封）挥师北上。七月三日，至卫辉（今河南汲县），元守将平章龙二弃城奔彰德（今河南安阳）。七日五日，至彰德，龙二复逃走，陈同知等率军民降。次日，龙二部将杨义卿以船八十艘来降，遂克磁州。九日，进攻广平（今河北永年），元平章周昱弃城走，邯郸尹都文玉降。克赵州，获元守将侯佥院等；克临清、德州，下长芦，元守将左佥院逃走。明军挺进至直沽（今天津市），元平章俺普达朵儿只进巴率兵迎敌，大败，知院哈剌孙及省院将校三百余人被擒，平章俺普达朵儿只进巴等逃走。明军至通州，元国公知院卜颜帖木儿等出都城御敌，常遇春大败之，擒卜颜帖木儿及副枢密也先迭儿、脱脱帖木儿。二十七日夜，克通州，逼近大都。

虽然左丞相失烈门、知枢密院事黑斯等劝元顺帝固守京师，但元顺帝自知大势已去，根本无意固守。他任命淮王帖木儿不花监国，义王和尚以及其他官员辅之，留守大都，自己则于二十八日夜带领后妃、太子等，偷偷打开建德门，由居庸关北走，逃往上都。顺帝逃走时，带走了十万精兵，而留下守卫京师的都是一些老弱残卒。当时淮王已经 83 岁，耄耋老迈，虽然他不想束手待毙，但战斗的结果已经不待龟筮了。八月二日，明军攻占大都，擒淮王帖木儿不花和丞相庆童等，斩之，改大都为北平府。都城大都的失陷，标志着蒙古统治者在中原统治的结束，蒙古族的历史也从此进入了一个新的阶段。

一、明初蒙古统治者对河北的袭扰

朱元璋在派兵南平闽广、北伐中原期间，于至正二十八年（1368 年）正月称帝，定国号明，年号洪武，建都南京，明朝正式建立。虽然元顺帝北走，大都失守，但当时大都以北，东起辽东，西至陕甘的广大地区，仍为元朝所控制，云南也为元梁王所据，故元势力犹强，“引弓之士，不下百万众也，归附之部落，不下数千里也，资装铠仗，尚赖而用也，驼马牛羊，尚全而有也”①。特别是山西、甘肃的扩廓帖木儿，陕西李思齐、张良弼都拥兵十万，辽东纳哈出拥兵二十万，他们不甘心失败，仍企图伺机恢复中原，正如史籍所言：“元人北归，屡谋兴复。”② 当时力量最强、对

① 《明史纪事本末》卷一〇《故元遗兵》。
② 《明史》卷九一《兵志三》。

明军威胁最大的是屯驻在今山西境内的扩廓帖木儿。为了提振士气，扩廓帖木儿将作战目标锁定在夺回大都。当时明军统帅徐达正率主力西征秦晋，大都守备空虚，扩廓帖木儿正是看到了这一战机。

扩廓帖木儿率兵出雁门关，由保安州（今河北涿鹿），经居庸关，偷袭北平（今北京）。徐达认为扩廓帖木儿率军远出，巢穴太原必然空虚，而北平孙都督总六卫之师，足以镇御，遂亲自引兵悄悄绕至扩廓帖木儿背后，直逼太原。扩廓帖木儿听说太原被围，急忙回军，于太原城西，正对明军摆开阵势。当时明军只有骑兵先锋部队，步兵主力尚未到达，敌众我寡，形势很是危急。徐达利用扩廓帖木儿大军长途跋涉人困马乏、立足未稳之际，决定乘夜偷袭，先遣五十骑伏于城东十里，以举火鸣炮为号。至夜，郭英率十余骑潜入敌营，举火鸣炮，伏兵应之，常遇春等率兵继至，鼓噪相接。元军大败，自相蹂践。扩廓帖木儿光着一只脚，仓皇从后帐逃出，身边随从只有十八骑。徐达率军进驻城西，得降兵四万，马四万余匹。扩廓帖木儿先奔大同，在明军追击下，又逃至甘肃。

洪武二年（1369 年）二月，占据永平的元丞相也速率军南下通州（今北京通州区），距离北平只有咫尺之遥。适值明军用兵秦晋，北平城中十分空虚，守军只有千余人，俨然一座空城。也速率万骑营于白河，北平形势危急万分，明军将士无不惊骇失色。守将曹良臣安慰部下说："吾兵少，不可与战。彼众虽多，然亡国之后，屡挫之兵，可以计破也。"① 乃密遣指挥许勇等于沿河船中各树红旗，连绵三十余里，钲鼓之声不绝。也速不知明军虚实，误以为明援军到来，自己陷入了包围，急忙撤军逃遁，通州之围遂解，北平的威胁也得以解除。

同年六月，也速又进攻通州。明太祖朱元璋令远在陕西凤翔的常遇春率军回援，同时令李文忠为偏将，率步卒八万、骑士一万自北平往取开平，元军闻讯急忙撤军。明军经三河（今河北三河）、鹿儿岭（今河北遵化北部的芦儿岭），过会州（今河北平泉县南会州城），大败元将江文清于锦川，得士马以千数。进至全宁（今内蒙古赤峰市翁牛特旗），故元丞相也速迎战，又大败，也速逃遁。② 也速转而派兵进攻大兴州（今河北隆化，或言为今河北滦平西南的喀喇和屯），李文忠料也速不过虚张声势，攻城为虚，实际是想退兵，便预先埋伏在其归路。果然也速夜遁，遭遇明

① 《明史纪事本末》卷八《北伐中原》。

② 《明太祖实录》卷四三洪武二年六月乙巳条。又见于《明史纪事本末》卷八《北伐中原》。会州，《明实录》作"惠州"，今据《明史纪事本末》卷八改。

军伏兵，又大败，丞相脱火赤被俘。明军乘胜追击，取新开岭，遂进攻上都开平。元顺帝先已北逃。明军追北数百里，俘其宗王庆生、平章鼎住等，斩之。凡得将士万人，车万辆，马三千匹，牛五万头。至此，蓟北悉平。①

元顺帝从大都逃至上都，上都旋即失守，又败逃至应昌（今内蒙古赤峰市克什克腾旗西北达里诺尔西南），一路北逃，席不暇暖，颠沛流离。据《蒙兀儿史记》卷一七载："先是，汗（指元顺帝——引者注）居应昌，常郁郁不乐，作歌曰：'失我大都兮，冬无宁处；失我上都兮，夏无以逭暑。惟予狂惑兮，招此大侮，堕坏先业兮，获罪二祖。死而加我恶谥兮，予妥欢帖睦尔奚辞以拒。'歌声甚哀，继之以泣，至今蒙兀人尚能按之。"② 这首歌词，不一定是元顺帝本人所作，很可能是后人伪托，但却真切地反映了以元顺帝为代表的蒙古贵族在国破家亡后的凄切和不平。

明军攻克大都后，顺宁府（治今河北宣化）就一直是北元势力反扑的前哨。顺宁府，元属上都路，控扼中原通往蒙古草原的重要通道，是上都开平的南部屏障，控制此地，向东可威胁北平府，向西能争夺大同府。在当地居民中，蒙古族占有相当比例，北元大将脱列伯占据于此。

当常遇春率明军奔袭开平时，脱列伯出兵袭扰大同，威胁常遇春侧翼，企图采取"围魏救赵"之计，迫使明军回援。明太祖急调汤和、冯胜以及傅友德等部驰援大同，于大同城下击败脱列伯，东进追击至顺宁府，将脱列伯部分割包围在顺宁府及周边地区。七月，常遇春在突袭开平成功后，也率军回击顺宁，但在柳河川暴亡，太祖诏偏将李文忠代领其众。虽然多路明军将顺宁团团包围，但脱列伯依恃城防坚固、粮草充裕，仍然据守顽抗。占据绝对优势的明军逐个扫清顺宁府城外围，都督汪兴祖取兴和路，参政华云龙取云州，都督廖永忠取蔚州，在洋河、桑干河流域逐步缩小包围圈，洪武三年（1370年）初，汤和、冯胜率部攻克顺宁府，脱列伯率残部突围，后在今山西境内被李文忠部歼灭，脱列伯被擒。至此，北元对北平府的威胁暂时得以解除，明军的军事控制线推进到长城以

① 《明太祖实录》卷四三洪武二年六月乙巳条。而董伦《曹国公岐阳武靖王李文忠神道碑》载："二年春，以王（武靖王李文忠）为偏将，副开平王常遇春，征进迤北。由遵化，度鹿儿岭，败江文清于锦川。次大宁，元将也速逆战，一鼓败之，追至滦河，斩其宗王庆生。遂进次大兴。王度其必走，乃分兵千余，伏其归路。虏果夜遁，遇伏大破之。斩其将鼎住，进克上都。"与《明实录》有异。

② 屠寄：《蒙兀儿史记》卷一七《妥欢帖睦尔汗纪》，216～217页，上海，上海古籍出版社，2012。

北的草原边缘地带，为以后北征灭北元奠定了基础。

明太祖一朝对元王室及诸王的征战延续了二十年之久。北平作为元朝旧都，是明王朝防御蒙古势力的前沿基地，徐达常常亲自坐镇于此。洪武三年（1370 年）三月，郑州知州苏琦上言三事，其中第一件事就是北平“余孽未平”，主张选重臣才兼文武、练达边务者，分镇要害，怀之以德。[①] 四年（1371 年）正月，徐达练兵北平，缮治城池。六年三月，以徐达为征虏大将军，李文忠、冯胜、邓愈、汤和副之，备边山西、北平，加强对蒙古的防御。同年四月，华云龙奏上诸关防守事宜：“东自永平、蓟州、密云，西至五灰岭外隘口，通一百二十一处，相去约二千二百里。其王平口至官坐岭关隘有九，约去五百余里，俱冲要之地，并宜设兵守之。紫荆关及芦花山岭尤为要路，宜设千户所御守。”[②] 从之。十一月，徐达等击元军于怀柔三角村，擒其平章康同佥。七年四月，都督佥事蓝玉败元兵于白酒泉，遂拔兴和，元将脱因帖木儿弃城而走。八年（1375 年）正月，邓愈、汤和等十三将屯戍北平、陕西、河南。二月，召徐达、李文忠、冯胜还，傅友德等留镇北平。十三年九月，景川侯曹震、营阳侯杨璟、永城侯薛显屯田于北平。十四年八月，徐达镇北平。十六年正月，徐达镇北平。十七年正月，徐达镇北平。十八年正月，徐达卒。同年八月，冯胜、傅友德、蓝玉备边北平。二十四年正月，颍国公傅友德为征虏将军，定远侯王弼、武定侯郭英副之，备北平边。二十九年，燕王出大宁塞，同时敕周王橚令世子有燉率河南都司精锐往北平塞口巡逻[③]。

在北平之外，永平府也是蒙古军进攻的一个重点。洪武十三年（1380 年）十一月，元平章完者不花、乃儿不花犯永平，指挥刘广战殁，千户王辂败之，擒完者不花。[④] 十四年春正月戊子，以徐达为征虏大将军，汤和、傅友德为左、右副将军，率军讨乃儿不花。

今河北北部与北元接壤，由于蒙古军的频频侵扰，兵革连年，当地的社会生产遭到很大破坏，史称这一地区“道路皆榛塞，人烟断绝”[⑤]，“积骸成丘，居民鲜少”[⑥]。鉴于此，明成祖朱元璋采取的一个重要步骤便是

① 《明史纪事本末》卷一四《开国规模》。

② 《明史纪事本末》卷一〇《故元遗兵》。

③ 《明太祖实录》卷二四四洪武二十九年二月辛亥条。周王橚是太祖第五子，燕王的亲弟，居藩河南开封。这时燕王率兵出大宁、会宁，北平空虚，故命世子有燉担任警卫。

④ 《明史》卷二《太祖纪二》。

⑤ 《明太祖实录》卷三三洪武元年闰七月庚子条。

⑥ 《明太祖实录》卷一七六洪武十八年十一月乙亥条。

移民，即将河北北部居民向河北内地迁移。以今河北承德地区为例，承德一带最先迁徙的是兴州、宜兴州五卫（今滦平、隆化、丰宁、承德四县）的居民。兴州中卫的居民迁往良乡，左卫的居民迁往玉田，右卫的居民迁往迁安，前卫的居民迁往丰润，后卫的居民迁至三河。①

二、明初对河北蒙古残余势力的征伐

明王朝在攻占大都，并基本上稳定了大都周围局势后，由于元顺帝北遁应昌，为了彻底消灭蒙古残余势力，太祖朱元璋派大军继续北征。洪武三年（1370 年）正月，以徐达为征虏大将军，李文忠、邓愈为左副将军，冯胜、汤和为右副将军，分路北征。徐达率西路军，自潼关出西安，进兵定西，以取扩廓帖木儿。东路军由李文忠率领，出居庸，入沙漠，以追元主，与今河北有关的主要是这一路，这一路也是进攻的主力。欲攻应昌，必须首先攻占原上都开平。不过，这次进兵开平与上次不同，明军右翼已经没有了元丞相也速的威胁，所以李文忠这次选择了一条最为近捷的进兵路线：出居庸关，经宣德府（今河北宣化），从野狐岭出外长城，准备首先占领北元的塞外重镇中都路。李文忠与副将左丞赵庸率部出塞之后，直扑中都治所兴和（今河北张北）。兴和元军守将为平章竹贞。二月，李文忠下兴和，元守将举城降，复进兵察罕脑儿，执元平章竹贞。五月丁酉（九日），出野狐岭，擒元平章祝真，大败元太尉蛮子、平章沙不丁、朵只八剌等于白海之骆驼山，遂次开平，元平章上都罕等降。②

面对明军凌厉的攻势，洪武三年（1370 年）四月二十八日，内外交困的元顺帝在应昌病死，明谥顺帝，元谥惠宗。皇子爱猷识理达腊即位，即元昭宗。昭宗为其谥号，蒙古语称必理克图可汗。他仍奉大元国号，年号宣光。五月癸卯（十五日），李文忠围应昌，次日破之，擒获元昭宗之子买的里八剌并后妃宫人、诸王等，俘虏五万余人。元昭宗与数十骑遁去。李文忠亲率精骑追之，至北庆州，不及而还。师过兴州，遇元将江文清等率军民三万六千余人来降。至红罗山，又降其将杨思祖等一万六千余人。

---

① 李景瑞主编:《承德古代史》，348 页，北京，民族出版社，2009。

② 《明史纪事本末》卷一〇《故元遗兵》，将此均系于五月。《明太祖实录》卷五二洪武三年五月丁酉条言：“左副将军李文忠左丞赵庸败元太尉蛮子平章沙不丁朵儿只八剌等于白海子之骆驼山遂进次开平元平章上都罕等降。”朵只八剌即“朵儿只八剌”。日本学者和田清认为把这些都写在五月丁酉条里是错误的。参见《明代蒙古史论集》，8 页，北京，商务印书馆，1984。关于白海、骆驼山，据顾祖禹《读史方舆纪要》卷一八《开平故卫》条载：“白海子在卫西南大青山之北，亦曰长水海子，土人因其四望白沙，呼为插汉恼儿；插汉译言白，恼儿译言海子；又西即骆驼山也。”

元昭宗北走和林（今蒙古共和国哈尔和林），倚任扩廓帖木儿，一心想恢复中原。同年，转入定西（今甘肃定西）方面的扩廓帖木儿，也遭明军徐达所率西路军的进攻，双方激战于沈儿峪口（今甘肃定西县以北），扩廓帖木儿兵败，经宁夏退往和林，与爱猷识理达腊汇合。这次对蒙古用兵，明王朝取得了辉煌的战果，迫使元残余势力从应昌、定西一线北撤。自此以后，北元汗庭迁至漠北，明北边的防御线得以稳定，并得以抽出力量对四川、云南等地用兵。

洪武五年（1372 年）正月，明太祖发兵十五万，复大举远征漠北，其目标是和林，仍以徐达为征虏大将军，曹国公李文忠为左副将军，宋国公冯胜为右副将军，各率五万骑，三道并进。李文忠所在的东路军，由居庸关，出应昌；冯胜所在的西路军，由金兰，趋甘肃；中路的徐达军，以大将蓝玉为前锋，先出雁门，直捣和林。蓝玉与扩廓帖木儿的游骑在野马川遭遇，初战告捷，明军士气大振。野马川，据《口北三厅志》卷二《山川》引《译语》云，在“宣府西路膳房堡口外”①。扩廓帖木儿清醒地认识到三路明军中，威胁最大的是由徐达率领的中路军，击溃中路军是关键，为此，扩廓帖木儿采取了诱敌深入的战术，野马川之战不过是蒙古军的诱敌之计。明军为胜利冲昏了头脑，面对野马川的诱敌之兵，冒险追击，五月，在和林附近遭到扩廓帖木儿大军围歼，几乎全军覆没，死者数万人。西路军虽然挺进顺利，但作为偏师于战局无补，面对中路军和东路军的溃败，西路军也被迫撤退。至此，这次远征，以明军失败而告终。此次战役对北元政权命运攸关，首都和林得以保全，挫败了明军自北伐以来几乎每战必胜的势头，歼灭明军主力数万人，大大增强了蒙古军的自信心。北元政权在这一仗获胜后，才初步稳定下来，得到了喘息的机会。此后十余年间，明王朝与岭北的元廷，均无力消灭对方，开始处于对峙状态。

洪武六年（1373 年）正月，朱元璋命徐达、李文忠等往山西、北平练兵防边，临行时告诫他们说，山西、北平紧邻蒙古，“今无事之时，正宜往彼练习军士，修葺城池，严为备守”，“来则御之，去则勿追，斯为上策。若专务穷兵，朕所不取，卿等慎之”。② 显示出明从进攻到防御的

① 日本学者和田清对此记载持怀疑态度，他认为宣府之野马川位置偏东，与蓝玉的行军路线有些不合，恐怕是同名异地。他据金幼孜《后北征录》所载，指出从今多伦诺尔方面前往克鲁伦河上游的路线上，有个地名叫野马泉，他推测野马川或许就是该地。参见氏著《明代蒙古史论集》（上册），14 页，北京，商务印书馆，1984。此可备一说。

② 《明太祖实录》卷七八洪武六年正月壬子条。

变化。洪武七年（1374 年）九月，明太祖将在应昌俘获的元昭宗爱猷识理达腊之子买的里八剌送还元廷，以示修好。在致元昭宗的信中说："若能悟我所言，必得一族于沙漠中，暂尔保持，或得善终"；"君之祖宗有天下者几及百年，养育之久，生齿之繁，以此知运虽去而祀或未终，此亦天理之常也"。[①] 这实际上是默认了元廷在漠北地区的统治。但元廷对太祖的善意表示并无回应。

洪武八年（1375 年）八月，扩廓帖木儿死。史称扩廓帖木儿"勇略善用兵，以逋播垂尽之势，犹能转斗千里，屡挫不衰。徐达自入中原，未尝少衄，独陇右之克甚艰，至多斩杀其部曲，则扩廓之故也"[②]。朱元璋对扩廓帖木儿予以了很高的评价，赞誉其为"天下奇男子"[③]。随着扩廓帖木儿的死去，蒙古失去股肱之臣，南犯的势力也渐趋衰弱。

洪武十一年（1378 年）四月，昭宗爱猷识理达腊于和林病死，其子脱古思帖木儿即位[④]，仍称大元，改年号为天元。纳哈出是木华黎之后裔。木华黎在元太祖十二年（1217 年）诏封为太师、国王，以左手万户统辖兴安岭东西之地，以后其子孙相继承袭国王爵号，雄踞辽东。当时扩廓帖木儿已卒，元诸地方势力多已平定，独有纳哈出在金山（今辽宁开原县）一带拥众二十万（一说十余万），辎重富盛，畜牧蕃息，西连元主，东制朝鲜，力量最为强大。至正十五年（1355 年），朱元璋攻下太平，曾俘获时任万户的纳哈出，后放其北归。此时纳哈出是元廷倚恃的主力，明太祖几次招谕，纳哈出均置之不理，且数次犯边。据《明太祖实录》卷一七九洪武十九年十二月条载："是月，上谕宋国公冯胜曰：'纳哈出据金山，数侵扰辽东，宜于大宁诸边隘，分兵置卫，以控制之'。遂诏户部，出内库钞一百八十五万七千五百锭，散给北平、山东、山西、河南及迤北府州县，令发民夫二十余万，运米一百二十三万余石，预送松亭关及大宁、会州、富峪四处，以备军饷。每夫运米一石，给钞六锭为其直及道里费。"明太祖在平定云南后，终于能够腾出手来

---

① 《明太祖实录》卷九三洪武七年九月丁丑条。

② （明）高岱：《鸿猷录》卷五《勘定关中》，见薄音湖、王雄编辑点校：《明代蒙古汉籍史料汇编》，第一辑，304 页，呼和浩特，内蒙古大学出版社，2006。

③ 《明史》卷一二四《扩廓帖木儿传》。

④ 《蒙古源流》称脱古思帖木儿为爱猷识理达腊之弟，而《明史》卷三二七《鞑靼传》则称为其子，今采《明史》的说法。此脱古思帖木儿即被明军俘获，后又于洪武七年放还之买的里八剌。参见《明太宗实录》卷七七永乐六年三月辛酉。日本学者和田清认为买的里八剌与脱古思帖木儿并非一人，脱古思帖木儿也不是昭宗次子，而是惠宗顺帝的次子，参见《明代蒙古史论集》，175 页，北京，商务印刷馆，1984。

彻底解决纳哈出的问题。

洪武二十年（1387 年）正月，明太祖任命宋国公冯胜为征虏大将军，颍国公傅友德、永昌侯蓝玉为左右副将军，率兵二十万讨伐纳哈出。二月，明军经过通州，迂回至庆州（今内蒙古巴林左旗），打败了元守军，同时又让被俘的元将乃剌吾携书北还进行劝降。然后从庆州出发，分别驻兵大宁（今内蒙古宁城县西）、宽河（今河北宽城）、会州（今河北平泉南）、富裕（今河北平泉北）四城与辽阳金州沿海一带，形成对纳哈出的合围。六月，纳哈出自知大势已去，被迫投降，部下诸将相继降明，所获降众二十余万，牛羊马驼辎重绵亘百余里。

在消灭了纳哈出势力，解除了来自东北的威胁后，明太祖欲乘胜追击，准备一举消灭北元残余势力。洪武二十一年（1388 年）三、四月间，大将军永昌侯蓝玉等率大军十五万，由大宁进至庆州，获悉元帝脱古思帖木儿在捕鱼儿海（今内蒙古新巴尔虎左旗西南的贝尔湖）一带驻牧，遂从兼道衔枚卷甲，兼程而进，长途奔袭，获得了重大胜利，俘获蒙古王妃、王子等人口八万以上，脱古思帖木儿只率十余骑突出重围，西逃和林，往依丞相咬住。行至土剌河，被也速迭儿袭杀，太子天宝奴也同时遇害。也速迭儿是阿里不哥的后裔，次年（1389 年），他改立坤帖木儿，不久又自立为汗。自此，蒙古大汗之位由忽必烈一系转入阿里不哥一系。也速迭儿即大汗之位后，不再依照汉法为脱古思帖木儿立谥号、庙号，也不再使用大元国号，而径称蒙古。明人则依汉人旧称，称之为鞑靼。[①] 从此以后，蒙古陷入长期动荡，内争不断，汗位更迭频繁，自脱古思帖木儿之后，至坤帖木儿，短短十二年间，竟有五位大汗更替，每一位都死于相互残杀。在这种背景之下，“其部属皆奔散，元裔日微”[②]。

虽然在明朝数次打击下，加之北元政权内乱，蒙古势力遭受重创，力量大为削弱，但明王朝并没有力量将其彻底消灭。而蒙古统治者经过一系列的挫折，也逐渐放弃了复辟全国统治的想法，这种力量态势决定了以后的政局走向和明与蒙古的关系。

① 《明史》卷三二七《鞑靼传》则云永乐初，部帅鬼力赤杀坤帖木儿自立，“称可汗，去（大元）国号，遂称鞑靼”。鞑靼并非自称，而是明人对其的称呼。

② 《明史纪事本末》卷一〇《故元遗兵》。

第二节　明成祖时期防线内移及与蒙古族在河北的冲突

明廷在消灭中原蒙古势力后，对于北退蒙古草原诸部，基本上采取了恩威并施的政策，一方面利用宣抚或绥服的手段，进行赏赐、封爵等，争取蒙古各部首领降附，以达到以夷制夷的目的；另一方面则是采取积极的防御政策。经过太祖在北边的开拓经略，洪武二十年（1387 年）以后陆续在沿边设立了一系列卫所。以河北而言，有万全、宣府等卫。除广设卫所外，太祖御边的一个重要举措便是分封诸子于北边，建立了塞王守边的体制。特别是洪武三十年（1397 年）、三十一年（1398 年）间形成以燕王为核心，代王、宁王、谷王等协同配合的备边体制。

明成祖朱棣经"靖难之役"夺得皇位，经过数年战乱，广大北方地区一片疮痍、百废待兴，其初他忙于巩固统治、恢复经济，而暂时无暇顾及蒙古。随着皇位的巩固和国势的增强，雄才大略的明成祖对蒙古又恢复了洪武时期的武力征讨政策，但与此前不同的是，他罢除诸塞王，而建立了"天子守边"的新体制。永乐八年至二十二年（1410—1424 年），他亲统大军，连续五次征伐蒙古，史称"永乐北征"。明成祖时期，蒙古问题的凸显，除了明成祖建功立业的雄心驱使之外，还与当时迁都北京的客观形势有关。

永乐元年（1403 年）正月，明成祖升北平府为北京，二月设北京留守行后军都督府，掌管军事。八月，差发流罪以下犯人于北京垦田，并迁徙直隶苏州等十郡、浙江等九省富民以实北京。① 经过十多年大规模建设，永乐十九年（1421 年），正式迁都北京。明成祖定都北京，一方面是由于北京是他的原封地及势力范围，另一方面也是为了便于防御和征讨蒙古。明王朝首都由南京迁往北京，建立了"天子守边"格局，也对边疆形势产生了深远影响。北京位于中原传统地域的最北端，虽然便于对蒙古的攻击或防御，但也使京师直接暴露在脆弱的边疆防御线之后，极易受到来自草原或东北的攻击。为了加强北京的防御，明成祖将防线收缩，边防后撤，放弃了大宁、东胜、兴和、开平等前沿据点，大宁都司内迁至保定，调长城以北二十七个卫十五万大军分布于北京周边地区，宣府镇遂成

① 《明史》卷六《成祖纪二》。

为京师门户、长城重镇。

北元政权瓦解后，蒙古草原各部重新陷入分裂，分裂为三大势力集团：鞑靼、瓦剌和兀良哈。所谓“鞑靼”，是明朝人对当时东部蒙古的称呼，由大汗直接统治的各部和拥护大汗的属部组成，驻牧大漠南北鄂嫩河、克鲁伦河和贝加尔湖一带，其首领为成吉思汗直系后裔，故被视为蒙古的正统。瓦剌，即蒙元时期的斡亦剌、外剌，明末亦称卫拉特，游牧漠西科布多河、额尔齐斯河流域及其以南的准噶尔盆地，因此也被称为西蒙古。兀良哈，是朵颜、福余、泰宁三卫的总称，或称朵颜三卫，明初驻牧辽东边外的多颜山（大兴安岭南麓）、脑温江（今嫩江）和塔儿河（今洮儿河）流域，明英宗正统年间在瓦剌的压力下，逐渐南迁，进入大宁境（今西拉木伦河以南）。[①] 三部中，兀良哈势力最弱，臣属明王朝，明于其地建立了羁縻卫所。有明一代，兀良哈与其他二部虽同属蒙古，但却与西面的蒙古本部形成另一种存在，具有相对的独立性，成为两者争夺的目标，其地位和影响亦不可小觑。

一、兀良哈三卫的建立及南迁

（一）太祖时兀良哈三卫的建立

兀良哈一名，《辽史》中或作“嗢娘改”或作“斡朗改”[②]，其时间绵延甚长，从契丹建国一直至辽亡，驻地可能在辽都临潢，即今巴林西北。[③]《蒙古秘史》和《元史》中则称“兀哴孩”“兀哴罕”“兀哴哈”“兀良哈”“兀良”等。分布范围甚广，迁徙不常，至元末主要散布在大宁路的北境。

明初，蒙古残余势力虽北遁沙漠，但屡侵大宁。明太祖为了加强这一地区的控制防御，割锦、义、建、利诸州归辽东都司管辖。洪武二十年（1387 年）三月，宋国公冯胜为征虏大将军，率师出松亭关，征讨纳哈出，在今河北喜峰口外筑大宁、宽河、会州、富峪四城，[④] 卒破降纳哈

---

① 翁独健主编：《中国民族关系史纲要》，594 ~ 595 页，北京，中国社会科学出版社，1990。

② 关于“嗢娘改”，见《辽史》卷一《太祖纪》、卷四六《百官志二》、卷六九《部族表》、卷一一六《国语解》；“斡朗改”，见《辽史》卷六《穆宗纪上》、卷二七《天祚皇帝一》、卷三六《兵卫志下》、卷四六《百官志二》等。

③ ［日］箭内亘：《兀良哈三卫名称考》，载《东洋学报》，1914（1）。日本学者和田清认为兀良哈者，实为乞儿吉思、兀速、憨哈纳思三部由唐努山以北东徙时带来的彼等及彼等以外许多部族的总称。参见《明代蒙古史论集》，93 页，北京，商务印书馆，1984。

④ 《明太祖实录》卷一八一洪武二十年三月辛亥条。

出，当地蒙古诸部皆降，遂以其地安置纳哈出部众。其年八月，在大宁设大宁都指挥使司，谪将士有罪者往戍，下设兴、营等二十余卫。二十一年（1388 年）七月，大宁都司改为北平行都司。由于脱古思帖木儿灭亡，失去了依恃，加之数为鞑靼抄掠，十一月，故元辽王阿札失里、会（或作惠）宁王塔宾帖木儿等降明。二十二年（1389 年）五月，置泰宁、朵颜、福余三卫指挥使司于兀良哈之地，“以居降胡”[①]。为了安定人心，俾其头目自领其众：以辽王阿札失里为泰宁卫指挥使，塔宾帖木儿为指挥同知，海撒男答溪为福余卫指挥同知，脱鲁忽察儿为朵颜卫指挥同知。明廷要求他们，“各领所部，以安畜牧”[②]。根据明代卫所之制，自京师及郡县皆立卫所。大率以五千六百人为一卫，一千一百二十人为一所，一百一十二人为百户所。每百户所设总旗两名，小旗十名，官领钤束，通以指挥使等官领之。[③] 三卫创始时，驻地位于潢水（今锡拉木伦河、西辽河）以北，自怀山（大兴安岭东）至东金山（今怀德附近）。[④] 具体而言，泰宁在今洮儿河畔洮南，福余在今瑚裕尔河、绰尔河之间的齐齐哈尔，朵颜在兀良河（乌兰灰河）附近、洮儿河上游。[⑤] 在三卫之中，朵颜位置最西，距离明廷最近，但也仍远离蓟辽边塞。

蒙古人称朵颜卫为兀良哈，泰宁卫为翁牛特，福余卫为乌齐叶特。这是因为朵颜、泰宁和福余三卫分别是由兀良哈、翁牛特部和乌齐叶特三部组成的。后来，明朝也把朵颜卫称为兀良哈卫。起初，三卫之中以泰宁卫最为强大，其次福余卫，而朵颜最次。后来，朵颜崛起，跃居三卫之首。因此，明朝把三卫笼而统之地称作朵颜三卫或兀良哈三卫，把朵颜、泰宁、福余三卫的驻地统称为“兀良哈地区”。[⑥] 在三卫建立后，即与明廷保持了较密切的朝贡关系。洪武二十二年（1389 年）五月，朵颜卫指挥同知脱儿豁察儿（即脱鲁忽察儿）上书明廷，请求随地顺便，直上

---

① 《明太祖实录》卷一九六洪武二十二年五月辛卯条。

② 《明太祖实录》卷一九六洪武二十二年五月癸巳条。又见《明史纪事本末》卷一〇《故元遗兵》，而名字间有差异。卷二〇《设立三卫》言为阿札失里。

③ 《明史纪事本末》卷一四《开国规模》。

④ 《明史》卷三二八《兀良哈三卫传》误将宣德后之兀良哈分布系于明洪武二十二年后。宣德之前，兀良哈三卫尚未敢入大宁境。

⑤ 和田清：《明代蒙古史论集》，109～112 页，北京，商务印书馆，1984。

⑥ 《蒙古族通史》（中卷），24 页，北京，民族出版社，2001。蔡美彪等：《中国通史》，第八册，67 页，北京，人民出版社，1993。日人和田清指出：“总称三卫的所谓兀良哈，是明人误用，真正的兀良哈只限于朵颜一卫。”参见氏著《明代蒙古史论集》（上册），124 页，北京，商务印书馆，1984。

北平贡纳。[1]

（二）燕王夺取兀良哈三卫

洪武二年（1369年）三月，太祖朱元璋为了巩固朱家之天下，夹辅王室，防止外姓臣僚跋扈夺权，定封建诸王之制。[2] 次年四月，始封秦、晋、燕、吴、楚等十王。他有儿子二十六人，长子朱标立为皇太子，第九子朱杞及幼子朱楠早亡，其余诸皇子及从孙一人先后被封为藩王。受封的藩王每年禄米万石，置有相傅和官属，特别是洪武五年（1372年）置亲王护卫指挥使司，每府三护卫，护卫兵少者三千人，多者至一万九千人。护卫兵自不必言，就是王国中朝廷所派驻的守镇兵在军情紧急时亦得归藩王调遣。“凡王国有守镇兵，有护卫兵。其守镇兵有常选指挥掌之，其护卫兵从王调遣。如本国是险要之地，遇有警急，其守镇兵、护卫兵，并从王调遣。”[3] 朱元璋为了加强中央集权，一方面废宰相，将大都督府分为五军都督府，并大力削弱地方官吏的权力，同时将自己的子孙分封到各要地镇守。他不相信异姓，而相信朱氏同姓，企图借助血缘的力量，以结磐石之宗。实际上裂土分封同姓，同样会造成尾大不掉，这与异姓叛乱并无二致，甚至有过之而无不及。历史上的西汉“七国之乱”、西晋“八王之乱”等，都是惨痛的教训。

由于明初建都南京，于北疆相距悬远，为了加强对蒙古的防御力量，太祖分封习兵事的皇子于北边军事要地。这些藩国相对独立，又彼此联络，协同守边，习称“塞王”。当时有“九塞王”：秦王，驻西安；晋王朱棡，驻太原；燕王朱棣，驻北平（今北京）；谷王，驻宣府（今河北宣化）；代王，驻大同；庆王，驻宁夏（今宁夏银川）；肃王，驻甘州（今甘肃张掖）；宁王朱权，驻大宁（今内蒙古宁城）；辽王，驻广宁（今辽宁北镇）。这些塞王大体上分布在东北、北方和西北的一条边防线上，“莫不傅险狭，控要害，佐以元侯宿将，权崇制命，势匹抚军，肃清沙漠，垒帐相望”[4]。在诸塞王中，以燕王朱棣力量最强，权势尤重。

燕王朱棣，为明太祖朱元璋第四子，洪武三年（1370年）封燕王，驻北平，十三年（1380年）三月就藩。[5] 燕王智勇有大略，能推诚任人。

---

① 涵芬楼秘笈本《华夷译语》卷下《脱儿豁察儿书》，转见和田清：《明代蒙古史论集》，110页，北京，商务印书馆，1984。

② 《明史》卷二《太祖纪》。

③ （明）朱元璋：《皇明祖训》“兵卫条”，北京，国家图书馆出版社，2003。

④ （明）何乔远：《名山藏》卷三六《分藩记》，北京，北京大学出版社，1993。

⑤ 《明史》卷二《太祖纪二》。

二十三年（1390 年）春，率师出古北口，与晋王讨故元太尉乃儿不花。晋王畏敌逡巡不敢进，燕王则倍道趋迤都山，获其全部而还。太祖闻罢大喜，谓群臣曰："清沙漠者，燕王也，朕无北顾之忧矣。"[①] 是后燕王屡率诸将出征，太祖并令节制沿边军马，大将军冯胜及傅友德都曾受其节制，手下大军十万人。

洪武三十一年（1398 年），太祖朱元璋去世，因其长子朱标早在洪武二十五年（1392 年）就病死了，故由其皇太孙朱允炆即位，是为建文帝。建文帝在齐泰、黄子澄等人的鼓动下大力削藩，其中力量最强的燕王自然首当其冲。燕王自然不甘束手就擒，遂以"靖难"之名起兵，准备南下夺取政权。但他担心宁王朱权蹑其后。宁王为太祖第十六子，洪武二十四年（1391 年）四月受封于大宁，二十六年（1393 年）正月就藩，拥兵八万，战车六千，特别是所属兀良哈三卫骁勇善战，举足轻重。燕王起兵后，就想把兀良哈精骑争取过来，为己所用。当时建文帝对宁王也不信任，担心宁王与燕王合兵，下令撤除宁府的三护卫。燕王闻讯大喜，认为这是袭取大宁的绝佳机会。建文元年（1399 年）十月，燕王绕过重兵把守的松亭关（今河北宽城县境内），自永平刘家口，间道趋大宁，不数日便奄至城下。宁王朱权猝不及防，守将朱鉴战死，燕王进入大宁，厚赂三卫，三卫于是暗中投靠了燕王。燕王临行之际，宁王带着三卫侍从在大宁城外为他饯行，不想三卫侍从一呼皆起，哗变倒戈，挟持了宁王，使燕王兵不血刃占据了大宁。之后，燕工遂拥宁王及朵颜三卫之众归北平。[②] 复选其三千人为亲军，跟从他南下征战，屡建奇功。

（三）明弃大宁及朵颜南迁附塞

在"靖难之役"期间，兀良哈利用燕王驻塞大军内撤，北方守备空虚之际，数入边境，窥瞰虚实，或径至剽掠。[③] 朱棣即位伊始，即令武安侯郑亨于千户寨、灰岭、庆州、神树、西马山、七渡河，皆设烟墩候望，有警即放炮，使屯守知备。仍令新昌伯以所领军，自小兴州至大兴州，东接牛岭、会州、塔山、龙山诸处屯种。按，七渡河，今名仍存，发源于密云塞外分水岭，流入大水峪口汇入白河的一条支流。神树，在古北口边

---

① 《明太祖实录》卷二〇一洪武二十三年闰四月癸亥条。

② 《明史》卷四《恭闵帝纪》。又见《明史》卷三二八《三卫传》。《明史》卷五《成祖纪一》言："挟宁王权，拔大宁之众及朵颜三卫卒俱南。"《明史纪事本末》卷一六《燕王起兵》云："燕兵既得朵颜诸卫，兵益盛，分遣薛禄下富峪、会川、宽河诸处。于是宁府妃妾世子，皆携其宝货，随宁王还北平。"

③ 《明太宗实录》卷一四洪武三十五年十一月甲申条。洪武三十五年，即建文帝四年。

外。灰岭在今河北丰宁北郭家屯南一带地方。庆州，恐为兴州之讹。[①] 据《大清一统志》卷二八《承德府·古迹》，小兴州，在今河北丰宁南，鞍匠屯北的兴州；大兴州在今河北滦平县西南里许。会州在河北平泉县南二十里。

永乐元年（1403 年）二月，内迁宁王府于南昌。三月，改北平行都司为大宁都司，徙于保定，尽割大宁之地于兀良哈。大宁在乌龙江南，渔阳塞北，[②] 相当于今河北承德市、平泉县、建昌县及老哈河流域。"此弃大宁设三卫之始也。"[③] 明只固守长城一线。至此，大宁、开平、长城以北成为所谓的"边外弃地"，变为兀良哈的游牧区。明成祖之所以弃大宁，一方面是经过数年内战，国力损耗甚大，北方军备空虚，弃守大宁防线实在是不得已。诚如明人叶向高所云："内徙于文皇非得已也。干戈初戢，障塞尚虚，爱弟之请难裁，征戍之劳在念，权宜移置，姑待后图。"[④] 另一方面将此地界于兀良哈，也有酬劳的考虑，希望兀良哈三卫作为明朝的外藩，抵御其他蒙古诸部，保护易受攻击的明朝侧翼，并使这一东北地区免受鞑靼部的控制。

永乐元年（1403 年）五月，成祖遣指挥萧尚都、镇抚刘忽鲁秃、百户和尚往谕兀良哈，并送还犯边被擒的阿哥歹那、海帖木儿、纳哈出，表示但来朝者，悉授以官，俾仍居本地，岁时贡献，经商市易，一从所便[⑤]。次年四月，脱儿火察（即脱儿豁察儿）等二百九十四人，随萧尚都来朝贡马，复置三卫：以脱儿火察为左军都督府都督佥事，哈儿兀歹为都指挥同知，掌朵颜卫事；安出及土不申俱为都指挥佥事，掌福余卫事；忽剌班胡为都指挥佥事，掌泰宁卫事；余三百五十七人，各授指挥、千百户等官，赐予诰印、冠带等。并在开原、广宁两地开设互市，供兀良哈三卫与明朝进行贸易，而这是明王朝给予兀良哈的特权，因为其他蒙古诸部无权与明王朝进行互市贸易。"约以为外藩，居则侦保，警则捍卫，岁给牛、具、种、布帛、酒食良厚。"[⑥] "自是，三卫朝贡不绝。"[⑦] 从史书中三卫的排列顺序来看，明太祖初封时泰宁卫为首，朵颜为末，而永乐二年

---

① ［日］和田清：《明代蒙古史论集》（上册），164 页，北京，商务印书馆，1984。

② 《明史》卷六《成祖纪二》。

③ 《明史纪事本末》卷二〇《设立三卫》。

④ （明）叶向高：《四夷考·朵颜三卫考》，见薄音湖、王雄编辑点校：《明代蒙古汉籍史料汇编》，第二辑，488 页，呼和浩特，内蒙古大学出版社，2006。

⑤ 《明太宗实录》卷二十下永乐元年五月乙未条。

⑥ 《明史纪事本末》卷二〇《设立三卫》。

⑦ 《明史》卷三二八《外国·朵颜传》。

(1404 年）复置三卫时，朵颜卫跃而为首，泰宁反而退居末席。其间的位次变化，反映了三卫间力量的消长嬗替，也可能反映了与明之间关系的亲疏变化。

明朝的封赏赐地及开通互市，虽然一度改善了与兀良哈三卫的关系，但同时应看到其中也潜含着矛盾。大宁，本为兀良哈故地，明初由明占领，此时不过物归原主。更重要的是，明成祖允诺并未完全兑现，不允许三卫到水草丰美的大宁以南驻牧。为了获得大宁以南地区的驻牧权，三卫与明朝进行了长期不懈的斗争，先后归附鞑靼和瓦剌，其主要目的就是为了依恃他们的力量夺回以上地区。15 世纪 30 年代后期，脱脱不花大汗亲自统率兀良哈地区蒙古诸部后，三卫发动了东起辽东、西至独石口边外的攻势，向南推进。到 15 世纪中期，终于来到了明朝长城边外驻牧。此后，兀良哈三卫驻牧地分布情况如下："自大宁前抵喜峰口，近宣府，曰朵颜；自锦、义历广宁至辽河，曰泰宁；自黄泥洼逾沈阳、铁岭至开原，曰福余。"① 从此，西拉木伦河和辽河以南，东起开原，西近宣府的长城边外，也都属于兀良哈了。"然诸部落已列我门庭矣。"②

因此，明将大宁畀于兀良哈，依之为外藩的目的并没有完全达到。兀良哈对明王朝时叛时附，一度给明廷造成严重威胁。例如，永乐时，兀良哈一面定期入贡，但又不时犯边，掠明边卒，明成祖遣使责之，三卫随即纳马赎罪，不久故态复萌，又依附阿鲁台出没塞下。永乐二十年（1422 年）秋七月，明成祖亲征阿鲁台，由于阿鲁台远遁，不遇而返。在回师途中，成祖对诸将说，阿鲁台之所以敢为悖逆，就是因为有兀良哈为之羽翼，当分兵剪除之。遂以步骑数万，分五道讨伐兀良哈，成祖亲自率郑亨、薛禄等将大军邀其西。师次屈裂儿河（今洮儿河南支流归勒里河），大败之，荡其巢穴而还。"自是三卫稍创。"③ 屈裂儿河上游，这时还是朵颜卫的根据地。虽然三卫遭受重创，对明的侵扰暂时有所收敛，但并未伤及元气，反而更加剧了与明之间的隔阂与矛盾，"终明之世，泰宁、福余，常与东合，而朵颜常与西合，为中国膏肓之患，则皆三卫为之向导也"④。

---

① 《明史》卷三二八《兀良哈三卫传》。《明史纪事本末》卷二〇《设立三卫》与《明史》卷三二八《外国·朵颜传》间有差异。

② 《明史纪事本末》卷二〇《设立三卫》。

③ 《明史纪事本末》卷二〇《设立三卫》。

④ 《明史纪事本末》卷二〇《设立三卫》。

二、永乐间对蒙古平衡政策及在河北的冲突

对于蒙古诸部，明成祖采取不同的政策，对于兀良哈主要采取安抚笼络政策，使其为明朝外藩，助明守边。其防御的重点是瓦剌和鞑靼两部。

燕王在靖难内战时期，为了稳固后方，不仅招徕兀良哈三卫各部，而且对鞑靼和瓦剌也采取绥抚政策。建文二年（1400 年）二月，有谍报蒙古将侵边，燕王遣书告谕鞑靼可汗坤帖木儿和瓦剌王猛哥帖木儿等，晓以祸福。次年十一月辛亥，"鞑靼可汗遣使来输款"[①]。建文四年（1402 年）三月，"有鞑靼兵乘间侵掠燕辽之间，中国骚然"[②]。六月，燕王最终击败了建文帝，八月丁丑，燕王即位，遣使蒙古，谕之通好，赐以银币并及其知院阿鲁台、丞相马儿哈咱等。随着内乱平息，明王朝对鞑靼和瓦剌的政策也开始逆转。

永乐初，瓦剌和鞑靼部为了争夺草原霸权，不断发生战争，这时鞑靼部的"鬼力赤与瓦剌相仇杀，数往来塞下"[③]。由于鬼力赤不是"黄金家族"成员，不为众人所附。永乐四年（1406 年），知院阿鲁台利用众人的不满，杀死了鬼力赤，迎立故元嫡裔本雅失里为可汗，而自任太师，掌握了实权。史称"始与中国不通"[④]。瓦剌，或称卫拉特，其族本非成吉思汗的直系后裔，系属别支，占据蒙古西北部的阿尔泰山地区，时首领为马哈木。不论是马哈木，还是阿鲁台，都不是"黄金家族"后裔。虽然名义上蒙古最高的大汗头衔仍然掌握在"黄金家族"手里，但实权已旁落。掌握两部实权的马哈木与阿鲁台势不相一，互相攻伐。

（一）鞑靼、瓦剌势力的消长

明成祖对蒙古诸部采取的政策的目标在于阻止其统一，因为他深谙"分则易制，合则难图"的道理，故采取传统的"以夷制夷"的手段，分别封王，支持弱小的一方，打击强大且不顺从的一方，使他们互相牵制、互相争斗，借以维持瓦剌和鞑靼力量的平衡，防止任何一方坐大，而对明构成威胁。而鞑靼、瓦剌两部，为了压倒乃至消灭对方，均不得不借助明朝的力量，积极寻求明朝廷的支持。从这个意义上讲，当时明王朝掌握了对蒙古诸部的主动权。但此政策加剧了蒙古内部的斗争和混乱。

① 《明太宗实录》卷八建文三年十一月辛亥条。

② 《李朝太宗实录》卷三太宗二年（建文四年）三月己丑条。

③ 《明史》卷三二七《外国・鞑靼传》。

④ 《明史纪事本末》卷二一《亲征漠北》。

先是鞑靼为瓦剌所败，徙居胪朐河（今蒙古国境内克鲁伦河）。永乐六年（1408 年），瓦剌部的马哈木向明朝贡马请封。后来随着鞑靼阿鲁台的崛起，为了牵制阿鲁台，明赠送马哈木兵器装备等。七年（1409 年）五月，又封马哈木为顺宁王。阿鲁台对明廷支持马哈木的态度十分恼怒，杀死了招抚使者给事中郭骥等人。七月，明成祖任命淇国公丘福为征虏大将军，率十万大军北征，准备一举消灭阿鲁台。但由于丘福轻敌冒进，孤军深入，八月在胪朐河陷入阿鲁台包围，明军大败，全军覆没，主帅丘福也被俘遇害。此为明朝建国后一次空前的惨败。为了报复，明成祖于永乐八年（1410 年）二月自率五十万大军御驾亲征，大汗本雅失里闻讯大惊，自知不敌，想与阿鲁台一起西逃瓦剌，但阿鲁台不从，君臣发生分歧，互相攻杀，“众溃散，君臣始各为部”①。本雅失里西奔，阿鲁台东奔。这次远征，明军并无大的斩获。但在明军的压力下，十二月，阿鲁台被迫同意恢复向明王朝纳贡。

马哈木在明大举攻鞑靼之际，也配合明军对阿鲁台进行攻击，永乐十年（1412 年）九月，杀死了穷蹙来奔的本雅失里，改立其子答里巴为大汗，马哈木实掌其权。阿鲁台由于为瓦剌所败，穷蹙之下，率领其部落南奔，保息于塞外，并遣使奉表称臣，贡驼马，上奏历数马哈木杀死大汗本雅失里之罪，请明军出兵助讨。同时，马哈木派使者至明告捷，并要求明王朝提供武器，以求彻底消灭鞑靼，但为明廷拒绝。马哈木占领和林，屯兵胪朐河，其势力日益壮大，已经成为明朝新的隐患。明朝无法容忍已被削弱的鞑靼被瓦剌吞并，不仅接纳阿鲁台贡使，十一年（1413 年）七月，还册封阿鲁台为和宁王，从此阿鲁台“岁或一贡，或再贡，以为常”②。马哈木不满朝廷偏袒阿鲁台，遂朝贡不至，并伺机攻明。

（二）明与鞑靼在河北的冲突

永乐十二年（1414 年）二月，明成祖下诏亲征瓦剌。时值阿鲁台使者向明报告，马哈木遣乞塔歹率骑卒至兴和（今河北张北），侦察朝廷动静，成祖命都督刘江等先往兴和，营于城西，并出兵刺探。又命谭青率右掖兵往兴和操备。三月十七日，成祖亲率马步大军五十余万从北京出发，二十九日，过野狐岭至兴和。六月，在忽兰忽失温（今蒙古国乌兰巴托东北）与瓦剌主力发生了激战，虽然明军依靠火铳这种新型武器获胜，

① 《明史》卷三二七《外国·鞑靼传》。
② 《明史》卷三二七《外国·鞑靼传》。

但也付出了巨大的代价，“时瓦剌虽大创去，然杀伤亦略相当”[①]。作为明朝盟友的阿鲁台十分狡猾，根本没有参加战斗，他坐山观虎斗，只是象征性地派出了一支小部队加以策应。在成祖班师时，又托病不朝。瓦剌与明王朝决裂，在明王朝的支持下，阿鲁台的势力发展很快。阿鲁台本来困于瓦剌，穷蹙而南，但经过数年休养生息，畜牧日以蕃盛，征服了东边的兀良哈，并袭击瓦剌，十四年（1416 年）春，杀死了马哈木，[②]迅速将其势力拓展至蒙古草原西部。十六年，马哈木之子脱欢承袭父位任顺宁王。阿鲁台的坐大使明朝吞下了一枚苦果，他对明廷的态度也变得骄蹇不驯，“每朝使至，辄谩侮或拘留苦之”[③]。其贡使归，沿途多行劫掠，还常常派兵出没于塞下进行骚扰。永乐十九年（1421 年），明成祖定都北京后，阿鲁台贡使至边境，邀劫行旅，成祖遣使责备告诫，阿鲁台不仅不收敛，还索性停止了朝贡，“由是骄蹇不至”[④]。

永乐二十年（1422 年）三月，阿鲁台大举侵扰兴和（今河北张北），都指挥使王唤战死，兴和徙治宣府卫城[⑤]。按：据《明史·地理志》，兴和守御千户所，洪武二年（1369 年）为府，属北平布政司，四年后废，三十年正月置所。永乐元年（1403 年）二月，隶直隶后军都督府，其战略地位相当重要。除了兴和外，其他北边沿线也遭受侵扰，而且阿鲁台驱使兀良哈三卫侵掠辽东、山海卫等处，乃至北京以北及西北甘肃等处皆被其害，一些地方城门昼闭、道路不通。明成祖十分震怒，三月戊寅（二十一日）下诏亲征，军次鸡鸣山（位于河北张家口下花园区）。阿鲁台闻讯远遁，明成祖并未下令追击，而暂在宣府、独石口等处巡边。四月，明军至龙门，阿鲁台又仓促遁去，为了迟滞明军的追击，故意丢下战马两千余匹于洗马岭（位于河北万全境内），成祖下令宣府指挥王礼把这些马匹尽收入城中。六月壬辰，明军经过清平镇，谍报阿鲁台军围攻万全，诸将请求分兵救援，但明成祖识破了阿鲁台计谋，认为这是围魏救赵之计，他对诸将说：“彼虑大军捣其巢穴，欲以牵制我师，敢攻城哉。”[⑥]遂置之不

---

① 《明史纪事本末》卷二一《亲征漠北》。

② 《明史纪事本末》卷二一《亲征漠北》言永乐十五年（1417 年）八月，马哈木死，以其子脱欢袭顺宁王。

③ 《明史纪事本末》卷二一《亲征漠北》。

④ 《明史》卷三二七《外国·鞑靼传》。

⑤ 《明太宗实录》卷二四七永乐二十年三月辛巳条、《明史》卷七《成祖纪三》言为“王唤”。王唤初为燕山左护百户，在靖难之役中从燕王攻城败敌，功勋卓著，升至都指挥使，命守兴和。《明史纪事本末》卷二一作“王祥”，误，王祥乃王唤之子。

⑥ 《明史》卷七《成祖纪三》。

理，继续北进。围攻万全的蒙古军屯于坚城之下，难以攻拔，只得退军。七月，明军进至呼伦湖，阿鲁台已尽弃马驼牛羊辎重，率众远遁，成祖只得下令班师，但余怒未尽，在屈裂儿河畔偷袭兀良哈三卫，兀良哈根本没有防备，败溃，明军斩首数千级，尽收其人口孳畜，明成祖总算挽回了一点颜面，九月间返回北京。

永乐二十一年（1423 年）七月，边将奏报说从鞑靼降人口中得知，阿鲁台可能又要南犯。明成祖不甘前次出师无功，决意再度北征。八月二十四日，亲自领兵出京，三十日至宣府。命宁阳侯陈懋为前锋，统领陕西、甘肃、宁夏三镇兵，自西路包抄。九月十日，明成祖率军进至万全西边的阳河。鞑靼知院官阿失帖木儿、古纳台等率其妻子来降，成祖命赐之酒，俱授正千户。从他们口中获悉，阿鲁台今夏已被瓦剌脱欢击败，人口马驼牛羊损失殆尽，部落溃散，无所属附，保命且不暇，焉有南犯之事？因此，前者边将奏报失实。明军深入，出不遇敌，再次陷入进退两难的境地。但成祖耻于无功，碍于颜面，仍驻留边塞之上，迟迟不愿撤兵。同月，陈懋前锋军至贺兰山后，蒙古王子也先土干率妻子部属来降。十月初，陈懋遣人驰奏万全。此时明成祖驻在万全以北的上庄堡，正为出师无功怏怏不乐，得报大喜，诏令陈懋保护也先土干的部落资财，不可侵损，并诏谕也先土干随陈懋来见。关于也先土干归降的经过，《明太宗实录》卷二六四永乐二十一年十月甲寅（七日）记载甚详：

> 驻跸上庄堡，宁阳侯陈懋等奏："逸北鞑靼王子也先土干来归。"时，懋为前锋，探知虏在饮马河北，为瓦剌所败，追至宿嵬山口，遇也先土干率妻子部属来归。懋遣人驰奏，仍附进也先奏书。具略云："臣也先土干穷处漠北，旦暮迁徙不常，又见忌十（于）阿鲁台，几为害者屡矣。危不自保，仰惟陛下，体天心以爱民。今四海万邦，皆蒙覆载，生育之恩，岂独微臣，不沾洪化？谨率妻子部属来归，譬诸草木之微，得依日月之下，沾被光华，死且无憾。谨昧死陈奏。"①

关于宿嵬山，顾祖禹《读史方舆纪要》卷一八《开平故卫》云："宿

① 根据《明太宗实录》的记载，也先土干是从饮马河即克鲁伦河以北来降的，而和田清据李贤《宁阳侯赠浚国公谥武靖陈懋神道碑》和邓廷瓒《伏羌伯赠伏羌侯谥武勇毛公忠传》认为，也先土干是在贺兰山后被陈懋等擒获的。参见《明代蒙古史论集》，78 页，北京，商务印书馆，1984。

嵬山在兴和北，亦曰宿嵬口，度漠处也。”也先土干，出于蒙古克烈部，是元太保不花的六世孙，不花在世祖朝曾为太子真金的师傅。元亡后，也先土干处在鞑靼和瓦剌之间，自成势力，是与阿鲁台并列的蒙古大酋。据《明太宗实录》，永乐十七年五月庚申、十八年正月己未、二十一年秋七月戊子，也先土干数次遣使来朝。他素桀黠自豪，故为阿鲁台所忌。[①] 此时阿鲁台已对其构不成威胁，可能迫于瓦剌的压力，他只得降明。但不论怎样，也先土干的来降，使成祖的虚荣心暂时得以满足，也使这次亲征多少有点成果，总算挽回了一点颜面。十月己巳（二十二日），也先土干与陈懋来见，成祖亲加抚慰，认为远人来归，宜有以旌异之，封也先为忠勇王，赐冠带织金袭衣，命坐于列侯之下，赐姓名金忠，以其甥巴罕台为都督，其部属察卜等七人皆为都指挥。次日，即下诏自万全班师。

明成祖晚年多病，一直为蒙古边事所困扰，特别是阿鲁台降而复叛，使他耿耿于怀，必欲擒灭之而后快。永乐二十二年（1424 年）正月，大同、开平又奏报阿鲁台部众来袭，成祖下令征发山西、山东、河南、陕西、辽东五都司之兵。四月初，成祖再次发兵亲征，四月四日从北京出发，二十五日出独石口，至隰宁，捕获敌方间谍，才获知阿鲁台等在答兰纳木儿河附近。但等大军奔至答兰纳木儿河，仍未发现阿鲁台的踪影。六月二十一日，下诏班师。明成祖自定都北京以来的三年间，三次出征，徒劳往返，身心交瘁，身体日益不支，七月十八日在回军途中，至榆木川（今内蒙古呼伦贝尔市海拉尔区）病死。

明成祖是明代一位很有作为的皇帝，以堂堂天子之躯，不惮辛劳，五出沙漠，“三犁虏庭”，虽然沉重打击了蒙古势力，一定程度上保障了边境的安宁，但也使明王朝付出了沉重的代价，史称“频年师出无功，戎马资储，十丧八九。灾眚间作，内外俱疲”[②]。大军远出，后勤保障是一个巨大问题，一定程度上关系到战争的成败，仅以成祖永乐二十年（1422 年）三月的亲征为例，凡前后运共用驴三十四万头，车十一万七千五百七十三辆，挽车民丁二十三万五千一百四十六人。运粮凡三十七万石，并出塞分储。[③]

明成祖前后五次亲征漠北，着重打击鞑靼阿鲁台的势力，又以封王、通贡、开设马市为手段来笼络和控制蒙古各部，但并没有完全解决与蒙古

① 《明史》卷一五六《金忠传》。

② 《明史纪事本末》卷二一《亲征漠北》。

③ 《明太宗实录》卷二四六永乐二十年二月乙巳条。

之间的矛盾。由于对鞑靼的连年战争，使瓦剌得到了喘息的机会，并乘势而起，征服蒙古各部，并向南推进，重新成为明王朝的心腹大患。瓦剌的崛起，使明与蒙古的关系起了急剧变化，与瓦剌的冲突成为明与蒙古关系的主要内容。明成祖的去世，标志着明王朝对蒙古攻势战略的结束，自此攻守易位，明与蒙古关系进入了一个新的历史时期。

第三节　宣德正统初蒙古的南进及明防线的收缩

永乐二十二年（1424 年），明成祖去世，其子朱高炽即位，改元洪熙，是为仁宗。但仁宗仅仅在位十个月就死了，其子朱瞻基即位，是为宣宗，改年号为宣德。宣宗自小便深得成祖的钟爱，曾对仁宗言“此他日太平天子也”①。宣宗在位十年，他与仁宗都为守成之君，他们在位期间适时调整国家政策，由明初的积极开拓转向守成，由严急趋向平和。经过十几年的息兵养民和恢复发展，使政局稳定，经济繁荣，明王朝进入鼎盛时期，史称“仁宣之治”。史称当时“吏称其职，政得其平，纲纪修明，仓庾充羡，闾阎乐业，岁不能灾。盖明兴至是历年六十，民气渐舒，蒸然有治平之象矣。若乃强藩猝起，旋即削平，扫荡边尘，狡寇震慑，帝之英姿睿略，庶几克绳祖武者欤”②。明人谷应泰说：“明有仁、宣，犹周有成、康，汉有文、景，庶几三代之风焉。”③ 虽不无夸饰，但也是有一定道理的。

当时明王朝的外患，仍主要为北方的蒙古。总体来看，洪熙、宣德时期放弃了太祖、成祖以来对蒙古大规模征伐政策，转而对瓦剌和鞑靼予以笼络安抚。每边将陛辞，仁宗辄告诫他们说：“民力罢矣，毋贪功。脱扰塞下，驱之而已。”④ 另外，收缩调整长城防线，转入分区防御，北部防线全面后撤，特别是撤守开平卫，放弃兴和所，“兴和既徙于郡城，开平复移于独石，遂使卫所屯守之地，皆为蕃部驻牧之场”⑤，由此宣府、大

① 《明史》卷九《宣宗纪》。

② 《明史》卷九《宣宗纪》。

③ 《明史纪事本末》卷二八《仁宣致治》。

④ 《明史纪事本末》卷二八《仁宣致治》。

⑤ （清）金志节原本，黄可润增修：《口北三厅志》卷四《职官》，70 页，台北，成文出版社，1968。

同等地成为防御蒙古的战略前沿，河北在防御蒙古的战略地位进一步凸显。

一、兀良哈对河北的袭扰

兀良哈三卫自成祖以来渐被阿鲁台控制。15 世纪三四十年代起，兀良哈三卫逐渐南下，向大宁以南发展，开始接近明长城沿线。“自大宁前抵喜峰口，近宣府，曰朵颜；自锦、义历广宁至辽河，曰泰宁；自黄泥洼逾沈阳、铁岭至开原，曰福余。”① 其中朵颜位置最南，力量也最强，经过长期渗透，占据了东起广宁前屯（今河北山海关东北），西至宣府的长城以北地区。三卫以朵颜为首，不时骚扰明边境。宣宗初，三卫掠永平、山海间，宣宗将亲讨之，三卫头目皆谢罪入贡，明遂抚纳之如初。② 守备兴和的清平伯吴成，好田猎，不修武备，兀良哈伺其出猎之时，突然入城，执其妻孥以去。宣德三年（1428 年）正月，兀良哈之人甚至往往于蓟镇塞上的滦河沿岸牧马，边将奏请掩袭之，但宣宗认为兀良哈并未犯边，拒绝了边将的请求，只是谕令兀良哈遵守法度，约束部伍，不许随便越界。③

宣德三年（1428 年）八月，宣宗率领众臣巡视北边长城关塞。九月初，至蓟州，得到谍报，“兀良哈万众盗边”④，已入大宁，经会州（今河北平泉县南），将及宽河（今河北宽城县）。诸将请征兵加强守备，但宣宗却并不在意，下令驸马都尉西宁侯宋瑛、武定侯郭玹、丰城侯李贤、都督冀杰及诸文臣留驻遵化，自将三千骑，每人马两匹，各持十日粮，由熟悉北边军务的太子少傅杨荣随从。时总兵官都督巫凯等率兵赴兴和，辽右卫副千户潘雄为前哨。潘雄至毡帽山，与兀良哈遭遇，兀良哈围之数重，而明援军不至，潘雄奋战，中箭阵亡。败讯至，宣宗夜衔枚敛甲韬戈，出喜峰口，疾驰四十里，拂晓至宽河，以迅雷不及掩耳之势，逼近兀良哈营地。兀良哈虽然见明军骤至大为吃惊，但见明军数量不多，还以为是戍边之军，根本想不到宣宗就在军中，因此并不在意，悉众而前。明宣宗将三千铁骑分为两翼，左右夹攻，亲手射死兀良哈前锋三人。在这次战斗中，明军的神机铳发挥了巨大威力，“飞矢雨集，神机铳迭发，寇不能当，大

① 《明史》卷三二八《外国·朵颜传》。
② 《明史》卷三二八《外国·朵颜传》。
③ 《明宣宗实录》卷三五宣德三年正月丁未条。
④ 《明史纪事本末》卷二〇《设立三卫》。

溃走”①，明俘获甚众，追至会州。诸将请求将俘虏中男子十余岁以上者全部杀死。宣宗不同意，认为此非帝王之仁，下令给他们松绑并供给饮食。

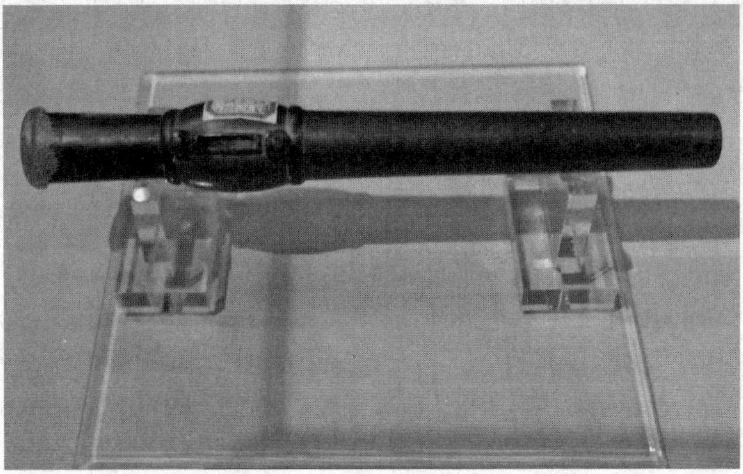

图 3-1 铜火铳（出土于河北张北台路沟乡，冯金忠摄）

前面提到的蒙古王子忠勇王金忠，及其甥都督佥事把台，认为这是一次报效明廷的良机，主动请缨出征。宣宗许之，有的大臣极力反对，认为金忠为蒙古人，不可遣，一去定然有去无回。宣宗大不以为然，表示："去留任所欲耳。朕有天下，独少此二人邪。"② 最后二人果然不负宣宗信任，且俘获数十人、马牛数百来献。宣宗大喜，命中官酌金卮饮之，并以金卮赐之。次年春，三卫兀良哈首领完者帖木儿来京朝贡谢罪，宣宗放还俘虏家属，升任完者帖木儿为都指挥使同知，其余首领也各有赏赐。

宣德三年（1428 年），明对兀良哈的用兵取得了胜利，在史臣笔下战果辉煌，意义深远。例如，《明宣宗实录》卷四七云："斩馘虏首万余级，擒其酋长百余人，径捣其巢穴，尽获其人口、兵器、马匹、牛羊、辎重，不可胜计。腥羶荡涤，边境肃清。"③ 不仅战果有明显的夸大，所谓自始后"边境肃清"，更是无从谈起。

明初，在元上都设开平卫，驻军屯饷，置八驿，东接大宁，西接独石。成祖以大宁割于兀良哈后，开平孤悬于北边，时常遭到蒙古人的侵

① 《明史纪事本末》卷二〇《设立三卫》。
② 《明史》卷一五六《金忠传》。
③ 《明宣宗实录》卷四七宣德三年九月甲子条。

扰。宣德年间已无力进行大规模远征，对于来自蒙古方面的威胁步步退缩，主要是加强防御，只是在沿边筑堡守卫而已。例如，宣德三年(1428 年）十月，命阳武侯薛禄充总兵官，遂安伯陈英为左参将，武进伯朱冕为右参将，镇守蓟州、永平、山海等处，操练军马，并提督各关隘口。[①] 同月，永平府奏兀良哈至卢龙陈家庄劫掠人口马牛。四年（1429年）夏，开平又遭扰掠，镇抚张信被杀。宣宗命阳武侯薛禄为镇朔大将军总兵官，护饷开平。五年（1430 年）四月，薛禄奉命修筑宣府镇北的独石堡（今河北赤城北独石口)、云州堡、赤城堡、雕鹗堡。由于放弃兴和后，开平孤悬塞外，难以坚守，宣宗乃将开平卫南迁三百里，移守独石，为开平前屯卫。由此，独石以北之地遂入蒙古，防御蒙古的北部防线由今内蒙古南部南移至河北北部，蹙地三百里，“自是尽失龙冈、滦河之险，边陲斗绝，益骚然矣”[②]。六月，在宣府镇设万全卫都指挥使司，统辖十六卫。原来作为第二防线中心的宣府、大同已处于对蒙古的战略防御前沿。

二、瓦剌独大，兀良哈与明冲突的加剧

明宣宗即位后，鞑靼阿鲁台与瓦剌脱欢连年遣使入贡，边境无大的战事。脱欢与阿鲁台的征战仍在继续，阿鲁台立鬼力赤之子阿台王子为大汗，宣德六年（1431 年）初，被瓦剌击败，部曲离散，多于明近边假息。五月，阿鲁台所部两千骑屯驻张家口外集宁海子西北岸。[③] 兀良哈见阿鲁台势衰，转而依附明廷，八月间出兵攻掠阿鲁台，但被阿鲁台所败，家口、辎重、牛马、田稼尽为阿鲁台所收，遂驻牧辽东塞。三卫之人逃奔海西，或在辽东境外。八年（1433 年）二月，阿鲁台一改从大同、宣府入贡的惯例，按照三卫过去的做法，改从辽东遣使入贡。这也引起了明王朝的警觉。阿鲁台势力侵入兀良哈乃至辽东女真地界，声势复振，又西向与瓦剌争衡。宣德九年（1434 年)，脱欢再次发动袭击，在兀剌海大败阿鲁台部。七月，杀死了阿鲁台及其子失捏干，悉收其部。同时，脱欢在内清洗竞争对手，杀死了与其地位相侔的贤义王太平、安乐王秃孛罗，尽有其众，于是瓦剌、鞑靼诸部几乎皆归于脱欢。明王朝在阿鲁台和脱欢相争中，一改原来的平衡策略，出于对阿鲁台反复无常的痛恨，全力支持脱

① 《明宣宗实录》卷四七宣德三年十月甲申条。

② 《明史纪事本末》卷二〇《设立三卫》。

③ 《明宣宗实录》卷七九宣德六年五月庚寅条。

欢。明军甚至还直接出兵攻击鞑靼余部。脱欢在明王朝支持纵容下，势力进一步壮大。这种短视的行为，造成了瓦剌势力独大，明廷已难以控制脱欢，失去了在鞑靼和瓦剌之间制衡的筹码，使瓦剌自此成为蒙古草原实际的主人。随着势力的壮大，脱欢大权独揽，野心也膨胀起来，欲自立为可汗，但由于他不是出于“黄金家族”，不合旧例，遭到众臣反对，不得已乃立元皇室后裔脱脱不花为大汗，并以原先所并阿鲁台之众归之，自为丞相，掌握实权，“阳推奉之，实不承其号令”①，脱脱不花名为大汗，不过是脱欢之傀儡。

瓦剌事后遣使来告，态度甚恭，向明进贡马匹，且请献原来的元廷玉玺。明宣宗赐敕曰：“王杀阿鲁台，见王克复世仇，甚善。顾王言玉玺，传世久近，殊不在此。王得之，王用之可也。”② 九月，宣宗命蹇义、杨士奇、杨荣等扈从巡边，度居庸关，至万全卫洗马林，检阅各城堡兵备。阿鲁台死后，鞑靼部落离散，其子阿卜只俺穷蹙之下，款塞来归。宣宗授以左都督，赐第京师。卒，其子脱脱孛罗袭指挥使，带俸锦衣卫，积功至都督佥事。天顺元年（1457 年），诏加同知，赐姓名和勇。③

当时瓦剌多次进犯长城一带，兀良哈投附瓦剌，为其充当耳目，甚至在瓦剌的嗾使下不时扰蓟辽边境，直接与明发生冲突。明人叶向高叙述这种形势云：“睿皇帝（指英宗——引者注）初，三卫复通虏酋脱欢及女直伺塞下，屡诏戒谕之。”④ 英宗正统二年（1437 年）七月，兀良哈犯边，独石守备都指挥佥事杨洪败之，擒其首领朵栾帖木儿。十二月，兀良哈至西凉亭（位于今河北沽源境内），杨洪复败之，生擒三人，斩首六级。次年正月，福余等卫酋长阿鲁歹等以五百余骑从葭州渡河肆掠，为明军所破，归至西凉亭，杨洪遣将遮击之，斩八人，生擒百户乞里麻等三人，并夺回他们所掠女子、马驴骡、衣服、器械等。⑤

明英宗对兀良哈的屡屡犯边异常恼怒，下令集兀良哈使臣于市，斩乞里麻等以示之，仍枭首喜峰口外以示惩戒，同时升任杨洪都指挥同知。正统四年（1439 年）九月，兀良哈犯边，右参将杨洪追击于白塔儿三岔口，恰与兀良哈五百骑遭遇。当时杨洪手下只有三百余骑，敌众我寡，但杨洪

① 《明史》卷三二七《外国·鞑靼传》。

② 《明史》卷三二八《外国·瓦剌传》。

③ 《明史》卷九《宣宗纪》；《明史》卷一五六《和勇传》。

④ （明）叶向高：《四夷考》卷二《朵颜三卫考》，见薄音湖、王雄编辑点校：《明代蒙古汉籍史料汇编》，第二辑，484 页，呼和浩特，内蒙古大学出版社，2006。

⑤ 《明英宗实录》卷三八正统三年正月丁酉条。

毫无惧色，左冲右突，射死十二人，生擒三人。六年（1441 年）冬十月，左参将黄直巡边，至闵安山，遭遇兀良哈三百余骑，黄直击败之。福余卫脱火赤完哈，以射猎为名，常常犯边掠夺，后被明军所擒，磔于市。但兀良哈并不因此而收敛，不久又以游骑犯密云扒头崖塞，射伤戍卒，又掠牛心山。九年秋七月，兀良哈入寇，英宗命成国公朱勇等率诸军二十万，分道出塞击之。朱勇同太监僧保由中路，出喜峰口；兴安伯徐亨同太监曹吉祥由南路，出刘家口；左都督马谅[①]同太监刘永诚由北路，出界岭口（河北抚宁县城北）；都督刘怀[②]同太监但住由西北路，出古北口。明军逾滦河，渡柳河，经大、小兴州，过神树，破福余于全宁，复破泰宁、朵颜于虎头山，所掠万计。

这次明对兀良哈的反击取得了辉煌的胜利，进一步削弱了兀良哈。但是在胜利的背后，却使兀良哈对明廷的向心力进一步减弱，更促使其倒向了瓦剌一边。史称，“三卫从是寖衰，然怨中国益刺骨，因纠也先入寇，为之向导矣”[③]。《明史·朵颜传》亦云三卫：“畏瓦剌强，不敢背，仍岁来致贡，止以利中国赐赉；又心衔边将剿杀，故常潜图报复。”

在兀良哈与明关系交恶之时，瓦剌内部也发生了一些变化。正统四年（1439 年）四月，太师脱欢死，其子也先（1407—1454 年）继其位，称太师、淮王、中书右丞相，“益桀骜自雄，诸部皆下之，脱脱不花具可汗名而已”[④]。瓦剌军政大权均由也先掌握，在向明朝贡时，也先作为臣子与大汗脱脱不花各自遣使，明廷也都予以接纳，分别赏赐。也先一方面遣使向明朝朝贡，外示佯顺，同时积极扩张势力。正统十年（1445 年），攻占哈密卫，使得明朝与西域的交通受阻。又联姻沙州、罕东、赤斤蒙古诸卫，任命各卫酋长为平章等官。次年，以搜阿鲁台之孙为名，分道东向攻入兀良哈三卫，征服了泰宁和朵颜，并迫使朵颜南迁，势力达到兴安岭以东。“于是北部皆服属也先”[⑤]，也先俨然成为草原地区的盟主，控制着东起女真，西达哈密及其以西的裕勒都斯河流域，北抵叶尼塞河上游，南临长城的广袤地区，“自此北漠东西万里，无敢与之抗者”[⑥]。依恃强大的实

---

① 《明史纪事本末》卷二〇《设立三卫》。《明史》卷十《英宗前纪》、卷三二八《外国·朵颜传》言为马亮。

② 《明史纪事本末》卷二〇《设立三卫》。《明史》卷十《英宗前纪》、卷三二八《外国·朵颜传》言为陈怀。

③ 《明史纪事本末》卷二〇《设立三卫》。

④ 《明史》卷三二七《外国·鞑靼传》。

⑤ 《明史》卷三二八《外国·瓦剌传》。

⑥ 《明英宗实录》卷一四九正统十二年正月庚辰条。

力为后盾，也先开始改变对明的恭顺态度，“也先益横，屡犯塞北，边境自此多事”[①]，日益形成对明朝的威胁。

事实上，面对也先咄咄逼人的气势和在边境上的异动，明一些边将和大臣已经有所警觉，知其必大为寇，多次上疏奏闻。例如，远在正统八年（1443 年），侍讲学士刘球即认为“迤北贡使日增，包藏祸心，诚为难测”，并预言瓦剌“终为边患”[②]，建议整顿兵制，杜绝私役军士，及时训练京边官军。但这并没有得到明统治者的重视，甚至刘球也被王振诬陷下狱被杀。正统九年（1444 年）八月，英宗敕边将备也先入寇。当时根据降人的供述，也先想等明边将送彼使臣出境时，乘间抢杀，分兵两路入寇，其中脱脱不花率兀良哈东侵，也先西入。一时形势陡然紧张。宣府总兵谭广上奏：“边寇出没不常，惟守御为上策。宜分兵扼要害，而间遣精锐巡塞外，遇敌则量力战守，间谍以侦之，轻兵以蹑之。寇来无所得，去有所惧，则边患可少弭。”[③] 英宗纳其言。但由于兀良哈与女真发生了纠纷，无暇南下，也先失去了向导，不得已放弃了之前南进计划，转而西进，南进暂时搁置了数年。

正统十二年（1447 年），瓦剌部众有来归者，透露也先谋划入寇，巡抚宣大佥都御史罗亨信上言：“瓦剌也先专候衅端，图入寇，宜预于直北要害，增置城卫土城备之。不然，恐贻大患。”[④] 当时，谙习边事的边将人都预见到与瓦剌的战事不可避免。例如，正统十二年（1447 年）七月甲辰，大同参将都督佥事石亨上奏云：“达贼也先并吞诸部，其势日盛，必来犯边，宜令各边将分别队伍，孰可为正孰可为奇，大小头目孰可以守孰可以战，俾各分领操习，庶使兵知将意，将识士情，不致临阵无统，仓卒误事。”[⑤] 上从之，同时敕各处总兵镇守等官，尽将所有官军操练，选拔骁勇，以备出境。正统十四年（1449 年）六月，诏河南、山西班军番休者尽赴大同、宣府。西宁侯宋瑛总督大同兵马，平乡伯陈怀，驸马都尉井源，都督王贵、吴克勤，太监林寿，分练京军于大同、宣府，以备瓦剌。[⑥]

在南进方面，瓦剌内部意见并不统一。大汗脱脱不花以瓦剌服用多依

---

① 《明史纪事本末》卷三二《土木之变》。

② 《明史》卷一六二《刘球传》。

③ 《明史》卷一五五《谭广传》。

④ 《明史纪事本末》卷三二《土木之变》。

⑤ 《明英宗实录》卷一五六正统十二年七月甲辰条。

⑥ 《明史》卷十《英宗前纪》。

赖明朝为由，反对进兵，而也先则极力主张南进，表示“王不为，我将自为，纵不得其大城池，使其田不得耕，民不得息，多所剽掠，亦足以逞”①。当然，掌握实权的也先的意见最后占了上风。也先玩弄伎俩，虽然不时侵扰明边境，积极加强战备，但仍朝贡不断，试图迷惑明朝，明廷果然中计。正是在此背景下发生了“土木之变”。

第四节　土木之变

明宣宗朱瞻基于宣德十年（1435 年）正月病死，由皇太子朱祁镇继位，是为英宗，年号正统。这时朱祁镇年仅九岁。就是在英宗时期，宠用宦官王振，导致了“土木之变”。“土木之变”是明王朝由盛而衰的转折点，一般认为是明代中期的开端，同时也是明与蒙古关系的重大转折点。史称“正统后，边备废弛，声灵不振。诸部长多以雄杰之姿，恃其暴强，迭出与中夏抗。边境之祸，遂与明终始云”②。

一、朝贡事件：土木之变的导火线

随着瓦剌实力的增强，鞑靼势力被摧毁，它已经不需要明王朝的荫庇支持，与明正面冲突已不可避免。也先需要一个借口，即使没有借口，也要制造一个借口。这导火索就是朝贡事件。

在中国古代，少数民族的朝贡不仅是尊奉中原王朝的政治行为，还是一种特殊的贸易形式。明王朝设会同馆，接待蒙古贡使。贡使参加明廷的贺正旦节，献上贡品，明廷则对上供的蒙古首领封官晋职，颁布赏赐，除了获得所贡马匹及方物的回赐外，通常还会得到诸如“抚赏”的额外赏赐，其价值往往远远大于所进贡物品的实际价值。这些贡使于次年正月离开北京，二月左右经大同、宣府或甘肃返回本部。其中作为明朝外藩的兀良哈三卫享受特殊优待，可以每年三贡，其贡使俱从喜峰口验入，有急报则许进永平。③ 朝贡使团中除了一般的使节外，还包括商人及各类随从，他们除贡品外，一般还会携带其他物品至中原进行贸易。例如，明王朝规定，朝贡后许于京城会同馆内及周围街市开市三至五日，返回途中，还可

① 《明英宗实录》卷一六〇正统十二年十一月丁未条。
② 《明史》卷三二七《外国·鞑靼传》。
③ 《明史》卷三二八《朵颜三卫传》。

以在官方监督下出售多余物品。

起初，明王朝除了对兀良哈外，拒绝与包括鞑靼、瓦剌在内的少数民族建立互市。就是兀良哈，明廷也视其向背决定是否允许其朝贡，因此，当时对诸少数民族而言对中原王朝的朝贡不仅仅是一种义务，更是有利可图的权利，因为朝贡可以获得丰厚的赏赐，可以借朝贡之际进行大规模贸易。故此，明朝也常以罢互市、绝朝贡作为惩戒手段。英宗正统四年（1439 年）六月，福余卫都指挥歹都等数言赏薄，互市失利，不能与永乐时相比。英宗于是派使者斥责道："文皇帝（指明成祖——引者注）以尔通阿鲁台，岁征马三千匹赎罪，尔俛首听命。朕实尔宽，而妄意无厌，是速败也，其亟图改。"① 不久便以其串通瓦剌的原因，停止其部落贡献。

在明统治者看来，贸易只是朝贡关系的次要方面，其政治意义远大于经济意义。但对蒙古等少数民族而言，他们更为重视的则是能为之带来实惠的经济利益。由于利之所在，蒙古诸部大都热衷于向明朝朝贡。贡使的人数和次数日益增多，乃至成为明廷的沉重负担。14 世纪中叶以来，蒙古仍然以传统的畜牧业为主，人不耕织，地无他产，对中原王朝在经济上有很大的依赖性，迫切希望通过互市进行贸易，以获得他们所需要的日常生活用品和农业、手工业产品乃至武器。特别是随着人口的增殖，这种要求变得更为迫切。但明王朝为了减轻经济负担，也出于政治因素的考量，规定只有被明廷承认的朝贡使团，才有权进行贸易，并对入贡的贡道和时间、频次及贡使人数等作了种种限制。一般每年一贡，贡使每年十月进入大同、宣府或者甘肃，十一月抵达北京，第二年正月由北京出发返程。对互市也有诸多具体规定。贡市和互市成为明王朝维系明与蒙古关系和驾驭蒙古诸部的重要手段。这样围绕着贡市问题，蒙古与明进行了长期的博弈。

瓦剌和明廷之间，从永乐、宣德以来，使者往来不断，尤其是正统以后，形成常态。原来瓦剌朝贡使团通常不到五十人，由于贪图朝廷的爵赏，宣德六年（1431 年），也先在位的第一年，纳贡使团就超过了一千人，而到了正统九年（1444 年），竟超过了两千人，正统十二年（1447 年），瓦剌使臣皮儿马黑麻等来朝，使团达到了二千四百七十二人。② "虏使络绎乎道，驼马迭送于廷。"③ 这一方面给明廷造成了很大的财政负担，

① 《明史纪事本末》卷二〇《设立三卫》。

② 《明英宗实录》卷一六〇正统十二年十一月甲辰条。

③ 《明英宗实录》卷二〇四景泰二年五月癸丑条。

大同一地每年对贡使的供应费即达三十万两，也给沿途各地官府和普通百姓造成了很大的困扰。

正统十四年（1449 年）春，也先使二千余人进马，为了多得赏赐，诈称三千人。[①] 贡使冒领赏赐，原是习以为常的事情，这次掌权太监王振怒其诈，但并没有说破，还是装作不知道接受了这些使团，但是让礼部按照贡使的实有人数给予赏赐，并大幅度压低马价，裁减马价五分之四，从而导致瓦剌使团岁赐数额大幅度减少。也先对此极为愤怒，《明史》记载："时也先贡马互市，中官王振裁其马价，也先大举入寇，遂致土木之变。"[②]

另外，据刘定之《否泰录》记载，也先之所以愧怒，还由于求亲被拒，其文曰："也先求以其子结姻于帝室，通使皆私许，也先进马为聘仪，朝廷不知也。答诏无许婚意，也先愧怒。"《明史纪事本末》卷三二也云："也先求结婚，通事私许之，朝廷不知也。至是，贡马，曰：'此聘礼也'。答诏无许姻意，也先益愧忿，谋袭大同。"《明景帝实录》景泰元年五月壬子条载兵部的话说："通事达官千户马云、马青等，先是奉使迤北，许也先细乐妓女，又许与中国结亲。"另则，郑晓《皇明北虏录》、严从简《殊域周咨录》卷一七、叶向高《四夷考》卷六等，也都详略不同记有此事。显然，也先求亲被拒之事，确实实有其事，并非空穴来风。也就是说，也先想为其子求娶公主，前往瓦剌的明朝使者未经上报就擅自同意了，但回朝后又未敢奏报英宗，故明廷一直不知此事。而也先认为明廷故意赖婚，由此嫌隙日深。

事实上，无论是王振裁抑马价，还是求婚被拒，导致了战争的说法都是站不住脚的。它们都只是表象，其深层次原因则是原有的鞑靼、瓦剌与明王朝三者之间形成的相对平衡态势已被打破，瓦剌在整个蒙古地区的独大，失去了鞑靼的牵制，而与明王朝形成直接对峙，两者之间的

① 《明史纪事本末》卷三二《土木之变》。《明英宗实录》卷一八〇正统十四年七月己卯朔条云"十三年增至三千余人"，此盖是十三年瓦剌使者出发，十四年到京。二者所言盖是一事。另外，所谓三千人为约数，据《明英宗实录》卷一七三正统十三年十二月庚申条所载，瓦剌所报为三千五百九十八人，实际只有两千五百二十四人。

② 《明史》卷八一《食货志·马市》。《明史》卷三〇四《王振传》也提到了裁抑马价。《明史》卷十《英宗前纪》云："瓦剌贡使三千人，赏不如例，遂构衅。"《明史》卷三二八《外国·瓦剌传》云："时朝使至瓦剌，也先等有所请乞，无不许。瓦剌使来，更增至三千人，复虚其数以冒廪饩。礼部按实予之，所请又仅得五之一，也先大愧怒。"《明英宗实录》卷一八〇正统十四年七月己卯朔条云："既而所得仅十之四五，虏酋以是衔恚。初遣使不满百人，十三年增至三千余人，又虚益其数，以冒支廪饩。会同馆官勘实数以闻，礼部验口给赏，其虚报者皆不与。使回虏酋愈怒，遂拘留我使，胁诱群胡，大举入寇。"

战争势不可免。

二、土木之变

也先经过周密的策划和准备，借口明朝限制其贡使人数、回赏不足和明朝失信拒婚等，正统十四年（1449 年）七月十一日，脱脱不花与也先统率十万大军，分四路攻入明境。东路由大汗脱脱不花率领，协合兀良哈部攻掠辽东。西路攻甘州。中路分两路南下，一支由知院阿剌攻宣府、围赤城，另一路由也先亲率大军直逼大同，兵锋甚盛。其中，也先和阿剌知院的两路为主力。由于明军准备不足，加之长期处于和平的环境中疏于作战，军纪废弛，在蒙古军突然进攻之下，仓促应战，“塞外城堡，所至陷没”①。也先率军到达大同，参将吴浩交战于大同城北的猫儿庄，吴浩战死。明朝又派驸马都尉井源等四员大将各率万人出战，战败，全军覆没。八月三日，大同总督军务西宁侯宋瑛、总兵武进伯朱冕、都督石亨等与也先战于阳和（今山西阳高）。当时太监郭敬为监军，诸将悉为其所制，明军大败，全军覆没，宋瑛、朱冕战死。太监郭敬窜伏于草丛中才捡了一条活命。

阿剌知院所率蒙古军直抵宣府，围困马营（今河北赤城西北），断绝明军水源，宣府总兵杨洪见蒙古军势大，闭门不出。马营守备杨俊，弃城而遁。蒙古军势如破竹，推进很快，连续攻破独石（今河北赤城东北）、永宁（今北京延庆东），击毙守备孙刚，直逼居庸关。

蒙古数路进攻的消息传到京城，此时的明朝，朝政由宦官王振操纵。明初太祖朱元璋鉴于历代宦官干政之祸，曾立铁碑于宫门，铸曰“内臣不得干预政事”字样。但由于靖难之役中，宦官立有大功，此项祖制便遭到破坏，宦官得有出使、专征、监军、分镇、刺臣民隐事诸大权。明朝宦官干政专权始于王振，王振凭借机敏干练，逐渐取得张太后和英宗的信任，在杨荣、杨士奇、杨溥即所谓“三杨”故去或失势后，王振更是变得肆无忌惮，无所顾忌，公然自比周公，并除去了太祖时在宫中所立的“内臣不得干预政事”的禁碑。当瓦剌大军数路进犯之时，王振力劝明英宗亲征，英宗时年二十三岁，血气方刚，渴望建立先祖亲征那样的功业，在王振的蛊惑下，不顾兵部尚书邝埜、侍郎于谦、吏部尚书王直等群臣的谏阻，决意亲征，命太监金英辅佐皇弟郕王朱祁钰留守京师，兵部侍郎于

① 《明史纪事本末》卷三二《土木之变》。

谦留京代理部务。诏下二日后，英宗率领明军五十余万[1]，根本没有作充分准备，即从北京匆匆出征，大军上下弥漫着厌战畏敌的情绪。在龙虎台驻营，由于军队士气低落，"方一鼓，众军讹相惊乱"[2]。十八日，出居庸关，过怀来，二十三日至宣府镇城。由于连日风雨大作，道路泥泞难行，兵部尚书邝埜跌下马来，摔成重伤，勉强支撑着随行。众军疲惫不堪，以至人情汹汹，怨声载道。

大军离开宣府向大同进军，未至大同，兵士已乏粮，加之接连的战败消息传来，明军军心惶恐涣散，毫无士气可言。王振不管军队实际情况，仍一味催促前进。兵部尚书邝埜、户部尚书王佐屡次上章请求回兵，王振大发淫威，令二人跪于草丛中，至暮方释。八月一日，明英宗到达大同。也先采取诱敌深入的办法，主动示弱北撤。此时王振贪功心切，继续下令北进，但当时独石、马营已陷，前军西宁侯宋瑛、武进伯朱冕全军覆没，瓦剌军已深入宣府镇辖区，王振对此还一无所知。二日，王振的同党、原大同监军郭敬逃回，将前线惨败的消息密告于王振，并说形势严峻，如果北进，正中也先之计，王振这才意识到形势的极端严重性，三日才匆匆挟英宗下令班师。

大同总兵郭登建议从南路入紫荆关，庶保无虞。但王振执意不听。王振，蔚州（今河北蔚县）人，本是一个落魄的教书先生，后来入宫净身做了太监，后侍奉太子朱祁镇读书，以至飞黄腾达，为了向家乡人炫耀，他欲借会师之际，邀车驾幸其第。但走了四十里后，王振又后悔了，担心大军经过的时候践踏家乡的田园庄稼，又下令改变路线，掉头东去，奔向宣府。正是行军方向摇摆不定，浪费了宝贵的时间。十日，大军退到宣府，也先派骑兵在后追击，归途险象环生，恭顺伯吴克忠、都督吴克勤率兵断后。吴克忠、吴克勤兄弟二人本为蒙古人，为吴允诚之子，吴允诚本名把都帖木儿，永乐三年降附，后因功封恭顺伯。吴克忠，本名答兰，后改名克忠，父亲死后袭封恭顺伯。在这次撤军中，他与弟弟吴克勤断后，瓦剌军突然而至，并抢占山上制高点，飞矢、石头如雨而下，明军死伤略尽，吴克忠下马射敌，矢尽，犹杀数人，与吴克勤均战死。[3] 十三日，太保成国公朱勇、永顺伯薛绶等率三万（一言四万）骑兵前去救援，由于

---

① 《明史》《明史纪事本末》均言为五十万，而李新峰《土木之战质疑》（见《明史研究论丛》，第六辑，合肥，黄山书社，1999）一文，考证亲征军人数在二十五万左右。

② 《明史纪事本末》卷三二《土木之变》。《明史》卷十《英宗前纪》则云："乙未，次龙虎台，军中夜惊。"

③ 《明史》卷一五六《吴允诚附子克忠传》。

朱勇轻敌深入，在鹞儿岭（今河北涿鹿西北）遇到了也先的伏兵，陷入包围，瓦剌军于山两翼邀阻夹攻，朱勇、薛绶战死，几乎全军覆没。薛绶为蒙古人，祖父薛台，洪武中归附，赐姓薛。在这次战斗中，薛绶作战十分勇敢，虽然所部军队溃败，他弦断矢尽，仍持空弓搏斗，敌怒，肢解之。既而得知薛绶本为蒙古人，感慨道：“此吾同类，宜勇健若此。”相与哭之。[①] 是日，明军撤到土木堡。

当时天色尚早，距离怀来城仅有二十里，随从的文武群臣都主张入保怀来。但王振因为千余辆辎重未到，下令就地驻扎等待。兵部尚书邝埜再次上书，请求英宗车驾疾驱入居庸关，大军殿后，以保证皇帝的安全，但皆为王振拦阻不予申报。邝埜气急之下，亲自到英宗所居行殿力请，坚持己见，王振呵斥道：“腐儒安知兵事，再妄言必死！”命人将邝埜抬出。大军遂驻土木堡。次日，英宗想继续行进，但已经晚了。就是因为耽误了一个晚上，形势已急转直下。瓦剌大军紧逼明军，明军已经无法摆脱。其南十五里有条河，但已经为也先所据，切断了明军水源。土木堡地势较高，掘地二丈也不见水。也先从土木堡旁的麻峪口进攻，又切断了明朝援军的通道。此外，阿剌知院也突破赤城、永宁一线，控制了怀来，拦阻在明军前面。明军前不得进，后不得退，水粮断绝，内外交困，遂陷入绝境。

明都指挥使郭懋拒战 夜，不得突围。时总兵杨洪在宣府，手下有人劝杨洪率军出城救驾，杨洪却闭城不出。虽然明军陷入包围，但有五十万大军，也先当时手下只有二万骑兵，[②] 众寡实在悬殊，短期内也难以将明军吃掉。十五日，也先心生一计，佯装撤退，并派使者到明军营中讲和。明英宗情急之下，不及辨别虚实，当即令翰林院学士曹鼐拟就降书赴瓦剌和谈。王振见瓦剌使者来议和，放松了戒备，下令兵士移营就水。由于连着两天没有饮水，移营之际，众军跳出壕堑，你争我夺，顿时阵脚大乱。也先趁机聚集骑兵，四面冲击，大呼：“解甲投刀者不杀。”明军争先逃窜，势不能止，遂至大败。明英宗在亲兵的护卫下企图突围，但未成功，他索性下马盘膝面南而坐。有一个瓦剌士兵发现了他，但不知是英宗，见他衣甲华丽，欲剥取英宗的衣甲发笔意外财，见其衣着神态与众不同，认定不是寻常之人，就推拥着英宗去见也先之弟赛刊王，英宗就这样做了俘

① 《明史》卷一五六《薛斌附子绶传》。

② （明）刘定之《否泰录》云：“其实虏众仅二万。”参见薄音湖、王雄编辑点校：《明代蒙古汉文史籍汇编》，第一辑，68页，呼和浩特，内蒙古大学出版社，2006。

虏。英宗见到赛刊王，毫无惧色，赛刊王并不知站在面前的就是大明天子，盘问其姓名身份，英宗却不回答，反问道：“子其也先乎，其伯颜帖木儿乎，赛刊王乎，大同王乎？”赛刊王凭直觉感到此人绝非常人，很有可能是明朝皇帝，立即派人飞报也先：“部下获一人甚异，得非大明天子乎？”也先立即派尚留在瓦剌军中的明朝使者前去辨认，在证实了果然是大明皇帝英宗后，也先大喜过望，大喊道：“我常告天，求大元一统天下，今果有此胜。”① 遂将英宗送至其弟伯颜帖木儿营中管押。

在混战中，扈从车驾的文武大臣几乎无一人幸存，包括明英国公张辅、泰宁侯陈瀛、驸马都尉井源、平乡伯陈怀、襄诚伯李珍、遂安伯陈埙、兵部尚书邝埜、户部尚书王佐、内阁学士曹鼐等官员数百人皆死。明军五十万死伤过半，死者蔽野塞川，骡马二十余万，并衣甲器械辎重，尽为也先所得。五十万大军是明朝京军的所有精锐，几乎全部为王振所断送。在军乱中，众人将失败的责任全部归罪于王振，护卫将军樊忠大声说：“吾为天下诛此贼。”② 用棰打死了王振。

由于也先手下不过两万余人，根本无法取走全部辎重军械，他们只是带走了一部分。战争过后一个月，九月十二日，提督居庸关巡守都指挥同知杨俊在向朝廷的报告称，近日打扫战场，“于土木拾所遗军器，得盔六千余顶，甲五千八十余领，神枪一万一千余把，神铳六百余个，火药一十八桶”③。九月十三日，宣府总兵昌平伯杨洪报称：“于土木拾所遗军器，得盔三千八百余顶，甲一百二十余领，圆牌二百九十余面，神铳二万二千余把，神箭四十四万枝，炮八百个。”④ 明军损失之惨重，可见一斑。

“土木之变”中，蒙古军曾深入河北中部真定（今河北正定）、定州一带。据清乾隆《正定府志》记载，当时蒙古军进犯畿内，陈金以监察御史镇守正定，他选委能干为统领，修壁垒，造器械，为固守之计，“有虏酋虎头者，率数千骑寇定州，督指挥陈胜引弓毙之，虏遂北遁，地方赖之”⑤。此书还提到，陆矩，河间阜城人，明正统十四年冬以佥都御史镇守正定，“时虏寇方退，逃窜未归，乃尽心招抚，复业者载道”⑥。显然蒙古军队当时兵锋已深入河北中部一带。

---

① 《明史纪事本末》卷三二《土木之变》。
② 《明史纪事本末》卷二九《王振用事》。
③ 《明英宗实录》卷一八三正统十四年九月己丑条。
④ 《明英宗实录》卷一八三正统十四年九月庚寅条。
⑤ （清）郑大进纂修：《正定府志》卷三十《名宦》，2447页，台北，学生书局，1968。
⑥ （清）郑大进纂修：《正定府志》卷三十《名宦》，2446页，台北，学生书局，1968。

"土木之变"是中国历史上著名的以少胜多的战例。明军在这次战争中的惨败，并非偶然。首先，明朝内部矛盾重重，意见不一，不懂军事的宦官王振由于皇帝的宠幸，干预决策，而正确的意见根本不被采纳；其次，明英宗等人对形势的误判，认为以压倒多数的兵力可以一举击败瓦剌，因此，明军上下滋长了轻敌麻痹的情绪；最后，明军在军事指挥上的重大失误，行动迟缓，几次错失战机，最后驻扎土木堡这个弹丸之地，根本无回旋的余地，从而陷几十万大军于绝境。而反观蒙古军队的获胜，是因为也先和阿剌知院率领的主力部队能密切配合，在战术上运用得当。首先，采用诱敌深入的方针，待明军进入草原疲惫之时再行交战，利用明军指挥失误，在运动中歼敌，从而将其一举消灭。这次蒙古军队以二万余骑大破明军五十万，除了蒙古士兵英勇善战、上下用命之外，也先杰出的军事指挥才能，无疑也是极其重要的因素。

三、也先攻围北京

经此"土木之变"，明军元气大伤，京师精锐毁于一旦，朝中勇将重臣几乎为之一空。特别是英宗被俘，更使朝野震动，明王朝遭遇前所未有的政治军事危机。其严重形势，正如明人谷应泰所云："英宗北狩，战士兵甲死亡略尽，边关守隘望风奔溃，摇足之间，黄河以北非国家有矣。"[①]例如，蒙古诸部蜂拥进入河套地区，这里随之成为蒙古的重要根据地。

对于也先来说，土木之捷是意外的大胜利。此役之初，也先所求无非是骚扰明朝边境，掠夺一些财产和人口。当时前锋知院伯颜帖木儿追踪明军至宣府，发现了军中的黄盖，黄盖是天子御用之物，这说明明朝皇帝在军中。伯颜帖木儿派人将英宗在军中的情报急报也先，也先这才决定全力出击，围攻土木堡。特别是能一战俘获明英宗，更是望外之喜，史称"也先闻车驾至，错愕未之信，及见，致礼甚恭，奉帝居其弟伯颜帖木儿营，以先所掠校尉袁彬来侍"[②]。

土木堡大败后，宣府成为一座孤城，人心汹惧，官吏军民纷然争出，巡抚罗亨信仗剑坐于城下，下令道："出城者斩！"又与总兵杨洪等诸将盟誓，决心死守宣府。也先控制了英宗，据为奇货，自认为掌握了同明朝讨价还价的砝码。八月十六日，令英宗给朝中写信，告诉他被俘的消息，并要他们准备珍珠金银赎取。书信送至京师后，孙太后和钱皇后马上命人

① 《明史纪事本末》卷三三《景帝登基守御》。

② 《明史》卷三二八《外国·瓦剌传》。

搜罗皇宫的宝物，装驮了八匹马，送到瓦剌军营，企图赎回英宗。但也先所想得到的可不止这些珍宝财物，当然不可能将英宗轻易放回。他三次率军进攻宣府，挟持着英宗，要挟开城，但都被罗亨信等严词拒绝。由于久攻宣府不下，也先只得绕过宣府，改道南下。

正统十四年（1449 年）八月十六日，土木堡兵败以及英宗被俘的消息传到京城，京师内外顿时陷入混乱，群臣聚哭于朝，大官富户纷纷南逃。到底是战、是守还是逃，群臣意见很不一致。侍讲徐珵主张迁都南京，兵部侍郎于谦坚决反对，力主保卫京师。于谦大声说："言南迁者，可斩也。京师天下根本，一动则大事去矣，独不见宋南渡事乎！"① 于谦的意见得到了吏部尚书王直、内阁学士陈循等人的支持，最后主战派意见占了上风。十八日，皇太后立英宗长子朱见深为皇太子，正位东宫，时年才三岁，同时命英宗之弟、郕王朱祁钰监国，代总国政。皇太后任命于谦为兵部尚书，当时京城所余残卒不及十万，人心震恐，上下无固志。于谦临危受命，积极加强守备，召集各地勤王，同时将名将杨洪、石亨于诏狱中释放出来，命杨洪仍守宣府，石亨总领京营兵。石亨自阳和之败后，被贬官入狱，但石亨骁勇善战，有很强的军事才能，故于谦推荐他统领京师众军。同时谕边将，若瓦剌挟英宗至，不得轻出。为了安定人心，同时断绝也先以英宗进行要挟的图谋，在于谦等人的请求下，九月六日，郕王朱祁钰即皇帝位，是为景帝，遥尊英宗为太上皇，以明年为景泰元年。

十月一日，也先和脱脱不花拥挟着明英宗至大同。大同总兵郭登闭门不纳，也先知郭登有备，遂绕过大同，继续南进。三日，也先大军前哨精骑二万，抵紫荆关北口，但久攻不下。紫荆关东为万仞山，北为拒马河，依山面水，形势险要，为京畿门户，号称"畿辅第一雄关"。九日，也先抵达紫荆关，亲自督促大军攻城。宦官喜宁，本为归附的蒙古人，在"土木之变"中投降了也先。他对这一带的地形十分熟悉，引导瓦剌军一部由山间小路，翻越山岭，绕到了紫荆关城后，腹背夹攻，最后守备都御史孙祥、都指挥使韩清战死，紫荆关失陷。另一路瓦剌军从古北口南进，四日，瓦剌军三万人越过洪州堡，进攻居庸关，又转攻白羊口（居庸关西南）。八日，攻破白羊口，守将谢泽战死。

瓦剌大军由紫荆关和白羊口两路，进逼北京。京师戒严，人情汹汹，

① 《明史》卷一七〇《于谦传》。

景帝下诏各地将兵入援。不仅辽东、宣府率军勤王，还要求朝鲜、女真来援。① 景帝令于谦提督诸营军马，将士皆受节制，石亨及诸将分守九门。十月十一日，瓦剌军抵于北京城下，列阵西直门外，把英宗幽禁在德胜门外空房内以为要挟。十二日，明使王复、赵荣出城，到北郊的土城面谒太上皇（英宗），和议不成。瓦剌军四出剽掠，在昌平焚三陵（长陵、献陵、景陵）殿寝祭器，直逼宣武门，南逾卢沟桥，散掠下邑，攻城益急。都督高礼、毛福寿袭击瓦剌军于彰义门北，杀敌数百人，并夺回被俘者一千多人。同时于谦派人率兵夜袭，以疲惫敌军。十月十三日，也先乘风雨大作，进攻德胜门。于谦命大将石亨伏兵于道路两侧的空房中，然后派遣小股骑兵佯败诱敌。也先果然中计，亲率万余骑穷追不舍。等也先军进入埋伏圈后，于谦一声令下，神机营火炮、火铳齐发，火箭弓弩如飞蝗般地射向敌军，明军前后夹击，也先大败而归。也先的弟弟平章孛罗卯那孩，在瓦剌军中素有"铁元帅"之称，在这次战斗中也中炮身死，瓦剌军士气大挫。也先发觉明军主力在德胜门，便集中力量转攻西直门。守将都督孙镗率军迎战，战斗异常激烈，孙镗斩瓦剌前锋数人，瓦剌军北退，孙镗率军追击。由于也先不断增兵合围，孙镗力战不支，退至城下，急扣城门请入。此时，把守城头的给事中程信，为了防止瓦剌军乘势而入，严令不准开城，并督促孙镗返回继续战斗。同时，命城上守军发神机炮轰击瓦剌军，明军高礼、毛福寿从彰义门、德胜门抽兵增援，石亨也派兵来援，瓦剌军三面受敌，被迫退去。

十月十四日，瓦剌军又进攻彰义门。于谦命守军将城外的街巷堵塞，在重要的地带埋伏神铳手、短枪手，又派兵在彰义门外迎战。明军前队用火器轰击敌军，后队由弓弩压阵跟入，击退了瓦剌军的进攻。而此时，景帝所派监军太监，见瓦剌军退却，率数百骑兵冲击敌阵去抢功，使明军阵势陷入混乱。瓦剌军乘势反击，追到土城外。在万分危急关头，土城一带的居民纷纷登上房顶，以砖石为武器投向瓦剌军。于谦派出的援军也及时赶到，瓦剌军不敢恋战，仓皇退走。

也先在进攻北京的过程中，原以为北京城旦夕可下，但五天的战斗，皆以失败告终。中路军五万余人在进攻居庸关时也接连受挫，损失惨重，并获悉明朝各援军即将到达，唯恐后路被切断，便于十五日夜率一部人

---

① 《明英宗实录》卷一八四正统十四年冬十月丁巳（十日）条载，召辽东精锐三万、宣府兵二万入援；又庚申（十三日）条载："遣使赍敕往调朝鲜及野人女直卫分军马，与辽东兵会合杀贼。"同月乙亥（二十八日）条载："敕止所调朝鲜及野人女直各卫军马。"

马，折还良乡，挟持英宗由良乡向紫荆关撤退。

于谦侦知也先军队正在撤退，即命令石亨等集中火炮轰击也先军营，瓦剌死者万余人。瓦剌军在撤退的路上，一路烧杀抢掠。明军分路追击，石亨与从子石彪大破瓦剌军于清风店（今河北易县西），昌平伯杨洪自宣府率兵两万入援京师，受命与孙镗、范广等追击瓦剌。孙镗、杨洪、范广追至固安，大败瓦剌，夺回被掳掠的人口万余。也先一路狂逃，十七日拥明英宗由紫荆关北撤。十九日过蔚州，二十一日过顺圣川，二十三日从阳和后口回到大同猫儿庄。十一月八日，瓦剌军全部退至塞外，京师解严，至此明军取得了保卫北京的胜利，粉碎了瓦剌军想夺取北京的野心，明王朝转危为安。

在瓦剌大军进攻北京的过程中，各地人民自发组织起来抵抗，配合官军的行动，也为北京保卫战的胜利做出了贡献。例如，京郊舍人叶思实和平民任让等六人，因在北京城外杀获瓦剌军而得到明廷奖赏。[1] 直隶真定府安平县老人郭弘、生员郭清等十六人斩瓦剌军七人，并缴获了一批盔甲器械，明廷授予郭弘为判官，郭靖等为正副巡检之职，令专捕盗寇。[2]

也先率军退至塞外，其主力并未受到大的损失，不甘心失败，又数次南下，但都因明军防范严密而未能得逞。例如，景泰元年六月（1450年），瓦剌犯宣府，都督朱谦、参将纪广击却之。在长期的战争中，瓦剌损失惨重，又使得与内地之间的贸易中断，失去了与明朝通贡和互市的机会，瓦剌内部的矛盾日趋激化。“初，也先有轻中国心，及犯京师，见中国兵强，城池固，始大沮。会中国已诱诛贼奄喜宁，失其间谍，而脱脱不花、阿剌知院复遣使与朝廷和，皆撤所部归，也先亦决意息兵。”[3] 本来也先抓获英宗后，如获至宝，按照他的如意算盘是利用明英宗作为要挟，获取大量赎金，并迫使明王朝签订城下之盟。但明廷在于谦等人主持下，毫不妥协，改立景帝，竟置英宗于不顾，这样也先手里的英宗已无任何利用价值，反而成为一种负担。也先对明朝使者李实的话很有意思，显得他对送回英宗似乎有点迫不及待了，他说：“大明皇帝敕书内只说讲和，不曾说来迎驾。太上皇帝留在这里，又做不得我每皇帝，是一个闲人，诸事难用。我还你每，千载之后只图个好名儿。尔每回去奏知，务差太监一二

① 《明英宗实录》卷一八四正统十四年十月丁卯条。

② 《明英宗实录》卷一八五正统十四年十一月戊寅条。

③ 《明史》卷三二八《外国·瓦剌传》。

人，老臣三五人来接，我便差人送去。”① 景泰元年（1450 年）八月，释放了明英宗。当然释放英宗，也先还有更深的考虑，他认为：“正统还人，则与景泰必有猜疑，以成内乱。如此，徐观其势，欲施其策。”② 但无论怎样，表面上看，英宗得归，对明朝也是一个外交上的胜利。

也先送明英宗回国时，有一段很有趣的插曲，伯颜帖木儿独自送英宗至野狐岭口，进酒帐房，“众皆道傍送驾，进牛羊”③。使者杨善担心拖延既久，别生枝节，催促英宗赶紧启程。伯颜帖木儿一直将英宗送出野狐岭口，仍命渠帅率五百骑送英宗至京师。才行数里，后面复有骑追至，英宗大惊失色，还以为也先反悔了。既至，才知道原来是平章昂克出猎时捕获了一头獐，驰使来献。英宗受之，乃去。车驾入关，丁丑，英宗至宣府南城。④ 以此来看，当时野狐岭等地已在瓦剌控制之下，故伯颜帖木儿才能送至此。显然经过“土木之变”，瓦剌与明之间的边界大大南移，阳和、宣府边外的地区已处于瓦剌控制之下。

第五节　鞑靼的重振与庚戌之变

“明自正统以来，国势浸弱”⑤，以“土木之变”为界，明王朝进入中后期。景泰至成化期间，蒙古进犯的重点主要在山西大同和陕西延绥、宁夏固原等西线，而由居庸关、宣府一线进犯较少。但到了成化末年，情况发生了变化，东线的压力陡然开始变大。例如，成化十七年（1481 年）四月，亦思马因犯宣府。五月己亥，汪直监督军务，王越为平胡将军，充总兵官御之。⑥ 十九年秋七月辛丑，迤北小王子犯大同。癸卯，总兵官许宁御之，败绩。己未，朱永为镇朔大将军，充总兵官，帅京军御之。八月甲子，犯宣府，巡抚都御史秦纮、总兵官周玉御却之。乙丑，户部侍郎李衍、刑部侍郎何乔新巡视边关。是月，朱永败蒙古军于大同、宣府。⑦ 二

---

① （明）李实：《北使录》，见薄音湖、王雄编辑点校：《明代蒙古汉籍史料汇编》，第一辑，83～84 页，呼和浩特，内蒙古大学出版社，2006。

② 《朝鲜李朝世宗实录》卷一二六世宗三十一年十月乙丑条。

③ 《明史纪事本末》卷三三《景帝登基守御》。

④ 《明史纪事本末》卷三三《景帝登基守御》。明人刘定之《否泰录》亦言：“初八日，太上驾行，伯颜帖木儿护送。十一日，驻跸野狐岭。伯颜帖木儿等数百骑，皆恸哭良久，既别去。”

⑤ 《明史》卷一六《武宗纪》。

⑥ 《明史》卷一四《宪宗纪二》。

⑦ 《明史》卷一四《宪宗纪二》。

十年三月，太监张善监督军务，定西侯蒋琬充总兵官，同总督尚书余子俊备大同、宣府，如此等等。

这一时期，瓦剌势衰，鞑靼重振，特别是达延汗在位时又重新统一了蒙古诸部。但达延汗去世后，蒙古又陷入了分裂，俺答汗在其中脱颖而出，事实上成为各部的共主。他积极谋求与明改善关系，进行贡市贸易，但明王朝对此置之不理，态度粗暴，故俺答屡次入边，明与蒙古关系又进入了新一轮的动荡。

一、蒙古内部纷争及也先失势

“土木之变”中，也先虽然大获全胜，俘虏了明英宗，但之后攻围北京失利，而且损兵折将，最后铩羽而归。同时，随着大规模对外战争的结束，在权力和财富分配上，蒙古统治者内部矛盾加剧，特别是也先与大汗脱脱不花互相猜忌，矛盾激化。“是时，鞑靼政事，也先专之，兵最多。脱脱不花虽为可汗，兵少。知院阿剌兵又少。君臣鼎立，外亲内忌。其合兵南侵，利多归也先，而弊则均受。”[①] 正统十四年（1449 年）十月，也先率兵进攻北京时，脱脱不花并未入关。当瓦剌军失利返回塞外时，脱脱不花和阿剌知院就向明廷遣使献马议和，“皆撤所部归”[②]。

脱脱不花出身“黄金家族”，早年和弟弟阿噶巴尔济、满都鲁流落中原，在今甘肃境内放牧，饱经磨难，宣德八年（1433 年），被脱欢迎立为大汗。脱欢死后，也先继承父位，当时脱脱不花已成年，史称他多奇策，颇有才能，不再甘于做一个傀儡。脱脱不花的正室是也先的姐姐，也先欲立其姐姐之子为太子，脱脱不花不从。另外，也先为缓和与明王朝的关系，在北京撤围之后，几乎年年入贡，但均为明王朝所拒。明王朝为了离间脱脱不花和也先的关系，故意接纳脱脱不花的贡使，而且宴劳赐予，厚酬其值。也先遂怀疑脱脱不花与明王朝私相往来，将谋害自己，遂嫌隙日深，最后终于兵戎相见。景泰二年（1451 年）十一月，也先与脱脱不花决裂，领兵进攻脱脱不花。脱脱不花战败，仅率手下十人逃入兀良哈界。十二月，也先杀死脱脱不花，执其妻子，并以其人马赏于诸部属，“遂乘胜迫胁诸蕃，东及建州、兀良哈，西及赤斤蒙古、哈密”[③]。

在杀死脱脱不花后，也先改立其弟阿噶巴尔济为大汗。景泰四年

① 《明史纪事本末》卷三三《景帝登基守御》。

② 《明史》卷三二八《外国·瓦剌传》。

③ 《明史》卷三二八《外国·瓦剌传》。

(1453 年）冬，又杀死阿噶巴尔济，“凡故元头目苗裔无不见杀”①，也先自称可汗，摒弃了只有“黄金家族”成员才能做可汗的传统，同时任命次子为太师。也先遣使入明贡马，并通报了自己即汗位之事，在给明朝的书信中，也先自称“大元田盛大可汗”，末曰“添元元年”，以示继承元朝的大统。“田盛”，犹言“天圣”。② 明廷复书，只称他为瓦剌可汗。

也先称大汗后自恃强大，日益骄肆，荒于酒色，特别是由于他不是“黄金家族”后裔，悍然废弃旧例，称汗自立，引起许多蒙古贵族的反对。景泰五年（1454 年），知院阿剌起兵讨伐也先，也先兵败被杀。③ 鞑靼部喀喇沁领主孛来趁瓦剌内乱，复攻杀阿剌，夺也先母妻并其玉玺，立脱脱不花之幼子麻儿可儿（或称“马可古儿吉思”）为可汗，明人称之为“小王子”④，“小王子”之称始于此。孛来自任太师、淮王，与其属毛里孩等皆雄视部中，于是“鞑靼复炽”⑤。与之形成对比的是，也先被杀后，部属离散，诸子火儿忽答等徙居干赶河（札布罕河），弟伯都王、侄兀忽纳等前往投靠哈密，瓦剌遂一蹶不振。

这一时期，兀良哈与明王朝仍维持着若即若离的关系。景泰初，明朝廷遣使抚谕，但三卫仍暗中与也先暗中勾结，并受也先的指使，常常非时入贡，为之刺探明朝虚实。明朝为此令边臣严加戒备，并规定三卫使者至，只令其中二三人入京，余者不得入关。由于也先在杀死脱脱不花后，对三卫横征暴敛，尽发其壮丁，随营征战，使他们不堪其扰，又逼徙朵颜所部于黄河母纳（今内蒙古包头市西穆尼乌拉山），三卫遂倒向明朝，暗中将瓦剌的动向报告明朝。为了躲避也先的逼迫，请求近边屯驻。旧制，三卫每岁三贡，规定其贡使俱从喜峰口验入，有急报则许进永平。但三卫并不遵守明朝规定的路线，他们的使者有时取道独石及万全右卫。明边将把这情况上报，明廷下诏予以禁止，要求三卫遵守旧制，但三卫依然我行我素。其实，三卫不遵守明王朝规定的路线，除了冒充瓦剌使者，多得赏

---

① 《明英宗实录》卷二三二景泰四年八月甲午条。

② 《明英宗实录》卷二三四景泰四年十月戊戌条；《明史》卷三二八《外国·瓦剌传》。而《明史》卷三二七《外国·鞑靼传》将也先自立为可汗系于景泰二年。日本学者和田清认为，“添元”，当为“天元”之讹，参见氏著《明代蒙古史论集》（上册），285～286 页，北京，商务印书馆，1984。

③ 《明英宗实录》卷二四六景泰五年十月甲午条。《明史》卷三二八《外国·瓦剌传》言在景泰六年，误。

④ 汉籍称小王子，谓其年幼即位为可汗，其后相沿成习，蒙古可汗常被明史籍称为小王子。参见汤纲、南炳文：《明史》，441 页，上海，上海人民出版社，1985。

⑤ 《明史》卷三二七《外国·鞑靼传》。

赐的目的外，也有一些不得已的苦衷，因为他们按照规定从喜峰口进入明境，喜峰口的官员往往借此敲诈勒索和百般刁难。成化九年（1473 年），喜峰守将吴广就是因为贪贿，使三卫忍无可忍，导致了三卫犯边，明王朝将吴广下狱处死。[①] 虽然惩罚了吴广，以安抚三卫，但明朝官员勒索三卫贡使的情况并不可能根本扭转。

孛来掌握蒙古大权后，极力笼络三卫。成化元年（1465 年）二月，孛来为三卫请赏，明廷认为赏有定额，予以拒绝，于是三卫感激孛来而怨恨朝廷，暗中与孛来往来，为之充当耳目。他们所遣使者与孛来的使臣同到明廷进献，明廷对待孛来使臣较为优厚，三卫使者不满，请求加赏，又为明廷所拒绝，他们对明廷厚此薄彼的做法十分愤怒，遂益与孛来相结。[②]

二、达延汗统一蒙古及对河北的袭扰

也先死后二十多年中，蒙古统治阶层内部相互攻伐，汗位更迭频繁。鞑靼诸部中孛来力量最强，他专擅朝政。孛来之后，毛里孩、癿加思兰等相继掌握实权，大汗沦为傀儡，往往死于权臣之手。成化十一年（1475年），满都鲁（1426—1479 年）被拥立为汗，结束了长期以来汗位频繁更迭的局面。

满都鲁，为脱脱不花的季弟，因在外而幸免于也先的屠戮。他在汗位五年，安辑诸部，与明廷修好，边境无大的战事。成化十五年（1479年），满都鲁去世，由于无嗣，巴图蒙克被拥立为汗，尊称“达延汗”，明廷仍称为“小王子”。巴图蒙克，为脱脱不花之弟阿噶巴尔济的重孙、巴延蒙克之子，两岁多丧父，母亲也被人霸占，颠沛流离，饱经人世间磨难，后来被满都海夫人收养。

达延汗即位后，蒙古仍处于分割割据状态，内乱不断，人口锐减。明大臣李东阳叙述当时蒙古的状况时称：“迄今虏众离乱，交仇互噬，其众不满数万，不能当我一镇，自有匈奴以来，未有衰于今日者也。”[③] 面对此危乱之局，年幼的达延汗在满都海夫人的辅佐下，打击异宗权臣，开始统一蒙古的大业。正德五年（1510 年），达延汗收服蒙古右翼土默特、永谢布等部，实现了蒙古左右翼的统一。“达延汗”即全蒙古大汗之意，但

① 《明史》卷三二八《外国·朵颜传》。

② 《明史》卷三二八《外国·朵颜传》。

③ 《西北备边事宜状》，见（明）陈子龙：《明经世文编》卷五四，北京，中华书局，1962。

这所谓的全蒙古，实际上名不符实，达延汗势力所及主要还是东部鞑靼诸部，而瓦剌占据西北地区仍具有相当的势力。但是达延汗西征的胜利，基本结束了长达数十年的诸部纷争，鞑靼得以在东起克鲁伦河，西至河套的广阔草原往来游牧，蒙古历史的发展由此进入一个新阶段，意义是重大的。[①]

达延汗在初步统一蒙古诸部的基础上，进行了比较全面的改革。一是废除了元朝以来由异姓领主担任的太师、丞相、知院等职务，加强了“黄金家族”特别是大汗的权力；二是剥夺异姓领主对万户的统治权，分封子孙掌管诸万户。当时东蒙古鞑靼分为六个万户[②]，统称为“四十万蒙古”。这六个万户又分为左右两翼，左翼三万户为察哈尔、兀良哈、喀尔喀；右翼三万户为鄂尔多斯、土默特（满官嗔）和永谢布（哈剌慎、阿苏特）。达延汗统一蒙古之前，他名义上是全蒙古的大汗，但直属部只有察哈尔万户，其他五万户均由异宗权臣领有。除了左翼的喀尔喀万户和兀良哈万户听从他指挥外，右翼三万户则是同达延汗对立的。随着力量的增强，达延汗逐渐铲除异宗权臣，而以其子孙统掌诸万户。达延汗及长子一系亲掌左翼，其中察哈尔万户是达延汗的基本属部，他封授给长子阿尔伦（图鲁博罗特），由于阿尔伦在内部的纷争中被杀，[③] 又封授给阿尔伦的长子卜赤（博迪）。正德四年（1509 年），达延汗任命次子五路士（即乌鲁斯博罗特）为济农，前往接管右翼三万户。但五路士在赴任时为不甘心受制的右翼所害，达延汗在正德五年（1510 年）击败右翼三万户后，又以第三子阿著（即巴尔斯博罗特）为济农。济农即副汗，代表大汗统治右翼三万户，驻帐鄂尔多斯万户。这六万户中除兀良哈万户以外，达延汗把其余的五万户都封授给自己的儿孙，六个万户及鄂托克（即部）领主全部由达延汗的子孙充任，剥夺了异宗权臣的控制权，重新建立起“黄金家族”比较稳固的统治。

需要指出的是，科尔沁部原为成吉思汗二弟合撒尔的后裔所统治，不在六万户之内。在达延汗所分封的诸子中，与河北较有关系的主要是以下

① 蔡美彪等：《中国通史》，第八册，273 页，北京，人民出版社，1993。

② 万户，蒙古语称为“土绵”，亦称“兀鲁思”，是一个大的部落集团，也是一块大领地。每一万户又由若干鄂托克组成。鄂托克，汉文典籍记载为营、枝、部、部落等，由地域接近又有近亲关系的亲族集团组成，是当时蒙古社会、经济的单位，也是万户之下的一块小领地，后来演变为和硕（旗）。

③ 或言其夭亡，参见和田清：《明代蒙古族史论集》（下册），410 页，北京，商务印书馆，1984。

诸部：①第五子斡齐尔博罗特（阿赤赖台吉），受封为克什克腾部领主，为左翼察哈尔万户的五大营之一，驻牧蓟镇边外；②七子阿尔博罗特（那力不赖台吉），受封为浩齐特部领主，属左翼察哈尔万户，驻牧宣府（今河北宣化）、张家口至独石口边外，该部后被阿尔伦（图鲁博罗特）的后裔继承；③八子格吗博罗特，受封为敖汉、奈曼两部的领主，属左翼察哈尔万户，驻牧蓟镇边外，这两部后来也被阿尔伦（图鲁博罗特）的后裔继承。

达延汗统治初期，由于主要致力于统一和稳定内部，无暇南下与明争衡，虽然在边境沿线与明王朝不时小有冲突，但总体上与明朝维持了较友好的关系。弘治元年（1488 年），达延汗遣使到北京请求通贡，明同意了他的请求，规定三年三贡，每贡使团人数多至三千人，少亦不下二千人。除每年贡使到京之外，还在长城沿线同明朝进行贸易。这种和平通贡、互市关系维持了十余年。随着达延汗统一西部蒙古，并崛起为蒙古草原的霸主，而明王朝根本不愿意北方出现一个强大的敌人，双方的矛盾逐渐激化。

弘治十三年（1500 年），达延汗为征讨右翼领主满都赉阿固勒呼（阿尔秃厮），率众移帐鄂尔多斯万户。明守将误以为达延汗将犯边入掠，遂于次年分兵五路主动出击，突袭鄂尔多斯，达延汗率军迎战，由此双方的贡市关系中断，战争拉开了序幕。达延汗持续不断地深入内地，劫掠骚扰。河北北部的重镇宣府是蒙古军进攻的重点，在这个背景下，发生了虞台岭（今河北万全境内）之战。

弘治十八年（1505 年）五月，明孝宗驾崩，武宗即位。达延汗趁明大丧，新君甫立之机，大举兴兵侵扰宣府镇，营于牛心山、黑柳林等处，连营二十余里。巡抚都御史李进、宣府总兵都督佥事张俊御之，命左参将李稽、副总兵白玉、右卫游击将军张雄、大同副总兵黄镇、游击将军穆荣等将，各率三千兵马分守要害。其中，李稽驻新开口，白玉驻万全，张雄驻新河口，黄镇、穆荣驻柴沟等堡。蒙古军从新开口（位于河北万全）毁城垣突入，李稽仓促应战，总兵张俊急令副总兵白玉及张雄、黄镇、穆荣等各率所部驰援。

蒙古军汹涌而至，新开口形势万分危急，而诸部援军迟迟不至。总兵张俊情急之下，亲率所部三千人援之，但至万全右卫城东，不慎坠马伤足，乃令都指挥曹泰代己驰援新开口。蒙古采取围点打援，在鹿角山将曹泰所率援军团团包围。张俊扶疾急调监枪内官李增等兵五千人，人持三日粮驰援。经过鏖战，明军大部突围而出，但张雄、穆荣所率明军却被阻于虞台岭山涧，援军根本无法进入。在虞台岭明军被围长达七天，粮秣水源断绝，人马饥乏，张雄、穆荣战死，侥幸得脱者十才二三。总兵张俊救援不成，只好撤军，且行且战，退入万全卫城，并立即传烽火告急。是役也，明军死者二千一百六十五人，伤者一千一百五十六人，损失战马六千五百余匹，被掠去百姓、畜产、器械等不可胜计，"议者谓自己巳年兵祸以后所未有也"[①]。在时人眼里，这是几十年来，自"土木堡之变"以来，明军所遭受的最惨重失利。

张俊等复奏蒙古军日增，恐兵力不支，请发京军策应。武宗命都指挥陈雄、张澄俱充右参将，各率京营兵二千以往，限三日启行。既而以守臣连连告急，复命都督李俊、神英充参将，各领兵二千驰往援之，人赏银二两、布二匹。当时边境上流传着一个颇有戏剧性的故事：蒙古大军至宣府城下，其中有人从怀中取出饼及麻冠，问城上士卒："此何物也?"[②] 原来是蒙古间谍至京师刺探消息，适值孝宗去世，国有大丧，臣民上下都头戴麻冠，蒙古间谍遂购买了饼与麻冠，并顺利通过了关卡，带回了蒙古。饼是中原内地人日常所食，麻布冠是内地人服丧所用。蒙古人向明军出示饼及麻布冠，无非是炫耀他们可以自由出入京师，以此说明宣府城根本不能阻挡他们。但宣府城中明军军力雄厚，戒备森严，达延汗见难以攻破，只好撤围，大掠而去。

正德四年（1509 年），达延汗任命他的一个儿子统率驻今张家口和鄂尔多斯地区的部落时，这些部落发动叛乱，经过四年才将叛乱镇压下去。由于这次叛乱，暂时迟滞了达延汗对明边境的侵扰。但随着叛乱的平定，他又开始了对明的进攻。

正德九年（1514 年）六月，宣府守臣奏："达虏拥众四万，入西海子剽掠。"[③] 七月，达延汗连营数十，犯宣府，而别遣万骑掠怀安。总制丛兰告急，明武宗命太监张永提督军务，都督白玉充总兵官，率京营兵御之，京师戒严。八月，达延汗进攻白羊口及浮图峪，连营数十里。按：白羊口，亦称白杨口，为明内长城东部要口，属居庸关管辖，在北京昌平西北二十余公里，距居庸关南口十公里。它南接北京平原，口外通怀来、宣府，是昌平和怀来间最为近捷的通道。明景泰元年（1450 年）在此筑一小石城，派兵戍守，后又于其西南建一小城，称白羊新城，以加强防御。

① 《明武宗实录》卷一弘治十八年五月戊申条。己巳年，即明英宗正统十四年（1449 年），"己巳年兵祸"即土木堡之变。

② 《明武宗实录》卷一弘治十八年五月戊申条。

③ 《明武宗实录》卷一一三正德九年六月戊申条。

此堡与居庸、紫荆、倒马诸关并称京西内险。正统九年（1444年），瓦剌也先曾率军犯此。今达延汗亦经由此路，企图由此进入北京。

正德九年（1514年）九月，达延汗率五万余骑，自宣府万全卫右卫新开口入，逾怀安，趋蔚州等处，又三万余骑入平虏城南。面对蒙古军的进攻，总制丛兰首先实行坚壁清野，使蒙古军人饥马乏，他预先命人将放有毒药的饭菜置于田间地头，就像农家为家人送的饭菜一样。明军设伏以待，蒙古军至，果然中计，吃了这些饭菜后毒性发作，明军乘机掩杀，这些蒙古军大部被歼。①

正德十一年（1516年）七月，达延汗率军又犯白羊口，深入宛平县，洗劫了大批村镇。八月，蒙古退军，明廷赐宛平县百姓每人米二石进行赈济。同年秋，达延汗又以七万骑分道进攻，与总兵潘浩战于贾家湾。贾浩两战两败，裨将朱春、王唐阵亡。太监张永率军与蒙古军在老营坡遭遇，发生激战，张永受伤逃至居庸关。蒙古军遂犯宣府，凡攻破城堡二十，杀掠人畜数万。

为了抵御达延汗的进犯，正德十二年（1517年）八月甲辰，武宗在江彬的鼓动下，微服从德胜门偷偷出京，出居庸关，欲幸宣府。第一次由于大臣发觉，才行至居庸关，被拦阻不得出关，不得已悻悻然还宫。但武宗并不死心，八月丙寅，复夜出德胜门趋居庸关，辛未，终于出居庸关。为了防止京城内的大臣追赶，让太监谷大用守把，无敕令不得出关。九月甲戌，武宗至宣府。他到宣府后，将战事完全丢在脑后，贪玩好乐的本性展露无疑，“既幸宣府，遂营建镇国府第，晏然忘归，时夜出，见高门大户即驰入，或索其妇女。于是富民厚赂彬，以求免。久之，军士樵苏不继，至毁民屋庐以供爨，市肆萧然，白昼户闭”②。壬辰，入阳和，他欲以武功自雄，自称“总督军务威武大将军总兵官”，所驻跸称“军门”，凡有征发，悉以威武大将军钧帖行之。十月癸卯，驻跸顺圣川（今河北阳原东城镇与西城镇）。但武宗皇帝驾临阳和的消息被蒙古人获悉了，达延汗以五万余骑犯兴和，大掠应州，希望“土木之变”的历史重演。武宗虽然耽乐嬉游、行事近乎荒唐，但军事才能远胜英宗，他亲自部署，命诸将分布要地，自阳和来援，激战五日，最后达延汗退兵。武宗将捷报飞报京师，其实这根本算不上什么胜利，明军的战果是斩获蒙古军首级十

---

① 《明史》卷一六《武宗纪》；《明史》卷三二七《外国·鞑靼传》。

② 《明武宗实录》卷一五三正德十二年九月甲戌条。

六，而明军却死者五十二人，重伤者五百六十三人。[①] 正德十五年（1520年）七月，达延汗又犯宣府。[②]

三、兀良哈对河北的侵扰

在达延汗所辖的六万户中，兀良哈虽然名义上归附达延汗，但并不像其他万户一样由达延汗任命其子孙统辖，而保持着相当的独立性。兀良哈依违明与鞑靼之间，以求生存，明强则附明，鞑靼强则附鞑靼。弘治初，由于兀良哈常盗掠古北、开原之境，守臣张玉、总兵李杲等设计诱斩其来进行互市者三百人。兀良哈为了复仇，遂北结脱罗干，数寇广宁、宁远诸处。但此时兀良哈与鞑靼关系也开始恶化，达延汗屡侵兀良哈，三卫陷入两面作战的窘境。迫于压力，被迫向明请罪。但明边将的一些歧视压迫行为，造成三卫对明又恨又怕，故外为恭顺，暗中却与达延汗勾结。弘治十一年（1498年）冬，朵颜犯边。这次朵颜犯边，明王朝应负主要责任，"先是，边军烧荒出塞，遇寇骑掩杀之，边衅遂起"。[③] 十七年秋七月，朵颜又引导达延汗入寇大同，孝宗议调京师之兵讨伐，大学士李东阳表示反对，他说朵颜与达延汗勾结，潮河川、古北口距离京师只有一天的路程，宜固根本，以防御为上，勿远出师自疲，孝宗深以为然。

武宗正德四年（1509年）冬，泰宁卫女直都指挥佥事满蛮率部落两万余人，为了躲避鞑靼的侵扰，请求附居塞下。武宗以镇安堡（今河北赤城东北）旧有土圈，便令居之。[④] 当时兀良哈三卫中，朵颜最强，朵颜都督花当为完者帖木儿的后裔，地位最高。他恃险而骄，几次请求增贡加赏，但都为明廷拒绝，他恼怒之下与达延汗联系更为密切，图谋入侵。

花当的次子把儿孙骁勇善斗，与达延汗结为姻亲，自恃有达延汗这个靠山，对明朝的侵扰更加频繁。正德十年（1515年）四月，把儿孙率千余骑，自鲇鱼关（位于河北遵化西北）毁垣而入马兰谷，纵军大掠，杀死参将陈乾及指挥谈茂、马英复。复分兵以五百骑入板场谷，千骑入神山岭，又千余骑入水开洞。武宗命都督桂勇充右参将，统团营西官厅三千人，调河间游击将军刘宝所部兵及保定、定州等处达官舍共三千人御

---

① 《明史》卷一六《武宗纪》；《明武宗实录》卷一五四正德十二年十月癸卯条。

② 《明史》卷一六《武宗纪》。

③ 《明史纪事本末》卷二〇《设立三卫》。

④ 《明武宗实录》卷五〇正德四年五月戊戌条。据《明武宗实录》卷二弘治十八年六月，满蛮等即款塞，欲内附。

之。[1] 巡抚顺天都御史王倬对诸将说："敌知吾兵屯西，必东入。"乃命指挥叶凤埋伏山下，朵颜果然向东边扑来，恰好中了明军的埋伏，大败。[2] 把儿孙退去，屯驻红罗山（又名红螺山）。花当遣杜秃等来请贡，且请献马以赎杀死明参将陈乾之罪。兵部尚书王琼坚持追讨把儿孙犯边之罪，声言只有把儿孙为陈乾偿命，乃准许罢兵予贡。把儿孙听后大怒，破口大骂，呼杜秃等去。花当自知难以抵抗明军，将把儿孙藏匿起来，使其子打哈等入朝请罪，武宗也就见好就收，允许把儿孙朝贡并班师。自此以后，朵颜变本加厉，复入寇，参将魏祥全军覆没，终正德之世不能讨。

四、俺答汗的崛起及察哈尔部东迁

（一）俺答汗的崛起

正德十二年（1517 年），达延汗去世。[3] 由于长子阿尔伦（图鲁博罗特）早死，长孙博迪（或称卜赤）尚幼，遂由次子、右翼济农阿著（巴尔斯博罗特）继为大汗。但阿著为可汗与祖制不合，在诸部压力下，正德十四年（1519 年），阿著被迫归政于博迪，不久去世。博迪，明史籍也称为"小王子"。但他只是蒙古名义上的共主，诸部大多不服其约束，大权实际掌握在阿著之子吉囊、俺答手中。吉囊，为阿著长子，本名衮必里克，直辖鄂尔多斯万户，由于他袭父职为济农，明人因其职位，称之为吉囊，掌管成吉思汗的"八白室"。俺答，生于明正德二年（1507 年），本名"阿勒坦"（蒙古语黄金之意），后来明朝官方文书及史籍译为"俺答"（或译为俺达、谙达、俺滩等）。

吉囊、俺答二人部落强盛，博迪汗（又称"卜赤汗"）虽有君长之尊，根本不能控制此二人。吉囊屯驻河套，土地沃衍，而俺答最初驻牧开平以北，即今内蒙古正蓝旗闪电河以北地区，牧场贫瘠，条件恶劣。后移驻土默特川。土默特川，又称丰州滩（今呼和浩特平原），在黄河河套地区。河套地区三面阻河，土质肥饶，水草丰美，耕牧兼宜，自古就是游牧民族栖息之地。俺答以河套为据点，依托这里优越的自然地理条件，积极向四方扩展，势力发展到青海。由于西征的胜利，博迪汗赐俺答号曰"土谢图彻辰汗"（意为可依靠的聪睿之汗），俗称俺答汗，成为实力超过

---

① 《明武宗实录》卷一二六正德十年六月己巳条。

② 《明史纪事本末》卷二〇《设立三卫》。

③ 《蒙古源流》卷六言达延汗"在位七十四年，岁次癸卯（即嘉靖二十二年，1543 年——引者注），年八十岁归天矣"，误。参见和田清：《明代蒙古史论集》（下册），411 页，北京，商务印书馆，1984；杨绍猷：《俺答汗评传》，20 页，北京，中国社会科学出版社，1992。

博迪汗的又一个蒙古汗。据《明世宗实录》卷一三九嘉靖十一年六月戊戌条载监察御史徐汝圭所言："北虏之众，凡有三窟：一屯河套，近延绥；一屯威宁海子之北，近大同；一屯北口青山，近宣府。"可见早在嘉靖十一年（1532 年）之前，俺答已移居宣、大之北的丰州滩等地。

嘉靖初年，蒙古内部由于权力更迭，无暇南下，故对明长城一线的压力不大。但随着内部趋于稳定，便又开始频繁犯边，烈度也不断升级。"自河套以东宣府、大同边外，吉囊弟俺答、昆都力驻牧地也。又东蓟、昌以北，吉囊、俺答主土蛮（即小王子博迪——引者注）居之，皆强盛。"① 博迪、俺答、吉囊诸部，或合或分，时时犯塞，西至甘肃宁夏，东至山西、河北北部等，皆受其祸。宣府为京师北门，更是他们进攻的重点。

嘉靖二年（1523 年）五月，小王子犯密云石塘岭，杀指挥使殷隆。八月，犯丁字堡，都指挥使王纲战死。嘉靖六年（1527 年）二月，小王子犯宣府，参将王经战死。三月，复犯宣府，参将关山战死。嘉靖九年（1530 年）六月，又入宣府。嘉靖十六年（1537 年）六月，吉囊犯宣府，指挥赵镗战死。八月，复犯宣府，杀参将张国辅。十七年六月，犯宣府，都指挥周冕战死；秋，又入侵，参将都指挥丁璋败绩；冬，入侵，总兵官江桓将其击退。蒙古几乎无岁不入寇，前后杀掠吏民剽人畜以亿万计，明军被动防御，疲于应敌，损失惨重。

嘉靖十九年（1540 年）七月，俺答诸部大举进犯宣府。先是大同降人王九子向明廷发出了俺答将要犯边的警告："北部哈剌嗔纠俺答、几禄、吉囊、青台吉、赤台吉等共十余部，祷旗晾马，负十日糗备入塞。"但这消息却有些晚了，当消息到达，俺答大军已越过圣顺川，抵达蔚州。所过之处，尽破关隘，杀人盈野，财物劫掠一空。总兵白爵御之，战于水儿亭，败绩。总兵云冒与俺答军战于连云堡，明军又大败。俺答留宣府境内两月，始出塞。②

① 《明史》卷二二二《王崇古传》。叶向高《四夷考·北虏考》云："吉囊、俺答各九子，子各万骑。其弟老把都亦数万骑，壁张家口。诸昆从百十，皆有分地。率盗边自肥，日益强盛。名尊小王子，不受其约束。小王子亦徙壁东方，直蓟辽，号曰土蛮。""土蛮"是酋长的名号，不是部族称号，即图们汗。但徙壁东方的并不是图们汗，而是在他的父亲达赉逊汗（达来孙汗）时期。据萨囊彻辰《蒙古源流》卷六，达赉逊汗，岁次丁巳（即嘉靖三十六年），年 38 岁崩。其后图们汗嗣。明人瞿九思《万历武功录》卷十专门立有《土蛮列传》。

② 《明史纪事本末》卷六〇《俺答封贡》。而《明史》对蒙古诸部活动也有记载，但多所讳饰，甚至言败为胜。《明史》卷一七《世宗纪一》云十九年七月，吉囊入万全右卫，总兵官白爵逆战于宣平，败之。壬子，又败之于桑乾河。

吉囊居长兄之位，袭任济农，地位最尊，诸兄弟都听他指挥。但他晚年耽于酒色，不理军政，大权逐渐落到俺答手中。嘉靖二十年（1541年），俺答代替吉囊执掌蒙古右翼大权。次年，吉囊死，诸子狼台吉等散处河西，势力既分，形成俺答独盛的局面，不仅完全控制了蒙古右翼三万户，并向左翼扩张。嘉靖二十三年（1544 年），俺答领兵远征朵颜、福余、泰宁等兀良哈三卫，三卫相继降服。据明巡按宣大御史胡宗宪言："迩闻俺答阿不孩东婚三卫，西和套虏，黄毛诸部悉皆兼并，中国俘民尽为先驱，控弦之士四十余万，比之永乐、宣德间，盖百倍其盛矣。"①

（二）察哈尔部东迁

明中期，达延汗复兴"黄金家族"的统治，实现了东部蒙古的统一，在六个万户中察哈尔万户直属蒙古大汗，为驻帐所在。因此，察哈尔万户为漠南蒙古诸部名义上的宗主部，成了蒙古正统的象征。察哈尔万户各鄂托克的驻牧地原位于明宣府正北的可可的里速一带，也称"大沙窝"，其地理位置大致为今内蒙古锡林浩特以南，苏尼特右旗以东，镶白旗北部和克什克腾旗以西广袤的沙漠地带。② 明人称察哈尔大汗为小王子，称察哈尔部为小王子部。由达延汗的长子长孙系统继承汗位，世袭察哈尔万户的领地和属民，君临诸万户之上。诸万户听命于大汗，向大汗交纳贡赋。因此，"时小王子最富强，控弦十余万，多畜货贝"③。

但达延汗去世后，左右翼之间、诸子孙之间即起了纷争。早在博迪阿拉克汗（即卜赤汗）时，大汗权威即开始失坠，右翼诸部皆有分地，"名尊小王子，不受其约束"④。特别是俺答自恃实力强大，对大汗的号令置若罔闻，乃至骚扰侵犯察哈尔部，"数失小王子贡约，亦相侵伐"⑤，同时他对察哈尔部也是时刻提防、处处戒备，"凡东南侵，必徙其帐于北，以避我（指明朝——引者注）捣巢。又留兵以护家防小王子"⑥。

---

① （明）胡宗宪：《题为陈愚见以裨边务疏》，见（明）陈子龙：《明经世文编》卷二九五，北京，中华书局，1962。

② 内蒙古社科院历史所《蒙古族通史》编写组：《蒙古族通史》（中册），133 页，北京，民族出版社，2001。

③ 《明史》卷三二七《外国·鞑靼传》。

④ （明）叶向高：《四夷考》卷七《北虏考》，见薄音湖、王雄编辑点校：《明代蒙古汉籍史料汇编》，第二辑，514 页，呼和浩特，内蒙古大学出版社，2006。

⑤ （明）赵时春：《北虏纪略》，见薄音湖、王雄编辑点校：《明代蒙古汉籍史料汇编》，第一辑，147 页，呼和浩特，内蒙古大学出版社，2006。

⑥ （明）赵时春：《北虏纪略》，见薄音湖、王雄编辑点校：《明代蒙古汉籍史料汇编》，第一辑，147 页，呼和浩特，内蒙古大学出版社，2006。

嘉靖二十六年（1547 年），博迪汗死，达赉逊汗（或称打来孙汗）即位。按照辈分他是俺答的侄子，由于这层关系，俺答更加不将其放在眼里，“桀骜久不听其约束，而耻为之下”①。由于达赉逊汗与俺答仇隙日深，俺答向明廷入贡称外臣，以达到“假朝廷官爵，与其侄争雄”② 的目的。嘉靖二十六年（1547 年），达赉逊汗欲犯辽东，俺答将此情况通报了明王朝，并许诺与明朝夹攻达赉逊汗。由于受俺答的威胁，又无力讨伐，担心为其所并，达赉逊汗遂东徙避之。嘉靖二十九年（1550 年），达赉逊汗由原来的驻牧地宣府塞外，率领所部十万落，“徙帐于辽（东）。收福余杂部，数入略蓟西”③。他率领蒙古左翼察哈尔和喀尔喀两个万户，从宣府、大同塞外，离开世代驻牧的草地，沿着西辽河向东，东迁至兴安岭以东的西拉木伦河流域，并吞并了泰宁、福余二卫。老哈河以东，辽河以西，西拉木伦河流域及其以北的广袤草原地带，自此皆属察哈尔万户的驻牧地。④

察哈尔部东迁的原因，除了俺答的压力外，可能也有自然环境的因素。达赉逊汗当时所据之地，今内蒙古锡林郭勒盟中南部的沙漠地带，这里自然条件比较恶劣，水草牧地不能满足大量畜群放牧需要，远不如其后来东迁的辽东一带，那里是水草肥美的膏腴之地。这可能是左翼万户东迁的重要原因。⑤ 但无论怎样，察哈尔部十万余落从河北北部移牧于兴安岭东南半部，不仅是河北蒙古族历史，而且是整个蒙古族发展史上的一件大事。达赉逊汗所在的察哈尔部的东迁，标志着蒙古政治中心的转移。另外，其东迁引发了一系列连锁反应，一定程度上改变了漠南地区蒙古分布格局。察哈尔部侵占了兀良哈三卫的牧地，兼并了三卫的部分属民，同时土默特和喀喇沁部东移，占据了察哈尔部的故地。大批蒙古人集结到兀良

---

① 《明实录》卷三七一嘉靖三十年二月壬辰条。

② 《明实录》卷三七一嘉靖三十年三月壬辰条。

③ 《明史》卷三二七《鞑靼传》。关于徙幕的时间，《明史·鞑靼传》系于嘉靖十一年条下：“时小王子最富强，控弦十余万，多畜货贝，稍厌兵，乃徙幕东方，称土蛮，分诸部落在西北边者甚众。”误。《明世宗实录》嘉靖二十九年十二月丁丑条载：“兵部复言：大虏部落皆在宣大边外。……然小王子一部独处东偏，万一有警，将径下辽东、蓟，不由宣大。”可见二十九年底前，小王子已徙帐。而日本学者和田清认为系于嘉靖二十六年，参见《明代蒙古史论集》，423～424 页，北京，商务印书馆，1984。他主要据《明世宗实录》卷三二四嘉靖二十六年六月癸巳条所载总督宣大左都御史翁万达的奏报云：“是时，俺答诸酋与小王子有隙，小王子欲寇辽东，俺答以其谋来告，请得与中国夹攻之，且以此立信。”“欲寇辽东”是否即迁徙，颇有疑问。《蒙古族通史》言在二十九年，今从之。

④ 《蒙古族通史》（中册），136 页，北京，民族出版社，2001。

⑤ 《蒙古族通史》（中册），132 页，北京，民族出版社，2001。

哈地区，侵占了三卫故地，迫使三卫大批内迁，造成明王朝蓟辽边地的压力陡然增大。咸宁侯仇鸾上言："秦（泰）宁、福余二卫夷人，畏虏徙避夹墙，宜抚回原卫驻牧。如果寡弱不能自立，悼归故土，亦当计处安插，并经略所遗原卫地方，毋为北虏侵。"① 明世宗专门下旨令总督侍郎何栋纠合辽东镇官从长计处，并拿出一个解决方案上报。

另外，察哈尔部东迁后，坐拥地利，西南可犯蓟门，东北可犯辽左，这自然引起一些明朝官吏的警觉。但总的来看，当时明王朝关注的重心是俺答汗，对达赉逊汗的东迁并没有予以足够的重视。察哈尔部东迁的影响在后世才逐渐显现出来。察哈尔部自进入辽河地区以后，不断与辽东明军发生激烈冲突，致使明东北局势日趋紧张。在明朝和察哈尔部的对抗中，女真乘势崛起，以致明朝和蒙古都无法压制和对抗。女真人建立的后金政权，不仅各个击破了蒙古各部，也大败了明王朝，最后入关统一了中国。正如日本学者和田清所言："由于移动的结果，在蒙古内部引起了重大变化，并使明廷辽东大为疲蔽，不久便形成了清朝兴起的基础。"②

在察哈尔部东迁后，其故地被俺答汗之弟老把都、长子黄台吉占据，俺答家族势力很快填补了这一势力真空。老把都率领永谢布万户的喀喇沁（哈剌嗔）部进驻该地，驻牧张家口东北边外至独石口以北地带，拥兵三万精骑，为俺答汗的得力膀臂。俺答的五弟巴延达喇纳琳台吉（那林台吉），领左翼察哈尔万户之察罕塔塔尔（白鞑靼），驻牧宣府独石口边外，离边塞约十日程。末弟博迪达喇驻牧宣府、张家口塞外正北方，离边塞约二十日程。

嘉靖三十一年（1552 年）前后，俺答将洪武以来久已落入瓦剌手中的和林夺了回来。他拥精骑十余万，雄于诸部，满官嗔等八营皆服属之，时时入明境骚扰。东入蓟、昌，西掠忻、代，游骑薄平阳、灵石，至潞安以北，"起嘉靖辛丑（1541 年），扰边者三十年"③，成为明王朝的心腹大患。由于俺答汗以吐默川，即河套地区为根据地，故史书上常称其为"套寇"。

---

① 《明世宗实录》卷三七〇嘉靖三十年二月甲戌条。

② ［日］和田清：《明代蒙古史论集》（下册），425 页，北京，商务印刷馆，1984。

③ 《明史》卷二二二《王崇古传》。

图 3－2　俺答汗塑像（冯金忠摄）

嘉靖后期，江南沿海倭寇十分猖獗，牵制了明朝大量兵力和精力。同时，俺答几乎每年扰边，有时一年数次入边，与倭寇一北一南，遥相呼应。明王朝陷入两线作战的境地，时人有“南倭北虏”之说。

五、庚戌之变

当时蒙古诸部的南下，主要为了劫掠财物和人口。自达延汗以后，蒙古社会内部相对稳定，社会生产力得到较大发展，特别是畜牧业的发展，蒙古上层迫切希望同中原内地进行贸易往来，互通有无。但是在一个世纪前的“土木之变”中遭到惨败的明统治者仍心有余悸，对蒙古仍然采取封锁、敌视的态度，从而导致双方矛盾日趋升级，终至兵戎相见。

嘉靖二十年至二十一年（1541—1542 年），俺答在完全控制了蒙古右翼三部后，先后两次派遣石天爵等人为使，要求同明朝进行互市贸易。石天爵，本系中原人，为蒙古所掠，俺答所用。嘉靖二十年（1541 年），俺答遣石天爵、肯切至大同阳和塞要求通贡，表示：“其父諰阿郎（即巴尔斯博罗特）在先朝常入贡，蒙赏赉，且许市易，汉达两利。近以贡道不通，每岁入掠，因人畜多灾疾，卜之神官，谓入贡吉……果许贡，当趣令一人归报，伊即约束其下，令边民垦田塞中，夷众牧马塞外，永不相犯，当饮血为盟誓。否即徒帐比鄙，而纵精骑南掠去。”① 但明君臣久议不决，俺答汗担心二人安全，索石天爵等人甚急，明廷认为“虏情多诈”，扣留肯切，而遣回石天爵传话，又高价悬赏，称能杀吉囊、俺答者，与爵都督，并赏千金。俺答乃大掠三关而去。翌年五月，俺答汗又遣石天爵等至大同，石天爵言蒙古内部情况甚详，其中言蒙古小王子等九部，“咸驻牧青山，艳中国纱段，计所以得之者，唯抢掠与贡市二端。抢虽获有人畜，而纱段绝少，且亦自有损失，计不如贡市完。因遣天爵等持令箭二枝、牌一面为信誓，请贡市，一请不得则再请，再请不得则三请，三请不得则纠众”②。以上言语既向明王朝表示了俺答足够的贡市诚意，但也有警告乃至恫吓的意味，那就是贡市之要求，如果屡屡不得如愿，双方只有兵戎相见这一条路了。大同巡抚、都御史龙大有诱执石天爵，谎称俘获，上奏以邀功。嘉靖帝不仅拒绝了贡市的请求，甚至还磔石天爵及肯切于市，并传首九边。明朝此举彻底激怒了俺答，决心对明朝进行大规模报复。原来蒙古进兵，多选择在秋高气爽、草肥马壮的秋季，盛怒之下的俺答汗不待秋期，即以盛暑六月悉众入寇，大掠山西南及平阳东及路沁等地。

嘉靖二十三年（1544 年）正月，俺答犯黄崖口，二月犯大水谷（今北京密云西北），三月犯龙门所（今河北赤城北）。按：黄崖口，位于今天津蓟县与河北兴隆交界处，有黄崖关长城。冬十月，俺答破宣府，入紫荆关。紫荆关一失，京师门户洞开，京师宣布戒严。由于蒙古军多在秋季入边，明廷在北边实行防秋，征调各地军队加强防御，秋季过后，警报解除，各地军队各回本地。当时已值十月隆冬，各地征调来防秋的军队早已遣散，俺答趁明廷疏于戒备之时进行突袭。对此惨败，嘉靖帝异常震怒，巡抚朱方因为请求早撤防秋兵，导致俺答深入，宣大总督翟鹏因御敌不力，二人都被逮捕下狱。最后翟鹏被削籍为民，朱方甚至被杖死关下。③

---

① 《明世宗实录》卷二五一嘉靖二十年七月丁酉条。

② 《明世宗实录》卷二六二嘉靖二十一年闰五月戊辰条。这里的“青山”，可能即“北口青山”，近宣府。据《明世宗实录》卷一三九嘉靖十一年六月戊戌条载监察御史徐汝圭所言：“北虏之众，凡有三窟：一屯河套，近延绥；一屯威宁海子之北，近大同；一屯北口青山，近宣府。”同书卷二五三，嘉靖二十年九月甲辰，总督蓟州军务右侍郎胡守中奏折云：“况密云一带，路口甚多，去小王子驻牧，仅一二日程。”顾祖禹《读史方舆纪要》卷一八言：“大青山在卫（开平故卫——引者注）西南，或曰即青岭也。”实际上，青山为今张家口尚义县之青山，此曾为蒙古大汗驻牧之地。

③ 谷应泰：《明史纪事本末》卷六十《俺答封贡》。而《明史》卷一八《世宗纪二》则记载：嘉靖二十三年十月，“小王子入万全右卫。戊寅，掠蔚州，至于完县。京师戒严。乙酉，逮总督宣大兵部尚书翟鹏、巡抚蓟镇佥都御史朱方下狱，鹏谪戍，方杖死。十一月庚子，京师解严”。《明史》卷三二七《外国·鞑靼传》与《明史》略同。

嘉靖二十四年（1545 年）八月，俺答犯松子关，杀守备张文翰。二十五年六月，犯宣府，千户汪洪战死。二十七年（1548 年）九月，俺答入宣府塞，深入永宁、怀来、隆庆，守备鲁承恩等战死。二十八年（1549 年）春二月，俺答又大举入犯，攻宣府滴水崖，直抵怀来，指挥江瀚、董旸迎战，斩获颇多，无奈援军迟迟不至，最后由于寡不敌众，双双阵亡。俺答乘怀来之胜，又东犯永宁，关南大震。总兵周尚文率一万大军追至曹家庄，与俺答遭遇，大战，总督翁万达亲自率领精兵增援，俺答在明军前后夹击下败走。此役明斩首五十五，获器仗铠甲无数。俺答受此打击，乃不得不出塞退兵。如果仅从战果上看，根本谈不上辉煌，但相比明军以前一连串的失利，此役能够取胜，在当时还是颇能振奋人心的，以至“议者谓数十年间，无此战功”[①]。捷报奏闻，嘉靖大悦，对有关诸臣都予以一定的升赏。当明军还沉浸在久违的胜利之时，八月，俺答又侵入宣府，备御官张景福、百户成策、李松战死。

虽然通贡的要求屡被拒绝，但俺答并不死心，他一面派兵继续骚扰明边境，一面向明朝派遣使者，许诺停止入侵和休战。可是明朝将此视为俺答汗的要挟手段，置之不理。嘉靖二十六年（1547 年）四月，总督宣大侍郎翁万达上言：“俺答请求入贡，乞参酌其可否。”主张答应俺答通贡之要求。但嘉靖下诏称，“逆寇连岁为患，跪言求贡，勿得听从。其各严边兵防御，如有执异，处以极典”[②]。在这措辞严厉的诏令中，已经完全将贡市的大门堵死了。嘉靖二十八年（1549 年），俺答派人到宣府镇外将一封类似最后通牒的书信射入明军营中，信中威胁说，如果明朝仍然执意拒绝互市，蒙古军就将挥师南下，兵临北京抢掠。明朝仍然对此不予理睬。由于最后通牒失效，俺答没有别的选择，只有再次发动对明的攻势，这次他选择的进攻方向是大同。

嘉靖二十九年（1550 年）六月，俺答进攻大同，溃边墙而入，大同总兵张达和副总兵林椿战死。俺答首战告捷，自威宁海移驻断头山，调集十余万大军打算深入关南。此时宣大总兵为仇鸾，他以贿赂严嵩之子严世蕃而得接任张达任宣大总兵。七月，蒙古军再次来犯，仇鸾面对危局，惶惧无策，派心腹送俺答以重金，请求移师他塞，勿犯大同。其实大同镇已不是第一次使用这样以邻为壑的伎俩。早在嘉靖十九年（1540 年）俺答

① 《明史》卷一八《世宗纪二》载：嘉靖二十八年二月，“乙卯，周尚文败俺答于曹家庄。丙辰，宣府总兵官赵国忠又败之于大滹沱”。

② （清）谷应泰：《明史纪事本末》卷六〇《俺答封贡》。

入塞时，大同镇将暗地遣人与俺答相约：“勿掠我人畜，我亦不阑汝。”俺答诸部大喜，与使者折箭盟誓而去。最后越过大同，转掠内地，杀掠人畜万计。回兵时，还将一部分所掠辎重送给大同将卒，请求假道。[①] 这次仇鸾不过是故技重施。八月，俺答转而向东。明谍报者侦知蒙古欲犯宣府，兵部尚书丁汝夔报喜不报忧，根本没有将边境吃紧的情况如实上奏，只是申饬蓟州抚镇，加强警戒防御。已而警报渐甚，丁汝夔才调发诸边兵一万二千骑、京营兵二万四千骑，布防宣、蓟诸关。

八月十四日，俺答大举入侵，蒙古军绕过明重兵防守的大同和宣府镇，顺潮河川南下，出其不意移兵至古北口，以数千骑进攻关城。都御史王汝孝率蓟镇兵迎战，用火炮给蒙古军很大的杀伤。俺答佯装攻城，以拖住蓟镇之兵，而暗中另派精骑从间道黄榆沟，毁边墙而入，绕到蓟镇军背后，从背后击之。蓟镇兵遂大败。俺答势如破竹，一路南下，经怀柔、顺义，十七日，直逼通州，营于潞河东二十里的孤山（今通州东北）、汝口，大掠密云、三河、昌平诸处。辛巳，进犯京师，京师戒严。

自正统十四年（1449 年）的“土木之变”以来，北京已百年无警，如今三日之内蒙古大军突然兵临城下，顿时陷入大乱。当时北京城内军备十分空虚，兵部尚书丁汝夔急忙部署京城防御，当点阅京军册籍时，不禁目瞪口呆。“时册籍皆虚数，禁军仅四五万，老弱半之，又半役内外提督大臣家不归伍，在伍者亦涕泣不敢前。”[②] 这些军队缺少战具甲仗，平时荒于训练，几乎无战斗力可言。嘉靖帝下令招募京城居民及四方应举武生约四万人守城，又飞檄召各镇兵勤王。

仇鸾在贿赂俺答使其移兵东向后，假惺惺地向嘉靖皇帝上奏说，侦察到俺答将“东犯蓟镇，诚恐京师震惊，请以便宜应援，或随贼搏战，或径趋居庸为防守”[③]。此后，俺答果然从蓟镇、古北口来犯，嘉靖以为仇鸾料事如神，对其更加信任，命其率兵火速入援。十八日，仇鸾率大同兵二万最先到达，驻于通州河西。保定都御史杨守谦也以五千骑至，扎营于东直门之外。接着河间、宣府、延绥、山西、辽阳诸将先后赶到，共七镇五万余人，京城上下人心方定。嘉靖任命仇鸾为平虏大将军，总领各路兵马，巡抚保定都御史杨守谦提督军务，左谕德赵贞吉宣谕诸军，分别把守北京各门。

---

① 《明史纪事本末》卷六〇《俺答封贡》。

② 《明史》卷二〇四《丁汝夔传》。《明史纪事本末》卷五九《庚戌之变》记载略同。

③ 《明史纪事本末》卷五九《庚戌之变》。

由于变起仓促，各路勤王之师各率轻骑驰至，未携带糗粮，嘉靖下诏以牛酒犒军，无奈有司根本无法供应。不仅如此，更要命的是，粮草一时无从筹措，远途跋涉而来的军兵忍饥挨饿。户部文移往复，两三日后，士兵始得数饼。由于廪饷不能给，军情怨望。仇鸾所在的大同军军纪尤差，他们梳成椎髻，假扮为蒙古人，于村落中大肆劫掠，无恶不作。如果被官军抓获，他们就谎称是辽阳军，即朵颜诸部。在此之前，俺答曾故意放出消息，说是“辽阳实导我来者”①，故京师上下信以为真，人人自危，都认为朵颜亦参与了叛乱，仇鸾军队正好利用了这一传言。

四方援军虽至，但以仇鸾为首的诸将皆恇怯不敢出战，内阁首辅严嵩也要求诸将坚壁勿战，听凭蒙古军在城外掳掠。面对质难，他辩解说，俺答好比是抢食贼，吃饱了自然就会离去。他还告诫丁汝夔和仇鸾，在边塞作战，若败了可以隐瞒，现在在京郊天子眼皮底下打仗，若败了则无法隐藏，因此，最好是按兵不动，不求有功，但求无过。大敌当前、生民涂炭之际，严嵩顾念的仍是自己的官位，根本不关心国家利益及百姓的死活。二十日，蒙古军自白河，东渡潞水西北行，大掠村落居民，焚烧庐舍，掳掠了北京近郊的西山、黄村、沙河、大小榆河等处，大火日夜不绝。城郊民众扶老携幼，聚集北京诸门，希望入城躲避，但明将严令不得开门，城外号哭呻吟之声，响彻云霄，闻于皇宫西内。是日，俺答掠妇女，大饮演武堂上，游骑往返六门外。而总领京师诸镇兵马的仇鸾畏缩城内，根本不敢出击。

二十一日，俺答放回了在东直门御厩内俘获的杨增等八人，让他们进城向嘉靖皇帝递交书信。信中提出欲以三千人入贡，如果明廷答应，即可撤兵，否则将继续增兵，直至破城。嘉靖帝召集大学士严嵩、李本，礼部尚书徐阶等人商量如何应对。诸大臣意见纷纭，严嵩强烈反对同俺答进行互市，在强敌兵临城下之际，仍坚称俺答不过是“抢食贼，不足患”。徐阶反对断然拒绝俺答，但也认为如果这样遽然答应俺答，则无异于城下之盟，有失明王朝的颜面，提出可以“其书皆为汉文”，难以凭信为由，要求俺答首先撤至边外，再委派使者带着用蒙古文书写的信件，通过大同守臣上奏，这样才可应允。嘉靖至此一无所措，只有同意徐阶的建议。

由于在规定时间内未得到明廷的答复，二十二日，蒙古军由巩华城（在北京昌平）犯诸帝陵，转掠西山、良乡以西，保定皆震。二十三日，明廷的意见传到了俺答军中，俺答见明朝各地勤王军陆续赶到，自知破城

① 《明史纪事本末》卷五九《庚戌之变》。

无望，也便顺水推舟，答应退军，满载所掠男女牲畜金帛财物，开始向白羊口（在北京延庆西南）方面撤退，而留下一些人马在京城外，作为疑兵。当时瓢泼大雨下了一整天，千里之内，道路泥泞难行。由于白羊道狭窄，守将扼险防御，俺答担心明军设伏偷袭，便中途掉头，一部由高岸口、镇边城等处，另一部由古北口旧路出塞。当时人马疲乏，溃不成军，沿途丢弃了一些掠夺的牛羊妇女等。这时已经是二十八日。

在撤退途中，俺答汗还重创了追击的明军。俺答出白羊口，仇鸾率军尾随，不想蒙古军突然掉头东返，在昌平北与仇鸾军队突然遭遇。仇鸾一向畏敌如虎，消极避战，这时想不到与蒙古军遭遇，全无准备，顿时军阵大乱，蒙古军铁骑趁势冲杀，明军伤亡千余人，仇鸾也几乎被擒，幸赖裨将戴纶、徐仁拼死力救，才侥幸得以逃脱。厚颜无耻的仇鸾为了遮掩自己的失败，甚至杀死无辜的平民，割取首级，以伪造战功。蒙古军得胜后，按原路徐徐由古北口出塞，京师解严。

虽然俺答军经数日鏖战，已疲惫不堪，全无阵形可言，但明军鉴于仇鸾的先例，只是远远尾随，不敢逼近，及至石匣城及张家、古北等口外而还。九月一日，蒙古军全部撤退。各州县奏报，被蒙古军队掠夺的人畜达二百多万。嘉靖二十九年（1550 年）是旧历庚戌年，历史上将这次战争称为“庚戌之变”。

此次南进，俺答汗一改其之前主要从今山西、陕西方向进犯的惯例，突然转向东部，从北京北部古北口附近越过长城，突入京畿地区，与一百年前也先的那次入侵十分相似。这是继“土木之变”近一个世纪后，蒙古对明朝又一次重大的胜利。对于这次惨痛的失利，嘉靖极为震怒，诛兵部尚书丁汝夔和巡抚侍郎杨守谦以示众。当时保卫京师之役中，主边兵者为仇鸾，主京兵者为丁汝夔，仇鸾得逃处罚，丁汝夔和杨守谦反做了替罪羊。

“庚戌之变”充分暴露了明边备的空虚和无能，“明制内立京营，外列边戍。边卒屯守要害，蕃卫神京；京营羽翼王室，镇抚中夏。有事不相征调，无事不忘训习，制甚周也”①。为防止内乱，制度设计在于内外相维，互相牵制，但在蒙古铁骑面前，一旦北边防线被突破，京师将处于直接威胁之下，京营兵显得势单力薄，力不从心，故加强京师防御势在必行。嘉靖二十九年（1550 年）九月，始置蓟辽总督大臣，以蓟州、保定、

① 《明史纪事本末》卷五九《庚戌之变》。

辽东三镇隶焉。任命孙禬为兵部侍郎，总督蓟辽。未几，以何栋代之。①十月，募诸道兵入卫京师，山东、山西、河南诸府岁集京师，练备秋防，秋后复散去，以是为常，如践更卒之例。复听从仇鸾的建议，选各边镇锐卒入卫京师，以京营将分练边兵。明廷矫枉过正，抽调边兵，以加强京师防卫，这样又导致了北边力量空虚。而聚兵于京师，以防御蒙古更是几近荒唐。正如兵部上奏所言："二镇（指宣、大二镇——引者注）京师之门户。御寇者不于门户，而与之格斗于堂奥之间，鲜不危矣。"② 但嘉靖帝根本听不进去，只是不再征调宣、大二镇士卒。当时各边共选六万八千余人，分番入卫京师，与京营兵杂练之。"塞上有警，边将不得征集，而京师在边者，不任边责，恣意朘削自营，人人自危矣。"③

"庚戌之变"中，蒙古大军犹如一把尖刀，直插明朝心脏，给予明王朝沉重打击，俺答表现出高超的军事才能。首先，迂回偷袭，攻其不备。例如，大举进兵时，一反常例，绕过明军重点把守的宣府和大同，将主攻地点选择在明军守备薄弱的古北口。在进攻古北口时，兵分两路，一部从正面拖住明军，担任佯攻任务，另一部则从小路迂回包抄，绕到明军背后进行偷袭，内外夹击，使明军大败。其次，俺答招降纳叛，注意利用明朝人做内应。俺答对待明朝俘虏态度前后发生了很大变化，开始是"老与壮者辄杀之，少者与妇女皆携去为奴婢"④，后逐渐认识到这些人的价值，不再轻易杀戮。对于出塞投奔他的叛卒、士人，俺答皆予以收留安置，并挑选其中黠桀可用者，多与之牛羊帐幕，百般笼络，令他们扮作僧、道、乞丐等，或潜入边境，或入京师，刺探情况，以至明朝虚实，俺答都了如指掌。在这些人中，比较著名的有李天章、高怀智、赵全等人。赵全为俺答修建城郭、宫殿，将中原攻城守御等战事技术全部教予蒙古人。俺答对他极为器重，每次入寇前必亲自到赵全家中置酒问计。又如，哈舟儿、陈通事，被兀良哈所掳，遂为蒙古人所用，嘉靖二十九年（1550年），俺答谋犯畿东，哈舟儿提议从潮河川路进军。俺答移兵白庙，近古北口，哈舟儿对明军诈言蒙古军已退，明军由是懈怠，放松了警惕，俺答遂由鸽子洞、曹榆沟而入，直犯畿甸。⑤ 这些人起到了蒙古人所难以起到的作用。

---

① 《明史纪事本末》卷五九《庚戌之变》。

② 《明史纪事本末》卷五九《庚戌之变》。

③ 《明史纪事本末》卷五九《庚戌之变》。

④ （明）岷峨山人：《译语》，见薄音湖、王雄编辑点校：《明代蒙古汉籍史料汇编》，第一辑，230页，呼和浩特，内蒙古大学出版社，2006。

⑤ 《明史》卷三二八《外国·朵颜传》。

第六节 俺答封贡及河北互市的建立

自明初以来，蒙古与明朝的贡市关系时断时续，而且由于蒙古诸部与明王朝之间亲疏不同，在贡市上也享受不同待遇。兀良哈三卫，在明代典籍中被称为“熟夷”，属于明朝的外藩，最受优待。明永乐年间，在辽东设马市，与其进行贸易，其他蒙古诸部则被排摒在外。正如史籍所言：“永乐间，设马市三：一在开原南关，以待海西；一在开原城东五里，一在广宁，皆以待朵颜三卫。”① 海西，即海西女真。根据这一记载，马市设立之初，即为兀良哈开设了两处市场，为女真人开设了一处市场。兀良哈与明王朝之间的马市，从现有资料来看，最早设于永乐三年（1405 年）三月，“福余卫指挥使喃不花等奏其部属欲来货马，计两月始达京师。今天气向热，虏人畏夏，可遣人往辽东谕保定侯孟善，令就广宁、开原择水草便处立市，俟马至官给其直即遣归”②。永乐三年三月甲寅，“兀良哈等处鞑靼以马至辽东互市，命兵部定其直”③。辽东马市开始似乎只是应对兀良哈的一项临时性措施，次年三月，明朝才将马市固定下来，“设辽东开原、广宁马市二所。初，外夷以马鬻于边，命有司善价易之。至是来者众，故设二市，命千户答纳失里等主之”④。

瓦剌部兴起前后，永乐六年（1408 年）冬，马哈木等遣暖答失等随亦剌思来朝贡马，仍请封。八年春，瓦剌复贡马谢恩。自是，岁一入贡。⑤ 明英宗正统三年（1438 年）四月，开大同马市，⑥ 东部鞑靼和西部的瓦剌都通过大同马市同明王朝进行贸易。达延汗继位初期，一度与明朝保持良好的贡市关系，但在弘治十三年（1500 年）前后，随着内部的稳固，开始不断犯边，双方关系趋于恶化，贡市因之停止，“自弘治后不入贡且四十年”⑦。

较早认识到互市重要性的是俺答，他试图打破达延汗后期以来蒙古与

① 《明史》卷八一《食货志五》。
② 《明太宗实录》卷四〇永乐三年三月癸卯条。
③ 《明太宗实录》卷四〇永乐三年三月甲寅条。
④ 《明太宗实录》卷五二永乐四年三月甲午条。
⑤ 《明史》三二八《外国·瓦剌传》。
⑥ 《明史》卷十《英宗前纪》。
⑦ 《明世宗实录》卷二五一嘉靖二十年七月丁酉条。

明王朝关系的冰冻状态。嘉靖十三年（1534 年），“其四月，俺答挟众欲入贡”[①]。这是迄今所见文献记载中，俺答最早提出的入贡要求，也就是想恢复中断多年的通贡关系。但当时俺答在蒙古诸部中势力尚微，明王朝根本不予以理睬。由于兀良哈及哈密等卫与明朝存在长期而频繁的通贡关系，俺答甚至令人混入其使者之中，明人对此也心知肚明，“每年每卫分带俺答、老把都、黄台吉三家夷使入京，分赏十分”[②]。前面已经谈到，在俺答掌握右翼大权伊始，即于嘉靖二十年至二十一年间（1541—1542年）两次派使石天爵等求贡，不仅未成，石天爵甚至被磔杀示众，嘉靖帝亦不许臣下讨论这一问题。这闭关绝贡的决然态度导致明与蒙古之间矛盾趋于激化。俺答频繁寇边，企图通过战争达到上述目的，“庚戌之变”就是这一背景下的产物。但战争又加剧了明王朝君臣对俺答的猜忌乃至仇恨情绪，使对其求贡的要求越来越抵触，如此陷入了一场恶性循环。

一、蒙汉间走私贸易的盛行

蒙古与明王朝之间除了正常的贡市贸易外，走私贸易亦是一个重要方面。明朝长期对蒙古进行封锁，即使允许贸易，为了防止泄露军情以及铁器、武器等违禁品出境，制定了严密的贸易限制措施，甚至一度严禁地方百姓与蒙古之间的接触。但事实上接触不可避免，明廷也不得不有所变通。“初迤北贡使入境，非应禁军器，听与沿途居民交易。其至宣府、大同，饮食草刍之属，往往皆自货于市，岁以为常。”[③] 兀良哈三卫在朝贡返回途中，获准于顺天府的蓟州、遵化等处交易，但又规定：“每人许收买牛一只、犁铧一副、锅一只，不许将违禁之物私自夹卖。”[④] 明之所以限制犁铧乃至锅这些日常生产生活用品出境，主要是担心蒙古人将这些铁器熔化后，再铸造武器。虽然对铁器等限制甚严，但由于存在较大的利益空间，蒙古人“驱马入小边，诱贸铁器……近商贾多以铁货与虏交易，村市居民亦相率犯禁”[⑤]，仍然屡禁而不绝。

当时参与走私的，除了蒙古朝贡途中沿线的商人、百姓外，甚至还包括朝廷官员、军将、士卒等。例如，“以斧得裘，铁得羊肘，䌷耳得马

① （明）瞿九思：《万历武功录》卷七《俺答列传上》，台北，广文书局，1961。

② （明）王崇古：《酌许虏王请乞四事疏》，见《明经世文编》卷三一七，北京，中华书局，1962。

③ 《明英宗实录》卷二四六景泰五年十月甲午条。

④ （明）申时行：《明会典》卷一一一《给赐二·外夷上》，北京，中华书局，1989。

⑤ 《明孝宗实录》卷一五〇弘治十二年五月壬午条。

尾，火石得羔皮"[①]。英宗时大宦官王振不断暗中指使其亲信大同镇守太监郭敬，"递年多造钢铁箭头，用瓮盛之，以遗瓦剌使臣，也先每岁用良马等物赂振及敬以报之"[②]。正统六年（1441年）八月，万全千户张朋检举镇守宣府都督佥事黄真的罪状中，就包括"与鞑靼贸易"这一条。[③] 弘治十一年（1498年）七月，兵部奏曰："大同、宣府缺马，近闻北虏进贡，多挟马入边私市，市者得之，皆以归势家，因取厚利。请敕两镇巡抚、都御史，严督所属，凡有收胡马者，报官买之，以给新募及无马军舍人等骑操，匿者，马入官，仍坐以罪。"[④] 边镇军官也参与了这种马匹交易，但他们不是为了满足军队的需要，而是为了牟取私利。

嘉靖年间对鞑靼部推行闭关绝市政策，导致明与蒙古之间正常的官方贸易完全中断，在官方渠道断绝后，反而更促进了边境走私贸易的繁荣。明中后期军纪废弛，厌战情绪严重，边将贪污克扣士卒军饷是一个普遍现象，在利益驱使下，他们中的许多人与敌人贸易取利，朝廷虽然严加禁止，但却是屡禁不绝。嘉靖十一年（1532年）十月，刑部覆给事中王守奏曰："请申严禁例，沿边将士军民人等，有与夷虏私通贸易，及出境盗逐马匹者，比依钓豹、捕鹿、砍木、掘鼠者例，调发烟瘴地面。"[⑤] 嘉靖十七年（1538年）三月，兵部覆给事中薛廷宠等条陈边务曰："嘉峰口边外，多产松椴等木，官民乘时窥利者，往往阑出通虏，与之贸易，当严为禁革。"[⑥] 嘉靖二十年（1541年），长城西乡官军李锦等二十二人，擅自出关与蒙古交易。[⑦] 明人苏志皋在其《译语》中详细描述了当时处在最前线的墩军，即沿边烽火台驻军与蒙古人之间的交易情况："边方夙弊不可胜言，其甚者墩军多与零贼交易，以斧得裘，铁得羊肘，钿耳坠得马尾，火石（出虞台岭，岭下有火葛，以铁击石，火出，承之以燥叶即燃）得羔皮（墩军利其所有，或畏其攻墩，反传递消息。入则佯为不知，去后方举放炮火）。"[⑧]

---

① （明）岷峨山人：《译语》，见薄音湖、王雄编辑点校：《明代蒙古汉籍史料汇编》，第一辑，230～231页，呼和浩特，内蒙古大学出版社，2006。

② 《明英宗实录》卷一八三正统十四年九月丙戌条。

③ 《明英宗实录》卷八二正统六年八月壬午条。

④ 《明孝宗实录》卷一三九弘治十一年七月己亥条。

⑤ 《明世宗实录》卷一四三嘉靖十一年十月戊寅条。

⑥ 《明世宗实录》卷二一〇嘉靖十七年三月癸未条。

⑦ 《明世宗实录》卷二四五嘉靖二十年正月戊申条。

⑧ （明）苏志皋（或言岷峨山人）：《译语》，见薄音湖、王雄编辑点校：《明代蒙古汉籍史料汇编》，第一辑，230～231页，呼和浩特，内蒙古大学出版社，2006。

根据宣大总兵仇鸾的报告，当时宣府、大同两镇边外驻牧着很多蒙古人，多年来明朝驻守宣府、大同各堡、墩、台的士兵和夜巡哨兵经常出边到蒙古人的驻地，同蒙古人进行秘密交易，甚至用盔甲、刀箭等武器交换蒙古人的马匹，“以弓易马，动以千数”①。连仇鸾的前任总兵周尚文也私使其部下与蒙古人为市。更为荒唐的是，有的地方甚至发生了蒙古人代替明军守护墩台，明军士兵代替蒙古人牧马这样的咄咄怪事。②

二、“庚戌之变”后宣府马市的建立

嘉靖二十九年（1550 年）“庚戌之变”使明廷失去了选择的余地。由于明廷有言在先，俺答汗如约退兵，嘉靖二十九年（1550 年）十二月，“复叩宣府边求贡”，宣大总督苏祐立即奏报朝廷，嘉靖命廷臣协商：“皆言虏逆天犯顺，法所必诛，为中国计，但当整饬六师，为战守之备，徐察其效顺，果出至诚，然后议之未晚。”③ 上然之。最后，明廷还是拒绝了俺答的要求，但俺答在嘉靖三十年（1551 年）春，多次至宣大各边陈款，求通贡市。其子（一说为义子）脱脱甚至亲率十余骑至宣府、宁远堡暗门，呼唤通事出城，攒刀为誓，求通贡市，赠通事马二匹，并留下真夷虎剌记等四人为人质而去。不久，为了表示诚意，又将逃入蒙古的明叛卒朱锦、李宝送回。④

仇鸾对与俺答通贡一事十分热心，起初，他为了讨嘉靖的欢心，将自己装扮成一个主战派，力主大举北伐，以报“庚戌之变”之仇。其实他根本无心对蒙古用兵，暗中派人与脱脱联系，授意俺答以贡马互市为请。俺答投书宣大总督苏祐，请求通市的做法，就主要是由仇鸾暗中授意的。苏祐上报后，嘉靖命群臣集议，仇鸾力主与俺答通贡市。但遭到许多大臣反对，特别是俺答围困京城、焚烧陵寝之举，激起了许多大臣的义愤。例如，兵部员外郎杨继盛上疏，认为设立马市威胁国家安全，归纳互市有“十不可”和“五缪”，其中说：“互市市马者，和亲别名。俺答蹂躏我陵寝，虔刘我赤子，而先之曰和，忘天下之大雠，其不可一”；“以堂堂天朝而下与边臣互市，冠履倒置，损国家之重威，其不可三”；“大约岁帛数十万，得马数万匹。十年之后，彼马少而我帛亦不继，将何以善其后？不为国家深长之策，其不可十”；“夫至于朝贡，而中国之捐赀以奉寇益

① 《明英宗实录》卷九七正统七年冬十月乙卯条。
② 《明世宗实录》卷三六四嘉靖二十九年八月壬戌条。
③ 《明世宗实录》卷三六八嘉靖二十九年十二月庚辰条。
④ 《明世宗实录》卷三七一嘉靖三十年三月壬辰条。

大矣”。[①] 他主要是从华夷之辨、明与蒙古历史积怨以及经济得失等方面立论的，虽然看似义正词严，但多少显得迂阔不切合实际。仇鸾身为宣大总兵，对边塞情况比较熟悉，他看到当时边关走私行为猖獗，甚至连前任总兵周尚文都私使其部下与蒙古人为市。他不敢明言通贡，以触嘉靖帝的忌讳，而是采取迂回策略，导之以利，选择从较为易行的互市入手。他指出：“通贡之事固不可行，然与其使边臣，违禁交通，利归于下，孰若朝廷大开赏格，恩出于上。”他建议化私为公，依辽东、甘肃、蓟州、喜峰口互市之例，许俺答市马。[②]

由于俺答表现出足够诚意，而嘉靖鉴于俺答兵临城下的教训，心有余悸，也不得不重新考虑。嘉靖三十年（1551 年）春三月，下诏与俺答通马市。[③] 命于宣府、大同开马市，每年六月和九月开马市二次。当时马市的问题解决了，但朝贡之事仍未解决，嘉靖令入贡之事容后再议。俺答初步达到了要求，贡马谢恩，朝廷回赐丝衣金带。俺答虽然尚无进贡使团，但事实上已恢复了贡赐贸易。

嘉靖三十年（1551 年）夏四月，宣、大马市成，兵部侍郎史道主持其事，规定明人以缎、布、米、麦易蒙古之牛、羊、马匹。“马市”并不意味着只进行马匹交易，实际上是互市的别名，各种各样的货物都会在马市中交易。但由于蒙古人最主要的商品还是马匹，明廷的主要兴趣也是购买马匹，因此“马市”应是明官方对此互市贸易的定义。[④] 每一匹马偿币若干，俺答驱马至城下，计直取偿。宣府互市地点选在了万全右卫西北四十里处的新开堡，二十三日开市，仅这一天就易马三百余匹。当时根据蒙古诸部所在地域，划定了不同的互市地点，到宣府进行互市的主要是来自蒙古右翼哈喇慎部和土默特万户僧格都棱（即黄台吉）、不彦台吉、卜郎台吉和拉布克台吉所属的各鄂托克。[⑤]

但马市贸易时间很短，一般只进行三四天，明朝方面用于交换蒙古马匹的缯帛等物就被迅速抢购一空，明朝即宣布互市活动就此停止。但蒙古各部所赶来的马匹还络绎不绝，他们要求明王朝延长交易时间，但遭到

---

① 《明史纪事本末》卷六〇《俺答封贡》。

② 《明世宗实录》卷三六四嘉靖二十九年八月丁丑条。

③ 《明史纪事本末》卷六〇《俺答封贡》。

④ ［美］亨利·赛瑞斯著，王苗苗译：《明蒙关系Ⅲ——贸易关系：马市（1400—1600）》，70 页，北京，中央民族大学出版社，2011。

⑤ 《蒙古族通史》（中册），108 页，北京，民族出版社，2001；《明世宗实录》卷三七二嘉靖三十年四月庚戌条；（明）瞿九思《万历武功录》卷七《中三边一·俺答汗传中》。言蒙古首领把那儿、辛爱、伯腰、卜郎台吉、委兀儿慎台吉凡五部入市，共易马二千余匹。

拒绝。

马市结束后，俺答上贡九匹良马，乞求再次开市。仇鸾请求下敕厚赏俺答，嘉靖赐予衣币十分丰厚，并遣使者宣谕朝廷恩威，要求俺答严厉约束部落，勿得生事以开边衅。除了宣府、大同两地的互市外，明朝还在延绥、宁夏两地开设互市，以与鄂尔多斯万户各鄂托克进行交易。俺答还向明廷要求在辽东开设互市，以供蒙古左翼各万户进行互市，但明廷拒绝了这一要求。

需要指出的是，在宣、大马市之前，似乎尚有蓟州、喜峰口两处马市。上揭嘉靖二十九年（1550年）仇鸾上奏中即提到“辽东、甘肃、蓟州、喜峰口，俱有互市之例”①，但正如亨利·赛瑞斯指出的：“或许喜峰口马市只是一处开市时间不甚规律的小型马市，因此在史料记载中很少被提及，就像开原、广宁马市，其设立可能也是为了控制和管理边境地区的马匹买卖，尤其是途经喜峰口进京朝贡的三卫蒙古人。”② 故宣府、大同马市的建立，显示出俺答部取得了与兀良哈部类似的地位，标志着俺答部与明王朝的关系进入了一个新的阶段。

应该承认，互市给俺答及其所在部落带来了实实在在的利益，一定程度上消弭了他入塞犯边的动力。“至是，马市通，俺答颇利之”③。但也应看到，互市的基础并不稳固。首先，双方互不信任，明廷开市具有一定的被迫性，而蒙古统治者的贪婪也使互市潜伏着危机。俺答要求扩大互市经营范围，不再主要限于马，要求允许以牛、羊及畜产品等换取粟、米、豆、麦等。④ 同时他们以羸弱的马匹入市，而索取高价，这些要求自然为明王朝所拒绝。另外，并非所有的人都愿意看到蒙古与明王朝之间相安无事。一些叛明投靠俺答的中原人，不愿蒙古与明和好，因为这样他们不仅会失去利用价值，反而有生命之虞，故他们极力反对贡市，对互市进行种种破坏活动，怂恿蒙古人在互市期间制造冲突，挑起事端。

就在开通马市的当年，嘉靖三十年（1551年）十一月，俺答犯大同。三十一年（1552年）正月，又犯大同，入弘赐堡。辛酉，犯怀仁川，指

① 《明世宗实录》卷三六四嘉靖二十九年八月丁丑条。

② ［美］亨利·赛瑞斯著，王苗苗译：《明蒙关系Ⅲ——贸易关系：马市（1400—1600）》，88页，北京，中央民族大学出版社，2011。

③ 《明史纪事本末》卷六〇《俺答封贡》。

④ 《明世宗实录》卷三七六嘉靖三十年八月壬戌条载：“初马市原议以段、布、米、麦易虏之牛、羊、马匹。于时诸酋急欲易马，中国亦但具段布应之而已。及七月初，脱脱执送妖逆萧芹，因言富虏能以马易段，贫者惟有牛羊，请易菽粟，朝议则复难之。”

挥佥事王恭战死。八月，俺答犯大同，分掠朔、应、山阴、马邑。九月乙酉，犯山西三关。甚者朝市暮寇，币未出境，而警报随至，蒙古人又将售出的羸马掠去。蒙古人在马市上的劫掠行为也屡有发生。在这种情况下，明廷中反对贡市的声音占了上风，纷纷谴责俺答等人对互市没有诚意。巡按御史李逢时上疏称："俺答敢于岁初拥众入犯，可见马市之羁縻难恃。今日之计，惟大集兵马，一意讨伐。"① 一些大臣趁机攻击当初力主通贡的仇鸾，仇鸾担心将来嫁祸于己，态度来了个一百八十度的大转弯，也上疏请求罢市。

嘉靖三十一年（1552 年）三月，下诏停罢马市，宣布复言开马市者斩，并著为令。五月，兵部言"今马市既绝"②，但当时关闭的是大同马市，宣府马市由于蒙古守约不犯边，又维持了一段时间。

嘉靖三十年（1551 年）五月，宣府马市交易马二千余匹。不仅交易规模较大，而且未发生大的事故。在大同马市关闭后，宣府互市又断断续续维持了半年之久。这与明地方守臣能从长远出发，注意区别各地的实际情况有关。嘉靖三十一年（1552 年）正月，蒙古人数次到宣府边外叩关求市。宣大巡抚刘玺上疏认为，自开互市后，蒙古人数次进犯大同，而宣府晏然，应该趁机加以安抚，"请无拘臣以一年两次之期，容令络绎开市，羁縻虏情，于国计甚便"。刘玺主张扩大宣府互市的次数，不再以原来的每年两次为限，可以根据蒙古人的情况酌情而定。兵部覆奏，嘉靖恩准，并规定"限银无过五万，马无过五千，能守此，则虽一年数市，亦听之"③。虽然朝廷的批复中仍有一年购买蒙古马匹不得超过五千匹，所用钱数不超过五万两的上限，但在这一限度内放松了一年开市次数的限制，这比原来规定灵活得多，从而宣府地方官员有了更多的自主权和灵活性，也更适应蒙古方的要求。同年三月，代府饶阳王充熙在陈述完大同官员的胡作非为后，补充道："且宣府亦开马市，今且六七次，未闻一有蹉跌，盖彼有人马处置适宜故也。"④ 他将大同和宣府进行比较，指出直至嘉靖三十一年三月，宣府已经开办马市六七次，显然宣府互市的发展是较为成功的。

但由于受当时整个明与蒙古关系日益紧张的影响，嘉靖三十一年

① 《明史纪事本末》卷六〇《俺答封贡》。

② 《明世宗实录》卷三八五嘉靖三十一年五月甲申条。《明史》卷一八《世宗纪二》则云嘉靖三十一年九月癸卯，罢各边马市。

③ 《明世宗实录》卷三八一嘉靖三十一年正月丁未条。

④ 《明世宗实录》卷三八三嘉靖三十一年三月丁亥条。

(1552年)九月，宣化马市也最终关闭。这是由巡抚直隶御史蔡朴提出的，他上疏请罢宣府马市："初大同马市罢，宣府以虏守约，互市不绝。至是虏益骄，方张家口开市毕，次日即入常峪口肆掠，故朴谓宜罢。"嘉靖于是下诏："各边开市，悉令禁止，敢有效逆逮言者，斩。"① 完全堵死了和平之路。这次短暂的互市贸易结束后，双方不时兵戎相见，战端又起，明与蒙古的关系又恢复到互市前的状况。

三、明与蒙古关系破裂及俺答对河北的袭扰

在俺答对明的攻势中，除了陕西、山西、宁夏等地区外，河北北部宣府也是重要进攻地点。当然这与可以直接威胁北京、能起到很好震慑作用有关。正如明人王道亨所言："国家都燕，自开平、兴和不守，而肩背寒矣。所赖屏蔽严扃者，仅一宣镇耳。"②

嘉靖三十二年(1553年)二月，俺答犯宣府，参将史略阵亡。三月，俺答又犯宣府，副总兵郭都战死。七月，俺答大举入寇，犯灵丘、广昌。乙丑，河套诸部犯延绥。己巳，俺答犯浮图峪(位于河北涞源境内)，游击陈凤、朱玉御之。八月，小王子犯赤城。九月，俺答犯广武，巡抚都御史赵时春败绩，总兵官李涞、参将冯恩等力战而死。俺答退军后，嘉靖终于松了一口气，告谢郊庙。

嘉靖三十三年(1554年)六月，"虏酋把都儿台吉，射书宣府城中，乞开市"③，自然被明廷拒绝。九月，俺答以朵颜为前导，率众二十万逼近古北口，烽火达京师。嘉靖想到当年的"庚戌之变"不免心有余悸，整日寝食难安。由于对北边诸将守御实在放心不下，加之之前由于受到兵部尚书杨汝夔蒙蔽，才使俺答兵临城下，这次他汲取了教训，遣使侦查诸军战守之状，以便能随时了解战场前沿动态。总督蓟辽侍郎杨博亲自披挂上城，督促将士严加守备。俺答从各个方向攻城，杨博随方拒击，八天时间蒙古大军始终不能前进一步。俺答无计可施，只得退军，但又实在不甘心，仍徘徊距城数舍外，并不立即离去。杨博选募敢死之士手持火械，夜间数次劫营进行骚扰，蒙古军只好仓皇逃走。

嘉靖三十四年(1555年)春，俺答入宣府柴沟堡。二月，犯蓟镇，

① 《明世宗实录》卷三八九嘉靖三十一年九月癸未条。此材料提到的"张家口"，当指的是宣府新开口马市，参看[美]亨利·赛瑞斯著，王苗苗译：《明蒙关系Ⅲ——贸易关系：马市(1400—1600)》，121页，北京，中央民族大学出版社，2011。

② (明)王道亨：《张家口新筑来远堡记》，见(道光)《万全县志》卷八《艺文志》。

③ 《明世祖实录》卷四一一嘉靖三十三年六月丙戌条。

参将赵倾葵等战死。四月，明平虏大将军仇鸾领兵出塞，在威宁海袭击俺答，大败而归。兀良哈三卫撤去边卫，引导俺答入境至宁远掳掠。明备御官王相阵亡。大将军仇鸾死后，其奸状被揭发，嘉靖下令剖棺戮尸，原先仇鸾主张允许俺答通贡，随着仇鸾的死去和被清算，通贡政策更加困难重重。史称“于是帝谕更戎政，悉改鸾措置约束”①。为了报复，俺答又犯宣府，参将李光启被执，不屈而死。九月丙午，俺答犯大同、宣府。戊午，犯怀来，数道并进，警报每日数十至，京师宣布戒严。明廷再下赏格，以万金悬赏俺答首级，并授伯爵。辛酉，参将马芳败蒙古军于保安。十月，宣大总督苏祐与巡抚侯钺、总兵吴瑛奉诏出师北伐，侯钺率数万人出塞，企图偷袭俺答之幕，但为俺答察觉，率军迎击，明军大败。

三十五年（1556 年）六月，俺答三万骑犯宣府，杀游击张纮。三十六年（1557 年），俺答之弟老把都复拥众数万入河流口，犯永平及迁安，副总兵蒋承勋力战而死。夏，突犯宣府马尾梁，参将祁勉战死。

嘉靖三十八年（1559 年）春，老把都、辛爱谋划大举入边，驻扎会州，故意令间谍透漏消息说将东下。总督蓟辽右都御史王忬中计，急忙分兵而东，号令数易，蒙古军遂乘间入蓟镇潘家口。王忬因御敌不力，逮捕系狱。夏，蒙古军犯大同，转掠宣府东西二城，驻内地十日，由于连日下雨，行动不便，才不得已退兵。②《明史》卷一九《世宗纪》则记载，把都儿犯潘家口，渡滦河，逼三屯营。三月，掠迁安、蓟州、玉田。八月，俺答犯土木堡，游击董国忠战死。九月，犯宣府。

三十九年（1560 年）正月，犯宣府。七月，把都儿犯蓟西，游击将军胡镇御却之。③ 四十年（1561 年）七月，犯宣府，副总兵马芳御却之。九月，犯居庸关，参将胡镇御却之。四十二年（1563 年）正月，犯宣府，南略隆庆（治今北京延庆）。

当时蓟辽总督杨选囚系三卫首领通罕，令其诸子轮流为人质。通罕，为俺答之子辛爱的丈人，杨选本来希望用这种扣留人质的做法以牵制辛爱，令其行动有所忌惮，但效果却适得其反，不仅三卫皆怨，辛爱也由此兴兵。十月，辛爱、把都儿攻破墙子岭（今北京密云东北墙子路），进犯通州，京师震动。嘉靖帝哀叹道：“庚戌事又见矣。”④ 甚至有大臣为了防止蒙古军破城，竟提出运砖聚灰将城门封死的荒唐办法。幸亏诸路援军先

① 《明史纪事本末》卷六〇《俺答封贡》。
② 《明史》卷三二七《外国·鞑靼传》。
③ 《明史》卷一八《世宗纪二》。
④ 《明史》卷二一四《杨博传》。

后而至，诏命宣大总督江东统文武大臣分守皇城、京城，镇远侯顾寰以京营兵分把城内外。辛爱、把都儿随即转而向东，大举攻略顺义、三河，总兵官孙膑战死。大同总兵姜应熊御敌于密云，败之，辛爱、把都儿退军。诏诛杨选，十一月，京师解严。

四十四年（1565 年）秋，俺答之子黄台吉率轻骑，自宣府洗马林突入，散掠内地。把总姜汝栋以锐卒二百伏于暗庄堡，不想猝遇黄台吉，激战中黄台吉堕马，但为手下夺走，才幸免被擒。黄台吉受伤昏迷，过了一日才苏醒过来。

嘉靖四十五年（1566 年）正月，俺答进犯宣府塞西阳河。隆庆元年（1567 年）九月，三卫勾引“土蛮”犯蓟镇，昌黎、卢龙、抚宁皆被蹂躏，至于滦河。诏宣大总督侍郎王之诰还驻怀来，巡抚都御史曹亨驻兵通州。总兵官李世忠救援永平，与蒙古军战于抚宁，京师戒严。冬十月，敌退，京师解严。明诸将追之，蒙古军出义院口。义院口，又名义宛口，位于河北抚宁县，为明长城蓟镇的重要关隘，地理位置十分重要。当时大雾弥漫，蒙古军迷失道，许多掉入棒槌崖中，人马枕藉，死者颇众。[①] 黄台吉拥众窥伺陵后南山，穆宗令总督刘焘率兵防护陵寝。隆庆二年（1568 年）八月，宣、大告警，敕边备。隆庆四年（1570 年）四月，俺答犯大同、宣府，明军拒却之。

历史上游牧民族入边，一般多选择在秋季，此时秋高气爽，草壮马肥，但从以上材料来看，蒙古当时对明河北地区的侵扰，除了秋季居多外，春季、冬季乃至夏季都有发生，甚至一年数征。从战术看，主要是出奇制胜，利用明军麻痹之际乘虚而入。另外，当时东南沿海，倭寇活动猖獗，明廷不得不调集精兵强将保卫东南财赋之地，这在一定程度上牵制了对蒙古的战争。明军两线作战，疲于应付，但总体来看，在防御蒙古上的被动失利，主要还是由于明王朝的腐败。史称：“时边臣巽懦怠玩，掩罪冒功，积弊已久，故恣寇出入，动得利去。”[②] 由于俺答频繁入塞侵扰，明朝出于报复，经常出塞烧荒、捣巢、赶马等，破坏蒙古沿边各部的畜牧业生产活动，“近年各边时常调兵出捣，杀虏家口，赶夺马匹，边外野草尽烧，冬春人畜难过”[③]。大火延及沿边蒙古大片牧场，造成牲畜因缺乏草料大批死亡，老幼妇女的生活营地被明军捣毁，牧民辗转流离，不得安

① 《明史》卷一九《穆宗纪》。

② （清）谷应泰：《明史纪事本末》卷六〇《俺答封贡》。

③ 俺答：《北狄顺义王俺答谢表》，见薄音湖、王雄编辑点校：《明代蒙古汉籍史料汇编》，第二辑，103 页，呼和浩特，内蒙古大学出版社，2006。

宁。而同时俺答大举入犯，或在宣大，或在山西，或在蓟镇，或直抵京畿，以至于“三十余年，迄无宁日，遂使边境之民肝脑涂地，父子夫妻不能相保，膏腴之地弃而不耕，屯田荒芜，盐法阻坏。不仅边方之臣重苦莫支，而帑储竭于供亿，士马罢于调遣，中原亦且蔽矣”①。从嘉靖三十二年至四十五年（1553—1566年），明方仅边关大将总兵、副总兵战死者就有十余人，军卒死伤更无从计算。军费开支浩大，国库空虚，乃至岁入不能充岁出之半，明世宗为此“终夜绕床，不能安寝”②。一言以蔽之，长期战争给汉族和蒙古族人民都带来了惨重的灾难，结束战争，恢复和平成为汉族和蒙古族人民的共同愿望。

四、“隆庆和议”及河北互市的恢复与发展

（一）“俺答封贡”

俺答控制了西起河套、东至兀良哈三卫的广大地区，农牧业发展及人口的增殖，都要求与明廷进行互市贸易，以牲畜换取布帛、粮食、生产工具等，但明廷采取绝贡闭关政策，加之一些粗暴做法，俺答不时在边地进行掳掠，乃至挺进北京城下。明廷因蒙古不时犯边，更不愿开市以示弱，以致双方的矛盾日益激化而不得解决。但关系的死结，在隆庆四年（1570年）出现了转机，起因是俺答之孙把汉那吉来降事件。

在明朝方面，嘉靖四十五年（1566年）十二月，明世宗死，穆宗继位，改元隆庆。奸臣严嵩已于四年前被弹劾下台，高拱、张居正先后入阁担任首辅，积极推行一系列改革措施，整顿吏治，清肃嘉靖时的腐败政治和积弊，也开始反思前朝对俺答部的闭关绝市政策。隆庆四年（1570年）正月，任命王崇古为总督宣、大、山西军务，王崇古上任后整饬边防，严禁边卒擅出疆界，并将素与蒙古相通者放回，担任间谍，刺探蒙古人的虚实。又下檄慰劳被蒙古人俘获的番、汉军民，凡率众降附及自蒙古逃归者，悉加存抚，以至归者接踵。西番、瓦剌、黄毛诸种一年中降者超过了两千人。③

隆庆四年（1570年）十月，把汉那吉（或作“把当那吉”“大成台吉”）率其属阿力哥等十人来降。把汉那吉，为俺答第三子铁皆台吉④之

---

① 《明穆宗实录》卷五九隆庆五年七月戊寅条。

② （明）沈一贯：《请许套虏求款揭帖》，见《明经世文编》卷四三五。

③ 《明史》卷二二二《王崇古传》。

④ 《明史纪事本末》卷六〇《俺答封贡》。《明史》卷三二七《外国·鞑靼传》、卷二二二《王崇古传》言为“铁背台吉”。

子，自幼父母双亡，由俺答之妻一刻（或作“克”）哈屯抚养成人。把汉那吉聪慧过人，能言善辩，甚得俺答喜爱。俺答先为他娶了比吉之女（或作“大成比妓”），由于二人关系不洽，又为他另娶了兔擀金之女。当时俺答有一个外孙女，号三娘子，甚有姿色，本来已受袄儿（或作我儿）都司之聘，但俺答贪于三娘子美色，夺为己有。袄儿都司十分愤怒，将攻俺答。俺答自知理亏，许诺将把汉那吉所聘兔擀金之女偿之。把汉那吉闻讯大怒，对奶公阿力哥说：“我祖妻外孙，又夺孙妇与人。吾不能为若孙，吾行矣。”① 遂率妻子与阿力哥等十余人南逃，至大同镇所属平虏卫败胡堡（今山西平鲁县境）叩关请降。

大同巡抚方逢时闻讯即刻上报总督王崇古，王崇古将把汉那吉留在大同，抚慰照顾备至，手下人担心引发边衅，纷纷表示反对，认为“此孤竖无足重轻，宜勿留”。王崇古却敏锐地看到了把汉那吉是控制俺答，并借以除掉赵全等叛人的一副好牌，说“此奇货可居。俺答即急，因而为市。谕以执送叛人赵全等还我，乃优遣以慰其舔犊之爱，而制其命”②。赵全，原是山西人，嘉靖年间叛明投降俺答，居于丰州，名曰板升，“板升，华言屋也”③，以后又有百户张彦文等往从，聚众至数万人。赵全等尊俺答为帝，为其出谋划策，诱导俺答犯边，明廷对其恨入骨髓，但又无计可施。按照王崇古的设想，以交还把汉那吉为条件，让俺答交出赵全等叛人。

此时俺答汗正调集十万大军向大同、宣府一带聚集，声言欲以武力索还把汉那吉。情势紧迫万分，如果措置失当，势必引发大规模战争。在如何处置把汉那吉的问题上，朝中众臣也意见纷纭，莫衷一是。御史饶仁侃、武尚贤、叶梦熊皆言敌情叵测。叶梦熊引用北宋末年接受郭药师、张毂投降之事为喻，主张不接纳把汉那吉。兵部尚书郭乾踌躇不能决断。内阁大臣首辅张居正指示王崇古、方逢时，让他们一方面保证把汉那吉等人的安全，另一方面要严阵以待，防止事态扩大，并让二人提出解决问题的具体方案。王崇古与方逢时认为，处理此事有上、中、下三策。上策是接

---

① 《明史纪事本末》卷六〇《俺答封贡》。而据《明史》卷三二七《外国·鞑靼传》、卷二二二《王崇古传》记载，把汉那吉先娶比吉，后复聘袄儿都司之女三娘子，由于三娘子为俺答所夺，才一气之下降明。

② 《明史纪事本末》卷六〇《俺答封贡》。

③ 《明史》卷三二七《外国·鞑靼传》；《明史纪事本末》卷六〇《俺答封贡》。“板升”，为蒙古语，原意为“升板筑垣”，指汉人在蒙古地区兴建的房舍、园田等，后来泛指当地所有土木结构的村社、城镇等，故城市亦称“板升城”，参见杨绍猷：《俺答汗评传》，36 页，北京，中国社会科学出版社，1992。

受把汉那吉归降，赐给宅舍，授以官职，丰饩厚廪，以悦其心。如果俺答汗交出明廷缉拿的叛人逃犯、释放被掠人口，停止对明边境的骚扰进攻，就可以归还把汉那吉，并答应俺答等要求多年的互市。他们指出，这是打破僵局、改善关系的有利契机。这样“诸边有数年之安，可乘时修备。设敌背盟，吾以数年蓄养之财力，从事战守，愈于终岁奔命，自救不暇者矣”①。在高拱、张居正的支持下，明廷接受了此建议，封把汉那吉为指挥使，阿力哥为正千户，并给予优厚待遇，妥为安置。

王崇古遣译者鲍崇德前去谈判，俺答一开始态度十分傲慢，对鲍崇德说：“自吾用兵，而镇将多死。”鲍崇德立刻反问道：“镇将与您的孙子相比怎样呢？朝廷对待把汉那吉甚厚，大举进攻只会使其速死。”表示只要能绑缚赵全等叛人，早晨送至明营，晚上就可以归还把汉那吉。当时俺答的妻子一刻哈屯思念孙子，深恐明朝杀掉把汉那吉，日夜啼哭不止，并责骂俺答，俺答自知理亏，心里也有些后悔。俺答派人到明朝刺探，看到把汉那吉蟒衣貂帽，驰马从容，果然受到明朝优待，大喜，对明使者表示：“我不为乱，乱由全等。若天子幸封我为王，长北方诸部，孰敢为患。即死，吾孙当袭封，彼衣食中国，忍倍德乎？”② 十一月，俺答遣使乞封。为示诚意，执叛人赵全等人来献，王崇古也奉命送回把汉那吉。俺答见到把汉那吉，大喜，遣使致谢，称明朝“其德无量，愿世为外臣，贡方物”③。

在关键的最为敏感的互市问题上，俺答提出以马匹交换铁锅、布帛、绸缎等的要求。铁锅为炊爨之需，但明廷最为担心的是铁锅被蒙古人熔铸为兵器。弘治十六年（1503年）正月，吏科给事中邹文盛上奏即指出：“窃闻虏所易锅铧，出关后尽毁碎融液，所得豆料等以饲马，其志可知。”④ 因此，明对铁锅等贸易一直严加禁止。对此王崇古上疏指出：“今虏中布帛、锅釜皆仰中国，每入寇则寸铁寸布，皆其所取。通贡之后，不可复得，将来不无鼠窃之忧，若许通市，则和好可久，而华夷兼利。他边如辽东开原、建昌，肃州西番诸夷皆有市，乞放其制。”⑤ 他建议答应俺答的互市要求，放开铁锅、布帛之禁。明朝廷中就互市展开了激烈的争论，定国公徐文璧、侍郎张四维以下二十二人以为可许，英国公张溶、尚

① 《明史》卷三二七《外国·鞑靼传》。

② 《明史》卷三二七《外国·鞑靼传》。

③ （明）冯时可：《俺答后志》，见薄音湖、王雄编辑点校：《明代蒙古汉籍史料汇编》，第二辑，133页，呼和浩特，内蒙古大学出版社，2006。

④ 《明孝宗实录》卷一九五弘治十六年正月甲午条。

⑤ 《明穆宗实录》卷五一隆庆四年十一月丁丑条。

书张守直以下十七人以为马市乃先帝明禁，不可许。尚书朱衡等五人言封贡便、互市不便，独佥都御史李棠极言当许之。[①] 众臣意见纷纭可见一斑。郭乾将众臣的意见汇总后上奏，由穆宗加以裁定。最后穆宗批准了王崇古的意见，“遂定盟，通贡市马”[②]。

需要指出的是，在朝中阻力重重的情况下，王崇古的意见之所以被采纳，高拱和张居正可谓厥功至伟，二人力排众议，全力支持王崇古的意见，并举出明成祖封哈密忠顺王和忠义王的故事，主张允许封贡，同时加强兵备，以防不测。穆宗这才下定了决心。

隆庆五年（1571 年）三月，明与蒙古之间达成封王、通贡和互市的协议，史称“隆庆和议”，开创了明与蒙古和平友好的新纪元。内容大致如下：①封俺答为顺义王，封俺答弟昆都力哈（老把都）和长子黄台吉为都督同知。其余子侄和部下分别授予指挥使、指挥同知、指挥佥事、千户、百户等职；②准许各部向明朝通贡，规定俺答每年向朝廷贡马一次，每次不超过五百匹，贡使人数不超过一百五人。其中六十人准予进京，其余留在长城关口，由朝廷付给马价，另加赏赐；③双方在大同、宣府、山西三镇的长城互市。还规定了互市时双方的物品，蒙古方以金银、牛马、皮张、马尾等物，交换明方的锻绫、布匹、釜锅等物。开市的具体条款都是由王崇古等拟订，经朝廷批准后与蒙方签订的。大同镇互市在大同左卫得胜口边外，宣府镇互市在万全右卫张家口边外，山西镇互市在偏头关水泉营边外。每逢开市日，蒙古军队三百人驻边外，明朝官军五百名驻市场内，互市期一个月。

签订盟约后，鉴于以往双方关系中的问题，特别是嘉靖三十一年（1552 年）马市破裂的教训，俺答汗等制定了处理双方关系的“规矩条约”十三条，明朝制订了“市法五款”。五月二十一日，俺答汗在大同得胜堡塞外的晾马台，召集土默特、永谢布和鄂尔多斯右翼三万户（包括喀喇沁）诸台吉、首领及部众大会，在明朝官员参加下，举行受封仪式。俺答对天起誓说：“我虏地新生孩子长成大汉，马驹长成大马，永不犯中

① 《明史》卷二二二《王崇古传》。而《三云筹俎考》卷二《封贡考》则云：“廷臣言（封贡）利者十三，害者十七，相持不决。”冯时可《俺答后志》（见《明经世文编》卷四三四）作“诸臣言利者十一，害者十九”。

② 《明史纪事本末》卷六〇《俺答封贡》。《明史》卷三二七《外国・鞑靼传》则记载崇古上言：“把汉来归，非拥众内附者比，宜给官爵，丰馆饩，饬舆马，以示俺答。俺答急，则使缚送板升诸叛人；不听，即胁诛把汉牵沮之；又不然，因而抚纳，如汉置属国居乌桓故事，使招其故部，徙近塞。俺答老且死，黄台吉立，则令把汉还，以其众与台吉抗，我按兵助之。”帝纳之。

国。若有那家台吉进边作歹者，将他兵马革去，不着他管事。散夷作歹者，将老婆孩子牛羊马匹尽数给赏别夷。”① 禁止抢掠人口、杀人、盗窃、毁坏边墙等有害双方利益的事件发生。

隆庆和议结束了自明初以来明与蒙古之间长达两百余年的战争局面，谱写了蒙古与明友好的新篇章，对加强我国的民族团结和我国统一多民族国家的形成和发展做出了重要贡献，它在政治上、经济上的意义要在汉唐的“和亲”之上。② 正如史书所言：“自是，（俺答汗）约束诸部无入犯，岁来贡市，西塞以宁。”③“俺答既就市，事朝廷甚谨。部下卒有掠夺边氓者，必罚治之，且稽首谢罪，朝廷亦厚加赏赉。”④《明史》中对穆宗在处理俺答封贡问题上也是不吝赞辞，称赞曰：“许俺答封贡，减赋息民，边陲宁谧。继体守文，可称令主矣。”⑤

应该指出的是，把汉那吉事件只是一个引子，并非决定因素，导致“俺答封贡”（或称“隆庆封贡”）的根本原因还是双方力量发生了变化，正如王崇古所指出的“敌势既异昔强，我兵亦非昔怯”⑥。张居正进入内阁后，积极整饬边防，他认为“当今之事，其可虑者莫重于边防。庙堂之上，所当日夜图画者，亦莫急于边防”⑦，他起用名将戚继光镇蓟门，李成梁镇辽左，边防力量大为增强。前面已经提到，江南沿海的抗倭斗争牵制了明王朝大量兵力和财力，在嘉靖四十五年（1566 年），即明世宗在位的最后一年，抗倭斗争取得了决定性胜利。在抗倭斗争中成长起来的谭纶、戚继光等名将相继率师移师北方，加强了军事防御力量。隆庆二年（1568 年），在江南防倭寇屡建奇功的戚继光被调任蓟镇，为以后实现议和创造了条件。

（二）河北境内互市的恢复和发展

俺答封贡是明与蒙古关系的转折点，结束了几十年的战争关系。隆庆和议后，出现“朝廷无北顾之忧，戎马无南牧之儆，边氓无杀戮之残”⑧的和平景象。每年所省征调之费不啻百万，《明实录》载：“俺答纳款，

---

① （明）王士琦：《三云筹俎考》，见薄音湖、王雄编辑点校：《明代蒙古汉籍史料汇编》，第二辑，411 页，呼和浩特，内蒙古大学出版社，2006。

② 杨绍猷：《俺答汗评传》，61 页，北京，中国社会科学出版社，1992。

③ 《明史》卷三二七《外国 · 鞑靼传》。

④ 《明史》卷三二七《外国 · 鞑靼传》。

⑤ 《明史》卷一九《穆宗纪》。

⑥ 《明史》卷二二二《王崇古传》。

⑦ （明）张居正：《张文忠公全集》奏疏一《陈六事疏》，上海，商务印书馆，1935。

⑧ 《明神宗实录》卷七九万历六年九月甲戌条。

马市互易，边疆无警，畿辅晏然，汉唐以来所未有也。”① 这种和平局面的出现与沿边互市的恢复和发展密不可分，互市既是和议的产物，同时互市的稳定开展又巩固了和议的成果。

根据明与蒙古双方签署的协议，开马市，通商贾，在长城沿线开设了十一处马市。隆庆五年（1571 年），马市设立之初，仅提到了六处马市，分别是宣府张家口堡马市，大同新平堡、得胜堡马市，山西清水营、红山马市，延宁马市。万历四十年（1612 年）五月，礼部主事高继元在一封关于贡市的奏疏中，列举了以下市场：“辽东有开原、水奠之市，宣大有新平、得胜、张家口之市，延宁有红山墩、清水、平虏之市，甘肃有扁都口、庄浪之市。”②

按照规定，“议以二月终入贡，五月初开市，期而不至则绝之”③，以此来看，马市于五月初开市。但实际上各地开市时间自五月底至八月，与朝廷规定并不很一致。例如，张家口堡为六月十三日至二十六日。每年开市一两次，市期原定一个月，实际上也就三至十五日，一般都在城墙之外进行，明朝派官员管理，④ 驻兵维持，规定蒙古方面派兵三百人驻于塞外，明朝派兵五百人驻市场，共同维持市场秩序。蒙古各部头领也莅临市场，监督管束自己的部属。明方用银、钞收购马匹，或用布、缎、铁锅等折价易马，所以这种马市，又称作“官市”。互市结束后，明朝官员设宴款待蒙古各部首领，并颁发赏赐，即所谓“市赏”。市赏也称“抚赏”，“守市兵人布二匹，部长缎二匹、绸二匹。以好至边者，酌来使大小，量加赏犒”⑤。如蒙古方面有不法乃至犯边行动，明廷以革除市赏乃至关闭马市予以制裁。例如，吴兑巡抚宣府时，在马市中有一个蒙古人本来已将马卖出，但又暗中将马偷回，吴兑使人棓击之，告诫他说：“后复盗，即闭关停市。”⑥ 诸部追回所夺马，并执其人向明方道歉。

“隆庆和议”后，朝廷以所谓“八事”考课边臣：“曰积钱谷、修险

① 《明神宗实录》卷三三万历二年闰十二月辛未条。

② 《明神宗实录》卷四九五万历四十年五月壬寅条。

③ （明）瞿九思：《万历武功录》卷八《俺答列传下》，见薄音湖编辑点校：《明代蒙古汉籍史料汇编》第四辑，102 页，呼和浩特，内蒙古大学出版社，2007。

④ 关于马市的管理，据《明宪宗实录》卷二二〇成化十七年十月乙酉条，成化十七年（1481 年）十月，兵部尚书陈钺奏言：“今宜申严禁例，每为市，令参将及按察司一员监之，有侵克者重罪之，庶无激变之患。”弘治元年（1488 年）令兵部选差通事二员往辽东，专理马市。但此法行之未久，《明孝宗实录》卷四二弘治三年九月戊寅条：“广宁、开原管理马市通事，令乞取回，仍令参将及分巡、分守二司官监督。”

⑤ 《明史》卷三二七《外国·鞑靼传》。

⑥ 《明史》卷二二二《吴兑传》。

隘、练兵马、整器械、开屯田、理盐法、收塞马、散叛党。三岁则遣大臣阅视，而殿最之。”① 其中“收塞马”，即边臣购买蒙古人马匹的数量成为考课的一个重要指标，故沿边官吏对马市十分重视。例如，宣大总督王崇古“广召商贩，听令贸易。布帛、菽粟、皮革远自江淮、湖广辐辏塞下，因收其税以充犒赏。其大小部长则官给金缯，岁市马各有数”②。以下主要介绍与河北有关的张家口马市。

张家口堡，建于明宣德四年（1429 年），位于东西太平山长城内约五公里处的清水河西岸，由万全指挥张文主持修筑。它地处宣府镇西路要冲，与野狐岭、得胜口等共同构成坚固的北边防线。宣府镇马市包括张家口和新开口两处。③ 新开口马市出现较早，“庚戌之变”后宣府镇的马市即设于此。张家口离京师较近，交通便利，则后来居上，贸易量很快就超过其他各镇的市口。

张家口马市距宣府镇城六十里，四周环以土城墙，内有讲市台等设施。当时由于草创，城池还很简陋，“敌来市，即率我吏士商民，裹粮北向而遇合之。蕃汉错趾，贸易有无，绵蕞野处，市罢各散去”④。开市的当年，即隆庆五年（1571 年）九月，宣大总督王崇古奏报：“宣府张家口堡六月十三至二十六日，官市昆都力哈、永邵卜大成部马千九百九十三匹，价万五千二百七十七两，私市马骡牛羊九千，抚赏费八百两。”⑤ 按：“昆都力哈”，又称“把都儿”“巴雅思哈勒”“昆都楞汗”，别称“老把都”，乃蒙古右翼永谢部万户喀喇沁部领主。他是俺答汗之弟，在察哈尔东迁后，与辛爱黄台吉等进占其地，驻牧宣府、张家口东北，至独石口外、开平一带。“永邵卜大成”，又称恩克跌儿歹成台吉、瓦剌它卜囊，为蒙古右翼永谢部万户领主，乃博迪长子，父卒，继领永谢部万户，驻牧大青山以北。

在六月十三日至二十六日不到半个月时间里，张家口堡官方交易马匹 1993 匹，价值白银 15277 两，平均每匹马 7.67 两。当时马，根据年齿、腰身尺寸分为上、中、下三等，以四岁以上八岁以下、三尺六寸以上者为

---

① 《明史》卷二一二《戚继光传》。

② 《明史》卷二二二《王崇古传》。

③ 据《明史》卷三二七《外国·鞑靼传》王崇古的上奏，宣府马市位于万全右卫、张家口边外。万全右卫之处的马市，即新开口马市。

④ （明）王道亨：《张家口新筑来远堡记》，见（道光）《万全县志》卷八《艺文志》。

⑤ 《明穆宗实录》卷六一隆庆五年九月癸未条。

上。[①]“上马匹十二金，中十金，下八金，最下老弱及羸畜，毋得入。”[②]“一金”，指一两银子。从价格上看，实际交易中马匹的价格远低于规定的价格。我们知道，价格一般是由供需关系决定的，马匹价格的降低，说明当时涌入市场的马匹数量已超出了明王朝一方的需求量。这还只是官方交易，由于明官方不可能完全收购这些马市上的所有牲畜，更无从满足蒙古、汉各族民间的各种需求，于是明廷允许乃至鼓励民间在一定地域和时间进行私下贸易，这些市场称为“民市”或“私市”。商人和一般平民用银、钞或实物直接与蒙古人交易马、骡、牛、羊、皮毛等物，交易范围和种类比官市更为丰富。一般情况下，官市完毕后才允准进行私市。明朝为了鼓励商人到市场进行交易，“广召商贩，听令贸易。布帛、菽粟、皮革远自江、淮、湖广辐辏塞下，因收其税以充犒赏”[③]。在上揭材料中，张家口堡私市马骡牛羊数量达9000，远远超过了官市（官市为马1993匹）。张家口马市的繁荣可见一斑。新开口马市完全被繁荣的张家口马市所掩盖，最终宣府镇只保留了张家口一处马市。[④]

大同和山西是土默特万户各鄂托克的互市市场，宣府镇是永谢布（哈喇慎、阿苏特）万户各鄂托克的互市市场。除了上面提到的昆都力哈、永邵卜大成部之外，与宣府镇互市有关的蒙古诸部还有：

辛爱黄台吉部，驻牧宣府边外之兴和（今河北张北）以北之小白海、马肺山一带，距明朝边境三百里。

王吉剌部，是辛爱黄台吉第三子青把都补儿哈兔台吉所属之部，驻牧万全右卫（今河北万全）边外，西与兀鲁部相邻。青把都补儿哈兔台吉共有七子，均在新平堡（位于西洋河上游）边外驻牧。

布喀勒斯部，是辛爱黄台吉第五子松木儿台吉所属之部，驻牧宣府新河口堡边外的擦哈揉儿之地，距离明边境二百余里。

段奈台吉部，为辛爱黄台吉第六子段奈所属之部，驻牧宣府膳房堡以北之马肺山一带，距明边境二百余里。

毛里暗（又名茂明安）部，是扯力克台吉第三子毛明安所属之部，驻牧地在柴沟堡（位于今河北怀安）西北边外草垛山一带，距明边境一百里。

---

① （明）瞿九思：《万历武功录》卷八《俺答列传下》，见薄音湖编辑点校：《明代蒙古汉籍史料汇编》，第四辑，85页，呼和浩特，内蒙古大学出版社，2007。

② （明）瞿九思：《万历武功录》卷八《俺答列传下》，见薄音湖编辑点校：《明代蒙古汉籍史料汇编》，第四辑，87页，呼和浩特，内蒙古大学出版社，2007。

③ 《明史》卷二二二《王崇古传》。

④ 杨润平等：《京师北门宣府镇》，207页，北京，科学出版社，2012。

在蒙古诸部中，并不是每人都对互市持赞成态度，辛爱黄台吉桀骜难制，对其父俺答向明封贡极为不满，意图加以破坏，常常寻衅扰边，俺答正告他说："宣、大，我市场也。"① 告诫他勿妄动。正是由于俺答汗的极力维护，互市交易量基本上维持着上升趋势。

隆庆五年（1571年）至明神宗万历二年（1574年）之间，大同、山西、宣府三镇官市上，土默特和永谢布万户封建主出售马匹的情况，列表如下②：

镇别	1571年	1572年	1573年	1574年	合计
大同	2096	5658	7505	7670	22929
山西	2941	2378	3988	5000	14307
宣府	1993	902	7810	14500	25205

从上表可以看出，互市初的隆庆五年（1571年），宣府官市中马匹交易不到2000匹（1993匹），逊于大同和山西两镇，次年，交易数量暴跌，但此后则迅猛增长，到了万历元年（1573年）已超过了大同和山西。万历二年（1574年），飙升至14500匹，几乎是大同的两倍、山西的三倍。至万历六年（1578年），交易量已近4万匹，发展速度可谓惊人。

由于马市交易之时，蒙古人络绎而至，人马杂沓，市场中拥挤不堪，隆庆六年（1572年），宣大总督王崇古曾建议增大市地，增加交易次数，认为"欲勿增市场，但当听其每月一市，如辽东之例"会导致"临场挤拥"，但兵部覆奏以为："若增加市地及三镇月市之说，则断乎当禁。盖内夏外夷，原有定限，今不得已而至于互市，又使边人日夜与虏构结，非完计也。"③ 由于马市之设乃迫不得已之举，故明王朝君臣大多对马市态度比较消极，极力控制马市的规模和次数，最后王崇古的建议被否决。

万历三年（1575年）夏四月，北部同知吉能死，命其子把都儿台吉袭任。七月，户部复议总督宣大山西方逢时的奏疏，酌定宣府、大同、山西三镇贡市马价，其中规定宣府以一万八千匹为率，该银十二万两；大同以一万匹为率，该银七万两；山西以六千匹为率，该银四万两，并"著

① 《明史》卷二二二《吴兑传》。俺答汗统率的土默特万户，据肖大亨《北虏风俗》云，位于"大同边外，大青山、昭君墓、丰州滩"之地，西至黄河与鄂尔多斯万户为邻，东至宣府洗马林边外一带，故曰"宣、大，我之市场也"。

② 内蒙古社科院历史所《蒙古族通史》编写组：《蒙古族通史》（中册），154页，北京，民族出版社，2001。

③ 《明穆宗实录》卷六四隆庆六年二月条。

为定规”。[①] 户科都给事中光懋上奏反对，认为：“先年贸市不多，经费有数，迩来市马渐广，市本倍增，若不量为节减，将来不可收拾。”[②] 神宗下旨，这市马既议定额数，以后再不许加增。尽管存在明君臣的种种限制，宣府镇马匹交易量仍延续了隆庆以来的增长势头，大大高于大同、山西两镇。

万历七年（1579 年），郑洛以左侍郎总督宣、大、山西军务。昆都力子满五大令银定入犯，郑洛奏停贡市，遣使责俺答罚赎驼马牛羊，乃复许款。十四年（1586 年），郑洛上疏请定市马数，规定宣府不得逾三万，大同一万四千，山西六千。[③] 这限额比万历三年又大为提高，显示了明王朝在马市规模不断扩大的现实面前不得不加以妥协。明廷限定宣府市马数不能超过三万匹，这从侧面说明之前实际交易量实际已在三万匹以上。即使三万匹，也已远远超过了上面列举的 1571—1574 年的数量，而且比这四年的总和还要多。明朝与蒙古之间的互市虽然由于政治的原因有时被关闭，但民间的私市活动却一直延续不辍，较少受到政治的影响。万历元年（1573 年）正月，史籍中即提到当时，“今边冲口，每月望后，俱有小市”[④]。这些小市、私市成为官市（马市）的补充，其地位也在不断提高。

由于张家口堡互市贸易的稳定繁荣，城镇贸易因素不断增长，原有的城堡设施已经无法适应商业发展的需要，万历四十一年（1613 年），宣府巡抚汪道亨在张家口堡以北东西太平山一带修建了新城堡——来远堡，既可增强防御能力，又能方便互市活动。汪道亨在《张家口新筑来远堡记》中详细记载了筑堡始末。根据此文记载，汪道亨任宣府巡抚时，张家口堡已经是“仅北面危垣半壁”，汪道亨上书建议在旧城垣的基础上修筑堡城，得到批准后，当年七月他便着手规划、筹措，九月完成土工。此次工程除建关城外，还在堡东面修筑了横跨清水河的三孔水闸，以防河流漫漶。工程于次年十月竣工，汪道亨亲自命名曰“来远堡”。堡墙东南二面，并西垣，与旧城相接，“四正曲直，延长一百四丈四尺，平高三丈，上加女墙五尺，下掘底，累石为基，加瓴甓其上”，设两门，西南门曰“永顺门”，北门名称无考（当为来远堡）。环堡四隅各建一座戍楼，堡内建有公署两处，营房三百间，祠庙两座（关帝庙、城隍庙），八角亭一座，还专门建有供互市管理官员办公的抚赏厅三间、供守御人员瞭望的观

① 《明神宗实录》卷四〇万历三年七月丁酉条。
② 《明神宗实录》卷四〇万历三年七月丁酉条。
③ 《明史》卷二二二《郑洛传》。
④ 《明神宗实录》卷九万历元年正月庚申条。

市厅两所、司税房二十四间等。[①]

来远堡建成后，使已延续数十年的明与蒙古的马市贸易更为规范，以后随着后金女真人的强大，除了蒙古人外，还逐渐开始与女真人进行贸易，是当时京西最大的互市之所。以马市为基础，这个边隅荒缴小城，逐渐发展为“贾店鳞比”，“铺沿长四五里许”[②]，商贾皆争居之的新兴商业城市。明万历年间，有人画了一幅《马市图》，图中对宣府来远堡互市的情景作了形象描绘。原画久已失传，清初王鹭曾为《马市图》作序，文中曰：“规方壖地，百货纷集，车庐、马驼、（牛）羊、旃毳、布缯、瓶罂之属，踏鞠、跳丸、意钱、蒲博之扶毕具。其外穹庐千帐，隐隐展展，妇女细弱，射生投距之伦，莫可名数，盖一时之盛也。”[③] 这显示市场中除了进行经济贸易外，还有踏鞠、跳丸、意钱、蒲博等各种娱乐活动。来远堡长城外的西沟、正沟成为对蒙古贸易的集市区。

图3－3　张家口堡马市图（采自《清史诗画》，由冯金忠翻拍）

① （明）王道亨：《张家口新筑来远堡记》，见（道光）《万全县志》卷八《艺文志》。

② （明）孙世芳：《宣府镇志》卷二〇《风俗考》，台北，成文出版社，1970。

③ （清）王鹭：《马市图序》，见《宣化县新志》卷一七《艺文志下》，281页，台北，成文出版社，1968。

俺答晚年多病，事无巨细，均由其妻三娘子决断，实际上三娘子已掌握了土默特部的军政大权。

三娘子（1550—1613年），蒙古名为钟金，明朝人记载称“克兔哈屯”或“也儿克兔哈屯”，原为俺答外孙女，秉性聪慧，秀丽可人，隆庆三年（1569年）被俺答所娶。在“隆庆和议”后，三娘子辅佐俺答主贡市，诸部皆受其约束。① 方孔炤《全边略记》卷二亦言：“先是，三娘子在俺答时，自练精兵万人，夷情向背，半系娘子。”②

万历九年（1581年）十二月，俺答死。③ 明廷以王礼，赐祭七坛、采币十二双、布百匹，以示优恤。其子辛爱黄台吉，继承了俺答汗的大号“彻辰汗”，并袭封顺义王，明人译称为“乞庆哈”。辛爱年老且病，欲娶庶母三娘子，三娘子不从，率众西走，辛爱自追之，导致贡市久不至。宣大总督郑洛考虑到三娘子在蒙古诸部中巨大的影响力，若其别属，则辛爱虽王无益，力主三娘子下嫁辛爱，乃遣人对三娘子说：“夫人能归王，不失恩宠，否则塞上一妇人耳。”④ 在明廷的压力下，三娘子从大局出发，只得听命。本来在俺答生前，辛爱极力反对贡市，至此态度大变，“贡市惟谨”⑤。万历十三年（1585年），辛爱死后，撦力克、卜失兔相继承袭顺义王，但都是三娘子实际上掌蒙古各部军政大权，凡“主贡市者三世”⑥。在三娘子的带动下，撦力克于万历十五年（1587年）和三十一年（1603年）两次设誓重申了俺答汗与明朝的盟约，并增订了四项新的规定。

三娘子，据史载：“幼颖捷，善番书。曲眉秀目，面有一黑子，耳坠大环，冠席帽，如卤王（指俺答汗——引者注），其像尝图入中国，大率上青线半臂，下绛裙，袜而不鞋，腰悬一刀，项挂白数珠，坐藉地，干达大义。”⑦ 喜好汉服饰，仰慕汉文化，曾发愿表示如有来生一定要转世为中原人。她曾多次至长城以内，视宣大总督吴兑如父，多次致手书于吴兑，索要中原衣冠以及金珠翠钿等首饰，吴兑也总是有求必应，随市给

① 《明史》卷二二二《郑洛传》。

② 王雄编辑点校：《明代蒙古汉籍史料汇编》，第三辑，95页，呼和浩特，内蒙古大学出版社，2006。

③ 《明史纪事本末》卷六〇《俺答封贡》。而《明史》卷二〇《神宗纪一》言俺答于万历十年春二月癸巳卒。《明史》卷三二七《外国·鞑靼传》也言卒于万历十年春。杨绍猷《俺答汗评传》（北京，中国社会科学出版社，1992）认为是万历九年十二月十九日，今采之。

④ 《明史》卷二二二《郑洛传》。

⑤ 《明史》卷二二二《郑洛传》。

⑥ 《明史》卷二二二《吴兑传》。

⑦ 查继佐：《罪惟录》列传之卷二八《三娘子》，2598页，杭州，浙江古籍出版社，1986。

与，以敦和好。蒙古诸部中，有的不听约束，欲入明境骚扰，三娘子预先告知吴兑，督府得以预作准备。她深得部众爱戴，约束各部遵守俺答生前与明廷达成的约定，在她的努力下，自宣大至甘肃不用兵者二十年。① 万历十五年（1587年），三娘子被明朝诰封为一品忠顺夫人。清末民初诗人傅增湘《咏昭君墓》一诗云："麟阁云台盖世勋，论功一例逊昭君。若从边塞争芳烈，顺义夫人亦不群。"② 诗中将三娘子与汉代出塞和亲的王昭君相提并论，即是对三娘子维护民族团结功绩的充分肯定。

万历四十一年（1613年）四月，三娘子病逝，明廷遣使给予赐祭七坛的隆重祭典。包头市美岱召的"太后庙"是为纪念三娘子而修建，庙内灵堂供有三娘子的骨灰，俗称"三娘子庙"。张家口人曾在长城来远堡外为三娘子建庙，里面奉祀她的牌位以及遗物蒙古靴，充分显示了蒙汉人民对维护民族团结、加强蒙汉经济、文化交流做出了巨大贡献的三娘子的爱戴。

图3-4　三娘子庙塑像（位于大境门内，冯金忠摄）

① 《明史》卷三二七《外国·鞑靼传》。
② 王存诚编：《韵藻清华：清华百年诗词辑录》，10页，北京，清华大学出版社，2011。

五、“隆庆和议”后兀良哈对河北的袭扰

虽然“隆庆和议”后，在俺答汗以及三娘子等的努力下，明与蒙古之间结束了大规模战事，互市贸易蓬勃开展，但是应该看到，由于当时蒙古地区仍处于分裂状态，诸部各自与明朝发生通贡互市关系，即使是同一部的各个封建主也可单独向明朝派出贡使。[①] 俺答汗虽然在诸部中力量最为强大，具有举足轻重的影响力，但形式上仍只是当时众多相关却彼此独立的蒙古首领之一，他与明王朝达成的协议对其他诸部并无约束力，同样其他诸部也不能分享像俺答汗一样同明朝互市的权利，这自然很大程度上减弱了诸部之间政治联合的可能性。

当时一些蒙古上层分子仍留恋以往通过战争和劫掠获取人口、财物的手段，对暂时的经济上的损失心怀怏怏，故不时挑起事端，企图破坏明与蒙古之间的和平。俺答之子辛爱黄台吉即是一个代表，《明世宗实录》嘉靖三十六年十一月丁丑条言：“其士马雄冠诸部，且凶狡无赖，北边畏之。”叶向高《四夷考·北虏考》称：“黄台吉臂偏短，善用兵，其众畏之，用命过于俺答。”黄台吉对其父保塞不再南犯十分不满，认为是无能的表现，日夜扼腕叹息曰：“老婢子有此兵，而老死沙漠，可笑也。”[②] 俺答常以自己的马匹代黄台吉入贡，所得赏赐均送给黄台吉，黄台吉却毫不领情，将赏赐掷于地上，不肯接受。

起初，黄台吉的驻牧地在土默特部东部，由于与俺答的矛盾，黄台吉携其子孙，率部分土默特部众，从土默川地区向东迁徙，到达宣府边外、独石、蓟州的满套儿一带，同朵颜卫的兀良哈部驻地相接，并通过征服或姻亲关系，吞并了朵颜卫兀良哈的一些部落。他心里虽有不满，但摄于俺答汗和三娘子的威势，还不敢太过造次。由于三边总督梅友松抚驭失宜，西边始扰，但“祸已纾于嘉靖时，宣、大则归款迄明季不变”[③]。原来战事最为激烈的宣府、大同基本上保持安宁。例如，万历十七年（1589年），王象乾进右参政，分守口北道，驻宣府。“宣府所直诸大部：曰哈剌慎、曰老把都、曰永邵卜、曰火落气”[④]，岁市赏银二十七万。但他们并不满足，犹时跳梁，王象乾到任后决定加以裁减，他衷甲坐于市台，召诸部长至，谕之，诸部首领皆战栗不敢动，卒裁四分之一。王象乾机警，

① 翁独健主编：《中国民族关系史纲要》，614页，北京，中国社会科学出版社，1990。

② 《明史纪事本末》卷六〇《俺答封贡》。

③ 《明史》卷二二二《王崇古传》。

④ （清）王鸿绪：《明史稿》卷五《王象乾传》，台北，文海出版社，1962。

有胆略，善骑射，他对诸部一方面打压，去其骄气，同时还济之以宽，史称王象乾，“熟外蕃故事、一切土俗及种落家世。以暇，呼大小诸部长，犒以牛酒与马射为戏，诸部长皆喜曰‘那颜爱我’。那颜者，犹大人也”①。当时战事主要集中在今河北东北部。

前已讲到，嘉靖二十九年（1550年），达赉逊汗在俺答的逼迫下，徙居辽东插汉地，居于兀良哈故地。隆庆五年（1571年），俺答被明封为顺义王，史称察罕土门汗闻讯气愤异常，他对手下说：“俺答，奴也，而封王，吾顾弗如。”② 按：“察罕”，即“插汉”之异文，“土门”即“土蛮”。另外，俺答与明贡市不绝，而土门汗自恃为君，却不能与明通互市，故自觉十分屈辱。他手下控弦十余万，“常为蓟门忧”③。

当时三卫属部八十余种，而朵颜部的长昂与董狐狸兵力最强，他们与土门汗联姻，对明时叛时附。万历元年（1573年）春，董狐狸和其侄长昂谋入犯，驰至喜峰口，索赏不得，便大肆抢掠，总兵戚继光于青山将其包围，董狐狸仅以身免。其夏，复犯桃林。次年，董狐狸等人又兴兵来犯，复遭重挫。但董狐狸仍不死心，万历三年（1575年）二月，再次出兵董家口（在今河北宽城县境），被戚继光南北夹击，长昂坠马，几乎被擒，明军俘获其叔父长秃，羁押于董家口。遭受惨败的董狐狸、长昂率部落亲族三百人向戚继光请降，董狐狸服素衣叩头，乞赦长秃。戚继光遣副将史宸、罗端诣喜峰口受其降。董狐狸、长昂献还所掠边人，纳马钻刀设盟，乃释长秃，许通贡如故。④ 但不久长秃旧态复萌，又纠合董狐狸纵掠。六年（1578年），长昂勒赏不得，便阻沮诸部入贡，遣弟蟒金率精骑窥喜峰西，掠前屯，薄山海关、一片石。十二年（1584年）八月，长昂入下庄，总兵杨四畏、副总兵徐从义击却之，追至老鸦岭而还。不久，长昂又纠合哈不慎等数万骑，以打牲为名，对边境进行骚扰，当时万历皇帝正在皇陵举行祭祀活动，长昂往来红螺山（今北京怀柔北）射猎，调部落东西驰荡以示威。“然亦以犯边罢赏，颇窘”⑤，在经济上付出了巨大代价。

---

① （清）王鸿绪：《明史稿》卷五《王象乾传》，台北，文海出版社，1962。

② 《明史》卷二二二《张学颜传》。

③ 《明史》卷二一二《戚继光传》。《明史》卷二一三《张居正传》亦云：“俺答款塞，久不为害。独小王子部众十余万，东北直辽左，以不获通互市，数入寇。”这里的“小王子”，实指察罕土门汗。

④ 《明史》卷二一二《戚继光传》。

⑤ 《明史纪事本末》卷二〇《设立三卫》。

万历二十九年（1601 年）十二月，长昂求款，命复朵颜诸卫马市、木市于宁前。[①] 三十四年（1606 年）冬十一月，拨计挟赏苇子谷。长昂、蟒金复勾引西部本不来世等万骑犯山海关，总兵姜显谟击之。当时督税太监高淮在辽东闻警，惊慌失措调兵自卫，及长昂退兵，冒称斩获之功。未几，长昂围猎，坠马而死。其子赖晕歹效法其父长昂的做法，同蟒金一起，纠集阿镇等挟赏擦崖子关。

总的来说，朵颜部叛附不常，屡为明后期边患，他们主要是由于“勒赏”或“挟赏”，即为了得到或增加赏赐等目的。但由于部众较少，力量寡弱，“然部落不逾万”[②]，虽然犯边甚频，但由于其为明朝藩属和“土蛮”部仆从的地位仍未改变，在俺答部与明关系趋于缓和的背景下，其威胁程度远不及之前的瓦剌和鞑靼。嘉靖年间，由于朵颜屡屡导引俺答为边患，朝中有人欲发兵掩杀。蓟辽总督何栋表示反对，他说：“朵颜犬羊也，纵有反覆，为患尚小。若剪除朵颜，漠北窥隙，必且凭为巢穴。是毁藩篱，延寇以自近也。”[③] 何栋的意见无疑是极富远见的。他看到了虽然朵颜时时骚扰边境，但对明廷造成实际威胁的却并非朵颜，相反它还是明廷的战略屏障，如果将它推到了鞑靼一边，边境形势将不可收拾。这正说明了朵颜与明廷之间复杂的双重关系。嘉靖年间如此，隆庆、万历年间亦然，“盖自隆庆来，长昂称枭桀，雄塞上，垂四十年，而土蛮部落如虎墩、炒花、宰赛、暖兔辈，东西飚动，边吏疲于奔命。至满旦以一妇踯躅曹、石间，竟不可制，然亦自此渐微弱，不能自立矣”[④]。

第七节　明中后期对蒙古的防御及河北沿边重镇

在中国历史上，明朝是修筑长城规模最大的一个朝代，我们所说的“万里长城”，主要指的就是明长城。明初，为了防御蒙古的入侵，太祖朱元璋时期即开始修筑长城，以后历代多有修筑。明代实行卫所制度，太祖朱元璋取法隋唐时期的府兵制，自京师达于郡县，皆设立卫、所，外统于都司，内统于五军都督府，“征伐则命将充总兵官，调卫所军领之；既

① 《明史纪事本末》卷二〇《设立三卫》。
② 《明史纪事本末》卷二〇《设立三卫》。
③ 《明史纪事本末》卷二〇《设立三卫》。
④ 《明史纪事本末》卷二〇《设立三卫》。

旋则将上所佩印，官军各回卫所。盖得唐府兵遗意”①。总兵官与驻地、军队没有稳定的联系。永乐七年（1409 年），北征鞑靼惨败后，根据军政形势的变化，明朝开始调整在长城边镇的部署，向宣府、大同等地派出“专主兵事”的镇守总兵官，这是明朝北边防御制度的重大改革。此后，总兵官逐步演变为稳定驻扎带兵的将军，长城地区正式形成军镇，在卫所军制之外，开始形成镇戍营伍军制。② 辽东、蓟州、宣府、大同、太原、榆林、宁夏、固原、甘肃这九个军事重镇，时称“九边”，派驻重兵把守。除修筑长城、设置九边外，明王朝沿边还采取了烧荒措施，成为防御蒙古的一个重要手段。

一、河北境内的明长城

明代是中国历史上最后一个修筑长城的封建王朝，修建时间前后长达百余年，工程量之大，建造艺术和科学水平之高，都超越了以往各代。③明长城东起鸭绿江，西抵嘉峪关，绵亘万里，大体上是沿历史上燕、赵、秦长城的以南一线建立起来的。据道光《万全县志》载，明代张家口大境门段长城水关尽头东太平山山崖上曾刻有“蒙海朝宗”“华夷分界”两款刻石，真切地反映了当时蒙古与明王朝之间的区隔对峙状态。

明朝建立伊始，面临北元势力的反扑和威胁，从洪武元年（1368 年）占领大都起，明太祖即派大将军徐达修筑居庸关等处的长城，六年后，“自永平、蓟州、密云迤西二千余里，关隘百二十有九，皆置戍守。于紫荆关及芦花岭设千户所守御”。洪武十四年（1381 年），修山海关至偏头关长城，“分兵守古北口、居庸关、喜峰口、松亭关烽堠百九十六处，参用南北军士”④。宣德五年（1430 年）四月，薛禄率师筑赤城、雕鹗、云州、独石、团山城堡。⑤ 其后修缮工程接连不断，几乎每一个皇帝在位期间都不同程度地修过长城。史书记载有二十余次。成化、嘉靖时期，由于蒙古鞑靼部势盛，屡次入边，故这两个时期长城修筑规模尤大。一些重点地段，如都城北京的北面居庸关、山海关、雁门关一带，修筑了好几重城墙，多者甚至达二十余重。

自居庸关以西，明长城分为内、外两线，到山西偏关附近的老营会

① 《明史》卷九〇《兵志一》。

② 杨润平等：《京师北门宣府镇》，31 页，北京，科学出版社，2012。

③ 郑绍宗：《论河北明代长城》，载《文物春秋》，1990（1）。

④ 《明史》卷九十一《兵志三》。

⑤ 《明史》卷九《宣宗纪》。

合，被称为内、外长城。内长城从居庸关西南，经河北易县、涞源、阜平而进入山西灵丘、浑源、应县、繁峙、神池而至老营，是沿着太行山脊筑造的。外长城则自居庸关西北经河北赤城、崇礼、张家口、万全、怀安而进入山西省天镇、阳高、大同，沿内蒙古、山西交界处达于偏关、河曲。内外长城跨越河北、北京、山西、内蒙古境内，是北京的外围屏障。靠近京师的居庸关、倒马关、紫荆关为“内三关”，自此往西的雁门关、宁武关、偏头关为“外三关”。这六个关口是明王朝守卫京师的重要险阻。

明代还在长城的南北建立了许多堡城、烟墩（烽火台），用来瞭望敌情，传递战报。墩台则是戚继光在长城上的一项重要创造。“自嘉靖以来，边墙虽修，墩台未建”①。隆庆年间，戚继光任蓟辽总兵时，巡行塞上，议建敌台。其略言：“蓟镇边垣，延袤二千里，一瑕则百坚皆瑕。比来岁修岁圮，徒费无益。请跨墙为台，睥睨四达。台高五丈，虚中为三层，台宿百人，铠仗糗粮具备。令戍卒画地受工，先建千二百座。”② 每个墩台可容百人，铠仗糗粮皆具，可避风雨、霜雪，御严寒，在军情紧急时，将士可在其中数日屯驻，免却了在军营和长城隘口之间的奔波劳顿之苦，大大加强了长城的防护能力。当时燕赵军士骄惰，难以为用，在练军过程中，为了解燃眉之急，戚继光建议征调浙东三千旧部。督抚上其议，朝廷许之。浙兵三千至，陈于郊外。当时大雨倾盆，自早晨至傍晚，这些

图3－5　界岭口长城（此为明代明与蒙古分界线，冯金忠摄）

---

① 《明史》卷二一二《戚继光传》。

② 《明史》卷二一二《戚继光传》。

军士在雨中屹立不动。燕赵边军看罢大惊失色，自是始知军令如山。隆庆五年（1571 年）秋，在山海关到居庸关的长城线上建墩台一千余座，精坚雄壮，两千里声势连接。[①]

二、河北沿边防御蒙古之重镇

据《明会典》载，凡天下要害地方，皆设官统兵镇戍。其统镇一方者曰镇守，守一路者曰分守，独守一堡一城者曰守备，与主将同守一城者曰协守。又有提督、提调、巡视、备御、领班、备倭等名，各因事异职焉。其总镇或挂将军印，或不挂印，皆曰总兵，次曰副总兵，又次曰参将，再次曰游击将军。旧于公、侯、伯、都督、指挥等官内推举充任其镇守内臣。自永乐初，出镇辽东、开原及山西等处，自后各边以次添设而镇守之。[②]

明代把长城沿线划分为九个防守区，即所谓“九边”。“元人北归，屡谋兴复。永乐迁都北平，三面近塞。正统以后，敌患日多。故终明之世，边防甚重。东起鸭绿，西抵嘉峪，绵亘万里，分地守御。初设辽东、宣府、大同、延绥四镇，继设宁夏、甘肃、蓟州三镇，而太原总兵治偏头，三边制府驻固原，亦称二镇，是为九边。”[③]“九边”，亦称“九镇”，指辽东镇、蓟镇、宣府镇、大同镇、太原镇、延绥镇、宁夏镇、固原镇、甘肃镇。始设于明初，修葺于永乐、正统年间，完成于嘉靖之后。每镇几万人到十几万人不等，设总兵、参将、游击将军等武职统兵，另设总督、巡抚等文职大臣提督节制。每镇之下，又分级设路、关及城堡、墩台等，自上而下形成多级管理系统。处处设兵戍守，并就地屯田，且战且耕，以解决驻军的军粮问题，省却长途挽运之劳。

在防守方式上，经历了从分区设防到九边联防的转变。嘉靖年间为九边联防体制的确立时期。三总督挂帅，九边联防：蓟辽总督（总督蓟辽、保定等处军务兼理粮饷）、宣大总督（总督宣大、山西等处军务兼理粮饷，嘉靖二十年置，嘉靖四十三年移驻怀来，隆庆四年移驻阳和）、三边总督（总督陕西三边军务）。九边联防一定程度上打破了畛域界限、各自为战的局面，在防御蒙古作战中发挥了相当大的作用。

明洪武朝在宣府、万全、怀安、怀来、开平等地建立了十数个卫所，

---

① 《明史》卷二一二《戚继光传》。

② 转引自（清）游智开修，史梦兰纂：《永平府志》卷六《历代职官表三》，425 页，台北，学生书局，1968。

③ 《明史》卷九一《兵志三》。

但是都司一级组织建立较晚，直到宣德五年（1430年）才组建万全都司，是全国最后组建的一个都司。① “庚戌之变”充分暴露了明朝京师防御的薄弱无力。为了加强京师防御，嘉靖二十九年（1550年）增修北京外城，把京军十二团营改为三大营；同年九月，始置蓟辽总督，辖蓟州、保定、辽东三镇。② 募山东、山西、河南诸道兵集京师防秋，秋后散去，以为定制。选各边镇锐卒入卫京师，以京营将分练边兵。

（一）宣府镇

宣府，古为上谷郡地，治于宣化。洪武四年（1371年），废顺宁府，更名宣府。洪武朝“宣府屯守官军殆十万”③。防守区域，包括今河北张家口所辖的怀安、万全、张家口市区、宣化、赤城和怀来、涿鹿的北部地区，以及北京市延庆的东北部、河北涞源县、山西天镇的东北部地区。④ 由于宣府镇总兵与万全都司同城，故宣府镇也称为“万全镇”。

宣府“东连古大宁，北连开平、兴和，西连大同”⑤，是长城防线的中间枢纽地段。明初，开平、兴和列戍相望，及兴和移、开平弃，遂以宣府为重镇。顾祖禹引《边防考》云：“居庸者，京师之门户，宣府又居庸之藩卫也。”⑥ 宣府作为北京的门户锁钥，被称为“北陲第一边镇”。宣府与大同相邻，共同承担屏护京师之重任。嘉靖二十年（1541年），明王朝正式设置宣大总督（全称“总督宣大、山西等处军务兼理粮饷”），建立了宣府、大同、山西三镇的协调作战体制。在九边重镇中，“其最重而称要害者，莫如宣与大”⑦。蒙古进攻明朝多数是从宣府和大同进入。“敌犯山西必自大同，入紫荆必自宣府。”⑧ 从明英宗正统十四年（1449年）“土木之变”到嘉靖二十九年（1550年）“庚戌之变”，仅蒙古军队越过宣府镇长城打到居庸关就达64次之多。⑨ 初，总督翁万达修筑宣、大边垣千余里，烽堠363所，颇称完固，后以通市故，大半为俺答部众所毁。

① 杨润平等：《京师北门宣府镇》，14页，北京，科学出版社，2012。

② （清）谷应泰：《明史纪事本末》卷二〇《设立三卫》。

③ 《明史》卷九一《兵志三》。

④ 杨润平等：《京师北门宣府镇》“序”，北京，科学出版社，2012。

⑤ （嘉靖）《宣府镇志》卷一〇《亭障考》。

⑥ （清）顾祖禹：《读史方舆纪要》卷一八《北直九》，793页，北京，中华书局，2005。《明史纪事本末》卷三三《景帝登基守御》亦云：“宣府，京师之藩篱，居庸，京师之门户。”

⑦ （明）杨时宁：《宣大山西三镇图说》卷一《总图说》，见薄音湖、王雄编辑点校：《明代蒙古汉籍史料汇编》，第二辑，278页，呼和浩特，内蒙古大学出版社，2006。

⑧ 《明史》卷九一《兵志三》。

⑨ 杨润平等：《京师北门宣府镇》，156页，北京，科学出版社，2012。

嘉靖三十一年（1552 年），兵部请敕边臣修补，给事中李幼孜上言："敌垒卑小，宜于垣上增筑高台，营建房庐，以栖火器。"俱从之。①

宣镇的防御设施是在世宗嘉靖至穆宗隆庆间完成的。总兵以下辖副总兵一、参将七（驻独石、怀来、万全右卫、顺圣、蔚、广、葛峪、柴沟堡、南山）、游击三、中军二、守备三十一。重要的关口有张家口、独石口、浮图峪、新河口、倒马关、紫荆关等。镇城以下重兵设防城堡 35 座，属堡、属寨超过 1000 座。仅镇城宣府就有属堡 105 座，属寨 3 座。有城堡卫护的村庄超过 2000 处。

明人程道生《九边图考》中称宣府，"山川纠纷，地险而狭，分屯建将，倍于他镇。"常年驻军维持 10 万人以上，最多时达到 18 万。洪武二十五年（1392 年）开始定设险隘，宣府驻兵额为 126395 员，其中镇城 56152 员。嘉靖二十年（1541 年）的记载是，宣府存籍官军 90346 人，内操备官军 55195 人，杂役 35151 人，总额为 18.07 万人。初，宣府军战斗力较强，深为蒙古畏惮，称之为"白城儿军"（以粉蝶为名）②，后以主帅非人，在虞台岭、尚保寺、马莲滩、柳沟梁等处连遭挫衄。

宣府镇实行分路设防。嘉靖年间是以镇城为中心，设路城五，守备三十一。"东路所统永宁城、怀来城、隆庆州、保安城。南路所统顺圣［州］西城、东城、蔚州城、广昌城。西路所统万全左、右卫、怀安、洗马林。北路所统独石、马营、赤城、云州、龙门卫城、长安岭。中路所统葛峪、大［白阳］、小白阳、常峪［口］、青边［口］、赵川六堡，成化初增羊房堡。"明朝后期增为七路，将西路分置为上、下西路。上西路仍驻扎万全右卫，下西路驻柴沟堡。北路分设上、下、中。上北路驻扎云州，下北路驻扎龙门所，中北路驻扎龙门卫。原中路取消调整入中北路。另有南山柳沟营参将。三十一守备包括：守备倒马关、守备紫荆关、守备浮图峪、守备蔚州、守备独石城、守备马营堡、守备赤城堡、守备龙门卫、守备龙门所、守备云州堡、守备长安岭、守备雕鹗堡、守备柴沟堡、守备隆庆州、守备怀来城、守备怀安城、守备保安新城、守备保安旧城、守备永宁城、守备万全左卫、守备万全右卫、守备张家口堡、守备新开口堡、守备新河口堡、守备西阳河堡、守备洗马林堡、守备顺圣川东城、守备顺圣川西城、守备四海冶、守备广昌所、守备葛峪堡。

① 《明史纪事本末》卷六〇《俺答封贡》。

② （明）岷峨山人：《译语》，见薄音湖、王雄编辑点校：《明代蒙古汉籍史料汇编》，第一辑，234 页，呼和浩特，内蒙古大学出版社，2006。

（二）蓟　镇

蓟镇，又名蓟州镇，治所初在桃林口（位于河北卢龙县境内），后移狮子峪（位于河北迁西旧营），再迁至迁西三屯营。其最大防戍范围，东起山海关，向西经永平（卢龙）、迁安、遵化、蓟州、平谷、顺义、昌平等州县境内的关口，到达居庸关南的镇边城，绵延两千里。蓟镇属下有昌镇、真保镇，即所谓内三关。重要关隘有：今秦皇岛境内的山海关，抚宁县境内的九门口、界岭口，卢龙县境内的桃林口、刘家口，迁安县境内的冷口，迁西境内的青山口、董家口、喜峰口、潘家口、龙井关，遵化市境内的马兰关，蓟县境内的黄崖关，平谷县境内的将军关，密云境内的墙子路、古北口，昌平境内的黄花镇，延庆境内的八达岭、居庸关等。

蓟镇之重，首先在于它的地理位置。明人魏焕《九边考》卷三称："蓟州一边拱卫京师，密迩陵寝，比之他边尤重。"① 《武备志》称："蓟镇为京师左辅，国初宣辽联络，鼎峙三关，蓟属内地。自大宁内徙，三卫盘旋，遂与虏邻矣。"② 蓟镇有险，则京城震悚，蓟镇稳固则京城无虞。特别是永乐初撤销塞外的大宁卫以后，蓟镇的战略地位凸显，自然也增加了其防卫负担。成祖时割让大宁于兀良哈，开平卫（今内蒙古多伦）孤存塞外，无法拒守，宣德年间不得不移卫于独石口，与开平策应的兴和（今河北张北）也舍其防戍，原在大宁地区筑的城堡全部废弃。这样一来，在辽东镇和宣府之间形成声援隔绝之势，京东、京北失去了大片缓冲地带，蒙古各部逼临近边，蓟镇所有关口都成了前沿，正像戚继光在《重修三屯营城记》碑中所云："国初，捐大宁藩封界，兀良哈为夷属，赖镇辅郡，莫重蓟镇。"③

蓟镇官兵员额、马匹数量皆居九镇之首。蓟镇旧设总兵官一人，协守副总兵三人，参将十二人，游击将军六人，游击十人，守备、坐营官各八人，中军官一人，提调二十六人，此外，山东、河南二镇还配备领蓟镇都司四人，定期率本地士卒到蓟镇戍边。

蓟镇官兵员额，永乐时期初定为85006人（包括蓟州、永平、昌平、密云），到万历初实有数增加到124206人（其中蓟州31658人，永平

---

① （明）魏焕：《九边考》卷三《蓟州镇》，见薄音湖、王雄编辑点校：《明代蒙古汉籍史料汇编》，第一辑，247页，呼和浩特，内蒙古大学出版社，2006。

② （明）茅元仪：《武备志》卷二〇四《蓟镇》，见薄音湖、王雄编辑点校：《明代蒙古汉籍史料汇编》，第二辑，528页，呼和浩特，内蒙古大学出版社，2006。

③ 原碑现存三屯营蓟镇旧址碑亭内，参见河北省唐山市政协文史资料委员会：《唐山碑刻选介》，第一辑，27页，唐山，新苑印务有限公司，2003。

39940 人，昌平 19039 人，密云 33569 人），比初定增加了 46%。而其他八镇（辽、宣、大、太、延、固、宁、甘）初定 777588 人，到万历初实有数减到 521705 人，减少了 32.9%。马匹，蓟镇初定 21830 匹，万历初增至 40222 匹，增加 84.3%。其他八镇除山西外，全部有所减少。

“自嘉靖庚戌俺答犯京师，边防独重蓟。增兵益饷，骚动天下。复置昌平镇，设大将，与蓟相唇齿。”① 虽然“俺答封贡”后，大规模战事结束，但小规模犯边仍时有发生，总督王忬、杨选皆因失律被诛。十七年间，易大将十人，率以罪去。隆庆元年（1567 年），明廷把戚继光从东南沿海调至北方，总理练兵事务节制四镇兼蓟镇总兵官。戚继光到镇不久，总结当年在浙东平倭寇的成功经验，结合北部边防的实际情况，两次上疏议戍边策，提出车步骑三军因形战守的计划，重新调整了防御部署，把全镇分为三区十二路，每路置一小将，总立三营：东驻建昌备燕河以东，中驻三屯备马兰、松、太，西驻石匣备曹墙、古石。② 诸将按时训练，互为犄角。又建辎重营三处、车营七处，分驻建昌营、汉儿庄、三屯、遵化、石匣、密云、昌平等地。他还创造了马、步、车相结合的战术，即“车营”：“车一辆用四人推鞔，战则结方阵，而马步军处其中。又制拒马器，体轻便利，遏寇骑冲突。寇至，火器先发，稍近则步军持拒马器排列而前，间以长枪、筤筅。寇奔，则骑军逐北。又置辎重营随其后，而以南兵为选锋，入卫兵主策应，本镇兵专戍守。节制精明，器械犀利，蓟门军容遂为诸边冠。”③

蓟镇长城原多系土石结构，而且低矮单薄，戚继光建议改修长城，并很快得到朝廷批准。新修的边墙，由土石结构改为砖石结构，并加高加厚，内外两侧均加垛口，冲要地段修重墙建敌台（即墩台），台分三层，中间为空，既可用于瞭望，又可驻兵及储备粮食器械，台下驻军与台上驻军配合作战。经过三年时间，边墙面貌为之一新。在长达两千里的防线上，矗立起一千多座敌台和大大小小的关隘防城，精坚雄壮，两千里声势连接。戚继光在镇十六年，史称“边备修饬，蓟门宴然。继之者，踵其成法，数十年得无事”④。当时号为名将者马芳、俞大猷早死，独戚继光与辽东李成梁在。“然蓟门守甚固，敌无由入，尽转而之辽，故成梁擅战

① 《明史》卷二一二《戚继光传》。

② 《明史》卷二二二《谭纶传》。

③ 《明史》卷二一二《戚继光传》。

④ 《明史》卷二一二《戚继光传》。

功。”[1] 边患中心由河北转至辽东，亦是明后期一大变局。

三、河北沿边烧荒御敌

“烧荒”是指人为点燃田野外面的林草，使之成片焚烧。在中国古代，人们常常利用这种方式开荒，另外，在中国历史上它还是一种防御游牧少数民族的战争手段。作为御敌的手段，其历史至少可追溯到战国时期。例如，《战国策·秦二》载，公孙衍对义渠君说：“中国无事于秦，则秦且烧焫获君之国。”而在唐末，契丹每入寇幽、蓟，幽州节度使刘仁恭“岁燎塞下草，使不得留牧，马多死，契丹乃乞盟，献良马求牧地”[2]。在明代，则将边境烧荒发挥到了极致，是对付蒙古的一种常用手段，“盖防虏南向且耀兵也”[3]。

由于蒙古族逐水草而居，故草原对于蒙古族性命攸关，通过烧荒使草木尽绝，牲畜因无草可吃大批死亡，可以破坏其生存和战斗力基础，弱化进攻势头，且便于瞭望，使蒙古军无处藏身，容易被发现。从现有记载来看，明代沿边烧荒，始自永乐初年的大同镇。[4] 永乐五年（1407 年）十二月，成祖敕镇守大同的江阴侯吴高曰：“尔奏沿边草盛欲焚之，最当。第虑旁近未知，或生疑怪，且巡徼军马仓促难避，屯堡房舍将有所损，须预报之使备。”[5] 成祖对吴高烧荒的上奏十分欣赏，且对这一方案在具体执行中的一些细节有所完善。永乐以后，明王朝在修边筑堡、加大北边防务建设的同时，将历史上早已有之的敌我双方交兵时临时性军事行为的“烧荒”，变为北防守军的“常例”[6]，并逐渐在沿边推广开来，甚至一些人认为“御虏莫善于烧荒”[7]，对此倍加推崇。

宣府毗邻大同，烧荒开始实施较早。宣德五年（1430 年）冬十月，宣宗敕恭顺侯吴克忠、遂安伯陈英、武进伯朱冕、太监刘顺等，“循例出

① 《明史》卷二一二《戚继光传》。

② 《新唐书》卷二一九《北狄·契丹传》。

③ 《明宣宗实录》卷五八宣德四年九月甲辰条。

④ 王杰瑜：《明代“烧荒”述略》，见陕西师范大学西北历史环境与社会发展研究中心、中国历史地理研究所编：《历史地理学研究的新探索与新动向——庆贺朱士光教授七十华秩暨荣休论文集》，538 页，西安，三秦出版社，2008。

⑤ 《明太宗实录》卷七四永乐五年十二月庚辰条。

⑥ 宣德四年，守大同武安侯郑亨、守宣府都督谭广、守宁夏宁阳侯陈懋等，各遣人奏宜及时发兵出塞，宣宗曰：“烧荒固常例，师行不可不谨。”见《明宣宗实录》卷五八宣德四年九月甲辰条。

⑦ 《明英宗实录》卷九八正统七年十一月壬午条。

境烧荒”[①]。按：吴克忠，宣德四年充副总兵，率领官军往宣府等处境外巡哨。宣德三年（1428年），命阳武侯薛禄充总兵官，遂安伯陈英为左参将，武进伯朱冕为右参将，率领官军镇守蓟州、永平、山海关等处，操练军马，并提督各关隘口。显然宣德五年十月宣宗敕令的烧荒主要是针对宣府、蓟州、永平等地。

至于具体的烧荒方法，《明会典·兵部五·事例》云：“每岁七月，本部请敕各边，遣官军往敌人出没之地三五百里外，乘风纵火焚烧野草，以绝兵马，名曰烧荒。”这里所说的“七月”是兵部上奏皇帝，命各地进行部署的时间，一般烧荒多在九十月间，各地因物候不同可能具体时间有所差别。这时秋高气爽，气候比较干燥，草木枯槁，易于纵火，明王朝关于烧荒制定了严格的制度，“事毕，以拨过官军烧过地方造册奏缴”，将烧荒的成果作为对有关官员士卒进行奖惩的标准之一。宣府烧荒在每年的十月，明嘉靖《宣府镇志》对烧荒过程记载甚详：

> 每年冬十月初间，以草枯为始，本镇统领官军出境焚烧野草，使达贼不能南牧，起于正统年，总兵官统领官军五千员名，由青边口出境，经三岔沟、青草滩至上合河，且行且焚，至晚回兵，凡二日。副总兵官统领本营官军三千员名，由大白杨口出境，经瓦庙儿孤榆树至上合河与总兵官合兵，且行且焚，至晚回兵，凡二日。旧游击将军统领本营官军三千员名，由张家口出境，经红崖儿至羊圈沟，且行且焚，至晚回兵，凡二日。新游击将军统领本营官军三千员名，由青边口出境，经三岔沟至红崖儿与旧游兵会兵，且行且焚，至晚回兵，凡二日。北路参将统领本路官军三千余员名，由独石地方出境，入马营堡由马营地方出，入赤城龙门等处，且行且焚，至晚回兵，凡二日。西路参将统领本路官军三千余员名，由膳房堡口出境，入洗马林等堡口，洗马林堡口出境入柴沟等堡，且行且焚，至晚回兵，凡二日。东路参将统领本路官军三千余员名，由永宁城出境，入四海冶堡，且行且焚，至晚回兵，凡二日。[②]

① 《明宣宗实录》卷七一宣德五年冬十月戊辰条。

② （明）孙世芳修，栾尚约辑：《宣府镇志》卷二二《兵政考》，245页，台北，成文出版社，1968。

由以上可以看出，宣府镇烧荒兵分数路，分别由总兵官、副总兵、旧游击将军、新游击将军、北路参领、西路参领、东路参领等统领，参与兵力达2.3万人，持续两天，俨然为一次组织严密、规模巨大的军事行动。

明军烧荒给蒙古畜牧业造成了较大损失，“近来各边时常调兵出捣，杀虏家口，赶夺马匹，边外野草尽烧，冬春人畜难过”[①]，一定程度阻止了蒙古人的侵犯，但总的来看，成效并不明显，更未能阻止蒙古南下。仍以宣府镇为例，从景泰元年（1450年）始到隆庆元年（1567年）的117年中，蒙古南侵宣府62次，平均不足两年就有一次。其中弘治、正德、嘉靖三朝最为频繁，78年中计51次。[②] 而且烧荒既成为成例，一些地方的明军对烧荒执行并不认真，多采取应付敷衍的态度，“多于近边，虚应故事”[③]。甚者有的官军或借烧荒之机挟贩私盐，或乘机畋猎，这样非但没有达到“御虏”之功，有的因疏于防守、全不设备，却让蒙古趁机猎杀，造成了一定的损失，因此，当时就有人叫停烧荒。[④] 方逢时，为嘉靖二十年（1541年）进士，隆庆四年任大同巡抚，他曾写有《烧荒行》一诗，诗云：“汉家御虏无奇策，岁岁烧荒出塞北。”这里“汉家”，实指明朝，是借古讽今的惯用手段。在方逢时看来，岁岁烧荒是御虏无能的表现，他对此是持批判态度的。至于烧荒对自然环境的破坏，更是毋庸讳言的。

第八节　明代河北蒙古族的迁徙分布

元朝灭亡后，汉地以及交界地区的蒙古人纷纷撤回蒙古草原，其中包括元朝皇室的护卫亲军钦察卫、阿速卫等，滦河上游的察罕脑儿行宫的各族工匠，东北地区的“五投下”之众等。在这一时期战乱频仍中，中原的蒙古人除死亡和北撤外，还有相当部分仍留在中原，散布于内地。以蒙

① 俺答：《北狄顺义王俺答谢表》，见薄音湖、王雄编辑点校：《明代蒙古汉籍史料汇编》，第二辑，103页，呼和浩特，内蒙古大学出版社，2006。

② 王杰瑜：《明代“烧荒”述略》，见陕西师范大学西北历史环境与社会发展研究中心、中国历史地理研究所编：《历史地理学研究的新探索与新动向——庆贺朱士光教授七十华秩暨荣休论文集》，541页，西安，三秦出版社，2008。

③ 《明宪宗实录》卷四五成化三年八月甲午条。

④ 《明武宗实录》卷一〇正德元年二月辛亥条，交河县知县李泰奏：“边境烧荒诸将，往往趁机畋猎，尝有输盐招寇之患，乞停止兵部议烧荒之举，不唯遏胡马南牧，而官军亦易于瞭望，乃边方重务不可废也。”

古军队为例，据《蒙古源流》载，方大乱时，各处转战蒙古人等且战且退而出，“四十万蒙古中，得脱者惟六万，其三十四万（皆）被围而陷矣”①。“三十四万”之数是否准确，尚待考证，但留于内地者数量十分可观，当毋庸置疑。

由于在元明嬗代之际这个特殊历史条件下，蒙古族分为了漠北以及中原内地两部分，以下对明代蒙古族迁徙分布的探讨，自然也需要分为漠北和中原内地两部分进行介绍。

一、明初北边蒙古族之内迁

当元明嬗代之际，一般蒙古人，“避乱自北而南者，多聚于京师”②，由于明初定都南京，这里所谓的“京师”指南京而言。这些蒙古军民，有的安排到南京附近，有的安排到荆州、黄州、常德、岳州、沅州、蕲州、武昌等地。③ 以下主要介绍与河北有关者。

（一）大都附近

元末顺帝撤离北京时，曾胁迫大都居民随行。经过长期战乱，造成人口锐减，经济凋敝。洪武二年（1369 年），整个北平府所辖各县的户口总数，只有 14974 户 48972 口。④ 北平城区所属的大兴、宛平两县，户数均不足三千，人口不足一万。

明初攻占大都后，北元势力犹强，活动仍很频繁，不时侵扰内地，并与当地民众相呼应，北部边境存在着巨大的军事压力。河北北部一带处于燕山山脉的北侧，蒙古人较多，明王朝对他们并不放心，担心与北元联合为乱。例如，洪武三年（1370 年），攻占宣德（治今河北宣化）后，汤和率军驻防，他上疏指出：“宣德近已归附，然去虏巢甚迩，虏或不时出没，保聚为难，请画久便计。”⑤ 建议把宣德的居民迁至居庸关南，隔断与北元的联系。洪武四年三月，中书右丞相魏国公徐达镇北平，总领北方军务，上奏称“山后顺宁等州之民密迩虏境，虽已招集来归，未见安土乐生，恐其久而离散”，已令都指挥使潘敬、左传、高显徙顺宁宜兴州沿

---

① 萨囊彻辰著，道润梯步译校：《蒙古源流》卷五，223 页，呼和浩特，内蒙古人民出版社，1980。

② 《明太祖实录》卷一二八洪武十二年十二月丁亥条。

③ 《明太祖实录》卷八四、一二八、一九五。

④ （清）缪荃孙：《顺天府志》卷八，北京，北京大学出版社，1983。

⑤ （明）孙世芳修，栾尚约辑：《宣府镇志》卷三四《名宦传》，412 页，台北，成文出版社，1970。

边之民皆入北平州县屯戍，仍以其旧部将校抚绥安集之。计 17274 户 93878 口，安置于北平府附近的固安、永清、顺义等县居住。[①]

明初实行“寨外夷民皆令迁入内地”[②] 的政策，导致了沿边蒙古族的大量南迁。在山北口外，废除了原来的州县系统，而改设卫所。洪武四年（1371 年）三月，太祖命中书省臣曰：“山北口外，东胜、蔚、朔、武、丰、云、应等州皆极边沙漠，宜各设千、百户，统率士卒，收抚边民。无事则耕种，有事则出战，所储粮草，就给本管，不必再设有司，重扰于民。”[③]

洪武四年（1371 年）六月，魏国公徐达驻师北平，以沙漠既平，从北平山后之地（今河北宣化至辽宁辽阳地）迁 35800 户 197027 口，其中已降而内徙者 34560 户 185132 口；招降及捕获者 2240 户 11895 口，“散处卫府，籍为军者给以粮，籍为民者给田以耕”[④]。据《明太祖实录》卷六九，其安置情况见下表：

<table>
<tr><th>州府</th><th>寨名</th><th>寨数</th><th>合计户数</th><th>合计口数</th></tr>
<tr><td rowspan="7">宜兴州</td><td>楼子</td><td rowspan="7">7</td><td rowspan="7">1038</td><td rowspan="7">5895</td></tr>
<tr><td>塔崖</td></tr>
<tr><td>狮崖</td></tr>
<tr><td>松垛</td></tr>
<tr><td>窨子峪</td></tr>
<tr><td>水峪</td></tr>
<tr><td>台庄</td></tr>
</table>

① 《明太祖实录》卷六二洪武四年三月乙巳条。顺宁，即顺宁府。唐为武州，辽为德州，金为宣德州。元初为宣宁府。太宗七年（1235 年），改山东路总管府。中统四年（1263 年），改宣德府，隶上都路。至元三年（1266 年），以地震，改顺宁府。领三县（宣德、宣平、顺圣）、二州（保安州、永兴州）。

② 《明太祖实录》卷八八洪武七年三月辛酉条。

③ 《明太祖实录》卷六二洪武四年三月癸巳条。

④ 《明太祖实录》卷六六洪武四年六月戊申条。将“已降而内徙者”与“招降而捕获者”，两部分相加，合计户数为 36800，与《明太祖实录》所云之 35800 不合。

续表

<table>
<tr><th>州府</th><th>寨名</th><th>寨数</th><th>合计户数</th><th>合计口数</th></tr>
<tr><td rowspan="11">永平府</td><td>梦洞山</td><td rowspan="11">11</td><td rowspan="11">1202</td><td rowspan="11">6000</td></tr>
<tr><td>雕窝崖</td></tr>
<tr><td>高家峪</td></tr>
<tr><td>大斧崖</td></tr>
<tr><td>石虎青</td></tr>
<tr><td>矿洞</td></tr>
<tr><td>庄家洞</td></tr>
<tr><td>杨马山</td></tr>
<tr><td>买驴</td></tr>
<tr><td>独崖</td></tr>
<tr><td>判官峪</td></tr>
</table>

除此之外，徐达又以沙漠移民 32860 户，屯田于北平府管内之地，凡置屯 254 个，开田 1343 顷。其具体分布如下：

州县	屯数	户数
大兴县	49	5745
宛平县	41	6166
良乡县	23	2881
固安县	37	4851
通州	8	916
三河县	26	2831
漷州	9	1155
武清县	15	2031
蓟州	10	1093
昌平县	26	3811
顺义县	10	1370
合计	254	32850

尽管我们无法确定此屯田军户中蒙古人的比重，但可以肯定的是，这些蒙古军队的投降士兵，应当是蒙古、汉混杂的。洪武六年（1373 年）

三月，燕山卫指挥朱杲奏：“近领兵于山后宜兴、锦川等处搜获故元溃散军民九百余户，请以少壮者隶各卫为军，俾之屯守，老弱隶北平为民。从之。”① 如果以一户五口计，这次被搜获的蒙古军民九百余户，至少在五千人以上。宜兴是上年大将军徐达收过遗民之地，即今河北滦平西部的小兴州。锦川在今辽宁凌海市附近。

这些蒙古人，虽然定居日久，但直至明宣宗宣德年间，仍基本保持着游牧民族的习性。明王朝为了照顾其生活，按照官职爵位赐给他们大都周围的空闲田，作为牧地草场。“先是，都指挥也先帖木儿奏，在京居久，所给牛马，未有牧地。上命行在户部遣官行视顺天府属县，有空闲地非民耕种者给之。至是，户部言三河等县地多空旷，遂定拨侯四百亩，伯三百亩，都督二百五十亩，都指挥二百亩，指挥一百五十亩，千户卫镇抚一百二十亩，百户所镇抚一百亩。”②

（二）永平府

明初，除了大都附近外，还有蒙古人被迁入永平府（治今河北卢龙）的记载。洪武六年（1373 年），蒙古军队攻打瑞州，结果兵败，明朝廷迁辽东瑞州边民入永平府之滦州（今河北滦州）。洪武十年（1377 年）九月，北平、永平二府守臣言，山后来归之民以户计者五百三十，以口计者二千一百余，皆携挈妻孥无以为食，上命有司稽其口之大小赈给之，凡赈米八百一十石。③

（三）保定府、河间府、广平府、大名府等

在保定府、河间府、广平府和大名府也有大量的军屯和民屯，这些军屯和民屯中应有一定数量的蒙古人。据统计，山后移民被安置在永平府的有三万人，河间府十万人，保定府四万人。④ 嘉靖《河间府志》卷八载：“正统元年，拨赐河间府等处安插外夷官员田土，指挥一百五十亩，千户一百二十亩，百户所、镇抚一百亩。”⑤ 这些朝廷拨赐给河间府的田亩，即是为了安置“外夷官员”（蒙古官员）。由于永乐以来，蒙古塞北部落来降者，多安置于河间、东昌等处，这些人生养蕃息，以至于强悍不可

---

① 《明太祖实录》卷八〇洪武六年三月丁巳条。

② 《明宣宗实录》卷八一宣德六年七月壬申条。

③ 《明太祖实录》卷一一五洪武十年九月丙辰条。

④ 曹树基：《中国移民史》，第五卷，242 页，福州，福建人民出版社，1997。

⑤ 嘉靖《河间府志》卷八《屯田》，见《天一阁藏明代方志选刊》，上海，上海古籍书店，1964。

制，对地方治安造成了一定威胁。[①]

洪武、永乐两朝从蒙古地区迁入内地的蒙古军民不下七十万人。[②] 对散居内地的蒙古族，明王朝采取了不同的政策。对于蒙古上层，明王朝给予优厚的赏赐，赏以田宅和各种用具，或加官晋爵，以期招引更多的蒙古封建主来降。对于一般的蒙古军民，则分别编入明朝的军籍和户籍，或参加军屯和民屯，给予田土、牛羊，令耕种自食。明朝曾抽调蒙古壮丁组织起十三支队伍，称为“土达官军”或“汉达官军”，驻防各地。北京“三大营”所属的“三千营”，就是一支主要由蒙古壮丁组成的骑兵。永乐时，北京羽林军所属“勇士营”是以漠北新附军卒组织起来的。[③]

事实上，作为传统的游牧民族，蒙古人擅长养马射猎，耕稼却非其所长。为了发挥他们的优势，永乐十年（1412年），明成祖下诏要求在蒙古人中搜寻擅长养马者，并将之安置在北方的多个地方，以教汉人养马。史称成祖谕兵部曰：“朔方多马，固土地所宜，亦其人习于畜牧，今鞑官闲居者多，可选其老成谨厚者，令教民畜养。”于是兵部奏委都督薛斌、吴诚等选择“其居永平、蓟州、通州者，就留本处教民；居真定、定州者，更番赴顺天等府教民，但令教之饮饲之宜，若孳息不及，教者无预”[④]。薛斌，本名脱欢，吴诚，即吴允诚，本名把都帖木儿，二人均为降明的蒙古人，故选他们负责其事。

二、明中后期蒙古族之内迁

明代中后期，尽管蒙古与明之间战争不断，甚至几次蒙古军队突进至北京城下，但蒙汉人民之间的友好交往一直未曾中断。一些汉人军民不堪压迫，逃至蒙古地区，也有不少蒙古人不满于蒙古地区的长期战乱，或因生活无着，而向内地迁徙。正统时，“达人来降，络绎不绝”，当时居留北京的“达人”（即蒙古人）不下万余人，“较之畿民三分之一，其月支俸米较之在朝官员亦三分之一”[⑤]。这些人许多在朝为官，已成为明王朝统治阶级的一部分。

兀良哈三卫在明代属于外藩，与明王朝关系密切。有明一代，他们驻牧地区逐渐南移，向大宁以南发展，宣德年间已接近明长城沿线。明宪宗

① 《明史纪事本末》卷三三《景帝登基守御》。

② 翁独健主编：《中国民族关系史纲要》，612页，北京，中国社会科学出版社，1990。

③ 翁独健主编：《中国民族关系史纲要》，612页，北京，中国社会科学出版社，1990。

④ 《明太宗实录》卷一三〇永乐十年七月己丑条。

⑤ 《明英宗实录》卷二五正统元年十二月庚寅条。

成化二十三年（1487 年）五月，朵颜三卫避那孩人辽东，明廷令驻牧近边，赐给米布。[①] 武宗正德四年（1509 年）冬，泰宁卫满蛮率部落二万余人，欲附居塞下以避北敌鞑靼。明廷令居故镇安堡。[②]《明武宗实录》卷五〇对此记载甚详：

> 泰宁三卫女直都指挥佥事满蛮率其部落男妇二万有余，欲附边墙，筑土圈潜住，以避北虏。守臣以闻且言："镇安等堡旧有土圈可容"。下兵部议："三卫为中国藩篱，彼既有事告急，我当有以庇之。但狼子野心，变態莫测，请令辽东镇巡官，整兵防范，不可信其甘言，遽生怠玩，兼遣人多方访探，果无诈情，听于墙外要害处，熠常藏避，不许践我境内，惊扰人心。其镇安等堡土圈，果远离边墙，基趾如故，许其老弱暂居，事宁省，令远去住牧。仍遣抚夷通事犒劳，宣谕朝廷恩威，使之感激。若有诈伪，务在审处奏报，庶附夷有所倚赖，边境不致疏虞矣。"从之。[③]

镇安堡，位于河北赤城东北部，始筑于成化八年（1472 年）。由于镇安堡河谷直通坝上草原，成化八年，宣府镇在该河谷内筑镇安堡，以防遏蒙古军由此通道南下，以后曾屡次修缮。顾祖禹《读史方舆纪要》卷一八《北直九》载：镇安堡，"在金莲川东。成化八年筑，正德六年、万历十五年皆增修，周二里有奇。堡重峦叠嶂，四面皆山，东逼两河口，径通边外。山岭高峻，朔骑乘之而下，势若建瓴，凡入内地，堡辄被困，且两河口外林木丛杂，侦瞭尤难"[④]。乾隆《赤城县志》卷二《建置志》引《宣镇图说》云：镇安堡，"成化八年筑，正德六年加修，万历十五年砖甃。周二里六十六步三尺，高三丈五尺"。又引明代《北中三路志》云："城楼三，角楼四，铺一，门一座。"[⑤] 明廷之所以选择镇安堡作为安置泰宁卫满蛮等部之地，主要是考虑到镇安堡有土圈，即有城墙环绕，易守难攻，面对鞑靼的侵逼，足以自保。

明廷将归附的泰宁卫满蛮部安置于镇安堡，令其附塞，其意图是十分明显的，无非是为了用以防御鞑靼等的侵扰。"以夷制夷"，这也是历史

① 《明史》卷一四《宪宗纪二》。
② 《明史纪事本末》卷二〇《设立三卫》。
③ 《明武宗实录》卷五〇正德四年五月戊戌条。
④ （清）顾祖禹：《读史方舆纪要》卷一八《北直九》，817 ~818 页，北京，中华书局，2005。
⑤ （清）孟思谊：《赤城县志》卷二《建置志》，44 页，台北，成文出版社，1968。

上对付少数民族的惯常做法。当时满蛮所部两万余人，迁居河北北部。两万多蒙古人入据河北北部，一定程度上改变了当地的民族构成，在明代民族史上也是一件大事。事实上，在弘治十八年（1505年）六月，满蛮便开始与明接触，史称："满蛮等款塞，自陈为北虏所侵，絜其累重，欲入内地以避之。"① 守臣以闻，兵部上言认为宜稍加存恤，以示怀柔而严为之备。诏从之。虽然满蛮获得了明廷的恩准，但不知为何，此次入附未能得行。正德二年（1507年）四月，任命满蛮为都指挥佥事。又过了两年，满蛮历尽波折才最终得以入附。

这些迁居河北的蒙古族，由于他们大多聚集而居，特别是密迩京师，明王朝有时也感其威胁，甚至视为肘腋之患，又将之迁徙至他地。前面提到永乐时被迁到河间、东昌等地的蒙古降人，"生养蕃息，强悍不可制"，在也先进攻北京之时，他们乘机骚动。故英宗天顺初，发兵征两广湖贵苗人之乱时，兵部尚书于谦奏遣之，"其有名号者厚赏犒，随军有功则官之。已而更遣其妻子往，自是肘腋无他患"②。

三、留居内地的河北蒙古族及其后裔

明代河北蒙古族中，除了从漠北迁入者外，还有一部分也不可忽视，那就是蒙元时期已迁居河北，在元明嬗代之际选择留在内地，并未北还者。由于他们在内地历经数代，与当地的联系也较密切，明代基本上已融入汉族。在大汉族主义盛行的背景下，史籍中大多对其族源阙而不载，或伪托为汉人，幸赖碑刻、方志留下了一些痕迹。

（一）河北遵化马姓

马锁住（1351—1399年），蒙古人。金末蒙古人攻战燕京，其先祖随之入居蓟州，遂为遵化人。曾祖祃祃，仕元为中书左丞，祖达失蛮为达鲁花赤；从祖秃忽赤为开府仪同三司、太尉、录军国重事；父阿老丁为明威将军。

马锁住，元末官至枢密院断事，元灭降明，以武略见用。洪武十八年（1385年），得参宿卫，任凤翔中卫指挥佥事。未几，从师北征大宁、辽东至金山，复从征龙安，追击纳哈出及平大宁中，俾守大宁前卫，复从征捕鱼儿海子，累立战功，赏赉甚厚，特赐诰命。二十二年（1389年），由于遵化为喜峰口要路，邻接边境，而马锁住为遵化本地人，熟谙地理情势，遂调任遵化卫。他在龙山（位于河北遵化境内）之南构屋数椽，戎

① 《明武宗实录》卷二弘治十八年六月丙辰条。

② 《明史纪事本末》卷三三《景帝登基守御》。

务之暇，与亲兵耆旧会聚为乐，招延文学之士，讨论古今成败得失、人才贤否，四方文人才士莫不闻风而至。建文元年（1399 年），殁于靖难之役，诏赠昭远将军。其妻冯氏，赠淑人，合葬龙山之南。其子马祥，与马锁住同殁于阵。马锁住叔马政兴曾在锁住阵亡后，“替袭”遵化卫指挥佥事一职，后官至睢阳卫指挥使，永乐七年（1409 年）将遵化卫指挥佥事还于马锁住之孙马荣。马荣，既受荫叙，正统十四年（1449 年），迁都指挥佥事，充右参将，协镇蓟州、永平、山海等处。①

马氏在河北遵化历经数代，冠冕不绝。遵化东马各庄村的由来，即与马荣家族有着密切的关系。光绪《遵化通志·古迹考·塚墓》载：“明总兵遵化卫指挥同知马荣墓在州南十里龙山前。”《遵化县地名资料汇编》载：“东马各庄村，原名马各庄，明代建村。此处为明代总兵马荣墓地，又有‘马氏在此看坟种田，后传宗接代，繁衍为村’之说。1985 年全县地名普查时，为区别于刘备寨乡的南马各庄村、平安城镇的西马各庄村，改称现名。”据东马各庄村老人介绍，现东马各庄村西部曾有“马家园”，村中心曾有马府、马家祠堂等明代建筑。

2006 年 5 月，马家坟出土一块墓志盖，其上铭文曰“明赠昭勇将军都指挥佥事马公”，此中的马公，也即马锁住。

图 3-6　马锁住墓志盖（藏于河北遵化市文物管理所，万全宝提供）

① （明）李贤：《古穰集》卷一六《遵化卫指挥佥事赠昭勇将军马公墓表》，国家图书馆藏明刻本。

（二）河北栾城校姓

河北栾城北长村，大部分村民姓“校”，他们自称为蒙古后裔，为元明之际留在当地者。

据史籍记载，当明军迫近大都时，元顺帝北逃前，任命淮王帖木儿不花监国，同时任命义王和尚辅佐。义王和尚，属于“黄金家族”成员，为忽必烈曾孙，祖父系脱欢，父宽彻不花封威顺王。和尚曾为元顺帝近侍，忿权臣孛罗帖木儿跋扈欺君，受密诏刺杀之，由此获得顺帝信任，被封为义王。

由于顺帝北遁，带走了几乎全部精锐，留守京师者几乎都是老弱残卒，根本无力抵御明军。淮王帖木儿不花与中书左丞相庆童等皆战死，但在京城将破之时，义王和尚先遁，不知所踪。[①] 由于义王和尚下落不明，有人推测，脱欢家族诸王子孙在义王和尚率领下向南逃亡，希望与陕西、甘肃境内的秃鲁、李思齐部队，以及属于脱欢家族的威顺王宽彻普化、豫王阿剌忒纳失里的部队会合。他们经过大名，进入河南，并在当地隐居下来，这就是河南王姓蒙古人。在逃亡途中，其中的一部分留在了河北栾城北长村，今栾城北长村的校姓即其后裔。[②] 村中曾经流传这样一个传说：有三个王爷分别姓“校”“较”“效”，因为犯罪逃亡，其中姓“校”的王爷跑到了栾城，姓“较”的王爷跑到了河南。“很早以前，村里的老人便说，河南也有校姓人。”[③]

事实上，除了河北栾城校姓外，今河南中牟县以及巩义市蔡家庄也都有校姓，他们都自称祖先系蒙古人，并且是皇族后裔。并认为河南中牟县、巩义市蔡家庄的校姓人来自栾城北长村，他们同祖同源。其中河南校氏家谱中称：“始祖自明初，由直隶栾城七世祖南游，越河晋居吾□，遂家蔡庄，而有明哲弘治间墓志可考。”这证明，巩义蔡家庄校氏的始祖曾由栾城迁徙到河南蔡庄（现为蔡家庄）居住。家谱的书写年代是明嘉靖年间，由此推算，栾城校氏始祖迁至河南蔡庄的年代大致在明永乐年间。

今栾城北长村有一块残碑，建于清乾隆二十一年（1756 年）三月。文曰：“皇清太学生乡饮大宾校公（下残）”，还有一碑，年代磨泐，时代不详，文曰：“（上残）庠生校公讳从龙字腾乔元配赵氏之墓”。

---

① 《元史》卷一一七《宽彻普化传》。

② 孛儿只斤·苏和主编：《散居在祖国内地的蒙古族及其后裔》，32 页，呼和浩特，内蒙古人民出版社，2013。

③ 任崇岳：《成吉思汗后裔校姓源流》，郑州，河南人民出版社，2014。

（三）河北新河脱姓

河北新河县西流乡东董村、西董村脱姓，自称为元末丞相脱脱第三子周彬的后裔。该村至今保存着脱氏家谱，此家谱始修于明天启年间，其后续有修纂。[①] 据传该家谱为三世祖脱敬先所修，保存大体完整，略呈长方形。现存部分高 2.69 米，下部宽 1.28 米，上部宽 1.12 米。由老粗布拼接而成，下部边缘有蓝色花纹。因年代久远，家谱呈暗黄略发黑色，边缘有残缺，中间有不少虫蛀的孔洞。字色发暗，有的字模糊难辨。现存家谱最上为二世祖周彬兄弟三人。据推测，其上残缺部分应有牌坊图样和一世祖脱脱之名字。

脱脱，字大用，元后期名臣。他系出蒙古蔑儿吉台氏，伯父伯颜、父马札儿台俱官至右丞相。由于伯颜跋扈不臣，脱脱协助元顺帝罢黜了伯颜，至正元年（1341 年）为右丞相。史称“脱脱悉更伯颜旧政，复科举取士及太庙四时祭，雪郯王之冤，召还宣让、威顺二王使居旧藩位，弛马禁，减盐额，蠲负逋，开经筵，遴选儒臣劝讲，中外翕然，称贤相焉”[②]。至正三年，诏修辽、金、宋三史，脱脱为都总裁官。又请修《至正条格》颁天下。

至正十四年冬，脱脱受诬，诏削官爵安置淮安。俄有旨移置亦集乃路，其弟御史大夫也先帖木儿安置宁夏。十五年春，台臣犹论其谪轻，列疏其兄弟之罪。于是，又诏流脱脱于云南大理宣慰司镇西路，流也先帖木儿于四川碉门。长子哈剌章肃州安置，次子三宝奴兰州安置，仍籍其家产。其中提到脱脱有两子，即哈剌章、三宝奴，而未提及第三子周彬。《脱氏宗谱甲申序》对此解释说，当脱脱罹难之时，周彬尚幼，史书不载周彬乃疏漏所致：“明修《元史》仅八月而成书，潦草殊甚，后商辂共撰《续纲目》，不能旁征博采，于元事亦多不详。”

据《脱氏家谱》记载：“脱周彬，配郭氏，子脱敬先。周彬，蒙古人，脱脱丞相之季子也。避难隐于邑之董村原上，变姓名杂耕夫牧竖中，人莫知为王侯贵胄也。后其两兄亦同居。元亡，两兄去，而彬遂留。其子孙仍氏脱，有达人，为邑之望族。”

另据《脱氏家谱》，脱氏祖籍为大都路顺州归化城，二世祖周彬时始迁至河北新河，“始祖脱丞相家祠及世祖周彬公坟墓皆在新河县脱家疃村，现犹宛存，供后人凭吊云”。这里的“脱家疃村”，盖即因脱氏家族

---

① 而傅振伦《重刊脱氏谱书叙》（民国十九年）言，脱脱丞相墓在通县故郝县西南。

② 《新元史》卷二〇九《脱脱传》。

而得名，今改称东董村。虽村名不见脱氏之痕迹，但脱氏墓地仍存四块墓碑。其一，“元太师右丞相脱公子周彬故里碑”，仅存碑身，有首、座之榫。碑高240厘米、宽78厘米、厚25厘米，边线几何图形纹饰，碑阴不详。其二，“脱氏墓川故处士东野脱公墓碑”，刻于隆庆元年（1567年），东昌府同知脱镐立。青石质，高246厘米、宽76厘米、厚25厘米，碑首圆形，碑额线刻浮云花卉，碑文16行，满行76字，凡988字，但不少字体残损。其三，“明敕封承德郎脱公讳神道”，青石质，上部残，底部有榫，无座。碑留残文，“伍年岁次丁亥春叁月拾伍日立”。其四，“脱镐墓碑”，埋于地下，只有碑身边暴露于外。青石质，身首一体，碑首为大抹角方形，无座。碑全貌不详。①

图3－7　脱氏墓地
（脱炳勋提供）

图3－8　脱脱之子周彬墓碑
（梁勇提供）

① 脱镐墓碑，由戴光启撰，（光绪）《畿辅通志》卷一七四［见《续修四库全书》史部地理类，第636册］载有碑刻录文。云：“公字子都，其元出于脱脱相国之后。迨至正间隐士周彬始迁新河之台村。”

附录一：脱脱丞相三公子周彬之墓碑文①

始祖脱翁讳周彬，隐居于新邑之东南董村，距县十五里许，实系元朝脱脱丞相之裔也。八世孙脱镐任陂（陕）西临洮府府佐，有世袭指挥佥事官脱宠持其家谱而来认焉。阅其世系，一一若合始节，因并志之，不敢概托于狄梁公故事，以取罪愆。先是，大明兴业，有营建。之后，顺天府大木脱拟匠二名于周彬之孙，一曰脱悉斯，即族谱所在脱三老也；一曰脱彦刚，是为匠籍。其所从符远矣。独不见巨海之澎湃也，怀山襄陵，流非不长，溯其源则一也；茂树之葳蕤也，干霄蔽日，敝非不繁，穷其本则一也。我祖宗冒霜露、剪荆棘，创兹基业，已十三世有奇。其中科贡不乏，而来银青、列章缝者绳绳相继，倘所称“迩木者乘荫，近水者藉润”非耶，奈何佳城几致湮没，凡有枝源木本之思者，宁忍恝然耶？自祖来叨居长门，其肩荷更巨。故邀族人仝为修缉之举，世绾昭昭，令异派旁枝不得溷而入也。于是立石碑、开神道、植树株、禁牒（戕）伐，且以展风水之悲，抑水杜侵占之害也。后世子孙贤则扩大之，否则亦严守之，而一抔之土尚在，谅不至若敖氏之鬼也。尔顾祖而兴思者，端有望焉。

附录二：元脱脱丞相三公子故里碑文②

脱丞相盖有道大臣也。其逐伯颜，所为大义灭亲，其诛逆党、破妖寇，所为以劳定国；至浚河渠、兴水田，皆大造于生民；而幼为皇太子官，免太子于难，劝圣学、领储训、保护善类，尤为知本以体国者。公忠如此，勋业如彼，而卒［不］免于谗［言］，远窜大理，为邪臣所害，岂不冤哉！愚读《元史》，见其流于云南时，长子哈剌章肃州安置，次子三宝奴兰州安置。后虽用台臣张冲言复丞相官爵，给复其家产，召二子还朝而各授以官，然不数年而元亡，皆不知其所终。天下后世皆疑脱丞相无

① 傅振伦等纂修：《新河县志》，494页，台北，成文出版社，1968。此碑于明天启六年（1626年）由周彬九世孙脱格等立，其十世孙脱继盛撰文。《新河县志》云录自董村脱氏家谱，文字有错讹，今仍县志原文之旧。此县志还存有知新河县事王培撰《元太师右丞相脱公家传》一文。

② 此碑由知直隶新河县事大梁王培撰。

后矣。康熙二十年辛酉，愚来任新河县，阅《县志·忠节传》有云“丞相子周彬，隐居于董村原上”，不觉大惬愚怀。乃知天之庇佑忠臣，必不肯绝其后也。但公子之来，不知所由。意其当罪时，有程婴杵臼之家僮、卖卜之门生匿之而至此？或其昭雪也，两兄皆之任，有官者去，而无官者独留与？又或长者随君育于他方，而少者宜昌于此地与？不然何其韬光敛彩匿姓名以自全而独有隐君子之风也？厥后世为善族，不乏闻人。明有孝廉脱镐以才子历任东昌府同知、明经脱铉为辽东卫教授，有例贡脱权；本朝有武进士脱大基为彰德府守备，余亦文学相续：皆丞相之远光、公子之厚德也。今岁丙寅仲夏，观察李夫子自南宫旋，愚迎于境上，次马而语。适有义学师脱拔率学生数人列谒道左，询知为丞相后，谓宜立碑以表之，且许赠以诗。因言及“丞相不死，元必不亡”。夫国以一人兴、以一人亡，大臣之系于人国，岂不重哉！元惟不明，信谗害忠。使元而明也，则丞相必以功名显而不以忠节著矣。使大臣以忠节著，人君之大不幸也。临敌易帅，兵家所忌。元惟不明，以致淮安之命与金牌同辙；丞相不用龚伯遂之言，不借密旨自便，以大义听诏，立解兵权，又与武穆同。至于辞高惠之女，尤人所难及。志不可夺，忠不忘君，惟此志也，虽与日月争光可也。史称其大节为“有道大臣”，洵非虚论矣！愚每读《元史》至此，未尝不愤极流涕，叹其功之不终，而悯其忠之可敬也。元维不明，不仅长城自坏，竟致海内沦胥。

事败之后，虽有激昂而明其忠者，又何救乎？盖自古人臣有功难也，而无过尤难！无过易也：君而明也，则见忠不见过，观过能知仁，任始而保终。以之祈天永命，又何难乎？君之不明，前有谗而弗见，后有贼而不知，懵杀忠良，自撼其国，岂不痛哉！语曰：“人君之学，莫大于知人。”洵要论也夫！洵要论也夫！

观察李夫子讳基和，号梅崖，癸丑科进士，江南丹徒籍，奉天广宁人，好古君子也。现任整井径道，兼理粮储驿传山西提刑按察使司佥事，加四级。因并志之。大清康熙二十五年岁次丙寅冬十月二十三日文林郎知新河县事戊子科举人大梁王培撰并书篆

儒学署教谕举人张时华，典史盖之相，经筵讲官、太子太师、文华殿大学士兼吏部尚书，管理国子监事务，乾隆元年丙辰科进士胪第闽省蔡新校正。

乾隆四十八年生员脱人麟奉旨办理昌平、延庆二州铅矿事务，因在京拜见蔡中堂，与改正，又赐官衔、图记。故志之。

（四）邢台申氏

河北邢台沙河市申氏也言为蒙古后裔。今沙河市三王村清宣统三年（1911 年）所立石碑揭示了申氏家族之渊源。碑原在申氏祖茔，后移村中。碑正面刻“申氏祖茔”，背面刻“故元潞王太始祖璟公墓志铭”。墓志铭记载，申氏始祖璟公“为元皇裔，实小子王之从堂季父，而元顺帝同胞叔也，初封晋王，改封潞王，子十八：文秀、文端、文正、文美、文信、文平、文智、文惠、文法、文亮、文俊、文雅、文临、文翰、文简、文瑞、文宪、文义……即俗传所谓十八公是也……顺帝北行抵和林，元裔杀戮殆尽，公藩潞乃携眷避兵屯留，而绛州，为存宗嗣计，故改曰姓申，折铜锅十八块”①。墓志铭撰者申瑞澄，永年申庄村人，清末湖北试用知县。

永年申庄和涉县神头申氏祖茔碑文与三王村碑文雷同，迁徙邢台、邯郸一带的申氏是元代皇族后裔。其先祖为元顺帝胞叔，名曰璟。明兵北上，元顺帝逃离大都，北抵和林，作为元朝遗老、皇亲国戚的璟公，为了逃避战乱，改姓申。他把十八个儿子叫到跟前，将自家的一口大锅摔为十八片，让众子各执其一，他命四子文美留守绛县保护眷属，其他兄弟远走他乡，如日后相见，以锅片为证。这便是后来称作“铁锅申”“锅片申”的来历。

据沙河上申庄《申氏家谱》、永年申庄《申氏族谱》、涉县神头《申氏家乘》、内邱柳林沟《申氏宗谱》和武安矿山村《申氏追远录》及申海群等人的调查了解，十八公中长子文秀迁沙河上申庄，不久一支迁三王村，因申氏始祖璟公排行三，而且为王，所以其后人将名取为三王村，以作纪念，后子孙又迁至申庄、西赵村、葛村等村；三子文正迁威县中章台，后有子孙迁北章台；四子文美迁永年申庄，后有子孙迁石碑口、陈庄等村，还有子孙迁至邢台麦地湾及邢台申庄等地；六子文平迁至曲州；七子文智迁武安矿山村；九子文法迁威县东柏悦村；十六子文瑞迁内邱黄釜村，后有子孙迁柳林沟、申庄、申家洞等村；十八子文义迁涉县段曲村，后有子孙迁神头、申庄、东达、后峧、马布等村。涉县神头申氏祖茔碑文

① 引自沙河右岸久别人的博客《破釜分宗，沙河申氏祖源考》（2013－02－01）http：//blog. sina. com. cn/u/3261513983。

说十八子文义从山西潞城到洪洞，再由洪洞迁神头，文义未去屯留和绛，这同蒙古族小儿子守老窝的传统相合。故有人推断，逃往绛的元皇族后裔申氏为了能安全东迁，也必然会像迁往涉县的文义一样，先从绛到洪洞集中，然后随着汉人的移民浪潮而迁往邢台、邯郸一带。①

永年申氏中名人辈出，据《永年县志》记载，六世申纶，字廷言，明弘治十八年（1505年）进士，先任定襄、永康、平陆三县令，因廉洁清正，擢升太原府知府、潞州府知府，后升兵部、户部郎中，又调河南卫辉府知府、常州府知府，官至云南四川副使。八世申佐，明嘉靖三十五年（1556年）进士，官至都察院都御史大同巡抚，致仕归乡后，居滏阳河畔筑钓台。申佳允，字孔嘉，崇祯四年（1631年）进士，著有诗歌八卷《君子亭序》《四书铎》《诗经铎》《四书镜》流传于世。其子申涵光与同乡张盖、郭挺，鸡泽殷岳、曲周张逢元，邯郸赵湛等，时称“广平六才子”，乃“河朔派”的诗派领袖人物，著有文集四卷、《聪山集》八卷，其《荆园小语》《荆园进语》被收录《四库全书》。

四、明代河北蒙古族中的著名武将文臣

明建立伊始，为了巩固统治、拉拢人心和分化瓦解漠北的蒙古族，对被俘的蒙古宗室贵族加以保护。洪武元年（1368年）七月，太祖朱元璋告谕徐达曰：“前代革命之际，肆行屠戮，违天虐民，朕实不忍。诸将克城，毋肆焚掠妄杀人，元之宗戚，咸俾保全。”② 对蒙古上层的被俘者，根据不同情况予以任用。洪武元年八月，在攻克大都后，下诏：“蒙古、色目人有才能者，许擢用。”③ 洪武三年（1370年），擒获元昭宗之子买的里八剌，送至京师，太祖不准献俘，封其为崇礼侯。洪武六年（1373年）三月，王保保河南旧部参政副枢等五百八十余人、军士一千六百六十余人被送至京师，“简其壮勇者为驾前先锋”；同月，又命河南卫都指挥郭英招集故元将士得七百余人，“皆命分补侍卫”。④ 永乐二十二年（1424年）冬，瓦剌部属赛因打力来降，命为所镇抚，赐彩币、袭衣、鞍

① 引自沙河右岸久别人的博客《破釜分宗，沙河申氏祖源考》（2013－02－01）http：//blog.sina.com.cn/u/3261513983。

② 《明史》卷二《太祖纪》。

③ 《明史》卷二《太祖纪》。《明太祖实录》卷五一洪武三年四月甲子条曰：“尝诏告天下，蒙古诸色人等，皆吾赤子，果有材能，一体擢用。”两者所云盖即一事。

④ 《明太祖实录》卷八〇洪武六年三月癸卯条。

马，仍令有司给供具。自后来归者悉如例。①《明史》卷一五六赞曰："明兴，诸番部怀太祖功德，多乐内附，赐姓名授官职者不可胜纪。继以成祖锐意远图，震耀威武，于是吴允诚、金忠之徒，率众来属，遂得列爵授任，比肩勋旧。或以战功自奋，锡券受封，传世不绝。视夫陆梁倔强者，顺逆殊异，不其昭欤！"有明一代，河北蒙古族涌现了一些著名的武将文臣。

（一）著名武将

1. 父子总兵：马荣、马永

前面提到的遵化马氏家族为蒙古族后裔，马锁住先世在元历仕高官，马锁住本人在元亡后降明，历任凤阳中卫指挥佥事、遵化卫指挥佥事等，殁于"靖难之役"。其孙马荣官至都指挥佥事，充右参将，协镇蓟州、永平、山海等处。②

关于马荣，清光绪《遵化通志》卷四六《人物传·元明》载："马荣，遵化卫指挥同知。景泰初升参将，略正统。己巳之变，多树边功。喜峰口、罗文峪等关及县城鼓楼皆所修建。官至总兵。"《迁安县志》载："天顺五年春三月，右参军马荣为总兵官，镇守蓟州、永平。"③ 此记载当来自《明英宗实录》卷三二六，天顺五年三月丙寅云："命蓟州永平等处右参将马荣充总兵官，镇守地方，以总兵官胡镛久病，不能任事也。"

其子马永④，《明史》卷二一一有传。马永，生而魁岸，骁勇有谋。习兵法，好《左氏春秋》。嗣世职为金吾左卫指挥使。正德时，从陆完击贼有功，进都指挥同知。守备遵化，蒙古军入马兰峪，参将陈乾被劾，擢马永代之。战柏崖、白羊峪，皆有功。正德十三年（1518年）进都督佥事，充总兵官，镇守蓟州。尽汰诸营老弱，听其农贾，取佣值给健卒，由是马永所将独雄于诸镇。朵颜把儿孙结诸部邀赏不得，盗边。马永迎击洪山口，而伏兵断其后，斩获过当，进右都督。已复馘其骁将，把儿孙不敢复扰边。马永上书为陆完请恤典，且乞宥议礼获罪诸臣。嘉靖帝大怒，夺

---

① 《明史》卷三二八《外国·瓦剌传》。

② （明）李贤：《古穰集》卷一六《遵化卫指挥佥事赠昭勇将军马公墓表》，国家图书馆藏明刻本。

③ 河北省迁安县地方志编纂委员会：《迁安县志》，北京，中国社会科学出版社，1994。

④ 马永与马荣关系，参见清康熙五十年《永平府志》卷一九，明确提到马永乃马荣之子，其中言马荣为"镇番参将"亦与马索珠墓表相合。《明孝宗实录》卷一三四云：弘治十一年二月"己丑命陕西都司故都指挥佥事马荣之子求袭原职金吾左卫指挥使"。万广宝先生认为，马求乃马永之讹。参见《名载史册的父子总兵——明代蓟镇总兵官马荣、马永考略》，载《唐山劳动日报》，2015年3月9日。

永官，寄禄南京后府。巡按御史丘养浩言：“永仁以恤军，廉以律己，固边防，却强敌，军民安堵，资彼长城。闻永去，遮道乞留，且携子女欲遂逃移。夫陆完久死炎瘴，非有权势可托。永徒感国士知，欲效区区之报。不负知己，宁负国家？祈曲赐优容，俾还镇。”[①] 顺天巡抚刘泽及给事、御史交章救之，俱被谴。马永竟废不用。马永杜门读书，清约如寒士。嘉靖十四年（1535年），辽东军乱，逐都御使吕经，复召马永总兵辽东。十七年，虏入塞，率兵五千人，捣虏巢，焚其庐还。十八年，辽军再乱，率家兵逼贼，斩四十余人，遂定。升左都督。马永卒于辽东。辽人为罢市哭丧。过渔阳，渔阳人皆哭。两镇皆立祠祀之。[②] 马永为将，厚抚间谍，得敌人情伪，故战辄胜。雅知人。所拔卒校，后多至大帅，有古良将之风。

2. 满桂

明后期，东北的女真族强盛起来，逐渐取代蒙古成为明王朝的心腹大患。一些入居河北的蒙古人，在抗御女真的斗争中成长起来，成为一代名将，满桂便是其中的杰出代表。

满桂，《明史》卷二七一有传。“蒙古人，幼入中国，家于宣府。”明代军士皆另立户籍，称为“军籍”，其身份是世袭的。当时满桂可能是军籍，而非一般民籍。满桂娴于骑射，从征，多斩馘。以功先后任总旗、百户、潮河川守备等。万历四十七年（1619年），萨尔浒大战，明军大败，军中举荐知兵的青年将领数人，首先推荐的就是满桂。于是移守黄土岭，为总督王象乾赏识，升石塘路游击、喜峰口参将。天启二年（1622年），大学士孙承宗行边，满桂入谒。孙承宗壮其貌，与谈兵事，大奇之。及出镇山海，即擢副总兵，领中军事。孙承宗幕下，文武辐辏，独用满桂。满桂虽椎鲁少文，然忠勇绝伦，不好声色，与士卒同甘苦。翌年，孙承宗议出关修复宁远，问谁可守者。袁崇焕、茅元仪大力举荐满桂。满桂至宁远，与袁崇焕协心城筑，遂使宁远屹然成重镇。时蒙古部落驻牧宁远东鄙，辽民来归者悉遭劫掠，孙承宗深感忧虑。天启四年（1624年）二月，孙承宗遣满桂与总兵尤世禄袭之大凌河，蒙古诸部西逃，于是宁远东鄙得以安宁。原来，宁远城内外一片荒凉，在满桂的治理下，渐渐发展到五万多家军民在此屯田，甚至远至五十里以外地区。孙承宗上其功，满桂因此被擢升为都督佥事，加总兵衔。

---

① 《明史》卷二一一《马永传》。

② （清）游智开修，史梦兰纂：《永平府志》卷五五，3976～3980页，台北，成文书局，1968。

天启六年（1626 年）初，努尔哈赤率五万后金兵沿辽西走廊进攻明朝，满桂等驻守的宁远成为最前线。此年正月，后金军数万强攻宁远，在袁崇焕和满桂的指挥下，明军英勇抗击，连续打退后金进攻。明军使用的西洋红夷炮，对后金军造成了巨大杀伤，此役明军共获后金首级二百六十九。[①] 后金军在宁远之战中的真正伤亡数字，历来史学界颇有争论，明史书中有言数千，乃至一万七千者，而清朝史书则言五百。但此役后金军攻城失利而退，却是不争的事实。战后，满桂因功升为都督同知，实授总兵官，后论功升左都督。

由于满桂对赵率教不亲救援而与其发生矛盾，进而与袁崇焕交恶。袁崇焕申奏朝廷乞移满桂别镇，以关外事权归赵率教。未几，袁崇焕亦自悔，遂奏请命满桂持印移镇关门，兼统关外四路及燕河、建昌诸军，赐尚方剑以重事权。七年五月，宁锦大捷中，袁崇焕与满桂再度携手，重创后金军，满桂亦身被重创。捷闻，加太子太师，世袭锦衣佥事。战后，袁崇焕被阉党排挤，罢职，王之臣担任督师，奏请朝廷仍以满桂镇守宁远。会蒙古炒花诸部离散，满桂与王之臣多收置之麾下。崇祯元年（1628 年）七月，朝廷御史言官交相弹劾王之臣，牵连到满桂。王之臣被免，满桂也被召回。适值大同总兵渠家桢作战失利，朝廷乃以满桂代之。

崇祯二年（1629 年）十月，皇太极从蒙古绕道，由喜峰口毁边墙而入，攻陷遵化，巡抚汪元雅自杀。山海关总兵赵率教赴援亦战死。清军遂趋蓟州，越三河，略顺义，进逼京师。十一月，明廷下诏各镇赴京勤王。满桂率领五千骑兵驰援，结果与宣府总兵侯世禄都被清军战败，退入都城。崇祯帝派官慰劳，令与侯世禄一起据守德胜门。不久，双方交战，侯世禄部被击溃，只有满桂奋勇冲杀。城上发射大炮进行掩护，却误伤了满桂军，满桂亦负伤。十二月，袁崇焕因为反间计被崇祯帝下狱，满桂受命统领关门、宁远精锐，驻守安定门外。

袁崇焕下狱后，部将祖大寿等愤而率关宁军退回山海关。朝廷遂任命满桂为武经略，尽统入卫诸军，并赐尚方宝剑。后金军分陷固安、良乡，回军卢沟桥。崇祯急于求胜，催促满桂出兵迎敌，满桂说："敌军气势正盛，而我军援兵未至，不可轻易求战。"但崇祯根本听不进去，屡遣中使催促，满桂不得已之下，督黑云龙、麻登云、孙祖寿诸大将，以十五日移营永定门外二里许，列栅以待。清军以精锐骑兵四面围攻，明军寡不敌

① 《明熹宗实录》卷七〇天启六年四月辛卯条云："计上首虏至二百六十有九，皆得其名"。

众，大败，满桂和孙祖寿战死。崇祯闻讯，大为震惊，遣礼部侍郎徐光启致祭，赠少师，世袭锦衣佥事，袭升三级，予以厚葬，赐祭葬，有司建祠。

（二）著名文臣

蒙古人长于骑射，多担任武职，但也有一些蒙古族学者和文人在明朝任职。例如，答禄與权，蒙古人，仕元为河南北道廉访司佥事，入明后，洪武六年（1373 年）二月，以荐授秦王府纪善，未几升监察御史。① 洪武九年（1376 年），以火你赤为翰林蒙古编修，更其姓名曰霍庄。② 但尤著者为张守直和道同。

1. 张守直

张守直，《明史》无专传，其事迹散见于诸传中，但未透露族别，甚至其墓碑中也未提到其为蒙古族。③ 但实际情况是，张守直，出身蒙古族，定居遵化城内，先祖忙古歹，元世祖忽必烈时曾任右丞相，张守直为其九世孙。

根据其墓碑，张守直，字笔峰，明嘉靖十六年（1537 年）乡举，二十三年（1544 年）中进士，初任浙江嘉定县知县，任间刚方正直，兴学劝农，赈粟讲武；表节义，省开支，禁游惰，兴水利，分河田，清盐税，为惠一方。三载后升任兵部主事，又调任吏部考功文选郎中。当时，朝廷中正值严嵩父子当权，权势熏灼。张守直不阿附徇情，敢于同奸党斗争，直至严嵩父子获罪被罢黜为止。再次擢升大理寺少卿，受理严世蕃之案，仍以明断称。后改任光禄寺少卿，又因奉公理事升为户部侍郎。其间在监修明显陵工程中为朝廷节省大批银两。隆庆元年（1567 年），调任南京大理寺少卿、南京户部右侍郎。后召入京，任户部左侍郎，又晋至户部尚书。后遭谗致仕，退职还家，闲居城内十七载而亡，葬于今西三里乡北峪山腰。

张守直文化修养甚高，并有诗作传世。遵化城始建于明洪武初，嘉靖元年（1522 年）巡抚都御史孟春重修，万历九年（1581 年）戚继光继修。面对修葺一新的城池，张守直曾作诗一首以赞之，以时间来看，此诗当写于张守直致仕还乡之后。

---

① 《明太祖实录》卷七九洪武六年二月乙未条、卷八〇洪武六年三月丙午条。

② 《明太祖实录》卷一〇五洪武九年三月癸未条。

③ 《明户部尚书张守直墓碑》，见伊利民主编：《河北满族蒙古族碑刻选编》，1 页，北京，作家出版社，2007。

万峰回合水潺潺，形胜功收指顾间。

暖借春支开锦障，高悬秋色壮榆关。

弦歌静听闾阎合，烽燧全收雉堞间。

十二栏干题不尽，何妨樽酒数跻攀。①

2. 道同

道同，河间人，其先鞑靼族。洪武三年（1370 年），以才干举为太常赞礼郎，后出知番禺县。番禺素称繁剧，而军卫尤强横，需求百出，佐吏动遭笞辱，前县令不能堪。道同至，坚执公法，凡事违理者一切不从，由是民赖以安，权要恶之。时元勋永嘉侯朱亮祖镇广东，所为多不法，对道同威逼利诱，但道同丝毫不为所动。有土豪数十人，凡遇闾里珍货，辄抑价买之，稍不如意，即诬以钞法，百姓为之敢怒不敢言。道同廉问得实，捕其党，悉械系通衢以示众。诸豪至朱亮祖处求解，朱亮祖召道同，劳以酒食，席间为诸豪求情。道同厉色说："公为大臣，不当为小人所使!"朱亮祖哑口无言，无计可施。次日，朱亮祖出通衢，被械者哀呼求免，朱亮祖竟释之，复以他事笞道同。又有富民罗氏，纳女于朱亮祖，其兄弟因怙势凌人，道同按法治之，朱亮祖又夺去。道同遂历数其事而奏之，太祖以亮祖功臣，不下吏，但罢职，令居江宁县之安德乡，未几以病卒。

道同性峭直，气宇魁岸，奉母备甘旨，与妻子同粗粝。布政使徐本，雅重道同，道同尝按一医士，罪当笞，徐本急欲得医，遣卒语道同，令释之。道同反问道："徐公亦效永嘉侯耶?"笞后乃释之。后道同卒于官，县吏有奉其主于家者，出入辄告，有事卜之辄验，人或以其为神。②

第九节　明代河北蒙古族的文化习尚

明代塞外的蒙古族主要以游牧射猎为业，逐水草而居，主要居住在毡帐，即蒙古包中，正如史书所云："自古胡人无城郭，不屋居，行则车为室，止则毡为庐，顺水草便，骑射为业。"③ 在汉人影响下，虽然他们也逐渐从事农业，但生产技术还很落后，耕作粗放，在社会生产和经济形态

① （明）张守直:《遵化城成识喜》，见政协遵化市委员会编:《遵化长城》，176 页，北京，华艺出版社，2009。

② 《明太祖实录》卷一三三洪武十三年九月丙寅条。

③ 《明太祖实录》卷一九六洪武二十二年四月癸巳条。

方面与中原内地迥然不同。正是在此基础上，塞外蒙古族形成不同于内地的文化风尚，而内地的蒙古族在内地文化的熏染之下，与汉文化逐渐趋同。

一、语言文字

明洪武年间，蒙古政权虽然退居漠北，但仍雄峙一方，为北方最重要的势力，给新生的明王朝造成巨大威胁。为了与蒙古沟通的需要，明太祖朱元璋很重视蒙汉文翻译，大力培养专业翻译人才，并专门设立了四夷馆，掌译书之事。洪武十五年（1382 年），“命翰林侍讲火原洁等编类《华夷译语》”，作为规范化的蒙汉翻译课本。太祖鉴于“前元素无文字，发号施令但借高昌书制蒙古字行天下，乃命原洁与编修马懿赤黑等以华言译其语，凡天文、地理、人事、物类、服饰器用，靡不俱载。复取《元秘史》参考，以切其字谐其声音，既成刊布，自是使臣往来朔漠，皆得其情”①。

永乐五年（1407 年），四夷馆内特设蒙古、女真等八馆，“置译字生、通事，通译语言文字”②。这些译字生、通事中有很多是蒙古人。通事，又分大通事和小通事。大通事有都督、都指挥等官，统诸小通事，总理贡夷、降夷及归正人夷情番字文书译审奏闻等，在沟通蒙汉中发挥着重要作用。例如，徐晟，鞑靼人，原名七十五，永乐初以翻译外夷文字召用。③又如，鸿胪寺右丞七十，为元之故臣，通蒙古文书，在明朝从事教习和翻译工作。羽林前卫带俸达官指挥石忠，后期在四夷馆教习蒙古文书。还有名叫瓦剌歹的蒙古人也在四夷馆任教习和翻译。

从 14 世纪末至 17 世纪初，内地的蒙汉学者共同努力，编印了多种蒙汉对照的词汇集。除了 14 世纪末编纂的《华夷译语》外，一些论述明朝边政的著作，如《卢龙塞略》《登坛必究》《武备志》《三云筹俎考》等都附载了蒙汉对照的名词术语，是研究当时蒙古语言和历史的重要资料，也是蒙汉学者共同努力的见证。

明代蒙古族已通行改革过的蒙古字，即现在使用的蒙古字。由于纸张的传入，17 世纪初，在察哈尔林丹汗组织下，根据藏文并参考汉文，译出了 108 函的藏传佛教经典《甘珠尔》。蒙古族著名的口头文学，如《江

---

① 郑晓:《今言》卷四，引自（明）严从简:《殊域周咨录》，283 页，北京，中华书局，1993。

② 《明史》卷七四《职官志三》。

③ 《明仁宗实录》卷六永乐二十二年十月癸丑条。

格尔》《乌巴什洪台吉》等也得以用蒙古文或托忒文记录下来。

二、医　药

蒙古医学是蒙古族人民长期同疾病斗争的经验总结，它既是蒙古族珍贵的历史文化遗产，也是祖国医学宝库的重要组成部分。元世祖忽必烈时代，按照《周礼·天官冢宰》的记载，宫廷中设置师医、食医、疾医、疡医，分职而治行，并“设掌饮膳太医四人”①。饮膳太医忽思慧，曾编著《饮膳正要》一书，该书三卷，是中国古代最早的一部营养学专著。

随着蒙古族政权退居漠北，失去了元时的各种有利条件。明初，由于战乱，蒙古医药短缺，蒙古封建主常常利用向明朝朝贡的机会加以求取。例如，永乐五年（1407 年），鞑靼部的阿鲁台遣回回哈费思来朝，且奏求药，成祖命太医院使如奏赐之。②

一些蒙古人在中原内地学习而成为一代名医。例如，明成化年间，蒙古族中医术很高的扎失列至北京行医，深得当地人赞誉。他还培养徒弟，将自己的医术传授给其弟子，薪火相传。北京广济寺中《敕赐广济寺碑》，建于明成化十六年（1480 年），记载了扎失列在北京的行医事迹。碑文中称扎失列为“法王贤弟子”，在建造广济寺中曾捐资协助，寺成后，仍令扎失列领南宫。文曰：“扎失列初礼陕右荐福寺住山真如庵为师，法名静定，号慧岩，深得心传旨趣，以医药济世。凡内外大臣士庶治得其效者，至今称羡不已。其徒尤能继志述事。”③

三、宗　教

（一）萨满教

萨满教是蒙古族最初的宗教信仰。元代由于蒙古贵族的推崇，藏传佛教主要流行于上层统治者，而蒙古普通牧民大多仍信奉传统的萨满教。随着元朝灭亡，蒙古势力退出中原，藏传佛教的影响力进一步式微，萨满教的势力则相对增强。萨满教敬信上天，称天为“腾格里”，其中，“长生天”在所有天神中地位最高。鞑靼部的阿鲁台和达延汗等都敬信“天命”，遇事常向天祈祷，以占卜决疑。即使是将黄教引入蒙古的俺答汗，

---

① （元）忽思慧：《进书表》，见《饮膳正要译注》，6 页，上海，上海古籍出版社，2014。

② 《明太宗实录》卷七四永乐五年十二月丙申条。

③ 北京图书馆金石组编：《北京图书馆藏中国历代石刻拓本汇编》，第 52 卷，155 ~ 156 页，郑州，中州古籍出版社，1990。

其早年也信仰萨满教，常命萨满巫师替他占卜。

（二）黄教的传入

在元代，不少藏传佛教首领被封为国师、帝师、法王等，享有很高的政治地位，一般的僧众也享有蠲免兵役、徭役和赋税等特权。明代，蒙古封建主信奉藏传佛教，其始信奉的是其中的萨迦派（即红教）。14 世纪末 15 世纪初，青海藏族喇嘛宗喀巴，鉴于藏传佛教中的腐败现象，厉行宗教改革，创立了格鲁派。这一派要求僧侣严守戒律，着黄衣戴黄帽，故又称“黄教”。

16 世纪中后期，黄教开始在蒙古地区传播，推动黄教在蒙古地区传播的是俺答汗。“蒙古敬信黄教，实始于俺答。”① 俺答汗占据青海后，势力发展到藏族地区，由此接触并皈依了黄教，黄教遂由西藏经青海传入了蒙古。从万历二年（1574 年）起，俺答汗多次遣使者邀请黄教领袖索南嘉措（即第三世达赖喇嘛）至蒙古传教，为迎请索南嘉措，还专门在青海修建了仰华寺。万历六年（1578 年），俺答汗和索南嘉措在仰华寺会晤，索南嘉措为俺答汗举行了隆重的入教仪式。还召开盛大法会，有几万人参加，蒙古受戒者多达千人。法会上，索南嘉措被俺答汗等尊之为“圣识一切瓦齐尔达喇达赖喇嘛”，“达赖喇嘛”的称号即由此而来。索南嘉措也为俺答汗奉上了“转千金法轮咱克喇瓦尔第彻辰汗”的称号，这样宗教势力和世俗势力进一步结合起来。此后，俺答汗在库库和屯城（即归化城，今内蒙古呼和浩特）修建甘珠尔庙，此为今内蒙古出现的第一座黄教寺院。著名的黄教寺院大昭寺、席力图召（延寿寺）等在归化城相继建成，归化城成为明末清初黄教传播中心。明万历十五年（1587 年），索南嘉措应蒙古左翼察哈尔部图门汗的延请，到蒙古东部讲经说法，黄教从此又传入左翼蒙古各部。由于蒙古上层的崇信和提倡，黄教在蒙古各阶层中迅速传播开来。当时蒙古各部很多汗位的称号都是从达赖喇嘛那里接收来的，如漠北的土谢图汗、车臣汗、札萨克图汗、赛音诺颜汗，漠南喀喇沁部的坤都伦汗等。黄教的传入是明代蒙古族历史上的一件大事，对蒙古族的社会、政治、经济、思想、文化等都产生了重大而深远的影响。

而入居中原内地的河北蒙古人在汉文化的影响下，接受的宗教主要是汉传佛教和道教等，此不赘述。

---

① （清）魏源：《圣武记》卷一二，500 页，北京，中华书局，1984。

四、姓氏和婚姻

明初，太祖朱元璋对蒙古上层的降附者采取怀柔政策，但对蒙古族民众则推行强制性的民族同化政策。《大明律》载："凡蒙古、色目人，听与中国人为婚姻，务要两相情愿，不许本族自相嫁娶。违者杖八十，男女入宫为奴。"① 并令他们用汉字、讲汉语、穿汉服、取汉名、姓汉姓，力图泯灭其民族特性。另外，内地的蒙古人为了避免民族迫害和民族歧视，也有意地掩盖自己的民族身份，改易汉姓，并被编入汉族民户，甚至有些蒙古族官员入仕后也"或多更姓名"②。这样，留居中原的蒙古人，逐渐变得"与华人无异"，有求仕入官者，有登显要者，有为富商大贾者。③洪武三年（1370年），明廷甚至为此专门下发《禁蒙古色目人更易姓氏诏》：

> 天生斯民，族属姓氏，各有本源，古之圣王尤重之，所以别婚姻，重本始，以厚民俗也。朕起布衣，定群雄，为天下主，已尝诏告天下，蒙古诸色人等皆吾赤子，果有材能，一体擢用。比闻入仕之后，或多更姓名，朕虑岁久，其子孙相传，昧其本源，诚非先王致谨氏族之道，中书省其告谕之，如已更易者，听其改正。④

尽管诏书中对蒙古诸色人等姓氏改易者，听其改正，但从前文栾城校氏、遵化马氏、新河脱氏、邢台申氏等来看，他们都将汉姓保留至今。长此以往，对于这些蒙古族后裔来说，留存于心的只剩下一些依稀模糊的民族记忆。这也是虽然有相当数量的蒙古人散居于内地，但明代典籍、墓志中蒙古人记载却很少的主要原因。

五、丧 葬

塞外蒙古族丧葬风俗与前代相比变化不大，而散处内地的蒙古族习俗改变较大，不过有些还保留着蒙古族一些旧有的遗风。例如，河北栾城北长村的校姓，为元末留在内地的蒙古族后裔。今此村一千二百余人，绝大

① 《大明律》卷六，62页，沈阳，辽沈书社，1989。
② 《明太祖实录》卷五一洪武三年四月甲子条。
③ 《明太祖实录》卷一〇九洪武元年闰九月丙午条。
④ 《明太祖实录》卷五一洪武三年四月甲子条。

部分都姓校，他们保留着一些与当地其他地方截然不同的特殊习俗。比如，校姓人的墓穴呈圆形，而非方形，死者遗体也不用棺椁盛殓，而是直接放入墓穴，这显然为蒙古族传统的丧葬习俗的残留。但对于内地绝大部分蒙古人而言，则基本与汉人无大的差异，在葬俗方面与汉人趋同是历史趋势，这从前揭脱氏家族墓中可以较明显地看出。

图 3－9　脱氏古墓（脱炳勋提供）

前文提到的马锁住在战死 61 年后，马荣以祖父殁于国难而墓未有表，担心祖、父事迹湮没，不为后人所知，乃建立墓表。[①] 据明人李贤所撰《遵化卫指挥佥事赠昭勇将军马公墓表》，马锁住之墓在“龙山之南”。其孙马荣，明天顺五年至八年（1461—1464 年）任蓟镇总兵，他死后也葬于此，即今河北遵化市新店子镇东马各庄村村西的一片高地。该地地处龙山和黎河之南，是这个蒙古家族的家族墓，当地居民俗称“马家坟”。原墓地规模很大，占地约五十亩，有高大的石牌楼、石望柱，石羊、石虎、

---

① （明）李贤：《古穰集》卷一六《遵化卫指挥佥事赠昭勇将军马公墓表》，国家图书馆藏明刻本。

石马、石人等石像生，石碑、石砌圆底高大的穹形墓三座以及上百座中小型坟塚。“文化大革命”中，神道石像生及大小坟塚均被毁，石碑、砖等残破构件被埋地下或遗落他处。

又如，前面提到的张守直，出身蒙古族，后定居遵化城内。先祖忙古歹，曾任元世祖忽必烈右丞相，张守直为其九世孙。张守直死后葬于今遵化市西北西三里乡的北峪村，至今墓址尚在。虽然其墓已毁，但其先墓前原有石像生数对和石牌坊，根据墓碑的记述“而先生冢上之木拱，尚无表厥墓者”，表明张守直的墓上原建有冢，后来还树有墓碑，这与蒙古族不起坟陇的传统葬俗不同。

第四章　清前期河北蒙古族的发展

明末，建州女真崛起，努尔哈赤统一了女真各部。在与明王朝的斗争中，努尔哈赤及其后继者皇太极积极争取蒙古诸部，并借道蒙古进攻明王朝，蒙古成为后金政权政治上的盟友。明崇祯八年（1635 年），漠南蒙古各部先后归附后金（清），被编为蒙古八旗。十七年（1644 年），蒙古八旗随清军入关，为清王朝的缔造做出了重要贡献。清政权建立后，蒙古八旗被派往各地驻防，今保定、沧州市及易县、雄县的蒙古族即其后裔，而张家口、承德蒙古人最为集中。

在清代，蒙古族具有特殊地位，清统治者对其极力笼络，除了联姻等手段之外，避暑山庄、木兰围场、外八庙亦是清对蒙古政策的集中体现。除了漠南蒙古外，漠北蒙古、漠西蒙古也先后归附，他们在避暑山庄觐见清帝，并参与木兰围场的活动，清廷为照顾他们的宗教信仰，专门修建了以外八庙为代表的佛寺。在打击漠北、漠西蒙古的分裂活动中，一部分漠北、漠西民众被迁往热河一带，从而初步奠定了现在蒙古族的分布格局。

第一节　明清之际的蒙古族

明末，蒙古分为漠南蒙古、漠北蒙古、漠西厄鲁特蒙古三部，各部处于分裂状态。17 世纪初，东北地区后金政权的崛起打破了中国北方原有的势力格局，由之前的蒙古、明两者关系演变为蒙古、明和后金三角关系。当时明王朝政治腐败、财政枯竭、政局动荡、内外交困。漠南蒙古地处后金与明朝之间，如果蒙古与明朝联合，则后金就会腹背受敌；反之如果蒙古倒向后金，则明朝北面门户洞开，京师就处于兵锋威胁之下。在这种背景之下，蒙古成为明、后金都极力争取拉拢的对象，其向背关乎政局走向，成为当时政治三角格局中的重要一极。

一、明、后金（清）、蒙古三角格局及满蒙同盟的建立

（一）察哈尔部林丹汗的崛起

前已提到，16 世纪中期，达赉逊汗（或称打来孙汗）在俺答的压力下，东迁到辽东兀良哈地区驻牧。同达赉逊汗东迁几乎同时，蒙古右翼万户的一些封建主及其势力，也相继东进进入兀良哈地区。例如，黄台吉，为俺答长子，“嘉靖中，索马市云中，云中弗许，技穷，无所获，乃提精兵走蓟辽，而独石、古北、潮河之间萧然苦兵矣”①。黄台吉还娶了兀良哈领主伯彦达赖之妹苏布亥。在俺答汗死后，黄台吉回归化城（今内蒙古呼和浩特市旧城），又娶了三娘子，其东边的鄂托克由其子噶尔图及其弟继承。这样，噶尔图兄弟及其子孙的兀鲁思形成东土默特本部，驻牧地在宣府东塞。除了土默特万户外，右翼永谢布万户的哈喇慎部、右翼鄂尔多斯万户的势力也几乎同时进入兀良哈地区，以致那里出现了“人满为患”的状况，从而挤压了当地土著兀良哈的生存空间，导致兀良哈三卫一些鄂托克外迁。正是由于蒙古诸部的东迁，中国东北部成为蒙古族聚集之地。这对明清之际的政局产生了深远的影响。

俺答汗和三娘子相继死后，作为实际盟主的土默特万户陷入分裂，霸权不再，而察哈尔部代之而起。万历三十一年（1603 年），布延·彻辰汗（或称土蛮大汗）去世，次年，其长孙林丹汗继立。② 林丹汗雄心勃勃，企图用武力统一蒙古各部，重建大汗及察哈尔部的权威。

而几乎与此同时，16 世纪末期，建州女真部在东北地区崛起，其首领努尔哈赤统一了女真各部，并于万历四十四年（1616 年）在赫图阿拉即汗位，国号金，史称“后金”。万历四十六年（1618 年），努尔哈赤以“七大恨”告天，公开向明王朝宣战。四十七年三月，击溃明朝四路大军的围攻，取得了萨尔浒之战的胜利，歼灭了明朝在辽东的有生力量。但林丹汗对努尔哈赤的崛起不屑一顾，当时后金俘虏了内喀尔喀台吉和科尔沁台吉，万历四十七年（1619 年）十月，他遣使致书努尔哈赤，其中不无傲慢地写道：“蒙古国统四十万众英主青吉斯汗致问水滨三万人英主安

① （明）瞿九思：《万历武功录》卷八《黄台吉传》，见薄音湖编辑点校：《明代蒙古汉籍史料汇编》，第四辑，110 页，呼和浩特，内蒙古大学出版社，2007。

② 林丹汗，《明实录》《明史》译为虎墩兔（憨）；察哈尔部，译为插部。

否?”[①] 企图以人多势众威胁努尔哈赤释放内喀尔喀台吉和科尔沁台吉，并警告不要打林丹汗攻取的广宁城的主意。但所谓“四十万众”，不过是虚张声势，正如努尔哈赤所揭露的：“我闻明洪武时，取尔大都，尔蒙古以四十万众，败亡殆尽，逃窜得脱者仅六万人。且此六万之众，又不尽属于尔，属鄂尔多斯者万人，属十二土默特者万人，属阿速忒、雍谢布、喀喇沁者万人。此右三万之众，固［各］有所主也，于尔何与哉？即左三万之众，亦岂尽为尔有？以不足三万人之国，乃远引陈言，骄语四十万。”[②] 努尔哈赤认为林丹汗手下不足三万人，恐亦非实情。元末丧败之余的六万人，经过二百余年的生息繁衍，虽然中间有消长变化，但绝非六万人，则可断言。努尔哈赤为从气势上压倒林丹汗，仍据元末之数字来论定林丹汗的实力，当然不会准确。

当时漠南蒙古东到吉林，西至贺兰山，南邻长城，北距瀚海，诸部各不统属，各自为政，纷纷称汗，其中以察哈尔部最强。林丹汗为了统一蒙古诸部，采取了武力征讨的手段，并在天启七年（1627 年）左右达到了顶峰。林丹汗由于东面受到了后金的威胁，“会金人勃起，时蚕食其边界，驱杀牛马羊无数，不能支”，遂以替祖先报仇为名，卷甲西向，进入蒙古右翼地区，于十月占领了归化城，“即尽夷俺答诸种。遣精骑入套，吉囊子孙皆顺首属之，东起辽东，西至洮河，皆受此虏约束矣”。[③] 一度控制内喀尔喀五部，征服了土默特、喀喇沁、鄂尔多斯等部，控制了东起辽河、西到河套的广大地区。

（二）明、后金对蒙古诸部的争夺及满蒙同盟的建立

蒙古骑兵骁勇著称天下，为了牵制及对付后金，明廷以金银财物为饵，极力拉拢蒙古各部。对于后金来说，蒙古处于其侧翼，可以直接对其发动攻击，因此要战胜明朝，不仅要解除朝鲜后顾之忧，还必须解决蒙古问题，否则明朝和蒙古一旦联合起来，就会使其腹背受敌。因此，漠南蒙古成为后金和明争夺的重点。

自“隆庆和议”后，明王朝主要是扶植支持俺答汗所属的土默特部，

---

① 《满洲实录》卷六。而《清太祖实录》卷六天命四年十月辛未条则云：“统四十万众蒙古国主巴图鲁青成吉思汗，诏问水滨三万人满洲国主英明皇帝安宁无恙耶?”满洲为后来之称呼，盖为后来之改写。

② 《清太祖实录》卷七天命五年春正月丙申条。

③ （明）朱健：《古今治平略》，转引自萨囊彻辰著，道润梯步译校：《蒙古源流》卷八，452 页，呼和浩特，内蒙古人民出版社，1980。彭孙贻《山中闻见录》卷八《西人志》亦言：“东起辽西，西尽洮河，皆受插（指察哈尔——引者注）要约，威行河套以西矣。”

而察哈尔部自认为是汗庭所在，是当时拒绝参加朝贡体系唯一的蒙古大部落，并不时侵扰明边境。但林丹汗崛起后，面对蒙古诸部的势力重组，明王朝也不得不调整政策，转而积极拉拢林丹汗，以遏制后金，“思用东部插汗小王子（指林丹汗——引者注）欲以敌大清”①，并将原给漠南东部蒙古的岁赐，转而赐予林丹汗，且数额不断递增。万历四十七年（1619年），明朝给林丹汗白银四千两，仅仅一年后即激增至四万两。林丹汗一方面贪图明之“抚赏”，另一方面他也有自己的算计，希望借助明王朝的支持，实行统一蒙古诸部的愿望。正是在互相利用的基础上，明与林丹汗所在的察哈尔部形成暂时的同盟。但两者的联盟基础是十分脆弱的，林丹汗每每“扬言助中国，邀索无厌”②，使明王朝对其贪婪不胜其烦。天启元年（1621年），王象乾为蓟辽总督，时廷议专以抚事属象乾，王象乾亦以东事方亟，不可复生患于西方，以抚事自任。已而，林丹汗、炒花、小歹青等俱临边索赏，王象乾与尚书王在晋定月饷及新旧额赏，岁约百万，诸部皆就款如朵颜，自关以东，颇息警。林丹汗的内部统治也很不稳固，虽然形式上他依靠武力征伐统一了蒙古诸部，但与敖汉、土默特、科尔沁等部积怨很深。另外，蒙古诸部主要信奉黄教，林丹汗于万历四十六年（1618年）改奉红教后，极大影响了他的形象和声誉，使尊奉黄教的蒙古大部与他疏离更甚。

努尔哈赤及其后继者皇太极把争取蒙古贵族作为基本国策之一。天聪五年（1631年），皇太极围攻大凌河城，谕城内诸蒙古曰：“我满洲与尔蒙古，原系一国，明则异国也。”③ 对蒙古“慑之以兵，怀之以德”④，但他们清楚地看到，雄心勃勃的林丹汗是他们征服蒙古的主要敌人，故对林丹汗以征讨为主，而对其他诸部，则利用他们对林丹汗的不满和矛盾，以抚为主，以剿为辅，通过通婚、贸易等手段，极力笼络，争取其归附。凡率部归顺者，一律厚给赏赐，加官晋爵，联姻婚娶。例如，天命六年（1621年）十一月，北蒙古五部落喀尔喀台吉古尔布什、莽果尔率民六百户，并驱畜产投归努尔哈赤，“上御殿，二台吉朝见毕，大宴之。各赐貂裘三、猞狸狲裘二、虎裘二、貉裘二、狐裘一、貂镶朝衣五、镶獭裘二、镶青鼠裘三、蟒衣九、蟒缎六、缎三十五、布五百、金以两计者十、银以两计者五百、雕鞍一、沙鱼皮鞍七、玲珑撒袋一、撒袋兼弓矢者八、甲胄

① （清）魏源：《圣武记》卷三《绥服蒙古记》，北京，中华书局，1984。
② 《明史》卷三二七《外国・鞑靼传》。
③ 《清太宗实录》卷九天聪五年八月壬子条。
④ 《清太宗实录》卷二〇天聪八年十月庚戌条。

十，僮仆、牛马、房舍、田亩及一切器具等物毕备。上以女妻台吉古尔布什，赐名青卓礼克图，给以满洲牛录一，凡三百人，并蒙古牛录一，授为总兵。又以族弟济白里杜济获女妻台吉莽果尔，亦授为总兵”[①]。而且来归的蒙古贝勒、台吉，受到格外优待，享有种种特权，如遇有罪过，免死不杀，从宽了结，等等。努尔哈赤特下汗谕，明确规定：“如此来投诸贝勒，若有罪过，当似我等贝勒之身，同样视之；若系死罪，勿令之死，遣返彼处。”[②] 至于那些扰乱边境、联合明朝的蒙古贵族，则发兵征讨，大肆杀掠，毫不留情地予以惩治。

科尔沁蒙古乃成吉思汗长弟哈撒儿的后裔，位于察哈尔东北，地处辽河边外，与女真各部毗连，犬牙交错。万历四十年（1612 年），努尔哈赤闻科尔沁贝勒明安之女甚贤，遣使往聘。“明安许焉，送女至，上具车服以迎，筵宴如礼”[③]，开创了满蒙联姻的先河。而后，努尔哈赤又把和亲的范围扩大，将公主及宗室女下嫁蒙古王公。联姻通婚是拉拢蒙古贵族的主要手段，并成为以后清统治者长期奉行的对蒙古政策的重要组成部分。努尔哈赤在统一女真各部中，继娶明安之女为福金（“福金”“福晋”写法按所引原书，下同）后，万历四十三年（1615 年），又纳科尔沁台吉孔果尔贝勒之女为妃。除了他本人娶蒙古女子为妃外，他还让四个儿子在一年内都娶了蒙古女子为妻，即次子代善娶扎鲁特部钟嫩贝勒之女，五子莽古尔泰娶扎鲁特部内齐贝勒之妹，八子皇太极娶科尔沁部莽古思贝勒之女，十子德格类娶扎鲁特部额尔济格贝勒之女。其后，第十二子阿济格娶孔果尔贝勒之女，第十四子多尔衮娶等桑噶尔寨贝勒之女为妻。皇太极的后妃中，庶妃以上有九人，其中有六人来自蒙古，其中包括他的两位皇后——孝端文皇后、孝庄文皇后，都是蒙古科尔沁部人。努尔哈赤还多次把女儿、侄女嫁给蒙古贝勒、台吉。天命二年（1617 年），努尔哈赤以其弟舒尔哈齐之女嫁与蒙古巴岳特部台吉恩格德尔，是为清朝公主下嫁之始。天命七年（1622 年）三月，蒙古贝勒大批归顺，努尔哈赤郑重宣布，蒙古贝勒与自己及子侄代善等诸贝勒之间嫁娶子女，结为亲家。皇太极的 14 个女儿中，下嫁给蒙古王公的多达 11 人，其中孝端、孝庄二皇后所生 6 个女儿，全部下嫁蒙古王公。顺治五年（1648 年），第五个女儿固伦淑慧公主下嫁蒙古巴林郡王色布腾，并将波罗河屯（今河北隆化境内）的

① 《清太祖实录》卷八天命六年十一月乙卯条。
② 《满文老档·太祖朝》卷五七。
③ 《清太祖实录》卷四壬子春正月丙申条。

土地五百顷作为脂粉地陪嫁，后来波罗河屯又称为皇姑屯，即得缘于此。有清一代，满族皇室公主下嫁蒙古贵族的人数为32人，占总下嫁人数48人的67%。①

由于明王朝对蒙古诸部每年给予大量赏赐以换取他们的支持，为了抵消明的努力，后金政权也必须在经济上给予蒙古诸部好处。主要通过提供与明朝相同的奉供以及购买蒙古马匹的方式，甚至不惜牺牲其族众以笼络蒙古人。例如，尽管后金自身屡为粮食短缺所困扰，但还是勒紧腰带购买蒙古人的马匹。在皇太极与蒙古人结盟后不久签发的一份文件中抱怨道："今（1633年）满官已将谷粮尽数售出，以购马匹。故一无物可食，众人皆受饥数年之久。"②

后金的努力没有白费，天命四年（1619年），努尔哈赤与科尔沁、内蒙古的五部喀尔喀部签订条约，建立了一个反对明朝的联盟。十一年（1626年）八月，努尔哈赤死，皇太极即位，加快了征服蒙古各部的步伐。皇太极以软硬兼施的手段，拉拢征服了察哈尔部外围的内喀尔喀（巴林、扎鲁特、巴岳特、乌齐叶特、弘吉剌特）和科尔沁部，大大削弱了林丹汗的力量。天聪元年至三年（1627—1629年），古北口外蒙古敖汉、奈曼部、巴林部、喀喇沁部相继归附后金。

后金积极缔结与蒙古的同盟，还有战略层面的考虑。万历四十六年（1618年）辽东陷落，虽然后金对明王朝在东北取得了很大的胜利，攻取了包括锦州、沈阳等大片土地，但明朝在山海关这一咽喉地带的防御仍很稳固。天聪元年（1627年）五月，皇太极率军攻锦州，激战四十日不克，转攻宁远（治今辽宁兴城），又被击退，再旋师锦州，仍未能如愿。此役后金军损失惨重，被迫撤军。皇太极遂改变战略，避开明重兵把守的宁远一带，先向蒙古进军，征服更多的蒙古部落以壮大国力，同时借道蒙古以攻明。天聪三年（1629年）十二月，皇太极号令已归降的扎鲁特、巴林、敖汉、奈曼、科尔沁等部出兵，经都尔鼻（今辽宁彰武）、养息牧河至喀喇沁青城（今河北隆化县城），在喀喇沁台吉布尔噶都的引导下，后金军与蒙古各部分为左右两翼，右翼从大安口，左翼从龙井关，避开袁崇焕坚固设防的宁远—锦州防线，取道蒙古，并以蒙古军为先导，从喜峰口入关。当时明朝在宁远—锦州一带布有重兵，而山海关以西则塞垣颓落，防

① 内蒙古社科院历史所《蒙古族通史》编写组：《蒙古族通史》（中册），367页，北京，民族出版社，2001。

② 转引自［美］马菲尔德著，袁剑译：《危险的边疆：游牧帝国与中国》，333页，南京，江苏人民出版社，2011。

御十分薄弱，故后金军未遇到什么像样的抵抗，便直抵遵化。巡抚王化雅自杀，山海关总兵赵率教入援，也战死于遵化城下。后金攻占遵化后，势如破竹，连克永平、迁安、滦州等城，直趋京师。袁崇焕率宁远精锐昼夜兼程，千里赴援，但崇祯中了后金反间计，误以为袁崇焕勾结清军纵敌深入，将袁崇焕逮捕系狱，后将其凌迟处死，自毁长城，替皇太极除掉了一个劲敌。

这是后金首次经由蒙古发动的战役，辉煌的战果一举扭转了宁远大战后的颓势，提振了士气，也更认识到蒙古地区的战略重要性，此后数次后金入关都是采取绕道蒙古的战略。例如，天聪六年（1632 年），皇太极分兵四路从尚方堡、龙山口、独石口、德胜堡深入内地，兵锋及于宣府。崇德元年（1636 年）秋，皇太极命阿济格、阿巴泰等率兵由独石口入居庸关，绕过北京，直插保定以南，连克十二城，俘获人畜十八万。崇德三年(1638 年)，皇太极命多尔衮从墙子岭、岳托从青山关分兵两路越过长城，会师通州，绕过北京，直抵涿州，然后分兵八路，沿太行山与运河之间长驱并进，出河北，下济南，共克城五十八座，俘获人口四十六万。

在明朝、蒙古、后金的斗争中，北直隶塞外因密迩京畿，战略地位十分重要。占据宣府塞外的为永谢布万户的喀喇沁部，该部首领老把都、青把都、白洪大、孛罗势四代都称昆都伦汗，是达延汗的子孙，俺答封贡后与明朝一直于张家口互市。蓟城塞外，今承德市隆化、平泉两县境内，也称喀喇沁，属兀良哈万户，明朝称之为朵颜卫，封其部长苏布地为朵颜卫都督，系元臣济拉玛的后裔。两系喀喇沁的部长虽然姓氏不同，但世代联姻，关系密切。天启二年（1622 年），明军在广宁溃败后，孛罗势和苏布地乘虚而入，占据了山海关外诸城，并大肆掠夺。蓟辽总督王象乾百般抚慰和赏赐，为其提供器物、粟米等，希望借助他们的力量抗击后金。孛罗势和苏布地在重利劝诱下，均表示出兵助明防守山海关。但不久，孛罗势率兵退回宣府塞外，并于天启七年（1627 年）为林丹汗所吞并，该部遂湮没无闻。崇祯元年（1628 年），苏布地系喀喇沁屡遭林丹汗的进攻，明朝又断绝了对该部的援助，该部遂归附后金。从此，蓟镇边防洞开，皇太极得以绕过坚固的宁远—锦州防线，取道喀喇沁部进攻北京。

虽然后金数次入关作战，战果辉煌，但均不能在关内立足，都是在劫掠一番之后，又不得不返回关外，这主要是因为绕道蒙古的战略也存在一些弱点。首先便是路途遥远，战线拉得太长，后勤补给困难。另外，借境蒙古，对蒙古的依赖程度增加，因此对蒙古的笼络显得更为重要。但更为重要的一点则是，山海关、宁远、锦州等重镇仍为明军所固守，扼住了通往关内的咽喉，后金（清）军的后路时有被截断之虞。正如以后乾隆皇帝追述时所言："山海关，京东天险，明代重兵守此，以防我朝，而大军每从喜峰、居庸间道内袭，如入无人之境。然终有山海关控扼其间，则内外声势不接，即入其他口，而彼得挠我后路。故贝勒阿敏弃滦、永、遵、迁而归，太宗虽怒谴之，而自此遂不亲统大军入口，所克山东、直隶郡邑，辄不守而去，皆由山海关阻隔之故。"① 崇祯十五年（1642 年）四月，松、锦陷落，明朝在关外的四城（锦州、松山、杏山、塔山）皆落入清军之手，只剩下了宁远孤城。打通山海关，成为清统治者争夺全国统治权的必要一步，而松、锦的取得，为清军入关铺平了道路。

（三）林丹汗被消灭，漠南蒙古诸部完全归附后金

在后金积极拉拢蒙古诸部的同时，明王朝和林丹汗却都犯了一个很大的错误。他们在抗御后金方面存在共同的利益，这是他们能走到一起的重要原因，但明以天朝自居，对林丹汗有居高临下之感，一方面希望借助林丹汗的力量抵御后金，但同时又担心林丹汗坐大，反噬自身，因此对林丹汗处处防范，还希望借助其他蒙古诸部牵制乃至削弱其势力。崇祯元年（1628 年），林丹汗攻哈喇慎及白言台吉、卜失兔诸部，皆破之，遂乘胜入犯宣、大塞。崇祯帝召宣大总督王象乾，询其对策，王象乾即奏言："御插之道，宜令其自相攻。今卜失兔西走套内，白台吉挺身免，而哈喇嗔所部多被掳，不足用。永邵卜最强，约三十万人，合卜失兔所部并联络朵颜三十六家及哈喇嗔余众，可以御插汉。然与其构之，不如抚而用之。"② 崇祯帝采纳其言，遣使诏谕林丹汗，与其定约，岁予林丹汗白银八万一千两，以示羁縻。但林丹汗贪得无厌，数求增赏，又数扰边，遂与明关系破裂，使他彻底陷入孤立。十月，皇太极亲自率军攻打林丹汗，占领了西喇木伦河流域。天聪六年（1632 年）三月，皇太极下令征集蒙古喀喇沁、土默特、扎鲁特、敖汉、科尔沁以及阿鲁蒙古诸部兵，组成联军，再次进攻林丹汗。林丹汗得报后，仓促撤退，西渡黄河。五月，后金军攻克归化城（今内蒙古呼和浩特）。林丹汗败遁，先逃到西土默特部，后又率部向青海转移。天聪八年（1634 年）夏，病死于大草滩（今甘肃天祝藏族自治县境内）。同年七月，皇太极亲率大军至大同、宣府边外，察哈尔部余众纷纷前来投附。然而，林丹汗福金苏泰与其子额尔克孔果尔额哲率领察哈尔和鄂尔多斯部众自大草滩东返河套驻牧，不肯向后金投降。

---

① （清）魏源：《圣武记》卷一《开国龙兴记三》，北京，中华书局，1984。

② 《明史》卷三二七《外国传·鞑靼》。

天聪九年（1635 年）二月，皇太极派遣多尔衮等人西征，进入河套地区。多尔衮采取剿抚并用的手段，逼劝察哈尔林丹汗之子额哲奉母降顺，招抚蒙古部众数千户，并获得元朝传国玉玺。至此，林丹汗残部被彻底消灭，整个漠南蒙古都臣服于后金，成吉思汗一系四百余年的汗统也宣告结束。天聪十年（1636 年）四月，漠南蒙古十六部四十九个王公同满汉臣僚一起在盛京召开大会，尊奉皇太极为可汗，承认皇太极为蒙古可汗大统的继承者，并奉上“博克图彻辰汗”（或译作“博格达彻辰汗”）的尊号。也在这一年，皇太极改国号为清，漠南蒙古的降顺，使清朝既解除了征明的后顾之忧，又为南下征明增加了大量骁勇善战的蒙古精锐骑兵。

二、蒙古八旗的建立

在建立后金的过程中，努尔哈赤沿袭女真旧有的“牛录制”，并加以改组，将全部女真人和一些蒙古、汉人编入牛录。牛录，汉语的意思是大箭，其始是一种狩猎组织。万历二十九年（1601 年），努尔哈赤将所聚之众，每三百人立一牛录，设牛录额真。额真，乃汉语“主”之义。各牛录又分别以黄、白、蓝、红四色旗为标志，开始建立了四旗，由于队伍的不断壮大，牛录增加，万历四十三年（1615 年），增加为八旗，正式确立了八旗制度。规定三百丁为一牛录，置牛录额真；五牛录为一甲喇，设置甲喇额真（汉译为参领）；五甲喇为一固山，即一旗，设固山额真（汉译为都统），梅勒额真二。梅勒额真为固山额真的副手，汉译作副都统，各级额真后改称章京。这时在原有的黄、红、蓝、白四色旗之外，又添设镶黄、镶红、镶蓝、镶白四旗，共为八旗。每旗七千五百人，八旗共六万人。努尔哈赤是八旗的最高统帅，其子侄分掌各旗。掌管一旗的贝勒称“固山贝勒”或“和硕贝勒”，也称旗主贝勒（或主旗贝勒）。旗主是本旗的所有者和统治者。天命十一年（1626 年）八月，努尔哈赤死。皇太极即位后，改革八旗官制，设八大臣（即固山额真）和十六个佐领大臣、十六个调遣大臣。[①]

八旗制度乃从女真氏族公社末期的一种狩猎组织演变而来，是一种军民合一的制度，所有八旗人员都有披甲从征的义务，平时生产，战时出征。牛录为八旗制度的基层组织，后金国所需军政用费、车马、役夫以及士兵的来源，都是由各牛录摊派佥征，所得俘获，也按牛录分配，居住地方和耕田种地，也是按牛录调拨。辖领牛录与否，是体现官将权势大小、

① 《清太宗实录》卷一天命十一年九月丁丑条。

地位高低的一个重要标志。满洲八旗虽然骁勇善战，威震天下，但人数较少，直至天命六年（1621 年），八旗共有二百多个牛录，按照一牛录三百丁计算，只有六七万丁。以此兵力，想要与偌大的明王朝抗衡，并夺取天下，显然是不可能的。吸收其他民族成分，特别是汉族和蒙古族，势在必行。

在八旗设立之初，旗的基层组织牛录组成中，也并非只有满洲人，也有蒙古人和汉人。特别是由于蒙古人长于骑射，骁勇善战，在八旗成立之初即颇受重视。起初，努尔哈赤把来归的蒙古人编立牛录，隶属八旗。万历四十二至四十三年（1614—1615 年）前后，八旗的 308 个牛录中，蒙古牛录就有 76 个。[①] 天命六年（1621 年），蒙古内喀尔喀部古尔布什台吉、莽果尔台吉率民六百四十五户并牲畜来归，努尔哈赤授二人总兵之职，并赐给古尔布什“满洲一牛录三百人，并蒙古一牛录，共二牛录”[②]。天聪七年（1633 年），皇太极将八旗中的蒙古人拨出，编成蒙古二旗，称为左、右营。八年（1634）五月，改蒙古军左、右营为左右翼，[③] “寻以内附诸蒙古所行多违令，罢蒙古旗，俱散隶诸贝勒所领牛录”[④]，又将这两旗人丁划归代善、济尔哈朗等所辖的满洲八旗中。天聪九年（1635 年），经过三次大规模征讨察哈尔，漠南蒙古已大部分归顺，皇太极将原属于满洲八旗之外的原有蒙古牛录，再加上新来的内外喀喇沁蒙古扩编成“蒙古八旗”[⑤]，人数七千八百多人，任命阿代、达赖、恩格图等人为固山额真，旗色和编制同于满洲八旗，唯地位略低于满洲八旗，而高于汉军八旗。每旗设固山额真（汉名都统）一人，梅勒章京（汉名“副都统”）二人，甲喇章京（汉名“参领”）二人，分统所属蒙古牛录（汉名“佐领”）。

从上可知，蒙古八旗的建立经历了一个过程，始于天聪七年（1633 年），最终完成于天聪九年（1635 年）。这些蒙古旗人，一般称“八旗蒙古”。汉军八旗，始于天聪五年（1631 年），最初仅一旗，完成于崇德七年（1642 年）。但是无论是汉军八旗，还是蒙古八旗的固山额真都是由皇太极任命，不称职者可以随时撤换，在这一点上与满族八旗旗主实行世袭

① 清初八旗牛录的数目，史书所载不同，这里所引据《钦定八旗通志》卷三二《兵志一》所载。

② 《满洲实录》卷七天命六年十一月十八日条。

③ 《清史稿》卷二三〇《武纳格传》。

④ 《清史稿》卷二二九《明安传》。

⑤ 天聪九年二月，以喀喇沁壮丁为中心编制蒙古八旗时，在八旗之外，还以喀喇沁、土默特壮丁编成三旗，仿照满洲八旗之例，对蒙古八旗和上述三旗都设有固山额真。参见《清太宗实录》卷二二天聪九年二月甲申条。

制明显不同。另外，虽然建立了蒙古八旗，但仍有一部分蒙古人隶满洲八旗，他们的旗籍仍属满洲。正如《清史稿》所云："最初蒙古来附，即隶满洲；有自明至者，又入汉军。天聪九年，定蒙古旗制，先已籍满洲、汉军者，亦不复追改也。"[①] 至崇德八年（1643 年），蒙古八旗共有佐领 118 个[②]，远远超过了隶于满洲八旗下的蒙古佐领的数量。雍正年间，更是增至 204 个，遂为定制，不再增加，直至清末未变。

需要指出的是，蒙古八旗和满洲八旗之间并非泾渭分明，在康熙、乾隆时代，满洲八旗和蒙古八旗之间就实行人员流动，在此之前当更无限制。蒙古人被编入满洲八旗的例子很多。清人吴振棫所编《养吉斋丛录》即云："国初各部落及汉人之归附者，分隶满蒙汉八旗，或时有改易。"[③] 例如，和济格尔，本为蒙古乌鲁特人，后隶正白旗汉军，遂为何氏，此蒙古改汉军也。莽鹄立，本蒙古正蓝旗人，后擢入满洲镶黄旗，此蒙古改满洲也。"至于建立功勋，或上承恩眷，则有由内务府旗下抬入满洲八旗者，有由满洲下五旗抬入上三旗者，谓之抬旗。"[④]

在建立蒙古八旗后，为了进一步加强对蒙古地区的控制，崇德元年（1636 年）十月，内宏文院大学士希福、蒙古衙门承政尼堪、塔布囊达雅齐与都察院阿什达尔汉奉命前往喀尔喀（内喀尔喀五部）、察哈尔、科尔沁诸部，稽查户口、编制牛录、建旗。经过多次稽查，编审旗分佐领，授札萨克以及设盟，逐步完善和巩固了整个蒙古地区的统治机构（指札萨克旗），达到了"众建而分其力"的目的。

三、旗界的划定

在中国古代，诸少数民族多以游牧为业，逐水草而居，流动性很大。不同的部落和氏族之间虽然也有地域分界，一般以森林、山川、沼泽等为界，但基本上根据力量大小以及约定俗成的习惯，还未以法律的形式加以确认。随着蒙古部落的先后归附，为了止息他们之间的牧场争端，后金（清）较大规模划界有两次。第一次是 17 世纪 20 年代末。据《清太宗实录》卷五天聪三年五月丁未记载："奈曼、扎鲁特部落贝勒巴图鲁衮出斯、郭畀尔图、内齐、巴雅尔图戴青、达尔汉巴图鲁色本、青巴图鲁马

① 《清史稿》卷二二九《论曰》。

② 金海等著《清代蒙古志》第 205 页言崇德末年共有佐领 117 个、半分佐领 5 个（呼和浩特，内蒙古人民出版社，2009）。

③ （清）吴振棫：《养吉斋丛录》卷一，2 页，北京，北京古籍出版社，1983。

④ （清）吴振棫：《养吉斋丛录》卷一，3 页，北京，北京古籍出版社，1983。

尼，因私越钦定地界驻牧，诸贝勒自行定议，请各罚马百、驼十。上从宽，止各罚马一。”从“私越钦定地界”一语来看，至晚天聪三年（1629年），后金（清）统治者已为蒙古划定地界，并限定驻牧范围，禁止越界游牧。对于违禁者，诸贝勒议定处罚，但最后裁定权掌握在后金大汗手中。当时漠南蒙古各部只是一小部分归附，特别是势力最大的察哈尔部还未消灭，故皇太极这次划定地界范围是很有限的。划定地界与对蒙古诸部的征服几乎是同时进行的，天聪八年（1634 年），林丹汗病死，其主力已被消灭，虽然仍有残余势力，但漠南大局已定，这时对漠南蒙古各部的画界又提上了日程。这就是第二次划界。

天聪八年（1634 年）十月，皇太极派遣国舅阿什达尔汉、塔布囊达雅齐前往硕翁科尔山（今哲盟科尔沁左翼后旗境内——引者注），召集科尔沁、敖汉、奈曼、巴林、扎鲁特、翁牛特、喀喇沁等部的贝勒会议，又重新划定了各部牧地疆界。《清太宗实录》卷二一对此有详细记载：

> 大会于硕翁科尔地方，分给蒙古诸贝勒地。翁牛特与巴林以胡喇虎、胡虎布里都为界，巴林与镶蓝旗以克里叶哈达、胡济尔阿达克为界，两红旗与奈曼以巴噶阿尔合邵、巴噶什鲁苏忒为界，敖汉与正黄旗，以扎噶苏台、囊家台为界，镶黄旗与四子部落以杜木大都藤格里克、倭朵尔台为界，塔赖达尔汉与两白旗以塔喇布喇克、孙岛为界，正蓝旗与扎鲁特以诺绰噶尔、多布图俄鲁木为界。合计地界大势，西南至噶古尔苏，西至纳喇苏台，西北至哈尔占，北至胡喇虎、克里叶哈达、巴噶阿尔合邵、扎噶苏台、杜木大都藤格里克、塔喇布喇克、诺绰噶尔，东北至纳噶台，东至兀蓝达噶胡里也图，东南至哈尔巴噶尔，南至多布图俄鲁木、胡得勒、乌讷格图莽喀、布木巴图、胡鲁苏台、古尔班克谷尔、库痕哈喇合邵、噶海、茅高阿大克、门绰克、什喇虎敖塔孛罗、兀喇汉哈达等处。
>
> 既分之后，傥有越此定界者，坐以侵犯之罪。至于往来驻牧，务彼此会齐，同时移动，不许参差。其分定地方户口之数：正黄旗二千户，镶黄旗六百户，正红旗八百二十户，镶红旗八百三十户，镶蓝旗六百七十户，正白旗六百四十户，镶白旗七百户，正蓝旗七百户，敖汉一千八百户，奈曼一千四百户，巴林塞特尔八百户，满珠习礼八百户，达尔汉巴图鲁、土巴二千四百五十户，内齐、土巴济农二千户，四子部落土门达尔汉二千户，塔

赖达尔汉、车根塞冷三千户，杜棱济农二千户，东戴青二千户。共计二万五千二百余户。①

上述材料中详细列举了诸部地界八至，规定各部“凡游牧，近山河者，以山河为界；无山河者，设鄂博为界”②。“鄂博”，即敖包，在缺乏明显的自然边界的地方，设立敖包以标志旗界。蒙古人和僧人出境，必须向管旗章京报明情况。若有违者，王公罚俸一年，阿勒巴图罚牲畜。关于越界的处罚规定，《清太宗实录》记载较为笼统，只云：“既分之后，傥有越此定界者，坐以侵犯之罪”。《清会典》卷六四《理藩院》则规定详细：“如别王公、台吉、平人有侵入界内者皆论罚。如越过所分地界另行游牧者，王公、台吉皆论罚，平人将本人并畜产同给见知之人。”③“原定，外藩蒙古越境游牧者，王罚马百匹，札萨克、贝勒、贝子、公七匹，台吉五匹，庶人罚牛一头。”“又定，越自己所分地界，肆行游牧者，王罚百匹，札萨克、贝勒、贝子、公七十匹，台吉五十四匹，庶人犯者本身及家产皆罚取，赏给见知人。”需要指出的是，虽然禁止逾越旗界，但由于蒙古族作为一个传统的游牧民族，迁徙移动是其常态，加之由于游牧生活受气候等自然条件影响甚烈，在现实生活中也不得不作一些变通，习惯上仍经常允许利用他旗的牧地、采薪地、水源地等。

明代以来，蒙古诸部长期陷入分裂，诸部之间为了争夺牧场、水源等征战不休，旗界的划分，使各部各安其处，对于消弭争端、维护蒙古草原的稳定和和平具有一定的积极作用。但是从根本上看，划分旗界从属于后金（清）统治蒙古的需要，是为了加强对蒙古族的统治。日本学者山田茂指出：“划旗界的目的，在于分割蒙古土地，使蒙古人固定在旗界以内，限制其自由活动，结果旗地成了旗民的生活圈，蒙古各旗民就分别被固定在这种小天地内，不能再像以往那样进行氏族的或部族的活动，于是蒙古人无论在政治上或军事上都丧失了朝气，而甘居于被管束的秩序之中。这就是所谓居清朝对蒙古政策的最重要部分的、以树立封建秩序为目标的、使蒙古势力分散和社会固定化所采取的一种有效措施。”④

---

① 《清实录》卷二一天聪八年十一月壬戌条。

② 《钦定大清会典事例》卷九六三《理藩院·疆理》，台北，新文丰出版公司，1976。

③ 《清会典》卷六四《理藩院》，593 页，北京，中华书局，1991。

④ ［日］田山茂著，潘世宪译：《清代蒙古社会制度》，168 页，北京，商务印书馆，1987。

四、清入关前蒙古人在河北的征战

皇太极宁远受挫后，后金避开重兵把守的宁远山海关一线，转而迂回绕路蒙古，从这里南下，明都城北京直接在其威胁之下。河北拱卫京师，是后金（清）进入中原的第一站，是与明王朝鏖战的重要战场。归附的蒙古人为后金（清）定鼎中原立下了汗马功劳。

前已讲到，起初，蒙古人被编入满洲八旗，后来建立了蒙古八旗，是后金（清）军事力量的重要组成部分。崇德七年（1642 年）十月，皇太极大发诸军，命阿巴泰为奉命大将军伐明。满洲、蒙古、汉军共十二旗，加上外藩蒙古兵一半，总兵力近十万，分为左右两翼进攻。左翼于十一月五日从界岭口（今河北迁安与抚宁交界处）毁边墙而入，右翼于十一月八日从雁门关的黄崖口入长城，历时八个月，共攻克三府、十八州、六十七个县，八十八座城镇，俘人畜九十二万三百。明人称为“壬午虏变”。以下选择一些比较有代表性的蒙古将领，叙述其在河北境内的征战活动。

恩格德尔，出身博尔济吉特氏。其先世元裔，为蒙古喀尔喀巴约特部长。当时喀尔喀分为五部，巴约特部为其中之一。恩格德尔很早就与后金建立了联系，万历三十三年（1605 年），谒见努尔哈赤，献马二十匹。次年，又率五部诸贝勒之使来谒，进献驼马，奉表上尊号曰神武皇帝，“自此蒙古诸部朝贡岁至”[①]。天命二年（1617 年），恩格德尔来朝，努尔哈赤将亲弟舒尔哈齐之女赐之为妻。天命三年（1618 年），努尔哈赤率兵两万以“七大恨”誓师伐明，恩格德尔从征。天命九年（1624 年）正月，恩格德尔偕其妻郡主来朝，请率所部来归，努尔哈赤大喜，亲与盟誓，赐敕曰“非叛逆，他罪皆得免”。后授三等总兵官，旗制定，隶满洲正黄旗。天聪三年（1629 年）冬，恩格德尔随皇太极攻明，入龙井关，取遵化，直抵北京，驻军德胜门外。明督师袁崇焕率军两万自宁远来援，屯兵城东南，当时恩格德尔与武纳格共领蒙古兵。恩格德尔率左翼，未成列便纵骑骤进，大败。幸赖武纳格以右翼突击，才将明军击退。按军法当治以重罪，夺其世职。皇太极念其“自蒙古首先投诚，功大”，特予从宽，免削职，仅罚赎，夺其俘获。[②] 四年春，克永平。恩格德尔行略地，遇明步卒三百，将战；复有骑兵三千自玉田城突出，恩格德尔佯退诱敌，明军稍前，担心有伏兵，开始退却，恩格德尔趁势追蹑其后，俘获马百匹。崇德

① 《清史稿》卷二二九《恩格德尔传》。

② 《清太宗实录》卷五天聪三年十一月辛丑条。

元年（1636 年）五月，卒，顺治十二年（1655 年）追谥“端顺”，立碑以纪其功。

鄂本兑，曼靖氏，其先为蒙古，入明为守备。天命六年（1621 年），努尔哈赤取辽阳，鄂本兑出降。其后蒙古旗制定，隶正黄旗。后因军功进一等参将，擢任右翼蒙古固山额真。天聪三年（1629 年），从皇太极攻明，明边将五道迎战，鄂本兑率所部兵击敌，斩参将一，获其纛，入大安口，遂进逼明都北京，连克永平、滦州、遵化、迁安四城。皇太极命鄂本兑与固山额真察哈喇等守遵化，贝勒阿敏驻永平，守护后方。明军来攻，阿敏弃城而逃，逼遵化城下，鄂本兑以五十人出战，斩逻卒七人，获其马，遂与察哈喇等全军以还。鄂本兑殿后，明师追至，屡击却之，引出边，师无所损，进三等副将。八年，改三等甲喇章京，九年正月卒。[①]

武纳格，博尔济吉特氏，隶蒙古正白旗。其先盖出自蒙古，而居于叶赫。努尔哈赤起兵不久，武纳格以七十二人来归。有勇略，通蒙古、汉文，赐号“巴克什”。天命十一年（1626 年），以取觉华岛之功，进三等总兵官。皇太极即位后，武纳格总管蒙古军，地位仅次于扬古利、李永芳，而在八大臣之上，旋以蒙古军益众，分为左、右二营，武纳格与鄂本兑同为固山额真。天聪三年冬，随皇太极伐明，入龙井关，克遵化，直逼北京城下，袁崇焕自宁远来援，与后金战于北京城外，左翼蒙古兵迎战失利，武纳格麾右翼蒙古兵继进，突入迎战，转败为胜。皇太极大喜，赐俘获之半以犒其军，寻克固安。四年春，克永平，明将以三千骑自玉田至，武纳格遣兵击溃之，俘获战马百余匹。十二月，往略丰润，因马匹俱瘦，又还归永平，途中听说明军四千围攻大安口（位于河北遵化西下营乡），形势危急，他立即率蒙古军与察哈喇赴援，尽歼明军，解其围。[②] 天聪七年（1633 年）秋，武纳格随贝勒阿巴泰攻山海关，不利，在撤军途中遭遇数千明军追击，武纳格负责殿后，力战却之，皇太极谕诸贝勒大臣说：“武纳格所在建功，今又为殿败敌。人臣为国，当如是也！”[③] 天聪八年（1634 年）五月，改蒙古军左右营为左右翼，以武纳格为左翼固山额真。皇太极定诸将功次，武纳格以一等昂邦章京世袭，旋进三等公。是年，皇太极复率诸贝勒分道伐明，命武纳格统蒙古军为策应，入独石口，越兴安岭，经保安州，至应州，与大军会合，道收察哈尔千余户，所过诸州县，

---

① 《清史稿》卷二二九《鄂本兑传》。

② 《清史稿》卷二三〇《武纳格传》。

③ 《清史稿》卷二三〇《武纳格传》。

或攻或抚，悉称上意。闰八月，自得胜堡班师，收蒙古逃人自阳和入者四百七十人。九年二月，卒，以其次子齐墨克图袭世职。

布尔喀图，初为喀喇沁部台吉，天聪三年（1629 年）六月使人贡，九月来朝，十月随皇太极伐明。因布尔喀图曾入明朝贡，习知关隘，皇太极令其为向导，取龙井关（在河北迁西与兴隆县交界处），抚定罗文峪，分兵命布尔喀图戍守焉。天聪四年（1630 年）正月，明将丁启明等以兵三千来攻，布尔喀图以少胜多，大破之，俘馘甚众，生擒丁启明及裨将三人，赐号“岱达尔汉”。五年正月，以贝勒阿巴泰第四女妻之。三月，从皇太极伐察哈尔。察哈尔部众有降而复叛者，劫军中土默特部人畜，布尔喀图追击，斩逃亡者，足受伤仍追击不止，不久，率领所部来归。后蒙古旗定，隶正蓝旗。崇德元年（1636 年）六月，授一等昂邦章京。顺治元年（1644 年），卒。

第二节　清初河北蒙古族的政治制度

明崇祯九年（1636 年），皇太极称帝，定国号大清，改元崇德，并改族名女真为满洲，这显示出皇太极已不满足于做边隅一个地方政权的统治者，而企图统治全国的雄心。皇太极死后，其子福临即位，改元顺治。这时全国形势发生了巨大变化，明王朝被李自成农民军推翻，蒙古势力也早已降附后金，原来的后金、蒙古、明王朝三角格局已不复存在。清王朝敏锐地察觉了这种形势变化，将斗争矛头由明转而指向了农民军，开始谋划入关，逐鹿中原。由于吴三桂投降，献出山海关，清军由之入关。顺治元年（1644 年）九月，清由盛京迁都北京，十月初一，福临于皇极门即皇帝位。之后先后消灭了李自成、张献忠等起义军，完成了国家的统一，清王朝成为继元朝之后又一个由少数民族建立的大一统的封建王朝。

在清王朝理藩则例上，分蒙古为内外札萨克。内札萨克，俗称内蒙古，外札萨克，俗称外蒙。从皇太极起，清把管辖蒙古、争取各部上层人物、建立牢固的满蒙贵族联盟确定为基本国策之一。为了适应新的形势，清统治者制定了一系列有关蒙古的政治制度，使满蒙同盟又具有了新的内涵，主要包括专设理藩院管理蒙古事务，建立满、蒙古、汉复职的国家机构以及设立盟旗等。

一、蒙古统治机构蒙古衙门、理藩院的建立

皇太极称帝后，在汉族官员的建议和支持下，仿照明制，对政权机构进行了大力改革，建成了包括内三院、六部和都察院以及理藩院在内的一套比较完整的官制。[①] 内三院、六部和都察院、理藩院合称"三院八衙门"。当时八旗制度虽还存在，但实际上后金的国家权力已转向三院八衙门。理藩院是由蒙古衙门发展而来，是清王朝设立的统治蒙古的最高权力机构。开始其事务范围仅限于蒙古，后来由于边疆纠纷及战事的出现，又兼及回部和藏族事务，也负责处理对俄罗斯的外交事务。这个专门机构的设立，显示了蒙古的特殊地位及清统治者对满蒙同盟的重视和维护。

（一）蒙古衙门

天聪五年（1631 年），漠南东部以科尔沁为首的蒙古诸部，先后归顺了清朝。同年七月，皇太极仿汉制，设立六部，即吏部、户部、礼部、兵部、刑部和工部。各部设蒙古承政一员，负责处理有关蒙古事务。崇德元年（1636 年），设蒙古衙门，置承政、参政各官。[②] 以尼堪和塔布囊达雅齐为承政，另置若干参政，专管蒙古事务。崇德二年（1637 年）七月，塔布囊达雅齐有罪解任，以塞冷代之。[③] 除了承政、参政外，蒙古衙门还设有理事官、副理事官等。例如，崇德三年（1638 年）六月，阿禄部落贝子达赖死，遣蒙古衙门副理事官胡什格往吊之。[④] 既然有"副理事官"，以情理揆之，也当有理事官。

蒙古衙门职权范围广泛，凡蒙古诸部的编旗、会盟、赏赐、通婚等事，均由蒙古衙门处理。另外，常派遣蒙古衙门官员出使蒙古诸部，承担调兵、征发、册封等任务。例如，崇德元年（1636 年）七月，皇太极遣蒙古衙门官艾松古往科尔沁国调兵，罗毕往敖汉、奈曼、扎鲁特、吴喇忒部落调兵。[⑤] 同年十二月，又遣蒙古衙门拨什库博罗执信牌，往科尔沁国，令土谢图亲王巴达礼、卓礼克图亲王吴克善发兵蹑追，兼令防失牲

---

① 内三院为清代内阁之前身，辅助皇帝处理政务的枢要机构。天聪三年（1629 年），皇太极在盛京设立文馆，命翻译汉字书籍及记注本朝得失。十年，改文馆为内三院，包括内国史院、内秘书院、内弘文院。

② 《清史稿》卷一一五《职官二》。

③ 《清太宗实录》卷三七崇德二年七月庚午条。

④ 《清太宗实录》卷四二崇德三年六月癸丑条。

⑤ 《清太宗实录》卷三〇崇德元年七月己未条。

畜。[1] 崇德二年（1637年）七月，遣都察院承政国舅阿什达尔汉，蒙古衙门承政塞冷、尼堪等，往古尔班察干地方颁赦诏，并会外藩蒙古科尔沁国亲王、郡王、贝勒清理刑狱。[2]

（二）理藩院

由于需要处理的有关蒙古事务日益增多，崇德三年（1638年）六月，蒙古衙门改为理藩院，负责内外蒙古事务。博洛任承政（相当于尚书），塞冷为左参政，尼堪为右参政。顺治元年（1644年），改承政为尚书，参政为侍郎，扩大了机构，增加了人员。尚书一人，左右侍郎各一人，以满人充任；设额外侍郎一人，以蒙古人充任；其余郎中、员外郎、堂主事、主事、笔帖式等，以蒙古人充任者居多。理藩院的蒙古官吏，多出身蒙古八旗。顺治十八年（1661年），复将理藩院升格，使之与中央六部同等，内设录勋、宾客、柔远、理刑四司。康熙三十八年（1699年），划柔远为二，曰前司和后司。乾隆二十二年（1757年），改录勋司为典属司，宾客司为王会司，柔远后司为旗籍司，前司为柔远司。乾隆二十六年（1761年），又增设徕远一司，使理藩院各机构更加完备。理藩院代表清廷处理蒙古的旗界、封爵、设官、户口、耕牧、赋税、兵刑、交通、会盟、朝贡、贸易、宗教等事务，行使立法、监督和颁布行政命令等权力。

各地都有理藩院的派出机构和司员。乌兰哈达、三座塔、神木、宁夏等处派驻司员各一人，分驻塔子沟笔帖式一人，主管蒙古人诉讼之事。察哈尔游牧处理事员外郎十六人（察哈尔各旗官员内番选）主管游牧察哈尔民人诉讼之事。张家口、喜峰口、独石口、杀虎口、古北口等处，驻扎司官和笔帖式各一人，主管蒙古邮驿政令。围场总管一人（康熙四十五年置，乾隆十四年始隶理藩院，嘉庆七年改热河都统），左、右翼长各一人，章京、骁骑校各八人，主守木兰围场，专司巡察。[3]

为了治理蒙古，清朝制定了《理藩院则例》《蒙古律例》等，以此作为统治蒙古的法律依据。康熙三十五年（1696年），康熙命理藩院将清太宗以来陆续发布的125条（或作152条）有关蒙古的法令，汇编成《理藩院则例》。乾隆五十四年（1789年）在此基础上又加以修订补充，成209条。嘉庆二十年（1815年），再行修订，扩编为526条。《理藩院则例》对蒙古封建主的权力、功过、奖惩和蒙古百姓应承担的封建义务、

---

① 《清太宗实录》卷三二崇德元年十二月壬申条。

② 《清太宗实录》卷三七崇德二年七月癸未条。

③ 《清史稿》卷一一五《职官二》。

等级服从、刑事处分等都有明细规定，充分体现了清统治者控驭蒙古上层和通过他们去统治蒙古人民的政治意图。需要指出的是，《理藩院则例》中不仅包括蒙古，还包括有关西藏和青海的条文，但关于蒙古地区的规定所占比例最大。

《蒙古律例》，亦译作《蒙古律书》，其产生早于《理藩院则例》，其历史可追溯到崇德八年（1643 年），康熙和乾隆年间曾多次增修，到乾隆五十四年（1789 年），已发展为包括 12 门 209 条的一部大型法规。规定了蒙古地区的各种重要制度，是清代民族法规走向系统化、定型化的一座重要里程碑，其内容和体系均为嘉庆朝编纂的《理藩院则例》所吸收，直至清后期仍作为断刑之依据。例如，那清安，道光四年（1824 年）出为热河都统，偕左都御史松筠等赴土默特谳狱，事竣，上疏言道："蒙古恶习，常有移尸讹诈，为害滋甚。《蒙古律例》，凡军流徒犯，罪止折枷，情重法轻。请嗣后遇有假捏人命诈财者，所拟军流徒罪即行实发，不准折枷，以惩刁恶。"下所司议行。①

二、满、蒙古、汉复职的国家机构

努尔哈赤在统一女真的过程中就认识到了汉族士人的重要性，特别是他们熟谙礼仪制度以及丰富的统治经验更是作为少数民族的后金统治者所欠缺。可以说在入关前，蒙古人的"武"、汉人的"文"，都是后金（清）统治者十分倚重的。当时的统治集团中，除了满族贵族外，也包括了汉、蒙古等族。定都北京后，为了适应统治全国的新形势，清统治者"定内外文武官制，内官自阁部以至庶司，外官藩臬守令提镇将弁，略仿明制而损益之，兼用满汉人"②，建立起以满洲贵族为核心的专制主义中央集权的国家机构。其机构的一个重要特征便是满、蒙古、汉复职，即在中央各部门，对满、汉、蒙古官员的名额都做了具体的规定。

在中央，继续保留由满洲贵族及总领旗务大臣组成的议政王大臣会议、内三院、六部、都察院、理藩院。内三院的大学士和学士，分别由满、汉、蒙古人担任，参与国事机密，议定军国大计，实际上已取代了八和硕贝勒"共议国政"的体制。顺治十五年（1658 年），改内三院为内阁。内阁是清王朝最高行政机构，设殿阁大学士满、汉各二人，协办大学士满、汉各一人。六部各部设尚书满、汉各一人，侍郎满、汉各二人。都

① 《清史稿》卷三七五《那清安传》。

② 《清朝文献通考》卷七七《职官一》，杭州，浙江古籍出版社，1988。

察院设左都御史满、汉、蒙古各一人，左副都御史满、汉、蒙古各二人。右都御史、右副都御史无专职，例为地方总督、巡抚的兼衔。顺治元年（1644年）设翰林院，设掌院学士满、汉学士各一人，侍读学士满、汉各三人，侍讲学士满、汉各三人。复审刑部重大疑案的大理寺，与刑部、都察院合称“三法司”，大理寺设卿，满、汉各一人。

从人口数量上看，满族在明末约为二百万人，[①] 从明末至清初，战争连绵，满族人口即使有所增长，也不会很多。蒙古族人口在清朝初期约二百一十七万，[②] 稍高于满族。在清代，满族是统治民族，为了维护统治，其各级国家机构中重用满族官员不难理解，这也是历代少数民族政权的惯例。但蒙古族人口不过为汉族的几十分之一，但各级机构中几乎都是满、蒙古、汉均置。从人口比率来说，清朝统治者对蒙古族的重视程度要高于汉族，这也是满蒙同盟在入关后在政权机构中的具体体现。

三、盟旗制度的建立

清代的蒙古族，有“八旗蒙古”“内属蒙古”和“外藩蒙古”之别。所谓“八旗蒙古”，前已有所介绍。“内属蒙古”，是指清朝建立以后陆续归附和被征服的蒙古，编设旗、佐，设官总管，一般称总管旗、内属旗或游牧旗。这类旗隶属内务府管辖，是清皇室的直属领地，清帝分封诸子时，亦可作为王公封地。“外藩蒙古”，或称“藩部”，包括漠南蒙古、漠北蒙古和漠西蒙古。清对外藩蒙古采取分而治之的政策，蒙古原有的鄂托克、爱马克等众多封建组织被整编为由札萨克世袭统治的旗。旗是清代蒙古最基本的社会组织单位，旗之上设盟，有定期盟会，这就形成有清一代治理外藩蒙古的盟旗制度。盟旗制度为清代蒙古的最基本的政治和社会制度。

（一）漠南蒙古盟旗制度

在八旗蒙古建立后，皇太极把旗的编制推广到整个蒙古地区。旗有札萨克旗、总管旗、喇嘛旗之分，其中札萨克旗的数量最多，它既是清廷设于蒙古地区的行政、军事单位，又是清帝赐给旗内各级封建主的世袭领地。总管旗、喇嘛旗及都统旗，称游牧八旗和游牧喇嘛旗。游牧八旗者曾因反抗过或无功于清朝，故不授札萨克，不设盟，也无世袭封爵（除附

① 赵文林、谢淑君：《中国人口史》，208页，北京，人民出版社，1988。

② 王龙耿、沈斌华：《蒙古族历史人口初探（17世纪中叶—20世纪中叶）》，载《内蒙古大学学报》，1997（2）。

牧该旗的个别世袭佐领外），直属该地区的都统、大臣和将军，并统于理藩院。由于诸旗中以札萨克旗数量最多，也最为典型，以下所指的旗，主要是这类旗。

旗的大规模设置是在天聪九年（1635年）皇太极平服漠南蒙古诸部之后，但在此之前，已经陆续设置。“昔太祖太宗时招徕蒙古，随得随即分旗分佐领，封为扎萨克，各有所统。”① 有的部划分为几个至十几个旗，有的却独成一旗。最初皇太极设三旗，崇德元年（1636年）设二十二旗，再加上崇德七年（1642年）所设科尔沁、喀喇沁、土默特等旗，共为二十七旗。后来又因鄂尔多斯和喀尔喀诸部归顺，康熙元年（1662年）增加到四十七旗，到康熙九年（1670年）已增为四十九旗。② 以后略有增减，最后在漠南共建五十一旗。

旗封爵有多罗郡王、多罗贝勒、镇国公、辅国公、头等塔布囊公品级诸名号。札萨克，由清廷从蒙古王公贵族（王、贝勒、贝子、塔布囊）中选任，为一旗之主，平时掌管一旗的行政、司法、征税等事务。下设协理台吉（为札萨克之辅）、管旗章京、副章京（梅伦）、参领、佐领（苏木章京）等。佐领为旗下军事和行政单位，其长官也叫佐领或苏木章京，每一百五十人为一苏木，任命一佐领。每五佐领或六佐领设一参领。

以后，由若干个旗组成一个“盟”，作为中央对旗的监督机构。实际上，盟也并非完全是以部为基础设置的，有些盟以数部组成，有的则一旗为盟。漠南四十九个札萨克旗分为六个盟：哲里木盟、卓索图盟、昭乌达盟、锡林郭勒盟、乌兰察布盟、伊克昭盟。其始规定，内外札萨克各盟，在指定地点，每三年会盟一次，清理刑名，编审丁籍，并造册上报理藩院。康熙十三年（1674年），又规定每年春季内外札萨克各盟在指定地点会盟。

需要指出的是，盟并不是置于札萨克之上的一级行政机构，因此不设盟务衙门和相应官吏，也不得随便干预各札萨克旗的内部事务。盟长作为各旗会盟的召集人，只是在自己的职权范围内，对各札萨克进行监督。盟长各给印信，任期为终身制，但不得世袭。清廷在蒙古族居住区实行盟旗制度，把广大蒙古人民固定在各自的区域中，分而治之，巩固了北部和西北部的边防，也使蒙古族人民在一定程度上得到安居。

---

① 戴逸、李文海主编：《清通鉴》卷五四清圣祖康熙三十六年十月丁丑条，2061页，太原，山西人民出版社，1999。

② ［日］田山茂著，潘世宪译：《清代蒙古社会制度》，77页，北京，商务印书馆，1987。

（二）与河北有关的蒙古盟旗

与河北蒙古族有关的盟，主要是卓索图盟和昭乌达盟。

1. 卓索图盟

卓索图盟位于内札萨克蒙古东南部，东与养息木牧厂及锡勒图库伦喇嘛旗接壤，西与热河驻防地交错相接，北连昭乌达盟南部诸旗。天聪九年（1635 年）至康熙年间，清统治者陆续把投附的蒙古喀喇沁部（即明代的哈剌慎、哈剌陈）和东土默特部编为五个札萨克旗，即喀喇沁左、中、右旗，土默特左、右旗。因五旗会盟于土默特右旗境内的卓索图河畔，故称。由于土默特二旗与河北无涉，以下主要介绍喀喇沁三旗。

喀喇沁右旗，顺治七年（1650 年）设，位于卓索图盟西北部，跨老哈河，是清廷实行“备指额驸”制的蒙古十三旗之一。[①] 治于八沟。该旗第一任札萨克为固噜斯奇布，顺治七年（1650 年），晋封札萨克多罗杜楞贝勒，诏世袭罔替，顺治十五年（1658 年）卒，同年，长子图巴色棱袭职，康熙三年（1664 年）卒，弟班达尔沙袭职，康熙七年（1668 年），晋多罗杜棱郡王爵，仍诏世袭罔替，故俗称该旗为喀喇沁王旗。康熙四十年（1701 年）以前，“旗境东接敖汉旗东南部，西邻正蓝旗察哈尔界，北起翁牛特右旗，南到热河东北”[②]。是年，旗札萨克扎什等王公将南部大片土地献于清康熙帝，作为建立避暑山庄及木兰围场之用。康熙四十四年（1705 年），札萨克驻西白河北（一说西白河西），在喜峰口东北 350 里。清乾隆初期有佐领 43（一说 44），后其中之 13 个佐领变为不满 150 名壮丁的残缺佐领。

喀喇沁左旗，顺治五年（1648 年）设，位于卓索图盟南部，也是清廷实行“备指额驸”制的蒙古十三旗之一。治于建昌县。该旗第一任札萨克色棱，顺治五年（1648 年）晋封札萨克镇国公，诏世袭罔替，故俗称该旗为喀喇沁札萨克公旗。旗地南境东至锦州府边门界，西至平泉州界，南至永平府边墙界，北至右翼旗界。[③] 札萨克驻巴颜朱尔克（一说巴颜察罕山），在喜峰口东北 350 里。有佐领 53（一说 40），后其中之 3 个佐领变为不满 150 名壮丁的残缺佐领。

---

① 金海等：《清代蒙古志》，32 页，呼和浩特，内蒙古人民出版社，2009。

② 金海等：《清代蒙古志》，33 页，呼和浩特，内蒙古人民出版社，2009。据（清）和瑛《热河志略》808 页，喀喇沁右翼旗（八沟），西北境东至土默特右翼及敖汉界，西至热河及围场界，南至平泉州及左翼旗界，北至翁牛特右翼界。

③ （清）和瑛：《热河志略》，见《续修四库全书》史部地理类，第 770 册，808 页，上海，上海古籍出版社，2013。

喀喇沁中旗，康熙四十四年（1705 年）从喀喇沁右旗南部及东南部析置，第一任札萨克格埒尔。该旗也是清廷实行“备指额驸”制的蒙古十三旗之一，位于喀喇沁右旗和喀喇沁左旗中间，西部和北部嵌入喀喇沁右旗，东部和东南部与喀喇沁左旗相衔接，正南方毗邻今承德市。札萨克驻珠布格朗图巴彦喀剌山，在喜峰口东北 350 里。乾隆年间有佐领 51，后减为 48。由于汉民的涌入，为了加强管理，雍正七年（1729 年），在该旗的八沟（位于河北平泉）设八沟直隶厅，管理喀喇沁三旗商民事务，乾隆四十三年（1778 年），改设平泉州。[①] 清朝末年，随着入居该旗境内的汉人增多，耕地面积的扩大，部分旗地又相继划入平泉县、建平县。

2. 昭乌达盟

昭乌达盟东接科尔沁界，西连正蓝旗察哈尔和围场，北与锡林郭勒盟相邻，南与卓索图盟毗连。后金天聪到清康熙年间，陆续把投附的蒙古扎鲁特、阿鲁科尔沁、巴林、克什克腾、翁牛特、敖汉、奈曼、喀尔喀左翼编成 11 个札萨克旗，因会盟于翁牛特左旗境内的昭乌达地方，故称。与河北有关的为敖汉旗、翁牛特右旗。

敖汉旗，皇太极崇德元年（1636 年）设，系清廷“备指额驸”制的蒙古十三旗之一。该旗第一任札萨克为班第，天聪三年（1629 年），班第娶固伦公主，授固伦额驸。崇德元年（1636 年），清廷把班第所属部众编为一旗，授班第为札萨克多罗郡王，诏世袭罔替，故俗称该旗为札萨克王旗。该旗东接奈曼旗，南接土默特右旗，西与喀喇沁右旗及翁牛特右旗交界，北与翁牛特左旗接壤。康熙二十年（1681 年），与喀喇沁、翁牛特二旗共献牧场，助清建成木兰围场。自清雍正、乾隆时期始，由于汉人涌入，境内大量牧场被开垦。

翁牛特右旗，崇德元年（1636 年）设，为清廷“备指额驸”制的蒙古十三旗之一。天聪六年（1632 年），翁牛特部祖巴颜岱洪果尔曾孙逊杜棱同栋额尔德尼率所部投附后金。崇德元年（1636 年），编为左、右二旗。逊杜棱为札萨克多罗都棱郡王，掌右旗，栋额尔德尼为札萨克多罗达尔汉岱青，领左旗，诏世袭罔替。翁牛特右旗位于热河围场东北，老哈河南岸，东接敖汉旗，南接喀喇沁右旗，西与热河围场交界，北与克什克腾及翁牛特左旗相邻。札萨克驻英什尔哈齐特呼郎（一说库里雅图），在古北口东北 680 里，有佐领 20，额存谷 10385 石。自清雍正、乾隆后，由于汉人涌入，境内大量牧场被开垦。乾隆二十七年（1762 年），翁牛特旗被

① 《清高宗实录》卷八七乾隆四十三年二月丙午条。

汉人隐瞒的土地就有一千顷。①

（三）乌兰布通之战及多伦会盟

漠北蒙古，包括土谢图汗、札萨克图汗和车臣汗，称为喀尔喀三部。太宗崇德初（1636 年），以察哈尔平，漠南悉定，皇太极遣使宣捷于喀尔喀，劝其归附。同年十一月，车臣汗首先遣卫征喇嘛等赍书来朝，并贡驼马、貂皮等物。崇德三年（1638 年）三月，喀尔喀三部遣使来朝，皇太极规定他们每年向清贡白驼一、白马八，称为“九白之贡”。蒙古人尚白，九白之贡乃蒙古人最隆重之礼节。然“此亦蒙古以土物邀赏于中国之惯例，不足言内向也”②。也就是说，此时清王朝对喀尔喀蒙古只是松散的羁縻关系。

顺治十年（1653 年），土谢图汗部内讧，该部贵族本塔尔因与土谢图汗不和，遂率千余户投清，清廷对其归附十分重视，予以接纳，令其驻牧张家口外塔噜浑河，并封本塔尔为札萨克和硕达尔汉亲王，随从诸人也各有封赏，史称“喀尔喀左翼”。康熙元年（1662 年），札萨克图汗内部发生内乱，俄木布额尔德尼子额磷沁，也称罗卜藏台吉，袭杀其汗旺舒克。面对这一变局，土谢图汗察珲多尔济、三音诺颜部长丹津喇嘛以兵击之，额磷沁兵败外逃，其叔父衮布伊勒登率众投清，清安置其驻牧喜峰口外，在察罕和朔图游牧，并于康熙三年（1664 年）封衮布伊勒登为札萨克多罗贝勒，史称“喀尔喀右翼”。

康熙年间，漠西蒙古准噶尔部首领噶尔丹势力逐渐强大起来，逐步统一漠西，开始向漠北发展势力。当时漠北喀尔喀内部陷入内战，右翼札萨克图汗和左翼土谢图汗之间争斗不休。噶尔丹插手助右翼，清廷则暗中支持土谢图汗。康熙二十七年（1688 年），噶尔丹东进，喀尔喀内乱遂演变为漠西与漠北蒙古之战。喀尔喀溃败，喀尔喀三部数十万众，在各部酋长率领下，南下请求清廷的保护。康熙帝在古北口、张家口、独石口等地发给赈粮，并于内蒙古各处拨给牧地驻牧，编组牛录，并任命十余人为札萨克。康熙二十九年（1690 年）六月，噶尔丹在沙俄支持下，以追击喀尔喀为名，深入漠南的乌珠穆沁一带，在击败清军之后，又乘势渡西拉木伦河，逼近距京师三百多公里的乌兰布通（今河北围场满族蒙古族自治县北 40 里克什克腾旗大红山），直接威胁京师，致使京师戒严。七月，康

① （清）海忠修，林从炯等纂：《承德府志》卷首二《诏谕》，58 页，台北，成文出版社，1968。

② 孟森：《清史讲义》，161 页，北京，中华书局，1981。

熙御驾亲征。八月，以裕亲王福全率清军屯围场北吐力根河，与噶尔丹大战于乌兰布通，噶尔丹战败，逃回科布多，部众伤亡过半。虽然清王朝在乌兰布通击败了噶尔丹，但噶尔丹主力尚存，只是暂时阻遏了其扩张的气焰。

为了彻底歼灭噶尔丹，必须加强北部边疆战备。康熙三十年（1691年）五月，蒙古各部首领在多伦诺尔（今与河北丰宁、围场接壤的内蒙古多伦县）会盟，其中包括喀尔喀土谢图汗察珲多尔济、车臣汗乌默克、札萨克图汗策旺扎布等。康熙嘉其归顺之诚，亲率漠南四十九札萨克亲往抚辑，宣布仍保留喀尔喀三汗的名号，蒙古贵族原有济农、诺颜、台吉等名号一律取消，按照满洲贵族封号，分别封给亲王、郡王、贝勒、贝子、公等爵位。并按漠南蒙古之例，在喀尔喀蒙古实行盟旗制度，将左、中、右三部改为三十四旗，“照四十九旗，编为旗队，给地安插”①，从而喀尔喀蒙古完全归属清朝统治，游牧卡伦边内。此后，康熙三十六年（1697年），清军在昭莫多大败噶尔丹，将他的势力完全逐出喀尔喀，清朝重新掌控喀尔喀全境，于是喀尔喀又返回故地。自康熙朝到乾隆年间，漠北札萨克旗制陆续增编，共建成四盟八十六旗。

第三节　清代蒙古族在河北的迁徙及分布

前已讲到，清统治者在征服漠南蒙古各部过程中，先后于天聪三年（1629年）和八年（1634年）两次划定蒙古诸部驻牧地界，试图将蒙古诸部限定在某一地域。后来，清统治者为了加强对蒙古诸部的控制，也在根据形势的变化加以调整，并利用政权的力量，强迫诸部进行迁徙。这样有清一代，在规定的驻牧地之外，自发的迁徙流动基本上被禁止后，政治上的迁徙成为蒙古族流动的主要形式。

直隶古北口、喜峰口、冷口等口外的今河北张家口、承德地区北部，历史上就是蒙古游牧地。清初内地圈地运动停止后，为了安置无地的旗人，清廷遂令旗人于口外圈地，另外由于内地自然灾害和土地兼并，大量汉人涌入口外，形成口外满、蒙古、汉等民族杂居的局面，当地人口格局为之一变，并基本奠定了现在的民族格局。清前期，与河北有关的蒙古族人口流动的最重要事件，当属康熙年间察哈尔部迁入今张家口地区及漠西

① 《清圣祖实录》卷一五二康熙三十年六月乙卯条。

蒙古诸部迁入承德地区。口外虽然满、蒙古、汉杂居，境壤交错，但汉人治以州县，蒙古人治以盟旗，管辖体制前者属直隶巡抚，后者属理藩院，分别属于两个部门。

一、察哈尔部迁入张家口

（一）察哈尔布尔尼叛乱

察哈尔部自明代中后期以来一度是蒙古大汗的直属藩领，特别是明清之际，林丹汗势力强大，一度为蒙古草原的霸主。林丹汗死后，其子额哲率众降后金，皇太极娶林丹汗的福金囊囊为妃，封额哲为和硕亲王，并以次女固伦公主马喀塔格格嫁之，规定额哲位居漠南蒙古四十九旗王公之上，编其直属部落为察哈尔旗，置于义州（今辽宁义县）。察哈尔八个札萨克旗，归额哲直接管辖，游牧地大体位于今内蒙古库伦旗全境、科尔沁左翼后旗西北、开鲁县辽河以南和奈曼旗东北。另外，后金将天聪年间陆续归降的察哈尔部众编为察哈尔八旗，由八旗蒙古都统管辖。天聪九年（1635 年），囊囊大福金生下林丹汗的遗腹子阿布奈。崇德元年（1636 年），额哲死后，阿布奈承袭亲王，按照蒙古习俗又尚固伦公主。但阿布奈对其族被灭之事一直耿耿于怀，对清王朝不履行外藩蒙古王公所应尽的义务，多年不入京朝觐，并时有怨望之语，遂于康熙八年（1669 年）被革职下狱，囚禁于盛京（今辽宁沈阳）。阿布奈有两子，长子布尔尼，次子罗不藏。在阿布奈被囚禁后，由布尔尼袭爵，仍领其众，并尚长史辛柱公主。

康熙十二年（1673 年）末，以吴三桂为首的“三藩之乱”爆发，康熙遣京师精锐南征吴三桂和耿精忠，一时京城空虚。康熙十四年（1675 年），清廷调“蒙古兵从张家口入塞南征”①，出镇南方杭州、江宁等地。陕西王辅臣叛乱后，清廷又从左翼四旗察哈尔调兵驻守宣府。布尔尼和罗不藏趁京师空虚的机会，密谋举旗反清，与吴三桂叛军遥相呼应。察哈尔都统晋津、副都统布达里，附牧察哈尔的喀尔喀公垂札布也支持这次叛乱。布尔尼遣人联络调驻宣府的察哈尔左翼官兵的同时，又派人策动各旗蒙古王公一起参加叛乱，原察哈尔所属奈曼旗郡王扎木禅积极响应布尔尼。康熙十四年（1675 年）三月二十五日，布尔尼反叛，率大军数千人直扑张家口，准备与调驻宣府的察哈尔左翼四旗的散秩大臣绰尔济、一等

① （民国）郭维城修，王告士等纂：《宣化县新志》卷一八《大事记》，316 页，台北，成文出版社，1968。

侍卫阿达、参领舒什兰会师。但是此三人不敢与清廷对抗，而察哈尔左翼四旗官兵，不顾绰尔济的拦阻，在宣府哗变，毁长城边墙，前去投奔布尔尼。[①] 二十七日，布尔尼大军抵达张家口以北的鄂西奚，夺取御马厂和清朝大臣马厂的马群，挺进张家口。

察哈尔蒙古军逼近京师，京师大震。康熙帝任命多罗信郡王鄂扎为抚远大将军，图海为副将军。当时为征讨三藩，京师八旗军已悉数调往湖广、江西、福建等地，宿卫尽空，根本无兵可用。图海临时召集了京师满洲、蒙古八旗包衣之勇健者，得数万人，配发武器，率之以行。对于这些临时拼凑起来的乌合之众，为了鼓舞他们的斗志，图海允许所过掳掠，“每至州县村堡，即令众家奴略掠之，所获金帛无算”。不数日至察哈尔，他下令：“前此所掠，皆士庶家，不足为宝。今察哈尔承元之后，数百年之基业，珠玉货宝不可胜计，汝等如能获取之，可富贵终身也。”[②] 闻此，这些家奴组成的军队士气旺盛，人人思战。四月二十二日，图海率军抵达达禄时，布尔尼设伏于山间，但清军以一当十，锐不可当，叛军大败。喀尔喀公垂札布遁走，都统晋津率部投降。布尔尼和罗不藏仅率三十余骑突围，逃往扎鲁特旗境内。这次叛乱不到两个月旋即失败，布尔尼和罗不藏二人最终被杀，阿布奈也被绞死。察哈尔旗部众除逃入邻近各旗以外，悉数携至北京，令壮丁在八旗满洲佐领下披甲，而老弱妇幼降为奴婢。

（二）察哈尔部西迁张家口

1. 察哈尔部西迁

布尔尼叛乱被镇压后，察哈尔部被从辽西义州（今辽宁义县）迁徙至宣府、大同边外驻牧。为示惩罚，清廷对察哈尔部进行了大的改组，撤销其八旗札萨克，仿满洲八旗建制，编为左、右两翼，每翼各四旗。左翼为镶黄、正白、镶白、正蓝四旗，即东四旗；右翼为正黄、正红、镶红、镶蓝，即西四旗。每旗设总管、副总管各一人，参领一员，副参领一员。参领下有佐领，随人户编制，无定员。佐领下有护军校、骁骑校，随佐领分置，亦无定员。每佐领下亲军二名，前锋二名，护军二十五名，领催三名。总管由满洲、蒙古人担任，由在京蒙古都统兼辖，隶于理藩院典属司。察哈尔八旗驻地皆由清廷确定。

在改组之前，察哈尔部属于“外藩蒙古”，所设旗为札萨克旗。札萨

---

① （清）王先谦：《东华录》康熙十四年四月丁巳条。

② （清）昭梿：《啸亭杂录》卷二《图文襄公用兵》，48 页，北京，中华书局，1980。此中所言的“察哈尔部长布鲁尼”，即布尔尼。

克，亦译为“扎萨克”，乃蒙古语音译，“执政”之意，为清朝时对蒙古各旗旗长的称谓，也是旗的封建领主，由蒙古的王、贝勒、贝子、公、台吉等充任，均由朝廷册封，受当地办事大臣或参赞大臣节制，管理一旗的军事、行政和司法。札萨克一般可以世袭，封地之内的山川、河流、山林、牧地等，均归其所有，且不向朝廷负担任何徭役、税赋。旗内民众统归其管辖并交纳赋税、承担徭役，而且札萨克对他们有生杀予夺之权。布尔尼叛乱后，清廷将察哈尔部降为“内属蒙古”，又称为“察哈尔游牧八旗”，取消世袭爵位，“官不得世袭，事不得自专”①，“不建渠长，籍同编户”②，对属民和土地都丧失了自主支配权，独立性大大降低，实力也被大大削弱，成为清廷直辖之下驻防当地的八旗子弟兵。

据《察哈尔通志》卷一记载：

> 镶黄、正黄、正红、镶红四旗，驻牧张家口边外；
> 正白、镶白、正蓝三旗，驻独石口边外；
> 镶蓝一旗，驻牧杀虎口边外。③

事实上《察哈尔通志》的记载并不准确，左翼及正黄半旗在直隶宣化塞外，其余三旗半在山西大同塞外。直隶塞外各旗驻地方位大致如下④：

镶黄旗，在张家口北170公里，最初驻喇赖庙（今河北张北东南）一带，乾隆年间，因将坝上土地开放，移驻苏门峰（又名苏门哈达，约在今河北康保县北）。旗地东起正白旗察哈尔界，西到正黄旗察哈尔界，南接正黄、镶黄二旗牧厂，北交苏尼特右旗。大体相当于今锡林郭勒盟镶

① （清）魏源：《圣武记》卷三《外藩》，97页，中华书局，1984。但实际上却往往有所出入，例如据《清高宗实录》卷四四乾隆二年六月总理事务王大臣等奏：“‘又查得热河八百名驻扎兵，每月领催等食饷四两，兵丁等食饷三两。领催兵丁等每匹应领米四石四斗，共马二百匹，拴马者每匹应得乾银二两。今新添驻扎兵一千二百名，应得粮饷亦照此例’。从之。”

② （清）和瑛：《热河志略》，见《续修四库全书》史部地理类，第770册，808页，上海，上海古籍出版社，2013。

③ 宋哲元：《察哈尔通志》卷一《疆域编》，1935。转见《蒙古族通史》（中册），353页，北京，民族出版社，2001。

④ 参见袁森坡、吴云廷：《河北通史》（清朝上卷），162页，石家庄，河北人民出版社，2000。金海等《清代蒙古通志》175页亦言：“左翼各旗驻宣化边外，右翼各旗驻大同边外。”而据（清）和瑛《热河志略》（见《续修四库全书》史部地理类，第730册，737页）记载：“察哈尔镶白旗，《旧志》土城子，今为县治，当全境南，于东西为中。正蓝旗，治皇姑屯，即波罗河屯，居东。镶黄旗治大关儿，居西。正白旗，治郭家屯，居北。四旗壤界错出。”

黄旗全部，乌兰察布盟化德县、卓资县和河北省康保、尚义二县的一部分。

正白旗，在独石口西北135公里，驻布尔噶苏台（约今正镶白旗布日都苏木），旗地东及北接镶白旗察哈尔，南及西邻镶黄旗察哈尔。大体相当于今锡林郭勒盟正镶白旗西南部、太仆寺旗北部和河北省康保县的一部分。

镶白旗，在独石口北122.5公里，驻布雅阿海苏默（约在今正镶白旗北阿拉坦嘎达苏木），旗地东接太仆寺牧厂及正蓝旗界，西至正白旗察哈尔，南交太仆寺牧厂，北连苏尼特左旗及正蓝旗察哈尔。

正蓝旗，在独石口东北180公里，驻札合苏台泊（在今锡林郭勒盟正蓝旗扎格斯太苏木），旗地东至克什克腾，西接镶白旗察哈尔，南起御马厂（今锡林郭勒盟正蓝旗南部和多伦县西部），北抵阿巴噶左翼旗。大体相当于今锡林郭勒盟正蓝旗北部。

正黄旗，在张家口西北160公里，原驻木孙忒克山（约在今河北张北县西南），同治年间移驻今察哈尔右翼后旗东南大六号乡。[①] 旗地东北至镶黄旗察哈尔，西接正红旗察哈尔，南连太仆寺右翼牧厂，北邻苏尼特右旗。大体相当于今乌兰察布盟兴和县、察哈尔右翼前旗的大部分以及察哈尔右翼后旗的东部和商都县的一部分。

2. 口北三厅的设立

由于关内流民大量涌入口外，引发了察哈尔诸旗蒙古人与流民之间的诸多问题。清廷自雍正年间始，陆续增设了一些民事机构，以处理汉民与旗人之间嫁娶、田土、斗殴、争讼等事件。口北三厅就是在这样的背景之下设立的。所谓“口北三厅”，即张家口直隶厅、独石口直隶厅、多伦诺尔厅，因均隶口北道，故称。

张家口直隶厅，雍正二年（1724年）设，管理张家口外察哈尔八旗西翼正黄半旗、东翼镶黄旗分入官地亩，经征钱粮，旗民户婚、田土、斗殴、争讼及西翼察哈尔旗分蒙古汉人交涉、逃匪命盗等案，并口内蔚州、怀安、万全、宣化、保安、西宁、蔚县七州县旗民互讼人命之事。[②] 张家口理事同知署，在张家口下堡城内，雍正十一年（1733年）建。理事同知，或满人或蒙古人，首任理事同知白石，即为满洲镶黄旗人。据《口

① （民国）《张北县志》卷一《地理志》，见《张北县各旗群之变迁》，台北，成文出版社，1968。

② （清）黄可润：《口北三厅志》卷四《职官》，72页，台北，成文出版社，1968。

北三厅志》卷四《职官》，历任张家口理事同知中为蒙古人者，如下表：

姓名	籍贯	出身	始任时间	离任时间
伍云泰	蒙古镶白旗	监生	雍正十一年	雍正十三年
杨保	蒙古镶黄旗	亲军	乾隆六年	

独石口直隶厅，雍正十二年（1734 年）析张家口东境，在长城要隘独石口所设，分辖独石口外察哈尔东翼正白、镶白、镶黄、正蓝四旗逃匪命盗等案，并口内延庆、怀来、龙门、赤城四州县旗民互讼人命之事。[①] 独石口理事同知署，在独石口城内，乾隆七年（1742 年）建。理事同知，或满人或蒙古人，据《口北三厅志》卷四《职官》，所列四人中，只有伍云泰一人为蒙古人。伍云泰，蒙古镶白旗人，乾隆六年（1741 年）任理事同知。

多伦诺尔厅，雍正十年（1732 年）析张家口直隶厅东北境，在多伦诺尔地方所设，辖察哈尔东翼正蓝、正白、镶白、镶黄四旗及内札萨克、外喀尔喀一百三十余旗蒙古民交涉命盗等案，并查缉逃匪审理汉铺户争讼窃劫人命各案之事。[②] 多伦诺尔理事同知署，在旧营东北二里，新营之西，乾隆元年（1736 年）建。据《口北三厅志》卷四《职官》，所列八位理事同知中，只有岱通一人为蒙古人。岱通，蒙古镶白旗人，监生，雍正十二年（1734 年）以管站员外郎兼管，十三年分设同知，调补实授，乾隆五年（1740 年）离任。

二、察哈尔部左翼四旗及四旗厅、丰宁县之设立

康熙十四年（1675 年），清廷将改编后的蒙古察哈尔部左翼四旗安置于今河北隆化、丰宁境内。其中正白旗以郭家屯（今河北隆化郭家屯镇）为中心，居于县西北滦河川；镶白旗以土城子（今河北丰宁满族自治县凤山镇）为中心居于伊玛图川和太平庄以及兴州河上游一带；正蓝旗则以皇姑屯（今河北隆化县城）为中心居于伊逊川和鹦鹉川；镶黄旗以大阁（今丰宁县城）为中心，居于今丰宁西境的潮河川。平时游牧，需要时征调从征。户籍每三年编审申报一次，壮丁年 18 ~ 60 岁者皆编入丁册，残病者除之。

乾隆元年（1736 年）设四旗厅，负责所辖区域蒙古族的户籍、官员

① （清）黄可润：《口北三厅志》卷四《职官》，72 页，台北，成文出版社，1968。
② （清）黄可润：《口北三厅志》卷四《职官》，72 页，台北，成文出版社，1968。

任职所有事宜。“旧四旗厅境在承德府西北隅，东界府，南界滦平县，西界独石口，北界围场。”① 隶属理藩院和直隶省霸昌道，厅治土城子（今河北丰宁满族自治县凤山镇）。由于大量关内汉人的涌入，② 乾隆四十三年（1778 年），改四旗厅为丰宁县，升热河厅为承德府，包括丰宁县在内的一州五县隶于承德府。设知县一员，以通判掌知县事。宣统元年(1909 年)，又从丰宁县内划出一部分建隆化县。

四旗厅理事通判首任常永为蒙古正白旗人，任职时间在乾隆元年至乾隆六年（1736—1741 年）。以后历任理事通判例由满族人任之。在改为丰宁县后，首任知县德谦也为蒙古人，属蒙古镶蓝旗，以后的知县多由满族人担任，但也间有蒙古人。其中的蒙古人知县，参见下表③：

姓名	籍贯	任职时间	出身
德谦	蒙古镶蓝旗	乾隆四十七至四十九年	
定住	蒙古镶白旗	乾隆五十至五十九年	
重恩	蒙古正黄旗	道光元年	
明德	蒙古正蓝旗	道光二十年至二十二年	
齐和特依	蒙古镶蓝旗	咸丰七年	举人

丰宁县内波罗诺乡南梁，距梁底村千米处有一方丰宁南界碑，刻立于清道光六年（1826 年）。碑东仅两米处便是丰宁至滦平的相交路。碑南为滦平界，碑北为丰宁地域。碑额高 20 厘米、宽 18 厘米、厚 32 厘米，碑身高 110 厘米、宽 78 厘米；碑座为长方形须弥座，长 94 厘米、宽 63 厘米、高 30 厘米。碑额残存“旗”字，碑阳“丰宁县南界”“道光六年十月一日”。碑左侧“南至滦平县九十里”，碑右侧“碑至土城子五十里”。④

四旗厅改设丰宁县后，察哈尔左翼四旗蒙古游牧地域发生了较大变化，即游牧地大幅北移。镶黄旗（旗治在河北丰宁大阁镇），从现五道营乡、窟窿山乡、海留图（现大滩镇），转至坝上草原游牧。镶白旗（旗治在河北丰宁凤山镇）、正白旗（旗治在河北隆化郭家屯镇）、正蓝旗（旗

① （清）和瑛：《热河志略》，见《续修四库全书》史部地理类，第 730 册，737 页，上海，上海古籍出版社，2013。

② 乾隆三十六年（1771 年）前，承德、丰宁、平泉、滦平四地收寄流民 6937 丁，按每户 5 口计，承德、丰宁、平泉、滦平等地已有汉人 3.5 万人，流入四旗厅汉人之多可见一斑。

③ 白瑞杰、张汉英主编：《丰宁文物志》，139 ~ 142 页，呼和浩特，内蒙古人民出版社，1998。

④ 白瑞杰、张汉英主编：《丰宁文物志》，175 页，呼和浩特，内蒙古人民出版社，1998。

治在今河北隆化县城）经郭家屯镇、苏家店乡、森吉图乡，转至多伦诺尔以北处游牧。但原驻牧地的出租旗地仍由其收租，有的是各旗派人秋收后去收租，有的是在其租地附近长期居住，收租后到坝上草原新旗治地送粮或送银。直至民国初年，察哈尔蒙古镶黄、正白、镶白、正蓝旗仍派人到丰宁、隆化等地收取地租。如隆化县西阿超、步虎沟乡有镶白旗蒙古巴图萨音布彦图的土地，年年派人前去收租。清末至民国十五六年这些土地陆续出卖给了当地农民。

需要指出的是，在四旗厅改丰宁县后，虽然察哈尔左翼四旗部众主体北迁，但仍有部分官兵及眷属留了下来。根据1989年的调查，河北丰宁满族自治县的森吉图、白塔、大滩、北梁、塔黄旗、大阁、凤山、骆驼沟及隆化县的步虎沟、西阿超和郭家屯等乡镇仍有其后裔，他们在民国初年都改为汉姓，主要有鲍、白、刘、杜、孟、马、赵、黄、王、金、万、英、克等。例如，白塔乡撒袋沟门村刘姓，原属察哈尔镶黄旗，嘉庆年间其家族中出过一个活佛，现其后代数十人仍在当地居住。丰宁东头营乡乌拉海营白姓、凤山镇陶来营村鲍姓，原属察哈尔镶白旗，其后裔也一直在当地生活。①

三、漠西蒙古东迁张家口

察哈尔地区，指清代察哈尔八旗四牧群游牧之所，大致相当于今内蒙古乌兰察布市大部、锡林郭勒盟南部及河北省西北部地区。该地区连接内蒙古东西部，同时又位于中原内地通往蒙古高原的必经之地，战略地位十分重要。当年为了便于监控察哈尔诸部，清廷将其西迁于此。但同时又引发了另一个问题，由于密迩京师，一旦作乱就会造成京师震动。康熙十四年（1675年）的布尔尼之乱，即是殷鉴。为了加强对这一地区的控制，清廷在察哈尔蒙古内部掺入了大量其他蒙古部众，“后复以来降之喀尔喀、额鲁特部人隶焉”②，使其互相监视。迁徙的契机是噶尔丹之乱。

昭莫多之战后，噶尔丹战败，部众分崩离析，手下只剩下不足三百人和少量驼马，牛羊损失殆尽，全靠射猎杀马而食。丹济拉原为噶尔丹手下重臣，在噶尔丹自杀后，康熙三十六年（1697年），他率家属七十九人来降。康熙帝以丹济拉出身厄鲁特名族，授为散秩大臣，其子多尔济塞卜腾

---

① 锦山、孙雅芳：《承德境内四旗厅的建立》，见周金生、张爱萍主编：《承德文史文库》，第二卷，289页，北京，中国文史出版社，1998。

② （清）海忠修，林从炯等纂：《承德府志》卷二五《兵防》，764页，台北，成文出版社，1968。

授为一等侍卫，“俱安插张家口外，编入察哈尔旗，分佐领，其属下人酌可用者披甲，给以钱粮”①。

次年，又将厄鲁特诺尔布、丹津阿拉布坦等属下之人编为十一个佐领，纳入察哈尔上三旗各二个，下五旗各一个。具体而言：“以投诚厄鲁特散秩大臣诺尔布一佐领，丹津阿拉布坦属人一佐领，隶镶黄旗察哈尔旗分。散秩大臣达木巴一佐领，一等侍卫多尔济塞卜腾一佐领，隶正黄旗察哈尔旗分。散秩大臣车陵一佐领，二品官巴拜一佐领，隶正白旗察哈尔旗分。散秩大臣沙克朱穆一佐领，隶正红旗察哈尔旗分。二等侍卫鄂嫩巴图尔一佐领，隶镶白旗察哈尔旗分。三等侍卫吴巴什一佐领，隶镶红旗察哈尔旗分。三品官卜尔器一佐领，隶正蓝旗察哈尔旗分。一等侍卫韩都一佐领，隶镶蓝旗察哈尔旗分。每佐领各设前锋二名、亲军二名、护军十七名、拨什库六名、骁骑二十四名、跟随兵一名，俱照其族属分编。”② 此后直至乾隆朝，仍不断有编佐入旗者，例如，乾隆十五年（1750 年）九月，漠西准噶部蒙古内战，其台吉萨喇勒率部众一千户附清，清廷将其安插于察哈尔正白旗（今河北隆化县郭家屯镇）。故察哈尔八旗内，有新、旧厄鲁特之分，俱照其族属分编。③

四、乾隆年间张家口蒙古族的西迁

清朝设在口外的官营牧厂，由察哈尔八旗派出的官兵充当牧长、牧丁进行管理。每有大的征伐，也常从察哈尔部抽调劲旅从征。清前期，察哈尔健儿驰骋于漠北、青海、新疆、西藏等地，为剪除分裂割据势力、维护国家统一立下了不朽功勋。乾隆二十四年（1759 年）平定准噶尔叛乱后，清廷着手整治边疆事务，加强边防，二十七年（1762 年）设立伊犁将军，驻惠远城，管理当地军政事务。为了加强对伊犁地区的军事防御，曾前后两次迁徙察哈尔蒙古前往伊犁。

乾隆二十七年（1762 年）三月，清廷从察哈尔左右翼选得察哈尔及新旧厄鲁特精壮兵丁 1000 名，携带家眷远赴伊犁。三月二十六日至二十九日间陆续起程，六月底抵达喀尔喀乌里雅苏台，经过休整补充，于七月十二日起程，由札布堪河以南地方通过萨拉布喇克，在布尔干、察干托辉至阿济比济之间过冬后，于乾隆二十八年（1763 年）二月抵达乌鲁木齐。

① 《清圣祖实录》卷一八五康熙三十六年九月癸未条。

② 《清圣祖实录》卷一八七康熙三十七年三月壬辰条。

③ 《清朝文献通考》卷一八三《兵考》，杭州，浙江古籍出版社，1988。

其中200名兵丁，携家属共542口留驻乌鲁木齐，其余800兵丁，1600多口继续前往伊犁，于四月间到达伊犁地区的赛里木湖，在登努勒登地方立脚。伊犁将军明瑞将此800多名察哈尔兵丁，加上同来之厄鲁特160户，编为6个佐领，每佐领选派章京、副章京各1名，领催4名。这部分察哈尔兵丁逐渐移牧，最后到达博洛塔拉定居。七月，伊犁将军明瑞从中抽出披甲150名，令驻守伊犁至沙图口新设的7座驿站。[①]

乾隆二十八年（1763年）正月，清廷又组织第二批1000名察哈尔兵丁前往伊犁。四月，挑选察哈尔单身贫困余丁1000名。所谓“余丁”，指充军役以外的人口。其中察哈尔闲散兵丁683名，新厄鲁特兵丁34名，其他自愿前往的兵丁283名，加上随行家属共计2610人。队伍分两批出发，前队不带家眷的500名兵丁，偕同近百名随军牧民等，于四月九日起程，随水草，解送4万余只羊徐徐前行，七月间到达推河，八月抵达札布堪，十月抵达齐齐格图诺尔越冬。二十九年三月离开越冬地，于六月十一日到达伊犁。路途遭遇瘟疫，致使牲畜损失较多，4万多只羊到最后只剩下了3万多只。[②] 后队500兵丁，携带前队兵丁以及自己家属1000户，于乾隆二十八年四月二十五日起程，经过乌兰察布盟，进入喀尔喀中路领地，于七月底抵达推河，八月初抵达札布堪。经过休整和补充，于月底起行，九月底抵达巴尔坤，在喀喇乌苏地方越冬。二十九年（1764年）正月十九日从越冬地出发，四月底到达伊犁。

伊犁将军将两次移来的1800名察哈尔兵丁，分为两个昂吉，每昂吉下属6个佐领，每佐领管辖150个披甲。每昂吉设总管、副总管各1名，下设12佐领章京等有差。乾隆三十二年（1767年），明瑞议奏将察哈尔兵丁安置于博洛塔拉，为永久驻防，获得允准。从此，两昂吉察哈尔永久驻防在博洛塔拉，成为新疆的“察哈尔营”。是年六月，左右两翼察哈尔又各增两个佐领，每翼下各设4旗，每旗各设2个佐领，共计8旗16佐领。全营设领队大臣1员，总管2员，副总管2员，佐领16员，骁骑校16员，空蓝翎6员，委官16员，委笔帖式4员，领催64员，委领催16员，披甲1720名和附住厄鲁特200名。作为伊犁驻防八旗的一部分，主

---

① 吴元丰等主编：《清代西迁新疆察哈尔蒙古满文档案全译》，53页，乌鲁木齐，新疆人民出版社，2004，转见金海等：《清代蒙古志》，185～186页，呼和浩特，内蒙古人民出版社，2009。

② 吴元丰等主编：《清代西迁新疆察哈尔蒙古满文档案全译》，28～31页，乌鲁木齐，新疆人民出版社，2004，转见金海等：《清代蒙古志》，186页，呼和浩特，内蒙古人民出版社，2009。

要承担驻守卡伦驿站，换防城池，牧放牲畜，开垦种田等任务。自此，察哈尔八旗在新疆成为永久驻守民丁，屯垦戍边，直到清朝灭亡。

留在承德的达什达瓦官兵二百余人及家属近千人，依然受到清廷的惠顾。乾隆年间，因山洪暴发，乾隆皇帝曾派大臣进行抚恤赏赐；嘉庆年间，多次为他们解决因牧场、农田、牲畜等与汉人的纠纷。

五、漠西蒙古迁居承德

承德在清代属热河，是蒙古族在河北的另一聚集地。这一地区地居塞外，在历史上长期为北方少数民族的游牧之地，开发较晚，明为兀良哈朵颜卫地，后并于察哈尔部，清初内属。正如《承德府志》所云："承德府幅员辽阔，北界兴安，东极辽水，山川形势之雄，甲于边塞。自秦汉以迄金元明，虽多建置，究如外域。"其兴起是在清代，由于清定都北京，承德府地遂为京师之佐辅，康熙帝时设立避暑山庄，每年在此避暑消夏，处理政务，承德遂成为第二个政治中心，"每举秋狝之典，翠华临幸，赐名承德州，后由州改府，画井分疆，设官置县，为口外一大都会矣"①。承德与蒙古族关系密切，清朝皇帝常在此接待觐见之蒙古上层，特别是漠西蒙古迁居承德，为中国统一的多民族国家巩固与发展的历史见证。

（一）达什达瓦部东迁承德

达什达瓦是明末准噶尔部著名首领巴图尔珲台吉之弟墨尔根岱青第四代孙，所属为准噶尔二十一昂吉之一，原居于今新疆伊犁河畔。乾隆十年(1745 年)，噶尔丹策凌死后，准噶尔部贵族之间为争夺汗位陷入长期混战，达什达瓦父子于乾隆十五年（1750 年）被喇嘛达尔扎所杀。乾隆二十年（1755 年）八月，漠西蒙古辉特部大领主阿睦尔撒纳企图割据西北，发动了反对清廷的叛乱。达什达瓦之妻深明大义，坚决反对阿睦尔撒纳的分裂活动，率领该部六千多人与达什达瓦之弟伯格里部（伯格里已死，该部由伯格里之妻率领）一千余人，在阿睦尔撒纳和厄鲁特大部反叛的危急时刻，坚定地与清军一起抵抗叛军。全族人为摆脱阿睦尔撒纳的吞并，毅然离开水草丰盛的祖居之地伊犁，迁移至清军西北大营巴里坤。乾隆皇帝除了拨调大批银两、牛羊、茶叶等进行抚恤赈济外，还钦赐达什达瓦妻子为"车臣默尔根哈敦"。巴里坤这时已是一片狼藉，达什达瓦人的生存成为一大难题。乾隆采纳军机大臣的建议，决定将他们再次移往喀

① （清）海忠修，林从炯等纂：《承德府志序》，10 页，台北，成文出版社，1968。

尔喀蒙古鄂尔浑河畔，并拨赐牛二百头、羊六千只以及从山西调来的种子、农具等。达什达瓦人虽然暂时安定下来，但窘困状况远未从根本上解决。

乾隆二十二年（1757 年），乾隆在承德兴建的第一座皇家庙宇普宁寺即将落成。这时车臣默尔根哈敦已病故，在达什达瓦部总管布林的请求下，乾隆决定调该部喇嘛一百余名及家人、奴仆近七百人至热河。这批喇嘛分两批由鄂尔浑河畔起程，于当年九、十月份抵达热河，但因路途之上病故、逃亡等原因，抵达后喇嘛及家眷等已不足五百人。乾隆将喇嘛全部安置于普宁寺诵经，每名每月给钱粮一两，米二仓斗。

乾隆二十三年（1758 年），经留在鄂尔浑的部众再三请求，乾隆批准他们全部迁往热河。同年十一月初，乾隆晓谕军机处"伊等既愿内移，则来年交春后，三宝即率领伊等，量力行走，至热河居住"[①]，不但入选官兵优加赏给，即其余人等亦酌给三分之一，并下旨在普宁寺附近兴建"蒙古营"，房屋一千三百余间，待第二批人员抵达热河后即可入住。翌年正月十五，达什达瓦部众在理藩院郎中三宝和总管布林的带领下，行程万余里，用时四个月，于五月初五抵达承德。达什达瓦人原为准噶尔部一大族人，从伊犁迁出时，有人口一万余，至此仅余五分之一。

乾隆对迁居承德的达什达瓦人十分重视，给予了很高的礼遇。据热河副都统富当阿在乾隆二十四年（1759 年）的奏折称："查两次移来热河安插之达什达瓦属人及前往军营人等，男妇大小共二千一百三十六口，内丁壮七百三名。"[②] 按规定只能编五个牛录，乾隆破例命编为三十一个牛录，全部归入热河驻防八旗蒙古正黄、镶黄、正白上三旗。每旗设散秩大臣、总管各一员，副管旗章京、副总管各二员，佐领各三员，换给关防图记，俸饷每年按三季支放。其散秩大臣总管镶黄旗布林、管正黄旗鄂齐尔、管正白旗托里，赏三品全俸，在给甲米后，减半支给。每丁壮七十名编为一个佐领，共编为九个佐领，每佐领下领催四名，马甲六十六名。同来的喇嘛十七人，照例归入普宁寺，按月各支银米。[③]

① 《清高宗实录》卷五七五乾隆二十三年十一月庚子条。

② 《清高宗实录》卷五八七乾隆二十四年五月己酉条。

③ 《清高宗实录》卷五八七乾隆二十四年五月己酉条。

图4－1　热河副都统富当阿的奏折
（采自《清史诗画》，由冯金忠翻拍）

为了照顾达什达瓦部原有的游牧生活习惯，清廷除了拨给牛羊外，并划定东起乌烈河河畔，西到狮子沟狮子园，南起罗汉山麓，北到五道梁的两条河川地带，作为达什达瓦部的公共牧场。这里气候适宜，牧草丰茂，达什达瓦部一边放牧，一边狩猎，生活就此安顿下来。

为了满足达什达瓦部礼佛的需求，乾隆二十五年（1760年），清廷在普宁寺增建了一座经学院——普佑寺，用达什达瓦人从伊犁带来的固尔扎庙中烧毁的佛像残片，重新铸成高一米的释迦牟尼鎏金坐像。乾隆二十九年（1764年），在“蒙古营”正对的高埠上，仿照已经毁于战火的伊犁固尔扎庙，修建了一座安远庙（俗称伊犁庙），将第二批到达承德的十七名喇嘛安置其中，使达什达瓦部众可以与在伊犁固尔扎庙一样到安远庙中顶礼膜拜、拈香礼佛，获致精神的寄托。

由于叛乱过后，新疆地方局势仍不稳定，乾隆二十七年（1762年），清廷在伊犁设“总统伊犁等处将军”。乾隆二十八年（1763年）十二月（或云二十九年），从承德达什达瓦部抽调官三十二员，兵丁五百名，携家眷戍守伊犁花脑海，编为左翼。余官八员，兵二百名仍驻热河。清朝皇帝北巡行围时，达什达瓦部官兵凭着高超的箭术，携带训练有素的猎鹰、猎犬等参加围猎，屡次得到皇帝的赏赐。

乾隆五十七年（1792年），承德连降暴雨，山洪暴发，达什达瓦部营房多处被洪水冲塌，乾隆帝恩准给受水灾严重的东西旗蒙古协尉佐领等八员，“每员各赏三月俸银，两月俸米，兵一百六十七名，每名赏三月钱粮，二月甲米。被水稍轻之正白旗满洲佐领一员，著赏两月俸银，兵三十二名，每名各赏两月钱粮。被水居民，大口各赏两口粮，小口各赏一月口粮，以资口食”①。其官兵被冲房屋，交工程处动项修盖。至于居民铺户坍塌房屋，所有被冲瓦房，著赏银4两，土草房屋者赏银2两，令其自行修盖。次年，清廷准予达什达瓦蒙古八旗人红白喜事与满族待遇一致。如副千总以下至兵丁初次娶妻及年至16岁以上子女同胞兄弟姊妹初次嫁娶，领红事银4两；如遇祖父母、父亲及本身妻室并年至16岁以上之子女同胞兄弟姊妹病故，领白事银8两；如本身故后，所遗年至16岁以上之子女初次嫁娶，领红事银3两，病故领白事银6两。这些具体措施，充分反映了清王朝对蒙古族“省方随处示怀柔”的绥抚政策。

由于山林砍伐，草原放垦，承德生态环境逐渐恶化，达什达瓦部的生存环境和生活也受到了较大影响。乾隆三十五年（1770年），达什达瓦部有俸官7员，兵丁200名，后由于自然灾害和瘟疫的流行，其人口有减无增，正如史书所云“屡因痘殇，生齿不旺”，至乾隆五十三年（1788年），经热河副都统恒善保奏请做了新的调整，原兵丁200名，内除先后病故33名外，所有养鹰领催1名，养鹰马甲14名，领催10名，马甲79名，养育兵63名，共167名，奏准作为定额。② 嘉庆二十二年（1817年）又减为108名。道咸间只剩下88名，归热河都统管辖。其中三品总管1员，四品副总管、参领各1员，五品佐领2员，云骑尉1员，六品骁骑尉2员，六品顶载鹰拜唐阿1员，领催10名，养鹰兵11名，马甲26名，养育兵32名，以及眷属。另有孀妇孤女18名，人口呈下降趋势。

（二）土尔扈特部与承德

厄鲁特蒙古，元时游牧于今蒙古以西天山以北的漠西一带，当时称“卫拉特”，明初称瓦剌（卫拉特的音转），明末清初称厄鲁特，分为和硕特、准噶尔、土尔扈特、都尔伯特四部，四部中以准噶尔部（亦称绰罗斯）最为强大。土尔扈特部原游牧于塔尔巴哈台（雅尔）附近，由于不堪忍受准噶尔部的袭扰，在首领阿玉奇率领下，于明崇祯三年（1630年）离开原牧地，开始大迁徙，穿过哈萨克地区，大约于崇祯五年（1632年）

---

① 《清高宗实录》卷一四〇六乾隆五十七年六月癸酉条。

② （清）海忠修，林从炯等纂：《承德府志》卷二五《兵防》，764页，台北，成文出版社，1968。

徙居额济勒河（今伏尔加河）下游，在那里他们被称为“卡尔梅克人”。但那里也并非王道乐土，他们饱受沙俄统治者的政治经济压迫和民族歧视，特别是强迫他们放弃黄教，皈依东正教，大批土尔扈特子弟被强征入伍，在沙俄侵略邻国的战争中死于非命者达七八万人。

为了摆脱沙俄国统治者的奴役和压迫，在首领渥巴锡（阿玉奇之曾孙）率领下，土尔扈特全族十余万众于乾隆三十五年（1770 年）十一月启行，冲破沙俄重重围追堵截，历时八个月，行程万余里，付出了重大牺牲，终于于乾隆三十六年六月到达伊犁，回归了祖国。

图 4－2　渥巴锡（采自《清史诗画》，由冯金忠翻拍）

土尔扈特在启行前原有三万三千余户，十六万九千余人，但及抵达伊犁，仅存其半。乾隆下令拨银二十万两，购运牛羊、粮食、衣裘、庐帐等物资进行赈济，并把他们安置在伊犁河流域放牧。土尔扈特部的回归是中国民族关系史上一个重大事件，“自斯，凡属蒙古之族，无不为我大清国之臣”①，充分显示了我国多民族国家大家庭的向心力和凝聚力，以及少

① 《土尔扈特全部归顺记》，参见承德避暑山庄管理处：《避暑山庄和外八庙碑文辑》，18 页，内部资料，1975。

数民族维护民族团结的爱国主义热忱。

乾隆三十六年（1771 年），承德普陀宗乘之庙落成时，恰逢土尔扈特部经过千辛万苦重返祖国怀抱。为了表彰土尔扈特部的回归壮举，乾隆亲撰《土尔扈特全部归顺记》和《优恤土尔扈特部众记》，并勒诸碑铭，用满、汉、蒙古、藏四种文字镌刻，置于普陀宗乘之庙碑亭内，以传后世。普陀宗乘之庙修建初衷，本为褒奖前来庆贺乾隆六十寿辰及其母亲八十大寿的蒙古、藏等少数民族王公贵族，由此竟成为清代我国统一多民族国家的历史见证和对中华民族伟大爱国主义精神的庄严礼赞。

图 4－3　十尔扈特全部归顺记·优恤土尔扈特部众记碑
（陈世杰摄，赵艳玲提供，三通碑中，中间为《普陀宗乘之庙碑记》，左为《土尔扈特全部归顺记》，右为《优恤土尔扈特部众记》）

对于土尔扈特部的回归，清廷予以了热情的接待，乾隆命渥巴锡到承德觐见。九月初八，渥巴锡等人行至木兰围场伊绵峪觐见正在行围打猎的乾隆皇帝。乾隆在避暑山庄的正殿澹泊敬诚殿举行了隆重的接见仪式，用蒙古语问询渥巴锡回归经过，对土尔扈特部众表示极大的关切，让渥巴锡到木兰围场随围行猎，并随驾前往承德避暑山庄参加普陀宗乘之庙落成庆典，封渥巴锡为卓里克图汗（意为英武勇敢的汗），其余诸人分别封为亲王、郡王、贝勒、贝子及各等公，并赏黄马褂、黄辔头等。另根据他们的爵位等级，赐给相应的顶戴冠服。

（三）漠西蒙古迁往保定、沧州等地

乾隆二十二年（1757 年），达什达瓦兄弟伯格里之妻奏请率部内迁，乾隆念其孀居，无可依恃，遂恩准其携带属人，赴察哈尔正黄旗居住。[①]正当察哈尔总管巴尔品奉旨进行安置之时，一件突发事件引起了乾隆的注意。

因车臣默尔根哈敦已过世，伯格里之妻经常恃强抢占族中人口、财产，后来依仗清廷派出的郎中苏章阿的庇护，更是一手遮天、巧取豪夺。当伯格里之妻率部开拔之后，达什达瓦部族立即上告，乾隆闻讯，命御前侍卫成林，将苏章阿械送至清军乌里雅苏台大营，经审讯核实后正法，并派理藩院员外郎索诺穆，将伯格里妻子、女儿扎岱及女仆二人安置京师，并将她所属男女一百六十余人解送保定，分给保定、天津、青州、沧州、德州驻防满洲八旗官兵为奴。如今在清代宫廷档案中，还存有保定府城守尉纳玛依、青州将军达色、天津将军噶尔锡关于“分赏”这些人口的奏报。

第四节　康雍乾时期对河北蒙古族的政策

从康熙至乾隆中期，清统治者逐渐放弃了刚入关时的暴虐政策，采取了一系列与民休息的措施，诸如停止圈地、把旗丁同民户共编保甲、禁止庄头增租夺佃等限制旗人特权，满汉之间的矛盾有所缓和。此外，统治者还实行奖励垦荒、更名田、“盛世人丁，永不加赋”、摊丁入亩等鼓励发展生产的措施，社会经济出现了全面繁荣的局面，清朝国力达到了鼎盛，史称“康乾盛世”。在这一时期，国家空前统一，基本上奠定了我国疆域。在民族关系上，打击民族分裂势力，维护国家统一，是我国多民族国家巩固发展的重要时期。

在中国历史上，自战国以来即开始修筑长城，几乎历代均有修筑，特别是明代长城达到了顶峰，我们今天所说的“万里长城”大部分即是明代所修。但清朝却是一个不修长城的封建王朝。康熙三十年（1691 年）五月，工部等衙门议古北口总兵蔡元向朝廷奏报其辖下的一带边墙倾圮倾

① 《清高宗实录》卷五三八乾隆二十二年五月辛卯条。

塌甚多，请行修筑时，建议应如所请。但康熙却不同意，他谕大学士等曰："蔡元所奏未谙事宜，帝王治天下自有本原，不专恃险阻。秦筑长城以来，汉、唐、宋亦常修理，其时岂无边患？明末，我太祖统大兵长驱直入，诸路瓦解，皆莫敢当。可见守国之道，惟在修德安民。民心悦则邦本得，而边境自固，所谓'众志成城'者是也。如古北、喜峰口一带，朕皆巡阅，概多损坏，今欲修之，兴工劳役，岂能无害百姓？且长城延袤数千里，养兵几何方能分守？"[①] 这段阐释掷地有声，可谓清代不修长城的理论根据。

但更重要的是，当时客观形势发生了变化。随着满蒙同盟的建立，蒙古降附中央，结束了明代以来长期存在的北方少数民族与中原王朝长期对峙局面，内外和同为一家。在河北张家口大境门外正沟街北端，距大境门一里处有一摩崖石刻，题曰"康熙五十二年孟夏吉旦"，正文为"内外一统"，落款为"三晋文人张自成题"，正是对当时以蒙古为代表的北方少数民族与中央王朝之间关系的现实反映。清王朝自身也是少数民族所建立的政权，对汉人史籍及现实地名中所谓的"胡""虏"等字十分敏感，即使从历史指向来看与满族毫无关系，但也必须改之。例如，对长城沿线所有戍堡、关口、御敌台等中一些充斥着对少数民族蔑称的地名进行了修改，"杀胡口"改为"杀虎口"，"镇胡台"改为"镇虎台"，"灭虏堡"改为"火鲁堡"，"破虏堡"改为"破鲁堡"，如此等等，不一而足。

在清朝诸帝中，康熙帝总结了历代王朝兴衰的教训，摒弃了历史上兴修长城、分兵戍守的消极防御政策，而代之以怀柔蒙古，依靠蒙古各部的力量防守北部边疆，正如他所自言："本朝不设边防，以蒙古部落为之屏藩耳"[②]；"我朝施恩于喀尔喀，使之防备朔方，较长城更为坚固"[③]。在清统治者看来，北边的蒙古诸部即是一座无形的长城，而且较长城更为有效。为了笼络蒙古诸部，清统治者不遗余力，在建立满蒙同盟的基础上，形成一些行之有效的方法和手段。例如，建造以避暑山庄为代表的口外行宫定期巡幸，以及设置木兰围场、外八庙等。建造口外行宫和设置木兰围场两者是相辅相成的，均有羁縻、怀柔蒙古之意图。乾隆在《出古北口》一诗的自注中不无自豪地写道："自秦人北筑长城，畏其南下，防之愈严，则隔绝愈甚，不知来之乃所以安之。我朝家法中外一体，世为臣仆。

① 《清圣祖实录》卷一五一康熙三十年五月丙午条。
② 《清圣祖实录》卷二七五康熙五十六年十一月丙子条。
③ 《清圣祖实录》卷一五一康熙三十年五月壬辰条。

皇祖辟此避暑山庄，每岁巡幸，俾蒙古未出痘生身者皆得觐见、宴赏、锡赉，恩益深而情亦联，实良法美意，超越千古云。”① 其中虽不免有自夸溢美的成分，但也一定程度上符合历史事实。

一、蒙古族与木兰行围

清代木兰围场在今河北承德市北一百多公里的围场满族蒙古族自治县境内，其范围和界限大致与围场满族蒙古族自治县相同。围场满族蒙古族自治县之得名，即渊源于木兰围场。木兰围场是由康熙帝亲自勘定设立的，并经雍正、乾隆二帝继续扩充而成的清代皇室及蒙古贵族骑马射猎、演兵习武之地。“木兰”，满语“哨鹿”的意思。

木兰围场设立于康熙二十年（1681 年）。当时清军直捣昆明，历时八载的“三藩之乱”已近尾声，官军胜利指日可待。但“三藩之乱”爆发后暴露出清军一系列问题，原来驰骋疆场、所向披靡的八旗劲旅已雄风不再，由于长期养尊处优，疏于战阵，战斗力和战斗意志已大为削弱，故在平乱之初，频频失利，几乎一触即溃。最后扭转战局，主要还是得益于大量起用汉人。八旗劲旅的腐化，引起了康熙帝的警醒。在平叛战争大局已定的情况下，康熙未被胜利冲昏头脑，开始筹划选择一地作为绥远讲武之地，最后他选中了承德所在的塞罕坝。

塞罕坝地处蒙古高原东南角，原属蒙古喀喇沁、翁牛特、敖汉等部，“周环千余里，北峙兴安大岭，万灵萃集，高接上穹，群山分干，众壑朝宗，物产丰饶，牲兽蕃育，诚诘戒（戎）讲武之奥区也”②。坝下山地沟谷纵横，林木丛蔚，绵延数百里；坝上草原漫岗迂回，芳草如茵，禽兽繁集，乃一处绝佳的天然猎苑，且“地当蒙古诸部道里之中”③，便于蒙古诸上层之往来。

康熙十六年（1677 年），康熙帝首巡塞外，初次莅临此地。二十年（1681 年），在喀喇沁旗三千骑兵引导下，又亲自勘察，有意选址于此。在得知皇帝的意图后，“喀喇沁、敖汉、翁牛特诸旗敬献牧场”④。清廷划

---

① 《钦定热河志》卷二一《出古北口》诗注，见《景印文渊阁四库全书》，第 495 册，321 页。

② 《木兰记碑》，参见石永士等：《河北金石辑录》，177 页，石家庄，河北人民出版社，1993。

③ 《钦定热河志》卷一三《夏日奉太皇太后避暑兴安〈有序〉》，见《景印文渊阁四库全书》，第 495 册。

④ （清）海忠修，林从炯等纂：《承德府志》卷首二六《围场》，399 页，台北，成文出版社，1968。

出了周一千三百余里、南北二百余里、东西三百余里，总面积达 12000 平方公里的辽阔地域，将其中牧民迁出，设立了木兰围场。“东北为翁牛特界，东及东南为喀喇沁界，北为克西克腾界，西北为察哈尔正蓝旗界，西及西南为察哈尔正蓝、镶白二旗界，南为热河厅界。围场外，北为巴林，东为土默特，西为西四旗察哈尔，南则入围场之路也。”① 在四周的各处隘口设有木栅和柳条边，规定“卡伦以内，蒙古民人毋得阑入。其盗牲畜者，分别治罪，该管官处分；如系蒙古，交扎萨克严行约束”②。在木兰围场的范围内，根据地形和禽兽的分布，又划分出 72 个小型围场，称为七十二围。

在围场建成后，木兰秋狝从康熙二十年（1681 年）成为定制，规定每年或每隔一年举行一次，以示不忘武备，“行围肄武”，“垂为家法”。乾隆帝明确规定：“后世子孙，当遵皇考所行，习武木兰，毋忘家法。”③ 乾嘉时期，每岁出巡一般从五月或七月出京，在农历八月举行木兰秋狝活动，九、十月返京。从康熙二十年（1681 年）至嘉庆二十五年（1820 年）的 139 年间，共举行木兰秋狝 105 次。

木兰秋狝时，京城驻防八旗和热河驻防八旗均派官兵参加，规模宏大，以乾隆六年（1741 年）为例，随同满蒙八旗官兵六千人，马一万余匹，驼七八百峰。蒙古兵丁负责布围，“蒙古布围兵丁，喀喇沁翁牛特共一千人，敖汉五十人，巴林、克什克腾共一百人，科尔沁一百人，合一千二百五十人，凡围皆用之。又喀喇沁随围枪手十二人，打鹿枪手四十人，哈玛喇三十人，喀喇沁、翁牛特土默特向导一百人，长枪手一百一十人，察哈尔厄鲁特共派巴尔呼八十人，总管二员，皆以供围场之役”④。

为了更好地看护管理木兰围场，康熙二十二年（1683 年），以阿鲁科尔沁旗郡王、和硕额驸色楞、固山额驸巴特玛分片负责。四十五年（1706 年），在围场南部的唐三营设置木兰围场总管衙门，派驻总管大臣。境内营建八旗营房，每营房辖 5 卡伦，共 40 卡伦（嘉庆十八年，又增卡伦 22 处，兵士 150 名），驻守围场四周，负责护围，并在围场的四周川口

① （清）和珅等：《钦定热河志》卷四五《围场一》，见《景印文渊阁四库全书》，第 495 册。

② （清）海忠修，林从炯等纂：《承德府志》卷首二六《围场》，405 页，台北，成文出版社，1968。

③ 《清高宗实录》卷一一六四乾隆四十七年九月壬寅条。

④ （清）和瑛：《热河志略》，见《续修四库全书》史部地理类，第 770 册，805 页，上海，上海古籍出版社，2013。

地带植柳设栅，俗称“柳条边”。还设有缉盗人员，任命察哈尔正蓝旗章京班第为缉盗总头领，下设数处缉查：镶黄旗缉盗章京罗通、贾图；镶白旗缉盗章京佟啸、罗米；正蓝旗缉盗章京古英、巴达里、官保；翁牛特旗缉盗章京仓金、德尔格尔，分段分区巡查看护。乾隆四十一年（1776年）八月，乾隆帝谕示围场，拿获围场内偷打牲畜、砍伐木植人等，除照例治罪外，若有缉拿之时拒捕不肯就擒者，加重治罪，拒捕致伤缉捕之人者，若擒获即时正法。

木兰秋狝，不单单是军事技能的训练，从政治层面上也是笼络蒙古上层的手段，借助围猎活动，联络感情，加强团结，而且这种“绥服蒙古”政治层面的考虑更为重要，借以达到“以蒙古备朔方，合内外之心，成巩固之业”的目的。每次秋狝，要求蒙古诸部参加，凡内外札萨克悉率左右分班扈猎，清朝皇帝与蒙古贵族一起游猎，一起习武和联欢。清人魏源称：“本朝抚绥蒙古之典，以木兰秋狝为最盛。”[①] 蒙古王公扈从行围，在围场建立之初，只有漠南蒙古四十九旗的王公贵族参加，随着多民族国家的巩固和发展，扈从蒙古部落逐渐增多，康熙三十年（1691年）多伦会盟后，增加了喀尔喀各部，康熙三十六年（1697年）后，青海蒙古被编入。乾隆十九年（1754年）后，厄鲁特蒙古准噶尔、和硕特、杜尔伯特各部加入。乾隆三十六年（1771年），从伏尔加河回归的土尔扈特部也被编入围班，“其都尔伯特部、土尔扈特部各王公等每年分班于热河朝觐天颜后，亦令随围木兰，与旧札萨克等”[②]。蒙古王公“该班”时必须参加，不得贻误，若因病不能参加，必须由盟长出具印文报理藩院，否则罚世职俸三年；盟长失察，罚札萨克俸六个月。

秋狝大典的最后一幕，是在张三营行宫（位于河北隆化县张三营乡）举行告别宴会，蒙古王公摆酒宴款待清帝及诸从行大臣，表演蒙古歌舞什榜（蒙古乐名，用以侑食，今俗所谓“十番”，或因此）、教駣（骑生马驹）、相扑、赛马等节目。清帝也举行答谢性的赐宴，给予蒙古王公以丰厚的赏赐。关于赏赉之典，乾隆十二年（1747年）规定：“亲王、郡王赏，上用蟒缎一匹、大缎二匹、彭缎二匹；贝勒、贝子、公赏，官用蟒缎一匹、大缎一匹、官用缎二匹；额驸赏，官用蟒缎一匹、官用缎二匹；扎萨克、台吉、塔布囊等赏，官用蟒缎一匹、官用缎一匹；兵丁等各赏，白

① （清）魏源：《圣武记》卷三《国朝绥服蒙古记一》，北京，中华书局，1984。

② （清）和瑛：《热河志略》，见《续修四库全书》史部地理类，第770册，804页，上海，上海古籍出版社，2002。

金、布匹有差。颁赐既遍，遣归诸部落。”[①] 通过围猎、赐宴、赏赐等，清廷对蒙古王公恩威并施，增进了彼此了解，联络了感情，促进了民族间的团结。

康雍乾时期号称“盛世”，也是木兰秋狝的全盛时期，但乾隆晚年对此已不再像以前那么热衷，自乾隆五十七年（1792 年）直至他去世，都未再举行木兰秋狝。除了清王朝君臣耽于享乐、日益疏于骑射之外，嘉庆之后财政日绌，政局动荡，特别是连绵的农民起义使统治者根本无心再举行此类秋狝活动。另外，从木兰秋狝笼络、绥服蒙古的初衷来看，情况也发生了一些变化。自清入关以来，通过满蒙联姻及其他优待政策，经过一百余年的时间，蒙古上层早已与满洲贵族休戚一体，成为国家统治的基础，木兰秋狝举行的必要性大大降低。在乾隆之后的嘉庆帝在位期间尚北巡 19 次，举行木兰秋狝 11 次，道光即位后，木兰秋狝就从此停止了。道光四年（1824 年），道光帝在谕令停止木兰秋狝时，一个重要的背景是直隶两年收成歉薄，青黄不接，民力维艰，他称：“今岁秋狝木兰，允宜遵循成宪，肄武绥藩，然不可不审度时事，量为展缓，所有今岁热河，亦著停止。此朕不得已之苦衷，非敢耽于安逸也。”[②] 同治三年（1864 年），清廷正式批准开围，自此历经一百八十余年的木兰围场，连带着与蒙古族的不解之缘遂不复存在。

二、避暑山庄等行宫与蒙古族

在木兰围场建成后，清朝皇帝定期要到此举行秋狝大典。为了解决皇帝沿途的吃、住等问题，在北京至木兰围场之间，相继修建了三十余座行宫，这些行宫大多修建于蒙古所在地区，对于怀柔蒙古、安定北疆产生了重要的作用。主要行宫见下表：

序号	行宫名称	始设时间	今地望
1	蔺沟行宫		昌平区东汤山汤泉
2	石槽行宫		顺义区南石槽
3	三家店行宫		顺义区三家店
4	祗园寺行宫		怀柔区南门外

① 《钦定热河志》卷四八《宴赉蒙古》，见《景印文渊阁四库全书》，第 495 册，816 页。
② 《清宣宗实录》卷六四道光四年正月壬申条。

续表

序号	行宫名称	始设时间	今地望
5	刘家庄行宫		密云区境内
6	遥亭行宫		密云区境内
7	罗家桥行宫		密云区境内
8	白龙潭行宫		密云区境内
9	柳林营门行宫		密云区境内
10	巴克什营行宫		滦平县巴克什营镇
11	两间房行宫		滦平县两间房乡
12	长山峪行宫		滦平县长山峪乡
13	鞍子岭行宫		滦平县长山峪乡鞍子岭村
14	王家营行宫		滦平县王家营子乡
15	化鱼沟行宫		滦平县陈栅子乡桦榆沟村
16	喀喇河屯行宫		承德市滦河镇
17	蓝旗营行宫		滦平县小营乡
18	钓鱼台行宫		承德县双峰寺镇
19	黄土坎行宫		承德县东坎乡
20	二沟行宫		承德县二沟乡
21	汤泉行宫		承德县前庙乡汤泉村
22	中关行宫	康熙年间	隆化县中关乡
23	什巴尔台行宫	康熙年间	隆化县十八里汰乡
24	博罗河屯行宫	康熙四十二年	隆化县隆化镇苔山脚下
25	张三营行宫	康熙四十二年	隆化县张三营镇
26	唐三营行宫		隆化县唐三营镇
27	济尔哈朗图行宫	乾隆二十四年	隆化县八达营蒙古族乡上牛录村北
28	阿穆呼朗图行宫	乾隆二十七年	隆化县步古沟乡
29	西庙宫		隆化县城子乡
30	东庙宫		围场满族蒙古族自治县四道河乡庙宫村

以上行宫中，出古北口至围场有二十所。清帝行猕入围场，有东西两道，东道由张三营入崖口，西道由济尔哈朗图及阿穆呼朗图入伊玛图口。

这些行宫分处东西两道之上。

博罗河屯行宫、唐三营行宫、张三营行宫、什巴尔台行宫、中关行宫、济尔哈朗图行宫、阿穆呼朗图行宫、西宫庙八处均位于隆化县境。博罗河屯行宫、张三营行宫、什巴尔台行宫、中关行宫建于康熙年间，济尔哈朗图行宫、阿穆呼朗图行宫建于乾隆时期。其中以博罗河屯行宫、张三营行宫建造较早，规模较大，也最为重要，是清朝皇帝行围时驻跸、举行盛大酒宴、赏赐各路蒙古王公之地。

博罗河屯行宫。博罗河屯，或作“波罗河屯”，为蒙古语，汉译“青城”或“紫城”之意。康熙四十二年（1703 年）始建，位于隆化县隆化镇苔山脚下，原行宫分左、中、右三宫，大殿坐北朝南，后依崇巘，前俯平林。自康熙四十二年行宫建成，至清嘉庆二十五年（1820 年），康熙、乾隆、嘉庆三帝往返围场木兰秋狝，在此驻跸凡 137 次，多次在此犒赏、宴请蒙古王公。

张三营行宫。位于隆化县张三营镇伊逊河东岸龙潭山脚下，距博罗河屯行宫 30 公里，康熙四十二年（1703 年）建，地近崖口，山势雄奇峭拔，层峦叠嶂。“岁举秋狝，东道由博罗河屯驻跸于此，过此则御行营，逮木兰。回跸，宴从猎诸蒙古，亦多于此。”① 自行宫建成至嘉庆二十五年（1820 年）秋狝废止，康熙、乾隆、嘉庆三帝在此驻跸 102 次。

济尔哈朗图行宫。济尔哈朗图为蒙古语，汉译“安乐所”，因水泉甘美、草木丰茂而得此名。建于清乾隆二十四年（1759 年），位于今隆化县八达营蒙古乡上牛录村北伊玛图河东岸，距博罗河屯行宫 30 公里，为清帝木兰秋狝（西路）必经之地。行宫建成后，乾隆、嘉庆二帝曾在此驻跸 15 次。

阿穆呼郎图行宫。阿穆呼郎图为蒙古语，汉译“康宁”之意。建于乾隆二十七年（1762 年），是清帝在塞外修建的最后一座行宫，位于今隆化县步古沟村西，距离济尔哈朗图行宫 21.5 公里。此行宫当西入围场之路，在伊玛图口之外，于猎场最近，系清帝木兰秋狝结束后由西路出围驻跸的第一座行宫，乾隆、嘉庆曾多次驻跸于此。

在清代塞外行宫中，避暑山庄最为重要，以下主要介绍避暑山庄。

避暑山庄，又名“承德离宫”或“热河行宫”，位于河北承德市中心区以北、武烈河西岸一带狭长的谷地之上，由皇帝宫室、皇家园林和寺庙群组成。它的最大特色是山中有园、园中有山，是世界文化遗产和中国现

① 《钦定热河志》卷四四《张三营行宫》，见《景印文渊阁四库全书》，第 495 册。

存最大的古典皇家园林。

热河行宫，始建于康熙四十一年（1702年）；四十七年（1708年）初步落成；五十年（1711年），康熙题名为“避暑山庄”。“热河之地，为中外之交，朕移跸清暑，岁以为常，而诸藩来觐，瞻礼亦便。”① 避暑山庄兴建后，清帝每年都有一段时间在此处理军政要事，接见外国使节和蒙古、藏等少数民族首领，成为中国多民族统一国家最终形成的历史见证。

在清代，蒙古统治者有朝觐、贡献的义务。清朝皇帝之所以选择在承德接见蒙古等少数民族上层，是因为这些北方少数民族难以忍受北京夏季的溽热，特别是为了防止他们感染天花。当时蒙古人分“生身”（没有出过天花者）、“熟身”（出过天花者），熟身可以入京朝觐，称为“年班”，生身既渴望亲近皇帝以求得封爵和赏赉，但又害怕感染天花，就被编入扈从皇帝行围的队伍，称为“围班”。乾隆在《冬至次日启跸再幸避暑山庄即事言怀有序》中即说：“念彼生于边塞，入都则痘症是虞，因而再幸山庄颁赉而燕飨。”②

万树园，在避暑山庄平原区的东北部，北倚山麓，南临澄湖，绿草如茵，古木苍翠。康熙曾在此接见漠西蒙古土尔扈特部首领渥巴锡，乾隆曾在此举行宴会，招待杜尔伯特部首领三车凌（或作策凌）。关于土尔扈特部的情况，前面已经有所介绍，这里主要介绍一下杜尔伯特部。

杜尔伯特部是漠西蒙古的一支。在漠西诸部中以准噶尔最为强大，17世纪后迫使和硕特部和土尔扈特部先后外迁，他们的牧地均为准噶尔部所占据，留在额尔齐斯河流域的杜尔伯特部，也完全处于准噶尔部的直接统治下。但18世纪中叶噶尔丹策零死后，准噶尔部内部陷入内乱，每当打仗时，都要从杜尔伯特部抽集大批的兵丁和粮秣。这些沉重的负担使杜尔伯特部不堪忍受。乾隆十八年（1753年）春，准噶尔部首领达瓦齐夺取汗位后，对在其夺权斗争中持观望态度的杜尔伯特部进行报复，大肆洗劫了杜尔伯特部，大批牲畜、粮草、财物被抢走，还掠走了三千余名儿童妇女。在达瓦齐的威胁之下，乾隆十九年（1754年），杜尔伯特部首领车凌台吉、车凌乌巴什、车凌蒙克，即“三车凌”，率领该部三千七百户一万余人，离开了世居的额尔齐斯河流域，向东内迁投奔清王朝。乾隆闻讯十分重视，命令接济牲畜、粮食、帐篷等物资，以解决杜尔伯特部众的生活

① （清）康熙：《御制溥仁寺碑文》，参见石永士等：《河北金石辑录》，146页，石家庄，河北人民出版社，1993。

② 《钦定热河志》卷一六《巡典四・御制诗》，见《景印文渊阁四库全书》，第495册。

困难，并编设旗分佐。

为了表彰杜尔伯特三车凌“率万余众，倾心来归”的功绩，乾隆十九年（1754 年）七月，乾隆皇帝在避暑山庄的正殿澹泊敬诚殿亲自接见了三车凌等人，册封车凌台吉为亲王，车凌乌巴什为郡王，车凌蒙克为贝勒，其余首领也封赐有差。乾隆帝连续十日在万树园盛宴款待，他在《万树园序》中写道，万树园“北枕双峰之南，平原径数千余亩，灌树成帷幄，绿草铺茵毯，虽以园名，不施土木。今年杜尔伯特部长入觐，即园中张穹幕，集名藩，锡宴、烧灯、陈马伎、火戏燕乐之，为时盛事”①。

清代画家王致诚绘有《万树园赐宴图》，此画绘于乾隆二十年（1755 年），真实反映了乾隆在避暑山庄万树园接见三车凌的壮观场面。画面中气氛庄严肃穆，乾隆皇帝端坐在步辇上缓缓进入宴会场地，被接见的杜尔伯特部首领及文武官员在旁跪迎。奇怪的是，身为一国之尊的乾隆皇帝，并不处在画幅正中，而是偏在一旁，降附的杜尔伯特部首领反而居于画面中央，这一打破常规的安排，充分反映了乾隆皇帝对杜尔伯特部来归的重视和礼遇。

图 4－4　万树园赐宴图（局部）
（藏于故宫博物院，赵艳玲提供）

乾隆帝对三车凌的宠遇，令三车凌异常感动，他们积极地参加了平定达瓦齐和阿睦尔撒纳叛乱的战争，并屡立战功。乾隆二十年（1755 年），清军分两路进军伊犁，征讨达瓦齐。清廷因三车凌熟悉彼地情形，遂任命他们为参赞大臣，并征调杜尔伯特部两千士兵参战。在后来进剿阿睦尔撒

---

① 《钦定热河志》卷三二《行宫八》，见《景印文渊阁四库全书》，第 495 册。

纳叛乱的战争中，他们密切配合清军，擒获了跟随阿睦尔撒纳叛乱的车凌乌巴什的从子纳默库，为维护祖国统一做出了突出贡献。

三、外八庙与蒙古族

在维系与蒙古族上层的关系中，清廷政治上扶植笼络，经济上优赏厚待，还十分重视利用藏传佛教这个宗教精神武器。

16 世纪中叶，黄教开始在蒙古地区传播，及至清初，在蒙古族中已得到普遍的信仰。大喇嘛被视为“天神”，拥有巨大的政治和社会势力，在一定程度上左右着当地的政治形势，影响着当地的人心向背。

推崇和利用藏传佛教是清王朝始终一贯的国策。清建都北京后，顺治帝即遣使赴藏，敦请五世达赖到北京会晤，顺治九年（1652 年），五世达赖至北京，受到顺治皇帝的热情款待，授予其“达赖喇嘛”的封号。为了方便达赖在北京的居住和礼佛，为其修建了西黄寺。顺治以后诸帝继续延续了这一政策。应该看到，清统治者尊崇藏传佛教主要是基于政治考虑。乾隆皇帝在不同场合表达过这种意思，如在承德普陀宗乘之庙万法归一殿的匾文中，他写道：“其俗皆崇信黄教，用构兹梵宇，以遂瞻礼而寓绥怀，非徒侈巨丽之观也。”在《喇嘛说》一文中乾隆表述得更为直白：“中外黄教总司以此二人（指达赖、班禅——引者注），各部蒙古一心归之。兴黄教，即所以安众蒙古，所系非小，故不可不保护之。而非若元朝之曲，庇谄敬番僧也。”① 孔子云：“敬一人，而千万人悦。”清朝统治者深得其旨，承德外八庙就是这种背景下的产物。

外八庙，名为八庙，实际上由十二座皇家寺庙组成。它们分布于热河行宫外围、武烈河畔，从康熙五十二年至乾隆四十五年（1713—1780年），历经 67 年陆续修建而成。在这十二座皇家寺庙中，溥仁、溥善两寺乃康熙时期所建，其余十寺均是乾隆时期所建。另外，在这些寺庙中普乐寺没有喇嘛，由避暑山庄内的看宫人经管，其余十一座寺庙，在北京设有常驻喇嘛的“下处”（相当于办事处），溥仁、溥善两寺为一处，普宁、普佑两寺为一处，其余六座寺庙各为一处，共八处。又因这八处都坐落在古北口外，所以俗称“外八庙”。

从建筑风格上看，“外八庙”有汉式、藏式、汉藏结合式三种形式。这些寺庙规模宏大，建筑技术精湛，风格各异，是汉、蒙古、藏文化交融

---

① 《喇嘛说》，见《雍和宫四体碑》，又见《清高宗实录》卷一四二乾隆五十八年四月戊寅条。

的典范。从建造背景上看，这些寺庙是“康乾盛世”时期特定历史条件下的产物，特别是由于它们是在清王朝安定北部、西部边疆过程中陆续建造的，留下了许多清朝对准噶尔部分裂势力斗争以及怀柔蒙古、藏部落的历史记录，是我们统一多民族国家巩固和发展的历史见证。[①] 在外八庙中，以普宁寺和安远庙与蒙古族关系最为密切。

普宁寺，始建于乾隆二十年（1755 年），是乾隆时期在承德修建最早的一座庙宇，乃为纪念平定准噶尔蒙古达瓦齐叛乱胜利而修建。由于寺内有一尊金漆木雕大佛，故又俗称“大佛寺”。

乾隆十年（1745 年），准噶尔部首领噶尔丹策零去世，准噶尔部陷入内乱。乾隆十八年（1753 年），准噶尔部贵族达瓦齐在辉特部台吉阿睦尔撒纳的协助下，夺得了统治权。不久，阿睦尔撒纳与达瓦齐发生内讧，由于力不能敌，率众归顺了清廷。为了平定达瓦齐割据势力，乾隆二十年（1755 年），清军兵分南、北两路向伊犁进军，阿睦尔撒纳也率军从征。在清军的进剿之下，准噶尔部属纷纷投降，叛军很快土崩瓦解，达瓦齐也被擒杀。

达瓦齐死后，阿睦尔撒纳的政治野心又膨胀起来，他自以平叛有功，一心想做四部总台吉，专制西域。这一企图破灭后，他在清军撤走后，据伊犁发动叛乱，致使天山北路烽烟再起。乾隆二十二年（1757 年）三月，清军再次进军伊犁。阿睦尔撒纳败走哈萨克，最后病死俄国。为了纪念平叛胜利，乾隆帝分别于乾隆二十年和二十三年撰写了《平定准噶尔勒铭伊犁之碑》《平定准噶尔后勒铭伊犁之碑》，并勒诸碑铭。这两座石碑矗立于普宁寺的碑亭之内，用满、汉、蒙古、藏四体文字书写，记载了清王朝平定叛乱、维护国家统一的详细经过，具有很高的史料价值。

固尔扎庙位于新疆伊犁河畔，漠西蒙古部众每年年初和盛夏，远近咸集，均前往顶礼膜拜，“庙之闳瞻，遂甲于漠北”[②]，阿睦尔撒纳叛乱时毁于战火。为了满足迁居承德的达什达瓦部众宗教活动的需要，同时也为了每年到承德觐见的其他蒙古诸部的瞻仰顶礼的需要，清廷仿照固尔扎庙的形式，于乾隆二十九年（1764 年）在承德武烈河东的冈阜上修建了安远庙。庙宇竣工后，当时“都尔伯特郡王策凌、乌巴什等适以朝贺至，与

---

① 袁森坡：《避暑山庄与外八庙》，111 页，北京，北京出版社，1981。

② 《安远庙瞻礼书事》，见石永士等：《河北金石辑录》，160 页，石家庄，河北人民出版社，1993。

达什达瓦部众之隶居兹土者欢喜额手，佥谓琳宫晃曜，妙相庄严，不啻曩时”①。对于修建安远庙的目的，乾隆在碑文中说得很清楚，“予之所以为此者，非惟阐扬黄教之谓，盖以绥靖荒服，柔怀远人，俾之长享乐利，永永无极云”②。

图4－5　承德安远庙（刘振东摄，赵艳玲提供）

第五节　蒙古八旗在河北的驻防

清朝经制兵分为八旗和绿营，八旗为主干。八旗按照民族分别编制的原则，有满洲八旗、蒙古八旗、汉军八旗；按照屯驻地域则有“京旗”“驻防八旗”等。京旗屯驻北京及周边，负有保卫宫廷、拱卫京师、守卫各行宫之责，而驻防八旗则驻守畿辅和全国各地重要城市及军事据点。驻防八旗，清顺治二年（1645年）始置，以后于各要剧之地陆续增派驻防，各按专城，设将军、都统、副都统、城守卫、防守尉等为驻防长官，下设协领、佐领、防御、骁骑校等职。凡驻防八旗官兵均合满、蒙古、汉军以为营（骁骑营），其官兵旗籍仍隶于京旗，防守事务则统于兵部。据《光绪

① 《安远庙瞻礼书事》，见石永士等：《河北金石辑录》，160页，石家庄，河北人民出版社，1993。

② 《安远庙瞻礼书事》，见石永士等：《河北金石辑录》，160页，石家庄，河北人民出版社，1993。

会典》记载，畿辅驻防26处，东三省驻防44处，各省驻防24处，以及陵寝、围场、边门、察哈尔、打牲处各驻防，共有官兵127000人。[①]

蒙古八旗不仅与满洲八旗一起拱卫京师，而且分驻全国各重要城镇。顺治初，独石口、张家口、山海关、喜峰口、古北口等长城沿线要塞并设防御一人或两人，采育里、固安县设防守为尉、防御有差。今承德、张家口地区为京师的北大门，战略地位十分重要，派有大量蒙古八旗兵驻防。

一、张家口地区的驻防

（一）察哈尔八旗

努尔哈赤创建八旗制度时，每旗设“固山额真”统领旗务，顺治十七年（1660年），定汉名为都统，其佐官为副都统。统一全国后，清朝在战略要地设立驻防将军，如伊犁将军、黑龙江将军、绥远将军等；在没有设立驻防将军的重要地域则设立驻防都统，察哈尔都统即为其一。

天聪九年（1635年），察哈尔部降附后，虽然臣属于清，但在地位上属于外藩蒙古，仍保持了一定程度的独立性。康熙十四年（1675年），尼布尔叛乱被平定后，察哈尔由札萨克旗降为总管旗，被编为八个总管旗，称为察哈尔八旗。

察哈尔八旗在大同、宣府边外编定后，清廷又陆续把投附的喀尔喀、厄鲁特等部零散部众编成数佐，分隶左、右两翼。至乾隆二十五年（1760年）编成察哈尔64佐，苏尼特1佐，乌喇特3佐，伊苏特1佐，茂明安4佐，土尔扈特1佐，察哈尔、茂明安、科尔沁、巴尔虎合编1佐，察哈尔、茂明安合编1佐，巴尔虎14佐，喀尔喀2佐半，科尔沁5佐半，厄鲁特15佐、6个半分佐。每佐和半分佐各设佐领1人，共设佐领120人。[②] 牛录为其基本单位。河北丰宁满族自治县文物管理所藏有一方征集来的清乾隆年代的官印，即为察哈尔镶黄旗第七牛录之印，铜质、方形、圆柱纽，印文为篆书满文，汉译为“镶黄旗察哈尔旗第七牛录之图记”，印边长5.6厘米，纽高7.9厘米，印背镌有“乾隆十六年五月礼部造”字样。[③]

---

① 转见金海等：《清代蒙古志》，206页，呼和浩特，内蒙古人民出版社，2009。

② 《钦定大清会典事例》卷九七七《理藩院·设官》，台北，新文丰出版公司，1976。

③ 白瑞杰、张汉英主编：《丰宁文物志》，235页，呼和浩特，内蒙古人民出版社，1998。

（二）察哈尔都统

察哈尔八旗，初由在京蒙古都统兼辖之，乾隆二十六年（1761 年）设察哈尔都统，驻张家口，由于治于张家口，故亦称张家口都统。[①] 第一任都统为嵩椿，[②] 嵩椿为满人，乃裕绶第六子，袭辅国公。次年闰五月，以巴尔品代之。察哈尔都统，从一品，其人选或蒙古或满，一般由驻京八旗蒙古中精通满、蒙古语言者和满洲八旗懂蒙古语者充任。察哈尔都统统辖察哈尔八旗，兼管张家口驻防满蒙军务，结束了此前察哈尔八旗由京师蒙古八旗都统兼管的历史。除察哈尔都统一人外，设副都统两人，驻左、右翼游牧边界。总管八人，理事员外郎十六人。[③] 乾隆二十七年（1762 年），裁八旗副总管。乾隆三十一年（1766 年），裁副都统一人，剩下的一名副都统驻张家口。[④]

图 4－6　察哈尔都统官印（冯金忠摄）

关于其职责，《清史稿》卷一三〇载："理八旗游牧，兼辖防兵。"乾隆二十七年（1762 年）八月，敕谕察哈尔八旗都统巴尔品，令其驻扎张家口，"总管察哈尔左右两翼副都统、八旗总管，管辖满洲、蒙古官兵及张家口理事同知。……董率属弁，训练兵丁，练习行围，以精技艺，整理器械，以壮军容。所统弁丁，有不遵训令者，听尔参处。其选补承袭员缺，详慎核定，一应俸饷，确查咨领。尤须加意严饬官兵，不许滋事扰

① 《清史稿》卷一三〇《兵制一》。（道光）《承德府志》卷二五《兵防》，764 页言"归张家口都统管辖"。"张家口都统"即察哈尔都统。

② 《清史稿》卷一二《高宗纪三》载，乾隆二十六年十一月"辛丑，调嵩椿为察哈尔都统"。

③ 《清会典》卷六四《理藩院》，北京，中华书局，1991。

④ 袁森坡、吴云廷：《河北通史》（清朝上卷），163 页，石家庄，河北人民出版社，2000。

民。凡一切事宜，俱照题定事例办理。至钱谷词讼，民间情事，俱属地方官管理，不得干与。其宣化、大同二镇，附近张家口地方，亦听尔节制”①。这明确表明察哈尔都统管辖范围主要限于军事方面，是统兵大员，至于口外地方钱粮、旗民诉讼、缉盗、台站、经费等事务，则不在其职责范围之内，由直隶省口北道所属口北三厅分别负责。

由于首任嵩椿在任才半年时间，不及建立正式官署，乾隆二十七年(1762 年)，第二任察哈尔都统巴尔品在张家口来远堡南面建立察哈尔都统署。其衙门有笔帖式四人协助办事。其下有总管、副总管、参领、副参领、骁骑校等官。并设有游牧处，设理事官八人，分管八旗游牧之事。

图 4－7　察哈尔都统署，俗称德王府，位于张家口市上堡明德北街三角地，是张家口市唯一保存较为完整的清代官衙建筑（冯金忠摄）

二、承德地区的驻防

前已提到，清初承德之地原属蒙古诸部。康熙时期，陆续建立木兰围场、避暑山庄、外八庙及沿途行宫。随之派驻看宫、守围的八旗官兵及家丁，于是始有八旗驻防之制。另外，康熙朝京城满蒙八旗兵丁及家眷，由于人口增殖迅速，给京城带来了一定的经济压力，急需疏散外地安置是驻

① 《清高宗实录》卷六六九乾隆二十七年八月丙辰条。

防热河满蒙八旗到来的直接原因。[①] 正如雍正元年（1723 年）六月谕内阁所言："边外地方辽阔，开垦田亩甚多，将京城无产业兵丁，移驻于彼，殊为有益。"[②] 令直隶古北口提督董象纬定议，再令总理事务王大臣等会同兵部详议具奏。"寻议，于热河、喀喇和屯、桦榆沟三处驻兵，请派京城兵八百名，于热河驻四百名，喀喇和屯、桦榆沟二处各驻二百名。以五十名为一佐领，每佐领设佐领一员、骁骑校一员。于派出兵丁内设领催四名，再设总管一员、翼长二员，令其统理管辖。其总管驻扎热河，翼长二员分驻喀喇和屯、桦榆沟二处。此移驻兵丁，令满洲、蒙古都统等，于马甲内择其无产业、情愿前去，并席北、乌拉齐、新满洲内熟谙农务者派往。其总管、翼长着兵部引见补授，佐领、骁骑校着各旗引见补授。其官员缺出，照依各省驻防官员例。其兵丁缺出，即于彼处余丁内挑补；如无余丁，仍于京城原佐领内挑取，派往顶补俸饷米石，俱照京城例支给。"[③]

（一）热河的驻防及热河都统

热河等处驻防八旗，除了满洲八旗外，还有蒙古八旗，设副都统一员，驻防热河。热河蒙古正黄、镶黄、正红、镶红旗驻防是在今承德市区北郊的普宁寺附近。清初，桦榆沟归喀喇河屯管辖，雍正二年（1724 年）拨京城蒙古八旗 200 人驻防桦榆沟（今河北滦平化育沟乡，一说陈栅子乡），设协领一员，佐领、防御、骁骑校各二人，编入蒙古镶黄、正白、镶白、正蓝四旗。[④] 也就是说，热河蒙古八旗驻防分处两地：热河和桦榆沟。具体言之：

蒙古右翼正黄、正红、镶红、镶蓝四旗：协领一员（驻防桦榆沟）。

蒙古镶黄、正白二旗：佐领一员，防御一员，骁骑校一员（驻防桦榆沟）。

镶白、正蓝二旗：佐领一员，防御一员，骁骑校一员（驻

① 伊利民：《热河驻防八旗史略》，见周金生、张爱萍主编：《承德文史文库》，第二卷，277 页，北京，中国文史出版社，1998。

② 《清世宗实录》卷八雍正元年六月辛酉条。

③ 《清世宗实录》卷八雍正元年六月辛酉条。

④ 据（清）海忠修、林从炯等纂：《承德府志》卷二五《兵防》758 页，在 800 名兵士中，有满洲兵 600 名、蒙古兵 200 名。分满洲兵 400 名驻防热河，200 名驻防喀喇河屯，蒙古兵 200 名驻防桦榆沟。

防桦榆沟）。

正黄、正红二旗：佐领一员，防御一员，骁骑校一员（驻防热河）。

镶红、镶蓝二旗：佐领一员，防御一员，骁骑校一员（驻防热河）。①

热河等处驻防，始于雍正二年（1724 年）。初设总管 1 员、副总管 2 员、佐领 16 员、骁骑校 16 员、笔帖式 2 员、八旗兵士 800 名，分驻热河、喀喇河屯、桦榆沟 3 处，其中热河一处驻扎 400 名。乾隆二年（1737 年）六月，总理事务王大臣等奏，“热河地方，甚为紧要，所居满洲兵，现有八百名。其从前一千操演兵已遣往归化城驻扎，热河所余满洲兵较少，理应添设。查京城闲散人丁一万三千八百余名，请将一千二百名拨往热河。热河兵丁八百名，俱分拨官房，在桦榆沟、喀拉河屯等处驻扎”②。翌年，裁总管、副总管，改设副都统 1 员，增置协领 6 员（三十八年，裁蒙古左翼四旗协领 1 员）、防御 20 员，又增佐领 4 员、骁骑校 4 员、兵士 1200 名。自协领以下，凡官 67 员，兵士 2000 名。③ 三十五年（1770 年），裁佐领 5 员，以协领兼佐领事，续又裁蒙古协领 1 员。五十一年（1786 年），增马甲 100 名。五十七年（1792 年），又增马甲 100 名。嘉庆十五年（1810 年），裁副都统，改设都统 1 员，辖协领 5 员，佐领 20 员（内五佐领协领兼管），防御 20 员，骁骑校 20 员，笔帖式 2 员。在此之前，乾隆五十一、五十七等年奉旨曾添兵 200 名，这样，嘉庆十五年后，驻防兵士增至 2200 名。其中，驻防热河的 1760 名，驻防喀喇河屯的 440 名，俱隶热河都统。原来分驻热河、桦榆沟两处，后来桦榆沟官兵亦移驻热河。④ 在 2200 名驻防兵中，蒙古八旗协领 1 员，每两旗佐领 1 员，防御、骁骑校各 1 员，兵 110 名，共计兵 440 名，远低于满洲八旗的 1760 名。最初驻防官兵 3 年更替，乾隆二十一年（1756 年）后改为长期驻防，家属也随军居住。

乾隆三十一年（1766 年），热河驻防八旗配置军马 922 匹，嘉庆二年（1797 年）减至 600 匹。为了解决军马匮少的问题，嘉庆二年（1797

① 《钦定热河志》卷八四《兵防》，见《景印文渊阁四库全书》，第 496 册。

② 《清高宗实录》卷四四乾隆二年六月丁卯条。

③ 《钦定热河志》卷八四《兵制》，见《景印文渊阁四库全书》，第 496 册，340 页。

④ （清）和瑛：《热河志略》，见《续修四库全书》史部地理类，第 730 册，783 页，上海，上海古籍出版社，2013。

年），奉旨见在出青马9000余匹，今既停止进哨，著将此项马内拨出1037匹，赶赴热河备用。[①] 每年自四月十五日起至八月十四日止，马匹出青，赶赴海骝图（今河北丰宁县大滩镇）牧放。各圈共留马120匹，以备公文折报等差。[②]

热河驻防满蒙八旗，除围场满蒙八旗在乾隆年间一度由理藩院管辖外，均由热河都统衙门管辖。热河都统，又称“热河驻防都统”，雍正元年（1723年）置，从一品，掌镇守险要，绥和军民，均齐政刑，修举武备等职，系清朝派驻热河之八旗军政长官，以满、蒙古人充任。其衙署位于避暑山庄南，有房15间。

热河驻防满蒙八旗饷米，主要由古北口外庄头供给，若不足则由当地官府补足差额。据乾隆六年（1741年）九月六日总管内务府奏：“再查热河、喀喇河屯、化育沟三处官员兵丁，每年需米二万四千石。口外庄头一百三十八名，每年共交米一万七千余石，仍不敷米七千余石，系地方官照数每年采买补足支放。”[③] 在供粮米形式上是庄头向各仓纳粮，八旗各佐领直接到粮仓取粮。承德府所领一州五县，在乾隆元年（1736年）共建有储量仓八处：热河仓、唐三营仓、雅图沟仓、二沟仓、中关仓、波洛河屯、喀喇河屯和桦榆沟仓。饷银是由热河八旗都统衙门的俸饷房按期到清廷内务府领取，再发放至驻防八旗。[④]

（二）木兰围场的驻防

康熙二十年（1681年）始建木兰围场。四十五年（1706年）正式设立管理机构，设围场总管一员，秩四品。乾隆十八年（1753年）升为三品，又增设四品左、右翼长各一员，六品骁骑校八员。围场总管衙署，设在围外的唐三营（今属河北隆化）。除此之外，还设四品捕盗一员，四旗六品章京八员，其中四人管围内地方查拿贼匪，四人管理蒙古民案件。

康熙四十五年（1706年）始设守卫围场的蒙古八旗兵士101人，分段轮流值班巡逻守护围场，归兵部管辖。[⑤] 雍正十二年（1734年）增遣

---

① （清）刘锦藻：《清朝续文献通考》卷二三五《兵考三十四·马政》。

② （清）刘锦藻：《清朝续文献通考》卷二三六《兵考三十五·马政》。

③ 陈亚媛主编：《隆化清代行宫钩沉》，51页，沈阳，白山出版社，2013。

④ 伊利民：《热河驻防八旗史略》，见周金生、张爱萍主编：《承德文史文库》，284页，北京，中国文史出版社，1998。

⑤ （清）海忠修，林从炯等纂：《承德府志》卷二五《兵防》，763页，台北，成文出版社，1968。据《承德府志》记载，康熙时期围场设官员九名：四品捕盗一名，四旗六品章京八名。四品捕盗与总管均为四品，似乎四品捕盗即总管，待考。

蒙古兵士 90 名。乾隆初，陆续设立巡道理事同知通判官将管理蒙古民案件，章京四员，饬令归旗当差。十四年（1749 年），改总管以下归理藩院管辖。十八年（1753 年），又增派 609 名八旗兵丁，其中满洲兵 320 名、蒙古兵 289 名，这样，驻防的满、蒙古兵丁增至 800 人。[①] 在此之前，驻防的八旗均为蒙古八旗兵士，至此掺入了满洲八旗，很显然具有防范和制衡蒙古八旗的用意。但从数量上看，满洲八旗 320 名，蒙古八旗 480 名，蒙古八旗仍居优势。乾隆二十九年（1764 年），改总管以下归热河副都统管辖。五十七年（1792 年），添设满洲兵 20 名，蒙古兵 30 名。嘉庆七年（1802 年），改三品总管为副都统，专管围场事务。九年（1804 年），裁副都统，复称三品总管，仍归热河副都统管辖。十八年（1813 年）五月，又增设卡伦 22 处，满洲兵 75 名，蒙古兵 75 名，建兵房 466 间。至道光年间，增加兵丁 600 名。此时定额官 56 员，驻防满蒙八旗官兵共 1639 名，其中蒙古八旗官兵 585 名，均归热河都统管辖。

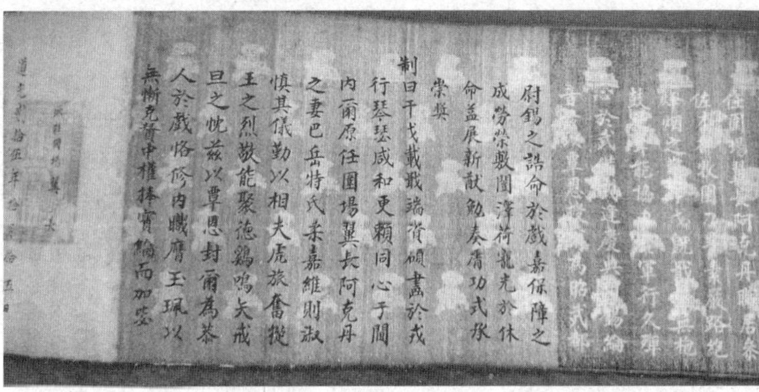

图 4－8　道光二十五年（1845 年），道光帝赐给围场翼长阿克丹及其妻室之诰命（采自《清史诗画》，由冯金忠翻拍）

守卫兵丁以旗为单位，原来驻防兵士较少，而且均有老圈地亩。随着驻防兵士的增多，耕地渐不敷出，遂给每兵士一人养赡地一顷二十亩，房舍两间。又以坝上的都呼岱口后兴安等处地寒霜早，难以耕种，遂将镶黄、正黄、正红三旗兵丁每人改给乳牛三头，每三十头各给犍牛一，羊三十只。嘉庆十八年（1813 年），养赡地由一顷二十亩缩减为一顷，官房仍

① （清）和珅：《热河志略》，见《续修四库全书》史部地理类，第 770 册，799 页，上海，上海古籍出版社，2013。

为两间。①

这些兵士分驻围场周边八座营房，营房按照八旗方位而设。方位则镶黄北之东，正黄北之西，正白东之南，正蓝南之东，镶蓝南之西，正红西之北，镶红西之南，镶白在正蓝、镶蓝之间。各有地界，分司管理。营房八旗各一，据《钦定热河志》卷四六《围场二》，诸营房所在地如下：

正白旗，在纳林锡尔哈（今河北围场新地乡营房村）。
正红旗，在扣肯陀罗海（今内蒙古多伦县前九号村）。
镶白旗，在什巴尔台（今河北隆化县西阿超乡三道河）。
正黄旗，在锡拉扎巴（今内蒙古多伦县大河口村）。
镶蓝旗，在海拉苏台（今河北隆化县碱房乡）。
镶红旗，在苏木沟（原在河北围场卡伦后沟，后迁至南山嘴）。
镶黄旗，在奇卜楚高（今河北围场三义永乡）。
正蓝旗，在石片子（今河北隆化县石片村）。②

营房处还建有马棚，乾隆三十一年（1766 年）有军马 524 匹。眷属随同共同居住。今隆化县唐三营镇石片村，有 6 个村民组，近 400 户 1500 余口，在清廷全面开放售卖围场土地山林前，曾是正蓝旗营房所在地，今尚存其遗址。石片村那姓家族的先祖曾为正蓝旗营房的防御，富姓家族的先祖曾为骁骑校。“防御”为一旗的最高军政秩官，相当于京师禁旅八旗军中的“佐领”，围场八旗的防御，乾隆年间升为五品。各旗还增设骁骑校一员，骁骑校相当于京师八旗中“副佐领”。

每旗分管 5 处卡伦，具体如下：

镶黄旗：曰赛堪达巴汉色钦，曰阿鲁色呼，曰阿鲁呼鲁苏台，曰英格，曰拜牲图。

正白旗：曰巴伦昆得伊，曰乌拉台，曰锡喇诺海，曰纳林锡尔哈，曰格尔齐老。

镶白旗：曰噶海图，曰卓索，曰什巴尔台，曰麻尼图，曰博德克。

---

① 《钦定热河志》卷四六《围场二》，见《景印文渊阁四库全书》，第 495 册，788 页。

② 诸营房今地，参见伊利民：《热河驻防八旗史略》，见周金生、张爱萍主编：《承德文史文库》，第二卷，278 页，北京，中国文史出版社，1998。

正蓝旗：曰木垒喀喇沁，曰古都古尔，曰察罕扎巴，曰汗特穆尔，曰纳喇苏图扎巴。

正黄旗：曰库尔图陀罗海，曰纳喇苏图和硕，曰沙勒当，曰锡喇扎巴，曰锡拉托巴色钦。

正红旗：曰察罕布尔噶苏台，曰阿尔撤朗鄂博，曰麻尼图布拉克，曰齐呼拉台，曰布哈浑尔。

镶红旗：曰海拉苏台，曰姜家营，曰西燕子窝，曰郭拜，曰和罗博尔奇。

镶蓝旗：曰珠尔噶岱，曰苏克苏尔台，曰卜克，曰东燕子窝，曰卓索沟。①

三、河北其他地区的驻防

有清一代，今京津周边及河北保定、沧州等地亦有蒙古八旗驻防。保定府沧州各城守尉一，霸州、良乡、宝坻、固安、东安、雄县五县及采育里各防守尉一，均属在京稽察大臣管辖，是为稽察九处。据《钦定八旗通志》卷三五《兵制·直隶》，其分布大致如下：

1. 顺天府

良乡县防守尉一人、防御二人、骁骑校一人。正红旗满洲蒙古领催五名、骁骑四十五名。

宝坻县防守尉一人、防御二人、骁骑校一人。镶白旗满洲蒙古领催五名、骁骑四十五名。

东安县防守尉一人、防御二人、骁骑校一人。镶蓝旗满洲蒙古领催五名、骁骑四十五名。

固安县防守尉一人、防御二人、骁骑校一人。镶红旗满洲蒙古领催五名、骁骑四十五名。

霸州防守尉一人、防御二人、骁骑校一人。正黄正红二旗满洲蒙古领催五名、骁骑四十五名。

采育里防守尉一人、防御二人、骁骑校一人。正蓝旗满洲蒙古领催五名、骁骑四十五名。

2. 保定府

雍正八年（1730 年）直隶总督驻于此，地位尤重。保定府城守尉一

① 《钦定热河志》卷四六《围场二》，见《景印文渊阁四库全书》，第 495 册。

人、防御四人、骁骑校四人、笔帖式一人。正红镶红二旗满洲蒙古副骁骑校八人、领催三十二名、骁骑及鸟枪骁骑共四百六十名、弓匠铁匠各二名、养育兵十一名。清顺治年间，清廷派遣驻防保定的蒙古八旗，其后裔集中于前屯。

雄县防守尉一人、防御二人、骁骑校一人。镶红镶蓝二旗满洲蒙古领催五名、骁骑四十五名。

3. 天津府

沧州城守尉一人、防御四人、骁骑校四人、笔帖式一人。正白镶白二旗满洲蒙古副骁骑校八人、领催二十三名、骁骑及鸟枪骁骑共四百六十九名、弓匠铁匠各二名、养育兵十一名。

4. 山海关

山海关，是明长城东部的重要关口。洪武十四年（1381 年），徐达奉命在此筑城，建关设卫，因其北倚燕山，南连渤海，故得名山海关，号称“天下第一关”。明末为防御后金，在山海关屯驻重兵，努尔哈赤、皇太极一直未攻破此关，直至吴三桂投降，才献出此关，清才得以入关，并定鼎中原。清建立后，设山海关总管一人，防御八人，满、蒙古、汉兵七百余人。雍正八年（1730 年），改山海关总管为副都统，增协领、佐领诸属，满、蒙古、汉兵共八百人，分左右翼。

山海关副都统一人（驻扎山海关，辖分驻防守尉六）、协领二人、佐领六人、防御八人、骁骑校八人、笔帖式三人、八旗满洲蒙古领催四十名、前锋四十名、骁骑四百四十名、鸟枪骁骑二百名、炮骁骑八十名、养育兵六十名。

5. 永平府

永平府防守尉一人、防御二人、骁骑校二人、笔帖式一人。镶白正蓝二旗满洲蒙古领催十名、骁骑九十名。

玉田县防守尉一人、防御二人、骁骑校二人、笔帖式一人。镶黄正白二旗满洲蒙古领催十名、骁骑九十名。

三河县防守尉一人、防御二人、骁骑校二人、笔帖式一人。正白旗满洲蒙古领催十名、骁骑九十名。

顺义县防守尉一人、防御二人、骁骑校一人、笔帖式一人。镶黄旗满洲蒙古领催五名、骁骑四十五名。

喜峰口防守尉一人（兼辖罗文峪驻防一）、防御二人、骁骑校四人、笔帖式二人。八旗满洲蒙古领催十六名、骁骑及鸟枪骁骑共一百八十四名。

罗文峪防御一人、骁骑校二人。八旗满洲蒙古领催八名、骁骑九十二名。

冷口防守尉一人、防御二人、骁骑校三人、笔帖式二人。八旗满洲蒙古领催十二名、骁骑及鸟枪骁骑共一百三十八名。

6. 密云

密云副都统一人（驻扎密云县辖分驻防守尉二）、协领四人、佐领十二人、防御十六人、骁骑校十六人、印务笔帖式二人。八旗领催七十八名、委署蓝翎长五名、前锋一百十五名、鸟枪骁骑四百八十名、炮骁骑一百八十名、骁骑一千零二十名、养育兵一百二十名。

昌平州防守尉一人、防御二人、骁骑校一人。正黄旗满洲蒙古领催五名、骁骑四十五名。

古北口防守尉一人、防御二人、骁骑校四人、笔帖式二人。正黄镶白正红正蓝四旗满洲领催十二名、骁骑及鸟枪骁骑共一百八十八名。①

清入关之初，实行“旗民分治”的民族隔离政策。在汉族地区，州县以下的基层组织编为保甲，驻防八旗官兵都是单独圈地、建房筑城而居，称之为“满城”或“满营”。即使在州县乡村居住的旗人，也严格隶属各旗管理，而不编保甲，形成一个独立于汉民社会之外的旗人社会。汉人官吏无权过问旗人事务，如遇旗、民互控，只能接受汉民诉状，然后同八旗官员共同进行审理，加之旗人享有一些特权，这就为地方的治理造成了种种不便。但随着时间的推移，旗汉交往日多，杂居共处，清朝统治者逐步将屯居旗人与当地民户一体编入保甲。旗人编查保甲在康、雍间，只是实行于近京地区，乾隆以后诸部推而广之，通行全国。满、汉共治，从一个侧面反映了民族的融合。②

有清一代，八旗驻防有满蒙汉、满蒙、满汉合驻以及满兵或汉兵单驻等多种形式，长城各口与蒙古相邻，蒙古兵丁占据较大比重。河北作为畿辅之地，清统治者派军驻防始终以最为倚重的八旗满洲兵丁为主，顺治初期有八旗蒙古兵丁，康熙朝又有添设，但八旗汉军始终不预其内，这是与其他各省驻防殊为不同之处。③

---

① 《钦定八旗通志》卷三五《兵制·直隶》，见《景印文渊阁四库全书》，第 664 册，843 ~ 844 页。

② 袁森坡、吴云廷：《河北通史》（清朝上册），175 页，石家庄，河北人民出版社，2000。

③ 定宜庄：《清代八旗驻防研究》，沈阳，辽宁民族出版社，2003；金海等：《清代蒙古志》，207 页，呼和浩特，内蒙古人民出版社，2009。

第六节 清前期河北蒙古族的经济

清朝入关后定鼎北京，直隶作为畿辅，是满、蒙古、汉八旗勋贵聚集之地。他们大肆圈占土地，形成旗庄密布、田连阡陌的局面。在康熙九年（1670年）下诏停止圈地后，为了解决关内无地少地的旗人生计问题，清廷将原为蒙古游牧之地的古北口等边外之地划拨于他们，于是八旗旗人按照所划拨之地域，纷纷出关占地，一批八旗官兵和宗室庄田随之而生。由于圈地运动失去土地，加之连年自然灾害，直隶和山西、山东等省大批逃荒汉人也大量迁居口外谋生，遂使口外形成了满、蒙古、汉杂居的局面。满、蒙古、汉族人民在长期生产中互相交流、融合，蒙古族的经济方式、经济形态也发生了巨大变化。在汉人的影响下，蒙古民众开始接触农业，一些人将耕地出租或典卖，还有甚者直接从事农业生产。

一、清初圈地运动中蒙古族在河北内地土地的扩张

后金进入辽沈地区后，天命六年（1621年）下令实行“计丁授田”，加速了奴隶制生产关系向封建制的转化。由于其始八旗士兵没有薪饷，而且衣粮、器械须自己置备，为了养活家口和筹措添置马匹、器械、衣装等，需要占有一定数量的土地。定都北京后，满洲贵族、官员、八旗将士及家小奴仆等蜂拥涌入关内。顺治元年（1644年）十月，顺治于北京即皇帝位，当年十二月二十二日，便颁布圈地令：

> 我朝建都燕京，期于久远。凡近京各州县民人无主荒田，及明国皇亲、驸马、公、侯、伯、太监等死于寇乱者，无主田地甚多，尔部可概行清查。若本主尚存，或本主已死，而子弟存者，量口给与，其余田地尽行分给东来诸王、勋臣、兵丁人等。此非利其地土，良以东来诸王、勋臣、兵丁人等无处安置，故不得不如此区画。然此等地土，若满汉错处，必争夺不止，可令各府州县乡村满汉分居，各理疆界，以杜异日争端。今年，从东先来诸王各官兵丁及见在京各部院衙门官员，俱着先拨给田园。其后到者，再酌量照前与之。①

① 《清世祖实录》卷一二顺治元年十二月丁丑条。

这就是第一次“圈地”。按照规定，圈地的程序、过程如下：“凡圈民地，请旨，户部请满官同有司率笔帖式、拨什库、甲丁员役，所至村庄相度畎亩，两骑前后请部颁绳索以记，周四围而总积之。每圈共得几百十垧，每壮丁分给五垧，垧六亩，垧者折一绳之方广，其法捷于弓丈。圈一定，则庐舍场圃悉皆屯有。”① 此后畿辅掀起圈地的狂潮。例如，顺治二年（1645 年）九月，令将河间、滦州、遵化等府州县无主田地拨给旗人耕种。十二月，将易州等州县有主田地拨给旗兵。顺治三年（1646 年）二月，圈占保定府属州县田地。顺治四年（1647 年），令圈拨近畿四十二府州县土地。清初三次圈地，共圈地十六万余顷，分布于河北的数十个州县。②

圈地名义上是把近京各州县中原明朝官僚地主被杀或逃散后的无主荒田分给东来的诸王、勋臣、兵丁人等，实际上却是根本不管有主无主。不仅圈占土地，就连土地上的房舍也不放过，攫为己有。“圈田所到，田主顿时逐出，室内所有，皆其有也。妻孥丑者携去，欲留者不敢携。其佃户无生者，反依之以耕种焉”③，以致造成“丁男流离，城郭为空”的局面。④

所圈土地，编为旗地，设立皇庄、王庄等。皇庄，是皇室所有的土地，其收入专供皇室享用。由于归内务府会计司管理，故也称“内务府官庄”。王庄，是清廷宗室王公贵族的庄田。例如，顺治五年（1648 年），固伦淑慧长公主，名阿图，为清太宗皇太极第五女，生母为孝庄皇后，下嫁蒙古巴林郡王色布腾时，清廷将波罗河屯（或作博罗河屯，俗称“皇姑屯”，今河北隆化镇老街区）附近五百顷土地，作为胭粉地陪嫁。固伦公主派皇粮庄头经营管理，在波罗河屯故城西南建屯居住，招募流民垦荒，渐成村落，公主往来巴林旗与京师之间，常在此停驻，人们便称之为“皇姑屯”⑤。八旗官员和将领们所占土地，一般俗称“旗地”，以别于王庄和皇庄，又称“官员庄田”。清初规定，凡有爵位、官阶的八旗官员均

① （清）贺长龄、魏源：《清经世文编》卷三一姚文燮《圈占记》，北京，中华书局，1992。

② 杨学琛、周远廉：《清代八旗王公贵族兴衰史》，218 页，沈阳，辽宁人民出版社，1986。《清史简编》（沈阳，辽宁人民出版社，1980）77 页则说：“从顺治元年十二月起，清政府三次下令圈地，前后在京畿一带共圈占了大约十六万三千顷良田。”

③ （清）史惇：《恸余杂记》，90 页，北京，中华书局，1959。

④ （康熙）《雄县志》卷上。

⑤ 此皇姑屯非沈阳之皇姑屯。在河北隆化县城以北的尹家营乡有一通张氏墓碑，碑立于光绪九年（1883 年）。张氏一族世代为公主看护和管理胭粉地。此碑情况详见伊利民：《河北满族蒙古族碑刻选编》，248 页，北京，作家出版社，2007。

可分得一定数量的土地，同时拥有众多壮丁。“我国家初定中原，凡官属兵丁，俱计丁授田，富厚有力之家，得田每至数百垧。”① 除了按照爵位领取园地和按丁给地外，各王公贵族还利用逼民投充的方式攫取大量土地。顺治二年（1645 年），清廷颁布招民投充的诏谕，规定被俘获的包衣人丁，其近支弟兄或无衣无食的贫民，可以投充旗下为奴，各王、公、贝勒、官将皆定有额数。此等投充旗下民人有逃走者，逃人及窝逃之人、两邻、十家长、百家长，俱照逃人定例治罪。此即著名的“逃人法”。

由于圈地导致大量百姓失去土地，流离失所，成为流民，社会矛盾和民族矛盾激化，许多地方爆发武装起义，严重危及到清王朝封建统治秩序。在这种情况下，顺治四年（1647 年）三月，清廷不得不谕令禁止投充，禁止再圈民地。顺治八年（1651 年），又令八旗不得圈占民地以备狩猎、放鹰、往来下营之用，已圈者退还民间。又下令免圈良乡、涿州等十三州县余地，以恢复凋敝的经济。但由于以鳌拜为首的守旧派的阻挠，以上停止圈地的诏令难以推行，成为一纸具文。康熙八年（1669 年），康熙在铲除鳌拜集团后开始亲政，六月谕户部，“朕缵承祖宗丕基，乂安天下，抚育群生，满汉军民，原无异视，务俾各得其所，乃惬朕心。比年以来，复将民间田地圈给旗下，以致民生失业，衣食无资，流离困苦，深为可悯。自后圈占民间房地永行停止，其今年所已圈占者，悉令给还民间”②。此后直隶塞内大规模圈地停止了，但小规模的圈地仍在进行。康熙二十四年（1685 年）四月，康熙又下诏：“凡民间开垦田亩，若圈与旗下，恐致病民，嗣后永不许圈；如旗下有当拨给者，其以户部见存旗下余田给之。”③ 也就是说，虽然康熙八年（1669 年）清廷已下令禁止圈地，但实际上一直到康熙二十四年清廷下达“永不许圈”诏令时才基本结束。从顺治元年到康熙二十四年（1644—1685 年）的四十余年中，清皇室和八旗官员圈占、接受投充的畿辅民地总数约计 25 万顷。以后八旗兵退地领饷，直隶还有约 13. 89 万顷土地被圈占。④

前面已经讲到，清前期圈地主要发生在畿辅，是清统治者运用国家政权的力量对土地的一次重新分配，掠夺小民土地，将其大量集中到皇室、王公、贵族和官僚手里。在数次圈地运动中，清皇室、贵族无疑是主力，是最大的受益者，他们攫取了土地的大多数。但八旗官兵也是其中的受益

① 《清世祖实录》卷一二七顺治十六年八月壬辰条。

② 《清圣祖实录》卷三〇康熙八年六月戊寅条。

③ 《清圣祖实录》卷一二〇康熙二十四年四月戊戌条。

④ 袁森坡、吴云廷：《河北通史》（清朝上卷），绪言，2 页，石家庄，河北人民出版社，2000。

者。八旗兵丁分得的土地不多，一般只有三十亩，占有的壮丁也很少，一般也就二三人或四五人，甚者根本没有壮丁。“满洲披甲人，或止父子，或止兄弟，或止一身，得田不过数垧，征役甚烦，授田甚少，殊为可悯。”① 旗兵丁只有少数人由壮丁耕种其土地，多数为自耕。兵丁既服兵役，又事耕种，往往难以兼顾，致使许多土地抛荒。顺治十一年（1654年）正月，清廷下令，八旗兵丁家中壮丁四人以下无力耕种者，“地土尽数退出，量加钱粮月米。其马匹则于冬春二季酌予喂养价银，其退出之地，择其腴者，许令原得瘠地之人更换，余则尽还民间”②。以下据《清朝文献通考》卷五《田赋五》③，将蒙古八旗官兵三次圈拨土地数列表如下：

单位：顷

旗别	初次	第二次	第三次	合计
镶黄	1794.3	1700.1	413.7	3908.1
正黄	756.9	1127.1	1884.6	3768.6
正白	1293.75	1247.55	1094.58	3635.88
正红	35.68	765.6	555.3	1356.58
镶白	1014.3	1861.9	956.1	3832.3
镶红	35.4	345.5	643.2	1024.1
正蓝	1203	723.9	711.6	2638.5
镶蓝	1548.3	240.78	322.2	2111.28
合计	7681.63	8012.33	6581.28	22275.24

从上表可以看出，在历次圈拨土地中，蒙古各旗所拥有的土地相差很大，以顺治元年（1644年）初次圈田为例，镶黄旗最多为1794.3顷，镶蓝次之为1548.3顷，而镶红仅为35.4顷，正红仅为35.68顷，相差近50倍。但通过三次圈地，镶黄、正黄、正白三旗土地总额都位居前茅。在清入关后，满八旗有上三旗和下五旗之分，上三旗为镶黄、正黄、正白，其他五旗称下五旗。但从授地数量来看，在蒙古八旗中诸旗地位也并不对等，除了镶白旗较多外，镶黄、正黄、正白大大高于其他诸旗，反映了土

① 《清世祖实录》卷一二七顺治十六年八月壬辰条。

② 《清世祖实录》卷八〇顺治十一年正月乙卯条。

③ 据《清朝文献通考》卷五《田赋五》，但总数与记载有出入。又《清通典》卷二《食货二·田制·官庄》的记载，与上表略有不同。

地分配主要是按照政治地位高低进行的。

二、口外蒙古族的农业

清初，直隶口外东部原分别属于卓索图盟二部五旗、昭乌达盟八部十一旗，口外西部原属于察哈尔正黄旗（一半在直隶）、镶黄旗、正白旗、镶白旗、正蓝旗。由于游牧社会对农产品的需求，内地百姓由于灾荒、战乱等原因自发向口外迁移，直隶口外地区在明代已零星出现农业点，但所占比重与牧业相比显得微乎其微。口外农业大规模的开发是在清朝建立以后。[①] 长城以北许多半农半牧区被开发为农田，使传统的农牧界限被人为地向北推移。“在平泉州（即八沟）境者为喀喇沁右翼，在赤峰县（即乌兰哈达）境者为翁牛特左右翼，其北兼及巴林。在建昌县（即塔子沟）境者为喀喇沁左翼及敖汉。在朝阳县（即三座塔）境者为土默特左右翼、奈曼。其东北兼及喀尔喀诸蕃部。依迩塞垣宣敕奉职，百余年来濡沐皇化，板屋农田略同内地。”[②] 口外农业的发展，主要源于清初旗人圈地以及流民大量涌入。

（一）清初旗人长城北侧圈地及口外的开发

康熙八年（1669 年）六月，鉴于由于圈地造成阶级矛盾和民族矛盾激化的现实，清廷宣布禁止圈地，但这也同时带来了另一个问题，即旗人“无地亦难资生”[③]。康熙帝提出了一个解决方案，即能否将古北口等边外空闲之地拨给他们耕种。户部接旨后，派人到古北口以外进行勘察，于康熙九年（1670 年）二月上奏道：“查喜峰口、独石口外既无闲地，正红旗又无赴边外领地之人，不必拨给。今以古北口外地，拨与镶黄旗、正黄旗；罗文峪外地，拨与正白旗；冷口外地，拨与镶白旗、正蓝旗；张家口外地，拨与镶红旗、镶蓝旗。”[④] 诏从之。于是八旗人按照所拨之地域，纷纷出关占地。这是清朝统治者首次明确提出开垦蒙地的问题。就在这一年，在京附近驻防的蒙古八旗六十四户，到热河的伊玛图、潮河流域游牧。除了从事游牧外，许多旗人经营农业，设庄耕作，口外的一批八旗官

---

① 袁森坡、吴云廷：《河北通史》（清朝上卷），87 页，石家庄，河北人民出版社，2000。田山茂著、潘世宪译《清代蒙古社会制度》第 259 页亦有类似表述（北京，商务印书馆，1987）。

② （清）和瑛：《热河志略》，见《续修四库全书》史部地理类，第 770 册，808 页，上海，上海古籍出版社，2013。

③ 《清圣祖实录》卷三〇康熙八年六月戊寅条。

④ 《清圣祖实录》卷三二康熙九年二月癸未条。

兵庄田、八旗宗室庄田，即由此设立。

据清道光十六年（1836 年）重修的青龙县董氏家谱记载，董氏属于正蓝旗，祖籍关东铁岭，其二世祖弟兄随清入关，在消灭明残余势力及征朝鲜王时，屡立战功，其祖得功牌数十余面。“余祖不愿居官，孰知皇恩浩荡，恩赐行圈占地。”所谓的“皇恩浩荡”，正是指康熙九年（1670 年）将口外之地拨于在内地无地旗人的诏书而言。董氏祖先于滦州法宝庄、肖家庄、喜家桥，昌黎县境内于家坨、围场共占地五圈，又占刘家口、徐流口、河流口、青山口、桃林口五口之外，共占地五沟。这样，正蓝旗董氏圈占了冷口外的青龙县南部大部分地方。①

出冷口的正白旗有十六大姓，这十六大姓圈占了青龙县西部的大面积山场土地。据肖营子乡娄子店村李氏祖坟乾隆三十六年（1771 年）所立的墓碑载：“奏知皇上，各家亲王俸禄太大，莫如口外占荒，自耕自食，乃出冷口跑马占圈，各占山场土地，更分边界：东至青龙河，西至擦岭，南至冷口上，北至虎头石……此吾祖先出口之由来也。”②

在关内大规模圈地停止后，康熙九年（1670 年）诏书引发了一轮新的口外圈地热潮，除了诏书所云的“旗人无地亦难资生”的目的外，从上面两个例子来看，还有赏功的目的。由于内地不能再进行圈地以赏赐功臣，转而改为赏以口外之地。如河北丰宁南辛营乡满堂村镶黄旗陈姓，先祖担任过九门提督，因镇压于六、于七、杨三饕有功，命来丰宁看守西围，持放地大照落户，占有大片山场、土地。弟兄四股各得土地七顷二十亩。③ 另外，一些蒙古族人由于难耐北京的暑热而迁徙到口外谋生。例如，清顺治八年（1651 年），察哈尔蒙古台吉敖其里带领六十四户进京归顺当差，因水土不服，奏请口外居住开荒，朝廷准奏迁至伊玛图河流域，形成牛录、少府营、台吉营、乌梁素营等村落。

（二）关内流民的涌入及口外的开发

清初旗人长城北侧的圈地，促进了口外的开发，但口外开发主要还是缘于关内流民的涌入。由于八旗贵族在华北地区大量圈占土地，加之自然灾害等因素，迫使许多当地的农民背井离乡，他们选择了地广人稀、地租

① 转引特克寒：《热河蒙地的开发》，见周金生、张爱萍主编：《承德文史文库》，第二卷，291 页，北京，中国文史出版社，1998。

② 转引特克寒：《热河蒙地的开发》，见周金生、张爱萍主编：《承德文史文库》，第二卷，291 页，北京，中国文史出版社，1998。

③ 转引特克寒：《热河蒙地的开发》，见周金生、张爱萍主编：《承德文史文库》，第二卷，291 页，北京，中国文史出版社，1998。

较轻的蒙古地区。

清初第一次流民潮产生是在顺治时期，肇因于圈地运动。为了保护蒙古牧场，清廷最初对口外垦荒是禁止的。例如，顺治十二年（1655 年）规定，各边口内荒地听民垦种，但不得往垦口外牧地。[①] 但面对汹涌的流民潮，清统治者也不得不面对现实。顺治十五年（1658 年），户科给事中刘鸿儒上书朝廷，指出畿辅之田多被圈占，畿辅之民多无产业，“今喜峰、冷口诸关外，大宁以南，弥望千里，咸称膏壤，请令民愿出关开垦者，许承为己业。沃土新辟，获利必饶，先事有获，趋者自众。数年以后，渐次起科，成聚成邑，堪资保障”[②]。顺治认为有理，遂令户部、直隶巡抚详勘畿辅民人出边垦种事宜。

第二次流民潮是在康雍乾时期。康雍乾时期社会稳定发展，明崇祯三年（1630 年），全国人口 1.92 亿，经过明末清初的长期战乱，清康熙十八年（1679 年），全国人口不过 1.6 亿，康熙中后期，人口增长迅猛。康熙五十一年（1712 年）二月，诏令以康熙五十年人丁册为准，以后新增者为盛世滋生人丁，永不加赋，标志着实行近两千年的人口税被废除。这个政策直接促进了人口的增殖，至乾隆四十一年（1776 年），全国人口达 3.11 亿，突破 3 亿大关。由于人口爆炸式增长，出现了全国性的耕地紧张，特别是在灾荒年份，大量人口流向口外，“饿殍出关，流滞者踵相连”[③]。“携妻负其孩，来者以万计。”[④] 这些流民以山东、山西、直隶等省百姓居多，康熙晚年曾言：“今巡行边外，见各处皆有山东人，或行商，或力田，至数十万人之多。”[⑤] “今河南、山东、直隶之民，往边外开垦者多。”[⑥]

康熙七年（1668 年），喀喇沁旗“呈请内地民人前往种地”，得到朝廷的允许，每年由户部给予印票八百张，作为民人出关的凭证，无票者则禁止出关。“春令出口种地，秋则遣回。”[⑦] 很显然，这一时期出口种地的关内民人，带有临时性和季节性。康熙五十一年（1712 年）五月，规定

---

① 《钦定大清会典事例》，台北，新文丰出版公司，1976。

② 《清史稿》卷六四《刘鸿儒传》。

③ （清）海忠修，林从炯等纂：《承德府志》卷三四《名宦》，898 页，台北，成文出版社，1968。

④ 《钦定热河志》卷九二《物产一》，见《景印文渊阁四库全书》，第 496 册。

⑤ 《清圣祖实录》卷二三〇康熙四十六年七月戊寅条。

⑥ 《清圣祖实录》卷二四八康熙四十八年十一月庚寅条。

⑦ 《钦定大清会典事例》卷九七八《理藩院·户丁·稽查种地民人》，台北，新文丰出版公司，1976。

以后凡山东民人有到口外种田者，该抚查明年貌、姓名、籍贯，造册送部稽查；由口外回山东去者，亦查明造册移送该抚对阅稽查，不得任意往返。这种凭票出入的制度被长期执行，据《延庆县志》卷八《边防》载："皇清雍正十二年，令居民领票。开放之边口并归开镇河台，如有民人出入樵采、柴籴、耕种、佣工者，令各该州县各官查明每年给与印票一次，并将年貌、姓名造册移交该口官。并验明票内所开年貌、姓名，相符者准其出入。如无州县印票，或票与册内所开年貌、姓名不符者，不许其出入。"雍正年间，一度规定只准在长城边外五十里内耕种。

大致来说，自康熙八年（1669 年）至乾隆初期约八十年间，是以许可制度限制汉人迁入蒙古的时期。但"许可迁入的事例不多，事实上禁令已等于撤销，移民大增，终于造成乾隆帝再度禁止的原因"①。乾隆十二年十二月，军机大臣等议覆署直隶提督拉布敦所奏八沟、塔子沟等处设兵屯田一折时称："查巴沟（即八沟，今河北平泉县——引者注）以北及塔子沟（今辽宁凌源县）通判所辖地方，皆系诸蒙古牧场，原不应听他处民人开垦，乃贫户络绎奔赴，垦地居住，至二三十万之多。"② 至乾隆二十五年（1760 年），古北口外内地民人前往耕种者，已不下数十万户。③

嘉庆初年，禁令松弛，内地农民携眷出关可以不经查验，于是内地农民乘机成家成户移居口外垦耕，出关垦耕汉人由南向北逐渐推移，嘉庆五年（1800 年），清廷对来敖汉旗垦种的农民"免予驱逐撩荒，并订立章程，钉椿化界，严禁越界牧场"。当地种地户 130 户，地 1390 顷，有"大揽头 160 余名，又有小揽头逐渐增加，有数倍之多，辗转招种，遂致民人扶资携眷陆续聚居，数十年来生齿日繁，人烟稠密，实有数千名口之多"④。由于旗地放垦速度过快，严重影响蒙古牧民放牧，嘉庆、道光两朝先后颁布禁垦令，对出关的限制重又严格起来。嘉庆八年（1803 年）五月，命嗣后民人出关，除只身前往贸易佣工就食贫民之外，携带家眷出口者，概行禁止。嘉庆十一年（1806 年）七月，谕令禁止汉族进入蒙地，"不准多垦一亩，增居一户"⑤。普通蒙古民私自招垦，则处以鞭责、枷号等刑罚。汉人私往开垦者，轻则驱逐出境，递解回原籍，将已垦土地，或

① ［日］田山茂著，潘世宪译：《清代蒙古社会制度》，263 页，北京，商务印书馆，1987。

② 《清高宗实录》卷三〇四乾隆十二年十二月己巳条。

③ 《清高宗实录》卷六〇四乾隆二十五年正月庚申条。

④ 乌云毕力格、成崇德、张永江：《蒙古民族通史》，第四卷，呼和浩特，内蒙古大学出版社，2003。

⑤ 《清仁宗实录》卷一六四嘉庆十一年（1806 年）七月乙丑条。

勒令撂荒，或令退还原主；重则交地方官处以枷号、杖徙等刑罚。对查办不力的地方官，也制定了各种惩罚措施。如嘉庆十二年（1807 年）议定：“敖汉游牧地方，如有将不准耕种及应撂荒地亩，私行耕种租佃，增垦至二百顷者，系民人，杖七十，徙一年……递解回原籍”；“如故违例渔利，将公中牧厂及撂荒地亩私行租佃者，台吉革职……骁骑校、披甲褫革，喇嘛剥黄，及平人俱枷号二月、鞭一百”。[①]

道光十九年（1839 年），理藩院重申：“敖汉旗除有案可查所开地亩外，不得多开一垄，多招一民。如有私开、私招，该扎萨克隐匿不报，照私募开垦例治罪。”[②] 同年，朝廷议定：“民人等立租契，影射出蒙古地亩者，查出追价，交旗充公，将该民人枷号一月，满日递籍。”王公、台吉等私行招聚民人垦种蒙地，达到五十人以上的，将被革职。[③]

应当指出的是，嘉道时期的禁垦令主要适用于蒙古牧场，而对于蒙古王公所管的山厂平原，则不在此列。如嘉庆十五年（1810 年）户部奏报称，热河各处，“山厂平原，尽行开垦，均向蒙古输租”[④]。即使是在蒙古牧场，清朝的禁令也没有得到很好的执行，内地民人涌入口外察哈尔右翼蒙古地区从事耕垦活动并没有因此停止，实际上“此禁彼垦，禁者自禁，耕者自耕，禁而不止”[⑤] 的现象，长期存在。到嘉庆后期，东翼满旗子爵俊璋马厂地毛金坝（今河北张北、崇礼二县交界至毛金坝）一带已俾流民开垦 7800 亩，东西两翼共 25 处王公马厂也大都私募出佃流民垦种，并将毗邻旗地换地开垦。道光八年（1828 年），察哈尔镶红旗总管擅自将本旗察罕苏巴尔地方换给礼亲王开垦，开创了八旗牧地开垦之先河。道光二十年（1840 年），宗室公奕兴的赛尔（今河北尚义赛尔台）一带马厂地被家奴募民私垦三百余顷。[⑥]

由于汉民的涌入，一方面为蒙地的开发和经济的发展做出了贡献，但另一方面由于汉、蒙古之间生产、生活方式的差异，在汉人大量涌入的情况下，不可避免地挤压了蒙古族的生存空间，最明显的表现即是牧场的急剧缩减，在一些地区引发了蒙古族与汉民之间的矛盾和纠纷。例如，南壕

① 《钦定大清会典事例》卷九七九《理藩院·耕牧·耕种地亩》，台北，新文丰出版公司，1976。

② 《钦定大清会典事例》卷九七八《理藩院·户丁》，台北，新文丰出版公司，1976。

③ 《钦定大清会典事例》卷九七九《理藩院·户丁》，台北，新文丰出版公司，1976。

④ 《钦定大清会典事例》卷一五八《户部·户口》，台北，新文丰出版公司，1976。

⑤ 马汝珩、成崇德主编：《清代边疆开发》（蒙古编），289 页，太原，山西人民出版社，1998。

⑥ 尹自先：《清代察哈尔蒙地开发》，载《张家口师专学报》，1993（1）。

堑为河北张家口市尚义县县城，也是南壕堑镇所在地。这里在历史上本是蒙古族的游牧之地，之所以得名，即是蒙古人为了抵御汉人而挖的壕堑，当时共有三道壕堑，壕堑的走向都是从东北到西南，其中第一道壕堑为南壕堑。[①] 又如，嘉庆二十三年（1818 年），移民姚三在今河北承德裴家沟牧场垦地十四亩，与当地之达什达瓦部发生纠纷。经达什达瓦告发后，此事甚至惊动了嘉庆皇帝，嘉庆谕旨："裴家沟牧场约二十余里，内有姚开垦十四亩，俱系禁地。经厄鲁特告发即停耕种。姚三私自开种，本有不合，姑念乡愚无知，尚知畏法。"此后，达什达瓦部众将牧场四周钉桩，以防再被侵犯。[②]

（三）租佃制兴起

蒙古族是一个传统的游牧民族，农耕非其所长，对于荒田隙地及官庄、王庄等，他们主要采取招垦的方式进行。较早出租土地的是近边的喀喇沁旗，"康熙年间，喀喇沁札萨克等地方宽广，每招募民人，春令出口种地，冬则遣回，于是蒙古贪得租之利，容留外来民人，迄今多至数万"[③]。乾隆十三年（1748 年），入居喀喇沁右旗境内的山东、顺天府、山西等地的百姓达 17865 口，乾隆十七年（1752 年），猛增至 30541 口，耕地面积达 5888 顷 5 亩。[④] 乾隆二十五年（1760 年），入居喀喇沁左旗境内的汉族农民达 59182 口，种地面积 13503 顷。入据喀喇沁中旗的汉族农民和商人共 42924 口，种地面积达 7741 顷 6 亩。[⑤] 自"喀喇沁三旗，呈请内地民人前往种地"[⑥] 后，风气渐开，土默特、敖汉、翁牛特、克什克腾旗以及察哈尔八旗等也利于得受租银，先后招民开垦，将游牧地亩租赁于迁入之汉人耕种。乾隆二十五年（1760 年），谕旨中即指出："现在古北口外，内地民人前往耕种者，不下数十万户。"[⑦] 历年久远，地亩开垦日多，以至于聚处民人成乡成邑。

---

① 池延忠：《南壕堑简史》，见《尚义文史资料》，第一、二辑合订本，冀出内准字〔2004〕。

② 伊利民、刘宗和：《达什达瓦东迁热河》，见周金生、张爱萍主编：《承德文史文库》，第二卷，北京，中国文史出版社，1998。

③ （清）海忠修，林从炯等纂：《承德府志》卷首二《诏谕》，53 页，北京，成文出版社，1968。

④ 内蒙古档案馆藏喀喇沁右旗札萨克衙门蒙古文档案，全总号 505，目录号 1，案卷号 47，转引自金海等：《清代蒙古志》，33 页，呼和浩特，内蒙古人民出版社，2009。

⑤ 内蒙古档案馆藏喀喇沁左旗札萨克衙门蒙古文档案，全总号 503，目录号 2，案卷号 3061；内蒙古档案馆藏喀喇沁右旗札萨克衙门蒙文档案，全总号 505，目录号 1，案卷号 43。转引自金海等：《清代蒙古志》，35 ~ 36 页，呼和浩特，内蒙古人民出版社，2009。

⑥ 《钦定大清会典事例》卷九七八，台北，新文丰出版公司，1976。

⑦ 《清高宗实录》卷六〇四乾隆二十五年正月庚申条。

察哈尔八旗分驻之所，旷土闲田，所在皆是。雍正中，始募民垦种，坝内以为农田，画井分区，村落棋布。据清乾隆《口北三厅志》卷五《经费志》载："原赋额，察哈尔正黄半旗招民垦种地二千五百二十二顷二十九亩。小民报垦地二十七顷三十九亩。二共地二千五百四十九顷六十八亩零。……又察汉托落海地方所有正黄旗侍卫纳兰等入官地二十七顷一十三亩。"乾隆二十年（1755 年），正黄半旗招民耕种地二千四百三十顷三亩。

早期的流民到口外牧区，大多做季节性佣工，一般春种秋回，谓之"雁行"。开始这些人只是向蒙古人交纳租银，并不向朝廷交纳赋税，久而久之，或携家带口，或通婚，渐渐成为当地永久性居民。关内移民的到来，使蒙古与汉人之间开始了最直接的接触，中原内地先进的农业技术和生产方式传入蒙古社会，对世代以畜牧业为主的蒙古王公产生了巨大的影响，使他们渐习稼穑。为了获取更大的经济收益，他们也愿意将土地租佃于汉人耕种，由此蒙古草原由单一的游牧经济向多种经营转化，甚者卓索图盟和察哈尔八旗南部已完全成为农业区。

面对口外农业的发展，清廷也只好接受现实，并采取措施清丈新开垦的耕地，将其纳入国家税收的轨道，这样既安置了流民，减少了社会不稳定因素，又增加了国家赋税收入。雍正九年（1731 年）十月，命侍郎阿山等查丈张家口、独石口外东西翼八旗土地，招民垦种。雍正十三年（1735 年）八月，户部议覆仓场总督宗室塞尔赫查丈热河以东八旗地亩事宜，"一、宽城驿等处驿站弁兵三项地亩，共丈出三百九十八顷有奇，请照数按则输粮，归于热河兵粮内交纳；一、义院口、桃林口等处地亩，共丈出一百六十顷有奇，归于承德、抚宁等州县，按数升科；一、南至长城，北至喀喇沁，东至科尔沁，西至热河地亩，向照热河庄头，以六亩为一垧，今共丈出十万六千垧有奇，请照上中下三则之例，按垧纳粮，俱应如其请。从之"①。乾隆元年（1736 年），理藩院派官员清查丈量四旗厅镶黄、正白、镶白、正蓝旗旗地，土地租给口外流民耕种，共安置流民四千余户。

这些荒田隙地，树艺五谷，主要采取租佃制经营，流民或民户承佃土地，旗人按亩征收租银。在当时还出现了"揽头"之类的二地主。"揽头"从蒙古贵族那里承包土地，再转租给一般农民，征收比承揽时高得多的地租，赚取其中的差价。这种情况乾隆时在古北口外热河等地较为普

① 《清世宗实录》卷一五九雍正十三年八月丙子条。

遍。例如，热河八沟许万良将揽种蒙古土地转租给徐大年耕种，建昌县胡存将承揽荒地转佃给朱谦耕种，八沟将所揽部分土地交给张二举耕种，等等。①

（四）典卖盛行

按照清初的规定，“八旗地亩，原系旗人产业，不准典卖与民”②，蒙古各部的草场荒地，不管以何种形式占有，均视为旗下公产，是禁止买卖和抵押的，并著之于令，但随着清廷对汉民到口外谋生禁令的放松，大量内地之人涌入口外开垦荒地，蒙古旗地的典卖现象也迅速发展起来。

八旗官庄土地，一般是设立庄头，由庄头直接管理，监督或役使“壮丁”“投充人”进行生产，获取地租，或由汉民承佃放牧。壮丁、投充人，犹如农奴，对主人存在着强烈的人身依附关系和超经济强制关系。由于从事土地经营的壮丁、投充人大量逃亡，加之许多旗人自身不善于农业，土地逐渐转入汉人手中。康熙以后，民典旗地的现象已开始发生，到乾隆时已发展到了相当严重的程度。乾隆二年（1737 年），御史舒赫德奏称：“昔时所谓近京五百里者，已半属于民人。”③ 乾隆十年（1745 年），御史赫泰亦称：“旗地之典卖与民者，已十之五六。”④ 据乾隆十三年（1748 年）清廷调查，被典土地土默特贝子旗下已达 1643 顷，喀喇沁贝子旗下达 400 顷，喀喇沁札萨克塔布囊旗下达 431 顷。汉族流民大有反客为主之势，“民人有价典旗地立产安居者，俨然身同土著，几忘其地为蒙古之本业”⑤。

一些蒙古人失去了土地，生活趋于困顿，为照顾这些蒙古人的生计并恢复其社会地位，清廷采取了种种措施，如公布禁止通婚令、回籍令、回赎耕地令、禁止移民令等。回籍令，是强制汉人返回原籍。回赎，即是把蒙古人典给汉人的土地，在一定期限内，从汉人手里无偿收回。例如，乾隆十四年（1749 年），令口外喀喇沁、翁牛特、敖汉等蒙古旗，严禁再出典土地、增垦地亩，并命将已出典土地分年限赎回，令汉人返回原籍。当

① 参见袁森坡、吴云廷：《河北通史》（清朝上卷），211 页，石家庄，河北人民出版社，2000。

② 《清朝文献通考》卷五《田赋考五・八旗典志》，杭州，浙江古籍出版社，1988。

③ （清）贺长龄、魏源：《清经世文编》卷三五《户部・八旗生计・八旗开垦边计疏》，北京，中华书局，1992。

④ （清）贺长龄、魏源：《清经世文编》卷三五《户部・八旗生计・复原产筹新垦疏》，北京，中华书局，1992。

⑤ （清）刘纶：《土默特种地民人事宜折》，见（清）海忠修，林从炯等纂：《承德府志》卷四九《艺文二》，1051 页，台北，成文出版社，1968。

时清统治者对流民的态度是矛盾的，一方面他们知道流民的存在是社会动荡的根源，需要将他们与土地结合起来，才能消弭乱源。他们垦辟土地，对国家经济也是有益的，故一定时期允许，甚至鼓励流民出口外垦殖。但流民在口外定居下来，与蒙古人通婚杂居，又会冲击蒙古族的生产，造成牧场萎缩、旗人失业，另则蒙古与汉人通婚，又会危及蒙古人自身的血统的纯正性。从这方面的考虑，清廷又常常下令禁止口外移民，特别是规定毋得移家占籍，严禁与当地蒙古人通婚。例如，康熙二十二年（1683年）规定："凡内地民人出口于蒙古地方贸易、耕种，不得娶蒙古妇女为妻。倘私相嫁娶，查出，将所嫁之妇离异还给母家，私娶之民，照地方例治罪。"① 禁止与当地蒙古人通婚，很大程度上也是为了防止汉人定居。在清统治者看来，蒙古人失地主要是因为汉人的涌入，禁止通婚令和回籍令是试图釜底抽薪，从根源上解决蒙古人的失地问题。对于这些措施，统治者内部也有不同的意见。例如，直隶总督方观承深感难以落实，指出："贫民无家可归，即甘受驱逐，而数万男妇，内地亦难于安置。"② 结果典者自典，垦者自垦，清朝廷也只好听之任之。

（五）蒙古人直接从事农业生产

蒙古官庄、王庄虽然以汉人佃种为常态，但在汉民的影响下，一些近边的蒙古牧民也逐渐掌握了农业生产技术，开始从事农业生产。以热河地区蒙古族为例，这里土地丰腴，沟塍交错，其境内蒙古族早在康熙年间就已是"皆渐知稼穑，刀耕火种，斥卤日开。昔时龙沙，雁碛之区，今则筑场纳稼，烟火相望，太平景物，亘古未有也"③。康熙三十年（1691年），康熙巡行塞外，看到蒙古人垦田耕种且兼营游牧的情景时称："农作非蒙古本业，今承平日久，所至多依山为田，既播种则四出游牧射猎，秋获乃归，耘耨之术皆所不讲，俗云'靠天田'。"④ 从这材料可以看出，这里的蒙古人虽然已从事农业，但并未放弃传统的游牧射猎，农业仍是游牧的补充，而且农业相当粗放，即所谓"耘耨之术皆所不讲"，完全还是靠天吃饭。康熙三十七年（1698年）十二月，遣劝农官至古北口外敖汉、奈曼等蒙古旗督教耕种，并赈济贫民。四十年，遣官往古北口外土默特蒙古旗督教耕种。据清康熙《龙门县志》载，在龙门（治今河北赤城县城

① 《钦定大清会典事例》卷九七八《理藩院·婚姻》，台北，新文丰出版公司，1976。

② 《清史稿》卷三二四《方观承传》。

③ 《钦定热河志》卷九二《物产一》，见《景印文渊阁四库全书》，第496册。

④ 《钦定热河志》卷七五《藩卫一·荒田诗序》。又见（清）海忠修，林从炯等纂：《承德府志》卷二七《风土·蒙古土风》，789页，台北，成文出版社，1968。

西南龙关）边垣，形成一些以蒙古旗人为主体的定居村："其居之者皆本朝旗人，或沿山为寨，或负阜为村，所植者黍、稷、莜麦诸种类皆与龙门同。所养者牛、羊、鸡、犬诸牲畜皆与龙门同。"[①] 他们除了从事农业外，还经营家庭饲养业，俨然与内地汉人无异。

雍正、乾隆时，蒙古人从事农业者渐多。雍正元年（1723 年）六月，以边外地方辽阔，可供开垦田亩甚多，命将在京八旗无产业兵丁移驻热河、喀喇河屯等处垦屯。雍正五年（1727 年）闰三月，又将京师旗人无产业者，发往京城附近直隶地方耕种井田，每户给地三十亩，每五户给牛三头，每户给银十五两，置办农具、籽种、口粮，并按人口多少分配房屋居住。雍正十一年（1733 年），方观承以内阁中书舍人的身份，随定边大将军福彭出征准噶尔，从北京出发，撰就《从军杂记》一书，记下了沿途地形、物产、古迹、地理等。他看到自张家口至山西杀虎口，沿边千里"窑民与土默特人咸业耕种"，乃至北路军粮取给于此，内地无挽输之劳。[②] 乾隆十五年（1750 年），乾隆巡历热河，见沿途禾苗遍野，一些蒙古民在田间锄禾，他随即赋诗《山田》一首："蒙古佃贫民，种田得租多。即渐罢游牧，相将艺黍禾。"[③] 目睹此景，乾隆不仅没有喜色，相反却忧心忡忡，在他看来，从事农业是务近利，而失去了蒙古的本道。贫困蒙古旗人直接从事农业生产，其新垦土地过了规定的免税年限后，也要开始承担赋税。以察哈尔左翼蒙古为例，据《东华续录》载，乾隆五十三年（1788 年），正白旗（今河北隆化县郭家屯）蒙古史孟额佐领旗下人巴彦桑、姜文通所垦边荒地七十九亩四分，每亩收银一分四厘。

需要指出的是，大多数蒙古人并未因从事农业生产而放弃畜牧业，往往是半农半牧。但尽管如此，昔日辽阔无涯"馳叱牛羊"的游牧区，已逐渐变为牧场与农田交错，蒙古与汉民杂居，牧耕兼营的半农半牧区，牧区面貌已大为改观。经过各族人民几十年的辛勤劳作，康熙后期甚至京城粮食供应也开始仰赖于口外。"大都京城之米，自口外来者甚多。口外米价，虽极贵之时，秫米一石，不过值银二钱，小米一石，不过值银三钱，京师亦常赖之。"[④]

---

① （清）林盛：《龙门边垣论》，见（清）章焞：《龙门县志》卷一五《艺文志》，545 页，台北，成文出版社，1969。

② （清）方观承：《从军杂记》，见毕奥南整理：《清代蒙古游记选辑三十四种》（上册），157 页，北京，东方出版社，2015。

③ 《钦定热河志》卷九二《物产一》，见《景印文渊阁四库全书》，第 496 册。

④ 《清圣祖实录》卷二四〇康熙四十八年十一月庚寅条。

三、畜牧业

畜牧业是蒙古族的传统产业，一直以来他们主要以此为生。直隶口外，气候湿润，草肥水甘，宜于畜牧。自皇太极征服察哈尔后，“遂历置公私牧厂于此”①。清入关以后，又在此基础上于张家口、独石口外陆续设立了隶属内务府和太仆寺等机构的牛羊群和驼马厂。同时，还以赏赐、借住等名义给一部分王公圈定了数处牧厂。

（一）诸牧厂的分布

1. 上驷院牧厂

上驷院是清代内务府所属三院之一，设于顺治十年（1653 年），初名御马监，顺治十八年（1661 年）改为阿敦衙门，康熙十六年（1677 年）改为上驷院，专营宫廷所用驼马。其所属牧厂专门牧放驼马，不养牛羊。上驷院所属牧厂有大凌河牧厂、上都达布逊淖尔牧厂、达里冈爱牧厂。与今河北有关者为上都达布逊淖尔牧厂。

上都达布逊淖尔牧厂，分布在两处：一处在上都河（今闪电河），另一处在达布逊淖尔，因隶御马监，又称“御马厂”，俗称“大马群”。

上都牧厂，位于独石口东北一百四十余里的博罗城（今正蓝旗黑城子），东接围场，西、北至镶白旗察哈尔，南接边墙，大体相当于今锡林郭勒盟多伦县全部、正蓝旗南部、正镶白旗东南部、太仆寺旗东北部和河北沽源县的大部。达布逊淖尔牧厂大约在察哈尔镶黄、正白二旗南，正黄、镶黄二旗牧厂北，约今商都、化德、张北和康保等县交界地带。因厂内有一盐池，蒙古名作达布逊淖尔（今商都县盐淖），故有此名。

上都达布逊淖尔牧厂，自顺治年间设立后，即由外八旗察哈尔蒙古人充当牧丁。初设蒙古总管一人，管理牧事。康熙四十年（1701 年），因驼马蕃息，始于内八旗大臣中拣选设立总管一员，总理牧事，其原设蒙古总管改为副总管，协同经理及所辖官丁人等。② 另有蒙古笔帖式十人，效力笔帖式五人，协领六人，副协领十二人。每牧群设牧长、副牧长各一人，牧丁七人，防御二人，骁骑校二人，护军校十二人，护军三百四十五人。

2. 庆丰司牛羊群牧厂

庆丰司是内务府七司之一，初名“三旗牛羊群牧处”，康熙十六年（1677 年）并归掌仪司。康熙二十三年（1684 年），另设庆丰司，主管宫

---

① （清）黄可润：《口北三厅志》卷六《考牧志》，103 页，台北，成文出版社，1968。

② （清）黄可润：《口北三厅志》卷六《考牧志》，104 页，台北，成文出版社，1968。

廷坛庙祭祀及牛羊群畜牧事务。其所属牛羊牧厂有察哈尔牛羊群牧厂、达里冈爱牛羊群牧厂和养息木牧厂。与今河北有关者为察哈尔牛羊群牧厂。

察哈尔牛羊群牧厂由察哈尔镶黄、正黄、正白三旗牧放，故又称作察哈尔镶黄、正黄、正白三旗官牛羊群牧厂。下分牛、羊群五处：

镶黄旗牛群。清乾隆间位于镶黄旗南，北起吗呢图（今河北张北吗呢坝），南至什巴尔台（今河北张北十八里汰村），东起音图（约今河北沽源西南），西到插汉巴尔哈逊（今河北张北白城子），约今河北张北县东和今沽源县西南部。牧长驻于哈根诺尔（今河北张北黄盖淖尔）。清中叶以后，由于吗呢坝以南陆续被开垦为农田，牛群逐渐转移至张北县北部阿尔泰驿路上的哈柳台驿站附近（今张北安固里淖东南），光绪三十二年（1906 年）再次北移至正白旗明安地方。[①]

镶黄旗羊群。乾隆年间位于镶黄旗察哈尔北，翁闻山（今镶黄旗翁贡乌拉苏木境内）以南。清末民初，该群北移至今镶黄旗北部的翁贡淖尔一带，称翁贡羊群。

正黄旗羊群。原驻殷子川（今河北兴和银子河），乾隆间北移至阿尔泰军台第三、四台西南，约今河北张北、内蒙古兴和和商都县交界地带。光绪三十二年（1906 年）再次北移至大马群地方，今商都县西北达布逊牧厂地。[②]

正黄旗牛群。原在康湖等地驻牧，在正黄旗羊群驻地殷子川西南，[③]约今河北兴和县西南与丰镇市交界地带。后因牧场被垦，渐次北移，先移至阿尔泰军台第三、四台西南，西路文书台第四台北，[④] 今河北张北县海流图河及安固淖尔一带，再移至镶黄旗羊群西大马群地，在今商都县西北与察右后旗交界地带。清末民初，再东移至今正镶白旗。

正白旗牛、羊群。乾隆年间在乌兰嘎苏以北、盎吉尔图一带，约今河北沽源县境内，后北移至上都牧厂以北，[⑤] 约今正蓝旗哈登胡舒苏木、桑根达来苏木、宝绍代苏木及乌和日沁敖包林场一带。

以上各旗牛羊群，初设总管一员，副总管二员，笔帖式二员，蒙古笔帖式十四员。雍正十一年（1733 年），增置防汛三旗牧厂副总管一员，防

---

① （民国）《张北县志·察哈尔清代蒙旗沿革略图》，台北，成文出版社，1968。

② （民国）《张北县志》卷一《地理志上》，78 页，台北，成文出版社，1968。

③ 参见《口北三厅志》卷六《考牧》及（民国）《张北县志·察哈尔清代蒙旗沿革略图》。

④ （民国）《张北县志·察哈尔清代蒙旗沿革略图》，台北，成文出版社，1968。

⑤ 参见《口北三厅志》卷六《考牧志》及《张北县志·察哈尔清代蒙旗沿革略图》。

守尉章京四员，骁骑校四员，护军校四员，护军四百零三名。①

3. 太仆寺左、右翼牧厂

太仆寺是清代专掌马政的机构，有左、右翼牧厂。乾隆四十三年(1778年)，设统辖两翼牧厂副都统衔总管一人，由内八旗大臣中选任。每翼各设总管一人，由清廷在察哈尔佐领内选任。②

左翼牧厂，由察哈尔游牧八旗的镶黄、正蓝、正白、镶白四旗放牧。位于张家口东北，东至宣化府边界，西邻镶黄旗牧厂，南接镶蓝旗牧厂，北抵察哈尔镶黄旗。东西距65公里，南北距25公里，大体相当于今河北康保县东部、张北县北部、沽源县西部和太仆寺旗南部。清末放垦后，到民国初年，只剩今太仆寺旗贡宝拉嘎苏木。

右翼牧厂，由察哈尔游牧八旗的正黄、正红、镶红、镶蓝四旗放牧，初在张家口西北155公里的齐齐尔汉河（今内蒙古自治区丰镇市饮马河），东西距75公里，南北距32.5公里，大体相当于今内蒙古自治区凉城县东南部、丰镇市大部和兴和县南部。乾隆间，牧厂向东移至文书台西路第三台西马莲渠地方（今河北张北县马莲渠）。嘉庆以后，再次移动，骒马群移至原上都马厂所在的多伦大北沟、大联地、特莫图山和上都河一带。骟马厂则移至打拉齐庙（今河北张北达拉齐庙），光绪三十二年(1906年)，亦移至上都河，与骒马群并为一处。③

4. 兵部八旗牧厂

八旗牧厂系季节性牧厂。顺治初年规定，八旗左、右翼各简用副都统一人，于立夏后四日，率官兵陆续赶赴口外八旗牧场，择水草丰茂之处放牧，称为“出青”。至深秋八月，由兵部察验备案，再赶进口内，称为“回青”。其在察哈尔地区的牧厂，清中叶以前方位如下：

镶黄旗牧厂，在张家口北50公里控果罗鄂博冈（今河北张北县城东北），东西距7公里，南北距75公里。

正黄旗牧厂，位于张家口西北50公里诺木浑博罗山，东西距65公里，南北距125公里。④

其他六旗牧厂在镶黄旗牧厂东。正蓝旗牧场，在张家口北；镶蓝旗牧厂，在张家口东北；镶白旗牧厂，在独石口北红城西北；正白旗牧厂，在

① （清）黄可润：《口北三厅志》卷六《考牧志》，106页，台北，成文出版社，1968。

② 《钦定八旗通志》卷四一《兵制·马政》，见《景印文渊阁四库全书》，第664册。

③ （民国）《张北县志》卷一《地理志上》，78页，台北，成文出版社，1968。

④ （清）黄可润：《口北三厅志》卷六《考牧志》，104页，台北，成文出版社，1968。

独石口外红城子北；正红旗牧厂，在独石口东北、老彰沟西、椴木梁东。[1] 镶红旗牧厂，地望不详。

由于八旗牧厂系季节性牧厂，又主要用于牧放军驼、军马，乾隆以后战事减少，军马、军驼需求骤减，厂地不断萎缩。道光后，由于八旗留存马匹无多，无须牧场放牧，遂致荒废，所余厂地并入上都达布逊牧厂和牛羊群。

5. 王公大臣官员等牧厂

这类牧厂多散处在察哈尔八旗和各大牧厂间，并且随着这些王公大臣爵位的升降而时有变动，或撤或增。到清末时，察哈尔八旗境内，共有王公牧厂25处，其中左翼15处，即镶黄旗境内的和亲王牧厂、松公牧厂、宝公（阿公）牧厂；镶白旗境内的毓公、堃公、肃亲王、恒贝勒、葵公牧厂；正白旗境内的礼亲王、德公牧厂；正蓝旗境内的怡亲王、豫亲王、德公、睿亲王、顺贝勒牧厂。[2] 这些牧厂在清中叶以后，陆续开垦，到清末民初已全部放垦。

（二）牧厂的萎缩

前已讲到，由于内地大量流民出口耕垦，农业收入比畜牧业丰厚且稳定，在利益的驱使下，当时不少蒙古台吉、官员、喇嘛等弃牧从耕，将旗下公地招民开垦，少者数十顷，多者数百顷，造成牧场急剧萎缩。这些人坐收地租，获取厚利，但属下普通蒙古兵丁百姓，却因丧失生活来源，愈益贫困。清朝统治者屡次下诏禁止，例如，乾隆十四年（1749年）九月下谕：

> 蒙古旧俗，择水草地游牧，以孳牲畜，非若内地民人，倚赖种地也。康熙年间，喀喇沁扎萨克等地方宽广，每招募民人，春令出口种地，冬则遣回。于是蒙古贪得租之利，容留外来民人，迄今多至数万，渐将地亩贱价出典，因而游牧地窄，至失本业。朕前特派大臣，将蒙古典与民人地亩查明，分别年限赎回，徐令民人归赴原处。盖怜恤蒙古，使复旧业。乃伊等意欲不还原价而得所典之地，殊不思民亦朕之赤子，岂有因蒙古致累民人之理。且恐所得之地，仍复贱价出典，则该蒙古等生计，永不能复矣。着晓谕该扎萨克等，严饬所属。嗣后将容留民人居住，增垦地亩

① （清）黄可润：《口北三厅志》卷六《考牧志》，104页，台北，成文出版社，1968。

② 金海等：《清代蒙古志》，202页，呼和浩特，内蒙古人民出版社，2009。

者，严行禁止。至翁牛特、巴林、克什克腾、阿噜科尔沁、敖汉等处，亦应严禁出典开垦，并晓示察哈尔八旗，一体遵照。自降旨后，如仍蹈前辙，其作何惩治，及应隔几年派员稽察之处，该部定议具奏。[①]

但清廷的政策常有摇摆，上述诏令不过为具文，难以贯彻。嘉庆二十年（1815 年），热河都统竟然提出要从喀喇沁、土默特等蒙古原来租给汉民地内，“撤出十分之五”，给蒙古“自行耕种”，并因耕牛已经呈缺乏之状，要求禁止山沟村庄宰牛，[②] 这说明牧场已经变为耕地，畜牧业彻底衰落了，否则蒙古民就不会撤回出租的土地自行耕种，更不会出现耕牛缺乏的现象。嘉庆二十二年（1817 年），关于热河地亩的理藩院议定即言：“蒙古内有愿将空闲牧厂开垦者，呈报都统，查勘办理。”[③] 这种允许出放荒地与之前不许增垦的方针是矛盾的，反映了清廷在现实面前的妥协，只得承认既成事实，而召垦的合法化，进一步加剧了牧场的萎缩。道光年间就连开垦较晚的喀喇沁右旗也因“商民日集，占垦地亩日广”，终致“蒙古人无地放牧牲畜”。[④] 热河北部的蒙古牧区已经开始向半牧半耕区转化。

四、手工业

手工业也是蒙古族游牧生活的必不可少的门类，如毡帐、衣帽、马具、炊具的制作修理等，开始为家庭生产、生活的一部分，后来随着社会生产及分工的发展，开始出现专门的手工业匠人。

清代察哈尔蒙古有的人开设皮毛作坊，加工毡鞋、毡袜、毡帽和毡子，每逢庙会期间用车拉或马驮这些商品到多伦和张家口等地销售。只丰宁森吉图乡一地，手工毡房就有三十四家，到光绪二十六年（1900 年），因军阀混战和兵匪抢劫等原因，大多倒闭，新中国成立前只剩下了赵、杜等六七户蒙古人手工加工毛皮。

---

① 《清高宗实录》卷三四八乾隆十四年九月丁未条。

② 《钦定大清会典事例》卷一五八《户部》，台北，新文丰出版公司，1976。

③ 《钦定大清会典事例》卷九七八《户丁》，台北，新文丰出版公司，1976。

④ 《阿勒清阿奏喀喇沁王控商民不给抽分地铺银两》，转引自王玉海：《清代喀喇沁的农业发展和土地关系》，见马汝珩、马大正主编：《清代边疆开发研究》，北京，中国社会科学出版社，1990。

五、商业与交通

（一）清代蒙古地区的台站制度

驿站，也叫台站，蒙古语称乌日特，是通报军情、传递官府公文、运送官物官吏的重要通信组织。尤其在战争频繁、边境多事之时，驿站成了军事上的重要组成部分，所以有时也称军台或军站。清代交通，以首都北京为中心，辐射四方。由北京出发，可经由喜峰口、古北口、独石口、张家口和杀虎口通往蒙古各盟旗。在这些驿道上，属于内地的驿站由汉人管理，称为汉站。进入蒙古地区以后的驿站，由蒙古人管理，称为蒙古站。出喜峰、古北、独石、杀虎四口的驿路，直达内蒙古各旗，其驿站称为站。从张家口通往西北的各驿站称为台。台站由清廷直接设置，官兵饷需和驿递车马均由国家负责。除了官设驿站外，还有一种苏木台站。苏木台站是各盟旗以佐领为单位自行设置的。台站按其规模大小，又有正站（正台）和腰站（腰台）之别。正站为大站，腰站为小站。

清廷在蒙古地区设立台站，开始于康熙中叶。为了方便降附的喀尔喀往来，清廷开始于蒙古地区建立驿站制度。康熙三十年（1691 年）冬十月丙申谕理藩院曰："古北口、喜峰口外，现各有五十家一村，设为驿站。自此至科尔沁等处，其间亦须照此例，于各旗内察出贫穷之人，给与牛羊等物，使为产业，设立驿站，则贫者咸得生理，而各处亦免苦累。"① 次年三月，内大臣阿尔迪、理藩院尚书班迪等奉差往边外蒙古地方五路设立驿站。康熙帝临行嘱咐他们说："凡遇边外事务，皆用蒙古马匹，不但甚累蒙古，且恐事亦有误。今设立驿站，虽费用国帑，日后于蒙古裨益良多，亦不致迟延误事，最为紧要。特遣尔等料理，务加详慎，必将确然不易，可垂永久之策，筹画而行。"② 同年六月甲申，奉差安设口外五路驿站内大臣阿尔迪上疏言："喜峰口外设立十五站，古北口外六站，独石口外六站，张家口外八站，杀虎口外十二站，每站安丁五十名，量给与马匹牛羊。"③ 驿站的设置，一是考虑上下台站之间的距离要适中，二是台站设置处必须有水草，这也是其中的主要条件。

喜峰口、古北口、独石口、张家口、杀虎口，设置了五路驿站，总称"内蒙古五路驿站""口外五路驿站"或"边外五路驿站"。这五路驿站

① 《清圣祖实录》卷一五三康熙三十年十月丙申条。

② 《清圣祖实录》卷一五四康熙三十一年三月丙辰条。

③ 《清圣祖实录》卷一五五康熙三十一年六月甲申条。

与长城五口以内的汉站相连，直达京师。其中，蒙古驿每驿驻蒙古五十户，筑室授田，俾之耕牧，遇有差徭，户出马一匹，以给其役。每台设章京一，秩五品，昆都一，秩六品，其下毕齐克齐、拨什库、阿敦达等十余人，皆隶于理藩院管站司员，本旗不得而役属之。① 由于杀虎口驿站与河北无涉，以下主要介绍其他四路驿站。

1. 喜峰口驿站

喜峰口驿站，自喜峰口至扎赉特旗哈岱罕，由喜峰口管站司员管理，共设18站。其中除喜峰口、宽城内地两汉站外，其余16站均为蒙古站。自南向北，第一站为浩沁塔宾格尔。浩沁塔宾格尔，即今河北平泉南境瀑河右岸的五十家子，辖站路65公里。据麒庆《奉使科尔沁行记》载："初六日，涉宽河，越豹河崖，抵党坝，出大矾口，抵第一台，地名浩沁塔比格尔，译言旧五十家子，因台上有五十户蒙古也。……馆舍整洁，本台昆都所居也。"② 以后15站依次为：克依斯呼、托郭图、伯尔克、黄郭图、沙尔诺尔、库库车勒、三音哈克、希讷郭勒、奎苏布拉克、博罗额尔济、诺木齐、哈沙图、阿勒坦克勒苏特依、仲堆、哈岱罕。③ 第二站克依斯呼（或译作"堪斯呼"），今河北平泉北五十家子，辖站路70公里。乾隆三十年（1765年），从喀尔喀中旗、喀尔喀右旗各选25户蒙古族到驿站定居，今平泉五十家子、北五十家子蒙古族都是驿站后裔。由于其余14个驿站均不在今河北境内，兹不赘述。

这些驿站经过喀喇沁右翼旗、中旗、左翼旗，土默特右翼旗、左翼旗，喀尔喀左翼旗，敖汉旗，奈曼旗，扎鲁赉特左翼旗、右翼旗，科尔沁左翼后旗、左翼中旗、左翼前旗、右翼中旗，郭尔罗斯后旗、前旗，科尔沁右翼前旗、右翼后旗，扎赉特旗，杜尔伯特旗，凡3盟20旗。该路驿站共设官马920匹，兵丁968名，当差壮丁50名，兽医2名，马夫46名。

喜峰口驿站是清廷规定的卓索图盟和昭乌达盟王公入京朝觐、年班的必经路线，也是连接北京到内蒙古东部各盟旗的主要通道。④

2. 古北口驿站

古北口驿站，自古北口至乌珠穆沁左翼旗阿噜噶木尔，共设16站，

① （清）麒庆：《奉使科尔沁行记》，见毕奥南整理：《清代蒙古游记选辑三十四种》（上册），496页，北京，华夏出版社，2015。

② （清）麒庆：《奉使科尔沁行记》，见毕奥南整理：《清代蒙古游记选辑三十四种》（上册），496页，北京，华夏出版社，2015。

③ 杨选第、金峰校注：《理藩院则例》卷三一《邮政上》，呼和浩特，内蒙古文化出版社，1998。

④ 金海等：《清代蒙古志》，259页，呼和浩特，内蒙古人民出版社，2009。

自南向北依次为古北口、鞍匠屯、王家营、红旗营、什巴尔台、坡赖村、美尔沟、希尔哈、阿美沟、卓苏、陈图博、赉散琥图克、色拉木伦、噶察克、海拉察克、阿噜噶木尔。[①] 其中除古北口至坡赖村内地所设6个汉站外，自美耳沟以下均为蒙古站。经过翁牛特右翼旗、左翼旗，扎鲁特左翼旗、右翼旗，巴林右翼旗、左翼旗，阿鲁科尔沁旗，乌珠穆沁右翼旗、左翼旗，凡2盟9旗。该路驿站共设官马495匹，兵丁974名，当差壮丁80名，兽医6名，马夫28名。

古北口驿站，大路平衍，为科尔沁、巴林、乌珠穆沁、翁牛特诸部入贡之孔道，后来成为内蒙古最主要的商路之一。此路驿站最初为康熙年间征伐噶尔丹所设立，原穿过木兰围场，“乾隆十四年，以蒙古驿站穿行围场，不无惊悚扰，奉旨移于围场界外墨尔岭东沟安设，今定制”[②]。所移定之站点，即蒙古第一站美尔沟站（今内蒙古赤峰市喀喇沁旗美林乡）。

3. 独石口驿站

独石口驿站，又称“独石口军台”，康熙三十二年（1693年）设，自独石口至浩齐特左翼旗胡鲁图，共设7站，其中除独石口站为汉站为，其余6站均为蒙古站。自南向北依次为独石口、奎腾布拉克、额楞、额默根、卓索图、锡林郭勒、胡鲁图。经过昭乌达盟克什克腾旗以及锡林郭勒盟阿巴噶左右二旗、阿巴哈纳尔左右二旗、浩齐特左右二旗，共2盟7旗。

该路驿站是锡林郭勒盟部分札萨克旗王公进京的主要通道，共设官马329匹，兵丁300名，兽医一名，马夫43名。据《口北三厅志》卷六《台站》载：“独石口军台（康熙三十二年设），蒙古六台站。每台派拔骁骑校二员，笔帖式一员，领催二名，达夫五十家。原定不设工食。康熙三十二年分给每一家牛马共五头，羊三十头，为永远养赡之用。再每台预备过往差员口粮羊二十只，每只定价银七钱。年终册报理藩院核销，用完给银再备。”除独石口外，其他诸口蒙古驿站，每站也都由五十家应役。

4. 张家口驿站

张家口驿站，自张家口至四子部落旗吉斯黄郭尔，共设19站，总长275公里，通达锡林郭勒盟苏尼特左右二旗、乌兰察布盟喀尔喀右翼旗、茂明安旗、四子部落旗，共2盟5旗。这些站自南向北顺序是张家口、察罕托罗海、布尔哈苏台、哈留台、鄂罗依琥图克、奎苏图、扎哈苏台、明垓、察察尔图、庆岱、乌兰哈达、本巴图、锡喇哈达、布鲁图、鄂伦琥图

① 杨选第、金峰校注：《理藩院则例》卷三一《邮政中》，呼和浩特，内蒙古文化出版社，1998。
② 《钦定热河志》卷八四《兵防·驿递铺》，见《景印文渊阁四库全书》，第496册。

克、察罕琥图克、锡喇穆楞、敖拉琥图克、吉斯黄郭尔。[①] 其中，除张家口驿站为汉站外，其余均为蒙古站，是为阿尔泰军台。察罕托罗海至庆岱（沁岱），皆在察哈尔境内，至奇拉伊木呼尔以下，已接喀尔喀境内。该路驿站共设官马497匹，兵丁330名，兽医1名，军夫、马夫各24名。

张家口驿站，另一道则西至归化城，路经驿站有察罕托罗海、叟吉、昭化、塔拉布拉克、穆海图、和林格尔。"叟吉"，或作"蒐吉"，在今河北尚义东南东23公里处，即张北县通往尚义（南壕堑）大道上的五十家子。昭化站，在今尚义与老平地泉之间大道上的台基庙附近、东洋河上游后河的左岸。[②] 此路可达察哈尔右翼四旗和归化城土默特左右二旗之外，从北京到阿拉善额鲁特左右二旗和额济纳土尔扈特旗的官方人员也经过此驿站行走。但这条驿站康熙中叶设立后，至雍正中叶便废止了。《嘉庆会典事例》卷七四五载："雍正六年议准，自张家口至归化城，前因噶尔丹之役设立蒐吉、昭化、塔拉布拉克、穆海图、和林格尔等五站，今应裁汰。"

（二）朝贡互市

朝贡互市，是增进满、蒙古、汉之间关系的重要手段。蒙古王公按期遣使进京朝贡，各部皆有指定的互市地点，顺治二年（1645年）正月，设张家口、古北口满洲章京各一员，命哈克萨哈驻张家口，满都布赉驻古北口，谕之曰："尔等驻防之地，凡外藩各蒙古来贸易者，俱令驻于边口，照常贸易，勿得阻抑。其喀尔喀部落来市马者，令驻于口外，申报户部，听候谕旨。"[③]

顺治七年（1650年）二月，顺治帝告谕户部、兵部，自今以后，喀尔喀、厄鲁特从边外带来马驼，进入居庸关以后，不许官吏、军民人等沿途迎买。到达京城，章京以下，披甲兵以上，若无驼只马匹而愿购买者，每次止准买一匹，违例多买者，所买之马入官，问以应得之罪。买马之人于指定卖马处所，执册呼名放入。[④] 雍正三年（1725年），"禁边关城门索取蒙古进贡车辆茶马税银，其借名蒙古匿税者罪之"[⑤]。

（三）张库大道及蒙古地区商业的兴起

清初，蒙古人除从事畜牧业和狩猎业外，只能制造一些简单的游牧经

---

① 杨选第、金峰校注：《理藩院则例》卷三一《邮政上》，呼和浩特，内蒙古文化出版社，1998。

② 参见韩儒林：《清代蒙古驿站》，见《穹庐集》，石家庄，河北教育出版社，2000。

③ 《清世祖实录》卷一三顺治二年正月戊子条。

④ 《清世祖实录》卷四七顺治七年二月乙酉条。

⑤ 《清朝文献通考》卷二六《征榷一》，杭州，浙江古籍出版社，1988。

济所需的手工业品，而粮食、布匹、金属器具等则需从内地输入。清廷为了加强对蒙古的统治，一般禁止汉人到蒙古地区垦住，也不许蒙古各旗之间越界放牧，更不允许王公、台吉、阿拉特牧民自由至长城以内贸易互市，只允许在张家口、归化城（治今呼和浩特）、多伦诺尔（治今内蒙古多伦县）、西宁（治今阳原县）等处沿边城镇，由从事旅蒙商贸易的山西帮和直隶帮汉、回等族商人，在清廷的监督控制下，进行有限的物物交换。

但是这种有限的贸易，远不能满足双方的需要，双方都强烈要求允许内地商贾深入蒙古地区经商。在这种情况下，到康熙后期，对旅蒙商赴蒙古地区贸易的限制有所放松，规定将山海关、古北口、独石口、张家口等几个长城沿线的通道开放为出入蒙古地区经商的通道。凡到口外贸易的商人，要由察哈尔都统（驻张家口）、归化城将军、多伦诺尔同知等衙门批准，发给允许进入蒙古地区的“部票”（又称“龙票”），然后持票至指定的蒙旗进行贸易。领取部票时，要注明人数、姓名、货物品种、数量、起程日期等。乾隆以后，清廷对蒙古地区的封禁有所放松，至蒙古地区经商者猛增，康熙初不到30家，康熙末达80多家，道光间为280多家。旅蒙商的总部设在张家口的大境门，分号设在库伦（今蒙古国首都乌兰巴托）、恰克图（今蒙古国阿尔丹布拉克）等地。[①]

蒙古地区由于介于内地与俄之间，为内地与俄国贸易的中转站。康熙五十九年（1720年），批准于库伦设互市。雍正五年（1727年），中俄签订《恰克图条约》，划定边界，设库伦办事大臣，以理交涉之事，且择恰克图开为互市场所，又以理藩院司官一人驻扎其地，管理通商事务。正是在此背景之下，催生了蒙古草原到内地贸易的繁荣。

当时，从蒙古草原到内地有三条路：一是从乌兰巴托出发，穿越浒善达克沙漠边缘，经东西苏尼特旗（今赛汗塔拉）、商都、集宁，到达大同、太原；二是从乌兰巴托出发，经阿嘎巴旗，穿越浑善达克沙漠，再过多伦诺尔（今多伦）、沽源、独石口到北京；三是从乌兰巴托出发，越浑善达克沙漠，经太仆寺旗、张北进入张家口。第一条，因途中经过百里沼泽，不久便终止了。第二条，因路途较远，且多崎岖山路，最终也没能维持多久。而第三条路线由于距离最近、路况较好，故驼队、车队多走此路。这条路即著名的“张库大道”。张库大道从张家口出发，通往蒙古草原腹地城市库伦（今蒙古国乌兰巴托），并延伸到俄罗斯恰克图，全长一千四百余公里，有着“草原丝绸之路”“草原茶叶之路”之称，是著名的

① 袁森坡、吴云廷：《河北通史》（清朝上卷），158页，石家庄，河北人民出版社，2000。

古商道，在国内外具有重要的政治、经济、文化影响。

张库大道，大致包括中线、东路和西北路。一般从旱滩坝、万全坝或崇礼五十家子上坝。上坝后，走张北（兴和）、化德（德化）、赛汗（滂江、东西苏尼特旗）、二连、扎蒙乌德、叨林、乌兰巴托、恰克图这是中线；上坝后，走张北、太仆寺旗，穿越浑善达克沙漠，过灰腾梁、灰腾河，深入后草地贝子庙（锡林郭勒盟）或奔二连归入中路或继续向北经东西乌珠穆沁过境，至乔巴山，有的还深入俄国的赤塔，这是东路；西北路从张家口出发，走张北、三台坝、大清沟、商都、卓资山，至呼和浩特或西行至新疆，或北行至乌里雅苏台、科布多，有的还拐向库伦。

张库大道历史悠久，早在元代便辟为驿路，明清两代又辟为官马大道。张家口是此道的起点，也是各种物资集散地，是蒙古、汉和中俄交换联系的枢纽。明"隆庆和议"后，特别是万历年间，张家口的茶马互市贸易已具有一定的规模。为适应市场的发展，万历四十一年（1613 年），明廷在今大境门段长城开一门，与互市之所"来远堡"同时开通，因建在宣府镇西路长城上，故名"西境门"，后为与清顺治元年（1644 年）所开的门区别，习称"小境门"。小境门，当时是进出张家口的唯一通道，高 2.7 米、宽 1.62 米、进深 7.5 米，仅供行人通行，高大的骆驼，驮上货物则不能进出。这主要是防范蒙古人，出于边境安宁的考虑。因小境门通行困难，大宗的货物堆积城外，遂逐渐在长城外西沟和正沟一带的河滩形成市场，西沟和正沟也出现了许多店铺。

图 4－9　小境门（冯金忠摄）

清朝入关前漠南蒙古诸部已归附，实行“满蒙同盟”政策，无须对蒙古人设防，另外，清王朝刚入关，对南方战争需要大量的物资保障，尤其是急需马匹，而这些马匹主要是由蒙古提供的。顺治元年（1644 年），在小境门西边大境口另辟了一个较大的城门，曰“大境门”。大境门的修筑，促进了大境门外易货贸易的繁荣。张库大道的兴盛从此开始。

图 4－10　大境门（冯金忠摄）

康熙二十七年（1688 年），钱良择记载，张家口下堡，城周五六里，乃明宣德四年（1429 年）所筑，“商贾辐辏，居然都会。自明时岁受蒙古之扰，逮我朝满汉为一，蒙古诸色人等出入贸易如一家人，故其民安业，日以繁庶”[①]。康熙时期，张家口行商为数众多，但坐商只有十余家，雍正时为九十余家，乾隆末增至一百九十余家，至嘉庆末猛增到二百三十余家。[②] 当时的张家口富商多山西人，有所谓“八大家”之称。（乾隆）《万全县志·志余》载：“八家商人皆山右人，明末以贸易来张家口，曰王登库、靳良玉、范永斗、王大宇、梁嘉宾、田生兰、翟堂、黄云龙。自本朝龙兴辽左，遣人来口市易，皆此八家主之。定鼎后承诏入京，宴便殿，蒙赐上方服馔。”这“八大家”在清入关前即与清官方有贸易往来，曾为清统治者提供过物资保障，他们是皇封御赐的皇商，地位较高。除此

① （清）钱良择：《出塞纪略》，见毕奥南整理：《清代蒙古游记选辑三十四种》（上册），43 页，北京，华夏出版社，2015。

② 袁森坡、吴云廷：《河北通史》（清朝上卷），75 页，石家庄，河北人民出版社，2000。

之外，还有联手经营的束鹿、深州、饶阳、辛集“直隶帮”，有拿着朝廷俸禄的旗人组成的“京帮”，有小本经营的蔚县、阳原、怀安、涿鹿“本地帮”。这些商人初时统称“通事行”，清末改称“旅蒙商”。

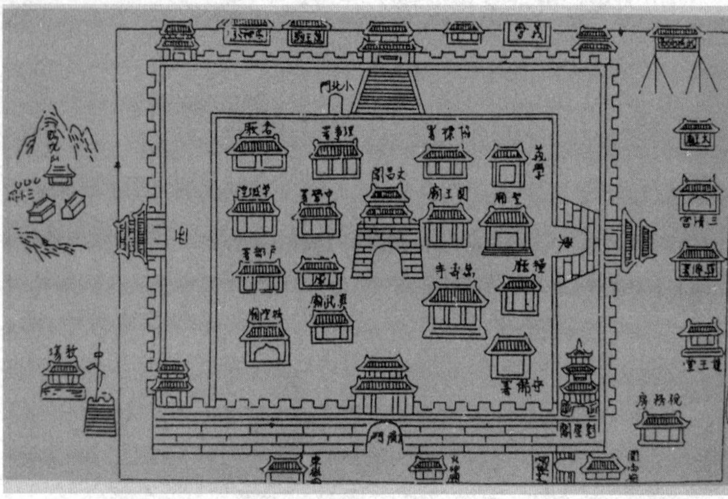

图 4－11　张家口下堡图（采自道光《万全县志》）

出大境门向西近十里的狭长沟谷中，商号店铺鳞次栉比，有经营苏杭绸缎的绸缎庄，有经营曲沃生烟的生烟庄，有专门经营牛马皮、老羊皮的粗皮行，有经营珍奇兽皮和麦穗羔皮的细皮行。这里有牛马羊大店，专门转运草原来的牲畜，有山货铺、点心铺、酒作坊、麻绳铺、茶叶铺、瓷器店、杂货店、米面店、瓷器店、铁器店等。清代诗人穆文熙曾至西沟市场，作诗《张家口》：“少小胡姬学汉装，满身貂锦压明珰。金鞭骄踏桃花马，共逐单于入市场。”① 诗中的蒙古小姑娘穿着貂锦，佩戴着汉人首饰，骑着红马，随蒙古部落的首领进入张家口市场，欢快热烈的一幅民族大融和的景象跃然纸上。

当时由于交通工具不发达，长途运输主要依靠骆驼和牛车，特别是骆驼作用尤为突出。张家口市的骆驼、牛马聚集甚多，在大境门外西沟形成骆驼市、牛马市等，日出开市，日落而收，从清朝中叶出现，兴盛了二百多年。清乾隆二十年（1755 年）前后，大境门外骆驼市最发达的时候，一直延伸到永丰堡。据清人夏之时记载：“当时由内蒙古输入的骆驼每年

---

① 河北省地方志编纂委员会编：《河北省志 · 长城志》，452 页，北京，文物出版社，2011。

达 3 万头。由内地茶叶输出俄国，需要十万匹骆驼运送。通往西北的骆驼商队有骆驼 120 万头。”①

图 4－12　大境门外的马市（刘振瑛提供）

汉人经营的骆驼队，每天大约行走 25 公里，蒙古人的骆驼队，则可以走 34 公里。小型骆驼队也有骆驼二三百头。骆驼商队每年秋季出发，冬季返回；老倌车队一般是春季出发，秋季返回。大宗货物是牲畜、粮食、毛皮、茶叶等。旅蒙商从内地采购绸缎、布匹、米面、纸张、砖茶、生烟、红糖、瓷器、铁器、蒙靴、鞍具、小百货等，与牧民交换回马、牛、羊、皮张、绒毛、药材等，与俄国人交换回毛呢、毛毯、天鹅绒、银器等。清代中叶以后，张家口茶叶贸易兴盛，到清朝末年，每年经张家口运往库伦、恰克图的砖茶多达 40 余万箱，约 1020 万公斤。由漠北输入张家口，转销中原的皮毛、药材价值 1767.5 万余两。清人查慎行几次考察张库大道。他在诗中写道：“车辙行腾市井嚣，百年休养得今朝，黄云匝地遮沙漠，衰草连冈走骆驼。”清人戴本孝《登张家口城楼》一诗写道：“蜿蜒城势列长蛇，堡断峰连木折沙。驵侩驿通中外市，牛羊气杂往来车。神争社会当场綵，女竞边妆满髻花。一望西风烟草寂，驼鸣旃幕夕阳斜。”② 诗中描述张库大道的交易和商旅情景形象逼真。

① 转引自左宝《漫话张家口》，218 页，冀内准字〔2002〕。

② （清）黄可润：《口北三厅志》卷一五《艺文四》，273 页，台北，成文出版社，1968。

图 4－13　张库大道上的骆驼商队（刘振瑛提供）

1904 年，北京至张家口的京张铁路建成，张库公路于 1918 年建成通车。从此，铁路、汽车队取代了骆驼队、老倌车队，繁荣近四个世纪的张库大道开始衰落。

第七节　清前期河北蒙古族的宗教

蒙古族最初信仰萨满教，在藏传佛教传入后，在统治者的大力扶植下，藏传佛教成为最为主要的宗教。明代中后期后，黄教传入蒙古，逐渐取代萨迦派成为当地最有影响的宗教。但传统的萨满教仍有一定的势力，特别是在一般民众中影响尤著。另外，在汉地文化的影响下，道教、汉地佛教也有一些影响。

一、萨满信仰

萨满信仰，是包括蒙古族在内的古代北方民族早期的对祖先和大自然的崇拜，主要认为宇宙间万物有灵。蒙古人称萨满教的男性巫师为“博额”，女性巫师为“伊都干”（或“乌得干”），认为他们是人与神灵之间的媒介。在藏传佛教传入蒙古后，虽然在统治者的支持下，藏传佛教成为蒙古民族信奉的主要宗教，但早期的萨满教影响仍深植人心。

蒙古人对天极为敬畏，“每闻雷声，辄走匿瞠目屏息，若将击之”①。称天为“腾格里”，其中，“长生天”是所有天神中地位最高者。祭祀腾格里，是蒙古族最隆重的祭祀活动之一。所祭之神，最初是祖先之神或翁衮等萨满教神灵，入清后受藏传佛教的影响，加入了藏传佛教的佛像。另外，祈祷经文中也出现了佛教化的增补内容。②

祭祀鄂博，也是蒙古人重要的祭祀活动，是对天、地、山、川的祭祀仪式，主要祈求风调雨顺、五畜兴旺等。“蒙古不建祠庙，山川神术著灵应者累石象山冢，县帛以致祷，报赛则植木为表，谓之鄂博，过者无敢犯。”（原注曰：凡祈晴祈雨皆在此，蒙古谓之查达）③ 鄂博，一般位于高台、山口、岔路口等处，用石和木柴堆成，高八九尺，被认为是各种神灵的汇集之处，每年某月日致祭，届时摆放奶油等食物于周围，远近男女老幼咸集，举行赛马、角力等娱乐活动。

察哈尔蒙古正蓝旗西境（今碱房乡）内有一大土鄂博，此地后建成村，称为前敖包梁村。察哈尔蒙古镶白旗境（今平安堡镇乔家营村西山）有石块堆成的大敖包，在敖包内有一块刻有“咸丰三年高照心张元意立”的石碑。④

有清一代，蒙古地区不仅有旗鄂博、苏木鄂博、氏族鄂博、家庭鄂博（如某某台吉鄂博），还有若干旗共同祭祀的鄂博。仪式初由萨满主持，在藏传佛教传入后，改由喇嘛主持，并由喇嘛进行祈祷和祝赞。同时，在祭祀敖包仪式和内容上，喇嘛或多或少对萨满教形象进行了改造，并把地方神灵分为地神和龙神或地龙神的八大等级。祈祷词中明显增加了佛教色彩。⑤

二、藏传佛教

自16世纪中叶，黄教开始在蒙古地区传播，及至清代，黄教在蒙古族中影响已是根深蒂固，并得到了民众的普遍信仰。“疾病灾祲，多延喇

① （清）海忠修，林从炯等纂：《承德府志》卷二七《蒙古土风》，791页，台北，成文出版社，1968。

② 金海等：《清代蒙古志》，406页，呼和浩特，内蒙古人民出版社，2009。

③ （清）海忠修，林从炯等纂：《承德府志》卷二七《蒙古土风》，789页，台北，成文出版社，1968。

④ 转引自锦山、孙雅芳：《承德境内四旗厅的建立》，见周金生、张爱萍主编：《承德文史文库》，第二卷，286页，北京，中国文史出版社，1998。

⑤ 金海等：《清代蒙古志》，407页，呼和浩特，内蒙古人民出版社，2009。

嘛，以修禳之，出布施钱，以供香火，盈千累万不惜。”[①] 大喇嘛被视为“天神”，拥有巨大的政治和社会势力，在一定程度上左右着当地的政治形势，影响着当地的人心向背。因此，尊崇藏传佛教与否，既关系到大清王朝与蒙古、藏人的民族关系，更关系到大清王朝的巩固与统一。所以，推崇和利用藏传佛教是清王朝一贯推行的国策。著名的承德“外八庙”主要就是在乾隆时期修建的。对于此，第三节已有论述，此不赘述。

外八庙为大型皇家寺院，至于小型、中型的藏传佛教寺院更是不计其数。

河北隆化县台吉营普宁寺，建于康熙四十四年（1705 年），是建于蒙古族聚居区的藏传佛教寺院，也是承德地区第一座藏传佛教寺院，是藏、蒙古、汉文化融合的一个重要代表，清朝皇帝木兰秋狝期间于此多次召见蒙古台吉。

河北沽源镇远寺，原位于闪电河畔花根山（又称“转佛山”）下转佛村，是清代察哈尔正白旗牛羊群寺庙，建于康熙四十九年（1710 年），由查干喇嘛所建，朝廷赐额曰“镇远寺”，因其门前有转佛殿，故俗称“转佛庙”。寺内有主持喇嘛和度牒喇嘛，庙会期间，各旗群寺庙的喇嘛相聚此庙多达三百余人。清光绪年间，因沽源闪电河一带公私牧场大面积放垦，大批牧民北迁，庙中佛像随之北迁到内蒙古自治区太仆寺旗的骆驼山庙，后又北迁正蓝旗的惠来寺，就是毁于“文化大革命”的四郎城（古桓州）羊群庙。

张北县海流图的崇禧寺，是一座较大的藏传佛教寺院，该院建于清康熙年间，当时由蒙古乌兰巴托“千单寺”派出七名“乔而基”（有学问的喇嘛）到京都翻译藏经，其中一位叫桑德格的喇嘛每年夏天到海流图避暑，看见这里的地理环境等条件适宜，便萌生了在此建寺院的想法。经朝廷准奏，在桑德格的主持下，于康熙十五年（1676 年）破土动工。先后建筑大小佛殿 13 座，院落 36 处。康熙帝赐名“崇禧寺”，并用汉、蒙古、藏、满四种文字书写大幅匾额于主殿内。

平泉八沟崇畅寺，遗址位于七家村。该寺建于清朝早期，由蒙古王公所建。乾隆曾两次到此，据传，他命人在现北京喇嘛庙村仿照八沟崇畅寺修建了一座寺庙。雍正七年（1729 年），增设八沟直隶厅，治于平泉，管理巴林左右两旗、翁牛特左右旗等地事务，范围包括内蒙古及辽宁大部。

① （光绪）《土默特旗志》卷八《风俗》，见丁世良、赵放主编：《中国地方志民俗资料汇编》（华北卷），751 页，北京，北京图书馆出版社，1989。

平泉八沟崇畅寺中蒙古、汉两种文字刻写的碑文和寺匾，是平泉当时蒙古、汉居民和睦相处的历史见证。

为保证寺庙的僧人日常生活及房屋维持，清廷为寺庙拨付有香火地。据《钦定热河志》卷九一载，乾隆四十六年（1781 年），丰宁县香火地分上、中、下三等，共计五十二顷二十亩。

图 4－14　蒙古僧人诵经图（采自《清史诗画》，由冯金忠翻拍）

三、道教、民间信仰

道教是中国土生土长的宗教，创立于东汉末，唐代在统治阶级的支持下一度发展到顶峰。唐宋以后，道教与佛、儒融合，特别是它与民间信仰具有天然的因缘关系，在民间社会具有根深蒂固的影响，在宋以后犹然。例如，关帝是道教和民间重要信仰之一，一直是民间奉祀的对象。关帝，即三国时关羽，在关羽去世后，经历代封建统治者不断褒封，其地位越来越高，清代时被奉为“忠义神武灵佑仁勇威显关圣大帝”，故俗称“关帝”。其形象也逐渐神化，被奉为“武圣”，与“文圣”的孔子齐名，在民间又被称为武财神。

清代河北蒙古族在统治者的倡导和汉民的影响下，也开始崇奉关帝。例如，潮河川三间房为察哈尔东翼四旗中镶黄旗所辖，当地有一关帝庙，庙中大铁钟铸于清乾隆二十六年（1761 年），铭文中记该钟乃蒙古、汉等旗民人等所铸。①

第八节　清代河北蒙古族的习尚风俗

蒙古与汉人的影响是双方面的，一方面汉人由于久居塞外，习蒙古语，娶蒙古族为妻，乃至行蒙古俗，入蒙古籍，从蒙古牧民那里学会了骑马、放牧以及皮革、乳品等加工技术。而在汉人较多的蒙古、汉杂居地区，蒙古牧民的生活习惯在汉人影响下也逐步发生改变。"蒙古游牧为生，初多肉食，近以汉民北耕，亦甘食五谷。"② 到清朝中期，一些地方的蒙古人乃至"其饮食起居，竟与内地民人无异"③。在物质生活改观的同时，蒙古人的思维方式、伦理观念、价值标准、行为取向等也发生了变化。

一、衣　食

（一）服饰、头饰

清代蒙古族的服饰较之明代有了明显的变化。清人在入关后，为了强调本民族的统治地位，强迫汉人薙发，改从满人之制，甚至下令"遵依者为我国之民，迟疑者同逆命之寇，必置重罪……其衣帽装束，许从容更易，悉从本朝制度，不得违异"④。蒙古人作为清统治者的同盟者，男子也与汉人一样薙发：头顶上留一撮头发，其他的全部剃掉，留下的头发蓄长以后，分成三股，编为发辫，垂于脑后。蒙古族官服遵从满制，以品级定其服饰，有朝服、便服，朝服分冬夏，冠有冬朝冠、夏朝冠、吉服冠，并配以宝石，饰东珠。但蒙古族民服仍保留了传统的本民族服饰特色。

蒙古族不分男女，都穿长袍，一般冬春两季着皮袍，夏秋穿夹袍。男袍多为蓝、棕、灰色，女袍盛艳，多为红、绿、紫色，但一般不用黄色。因为黄色在蒙古人眼里是至高无上的颜色，只有活佛、王公贵族才可使用。蒙古袍都较肥大，右襟布扣，下摆开衩，袍边和缝合处镶有很宽的彩色花边。冬季的皮袍，家境优裕者常以狐皮、狼皮等皮毛作里，以绸缎作

---

① 伊利民主编：《河北满族蒙古族碑刻选编》，105页，北京，作家出版社，2007。

② （光绪）《土默特旗志》卷八《风俗》，引自丁世良、赵放主编：《中国地方志民俗资料汇编》（华北卷），751页，北京，北京图书馆出版社，1989。

③ 《中国北方民族关系史》编写组：《中国北方民族关系史》，454页，北京，中国社会科学出版社，1987。

④ 《清世祖实录》卷一七顺治二年六月丙寅。

面，普通人家则用狗皮或山羊皮作里。为了骑乘之便，袍外都要扎腰带，腰带或以布为之，或用长达数丈的彩色绸缎结系，男子喜用金黄色和橙黄色，女子爱用紫色和绿色。习惯上，已婚女子不扎腰带，老年妇女则扎腰带。女袍的右上襟扣子上多装饰有“哈布特格”，系用两片浆过的布，垫上棉花，裹上绸纱缝成的一种空心小夹子，有葫芦、桃、蝴蝶等形状，上面还要绣出各种花纹图案，既是装饰品，也可以用作针线包。

图 4－15　蒙古平民男子服饰（采自《清史诗画》，由冯金忠翻拍）

蒙古族女子的发型和头饰也很讲究，女子未出嫁前一律梳独辫，出嫁前一天，才拆开独辫顺着两鬓梳成两根辫子。出嫁时戴的整套头饰叫头带，有珊瑚珠子串在一起，上面装饰有宝石、玛瑙等。已婚妇女梳盘发高髻，喜用金银质发簪，并以珊瑚、玛瑙、珠玉等穿缀成抹额（蒙古语称“陶贴拉”），盘扎于头上，两耳系坠儿，鬓边垂珊瑚疏旒。此为富有者之盛装，而贫者从简。

蒙古族妇女夏季多戴头巾，头巾多为绿色或蓝色，长丈余。未婚女子的头巾是在头上缠绕一圈，缠时不封顶，然后在右侧挽成疙瘩结，穗头垂下来。已婚妇女则是把头顶全包起来，没有穗头。男子的头饰则相对简单得多，帽冠式样有多种，冬帽有风雪帽、皮帽、圆帽、羊绒帽等，以畜皮和兽皮制成，以狐皮为多，夏帽有尖顶圆帽、毡帽等。

图4－16　身着盛装的蒙古族妇女（采自《清史诗画》，由冯金忠翻拍）

蒙古族无论男女，都穿靴子，靴子分皮靴和布靴两种。皮靴用牛皮、马皮制成，长及膝盖，靴尖上翘。布靴用厚布或帆布制成，穿起来柔软轻便。

男子装饰，腰佩蒙古刀、火镰和鼻烟壶。蒙古刀把用牛角或木头为之，镶以金银，刀鞘里插象牙筷子，刀和火镰挂在左侧。

（二）饮　食

蒙古族饮食，传统上以牲畜肉和奶制品为主，主食羊肉和牛肉，这些肉食或烤，或煮，或者风干食用。初冬，蒙古人宰杀牲畜，其中一部分牛羊肉以自然冷冻的方法加以保存，供冬季食用，还将一部分肉风干后以供春季食用。风干的肉，可以长期保存，是理想的干粮，既可生食，也可以捣碎或切成小块做汤。当有重大的节庆和祭祀活动时，常烤全羊来招待来宾。

奶在蒙古人的饮食中占有重要地位，以奶汁为原料，可以制成多种食品和饮料，如黄油、奶皮子、奶酪、酸奶等。酸马奶在茶叶尚未传入蒙古之前，是蒙古人主要饮料。酸马奶营养丰富，在盛夏饮用，既可止渴又能抑饥。在茶叶传入后，随着喝茶习俗在蒙古族的盛行，酸马奶的地位让位于茶叶。蒙古人嗜茶，从早到晚几乎无时不饮，喝茶可以提神，消除疲劳，又可帮助消化油腻食物。他们将砖茶切成碎块，放入锅内熬开后加入牛奶和盐，制成奶茶。盐分可以使人体保持水分，牛奶可以使茶润滑可口，又提高其营养价值。

酒也为蒙古人劳动和生活中几乎不可或缺之物，蒙古人热情豪爽好客，也以好饮闻名。奶酒种类很多，由鲜马奶直接发酵所酿成的酒，称为马奶酒，色泽透明，味道酸甜、酒精度低，但一旦过量则不易解。

二、住　行

清代蒙古族牧民，仍以传统的毡帐为主，每年辗转冬夏营地之间，逐水草而居。毡帐，蒙古语作“格日”，即人所熟知的“蒙古包”。其结构比较简单，既易于营造，又携带方便，一般以木为支架（哈纳），覆以毛毡，开有入口和天窗。毡帐内地铺毛毡，毡上铺毡毯。正中或入口右侧安置锅灶，称“图拉嘎”。沿哈纳放置木箱，内藏诸物。西北角为佛龛，供放佛像和经书。毡帐外为畜圈，还有堆放之燃料牛粪。移营所备车杖，也环绕其屋而立。每户均养猎狗，以防野狼和不速之客。

蒙古人出行主要依靠马、骆驼，或牛车，特别是马在蒙古人的日常生活中为不可或缺之物，外出放牧、探亲访友都离不开马。移营迁徙，多用牛车或骆驼驮运。一些地方有种柴车，为普通百姓所用，“取材于山，不加刻斫，轮辕略具，以牛驾之，行则鸦轧有声，如小舟欸乃”①。

蒙古人抚养婴儿，有一种称“儿板”的用具，有点类似汉地的摇篮，不过盛放婴儿的不是篮状物，而是一块木板，“儿生在襁褓中，令卧板上，韦束其两臂，倚毡庐壁间，啼则摇之，徙居则悬之驼装之后”②。

革囊是蒙古人出行必备之物，蒙古语谓之“库奴”，以革为之，“用代筐筥罂盎，食用巨细无所不纳。行汲或用以贮水，涉川则挟之肘间，乱流以济，或谓之‘皮馄饨’，盖俗呼也”③。

在农区或半农半牧地区，许多蒙古人选择了定居生活，建房屋居住。

三、娱　乐

蒙古族在长期的生产生活中，创造出具有浓郁游牧民族特色的娱乐文化，其中射箭、摔跤、赛马被称为“男儿三艺”，是最具群众性和娱乐性

① （清）海忠修，林从炯等纂：《承德府志》卷二七《蒙古土风》，790页，台北，成文出版社，1968。

② （清）海忠修，林从炯等纂：《承德府志》卷二七《蒙古土风》，789页，台北，成文出版社，1968。

③ （清）海忠修，林从炯等纂：《承德府志》卷二七《蒙古土风》，790页，台北，成文出版社，1968。

的传统体育项目。每当祭鄂博、庆丰收时都要举行“那达慕”，开展男儿三项竞技比赛。“那达慕”，意为娱乐，一般在五月十三日、七月十五日举行。此外，遇有活佛坐床、王公寿辰等重大庆典也要举行。摔跤，蒙古语称“搏克”，“相扑之戏，蒙古所最重，筵宴时必陈之”①。参加比赛的摔跤手数量不等，但都为2的若干次乘方数，如8、16、32、64、256等。根据胜负和取得的名次，摔跤手被冠以阿尔萨兰（狮子）、詹（大象）、巴日（老虎）、纳沁（鹰）、双和日（鹘）等称号。

图4－17 蒙古大力士（采自《清史诗画》，由冯金忠翻拍）

蒙古象棋，蒙古语称为“沙塔拉”，亦写为“喜塔儿”。在蒙古文献中未见诸记载，但在民间谚语中却常提及，清人所修《口北三厅志》转引明人的《艺仙集》介绍了蒙古象棋的棋步走法及其规则，蒙古象棋才开始为世人所瞩目。一般认为，蒙古象棋源自波斯象棋，13世纪后传入蒙古地区，并在民间广泛流行开来。蒙古象棋的某些规则与国际象棋相同，但又有自己的特色，据清叶名沣《桥西杂记》载，蒙古象棋的棋制和着法如下：“局纵横九线，六十四罫。棋各十六枚：八卒、二车、二马、二象、一炮、一将，别以朱墨，将居中之右，炮居中之左，车，马、象左右列，卒横于前，棋局无河界，满局可行，所谓随水草以为畜牧也。其棋形而不字，将刻塔，崇象教也。象改驼或熊，迤北无象也。卒直行一

① （清）和瑛：《热河志略》，见《续修四库全书》史部地理类，第770册，806页，上海，上海古籍出版社，2013。

罫至底，斜角食敌之在前者，去而复返，用同于车，嘉有功也。马横行六罫，驼可斜行九罫，因沙漠之地，驼行疾于马也。车行直线，进退自由。群子环击一塔，无路可出。始为败北。”也就是说，棋盘是由颜色深浅交替排列的六十四个小方格组成的正方形，与国际象棋的棋盘相同，浅色的叫白格，深色的叫黑格，棋子分红黑两种，共三十二子，双方各有一王、一帅、双车、双象、双马和八卒（兵）。不同的是，蒙古象棋中将王刻成塔，把象刻成骆驼或熊，把卒（兵）刻成猎狗的形象，反映了佛教盛行以及草原游牧生活的气氛和特色。另外，马无别足限制；不得最后将死对方的官长；官长和车之间一般不能易位，若需易位时，先动官长向车走两格，然后让车从官长上面跳过去；马或驼不能直接做杀；一般不允许吃光对方，要给对方留一子。在民间，蒙古象棋仍然是古波斯的走法，这也是国际象棋原来的走法。

四、风　俗

蒙古族，俗畏鬼神，信占卜，“占卜休咎，必请巫至其家，或降神，或灼羊骨，或以口琴取声清浊，或置弓于两手，上视其动止，皆验。又诅咒风雨，谓之扎达，往往辄应，不知何术也。”① 有病则召师巫祷鬼神以祈福，死即群哭而瘗之。②

由于与汉人接触日繁，河北蒙古族在风俗习尚上受汉人影响。例如，蒙古人原来是每到除夕日至祖先墓地烧纸祭献，“今亦有遵汉礼，遇清明节扫墓者”③。为了防止蒙古人受汉人影响，在风俗习惯方面，清统治者禁止蒙古人仿效汉人，甚至连建造房屋、演听戏曲等日常琐事，也要横加干涉。嘉庆二十年（1815 年）谕：“蒙古等习气，素尚淳朴，惟敬喇嘛，并无沾染汉民习气持斋作会等事。近年蒙古渐染汉民恶习，竟有建造房屋、演听戏曲等事，此已失其旧俗，兹又习邪教，尤属非是。愚民习教，乃前明流传恶习，岂可流传蒙古地方，以致坏其淳朴之风，著交理藩院通饬内外札萨克部落，各将所属蒙古等妥为管束，俾各遵循旧俗。”④

关于蒙古族人“演听戏曲”之事，可以发现一些实证。清康熙十四年（1675 年），曾将改编后的蒙古察哈尔部左翼四旗，安置于今河北丰

① （清）海忠修，林从炯等纂：《承德府志》卷二七《风土·蒙古土风》，791 页，台北，成文出版社，1968。

② （清）黄可润：《口北三厅志》卷五《风俗物产》，94 页，台北，成文出版社，1968。

③ 哈达清格：《塔子沟纪略》卷一二《附余》。

④ 《清仁宗实录》卷三一三嘉庆二十年十二月壬戌条。

宁、隆化境内，今丰宁县境内至今犹存许多清代的戏楼，如凤山戏楼、黑牛山戏楼、塔黄旗戏楼、杨木栅子戏楼、小辽东戏楼、黄旗戏楼等。根据白瑞杰、张汉英主编《丰宁文物志》一书统计，丰宁清代戏楼达47座。[①] 这还只是今丰宁县境的数字，由于宣统元年（1909年）从丰宁划分出隆化县，因此这47座戏楼并不包括隆化县（时属丰宁县）内的清代戏楼。也就是说，清代丰宁的戏楼当远多于此。当然，由于丰宁为汉、满、蒙古族混处杂居区，这些戏楼不一定均是蒙古人所建，或专为蒙古人所修，但其中许多与蒙古人有关，殆无疑问。

蒙古人在汉族影响下，不少人改从汉姓。乾隆二十五年（1760年）的谕旨中提及："八旗满洲、蒙古皆有姓氏，乃历年既久，多有弃置本姓沿汉习者。"[②] 虽屡有禁令，但其效果不过为具文。

五、婚姻

清廷是允许满汉通婚的，早在顺治五年（1648年）八月，就曾谕礼部："方今天下一家，满汉官民皆朕臣子，欲其各相亲睦，莫若使之缔结婚姻。自后满汉官民，有欲联姻者，听之。"[③] 旋即又对满汉联姻做出了更具体的规定，满官之女欲与汉人为婚，以及汉官之女欲与满人为婚，需要呈报户部，至于平民的满汉人之女，则不需报部。但清廷对蒙古与汉人通婚则设置了种种障碍，主要是出于保证蒙古人血统纯正的考虑。据《钦定大清会典事例》卷九七八《理藩院·婚姻》康熙二十二年（1683年）规定，凡内地民人于蒙古地方贸易、耕种，不得娶蒙古妇女为妻。倘私相嫁娶，一旦查出，则将所嫁之妇离异给还母家，私娶之民照地方例治罪。尽管清廷再三颁布禁止蒙古与汉人之间通婚的禁令，但仍屡禁不止。

清代蒙古族仍流行收继婚、入赘婚等，但占主体的还是聘婚制。由于各阶层的社会地位、财产状况不同，加之区域差异，河北蒙古族间在婚俗上也存在较大差别。贵族阶层流行一夫多妻制，但以正妻为主，其余以妾视之，平民则实行一夫一妻制。蒙古族女子出嫁年龄一般为17～21岁，较汉人稍晚，男子娶妻一般为18～25岁。媒人要求是"全人"，即结婚

---

① 白瑞杰、张汉英主编：《丰宁文物志》，109～110页，呼和浩特，内蒙古人民出版社，1998。

② （清）奕赓著，雷大受校点：《管见所及》，见《佳梦轩丛著》，94页，北京，北京古籍出版社，1994。

③ 《清世祖实录》卷四〇顺治五年八月壬子条。

后父母、夫妻俱在，而且是有儿有女之人。[1] 清中叶开始，许多蒙古地区婚俗有新的变化。[2] 婚礼日期，多请喇嘛选定。新郎迎亲时，骑白马，戴弓箭，新娘以布遮面，哭别父母。新娘到婆家门口后，须踏着白毡进屋。婆婆将新娘的独辫打开，用新郎刀鞘里的筷子把头发从正中间分成两半，然后放入新郎的几根头发，梳成两条辫子，始踏婆家地面。之后，两个新人手捧羊棁骨，拜天地日月，进洞房后拜火灶。最后向双方父母尊长行叩头礼。新婚夫妇首先吃羊颈肉，示婚姻美满、稳固。[3] 喀喇沁地区，蒙古人娶媳妇，要办三次酒宴才能将新娘娶到家，第一次叫喝喜酒，第二次商定娶亲用品，第三次迎亲。而有的地方则是“其嫁娶，男至女家为婚，或周岁或产子而始归”[4]。

六、墓　葬

蒙古族的丧葬习俗受藏传佛教的影响，人死后多请喇嘛诵经超度亡灵。葬式包括天葬、火葬、土葬等几种。天葬，即“野葬”，亦称“风葬”，多用于贫苦牧民或下层喇嘛、沙毕阶层。其方式是将死者置于车、马之上，任之随意前行，直至尸体落地，三日后寻找，如被禽兽所食而分解，则庆贺其已达天堂。火葬多用于上层喇嘛或一般平民的不正常死亡者，在野外将尸体焚化后，其骨灰装入罐中再作安葬。土葬多适用于王公贵族，葬仪隆重，使用棺材装殓死者，葬于墓中，并有陵寝。至于一般蒙古民被掩埋土葬，多见于人烟稠密的农业区或半农半牧区，只使用简单的卧棺或坐棺，甚者“其送死亦无棺椁，惟以毡裹其尸，葬之中野，纵马践其上”[5]，仍有传统之遗风。

与汉人接触日多，在内地礼仪文化的影响下，蒙古上层墓葬与汉地逐渐趋同，开始出现夫妇合葬，也有封土、神道、翁仲、神道碑等规制。例如，河北丰宁县内选营乡选营村东 30 米处有一墓葬，当地称为“将军坟”。根据当地文物部门的调查，墓葬封土高 3 米、底径 5.8 米，神道由东向西，路旁竖立上马石和下马碑，墓地矗立赑屃驮碑一通，碑立于雍正十一年（1733 年），墓主为蒙古正白旗人领侍卫内大臣克什图。也就是

① 罗布桑却丹著，赵景阳译：《蒙古风俗鉴》，27～28 页，沈阳，辽宁民族出版社，1988。
② 金海等：《清代蒙古志》，428 页，呼和浩特，内蒙古人民出版社，2009。
③ 《蒙古族通史》（修订版），第四卷，505 页，北京，民族出版社，2000。
④ （清）黄可润：《口北三厅志》卷五《风俗物产》，94 页，台北，成文出版社，1968。
⑤ （清）黄可润：《口北三厅志》卷五《风俗物产》，94 页，台北，成文出版社，1968。

说，所谓的“将军坟”为克什图之墓。[①] 据《承德府志》卷二二《丰宁县》载：“国朝领侍卫内大臣克什图墓，在县郭家屯西南六十里之宣家营北，俗称为‘将军坟’。克什图，蒙古正白旗人，雍正年间以从征滇省有功，累官议政大臣领侍卫内大臣，拜他拉布勒哈番兼一拖沙喇哈番，卒谥勤恪，恭镌御赐墓碑。”

在河北隆化西部的蓝旗蒙古族满族乡少府营子村有一通杜氏墓碑，杜氏为察哈尔蒙古，属镶黄旗。碑立于乾隆己丑（即乾隆三十四年，1769年），碑高0.7米、宽0.6米、厚0.2米，为青石质，碑文依稀可见，为汉、蒙古文合璧。碑额题曰：“万古流芳”。文曰：“大清国鲁有，驿马吐川，镶黄旗胜牛录少府营子。清故翁讳棍突拨户而计免诸方。碑末时间为乾隆岁次己丑年壬□月。”[②] 文中的“驿马吐川”，为地名，清属平泉州，今位于河北隆化县。“少府营子”，也为地名，为杜氏家族所居地。

① 白瑞杰、张汉英主编：《丰宁文物志》，94页，呼和浩特，内蒙古人民出版社，1998。

② 此碑情况，详见伊利民主编：《河北满族蒙古族碑刻选编》，76页，北京，作家出版社，2007。该书介绍说“今隆化县驿马吐川属镶白旗辖”，但从碑文来看，似乎应为镶黄旗。

第五章　河北蒙古族的近代转型

第一次鸦片战争，西方列强用坚船利炮打开了中国的大门，强迫中国签订了一系列不平等条约，中国开始沦为半殖民地半封建社会，特别是19世纪末，帝国主义列强掀起了瓜分中国的狂潮。面对严重的民族危机，河北蒙古族与其他各族人民一起积极投身反帝斗争，在鸦片战争、收复伊犁、甲午战争、八国联军入侵等重大历史事件中，都留下了河北蒙古族的身影。同时，面对封建压迫，河北蒙古族积极组织和参与了抗租、抗捐、讨饷、护矿和反盘剥等斗争。尤其是白凌阿、武万义领导的反清起义，把斗争的矛头直指腐败不堪的清王朝，将蒙古族同胞的反封建斗争推向高潮。此外，他们还通过兴办实业、兴建新式学堂等措施，开始了经济和文化的近代化转型。凡此种种，都显示出河北蒙古族的爱国主义情怀和顽强的斗争精神。

第一节　河北蒙古族的反侵略斗争

一、第一次鸦片战争中的河北蒙古族

（一）裕谦在浙江抗击英军的斗争

清朝末年，英国对中国进行罪恶的鸦片贸易，致使中国大量白银外流，财政拮据，国库空虚。同时，吸食鸦片还损害国民身心健康，销蚀意志。鸦片流毒日益泛滥，给中国造成严重的社会危机。道光帝任命严禁派领袖林则徐为钦差大臣，赴广东查办，主持了著名的“虎门销烟”，英国政府以此为借口，悍然发动了第一次鸦片战争。

在第一次鸦片战争中，著名的蒙古族爱国将领裕谦，积极推行戒烟，英勇抗击英国侵略者。裕谦（1793—1841年），字鲁珊，号舒亭，原名裕

泰；孛儿只斤氏，察哈尔蒙古镶黄旗人。嘉庆二十二年（1817 年）进士。道光六年（1826 年），出任湖北荆州知府，后任荆宜施道、江苏按察使。道光十九年（1839 年），改任江苏布政使，兼署江苏巡抚。裕谦在任职期间，极力反对外国鸦片输入，厉行戒烟。他指出："鸦片烟产自外洋，毒于砒鸩，最为风俗人心之害。"① 宣布了惩治买卖、吸食鸦片的各种刑科。江苏各属查办、拿获的烟贩和吸食各犯不下两千人。

道光二十一年（1841 年）初，英帝国主义将侵略扩大到东南沿海，钦差大臣伊里布御敌不力，被清廷撤职，改任裕谦为钦差大臣，办理江浙海防。裕谦向道光帝上折，建议乘英军大号兵船在广东与官兵相持，定海防守尚弛时，以出其不意收复定海。但在收复定海过程中，伊里布"观望延迟，株守数月，直至该夷闻有大兵，望风远窜，始将定海收回"②。裕谦亲临定海筹备善后，完备设守。同年五月，任命裕谦为两江总督，主持浙江军务。裕谦总结定海失守的教训，认为之前定海失守的原因，在于"武备废弛，守御无方"。他借鉴林则徐在广东严密备防的做法，决定在浙江沿海采取"以守为战，以御为剿"的战略，积极加强浙江沿海，特别是定海和镇海的防御力量，并且亲自制定了《定海抚恤设守章程》。他首先安抚定海难民，凡被英军焚毁住房者，"官给价值，自行搭盖"，对难以糊口者发给 3 月口粮。他治军严明，经常亲临驻军，逐营查验；同时整顿军纪，严禁官兵扰民，规定"如敢占住民房，擅取民间一草一木及奸淫抢夺，欺凌寡弱，即将滋事兵丁，就地正法"③；鼓励乡民苦练勇士，保境安民。他起用定海镇总兵葛云飞、寿春镇总兵王锡朋、处州镇总兵郑国鸿；将定海的驻兵由 3000 人增至 5600 人；委派熟悉制炮技术的葛云飞监督铸造三千斤重的铜炮，使大小新旧火炮增至 70 门，火药、铁弹各数百斤；又奏请从福建调拨大炮运抵定海，在定海码头建筑土城墙 230 余丈，整修城垣炮台，大大加强了浙江沿海的防务。

道光二十一年（1841 年）八月，英国侵略军 3 万人，分乘 29 艘军舰，再次入侵定海。定海三总兵率兵 5000 余人，同英国侵略军浴血奋战六昼夜，歼敌 1000 多人。后因寡不敌众，三总兵英勇牺牲，定海再度失陷。裕谦闻定海失守，"不禁眥裂发指"，誓守镇海，"城存与存，断不敢

---

① （清）裕谦：《勉益斋续存稿》卷二《严禁鸦片烟示》，清道光年间刊本。

② 《清宣宗实录》卷三四六道光二十一年（1841 年）二月己巳条。

③ 转引自中国近代史资料丛刊《鸦片战争》，第四册，224 页，上海，上海书店，1955。

稍有退志”[1]，英军倘敢来犯，“必当激励兵民，制其死命”[2]。当时镇海防兵只有4000名，裕谦自统兵千余人驻守城内外，浙江提督余步云率兵千余守招宝山及沿海炮台，狼山镇总兵谢朝恩率兵千余守金鸡岭。十月十日，英军舰队兵分两路，同时进犯金鸡岭和招宝山。裕谦亲临前线坐镇指挥。正当全军英勇抗敌之时，不顾国家安危、贪生怕死的余步云，“不令兵开炮”[3]，并放弃炮台而逃之夭夭。在此危急形势下，裕谦一面命令守军开炮，奋勇攻击；一面命令总兵谢朝恩，集中兵力合击。经过多次战斗，毙敌多人，后终因众寡悬殊，腹背受敌，且招宝山火药自焚，英军络绎登城，金鸡、招宝两山相继沦陷，“镇海守兵望风而逃”[4]，裕谦深知败局已不可挽回，便命令江宁副将丰申泰保护钦差关防各印，逃出镇海，送至浙江省巡抚衙署。而他自己昂首奔向学宫前，向京城方向叩头毕，纵身跳下泮池殉节，年仅48岁。

在民族存亡的危急时刻，裕谦作为蒙古族封建上层抵抗派的代表人物，率领汉、满、蒙古等族官兵，与英国侵略者殊死战斗，不惜以身殉国，充分表现出中华各族人民坚决反抗外国侵略宁死不屈的精神。

（二）察哈尔官兵在北方积极备战

当浙江沿海前线失利的消息传到北方后，包括河北蒙古族在内的各族各阶层，纷纷上动捐献马匹、银两，支援前线作战。蒙古族各地首领，动员属下精壮骑兵，准备随时奔赴前线杀敌。道光二十二年（1842年）五月，天津沿海防务吃紧，清廷令察哈尔预备蒙古精壮骑兵、马匹，于口上驻扎，听候调遣。察哈尔蒙古札兰、章京、佐领等官员积极响应，率所属壮丁，并备“所需器械、衣甲、帐房”等听候选派。同时，商都达里岗爱牧群、太仆寺牧群，各挑选精壮战马两千匹，“派员管解来京牧放备用”[5]。由于蒙古族与汉人生活习惯不同，出征官兵还自备了沿途所需的牛羊肉干、奶酪等食物。清廷还在“哲里木、卓索图、昭乌达三盟内，各派蒙古精兵三千名，携带器械、衣甲、帐房等件，派员管带，在于各该

① 《筹办夷务始末（道光朝）》卷三三《裕谦奏定海失守情形折》，北京，中华书局，1979。

② 《筹办夷务始末（道光朝）》卷三四《奏查探定海英情筹备堵剿折》，北京，中华书局，1979。

③ （清）梁廷枏：《夷氛闻记》卷三，北京，中华书局，1997。

④ 《清史稿》卷三七二《裕谦传》，北京，中华书局，1977。

⑤ 《清宣宗实录》卷三七一道光二十二年（1842年）四月丙申条。

盟近口地方驻扎”[1]，听候朝廷调遣。

当时派往天津海口防堵的蒙古兵丁，有的家境困难无力自备骑乘。因此，察哈尔镶黄旗骁骑校拉什栋鲁布、正黄旗原总管鄂博浑的孀妇和镶红旗佐领贡素隆扎布等自愿各捐马一百匹。还有卓索图盟喀喇沁中旗布仁固斯、张月各捐钱一千吊，喇嘛希纳瓦捐钱六百吊，[2] 支持蒙古士兵出征。此外，应征的察哈尔蒙古官兵捐马2550匹。五月至七月，短短两个月时间，仅察哈尔部蒙古官兵就自愿捐马3750匹。同年七月，道光帝晓谕内阁：蒙古官兵等“急公好义，甚属可嘉”，现马匹已敷拨用，所有各地官兵恳请捐办之处，谕令即行停止。[3] 尽管第一次鸦片战争的战火尚未延及北方，但河北蒙古族积极备战、认捐马匹，表现出极其高涨的爱国热忱。

（三）驻防蒙古八旗在沿海抗击英军的斗争

自清初以来，至鸦片战争前夕，蒙古八旗兵和满洲、汉军八旗官兵就在东南沿海各省驻防。鸦片战争时期，这一驻防体制仍未改变。如驻防在京口（今江苏镇江）的清军水师中，“每船酌派蒙古兵十二人，搭配操演”，练习水战，“以重草操防”。[4] 据统计，当时在广州、福州、杭州、乍浦、江宁、镇江等处驻防的八旗兵有15000人。其中，蒙古八旗兵有数千名。除沿海驻防的蒙古八旗兵外，清廷还从蒙古各盟和察哈尔征调了大批蒙古骑兵参加了抗击英军的斗争。

道光二十二年五月，英军进攻处于江浙两省交界的乍浦，当时在这里驻防的八旗兵有1841名，其中蒙古八旗兵有838名。此外，还有陕甘绿营兵1000名、山东雇勇1500名、乍浦本地乡勇700名在此驻防。5月18日，英军2000余人分别从黄山岭、唐家湾登陆，分左右纵队，直犯乍浦城垣。驻防在城外的满、蒙古八旗官兵，在都统长喜的带领下，奋力抗战，苦战3小时，终因寡不敌众，旗兵伤亡殆尽，其有未死者，皆“引刀自刎”，壮烈牺牲，乍浦失陷。

鸦片战争爆发以后，驻防在镇江的满、蒙古八旗兵和绿营兵有1183名，后又从各地调集援兵3000余名。这支驻防镇江的蒙古八旗兵丁，是乾隆二十八年（1763年）由江宁（今江苏南京）调拨到镇江的。这些蒙古族士兵大部分是从漠南察哈尔八旗中应征入伍的蒙古族子弟。道光二十

① 《清宣宗实录》卷三七三道光二十二年（1842年）五月甲子条。

② 内蒙古档案馆藏卓索图盟喀喇沁中旗蒙古文档案：道光二十二年十月十日文。转引自《蒙古族通史》（下卷），162页，北京，民族出版社，2000。

③ 《清宣宗实录》卷三七七道光二十二年（1842年）七月丁未条。

④ 《清宣宗实录》卷三九九道光二十三年（1843年）十一月丙戌条。

二年七月，英军约15000人，组成四旅分兵三路进攻镇江。城内八旗守军在副都统海龄的指挥下，拼死抵抗。英军从西门攻入城内，八旗官兵与之展开激烈的巷战。最后，海龄见无法扭转战局，旗兵死伤十之八九，遂举火自焚，"全家自缢"①，壮烈殉国。

二、第二次鸦片战争中河北蒙古族抗击英法联军

清咸丰八年（1858年），为了进一步扩大鸦片战争利益，英国联合法国，串通俄、美，借口"亚罗号事件"，悍然发动了第二次鸦片战争。第二次鸦片战争主要战役有三次大沽口之战、张家湾—八里桥之战。在战争中，汉、满、蒙古等族爱国将领英勇抗击外敌，尤其蒙古族将领僧格林沁表现尤为突出。

僧格林沁（？—1865年），科尔沁左翼后旗（今属内蒙古自治区科左后旗双胜镇）人，博尔济吉特氏。道光五年（1825年），袭科尔沁郡王爵，历任御前大臣、都统等职。咸丰三年至五年（1853—1855年），曾亲率蒙古官兵镇压林凤祥、李开芳率领的太平天国北伐军。咸丰八年（1858年）四月，英法联军北犯，抵达大沽口外。五月二十日，占领大沽炮台。第一次大沽口之战后，清廷被迫与英、法等国签订《天津条约》。随后，英法联军从天津一带撤退南下。

在英法联军南撤后，清政府任命僧格林沁督办海防，重建大沽炮台。咸丰八年（1858年）十月，大沽海口及双港地方，修筑炮台，安设营垒，并置木筏以扼海口，要隘各项工程一律完竣。清廷为增强防御力量，"挑察哈尔兵二千名，以一千名作为鸟枪兵，一千名作为弓箭兵，分作四起，派令总管特克慎等四员分带"②。这支察哈尔部队由西凌阿督带，由密云一带径赴山海关防堵。又"调热河、察哈尔、绥远城官兵各一千名，密云官兵五百名，驰赴通州防堵"③。该军队后由僧格林沁统帅，调赴天津，以备防御。同时，"调黑龙江、吉林兵各五百名，来京听调。哲里木盟、昭乌达盟蒙古兵各一千名，暂驻热河听调"④，以保卫京师安全。咸丰九年（1859年）三月二十日，据僧格林沁奏报，除由吉林、黑龙江调来2000名马队驻防在天津海口至山海关一线外，还有蒙古骑兵2000名驻防天津海口。其中副都统成保统带哲里木盟官兵500名，在新城驻扎；头等

① 《筹办夷务始末（道光朝）》卷五五，2131页，北京，中华书局，1979。
② 《清文宗实录》卷二四七咸丰八年（1858年）三月癸未条。
③ 《清文宗实录》卷二五〇咸丰八年（1858年）四月甲寅条。
④ 《清文宗实录》卷二五一咸丰八年（1858年）四月壬戌条。

侍卫布尔和德、二等侍卫舒明安，统带昭乌达盟官兵500名，在新河驻扎；郡王衔扎赉特贝勒拉木棍布扎布、头等侍卫扎精阿，统领哲里木盟官兵500名，在双港西岸驻扎；围场总管常山，统带昭乌达盟官兵500名，在双港东岸驻扎。[①] 同时，僧格林沁在天津大沽口两岸设立9座兵营，驻兵达6000余人。其中驻防天津海防前线的蒙古骑兵3000余人，加上驻防通州的1000名察哈尔蒙古精骑，总计为4000名。这些蒙古骑兵在抗击英法联军的战斗中，起到了重要作用。

六月，英法联军再次袭击大沽口，大沽口守军满、蒙古、汉等族官兵奋勇作战。哲里木、昭乌达两盟蒙古族官兵，"于枪炮如雨之中，往来驰突，连环枪炮，轰毙极多。又因夷人势众凶猛，营南兵力较多，经僧格林沁饬令于该队内，拨改步队数百名以护营垒。该官兵复能排列壕沟以外，击退夷众，力保营盘"，"该马队官兵等，均能无往不前，异常奋勇"。[②] 经过一昼夜的激战，击沉进入内河的敌舰4艘，击伤6艘，俘获2艘，只有一艘逃走；登陆敌军被毙伤者达半数以上。中国军队取得了这次自卫反击战的重大胜利。

英法联军不甘失败，八月一日，英法联军约5000人，乘清军北塘守备空虚，顺利登陆，占领北塘镇。三日，僧格林沁命令清军都统德兴阿带同侍卫明安、卓明阿、托伦布、德成，参将常善保等官兵，"督带吉林、黑龙江、哲里木盟、昭乌达盟、归化城马队官兵迎头抵御"[③]。经过几个小时的激战，敌军被击退。十二日，英法联军1万余人，兵分两路，直扑新河、军粮城。僧格林沁督率3000蒙古精骑迎战，虽蒙古骑兵英勇顽强、奋力冲锋，予敌军很大杀伤，但在枪炮的密集而猛烈攻击下，最终全军覆没。新河、军粮城失陷，大沽与天津之间的交通线被切断。十八日，英法联军占领白河南岸的大小梁子，使大沽炮台处于四面受敌的境地。二十一日，敌军万余人由唐儿沽大举向石缝炮台及北炮台进犯。清军在直隶提督乐善督率下，坚守阵地。在炮台火药库中弹起火的情况下，清军官兵仍奋勇抵抗，毙伤敌军420余名。但终因寡不敌众，北炮台失守，乐善壮烈牺牲。乐善，蒙古正白旗人，伊勒特氏，咸丰九年（1859年）调赴僧格林沁天津军营，因在第二次大沽口之战中作战英勇，被擢升为直隶提督。据守南炮台的僧格林沁，孤立无援，只好下令撤退。第三次大沽口保卫战失利。

---

① 《筹办夷务始末（咸丰朝）》卷二九，1306页，北京，中华书局，1979。

② 《筹办夷务始末（咸丰朝）》卷三九，1475页，北京，中华书局，1979。

③ 《钦差大臣僧格林沁等奏北塘英兵意图扑犯折》，见齐思和等编：《第二次鸦片战争》，第四册，450页，上海，上海人民出版社，1978。

九月九日，英法联军6000余人从天津向通州推进，咸丰帝命僧格林沁等在通州一带布防，派大学士瑞麟统带京旗官兵5000名、尚书伊勒东阿所带官兵4000名，前往通州应援。同时，命防堵山海关正红旗汉军副都统增庆，将调赴山海关之吉林黑龙江官兵1300名，交副都统格绷额管带，驰赴大沽，听候调遣。并于卓索图、哲里木、昭乌达三盟兵丁，除已在军营服役的，“或每盟各调一千，或各调二千”[①]，由僧格林沁酌情调拨。清廷在通州一带的官兵二三万人，统归僧格林沁指挥。其兵力部署，通州4000人，张家湾驻兵1000人；副都统格绷额督带蒙古马队3000人驻守张家湾东面和南面；副都统伊勒东阿督带蒙古马队4000人，驻守八里桥；另有察哈尔马队1000名由总管那马善统带，驻守采育。参与张家湾之战的蒙古官兵，将近万人。战斗伊始，英法联军炮火猛烈如雨，火箭数百支齐发，清军马匹惊骇回奔，冲动步队，以致不能成列，纷纷退后，[②] 被迫退据八里桥。英法联军遂占领张家湾、通州。

八里桥距北京只有16公里，是由通州入京的交通要道。清军在此集结的部队不下3万人，分别由僧格林沁、胜保和瑞麟统带。九月二十一日，英法联军分三路大举进攻。由于八里桥之得失直接关系京师之安危，战斗场面极为惨烈。蒙古族骑兵在战斗中表现得极为英勇，冒着敌人的密集炮火，多次冲向敌军阵地。法国学者吉拉尔是八里桥之战的亲历者，他深深地被包括蒙古骑兵在内的清军之英勇顽强所震撼，他在《法兰西和中国》一书中这样描述道：“八里桥之役，中国军队以少有之勇敢迎头痛击联军。他们的军队是由两万五千名鞑靼兵和为数众多的民团组成的”，“尽管他们呼喊前进，勇猛和反复地冲杀，还是一开始就遭到惨败！然而，他们顶住了使他惨遭伤亡的强大火力”，最后，他们“还是宁愿一步不退，勇敢坚持，全体就地阵亡”。[③] 法国埃里松伯爵《翻译官手记》也对八里桥之战有记载，在他的笔下，作为清军三军统帅的僧格林沁展现出了大无畏的英雄气概。在南路法军把大量的炮弹倾泻在八里桥上的时刻，他依然骑着战马，屹立在桥中央指挥战斗，同时命令一名身材高大的蒙古旗手，挥舞大旗，埃里松亲眼目睹了这一切，他记载道：

> 桥口站着一个身材高大的鞑靼人，他看起来像是总司令的旗

① 《清文宗实录》卷三五二咸丰十年（1860年）七月乙巳条。

② 《筹办夷务始末（咸丰朝）》卷六二，2322页，北京，中华书局，1979。

③ 吉拉尔：《法兰西和中国》，见齐思和等编：《第二次鸦片战争》，第六册，294页，上海，上海人民出版社，1978。

手，他手执一面写有黑字的大旗，并且把这面旗帜不时指向所有的方向。此乃僧王之旗，所有官长的眼睛都在注视着他，因为他正向中国军队下达着命令。此刻，全军精锐亲自保卫的那座桥也业已堆满尸体，然而这个鞑靼人尽管已孑然一身，却依然挺立在那里，可能正在传达僧王的最后命令。子弹、炮弹在他的周围呼呼作响，飞啸而过，而他依然镇静不动。直到一枚霰弹把他击倒在地，于是，大旗也向一旁倒去，随着他的旗杆而去的是一只紧紧抓住它的痉挛的手。①

八里桥失守后次日，咸丰帝被迫逃往热河避暑山庄。英法联军占领北京，抢劫烧毁了圆明园。之后，清廷与英法等国签订了《北京条约》，第二次鸦片战争以中国的失败而结束。虽然清军最终失败了，付出了重大的牺牲，但在战争中，包括河北蒙古族在内的广大蒙古族官兵，以大无畏的英雄气概，不屈不挠，不畏牺牲，展示了中华民族为保卫祖国领土完整、抵御外国侵略的坚定决心，谱写了一首高昂激越的爱国主义、英雄主义的战歌。

三、察哈尔蒙古参与收复新疆

清末内忧外患，无暇西顾，英俄乘机蚕食我国西部边疆。同治四年（1865 年），在英国支持下，中亚浩罕国（今乌兹别克斯坦境内）陆军司令阿古柏率兵侵入中国新疆南部，后自立为“汗”，建立了“哲德莎尔”伪政权，继而侵占天山南北的广大地区，实行殖民统治。同治十年（1871 年），沙俄乘机出兵占领新疆伊犁地区，使新疆陷入被英俄两国肢解侵吞的险境。由于疲于应付陕甘回民起义，清廷对阿古柏入侵新疆的斗争不力。直至沙俄占领伊犁，才认识到事态的严重性。同治十三年（1874 年），任命景廉为钦差大臣，督办新疆军务，令其统率各部，共图收复新疆。光绪元年（1875 年）五月，改由左宗棠任钦差大臣，督办新疆军务。在左宗棠的积极努力下，最终击败阿古柏，收复南疆，并从俄国手中索回伊犁，粉碎了英国和沙俄肢解新疆的图谋，维护了我国领土主权的完整。

收复新疆的主力部队是以左宗棠为首的湘军，但在战争中也有一部分察哈尔官兵参与其中。同治十年（1871 年），沙俄强占伊犁之后，清廷开

① ［法］埃里松著，应远马译：《翻译官手记》，上海，中西书局，2011。

始往新疆调兵。其中包括调吉林、黑龙江马队1200余名，远道赶赴新疆，并谕令金顺、张曜等部出关。由于察哈尔都统杜嘎尔忙于镇压回民起义，无力抽兵。清廷下谕："杜嘎尔无论如何为难，总须抽调官兵，拨交荣全带赴伊城。不得因荣全尚有索伦官兵可拨，遽存推诿。"① 荣全原拟率兵千余人奔赴伊犁，但启程时，手下官兵仅有百余人，清廷再次谕杜嘎尔迅速拨兵前往。杜嘎尔奏称："现在萨萨布所部马队，已饬永德、成山带赴杜嘎尔营中合队，该副都统有此一军，已足补荣全指调之数。"② 当时从察哈尔抽调的马队1000人左右，分为五起，赶赴伊犁援战。这支由达尔济率领的察哈尔马队，主要驻扎在乌里雅苏台附近。同治十二年（1873年）八月，哈密被围。常顺等派察哈尔官兵驰往巴里坤一带，会同前次派出达密兰防军，共图援剿。同时，"杜嘎尔即将现驻绥远城台路之察哈尔马队，移扎哈尔尼敦，用资防剿"③。

为加强新疆守备，清廷开始在察哈尔蒙古调派兵员。额勒和布等遵旨在察哈尔八旗内挑备官兵1000名，筹办军装口粮，由侍卫永德选定分起管带前赴乌里雅苏台驻防。常顺将这批察哈尔新兵分拨出500名，令依楞额带赴科布多驻扎。同时将科城截留察哈尔马队250名，驰赴荣全军营助剿。同治十三年（1874年）七月，由于景廉、金顺所部前往助剿古城防务吃紧，不得已采取就地筹划兵力的措施，"伊犁迤北数百里，尚有察哈尔官兵驻牧，去塔城、晶河均不甚远。此项官兵定额一千八百余名，或全数调往西湖，或酌调一半，训练成军"④，投入收复新疆的战斗。

察哈尔蒙古还利用沿途台站，为新疆输送兵员和给养。为了保证新疆兵员和粮饷补给，清廷对由蒙古至新疆的沿途台站，采取"分段责成"的方式："张家口外头台至八台，专交察哈尔都统；自九台以北至乌里雅苏台科布多各台，分交各该盟长；自赛尔乌苏至库伦，自济斯洪果尔至归化城各台，亦交各该盟长。按照定制，何台应归何旗管辖者，仍令该王公等自行经理。"⑤ 每台以骆驼100只、马50匹为定数。戈壁地内不能用马之处，即备骆驼150只。如不敷用，由帮台办事官员添雇。所需添雇价银，准其报领。在台供差官兵等应分别给予口分，仍由该将军等稽查。遇不认真办理，或贻误军情者，随时奏请劾惩。同时还要求，官兵过境时，

① 《清穆宗实录》卷三一八同治十年（1871年）八月丙戌条。
② 《清穆宗实录》卷三二〇同治十年（1871年）九月己酉条。
③ 《清穆宗实录》卷三五九同治十二年（1873年）九月辛亥条。
④ 《清穆宗实录》卷三六八同治十三年（1874年）七月壬子条。
⑤ 《清穆宗实录》卷三二〇同治十年（1871年）九月丙午条。

除照例支给外，并令蒙古旗户，多备牛羊柴草，按照时价售于官兵，以资接济。清廷所调吉林、黑龙江、察哈尔官兵就是通过台站进军伊犁的。同治九年（1870年）闰十月十一日，“经户部奏拨部饷二十万两，由察哈尔运解赴乌”①。清廷利用沿途台站统一调配军资补给的设想，在现实中遇到一些困难。由于乌里雅苏台一带素不产粮，驻扎于此的察哈尔官兵的给养出现问题，“若仅由口北道采办接运，尚恐不敷食用”。于是，“另行采办米面，就近解至十八台，即交驻扎该处之参领贡果尔一并转运其所需粮价。或在应解乌城饷银内截留，或由察哈尔拨给”②。同时，“口外西北各城，距口数千里，或万余里。行营饷项，按月酌发，非内地所能悬揣”，因此，采取就近补充的方式加以解决，“所有调赴伊犁之吉林马队五百名，著归荣全随营放饷；调赴哈密之黑龙江马队五百名，著归景廉随营放饷，文麟、锡纶随时兼顾。至杜嘎尔所部察哈尔、吉林、黑龙江马队，应行支放饷银，业据该副都统奏请循旧办理”③。

察哈尔蒙古还向驻扎新疆清军部队提供粮草、马匹等物资。为筹措新疆清军所需马匹、骆驼、牛羊，清廷曾差文盛等，于察哈尔八旗三群军台及附近各札萨克劝谕捐输。但是，“由察哈尔转运米石供支，每石约需银十余两，糜费甚巨”，清廷采取了一些变通措施，“伊犁巴里坤等处，间有耕种收获。着荣全、景廉体察各该处情形，就地采买若干，再由察哈尔粮台运送若干，亦可稍省经费。如购粮款项不敷，即可咨明额勒和布等，将察哈尔所省运费米价等项按数拨往以资应用”④。同时，察哈尔蒙古还为前线官兵提供战马。光绪二年（1876年）八月，杜嘎尔等奏，存营马匹不敷，急需补足，请求于察哈尔牧群内拣选使用。清廷着庆春于所属牧群内拣选膘壮口轻战马600匹，“于明年水草畅茂时，派员解往乌里雅苏台，以备操防。并饬解马员弁，沿途妥为牧放，缓程前进，毋令疲乏”⑤。

总之，察哈尔蒙古在清军收复新疆的过程中，不仅直接派马队参战，镇守乌城，解新疆哈密之围；还利用沿途台站，往新疆派送兵员和给养；同时还积极筹措粮草、马匹等物资，支援新疆前线官兵。总而言之，河北蒙古族为清军收复新疆做出了重要贡献。

---

① 《清穆宗实录》卷三〇〇同治九年（1870年）十二月丁丑条。
② 《清穆宗实录》卷三三同治十年（1871年）正月丁未条。
③ 《清穆宗实录》卷三三〇同治十一年（1872年）三月庚子条。
④ 《清穆宗实录》卷三四八同治十二年（1873年）正月甲辰条。
⑤ 《清德宗实录》卷三八光绪二年（1876年）八月丙申条。

四、中日甲午战争中的河北蒙古族

日本通过明治维新，实行“脱亚入欧”，开始走上资本主义道路，国力日渐强盛。但作为一个岛国，日本国内资源匮乏、市场狭小，加之国内封建残余势力仍很强大及社会转型期各种矛盾的尖锐，因此，以天皇为首的日本统治集团急于从对外扩张中寻求出路。1876 年，日本以武力打开朝鲜国门，强迫朝鲜签订《江华条约》，取得了一系列特权。日本对朝鲜的经济掠夺，导致了朝鲜的农民起义。为了镇压农民起义，朝鲜李朝政权请求清廷出兵援助。同时，日本也派出强大兵力，企图攻占朝鲜。在英国支持下，日本海军进攻中国舰队，引发两国间的战争。这次战争时间为光绪二十年（1894 年），干支为甲午，故史称“甲午战争”。

甲午战争历时九个月，分为陆地和海上两个战场，河北蒙古族官兵主要参与了陆战。甲午战争爆发以后，朝鲜局势吃紧，清廷迅速调集兵力在辽东至山海关一线布防。光绪二十年（1894 年）八月，清廷派湘抚御前侍卫公桂祥统带马步各营，赶赴山海关一带驻扎。同时，着令德铭于察哈尔马队官兵内挑选 1500 百名，拣派得力员弁管带，迅速奔赴山海关驻扎，听候桂祥调遣。[①] 其后，桂祥移驻蓟州，改由李鸿章部李光久五营驻扎山海关。这支驻扎在山海关的察哈尔官兵，归沙克都林札布统带，“所有察哈尔马队官兵，嗣后请领饷银军火等项，即著移交沙克都林札布自行办理”[②]。后来，清廷于察哈尔马队中挑选出 500 名“精壮可用”的骑兵赴辽阳助剿。其余 1069 名士兵被裁撤，“遣撤之兵，每兵准给银三两五钱，由该副都统拣派妥员押送，撤回原厂”[③]，“饬令出口各归本旗当差”。这支 500 人组成的察哈尔马队，参与了守卫辽阳和抗击日寇的作战。

在甲午战争期间，为加强北京北部地区的防御力量，清廷积极办理蒙古团练。光绪二十年（1894 年）十月，日军突破鸭绿江，进入辽东半岛。兵部侍郎志锐上奏：“京北空虚，宜令热河各府以及张、独、多三厅，速办乡团。并稔知八沟一带猎户极多，火枪无不熟习，拟召募十营，愿效驰驱。”清廷采纳了这一建议，“准其前往热河召募十营，迅练成军，以备缓急。至所称各府厅举行乡团之处，着志锐驰抵热河后，商同热河都统查酌情形，奏明办理”[④]。十一月辛丑，热河都统崇礼奏“热河团练，先后

① 《清德宗实录》卷三四七光绪二十年（1894 年）八月丁卯条。

② 《清德宗实录》卷三五二光绪二十年（1894 年）十月甲子条。

③ 《清德宗实录》卷三五六光绪二十年（1894 年）十二月癸丑条。

④ 《清德宗实录》卷三五一光绪二十年（1894 年）十月庚戌条。

办齐，并筹捐经费，以恤民力”①。清廷要求热河都统崇礼，“随时操演，认真逡巡，尤须联络声势，互相策应，以资守御，总期缓急足恃”②。当然，在热河办理乡团过程中，也出现了借团练为名，结党肆扰地方的现象，如光绪二十一年（1895年）正月，敖汉郡王达木林达尔达克呈报：“前令蒙民会办团练，保卫地方。自上年冬月以来，奸民结党成群，各持枪械，身穿号衣，纠合及万人，询系李鸿章所札，益肆威焰。现在蒙众纷纷迁避，陆续逃散。”③ 甲午战争期间，热河团练主要以蒙古族为主。除团练外，依据庆裕所请，还于热河“添募马勇四五百名”，以“整顿吏治、保卫地方”。④

中日甲午战争期间，察哈尔还向驻守山海关的官兵提供马匹。为加强山海关的军事力量，清廷要求察哈尔挑选膘壮马匹，拨赴山海关军营。但是，察哈尔所调马匹，沿途倒毙300余匹，其余亦多疲瘦，不堪乘骑。清廷命察哈尔都统德铭，“赶紧挑选，另行拨补足额，不得仍以疲瘦充数”。并将负责解马的总管博特多尔济摘去顶戴，以示薄惩。光绪二十年（1894年）十一月甲午，察哈尔都统德铭奏：“发解商都马匹，启程日期，并遵解山海关军营马匹数目。”⑤ 虽然史籍中并未言明察哈尔解送山海关马匹数量，但从其沿途倒毙即有300余匹的记载看，这次从察哈尔征调的马匹当不在少数。

中日甲午战争期间，河北蒙古族通过派遣骑兵参战、筹办团练、解送马匹等形式参与战争，为抗击日寇、保卫家园，做出了积极努力和应有贡献。

五、清末河北蒙古族反洋教及抗击八国联军的斗争

清末帝国主义列强掀起了瓜分中国的狂潮，中华民族危机空前加剧，最终爆发了震惊中外的义和团反帝爱国运动。甲午战争以后，伴随着帝国主义列强的政治、经济和军事侵略，外国宗教势力也渗透中国广大乡村和城镇。外国各教派在中国建立了四十五个教区，六十多个教会，教士有三万三千多人，信徒达八十五万。⑥ 外国教会和教士享有种种特权，他们骄

① 《清德宗实录》卷三五四光绪二十年（1894年）十一月辛丑条。
② 《清德宗实录》卷三六二光绪二十一年（1895年）二月己巳条。
③ 《清德宗实录》卷三五九光绪二十一年（1895年）正月壬辰条。
④ 《清德宗实录》卷三五三光绪二十年（1894年）十一月乙酉条。
⑤ 《清德宗实录》卷三五四光绪二十年（1894年）十一月甲午条。
⑥ 雷远高主编：《中国近代反侵略战争史》，319页，北京，解放军出版社，1988。

横跋扈，拆毁庙宇，霸占民田，包揽词讼，欺压良善。有的还以教士身份作掩护，刺探情报。这些都激起了中国人民的愤慨和反抗。

义和团运动的主要战场是在冀中地区，但随着运动的深入，开始向东北和西北地区发展。光绪二十六年（1900年）春，在山海关、秦皇岛一带，以锡匠段曰礼为首的义和团，以“扶清灭洋，代天行道”为口号，开展反洋教斗争。五月十八日，他们烧毁了外国人居住的别墅，并于次日烧毁了山海关天主教堂。在宣化，光绪二十六年（1900年）春，赵璧、赵二虎等人先后在城内大北街真武庙和南关龙严寺设坛，分称红团、黄团等名目，多次开展反洋教斗争。五月十日，义和团与当地清军联合攻打永宁孔化营天主教堂。在张家口，义和团民一百多人在下堡元宝山等地先后烧毁洋行二三十家。中区西湾子总堂有教徒五六千人，武装抵抗义和团进攻，在与义和团较量之后，有三千二百多人被杀，内有神父五人。[①]

光绪二十六年（1900年）春夏之交，义和团运动爆发后，“蒙古兵民，相率效尤”[②]，迅速向内蒙古东、西部地区蔓延。在热河北部的朝阳，义和团首先在城镇活动，随后遍及四乡，“大股百余人，或七八十人，小股三四十人不等”[③]。不久，在朝阳附近的建昌、平泉、滦平和赤峰等地，也都有“出口”的“内地拳民”，带领当地人民群众参与斗争。[④] 朝阳的义和拳与当地秘密结社“在理会”相结合，曾向“东蒙古教区”设在松树嘴子的总堂发动了几次进攻，参加斗争的群众多达两三万人。赤峰一带的义和团发动群众。该年七月，他们攻下井沿教堂和赤峰城内教堂。在内蒙古东部地区参加义和团的群众民族成分十分广泛，据有关史料记载：“害天主教者，系拳匪及天理教人，蒙古人与八旗人，参入其间，各居其半。”[⑤]

光绪二十六年（1900年）五月，义和团运动开始在直隶、山西北部地区察哈尔东四旗地区发展。从直隶、山西来的“拳师”“大师兄”来此设立神坛，传授神拳，号召人民群众起来“杀洋灭教”。随后，土默特旗、口外七厅、伊盟各旗和大青山北的四子王旗等地，也普遍设立起来。从参与义和团的民族成分看，包括蒙古、汉、回、满等各族人民。从阶层来看，既有普通牧区百姓，也有各地驻防蒙古、满官兵，同时一些蒙古王

① 张力、刘鉴唐：《中国教案史》，524页，成都，四川社会科学院出版社，1987。

② 《清德宗实录》卷四八三光绪二十七年（1901年）五月乙丑条。

③ 沈鸣诗：《朝阳县志》卷三三，1930年铅印本。

④ 明清档案馆：《义和团档案史料》（上册），412页，北京，中华书局，1959。

⑤ 李祓：《拳匪祸教记》（增补），275页，光绪二十一年，土山湾活版印本。

公贵族也参与其间。光绪二十七年（1901 年）三月，义和团运动结束后，直隶总督李鸿章奏称："蒙古塔拉特王杀害教民八百余名，昨已降旨将该王革爵，听候查办。"另有蒙古阿多杜沙东萁等 11 人，"均系威吓教士，因未能在教堂戕害，欲在他处谋死"，而被清廷查办。[①]

为镇压义和团运动，英、法、德、美、日、俄、意、奥等国组成联军，悍然发动侵华战争。光绪二十六年（1900 年）六月，攻陷天津。八月中旬，两万余人由天津进犯北京。占领北京后，派兵四处抢掠，无恶不作。九月，俄军侵占秦皇岛、山海关。十月中旬，德军统帅瓦德西率兵三万来华，攻占保定。同时，由德国约克上校率领的德意联军二千五百人，沿宣化向张家口进发。清廷"调镇边新军、察哈尔兵队各一千人，于张家口一带，分段防守，以阻洋兵西趋之路"[②]。结果德意联军在烟囱山一带遭到了当地义和团群众的袭击和察哈尔镶蓝旗蒙古官兵的开枪阻截，约克身受重伤。尽管联军于二十八日占领张家口，但是约克也因伤势过重于此日毙命。联军占领张家口后，向清廷勒索白银三十万两作为补偿。临走时，联军又于军火库埋下地雷，炸死兵民百余人，炸毁房屋数千间，犯下了累累罪行。

在义和团运动期间，河北各阶层都踊跃参加。包括蒙古族在内的河北义和团拳民，用原始的刀枪棍棒对抗西方侵略者先进的枪炮，同仇敌忾，英勇杀敌，视死如归，沉重打击了帝国主义列强的嚣张气焰，表现了中国人民抵御外侮、威武不屈的民族精神。

第二节　河北蒙古族的反封建斗争

清朝后期，由于清统治者日益腐败，加之西方列强入侵，内忧外患，国内相继爆发了太平天国、捻军等为代表的农民起义。蒙古八旗作为清统治者重要统治支柱，在镇压农民起义、维护清王朝封建统治中发挥了重要作用。例如，咸丰三年（1853 年），征调热河驻防八旗兵一千名，随同察哈尔蒙古八旗，昭乌达盟、卓索图盟、哲里木盟官兵，归化、绥远城八旗官兵，共一万人开赴山东及浙江诸省剿杀农民军。同治五年（1866 年），调热河八旗官兵一千名、马三千匹赴涿州、通州征剿捻军。前面提到的，

① 《清德宗实录》卷四八一光绪二十七年（1901 年）三月辛巳条。
② 《清德宗实录》卷四七四光绪二十六年（1900 年）十月辛亥条。

在第二次鸦片战争中抵抗英法列强斗争中战功卓著的僧格林沁就是在镇压捻军起义中，被起义军击毙的。从这个意义上讲，蒙古八旗充当了清朝统治者的帮凶。但晚清时期，蒙古族除上层王公贵族还保留了一定的特权外，下层蒙古群众兵士同样饱尝各种封建剥削和压迫。为了生存，河北蒙古族积极组织和参与抗租抗捐斗争、下层士兵组织讨饷斗争、护矿斗争和反盘剥斗争。尤其是白凌阿、武万义领导的反清起义，将斗争的矛头直接指向腐败不堪的清廷，将河北蒙古族的反封建斗争推向了高潮。当然，由于这一时期蒙古王公对辖境内的汉族同胞采取严酷的压迫和剥削，也激起了汉族同胞的反抗。

一、反抗封建剥削压迫的斗争

（一）抗租斗争

随着清朝晚期蒙古王公放地招垦，蒙古地区大片牧场改为耕地，农作区面积逐渐扩大。当时清廷规定，每顷纳租银五两五钱，小租东钱三吊。开垦五年后，在王旗收租地局领取执照，按年纳租。同时，不准佃民私自典兑土地，拖欠租银。如有抗租三年不纳者，即撤地另佃。沉重的赋税，导致许多蒙古、汉佃户无力缴纳，因此，在咸丰、同治两朝掀起激烈的抗租斗争。其中热河地区最为著名的有两次：一为哲里木盟科尔沁左翼后旗抗租斗争，二为卓索图盟土默特右旗八枝箭箭丁抗租斗争。由于此两旗现不属于河北管辖，故不详述。在河北地区，虽然未发生大规模的抗租斗争，但佃农欠交租税的现象也大量存在。如光绪六年（1880 年）二月，为加强张家口防务，察哈尔都统祥亨于精锐营洋枪队拣选精壮四百名满、蒙古官兵作为马队，与额设官兵一体训练。同时，令察哈尔八旗总管从各旗操练官兵内挑选精兵一千名，分扎什巴尔、博罗柴吉两台。仍饬每旗再挑选精兵五百名，各在本旗操演，以资应援，所需口分银两，由茶马厘捐余款项下动支。为增加军费，清廷开始催缴察哈尔蒙地佃农所欠租税，“张、独、多三厅与晋属之丰、宁二厅各旗官荒马厂，开垦已有成效。若能认真查明欠交押荒银两，责令按亩补交，比户计田。派夫训练，饷需既有著落，练勇即可有裨”①。

（二）抗捐斗争

张家口作为连接蒙古、汉两族的纽带，明朝即在此设立马市，同蒙古

---

① 《清德宗实录》卷一一〇光绪六年（1880 年）二月甲子条。

族进行贸易。在清康熙平复漠西蒙古上层叛乱以后，随着民族关系的加强，经济往来的愈益频繁，各地商人和手工匠人云集上、下堡（即来远堡、张家口堡），开设店铺，出售各种货物，或从事鞍韂、毛纺、地毯、铜银镶嵌等手工业。清廷为增加财政收入，不仅对张家口诸商铺征收商税，而且还经常摊派苛捐杂税。这些杂税名目繁多，其中最主要的是茶马厘捐。清朝末年，战乱频仍，而国库空虚，捉襟见肘，清廷逐年增加厘捐数额，以达到筹措军饷的目的。咸丰十年（1860 年）三月，清廷派赛音博勒格图办理铺捐。赛音博勒格图在增加厘捐抽成比例的同时，还将本不应抽捐的房屋计算在内，遂激起张家口蒙古、汉商户的极大不满，上、下两堡的铺户纷纷关门歇业，以示抗议。更有商人集合民众，殴打收税官员。清廷认为此事"关涉旗民"，赛音博勒格图未与察哈尔都统庆昀协商，私自加税，以致造成民怨沸腾。咸丰帝对赛音博勒格图提出了严厉批评，认为："各处抽厘，皆就买卖铺户，计其所入，百分抽一，似与铺户无伤，何至激成事端？"① 同时，责成察哈尔都统庆昀督同吴廷栋，妥为办理，事端才逐渐得以平息。

（三）士兵"讨饷"斗争

清朝入关以来，在热河、察哈尔、山海关等地驻防大量满洲、蒙古八旗兵丁，这些士兵的粮饷例由朝廷采买支放。清朝末年，政治腐化，官员贪污腐败，任意克扣、挪用军饷，折变本色，致使士兵赖以为生的粮饷常常不能足额发放，引起广大八旗兵士的强烈不满。同治元年（1862 年）夏，因热河仓米不敷散放，热河旗兵，"因糊口维艰"，包围都统衙门索要军饷，后经主管官员开导，旋即散去。② 驻防山海关两千满、蒙古兵士，"每月需饷九千余两"，被拖欠军饷竟达一年之久。同治三年（1864 年）正月，山海关驻防兵丁在甲兵雅萨布的带领下，聚集二百余人，"径赴通判衙署索米"③。后经庆春派协领和盛阿等前往调解，方才解散。清廷虽然发放了所欠士兵米石，但将为首的雅萨布等 11 名士兵解交刑部，审明治罪。驻防张家口的八旗士兵也存在拖欠军饷的情况，"署理张家口理事同知成锦任意迁延，又复擅给折色，实属玩泄"④，被清廷革职。

---

① 《清文宗实录》卷三一一咸丰十年（1860 年）三月甲午条。
② 《清穆宗实录》卷四六同治元年（1862 年）十月甲午条。
③ 《清穆宗实录》卷九十同治三年（1864 年）正月庚戌条。
④ 《清德宗实录》卷五十光绪三年（1877 年）四月戊申条。

（四）抢矿、护矿斗争

咸丰五年（1855年）七月，"热河地方，将惰兵疲，州县官素不讲习公事，欲将鼓铸大钱行使"，以致造成"民皆罢市"。[①] 由于长期以来，蒙古贵族垄断矿厂，禁止汉族及蒙古族平民私挖，引起广大汉、蒙古群众的不满。在承德罢市期间，红花沟矿工聚集达万余人，展开抢夺斗争。这些矿工入山之后，"施放枪炮，与山上矿夫交手，未定胜负"，清廷派协领双喜等带兵，随同热河道裕恒前往查办，并札饬喀拉沁多罗都楞郡王色伯克多尔济，"派蒙古兵二百名，在霍里霍地方，截其归路"[②]。在满、蒙古士兵的联合镇压下，夺矿斗争的领导者李茂兴被抓，参与夺矿的汉、蒙古群众大半逃散，夺矿斗争以失败告终。

咸丰六年（1856年），清廷欲在蒙古喀喇沁地方开采金矿，蒙古族妇人宗室氏出面阻挠矿务。[③] 虽然清廷以"受人指使，要挟该王，逞其私欲"为由对宗室氏提出指责，但在舆论压力下，被迫于同年十二月停止在喀喇沁地方开采金矿。

（五）牧丁反盘剥斗争

前已讲到，清朝在察哈尔地方设置了上驷院牧厂、庆丰司牛羊群牧厂、太仆寺左右翼牧厂、兵部八旗牧厂和王公大臣官员等牧厂，并专门设立了察哈尔牛羊群总管管理牧厂事务。清朝末年，牧场管理紊乱，历任牧厂总管、副总管，各牧群翼长行贿受贿，操控马匹交易，收受马价银两。同时克扣牧丁钱粮，引起蒙古众牧丁的强烈愤慨，纷纷奋起反抗。苏鲁克地方牧厂，"因牧丁在彼滋事，难以照管"，被迫交由察哈尔都统管理，"其丁户统归该旗总管等管辖，仍令在牧厂栖止，以免失所。遇有命盗词讼案件，归该旗承缉讯办。并于该丁户择人品端方者，充作首领，就近弹压。并由总管参领查明丁户内有才堪造就者，以各佐领下甲拴缺酌补"。[④]

二、蒙古人民的反清起义

19世纪后半叶，蒙古族人民发动的规模最大、影响最深远的反封建斗争，是白凌阿、弥勒僧格领导的武装起义。

---

① 《清文宗实录》卷一七三咸丰五年（1855年）七月丙戌条。
② 《清文宗实录》卷一七一咸丰五年（1855年）七月癸亥条。
③ 《清文宗实录》卷一七九咸丰六年（1856年）十月戊戌条。
④ 《清文宗实录》卷二二道光三十年（1850年）十一月乙卯条。

（一）白凌阿领导的反清起义

白凌阿，昭乌达盟敖汉贝子旗人，早年家贫，父母俱亡，以贩马为业。弥勒僧格系白凌阿外甥，自小具有反抗精神。咸丰九年（1859 年）冬，白凌阿随同王洛七在卓索图盟与奉天交界的九官台地方，举旗反清。不久，白凌阿赴达尔罕旗联络弥勒僧格、赵保承（绰号二喇嘛，系蒙古人）、王果良等，先后往来奉天省及哲里木盟科尔沁左翼中、后旗等地，号召和发动蒙古、汉群众参加反清活动。咸丰十年（1860 年）初，白凌阿与王果良截获奉省饷车十三辆。同年十一月，又在锦州石山站截获科尔沁王旗饷车十余辆，所获金条、元宝散分于贫民。

咸丰十一年（1861 年）初，白凌阿率领二三百名起义军，在义州（辽宁义县）同当地汉族王达领导的“聚众抗粮”斗争相联合。起义军发展至八百余人，攻克义州城。盛京将军玉明令佐领哈尔尚阿带兵七十余人，并添派马队一百四十余名进行镇压。经过多次战斗，起义军从义州城南门突围，王达被捕牺牲。突围后，白凌阿率领义军东渡大凌河。同年十二月，在闾阳驿与清军遭遇，打死打伤清军多名。不久，白凌阿又转战新民厅十里铺，同清军发生激烈战斗，起义军死伤十余人。白凌阿率众乘夜突围，进入卓索图盟土默特旗境内。白凌阿起义爆发后，清廷命热河都统春佑派八沟参将松年等，率领平泉、建昌、朝阳各营官兵进行镇压。但由于白凌阿采取游击战术，在大草原上倏来倏往，飘忽不定，清军的镇压行动效果甚微。

咸丰十一年（1861 年）三月，白凌阿率领起义军配合李凤奎等发动朝阳起义。白凌阿率领一路起义军攻克朝阳，焚烧县衙，并劫放监狱犯人三百余名。同时，占据县城东南凤凰山及大凌河两岸之三座塔税务署衙作为根据地。不久，白凌阿分兵北上，经伯尔克、四家子，进入昭乌达盟境内，并攻克赤峰县城。此时，起义军斗争范围波及卓索图盟、昭乌达盟和奉天省边境。清廷急忙派遣驻热河、古北口的黑龙江、陕西、吉林、盛京等省的数千名清军镇压，经过激烈战斗，起义军腹背受敌，损失惨重。

同治元年（1862 年），白凌阿率部百余人转战至内蒙古东部的哲里木盟科尔沁左翼后旗四家子等处，清军跟踪追捕，并传谕卓索图、哲里木、昭乌达盟各盟长，“各派兵丁，于本境地面，协同堵剿。傥遇关内官兵追贼至境，即会同实力搒捕，并严约属下人等，毋得容留隐匿”①。在清军

① 《清穆宗实录》卷一五同治元年（1862 年）正月癸巳条。

的围追堵截之下，白凌阿被迫“潜入山林”，仍坚持抗清斗争。同治二年（1863 年）夏，白凌阿等率起义军一百余人，先后攻克榆树台、梨树等城镇。是年秋，白凌阿转战吉林省界靠山屯等地活动。后又经奈曼、库伦、敖汉等旗，转入卓索图盟土默特旗。是时，蒙古族义军首领弥勒僧格被清军抓获，在将其由吉林解往热河途中，“复乘间逃跑”①，亦奔赴土默特旗。由此，白凌阿与弥勒僧格会合，“结盟抢掠”，共同进行抗清斗争。此后多年，白凌阿与弥勒僧格主要采取秘密形式，组织蒙古、汉群众进行反清斗争，多次在卓索图盟境内，“暗伏火药”②，轰伤官兵，凡杀死练勇多人。同治六年（1867 年）初，白凌阿、弥勒僧格率领蒙古、汉群众，先后在朝阳、建昌、土默特等处，打击清军。同治七年（1868 年）初，清廷调在热河驻防的骑兵，并卓索图、昭乌达两盟蒙古骑兵进行围剿，白凌阿被清军俘获杀害。

白凌阿牺牲后，理藩院行文卓索图、昭乌达两盟盟长，迅速派各旗蒙兵、乡勇，搜索弥勒僧格下落。弥勒僧格此时率余部数十人，自奉省边境转战至卓索图盟土默特旗沙巴吐尔营子一带活动，并在该旗托克托虎的掩护和支持下，继续开展反清斗争。同年底，弥勒僧格率部在昭乌达盟和阿鲁科尔沁旗等地，多次与清军展开战斗。最后，由于清军勾结地方武装势力，弥勒僧格行踪暴露，被清军擒获。弥勒僧格在狱中因伤，“抽风益甚，饮食不进”③，最后死于狱中。

白凌阿、弥勒僧格领导的反清起义虽然失败了，但这支起义军与当地和东北各族人民结合在一起，坚持斗争达八年之久，先后转战内蒙古东部三旗、县，并波及直隶、吉林、奉天等省，沉重打击了清王朝的反动统治，有力地配合了太平天国运动和捻军起义在北方的发展。

（二）武万义领导的反清起义

宣统三年（1911 年）初，察哈尔太仆寺左翼牧群人恩和巴图（汉名“子荣”），在北京雍和宫当喇嘛期间，经人介绍赴南方参加了孙中山领导的秘密组织——同盟会。不久，恩和巴图受孙中山的派遣，装扮成商人至北京、内蒙古、东北、天津等地进行扩大革命组织、筹集活动经费的工作。恩和巴图拥护孙中山倡导的三民主义，并深得孙中山的信任，多次亲

① 《清穆宗实录》卷八四同治二年（1863 年）十一月庚戌条。

② 《清穆宗实录》卷一九一同治五年（1866 年）十二月丙戌条。

③ 第一历史档案馆藏：《麒庆奏弥勒僧格因伤监毙由》（同治七年十二月十二日），军机处录副档，第 2409 号卷，第 16 号。

手传递孙中山同李大钊之间的书信。恩和巴图的哥哥斯仁道日布总管(汉名“杭锦寿”)十分支持弟弟从事革命活动，并不因为自己贵为一旗之长而横加阻拦。斯仁道日布还在北京主编蒙古文《周报》，积极宣传三民主义思想，该报在蒙古族知识分子中广有影响。

在辛亥革命的影响下，察哈尔蒙古族进步青年纷纷加入反抗清朝腐朽统治的斗争中，当时影响比较大的有察哈尔正黄旗五苏木人武万义，他与同盟会成员王虎臣，还有人称“小状元”的张占奎和祁凤麟、李官亭、赵有录、赵喜泰、孙录、马德功、马有才等组织了起义队伍。这支队伍在王虎臣、武万义和张占奎的带领下，经过激烈战斗，占领了清军驻守的塞北要地丰镇县城。宣统三年（1911 年）十二月中旬，清军统领陈希义率重兵赶到丰镇进行镇压，起义军自知寡不敌众，决定分三路撤退。由王虎臣率领的一路起义军行至大同得胜口与清军先遣马队遭遇，两军激战三小时，终因众寡悬殊败于清兵，王虎臣被捕后壮烈牺牲。由张占奎率领的第二路起义军退到山西岱县，武万义带领的第三路起义军退到原平。武万义后来晋升为冯玉祥所领导的国民军的少将旅长，在同奉军对峙中被杀害。

第三节 近代河北蒙古族社会经济状况

晚清时期，伴随着热河、察哈尔等地大规模的开发，河北蒙古族放牧的草场大量被侵占，牧场急剧萎缩，游牧经济遭受重大影响，出现严重下滑。许多蒙古族人放弃了传统的游牧生活，进而改事农业耕作，这是这一时期经济上最为显著的变化。同时，大量汉族人口涌入蒙古地区，形成蒙古、汉杂居的局面。与此同时，随着近代工业的兴起，现代交通通信设施的兴建，河北蒙古族开始了从传统游牧经济向近代化的转型。

一、河北蒙地全面放垦及其影响

清代对河北蒙地政策大致经历了由“禁垦”“限垦”到“鼓励开垦”和“全面放垦”四个阶段。前面对清前期的情况已有论述，此不赘述。

（一）鸦片战争后河北蒙地的全面放垦

鸦片战争爆发以后，中国面临“千年未有之变局”，帝国主义列强逐步对中国边疆进行渗透和蚕食。清廷为加强对北部边疆的控制和防御能力，增加财政收入，开始筹划对蒙古牧厂全面放垦。光绪二十七年(1901 年）七月，两江总督刘坤一联合湖广总督张之洞等人，向朝廷连上三道奏折，在奏折中写道："近数十年来，蒙部日贫，藩篱疏薄，亦请饬下蒙古各部落王公暨该处将军、大臣，酌拟有益牧政事宜，奏明办理。"[①] 同年十一月十一日，山西巡抚岑春煊在《奏请开垦蒙地案》中阐发了练兵、筹费与垦务之间的关系，并请求朝廷开垦乌兰察布、伊克昭二盟蒙古十三旗。清廷对岑春煊的建议十分重视，认为："晋边西北乌兰察布、伊克昭二盟蒙古十三旗荒地众多，土地膏腴，自应及时开垦，以实边储，于旗民生计，均有裨益。"[②] 光绪二十八年（1902 年）正月十八日，特派兵部左侍郎贻谷为督办蒙旗垦务大臣，赴绥远督办包括察哈尔在内的蒙古西部土地的开垦事务。

贻谷到任后，随即对乌、伊二盟蒙古荒地进行了调查，从各旗抽调人员组成开垦班子，"现照山西抚部院奏案，应给蒙部押荒地租，务从优厚，按放地之多寡，量给蒙员、蒙兵随缺地亩。将来各蒙旗济生有资，练兵有饷，昔之贫弱可变富强，必由于此，应俟会同绥远城将军札饬伊、乌二盟，行令所属各旗，拣派通晓事体蒙员迅来行辕，听由本大臣酌给薪水，饬同行辕委员勘明应垦地段呈报，以便开办"[③]。并制定了开垦步骤，"其丰镇、宁远垦务，应俟西盟开办稍有端绪，再与察哈尔都统奎顺会商妥办，次第举行"[④]。在此基础之上，于归化城设立垦务总局，统一署理垦务工作。

清末"新政"时期，清廷以为"振兴农政，首重垦荒"，多次颁布上谕，饬令各省督抚劝谕绅民将可垦之地相其土宜开垦耕种，并制定了奖励垦荒的措施。对于以前不准汉民开垦，也不准八旗和蒙古王公私自放垦的口外蒙古荒地，也实行全面放垦。察哈尔部左翼四旗、热河围场、热河牧厂、敖汉旗、巴林旗、阿鲁科尔沁旗、东扎鲁特旗、西扎鲁特旗的荒地先后一律放垦，口外进入全面放垦时期。广大农民的积极开垦，遂使河北蒙地开发进入了一个新阶段。

---

① （清）沈桐生：《光绪政要》卷二十七，台北，文海出版社，1985。

② 冯汝：《察垦汇编》，见《中国少数民族古籍集成》，第 28 册，326 页，成都，四川民族出版社，2002。

③ 内蒙古自治区档案馆藏：《贻谷为办理蒙旗垦务之示谕》，参见《蒙旗垦务档案史料选编（上）》，载《历史档案》，1985（4）。

④ 内蒙古自治区档案馆藏：《贻谷驰报抵晋并刊用关防日期之奏稿》，参见《蒙旗垦务档案史料选编（上）》，载《历史档案》，1985（4）。

1. 察哈尔左翼四旗的放垦

察哈尔左翼四旗是张家口、独石口、多伦诺尔三厅所属地，地方辽阔，土脉膏腴，大多是左四旗王公牧厂。这一地区在康熙年间逐渐招民开垦，咸丰四年（1854 年），给事中仙保奏察哈尔八旗官荒地亩，请求开垦升科，以裕经费。不久，清廷于丰镇设立垦务押荒局，署理察蒙垦务，招商领地，坝外开始实行放垦。招商承领指定官荒，征押荒银，每亩一钱，由押荒局核收，颁领执照交佃户收存。熟地（私垦地）于颁照次年升科，生荒三年后升科。佃户认垦后即将地名、段落、四至编列字号入册，如有侵越界址，影射霸占，即将地撤退另佃。光绪元年（1875 年），清廷开始在坝上开放王公马厂等地，开垦地段共 11 处，约 70 万亩。

口北三厅，在全面放垦之前，已陆续开垦。张家口厅所属的苏鲁台子沟、兴和成白庙子滩、苏济梁、云头坝板深图四村地的花台坝新河口，独石口厅所属的库伦诺尔，多伦厅所属的新开地，共 12 处，统计垦熟地 8968 顷 95 分 8 厘 1 毫，在光绪七年（1881 年）升科土地 8085 顷 9 亩 8 厘 1 毫，光绪八年（1882 年）升科土地 883 顷 86 亩 5 分。[①] 其中，张家口厅的具体情况是：新垦苏济梁地 1671 顷 23 亩 2 分，云头坝地 914 顷 12 亩，板深图 360 顷 89 亩，续垦苏鲁克四村地 144 顷 31 亩，花台坝地 328 顷 91 亩，新河口地 445 顷 35 亩。除苏济梁地 480 顷 31 亩 5 分，云头坝地 95 亩，新河口地 131 顷 11 亩，应该在光绪八年升科外，其余的土地 330 顷 38 亩 7 分都统归光绪七年升科。[②] 独石口厅的具体情况是：共有土地 628 顷 90 亩，其中 66 顷 21 亩归光绪八年升科。续查出的 24 顷 16 亩在光绪七年升科。多伦厅宗室新开地 158 顷 12 亩 2 分 8 厘 1 毫，其中 23 顷 23 亩在光绪八年升科，其余的土地 134 顷 88 亩 2 分 8 厘 2 毫在光绪七年升科。三厅土地总计 9745 顷 2 亩 97 分 6 厘 2 毫，据统计，一共收押荒银 112255 两 1 钱 6 分 7 厘 8 毫。[③]

除官方认可的蒙垦土地外，尚存在大量的私垦土地。如光绪八年（1882 年），察哈尔都统所禀："旗群空闲官荒牧厂，早经奸民私垦，日甚一日，游牧地方也多为蚕食……（游民）恃口外游牧平原辽阔，殊少界

① 内蒙古档案馆编：《清末内蒙古垦务档案汇编》，1666 页，呼和浩特，内蒙古人民出版社，2000。

② 内蒙古档案馆编：《清末内蒙古垦务档案汇编》，1666 页，呼和浩特，内蒙古人民出版社，2000。

③ 内蒙古档案馆编：《清末内蒙古垦务档案汇编》，1666 页，呼和浩特，内蒙古人民出版社，2000。

限，乘隙偷垦，已成习惯。”① 到光绪末叶，各旗牧地“比年来经官兵等互相串卖，各便身图，有将全佐领私放净尽，几无尺寸者”。大多牧群也如之，如正黄牛群（在今河北张北县境）、正黄羊群（在今河北尚义县境），“溯自咸丰年间，各处民人私垦厂地、台地，渐次侵入群界。……蒙官贪利私放，民户亦无所顾忌，陆续开垦，愈久愈宽。数十年来，群地未开者，牛群不过十之二三，羊群则仅十之一二”。至于各王公马厂，“自近年以来，久已有地无牧”。② 蒙古贵族将这些牧地私自放垦，抽收私租、租价或荒价，借以自肥，而于国家财政收入无补。为改变这种状况，光绪二十四年（1898 年），清廷在张家口、独石口设立地局，拟定放地章程，清丈升科，由官府经营一切垦荒事宜。地局从光绪二十四年（1898 年）七月设立至二十八年（1902 年）五月底止，张家口、独石口两厅共新垦生熟荒地 3129 顷 78 亩，并先后启征升科。③

光绪二十八年（1902 年）十月，清廷派垦务大臣贻谷在张家口设左翼垦务局，裁撤地局，由垦务局接收原有地局未完事宜，口北三厅原设地局所办垦务尽归垦务局办理。察哈尔左右两翼八旗，行政上隶属察哈尔都统，但已垦农地则被分割管辖：左翼东四旗隶属直隶，右翼西四旗则隶属山西。其间牧厂、农地毗连交错，历来界线不清。贻谷主持蒙垦期间，首先勘明直晋两省界址，即所谓“开办垦务，经界为先”④。当时划定的晋、直边界：“牧场北界，北取直线，平分羊群尽处，与五台接界止，计长三十二里有奇，东归直隶，西归山西。”⑤ 察哈尔左翼马厂有 15 处，右翼所属有 10 处。这些马厂，一般是朝廷为笼络蒙古王公给予的赏赐。蒙古王公对这些马厂只有使用权，其土地性质仍为官地。蒙古王公在其所管马厂内大规模私自招垦，造成了“有地无牧”的局面。贻谷针对这一问题，上奏朝廷，提出“惟有仍令该王公将厂地一律报销开垦，由奴才等查照上□办过成案，每亩完官租银一分四厘，另加该王公私租银四厘，官为办理”⑥。蒙古地区的封禁令被取消，截至光绪二十九年（1903 年）十二

① （清）朱寿朋：《光绪朝东华录》卷四十八，上海，上海古籍出版社，2008。

② （清）贻谷：《垦务奏议》，光绪三十三年铅印本。

③ 台湾“故宫博物院”故宫文献编辑委员会编：《袁世凯奏折专辑》，第七册，2093 页，台北，台湾广文书局有限公司，1970。

④ 内蒙古档案馆编：《清末内蒙古垦务档案汇编》，1667 页，呼和浩特，内蒙古人民出版社，1999。

⑤ 《督办垦务大臣贻察哈尔都统奎奏陈勘定直晋界址折》，载《农学报》，1903（3）。

⑥ 冯汝：《察垦汇编》，见《中国少数民族古籍集成》，第 28 册，352 页，成都，四川民族出版社，2002。

月，除哈拉汉那王府牧厂（今河北康保县哈必嘎一带）外，左翼四旗及各旗群马厂台地一律放垦。光绪三十四年（1908年），左翼局张、独、多三厅放地总计2006068亩，其中已征押荒地1878646亩，未征押荒地127422亩。①

此外，光绪二十八年（1902年）八月，贻谷还在张家口奏设了专以放垦为主的东路垦务公司，集官本6万两，商本6万两，共12万两，以百两为一股，共1200股。公司在放地时，根据土地的肥瘠情况，将土地分为上、中、下三等。上等地亩地价8钱，中等6钱，下等4钱。垦务公司在领地时，如果原来的地户没有部照，但有地商草约，表明地户已交过地价，这类地亩垦务公司就不再承领，地户不必再交纳地价，只需交每亩3钱的押荒银，即所谓"原垦原种"。如果是荒地，或地户既无部照，又无地商草约，即为私垦，地亩归垦务公司承领，地户仍须交纳地价。左翼各旗地亩派员丈清，填案发给各户承领。但是过了数月，来局呈缴地价者寥寥，地户多持观望态度。在这种情况下，垦务公司遴派委员，按户严查，"有陈令起堪以派往和亲王马厂三眼井等处，程令维清堪以派往镶黄牛群，潘令殿保堪以派往正黄牛羊群，松防御秀堪以派往二四台等处，查县丞富瑜堪以派往商都牧群，善笔帖式微堪以派往黑沙图右翼太仆寺等处"②。到光绪三十三年（1907年）撤销垦务局，仅察哈尔左翼四旗由东路公司加价转售之地就有1112850亩。③ 设在独石口的垦务分公司，自1903年8月—1904年12月底止，共放地710顷4亩4厘，共收地价红封平银33290两5钱5分。

2. 木兰围场的放垦

木兰围场乃清皇室行围狩猎的禁苑，周围约数百里，设有卡伦，向来严禁农垦樵牧。嘉庆年间，由于兴建土木，不断砍伐围场内的森林，再加上偷猎者甚多，使林木日益稀少，野兽锐减。同治元年（1862年），热河都统瑞麟以围场牲畜日少，秋狝之礼废，请开围荒，以裕国库而利民生，清廷允准，宽留围座，开放边荒，招民开垦。同治二年（1863年）二月，令热河都统瑞麟派协领及有关人等，会同驻木兰围场的两翼长官实地勘察，查得可放垦荒地8400余顷。瑞麟据实向朝廷进言，因开荒垦种须投入较大的工本，一般旗民很难承受，故应就近招募家道殷实而又素业农耕

① 李文治编：《中国近代农业史资料》，第一辑，840页，北京，三联书店，1957。
② 中国第一历史档案馆编：《光绪朝朱批奏折》，496页，北京，中华书局，1996。
③ 李文治编：《中国近代农业史资料》，第一辑，832页，北京，三联书店，1957。

之人开垦，以利国计民生。经朝廷认可后，付诸实施。此为木兰围场由热河都统正式开垦之始，史称“开旧围”。至同治四年（1865 年）二月，“围场荒地除业经放出之一千四百九十二顷余亩，按照原定章程征收租课外，其左翼正黄、正红二旗，原勘荒地五千五百余顷……至西尔嘎驿站所占之翁牛特旗地方，业经安居年远，庐墓较多，未便迁改，该部统现拟以镶黄旗界内色勒沟地亩七八十顷补给”①。

为了限制私垦滥垦，设置红桩，红桩以外准许开垦。但是在实际开垦过程中，很多商人雇佣民工越桩开垦，“竟在红桩内开大川九道，掘井数十口，盖房百余间。甚至奸商戚大详擅将御道顶梁古松大树并杂木等，全行砍伐。又在东陵背山赛罕坝岭掘井烧窑，卡伦均被侵占”②。

为招募佃民垦荒，热河都统署在热河（今河北承德市）设裕课总局。同治五年（1866 年）又在木兰围场石片子（今属河北隆化县境）设围场裕课副局，就近办理放垦事务。裕课总局或副局派员会同荒地所在各旗营房护围官兵，对佃农所承领荒地段落进行查验，经丈量亩数后设置界址，绘制鱼鳞图册，作为当时收取押荒银和日后地方行政机构升课的依据。至同治六年（1867 年），经瑞麟及其后任麒庆两任都统，热河裕课总局及围场裕课副局在木兰围场共放垦围荒 3957 顷，加之拨给喀喇沁和翁牛特两旗驿站随缺官地 430 余顷，总计放垦荒地 4387 顷，其中包括总计 72 围中所放垦的 31 个正围。此为第 次放垦围荒。

同治九年（1870 年）十一月，清廷对热河围场垦荒进行调查，发现除旗佃侵放围内地 600 余顷应行禁止抛荒外，其民佃侵放围内地竟有 800 余顷之多，遂兴腾围之议，“务将正围以内民户，尽数迁出，以清围地。并将安插各民，妥为布置，毋令一夫失所”③。腾围工作大致经历了一年才完成，围内民户多被迁出，围场旧观得以恢复。清廷重新设置了围界，禁止民人私垦。同时，还查办了放垦过程中舞弊之官员，以儆效尤。而对于已腾出的围场之地，“永远封禁，并将边界卡伦修齐。所有新旧放出之地，逐次重修丈量。另换新照，其旧领红照，一概缴销。查明地亩，造册发交州县承领，按亩征粮”④。也就是说，围场放垦政策虽然有所收缩，但主要是限制私垦围内之地，仍承认了以前已放垦的土地，并将所有新旧放出之地造册登记，出佃给民户，按亩征粮。这表明，围场向农耕方向转

① 《清穆宗实录》卷一三一同治四年（1865 年）二月乙未条。
② 《清穆宗实录》卷一三一同治四年（1865 年）四月乙丑条。
③ 《清穆宗实录》卷二九七同治九年（1870 年）十一月丁未条。
④ 《清穆宗实录》卷三五六同治十二年（1873 年）八月癸未条。

化的势头已不可遏制。

光绪二十八年（1902年）十二月，热河都统锡良以热河军政费用浩繁为由，上奏朝廷，获准继续开垦木兰围场五川西围，即伊逊川、布敦川、牌楼川、孟奎川、卜克川五川荒地。光绪二十九年（1903年），锡良即从机构和人员上着手大规模放垦五川西围。首先撤销原围场裕课副局，改为由都统直属的围场垦务总局，任命原山西候补道泽宣为"总办"，热河八旗兵协领根龄为"会办"。二人对预放垦的可耕地事先勘察编立序号，大川宽平处每10顷为一号，山沟狭窄处每5顷为一号；以每川或山沟的自然地名第一个字为代号，如"锥字""吉字""查字"等；同时，注意留出村镇街基，即除留出设集镇的处所外，还于5里留一村基，每领地1顷留宅基2亩。承领者亲赴总局呈明愿领某处某地若干，经查清号数核次放给，不准随意挑选。每户领地至多不得百顷，积至百顷勘放一次，放毕挨户绘制四至鱼鳞图册，详注所有绳号丈次，以免混淆。根据土地之沃瘠、生熟分为四则，亦即四等：上上则每顷收押荒银120两，上则100两，中则80两，下则40两。上上则限一年后升科，其余上则、中则、下则两年后升科，上上则及上则每年每顷征科银5两，中则4两，下则3两。[①] 除宽留围座外，东西两围此次放地2690顷20亩2分，总计收押荒银145178两5钱2分。[②] 为防止流弊发生，规定无论驻围官兵、旗民，还是一般民众承领荒地均须亲至局所报名，当面交割银两，而后由总办或会办率员或派员现场亲自丈量当场发给执照，决不允许胥吏蠹役经手，更不准"奸佃""地商"包揽。经这次边丈量边售放按字号绘图造册，仅用三个月的时间，围场垦务总局即将五川2690余顷围荒丈放完毕。至此，木兰围场全境尚保留35个完整围座，加之围座外荒地，还有耕地六七千顷。此为木兰围场第二次放垦，史称"开新围"。

光绪三十年（1904年），新任直隶总督袁世凯为筹措编练新军经费，上奏朝廷重办围场屯垦事宜，并为便宜行事，奏请将其地方行政机构围场粮捕厅从热河都统所辖承德府，划归直隶省宣化府，同时改名为围场抚民厅，两奏议皆获允准。光绪三十一年（1905年），袁世凯起用被革职的原广西太平思顺道何昭然为直隶屯垦木植局总办，主持全面放垦木兰围场兼采伐御用木材。何昭然的衙署仍设在锥子山街原热河围场垦务总局旧址。

---

① （清）甘厚慈辑：《北洋公牍类纂》卷二十四《农务·热河围场放垦章程》，天津，天津古籍出版社，2013。

② 《申报》光绪二十九年五月十日（1903年7月4日）之《京报全录》。

同时，袁世凯还从天津海关所存之修铁路余款内拨银15万两，作为全面放垦围场的开办经费，又派管带司俊卿、帮带关桂和率领淮军骑兵一营，随何昭然进驻，听命差遣维护放垦秩序。直隶屯垦木植局设立后，即着手勘测、绘图、划庄、编号，凡未放垦之地，按地域划分为东、南、西、北、中五庄，编制“字”“号”，而后按字逐号招民开垦。光绪三十二年（1906年）春，开始派员司测量地段，逐处勘丈。

此次垦辟围荒，目的为安插旗民，绥镇要地，与从前放荒办法不同，一概不收取地价。凡有承领地亩者，遵照承佃常例，按上、中、下三则丈放。上地每顷收押租银8两、中地6两、下地4两，至退地日仍将原交押租发还。收租成数以所出谷粟，每顷上地头年2担，第二年4担，第三年6担；中地头年1担，第二年3担，第三年5担；下地头年5斗，第二年2担，第三年3担。三年交齐。至光绪三十二年（1906年）十月底，东围丈得可耕之地3400余顷，佃出2999顷；西围丈得2000余顷，佃出1014顷。东西两围招垦凡4013顷，发出执照810张。后又将陡坡峻岭及多树之处逐渐丈放。在办理屯垦的同时，又设东、西、南三局，砍伐山林，办理木植，在西围燕各拜各沟、东围大小老虎沟及东西晒树沟、锥子山各沟、五铺炕、封狐沟、哈拉、哈沙尔板等处，伐存木料10万余件，估定价目，随时销售。

经过第三次放垦，除少部分深山陡坡及偏僻的坝根地带还有些树木之外，几乎全部辟为农业区，荒野之区，悉成田庐，历经180多年的皇家猎场至此仅存空名，这也为其后变为行政区划铺平了道路。

3. 热河蒙荒的放垦

围场全面放垦之后，清廷废除了蒙地禁垦令，应热河都统廷杰所请，陆续将敖汉旗九道湾上台蒙荒，热河牧厂，巴林蒙荒，昭乌达盟的阿鲁科尔沁、东西扎鲁特三旗蒙荒设局招佃放垦。其中，光绪三十二年（1906年）二月放垦敖汉旗九道湾上台；光绪三十二年（1906年）六月放垦热河牧厂；三十三年（1907年）六月放垦巴林旗；三十三年（1907年）十一月又将昭乌达盟的三旗放垦。从此，热河进入全面放垦时期，热河的蒙荒牧地逐渐开垦成农田。

清廷在放垦蒙荒之前，首先对热河各盟旗荒地进行了普查。如在昭乌达盟“毛都起至东界他板苏木止，南界老哈河起至北界舍利漠河止，东西长五十里，南北宽一二十里不等，生荒三千八百五十余顷。西扎鲁特旗由西界他板苏木起止，东界东扎鲁特止，南界老哈河止起至，北界舍利漠河止，东西长三十里，南北宽二十五里，共得生荒四千零五十余顷。……

西扎鲁特起止东界义合毛刀止，南界乌登波拉敖包起止，北界舍利漠河止，东西长五十里，南北均宽二十里，共得生荒五千四百顷。……三旗勘得生荒一万三千三百余顷。剔除沙窝水坎外，约得上地一千五百三十余顷，中地二千八百六十余顷，下地三千六百四十余顷"①。而巴林旗"山沙各荒一律丈竣，共三千二百四十余顷"②。

由于热河荒地的放垦晚于围场，在放垦章程制定上大都仿照围场成案。所放之地，根据其肥瘠程度，大体分成上上则、上则、中则、下则四则，或上、中、下三则。所收荒价银，各地又视具体情况制定了不同标准。如敖汉旗九道湾由于土地肥沃，地价最高，上上则每顷收荒价银160两，上则120两，中则80两，下则40两。其余如热河牧厂分为三等：上等地每顷收押荒银60两，中等40两，下等20两。巴林荒地分为三则：上则每顷收荒价银80两，中则60两，下则40两。阿鲁科尔沁、东西扎鲁特三旗也把地分成上、中、下三等：上地每顷收荒价银70两，中地50两，下地30两。至于升科，各地也有不同规定。敖汉旗九道湾上上则、上则均限一年升科，中则、下则均限二年升科，以给照之日起限，其课银量上上则、上则地一顷岁征正课银6两，中则5两，下则4两，每银一两加耗银一成。牧厂之地则规定三年后升科。巴林荒地，上则一年后升科，中则、下则均限二年升科，上地一顷岁征正课银4两，中地3两，下地2两。阿鲁科尔沁、东西扎鲁特三旗，上、中、下各等皆限二年升科，上等每顷年征银4两，中地3两，下地2两，所征科银与巴林荒地相同。

为防止富商包揽，各地又对每户所准领地亩数作了限定。如在敖汉旗九道湾，上上则、上则地每户准领1顷，中则、下则每户准领3顷。在巴林垦局，上则地每户准领2顷，中则地每户准领3顷，下则地每户准领5顷。至于绳丈，各地都照部章五尺为一弓，二百四十弓为一亩，百亩为一顷，每顷编为一号，绘图填册，注明四至丈尺、坐落地名及领户姓名籍贯。对于领地不及一顷者另编一号。交银领地，由垦局发给收照，以盖都统印信为凭。至光绪三十三年（1907年）底，热河各地放垦荒地二万余顷，其中敖汉旗九道湾六七百顷，热河牧厂近万顷，巴林两千顷，③ 阿鲁科尔沁、东西扎鲁特三旗可种植之地八千余顷。④

① 《热河都统廷杰奏丈放昭乌达盟等旗报效蒙荒酌拟章程》，《政治官报》，第52号，1907。

② 《热河都统廷杰奏巴林旗报效各项蒙荒请酌减荒价展限升科等折》，载《政治官报》，第1085号，1910。

③ 《东方杂志》，第4年（1906年），第12期，实业。

④ 《大公报》光绪三十四年八月二十日（1908年9月12日）之《中国北部之农牧业谈》。

宣统年间，由于清廷令将各处蒙地一律放垦，热河的蒙地放垦区域进一步扩大。如宣统元年（1909 年），热河都统又将巴林郡贝子报效之地及枕头沟等处可耕之地约 5000 顷，山沙荒地 3240 顷，共 8000 余顷，一律丈放。据统计，喀喇沁三旗共有牛 20000 头、马 16000 匹、羊 50000 只，而耕地面积却达到了 116400 顷。①

需要说明的是，热河地区放垦的荒地并非全部被民户领垦。由于有些荒地地价较高，升科年限太短，领户“择地择价，致多观望”②。为广泛招徕垦户，许多垦局酌减荒价，展限升科。如宣统元年（1909 年）六月，热河都统廷杰奏将巴林旗荒每则每顷均递减荒价 10 两，升科期限上则限一年，升科者展为二年；中下则限二年，升科者展为三年。③

（二）河北蒙地全部放垦的影响

从清初私垦出边的汉族移民，到清末清廷实行的“移民实边”新政，大量内地汉族移民不断北上草原。以农耕文化为特征的汉族社会与以游牧文化为特征的蒙古社会碰撞交流日益频繁，这种碰撞交流，使汉文化逐渐在河北蒙地得到广泛的渗透。

1. 经济结构由单一的游牧经济转为农牧等多种经济形态并存

蒙古族传统上逐水草而居，世世代代以经营畜牧业为主，经济结构是单一的游牧经济。然而，由于游牧经济自身的脆弱性、分散性和单一性，很难满足蒙古人生活上的需求，这种需求只能依托与汉人进行的物物交换或商品贸易来实现。正是这种需求，使得蒙古人愿意招募汉人耕种土地，以获取农作物及农副产品。

清代以来的移民开垦，逐渐改变了察哈尔地区的纯游牧经济局面，半农半牧区、纯农业区，成为该地区最具代表性的地域特征。一方面，内地大量农耕人口的迁入，带来了中原传统的农业生产技术，也使农作物与农耕技术在蒙古地区实现了交流。另一方面，蒙古人在招民垦种中也学会了农耕生产技术，他们“渐染汉俗，始从事种植”④。

生活在热河地区的蒙古族也存在着类似的情况，在蒙地开发之前，大片土地仍属于游牧区，而该地蒙古族所需的粮食、布帛和各种工具等，都需要从外地运入。正是由于游牧经济的独立性、分散性和单一性，造成该

① 王玉海：《清代喀喇沁农业的发展和土地关系》，载《喀喇沁旗文史资料》，1992（12）。
② （清）徐兆玮：《徐兆玮日记》，第二册，1246 页，合肥，黄山书社，2013。
③ （清）徐兆玮：《徐兆玮日记》，第二册，1246 页，合肥，黄山书社，2013。
④ ［苏］符拉基米尔佐夫著，刘荣焌译：《蒙古社会制度史》，294 页，北京，中国社会科学出版社，1982。

区域对农业经济有着很大程度的依赖。乾隆末年，喀喇沁右旗出现了揽地开荒的高潮，存谷粮达44000石。这一地区很多蒙古人，已经“渐罢游牧，相将艺黍禾”，而“黍禾日以好，牛马日以少”。[①] 据《平泉县志》载，平泉地十分之八均由喀喇沁蒙古王公及箭丁食租。如按该县旗民地3166顷，共征银3500两，那么蒙古吃租地达25328顷，租银达28000两，可见当地的蒙古牧民也在其中得到了不菲的收益。嘉庆以后，当地迅速走上了农业化的道路，“山厂草原，尽行开垦”[②]，畜牧业原有的主导地位被农业所取代。以河北承德隆化为例，由于满、汉人的大量迁入，又善事农耕，原有的牧场逐渐缩小，一部分蒙古族人留了下来，另一部分则离开隆化，到内蒙古开辟牧场，他们到新地后仍沿用在隆化的旗制。在隆化被开垦成土场的牧场，要给原牧主交纳地租，内蒙古正白旗和镶白旗一带不少牧民认伊玛图川为故乡，回故乡收地租一直延续到民国初年。[③] 到光绪年间，无论是耕作技术和粮食品种，都与内地相似。光绪三十二年（1906年），陈祖墡随肃亲王耆善巡查东蒙古各旗，他在其日记体《东蒙古纪程》中记载：过毛金坝，入喀喇沁境，“道路平坦，村民皆垦山为田，收成甚薄。多种甜荞、苦荞，间有种油麦者”；自喀喇沁王府折而东行，“所经村镇如大公府、木家营子各处，皆有商店，居民不下二三百户，喇嘛庙亦甚齐整，颇有丰足之象。地势平衍，五谷杂粮均能种植，惟不能隔年种麦耳”。[④] 由此可见，此时农业在喀喇沁旗的经济生产中已是主业了。[⑤] 随着农业经济的发展，河北蒙古族学会了精耕细作，畜牧业地位降低，乃至作为家庭副业，粟、麦、稻、高粱、大豆成为主要粮食作物。农耕用具，如犁、耙、锄等也一应俱全。他们基本改变了牧民游牧于天地之间的行走生活，过上了守家在地、日出而作日落而息的农耕生活。[⑥]

随着农耕经济的扩大，也推动了当地商业和手工业的发展，致使单一的游牧经济向多种经济的转变又前进了一步。旅蒙商深入察哈尔、热河地区经商，有的逐渐定居下来，开铺建店，成为坐商，使商业贸易迅速地发展起来。同时，以商品生产为主的独立手工业成为河北蒙古族经济生活中

① （乾隆）《钦定热河志》卷九二《物产》，《景印文渊阁四库全书》，第496册。

② （光绪）《钦定大清会典事例》卷一五八，台北，新文丰出版公司，1976。

③ 谷井林等：《隆化县少数民族历史与现状》，载《满族研究》，1993（2）。

④ （清）陈祖墡：《东蒙古纪程》，168、174页，哈尔滨，黑龙江教育出版社，2014。

⑤ 特克寒：《清代热河蒙地的垦殖及影响》，载《内蒙古社会科学》（汉文版），2005（4）。

⑥ 季静：《清代喀喇沁地区的蒙地开垦之影响新论》，载《内蒙古民族大学学报》，2010（6）。

的重要内容。大批银匠、铁匠、木匠、毡匠、皮匠等职业手工业者逐渐代替了家庭手工业劳动，从而进一步促进了多种经济结构的形成。

2. 民族结构由以蒙古族为主转变为蒙古、汉杂居共存

清末推行“新政”之后，“放垦蒙地”政策取替了“禁垦”的传统政策。这样，全面放垦之初的地广人稀等境况很快被改变，伴随蒙地开垦又迎来了一次移民浪潮。为逃避战乱、灾荒和债务的内地汉民，大量涌入。以木兰围场为例，放垦之前，围场内主要为满蒙八旗驻兵，其中蒙古兵 585 人分别驻扎在 40 个卡伦（即哨所）中，与满族八旗兵共同负责木兰围场之保卫。而围场放垦后，移民激增，光绪二十八年（1902 年），围场人口为 36399 人，至光绪三十四年（1908 年），增至 12908 户 75728 人，[①] 而这些新增人口大多为汉族，也有一些满族随军家属，因而形成汉、满、蒙古族遍居围场之现状。

随着内地汉族移民大量涌入以及土地使用权的进一步变化，在人烟稀疏、牛羊成群的原本单一的蒙古社会，形成许多汉族移民村落，同时先后出现了一些蒙古、汉杂居的村屯，出现了蒙古部内有汉人，汉人村屯有蒙古人或蒙古村屯附近有汉人，汉人村屯附近有蒙古人的交错杂居的局面。满、汉移民，特别是汉族移民以自己的实际行动，打破了清朝统治者历来所推行的蒙古与汉隔离政策，蒙古族与汉族之间的接触和交流日益增多，民族杂居的局面很快形成并发展起来。

当然也应当看到，随着垦区的扩大，牧区锐减，许多地方不再适宜放牧，一些蒙古族牧民被迫赶着畜群向北迁徙，这也造成这一时期河北蒙古族数量锐减，汉、蒙古人口比重失衡。这一变化导致察哈尔、热河地区整体呈现出游牧由南向北收缩、农耕区相应由南向北推进的态势。这不仅打破了察哈尔、热河地区原有的民族分布格局，而且对当地的畜牧业经济也造成了严重冲击，为这一地区传统牧业经济带来了危机。留在原地务农的蒙古族民众，由于大多缺乏农耕技术和经验，因而“广种薄收”，生活日趋贫困，不少蒙古人逐渐失去土地所有权，沦为佃农或雇农，从而引发了一些社会矛盾，但这是民族融合过程中不可避免的历史进程，对其消极影响的评价不宜扩大化。

3. 蒙地开垦对草原生态的破坏

随着移民大规模进入蒙地垦殖，除草场遭到严重破坏外，林木资源也大量减少，有的地方甚至绝迹。如喀喇沁、土默特地区，原本林木资源丰

① （清）查美荫：《围场厅志》卷六《田赋》，全国图书馆缩微文献复制中心，1992。

富，自康熙年间实行移民政策后，人们任意砍伐林木，以致森林面积逐年减少，至光绪初年，所谓古树乔木已不复存在。据专家考证，木兰围场时期森林覆盖率在70%左右，林地总面积在800万亩以上。另外，早在乾隆四十一年（1776年），清廷在英图围、巴颜图库木围等处伐木料242357件，供避暑山庄和北京建筑用材；裕陵为乾隆皇帝之陵寝，位于河北遵化胜水峪，嘉庆四年（1799年）重修裕陵的隆恩殿等建筑，先后从莫多围等14个围伐木，后因大件木料不够，遂伐至40多个围。

木兰围场逐渐放垦后，在可耕地上的零星散生或团状分布树木，多为承领挂地者砍伐出售，而主管放垦的各级局所，无论是裕课局、垦务总局，还是屯垦木植局均有承办清廷御用木料的任务。光绪三十一年至三十二年（1905—1906年），仅两年间，直隶屯垦木植局便承办清东陵之景陵大殿所需木材大料800余件，裕陵碑亭所需大料700余件，又伐常行木料10万余件。凡大件木料皆由伊逊河或蚁蚂吐河水运或冰运出境，一般木料则就近运往多伦、丰宁一带出售。

随着森林面积的减少，野生动物的数量也明显锐减。清前期，围场内曾经"树木繁盛，内多千年古松，木兰秋狝，所获禽兽不可亿计"[①]。但至清末，"深所惜者，近三十年来，围场各处砍伐树木，开垦荒地，户口日繁，人烟辐辏，所以虎豹敛迹，麋鹿潜踪。至于今日，熊、豹、鹿、麅时有所见，惟虎之一种，绝迹无影矣，而此虎枪亦废弃无用，只可各家悬挂墙壁，烟尘薰燎，作为纪念品耳"[②]。

人口迁入对口北三厅的生态环境破坏也是十分严重的，"生态恶化主要就是在清末以来的滥垦及其他不合理开发造成的"[③]。口北三厅有的地方是不适宜耕种的，如牧群地方土地瘠薄，坝上高原区、华北平原和内蒙古高原的过渡地带，农民大多只重视收成，而不注意蓄养和保护地力，而清廷开垦蒙荒的主要目的是为了获取租银，以纾解其财政窘境，如此耕地"东辍西耘，地多荒废"[④]，造成口北三厅的水土流失，出现沙漠化，使本来是北京屏障的口北地区逐渐丧失屏障作用。

---

① （清）查美荫：《围场厅志》卷二《沿革》，全国图书馆缩微文献复制中心，1992。

② （清）汪国钧：《蒙古纪闻》，67页，呼和浩特，内蒙古人民出版社，2006。

③ 恩和：《草原荒漠化的历史反思：发展的文化维度》，载《内蒙古大学学报》，2003（2）。

④ 内蒙古档案馆编：《清末内蒙古垦务档案汇编》，325页，呼和浩特，内蒙古人民出版社，2000。

4. 矛盾激化

在木兰围场第一次放垦至第二次放垦之间，自同治八年（1869 年）至光绪六年（1880 年），围绕着木兰围场放垦，发生了绵亘 22 年之久的“腾围”与“反腾围”的斗争。“腾围”即官方欲制止汉民越界垦荒，或私自开垦原勘察划定保留的围座，清理越界垦荒的汉人及其土地；“反腾围”，即汉民抵制官方腾围的命令，并千方百计继续越垦私垦。

清朝末年，清廷对木兰围场进行有限度的蒙地开垦。为此，腾围官方曾下令烧房逐民，并在重要隘口处增设卡伦，甚至采取构筑石墙、埋设栅栏、深挖壕沟等措施，以强化边界，并对私垦和越垦者缉拿严办。但是在实际操作过程中，大批汉族、蒙古族涌入木兰围场红桩内从事农业生产和游牧活动。同治九年（1870 年）十一月，“除旗佃侵放围内地六百余顷应行禁止抛荒外，其民佃侵放围内地有八百余顷之多”。于是朝廷命库克吉泰遴派妥员，“前赴围场，逐细履勘，认真筹办，务将正围以内民户，尽数迁出，以清围地”①。同治十一年（1872 年），清廷开始“腾围”。由于木兰围场“越垦已久”，大量汉族、蒙古族长期在此定居生活。清廷在未出榜晓谕的情况下，强行将围内民众迁出，以致激起了民变。据史书记载，“屡经聚众抗违，辄请调队弹压，以致不洽舆情”。清廷为平息事态，不得已处理了有关涉事的腾围官员，并颁布谕令：“围内迁出旗民，如实有无地可种以致失业者，并着该都统督饬地方官，随时设法安抚，以示体恤”②，这次反腾围斗争才被压制下去。

强行“腾围”，必然会严重影响围场内大量平民的生活，使其失去赖以为生的土地、房产，自然会引起蒙古、汉群众的强烈反抗，因此，一些官员也认为：“现办腾围，无益国计，有害民生。”③ 光绪三年（1877 年），“腾围”之事再起。在办理腾围过程中，协领与书吏徇私舞弊，侵吞课银公项，勒派佃户钱文。同时，承德府所属各州县“并不张贴誊黄，旗民陈欠，仍复追比”④，再次激起民愤。汉、蒙古两族在反“腾围”斗争中造成一定的人员伤亡，因腾围与反腾围个中关系错综复杂，旷日持久，积重难返，朝廷及各级官员均无可奈何，终归不了了之。因此，致使木兰围场的正式放垦停滞达二十余年。在此期间，据同治十三年（1874 年）和光绪二年（1876 年）官方两次对已承领注册土地亩数进行复核，

① 《清穆宗实录》卷二九七同治九年（1870 年）十一月丁未条。

② 《清穆宗实录》卷三二七同治十一年（1872 年）正月壬子条。

③ 《清德宗实录》卷四六光绪三年（1877 年）正月壬戌条。

④ 《清德宗实录》卷四六光绪三年（1877 年）正月辛酉条。

清查丈量结果表明，越垦或私垦围荒达1533顷，其中包括破坏与蚕食原划定保留的正围6个。

光绪十年（1884年）二月，在克什克腾旗达里湖畔，以王端仁为首的乡民打起“反清灭胡”的旗号起事。六月二十八日，宋敬患、王端仁率二百余人由白岔沟入赤峰县署骚扰，守备王可升率清军缉拿，王端仁等人在失利后，又潜入塞罕坝。据直隶总督李鸿章奏称：“塞罕坝毗连围场之草地，游民逐渐繁居，其滋事除匪徒外，尚有当地蒙古社（村）羼入，良莠不辨，实难驱逐。”光绪帝命李鸿章，“一面缉拿土匪，一面严饬地方官，遴选蒙古各社社长，按抚良民，以靖地方”。①

另外，汉民的迁入，特别是放垦，一定程度上激化了与当地蒙古族民众的矛盾。口北三厅的土地“土脉硗薄，放垦维艰”，在可耕种土地一定的情况下，大量汉民的迁入无疑会打破农牧经济的平衡，加剧民族矛盾。督办蒙旗垦务大臣贻谷对此情况十分熟谙，他指出：“土地日开，民户日众，汉蒙民教杂处杂居，霸耕霸种之风，争地争渠之事习为故常，动酿巨案。”② 例如，河北平泉县茅兰沟乡的蒙古族与汉人因劳动和生活多年引发矛盾，后经协调和解，光绪六年（1880年），居住在沟口河西的蒙古族与居住在沟里河东的汉人共同捐款，合建了一座桥，名曰“义和桥”。该桥碑高0.98米、宽0.5米，镌刻有蒙古、汉两种文字，③ 碑文曰：“义和水桥　清光绪六年七月岁旦”。“义和”，语本《左传·襄公九年》：“利，义之和也。”后以“义和”指讲义气，彼此和睦，故此碑此桥是蒙古与汉人民冰释前嫌、摒弃宿怨的友谊见证。

当然，在清廷全面放垦蒙地过程中，也触动了蒙古贵族的切身利益，出现了一些抗垦事件。如怡亲王表示除留牧养之地，其余情愿全行报效，和硕豫亲王愿将口外多伦厅牧场地一项，除留牧地、盐池、街市详定里数，以资养生等，其余一概开垦。但在实际放垦过程中，六苏木的蒙古官员兵丁，不仅阻挠清丈，并威胁如再清丈就“取刀拼命”。在商都牧群，清丈官员丈量大马登山熟地时，牧群官员带领四五十骑马兵丁，分拨直扑前来，不由分说将官员揪住发辫，夺去马鞭，乱行凶殴，撕破衣领，并将所有标杆、弓绳夺去。

① 转引自孙晓雷主编：《赤峰八千年大事记》，126页，北京，方志出版社，1999。
② （清）贻谷：《绥远奏议》，372页，台北，文海出版社，1974。
③ 参见伊利民主编：《河北满族蒙古族碑刻选编》，247页，北京，作家出版社，2007。

二、传统畜牧业的萎缩

蒙古地区，长期以来以畜牧业为主，是清代主要牧厂所在地，也是战马和牲畜的主要来源地。口北三厅有两个牧群，即明安牧群和左翼牧群，它们是属于察哈尔都统之下的牧群旗，又有直属中央管辖的牧厂，始建于顺治年间。明安牧群直属庆丰司，左翼牧群直属太仆寺。清末察哈尔开垦牧地，主要是旗群牧地，即明安牛羊群牧地，商都牧群、左右翼太仆寺牧群部分牧地和各旗的“余夹荒”。这些群地，“大都私开日久”，牧地被放，牧群只得北移，由此引起清代察哈尔旗群分布最大的一次变动。[①] 光绪九年（1883 年），左右两翼牧厂有马 119 群，计马 38000 匹。光绪二十六年（1900 年），达里冈崖和商都牧场共有马 222 群，计 58820 匹，另有牧青马 2136 匹，骆驼 7139 头。[②] 光绪三十一年（1905 年）实行军制改革后，两翼牧厂归属军牧司管理。光绪三十三年（1907 年），两翼牧厂改称两翼牧场，并引进外国优良马种，试图建立模范马群。

清末，在察哈尔牧区还设有规模很大的牛羊牧群，不过这些牛羊牧群大部分仅为清皇室提供乳、肉，并不是为生产服务。官营羊厂仍主要为北部的察哈尔及达里冈崖、张家口外等牧厂，据《钦定大清会典事例》记载，内务府庆丰司在察哈尔除牧养大量马牛外，同时牧羊 21 万多只，又在达里冈崖设羊群 101 群，每群牧羊 500 只。[③] 北方半农半牧区，大多是二三十只成群，由老人或小孩白天放牧，以免它们啃食庄稼，入晚归圈。冬季仍靠田间放牧，另外补充饲料。补充的饲料多为农作物的秸秆、秧藤、树叶等，精料则各地不一。

随着移民的不断涌入，以及各个时期清廷对执行蒙地封禁政策常有松动等原因，喀喇沁地区牧地被大量开垦，牧场面积急剧减少，畜牧业比重下降，许多蒙古牧民也不得不放弃畜牧业而改事农业。因此，嘉庆二十年(1815 年)，热河都统和瑛提出，从喀喇沁、土默特等蒙古原来租给民人的土地中“撤出十分之五”给蒙古自行耕种。而到道光年间，喀喇沁右旗已因“商民日集，占垦地亩日广”竟使“蒙古人无地牧放牲畜”[④]，畜牧业之萎缩，可见一斑。

---

① 闫天灵：《汉族移民与近代内蒙古社会变迁研究》，31 页，北京，民族出版社，2004。
② （清）刘锦藻：《清朝续文献通考》卷二三二《兵考》，杭州，浙江古籍出版社，1988。
③ （光绪）《钦定大清会典事例》卷九一《吏部》，台北，新文丰出版公司，1976。
④ 《锦热蒙地调查报告》中卷所收嘉庆二十年热河都统奏折。

三、近代工商业的初步发展

（一）工矿业

近代资本主义的新型企业在蒙古地区出现较晚。光绪三十二年(1906年）以后，蒙古地区也曾试办过一些带有近代资本主义性质的新式企业、实业，大都规模小、时间短，很快便破产停业了，但作为蒙古地区开发历史上的新事物，仍具有一定的进步意义。

"新政"时期建立的"蒙古实业公司"，是清末新型企业中比较突出的一个。该公司创办于北京，得到清廷的大力支持，清朝军政官员、买办资本家和蒙古王公共同计划、共同筹款，预计筹集100万两白银作为本金。该公司以"开发蒙古"为基本宗旨，拟从兴办蒙古地区的交通运输入手，待交通运输卓有成效以后，再以此为基础向其他行业扩展。公司成立之初，就筹集股金50余万两，筹办了张家口至库伦的汽车运输、内蒙古西部的黄河航运、哲里木盟郭尔罗斯后期的垦务以及筹划经营乌珠穆沁的盐务等。武昌起义爆发后，该公司宣告停业。

光绪三十年（1904年），喀喇沁右翼亲王贡桑诺尔布在该旗坯厂子村创办了一所综合工厂，设有织布、染色、造绒毡、肥皂、洋烛（蜡烛）、染料等各部门，聘请天津北洋工厂实习回来的学生青年为学徒工,[①] 又聘请天津等地的技术员和师傅来厂培训、指导。次年（1905年），贡桑诺尔布向北京华俄道胜银行贷款三万两，在王府西八家村开设了三义洋行，销售综合工厂的产品及各种"洋厂杂货"。综合工厂和三义洋行的生产和销售兴旺一时，在当时很有影响。其他一些蒙古王公也相继效仿，创建了一些手工加工作坊。这种在封建主直接控制下，具有资本主义性质的小手工业商品生产，发展极其缓慢，最终没有发展成为独立进行商品生产的工厂，在外国商品倾销市场的冲击下相继倒闭了。

蒙古地区矿藏资源极其丰富，19世纪以前，由于清廷的矿禁令，很少得到开采利用。19世纪中叶以后，受西方近代工业的影响，清廷开始倡导各地招商开采矿藏，蒙古地方官吏纷纷响应，奏报开采当地矿藏。至咸丰五年（1855年），蒙古境内已有五处金矿得到开采，其中三处在热河境内，包括翁牛特旗境内的红花沟金矿、喀喇沁中旗境内的长杭沟银矿和喀喇沁右旗境内的土槽银矿，都由清廷分别制定开采升科章程。咸丰五年

① 吴恩和、邢复礼：《贡桑诺尔布》，见政协内蒙古自治区委员会文史资料研究委员会编：《内蒙古文史资料》，第一辑，89页，呼和浩特，内蒙古人民出版社，1979。

（1855 年）十一月，军机大臣等会同户部议准热河都统柏葰奏报："蒙古开采红花沟等五处金矿，征课每金一两，作十成计算：五成归商人工本，以三成六分为正课，三分为耗金，一分为解费，余一成为阿拉巴图当差之资。其长杭沟银矿，仍照前蒙古银矿升课章程。"① 诏从之。清廷在热河开矿所得颇丰，以至于热河八旗兵丁军饷即从矿课下拨付，"此次应行续拨之款，准其于铸钱工本余存银两内动拨八千两，并拨矿课项下银五千两，以资支放"②。清廷在收复新疆过程中，所需军饷亦从热河矿课中拨付一万两。此外，清廷还派人到各地勘察矿藏，发现蒙古境内有铅、煤等矿，也曾招商开采，但规模不大，后因工艺落后、经营管理不善，多数停采。

清末"新政"时期，蒙古地区又兴起一股开矿办实业的热潮，清廷再次谕令各地制定章程，以官办、商办或民办的形式开办矿业。由于受外商的影响，当时出现了三种办矿方式，即独自开办、聘洋商作指导和中外合办。一些矿厂还购买外国机器，聘请外国技术人员，采用西方技术开采，采矿业一时风靡蒙古各地。其中，开采量较大、招募矿工较多的中小型煤矿有翁牛特右旗井子沟煤矿。东部蒙古的金矿在蒙古地区堪称首屈一指。"新政"时期，历任热河都统都十分重视金矿的开采，积极督办，筹划勘查和开采。比较有名的有昭盟的金厂沟梁、转山子、红花沟、水泉子沟金矿等。清廷在热河矿山开发中，收益甚丰，仅煤矿一项，据光绪二十五年（1899 年）热河都统色楞额奏，整饬热河各属煤矿，征收课款，"岁得库平银一万二千四百余两，较往前几增百倍"③。

光绪三年（1877 年）七月，清廷从直隶总督李鸿章所奏，开始委派专门人员试办张家口外诸山铅矿。④ "新政"时期，清廷还在张家口设立察哈尔矿务总局，管理察哈尔辖内旗地的采矿业。

（二）皮毛加工业

皮毛加工业是蒙古传统产业，晚清时期在商业的推动下，得到了较大的发展，并形成以张家口为代表的皮毛加工业中心。

雍正、乾隆年间"借地养民""移民实边"等政策实施后，山西、河北的手工业者涌入张家口地区开设手工作坊。张家口的皮革业是在清光绪

① 《清文宗实录》卷一八四咸丰五年（1855 年）十一月辛巳条。

② 《清文宗实录》卷二二〇咸丰七年（1857 年）二月庚戌条。

③ 《清德宗实录》卷四五七光绪二十五年（1899 年）十二月壬寅条。

④ 《清德宗实录》卷五四光绪三年（1877 年）七月庚午条。

年间发展起来的，到了清末民初已形成相当规模，成为北方皮革大埠。张家口的皮革手工作坊主要集中在最繁华的下堡一带，而这里又是城市的商业中心区，反映出当地的皮革加工与商业是紧密结合在一起的。从北到南纵贯下堡的大街称武城街，批发商的住宅和商行就分布在这个中心地带。下堡的北部集中着皮革作坊和皮匠铺，这些店铺很容易从它们的外表上辨认出来，因为它们经营的商品就摆放在外面。清末俄国人阿·马·波兹德涅耶夫（A. Pozdneev，1851—1920 年）曾至张家口实地考察，在其《蒙古及蒙古人》一书中对于张家口成片的皮革作坊作了十分细致的叙述："在店堂门口和当街放着一张张大木架，上面绷着加工中的牛皮和马皮，把令人作呕的臭气一直扩散到很远的地方。店堂里面则挂满了皮笼头，皮颈圈，皮马套，后鞧带，鞍后皮带垫片，以及诸如此类的东西。这些产品的全部生产过程，从整张皮革的开料、缝制、染色，直到陈列起来招来顾客，全都是在当街进行的。"① 在张家口的熟皮店中，有专营珍贵毛皮的细皮行，有专营老羊皮袄、山羊皮褥的老羊皮行，还有专营香牛皮、法蓝皮的皮革行。

距张家口几十里地的古城宣化，也是皮毛业繁荣之地，也存在一定规模的皮革业，只是稍逊于张家口。当地皮革业兴起于清朝咸丰年间，以制作皮褥为主，享有一定声誉。宣化所制皮毛最初主要供应本地使用，光绪八年（1882 年）后开始外销上海，光绪十七年（1891 年）开始销往天津。据统计，宣化的皮行在光绪十七年（1891 年）不足十家，光绪十九年（1893 年）增至二十几家，到了民国四年（1915 年）达到了五十几家。②

（三）商业贸易

"蒙古南连汉地，北接俄国，界汉俄之间，故为中俄贸易之大关键。"③ 蒙古地区商业贸易虽然历史较久，但由于生产本身的制约，长期停留于以货易货的低级阶段，"自昔未尝通货币，商业以是而困"④，随着清代蒙古牧区市场的形成和发展，有不少蒙古人弃牧从商，他们或同汉商合伙分红取利，或自筹资金独立经营，还有极少蒙古商人从事长途贩运。蒙古人的皮张、药材、奶酪等物在北京市场很受欢迎，为此，清廷专门在御河西岸设立里馆，在安定门外设立外馆，接待蒙古来京客商。由于牧民

---

① ［俄］阿·马·波兹德涅耶夫著，刘汉明等译：《蒙古及蒙古人》，665 页，呼和浩特，内蒙古人民出版社，1983。

② 董丛林：《河北经济史》，第三卷，北京，人民出版社，2003。

③ （清）姚明辉编：《蒙古志》卷三《贸易》，31 页，台北，成文出版社，1968。

④ （清）姚明辉编：《蒙古志》卷三《贸易》，32 页，台北，成文出版社，1968。

一般都是驾车的能手，为汉商赶车运货成为蒙古族的一项特色职业。在著名的京库大道上，赶车的主要是蒙古车夫。据徐珂所编《清稗类钞》载："赴蒙商贩，皆以牛车载货赴库伦，辄联数百辆为一行，昼则放牛，夜则始踏，一人可御十车，铎声琅琅，远闻数十里，御者皆蒙人，暇则唱歌。"① 但其中一个较大的变化则是开始使用货币，"近今始用汉地银两，及俄国纸币卢布等，而惟汉地银两则通行全土，为物价本位"②。

1. 京库大道逐渐衰落

鸦片战争之后，外国列强迫使清廷签订了一系列不等条约。俄国商品获准由陆路输入内地者，可照旧通过张家口、通州前赴天津，或由天津运往别口及中国内地，准在各口岸经销，并允许俄国商人在库伦、张家口等地建立为贩运服务的铺房和行栈。19 世纪 50 年代末期，由中国产茶区经张家口至恰克图的茶叶贸易，中国商人尚有一定的控制权。砖茶一向是由西帮茶商在湖北、湖南收购并包装后，经由陆路一直运至恰克图进行销售。这一时期，张家口至恰克图一路，还有中国茶商二十八家，经营茶叶出口贸易，利息丰盛。俄国商人参与和控制华东对俄贸易是从 19 世纪 60 年代初开始的。同治元年（1862 年），中俄签订《陆路通商章程》，俄商插手陆路茶叶贸易有了所谓"合法"依据。同治二年（1863 年），第一批俄国茶商进入当时的茶叶贸易中心汉口，开设了"顺昌""阜昌"等砖茶厂，收购湖南、湖北、江西、安徽等省的茶叶，雇用我国的廉价劳动力，加工成砖茶，运销回俄国攫取暴利。为了中转方便，他们在天津开设了萨宝石洋行和阜昌洋行作为运输砖茶的转运货栈。运输路线是从汉口用木船通过运河往通州，再用四轮马车或骆驼队经张家口、库伦运至俄国。在张家口、集宁、归化（今呼和浩特市）、包头、库伦都设有分号。除运销砖茶外，还贩运皮毛和名贵药材，同时由俄国运进花布和毛毡。江汉关通商后，俄国商人还将砖茶装运轮船，从汉口经天津转海路运往俄国，以节约大量运费。而中国商人则根本无力与其竞争，茶商逐渐减少，张家口到库伦的运输量随之下降。从光绪十六年（1890 年）起，四十年间贸易额下降 75%。从此，张家口到库伦的运输线逐渐失去了它的重要历史地位。

2. 以赤峰为中心新商业网络的形成

在伊克昭盟逐渐形成以赤峰为中心的商业网络，这条商业网络北接经

---

① （清）徐珂编：《清稗类钞》，第五册，北京，中华书局，2010。

② （清）姚明辉编：《蒙古志》卷三《贸易》，32 页，台北，成文出版社，1968。

棚、乌丹城和林西县；南下有两条，一是经朝阳通锦州、营口，二是经凌源县（原建昌县）、平原县（原平泉州）达京、津。在这条网络上，由赤峰转运的主要货物是从经棚、乌丹城、林西县以及昭盟各旗集中而来的牲畜及其他畜产品。据《满蒙全书》统计，每年运往外地的牲畜和畜产品，马约五千匹，牛约六千五百头，羊约二万头，驴骡各一千匹，猪约二万五千头，羊毛一百七十万斤，猪毛二万斤，驼毛五万斤，羊皮五十万枚，牛皮九万枚，马皮七万枚。另外还有一些野兽皮。输出地点，牛销往锦州，马销往奉天、北京，羊销往北京、天津，毛类大部分销往天津，皮类大部分销往奉天、锦州、天津等地。输入货物有布匹、食品及其他杂货，由锦州、天津、北京等地运入。[①] 这条商业网络南端的朝阳和凌源两县又各自成一小的网络。朝阳北接赤峰，南下锦州、营口，属下农牧产品皆集于此。农产品大多销往锦州，畜产品以羊毛、羊皮为大宗，由天津商人运走，进口货物则由锦州、营口输入。凌源北上也是与赤峰相连，南下既通锦州，又达天津，是赤峰通往天津的要道，赤峰通往天津之货多从凌源经过。凌源也直接与天津有贸易关系，出口货物主要是畜产品，进口货物则以布匹、杂货为主。通过这条网络，又将昭、卓二盟各旗县与奉天、锦州、营口以及京、津之间的商业贸易紧密地联系起来。[②]

3. 以承德府为中心商业城镇的涌现

随着人口的增长、城市的发展和商业的繁荣，热河地区以承德府为中心，涌现出一批重要的商业城镇，其中平泉、建昌、滦平、丰宁、朝阳、赤峰等地人口最多，发展最快。承德府的买卖街是热河地区最著名的商业区，坐落于避暑山庄之西，故又称“西大街”，是横穿城市中心的主要街道。乾隆年间的吴锡麟记述其：“最称繁富，南北杂货无所不有”，“左右市廛，连亘十里”。光绪年间，此街仍繁华依旧，甚至有过之而无不及。俄国旅行家阿·马·波兹德耶夫曾亲眼目睹了此街的繁华盛况。当时此街共有124家商铺，“这里大多数铺子都是出售服饰用品和纺织品的。开这些铺子的主要是天津人和北京人，他们的中国和欧洲制造的小商品都是自运自销。在这里能看到的中国货有各种花瓶、瓷碗和木碗、吸鸦片的用具、烟斗、烟袋、烟盒、筷子、串珠、手镯和其他坠挂的小物件、腰带、巾帕、丝线和棉线、顶针、玻璃画、用以标志官吏品级的帽顶子，等等。

① 满铁社长室调查科：《满蒙全书》卷七，1601页，满蒙文化协会印制，1922。

② 马永山：《清代至民国初年内蒙古东三盟与周边地区的贸易关系》，载《前沿》，1996（3）。

欧洲货最多的是玩具，其次是各种怀表、挂钟和座钟、白铜羹匙和碟子、各种吸墨器和小盒子、照片、烟卷，等等。所有这些在这里出售的价钱都比较便宜。……除了这些卖纺织品的店铺以外，西大街上还有几家鞋铺、将近三十家药房和药铺、食品店、银楼、陶器店、出售和制作酒篓和油篓的铺子和作坊，此外还有一家毛毡铺子”①。

热河背倚中原地区、辐射蒙古地区，是沟通汉地与蒙古之间的重要商业桥梁，吸引了关内外，甚至国外的大批商人来此经营。但由于热河地区的生产不发达，大部分商品都需要从外地转运，由此限制了热河经济的进一步增长。自道光年间停止举行木兰秋狝大典后，热河作为清朝第二个政治中心的地位不复存在。自光绪朝之后，热河地区的人口不断增长，冲突不断、盗匪横行，使清廷对热河的控制力日益下降，热河的商业环境也因此受到了极大的破坏。②

（四）邮电交通业

清后期，蒙古地区仍使用传统的台站系统，但在西方影响下，邮电、铁路等近代交通方式开始出现，反映了时代的变化。

察哈尔沿途军站是沟通漠南、漠北的重要通道，由于“西北各路，征调频仍，各台站支应要差，情形极形疲累”，清廷开始整顿台站，“由口或由绥远城起运饷银、军械等项，即由该将军都统核明斤数，酌给应用驼只，饬行管站员役遵照传支。至各城派员入口采办一切，亦由该城详细具文，知会绥远城及察哈尔两处，核给驼只，以免需索扰害。其管站部员，即著额勒和布等随时查察，如有前项情弊，即行从严参办”③。同时，为了使台站免受袭扰，清廷还于台站周围，择要据守，以保障台站畅通。如“由察哈尔八旗添调官兵三百名，速赴杜嘎尔军营，以资防剿”④。以上措施虽然有利于清廷后勤保障，但是由于连年征战，“察哈尔所属台站，因往来差使络绎，驼马倒毙甚多，以致溃散四台。各台兵丁困苦难堪，势将纷纷逃避”⑤。而“张家口赛尔乌苏中间数台，不但驼马缺乏，所有堂差官兵，竟敢有远避雇人看守者。似此废弛情形，实属不成事

① ［俄］阿·马·波兹德涅耶夫著，刘汉明等译：《蒙古及蒙古人》，251～252页，呼和浩特，内蒙古人民出版社，1983。

② 项勇：《清代热河地区的商业发展初探》，载《新学术》，2008（1）。

③ 《清穆宗实录》卷三五〇同治十二年（1873年）三月癸未条。

④ 《清穆宗实录》卷三五〇同治十二年（1873年）三月庚申条。

⑤ 《清德宗实录》卷一九光绪元年（1875年）十月庚午条。

体”[1]。可见，察哈尔辖境内八台，为清军补充给养，以致造成台兵逃散、驼马缺乏的后果。

光绪二十二年（1896 年），清廷兴办大清邮政。“新政”时期，河北蒙古族的邮电事业有了新的发展。光绪三十一年（1905 年）前后，喀喇沁王公贡桑诺尔布创办了以本旗与围场县联合经营的电报、邮政业务。1911 年辛亥革命前夕裁驿归邮，也就是撤销驿站，由邮政通信机构代替。然而，由于蒙古地区地广人稀、交通不便，兴邮条件尚不具备，驿站依然保留了下来。民国年间，每个驿站都有一名章盖和孔督，主持驿站事务，还有二十多个护路兵丁。[2]

铁路是近代出现的最为快捷的交通运输方式，清末直隶总督袁世凯曾筹议张家口至库伦铁路，邮传部筹议建张家口经归化城、包头、兰州至新疆的西北铁路，但均未建成。到清朝灭亡前夕，只有邻接内蒙古地区的京张和京奉铁路，这两条线上的张家口、锦州、新民等站，都是内蒙古与邻省、内地之间的重要商业、交通枢纽。

光绪二十九年（1903 年），俄国西伯利亚铁路建成通车，中俄商品运输经海参崴转口，不仅大大缩短了时间，而且节省了运费，这也从根本上夺去了张家口至库伦、恰克图的运输业务。光绪三十三年（1907 年），法国人在口外试行了一次汽车运输，此为张库大道行驶汽车的开端。后来，俄国商人来库伦，声言要搞汽车营运，当时一些有识之士，如直隶知州赵宗贻等联名禀请纠合同道集成股本，设立公司，先后购两车试办，意在“取他人已行的成法，保中土自有之权”。十二月，察哈尔都统诚勋据此奏报朝廷。但清末朝廷腐败无能，邮传部电询库伦办事大臣征求蒙古王公意见（当时蒙古尚未独立，中央在蒙古设办事大臣治理），由于蒙旗反对，光绪三十四年（1908 年）八月，邮传部覆奏此案，经详细调查，未能议准，通汽车之事遂不了了之。

第四节　近代河北蒙古族的文化与社会风俗

晚清时期，贡桑诺尔布在喀喇沁推行新政，先后兴办了崇正学堂、毓正女学堂和守正武学堂，采用新式教材和聘用日本教师，并开创了向日本

① 《清德宗实录》卷一〇四光绪五年（1879 年）十一月丁酉条。

② 政协察右中旗委员会文史资料研究委员会编：《察右中旗文史资料》，第二辑，18 页，1988。

派遣蒙古族留学生的先河，促进和提高了河北蒙古族的教育水平。在信仰方面，河北蒙古族除传统的藏传佛教外，一部分蒙古族开始信仰天主教。在习俗方面，由于受到近代思潮的影响，也出现了一些新的变化。

一、河北蒙古族近代教育的开展

文字是语言发展的产物，语言的发展必然促使文字的出现和相应的改进。元代创制的八思巴文，乃是用藏文字母拼写蒙古语，随着元朝的灭亡而走向式微，以后比较流行的仍是回鹘式蒙古文。明万历二十七年(1599 年)，努尔哈赤令额尔德尼和嘎盖借用蒙古字母标注满语语音，创制了满文。

清王朝建立后，虽然由于满蒙同盟的存在，给予了蒙古人特殊的地位，但对蒙古人的文化教育不仅不重视，反而给予种种限制乃至破坏。例如，乾隆七年（1742 年），下诏禁止蒙古人学习和接触汉文化，并没收蒙古所有的古书文献，尽行运至北京，颁行了满蒙合璧的《圣谕广训》和蒙古文的《观音经》一卷。同治十九年，又禁止蒙古人学习汉文，凡公文、诉讼文等，概不许使用汉文，并严禁王公、台吉等招聘汉人来学汉文，不得用汉人做书吏，违者双方受罚，如有书吏书写汉文的诉讼文，双方须受严厉处分。[①] 咸丰三年（1853 年）和光绪二年（1876 年），又三令五申的告诫蒙古人，可见反对蒙古人学习汉文化，乃是清统治者一贯的政策。因时势的变迁和需要，直到宣统年间，才废除了一切苛酷的禁令，从前禁止蒙古地区开垦，到此时也一并解除。

（一）北京的教育机构

在北京的蒙古教育机构，乾隆年间，曾设咸安宫蒙古学，直隶于理藩部尚书侍郎，但非八旗子弟不能入，其目的专为培养翻译人才。光绪三十四年（1908 年），又于理藩部内创建蒙古学，[②] 其目的仍为培养翻译人员。除此之外，在北京设立的培养蒙古、藏专门人才的各类学校，如“满蒙文高等学堂”（1908 年）、“贵胄陆军学堂”（1906 年）等，招收蒙古王公及其勋旧子弟，学习满蒙文、满蒙地理、满蒙近代史及军事等课；蒙藩王公在北京创建的“殖边学堂”（1909 年），这些都是当时北京很有

---

① 马鹤天著，范子烨整理：《内外蒙古考察日记》，113 页，北京，中国青年出版社，2012。同治帝在位十三年，无所谓“同治十九年”，马鹤天所述时间误。

② 陈元晖主编：《中国近代教育史资料汇编 · 学制演变》，613 页，上海，上海教育出版社，2007。

影响的新式学堂。1913 年，蒙藏学务局因咸安宫等三学年久学荒，如同虚设；理藩部之蒙古学，所订学课，因陋就简，亦与民国教育方针不合，故呈请当时的大总统袁世凯，拟将咸安宫学、唐古忒学、托忒学三学及前理藩部之蒙古学一概合并，并改名为“蒙藏学堂”，其教育程度，在“养成蒙、藏、青海人民专门科学，尤以能讲自治，能谋生计为宗旨”。[①] 主要筹划此事的是蒙藏院总裁、喀喇沁右翼亲王贡桑诺尔布，因学校隶属民国政府蒙藏院，故名“蒙藏学校”。对于贡桑诺尔布，以下还要详细介绍，此不赘述。

（二）地方教育机构

1. 私塾

与内地相似，私塾也是蒙古地区常见的一种教育形式。私塾由台吉及富裕的家庭开设，除其子弟外，亲戚或平民子弟也可就读。据近代方志《伊盟左翼四旗调查报告书》云，清光绪年间，“蒙古逐水草而移住，殊无教育设备可言，只于各旗王府之官吏，将欲教育子弟，聘教师以教其识字而已；其教育之目的，在其成长后能任王府之事或掌握旗务，要为一种之官吏养成法耳。子弟自八九岁之顷入学，初于五六个月间单教以蒙古字母，次则授以日常触之事物名词，与其他之单语。半载而谙字母，并且得布少名词后乃使读公文书，间教以关于英雄事迹与歌谣等”[②]。

私塾的学制不尽相同，一般为三至五年，教学内容以蒙古文为主，有的学塾亦习满文和汉文。识字阶段学《麻嘎他拉》（颂）、《依热勒》（祝辞）、《家训》和《成吉思汗篇训》等，尔后学蒙古族的传统教材，其中主要有《敖云图勒胡尔》《智慧之鉴》《训蒙骄句》《益寿篇》《尼莫根乌斯伯黑》《莫日根葛根训诫》以及《苏布喜地》等，再以后学蒙古、汉、满文相对照的经史书、天文书等，如《三字经》《千字文》等。

2. 寺庙教育

蒙古民众笃信藏传佛教，寺庙教育是蒙古族民众接受教育的另一种重要形式。清代虽有一些蒙古官学和私塾，但基本上是蒙古贵族和富裕牧民子弟的学习场所，贫苦的旗民子弟大多只能入寺庙学经诵佛。寺庙教育分初等教育和高等教育两种。幼童到寺庙后，在经师的指导下，学习藏文字母、简单的文法，背诵基本教规和教义。《伊盟左翼四旗调查报告书》

① 陈元晖主编：《中国近代教育史资料汇编·学制演变》，613 页，上海，上海教育出版社，2007。

② 蒙藏委员会调查室：《伊盟右翼四旗调查报告书》，铅印本，59 页，1939。

云："蒙人子弟赴喇嘛庙，犹内地送子弟入学校。召庙内念大经时，喇嘛齐集，念过大经后则各回家，犹内地之学校开学上课，放学则各回家。"所以，寺庙成为贫困牧民子弟接受启蒙教育的重要场所。幼童在寺庙学习七八年之后，完成了初等教育，如需继续接受高等教育，则由经师推荐，赴各大寺庙深造。寺庙高等经学一般开设佛经、梵文、藏文、蒙古文、医学、历算、艺术、文学等课程，学制少则七年，多则近二十年。

3. 地方新式教育的勃兴

在地方，道光八年（1828 年）议准，在热河驻防八旗设蒙古官学。主要课业有两种，一为蒙古文、满文及翻译，二为骑射和步射。蒙古官学在办学方法上也有所创新。为了提高蒙古八旗子弟的学习兴趣，还采取一些措施鼓励八旗子弟积极求学。光绪十五年（1889 年），敖汉旗达克沁统治时曾办了一个王府学校，此为敖汉旗有史以来唯一的一所蒙古文学校，招收的范围很小，学生只限于王公、台吉子弟，一般蒙古子弟根本无资格进入，但学校开办不到三年，光绪十七年（1891 年）即因"金丹道"事件，随之废罢了。喀喇沁右翼贡桑诺尔布创办的新式教育，由于影响甚著，下节将专门探讨。

在察哈尔地区，口内十县的教育发展明显早于口外六县，这一点可从清代对两处学额的设置情况上反映出来。对于口内十县来讲，顺治十六年（1659 年），对该地的宣府（后宣化县）、保安（后涿鹿县）、龙门（后龙关县）三处设与学额，康熙三十三年（1694 年），又议准宣化府及宣化、怀安、怀来、万全、蔚县、西宁（阳原）、龙门（龙关）、赤城八县的学额。[①] 相对于此，口外六县中的宝昌、商都二县在有清一代尚为牧场，无学额设置，其余张北、沽源、多伦及康保四县在清代均为半农半牧地区，隶属口北道，[②] 而口北三厅学额的设置当在光绪八年（1882 年），当时规定三厅"照各厅县初设学校额进二名成案，分别酌量取进，至多不得过二名"[③]。在清末"新政"兴办新式教育的热潮中，察哈尔地区的新式教育也应运而生，并在随后得到了快速发展。由于初始阶段的新式教育主要是学校教育，加之察哈尔地区自身教育文化的落后，使得新式的社会教育在整个新式教育中显得微不足道，所以本书主要考查学校教育。最初，该地的新式教育学堂同全国大多数地区一样就是把旧式书院改设为新式学堂

① （光绪）《钦定大清会典事例》卷五《礼部》，台北，新文丰出版公司，1976。
② 宋哲元等修，梁建章纂：《察哈尔省通志》卷一《疆域编》，铅印本，1935。
③ （光绪）《钦定大清会典事例》卷五《礼部》，台北，新文丰出版公司，1976。

而已。正如时人所云："维时我县设立新学堂，系创始时代就原有之书院而改其名称者居多数，此普通之情形也。"① 例如，宣化县最早于光绪二十八年（1902 年）改柳川书院为学堂。② 万全县亦于光绪二十九年（1903 年）改万全书院为高小学堂，光绪三十二年（1906 年）改抡才书院为初级师范学堂。③

4. 贡桑诺尔布的新式教育实践

近代热河地区，创办学堂影响最大的是卓索图盟的喀喇沁右旗，其推动者是贡桑诺尔布。

图 5－1　贡桑诺尔布塑像（冯金忠摄）

贡桑诺尔布（1872—1931 年），字乐亭，号夔盦，通晓蒙古、满、汉、藏等文字，他好诗文、工书法，并擅长绘画，诗词歌赋无不精通。光绪二十四年（1898 年）就任喀喇沁右翼旗札萨克多罗杜棱郡王，人们习惯称他为"贡王"。此时已是清王朝覆灭的前夜，社会动荡不安，国事风雨飘摇。为谋求民族的振兴和本地区政治经济文化的发展，他冲破重重阻力，呕心沥血，身体力行，开创了漠南蒙古教育之先河，先后创办了崇正学堂、毓正女学堂、守正武学堂，为喀喇沁右翼旗培养了大批人才，为蒙古教育事业做出了巨大贡献。

① 路联逵修，任守恭纂：《万全县志》卷十《艺文志上》，铅印本，1934。
② 陈继曾等纂：《宣化县新志》卷七《学制下》，铅印本，1922。
③ 路联逵修，任守恭纂：《万全县志》卷七《学校》，铅印本，1934。

早在光绪二十五年（1899 年），贡桑诺尔布就在其王府设“义学”，招收蒙古族子弟入学，聘请钱士林为教师，教读《百家姓》《三字经》《千字文》《名贤集》等，并讲授四书五经。每年两次由贡桑诺尔布亲试学生成绩，优等者奖给笔、墨、纸、砚之类。如果说“义学”尚有较多的传统色彩的话，则“崇正学堂”已具近代色彩。

光绪二十七年（1901 年）夏，贡桑诺尔布邀请浙江钱塘人陆韬（字君略）来喀喇沁右旗王府，嘱其拟定学堂之章程及教授方法，在两名日本人寿田龟之助和小池万平的协助下，帮同参酌一切章程。经过一年多的筹备，学堂于光绪二十八年（1902 年）十月开学。校名初定为“养正学堂”，后改名为“崇正学堂”，校址选在新王府西侧，系原王府旧址，为四进院落。总教习除陆韬外，还有江苏无锡人钱桐。罗布桑车珠尔、朝鲁、希里萨拉为校务总办（监督）。汉文教员有长安（汉名邢宜庭），蒙古文教员有富宝斋（汉名包景文）、伊宪斋。最初招收四十名学生，分为两个班。为了鼓励入学，扩大生源，贡桑诺尔布下令凡有学生上学的人家，免除户口税、挂蠲免赋役木牌。同时对学生生活给予优待照顾，如食宿实行公费，学习用品免费发放，住宿生每日半斤肉、一顿面饭，毕业后保送升学或留学，不愿升学者留旗任用，等等。由此，入学者日益增多，由两个班增至四个班，并在旗内东部王子坟、公爷府蒙古族聚居地区设立了分校。

图 5－2　贡桑诺尔布派遣的留日学生与日本老师的合影（采自《清史诗画》，由冯金忠翻拍）

光绪二十九年（1903 年），贡桑诺尔布通过布利亚特蒙古族高木布耶夫的关系，由崇正学堂选拔成绩优秀的学生德克精额、恩和布林（汉名吴恩和）、特睦格图（汉名汪睿昌）、诺仍丕勒（汉名汪子瑞）四人，送往北京东省铁路俄文学堂学习俄文。除此之外，选派男生诺门必勒格（汉名金永昌）、恩和布林、伊德钦、特睦格图，女生于保贞、金淑贞、何惠贞七人赴日本留学。

光绪三十年（1904 年），学堂从北京请两名师范学校毕业生来校担任汉语教员。学堂设施齐全，有宿舍、饭厅，教室宽敞，桌椅舒适讲究，并建立了图书室。创办几年后，学生由几十名发展到四百多名，班级达到十个。至 1912 年，毕业生已累计达六百多名。

光绪二十九年（1903 年）六月，贡桑诺尔布考察日本后，开始着手兴建女子学堂和军事学堂。在日本陆军次长福岛中将的推荐下，贡桑诺尔布从上海务本女学堂聘请日本女教师河原操子至喀喇沁右旗王府帮助筹办女子学校。十一月初十，毓正女学堂举行开学典礼。开学之初，只招到二十四名学生，多数是王公贵族的女儿和王府侍女，为扩大影响力，贡桑诺尔布让自己的妹妹兰珍也到学堂就读。一些旧派人物为反对贡桑诺尔布办女学，散布谣言说贡桑诺尔布赴日本借用债款甚多，无法偿还，答应给日本五百童男童女，去则转送日本挖目剖心，用做照相材料。一时造成人心浮动。据《蒙古纪闻》载，当时“喀喇沁右旗东南半边一时摇动，倒房卖地，欲向北方逃避。该王闻信，派员前往开导并禁彼等出境，去使至‘甘珠苏穆庙’拦阻，追回者约八百余户。其由他路出走者皆未能追回，尚有五百余户之多”①。随着毓正女学堂的开学授课，谣言不攻自破。旗民们逐步认识到送女入学的好处，学生数量越来越多。到当年春节前，学生增至六十名，最多的时候达到八十名，另有幼稚生三十名；分三个班教学。毓正女学堂的名字是贡桑诺尔布亲自撰定的，校务由贡桑诺尔布的福晋善坤亲自主持，河原操子为总教习，聘巴图敖其尔（汉名伊宪斋）为蒙汉文总教习，喀喇沁中旗宁姓女子为蒙古文教员，又由北京聘请状元徐郙第八女张夫人（从夫姓）为汉文教员，河原操子教日语、算术、手工、图画、音乐、体育等课程。为增加学生的学习兴趣，根据河原操子的提议，学堂还举办了同窗会、游园会，寓教于乐，起到了很好的作用。毓正女学堂共办了六年，光绪三十四年（1908 年）秋，贡桑诺尔布进京供职，福晋随同进京，毓正女学堂处于无人管理的状态，到宣统元年（1909

① 汪国钧：《蒙古纪闻》，86 页，呼和浩特，内蒙古人民出版社，2006。

年），女学堂取消。幼稚园因为没有经费来源，也随女学堂停办。

光绪二十九年（1903 年）七月，贡桑诺尔布开办的守正武学堂开学。据汪国钧《蒙古纪闻》载，守正武学堂初办时，“挑选附近子弟及府内随侍与马步练军之壮年哨官、哨长等二十名为仕官生。又选择马步练军一百名为军队，内分学、术两课；学课则步兵操典、野外要务、射击教范、体操教范、算学、日本语、地理、历史；术课系各个教练、分队教练、小队教练、中队教练，徒手体操、器械体操、野外演习，练习三十年式铳射击法。其经费出自旗务，因出卖孟格沟、唐头沟地四百余顷，所以，当时经费不甚困难也”①。贡桑诺尔布聘请的教官，是他去日本考察时结识的日本陆军参谋本部次长福岛中将介绍的日本陆军大尉伊藤柳太郎、少尉吉原四郎二人，浙江人（一说广东人）姚煜（字子慎）为翻译。学堂所用的完全是日本操典，由日本教官用日语授课，操练时也用日本口令，是一座完全日式化的军事学校。

守正武学堂校址，在王府西面大西沟门村贡桑诺尔布三叔父的旧府邸内。据陈祖墡《东蒙古纪程》记载，光绪三十二年（1906 年），理藩院尚书肃亲王善耆奉命视察内蒙古卓、昭、锡、哲四盟，途经喀喇沁右旗，于四月十三日“参观守正武备学堂。先莅讲堂，教员们各问以兵法，诸生均对答无误；次看体操，一切盘杠、跃高、刺枪等技，皆能如法。内场观毕，复同至外场看操，分合成列，步伐整齐，行军操亦攻守有法”②。可见当年守正武学堂的学生训练有素。陈祖墡曾随肃亲王善耆奉命视察内蒙古，并于光绪三十二年（1906 年）四月初三拜谒贡桑诺尔布，当时贡桑诺尔布年仅三十余岁，陈祖墡对其印象颇佳，在其《东蒙古纪程》中写道：“年甫三十余，和蔼近人，谦恭下士，绝无骄贵气。且学识明通，留心新政，因蒙古之弱，病在愚陋，故以开通民智为当务之急。沿途张贴北京官话等报若干种，且创立武备学堂、高等小学、女子小学各一所，诚蒙古王公之翘楚也。”③ 到宣统二年（1910 年），守正武学堂由于经费不足，“裁减人数，改名衙队。学堂之名义虽然存在，而其性质办法，则纯然王府衙队矣”④。

喀喇沁右旗之后，蒙古其他地区也出现了一些新式学堂。但举办新式教育的大都是靠近内地，以从事定居农业或半农半牧的内蒙古东部和南部

① 汪国钧：《蒙古纪闻》，85 页，呼和浩特，内蒙古人民出版社，2006。
② 陈祖墡：《东蒙古纪程》，171 页，哈尔滨，黑龙江教育出版社，2014。
③ 陈祖墡：《东蒙古纪程》，168 ~ 169 页，哈尔滨，黑龙江教育出版社，2014。
④ 汪国钧：《蒙古纪闻》，87 页，呼和浩特，内蒙古人民出版社，2006。

的蒙旗，如哲里木盟科尔沁左翼前旗、后旗、右翼前旗、中旗，昭乌达盟敖汉旗、库伦旗等。

二、河北蒙古族的宗教信仰

蒙古族主要信仰藏传佛教，但在近代随着中国一步步沦为半殖民地半封建社会，西方列强加强了对中国的文化渗透，其中宗教是其中一个重要方面，在这样的背景之下，蒙古族聚居区天主教等也开始传播开来。

道光二十一年（1841 年），法国传教士云·厄玛奴在朝阳松树咀子建立了第一座天主教堂，作为承德府一带的传教据点。光绪九年（1883 年），蒙古教区划分为东蒙古、西蒙古、中蒙古三个宗座代牧区，承德府一带属于东蒙古教区。至光绪十七年（1891 年），朝阳已有天主教堂一百五十处，教会学校与育婴堂近百座，传教士三十多名，教徒近万人。

（一）藏传佛教信仰

藏传佛教传入蒙古地区以后，成为蒙古民族信仰的主要宗教，对蒙古族的社会、政治、经济、文化、艺术及思想等方面产生了深远的影响。在清代，从顺治至乾隆一个半世纪，藏传佛教受到朝廷极为崇高的礼遇，使得蒙古地区寺庙林立，上层喇嘛的权力逐步扩大，寺庙经济畸形发展。第一次鸦片战争以后，清王朝内忧外患日渐加剧，国势一落千丈，这势必会影响到宗教的发展。

近代各盟旗新建之寺，无论其宗教影响，还是建筑规模以及在庙僧人人数，都无法与清前期相比。卓索图盟喀喇沁中旗 97 座寺庙中，鸦片战争以后建立的只有 8 座，即道光二十三年（1843 年）建立的喇嘛楼子庙，同治九年（1870 年）建立的喇嘛庙，光绪八年（1882 年）建立的西庙，光绪元年（1875 年）建立的饽饽山庙，光绪三十三年（1907 年）建立的东大鬼庙、西大鬼庙，还有光绪年间建立的九神庙、东明庙。翁牛特右旗 43 座寺庙中的大部分建于清前期，只有 2 座建立于近代，即建立于光绪年间的紫霞寺和民国六年（1917 年）建立的寿兴寺。奈曼旗 24 座寺庙中，近代建立的寺庙仅有 3 座，即光绪三年（1877 年）建立的孟根庙（功成寺）、光绪二十六年（1900 年）建立的塔子庙（尚经寺）、民国十五年（1926 年）建立的衙门庙（寿开寺）。[1]

尤其到了清末，在“新政”影响下，黄教的崇高地位迅速下降，受

① 呼日勒沙编：《哲里木寺院》，226～227 页，呼和浩特，内蒙古文化出版社，1993。

汉文化影响较早的喀喇沁右翼旗札萨克贡桑诺尔布顺应这一时代潮流，兴办新式学堂，发展民族文化教育事业，打破了喀喇沁地区“学在寺院”的状况，对消除黄教对人思想的束缚无疑起了积极的推动作用。清乾隆、嘉庆年间，喀喇沁旗僧众达3500人以上，至1910年降至2148人。①

（二）天主教在河北蒙区的传播

清道光十五年（1835年），天主教始传入赤峰地区，由北京法国遣使会士传入毛山东、苦力图（今翁牛特旗）、马架子（今松山区）一带，继而传到余家营子、山湾子（今河北围场）。当时赤峰天主教归辽宁东教区管辖。是年，一外籍传教士到马架子，集资修建了3间草房，名“马架子公所”。光绪九年（1883年），荷兰人圣母圣心会会士叶步司将草房改建为哥特式的砖木结构教堂（东山教堂）。此外还有住宅、仓库、伙房、学校、育婴院、修女学房等。到光绪二十六年（1900年）尚有神甫2人，信徒2852人。每年除四大节日举行大型活动外，并在52个“主日”（星期日）举行瞻礼。

在清代，蒙古被编入基督教布教区内是在康熙三十五年（1696年）。察哈尔、绥远的基督教徒增加，光绪九年（1883年），成立蒙古代牧区，置总堂于西湾子。但当时基督教几乎完全在汉人中间传播，蒙古人改信基督教者极少。②

西湾子原是长城以外、张家口东北方百里远的一个小村庄。道光九年（1829年），北京北堂的法国神甫受到迫害，传教中心迁至西湾子村，道光十四年（1834年），遣使会士孟振生来到这里，并于道光二十一年（1841年）成为新设立的蒙古教区的首任主教，主教座堂就设于西湾子村。从此，这里正式成为天主教在蒙古地区的传教基地。

咸丰十年（1860年）《北京条约》签订以后，北京重新向西方传教士开放，孟振生住进了北京北堂，担任北京教区主教。同治四年（1865年）十二月，创立圣母圣心会的比利时传教士南怀仁率领韩默理等四名会士来到西湾子村，接管了遣使会在蒙古的传教活动。圣母圣心会改变了传教策略，主要向汉族移民传教，买进大量土地租给从关内来的汉人耕种，从而吸引了大批信徒，建起了二十四顷地大教堂等许多大小教堂，使得天主教在内蒙古的势力大为扩展。到光绪九年（1883年），蒙古教区一

① 张艳华：《黄教在喀喇沁地区的传播及其对蒙古族教育的影响》，载《赤峰学院学报》，2014（3）。

② ［日］田山茂著，潘世宪译：《清代蒙古社会制度》，279页，北京，商务印书馆，1987。

分为三：西南蒙古教区，主教座堂设在包头二十四顷地大教堂；东蒙古教区，主教座堂设在朝阳松树嘴子；中蒙古教区，包括口北三厅、口外六厅、察哈尔八旗、乌盟四子王旗一带，由巴耆贤任教区主教，主教座堂仍旧在西湾子。

在蒙古教区一分为三后，教会把中蒙古教区的传教活动主要集中在东、西两个方向：东边是黑土洼（今属河北沽源），西边在七苏木（今乌兰察布市）。黑土洼位于察哈尔东部，土地肥沃，自光绪二年（1876 年）起，即开始有教民从南壕堑迁往那里居住。到光绪八年（1882 年）时，迁至黑土洼的教民家庭日见增多。从光绪六年（1880 年）起开始有神父从五号村前往施行圣事。光绪十四年（1888 年），教会购置了 150 顷土地，并随之建立了平定堡教堂，何济世神父担任首任本堂。

同治四年（1865 年），圣母圣心会接替法国遣使会，负责蒙古教区的传教工作后，将蒙古教区东部进一步划分为三个部分，即“黑水地区”“关东地区”和“热河地区”。“热河地区”的主要传教据点是老虎沟，先后有底以色（Thys Jan – Angust）、魏士通、百德尔（De Peuter Jan）、德玉亮、卜天德（De Boeek Piet）、易维世（Bruylant Adolf – Jozef）等神父在此传教。他们在这里修建了神父宿舍、圣堂，设立了一所孤儿院，并在灾荒年成立了救助穷人的善会。教会在老虎沟区传教的重点是八沟（今河北平泉），先后有向迪吉（Henri Raymakers）、葛崇德（Van Dyck-Louis）、林道远等神父在此传教，教会在八沟新建了一座教堂，在西北山台子将旧的公堂予以修复，另建了神父住堂。光绪十七年（1891 年），葛崇德在八沟修建了一所学院。教会在北子山后区发展也非常迅速，在易维世神父的努力下，在北子山后修建了一座教堂、一家孤儿院和一所男子学校。因在北子山后西北方的大城子信教的农民也日见增多，修建了公堂和神父住堂。由于人手缺乏，光绪十六年（1890 年）又有艾道真（Denys Alfons）、文士雅（Bauwens Jules）两位神父前来传教。光绪十七年（1891 年）十一月，爆发热河“金丹道”事件，天主教会也受到了攻击。

三、河北蒙古族的生活习俗

清初以来，大量汉族移民的不断迁入，不仅改变了河北蒙古地区原有的民族结构和人口构成，而且经过长期的接触融合，彼此间的影响是双向的。一方面，部分汉人融入蒙古族内部，“依蒙族、习蒙语、行蒙俗、入蒙籍、娶蒙妇"[①]，趋于蒙古化；另一方面，蒙古族人民与汉族"数十年来，同居共处，蒙古之人渐染汉习"[②]，从而使河北蒙古族在生活习俗、文化趣向上都具有了新的面貌。

（一）蒙汉通婚禁令的废除

清朝末年，随着日、俄等列强吞食我国东北地区步伐的加快，出于移民实边、抵制日俄入侵的现实需要，蒙古族中的有识之士上书清廷奏请，"将臣部旧例中民人不准聘娶蒙古妇女之条删除。度期民蒙联络渐融，畋域振兴，新政易以措手"[③]。于是在宣统二年（1910 年）八月，清廷宣布："变通禁止民人聘娶蒙古妇女之条，旗汉现已通婚，蒙汉自可仿照办理。拟由各边将军都统大臣、各省督抚出示晓谕，凡蒙汉通婚者，均由该管官酌给花红，以示旌奖。"[④] 蒙汉通婚禁令的废除，客观上促进了蒙汉通婚的盛行。

（二）改易汉姓，汉语的盛行

清初，移居蒙古地区的汉民较少，基本上呈现蒙古化趋势，但乾嘉之后，随着移居蒙古地区的汉民，尤其是沿长城附近的汉民日趋增多，汉文逐渐兴盛起来，以至清廷多次颁布法令禁止蒙古人学习使用汉文，如咸丰三年（1853 年）八月辛卯，谕旨内阁："蒙古地方素性淳朴，不事浮饰，近来蒙古人起用汉名，又学习汉字文艺，殊失旧制……若不严行禁止，断然不可。著理藩院通行晓谕内外各札萨克部落，嗣后凡蒙古人务当学习蒙文，不可任令学习汉字，以付朕敦厚蒙古淳朴风俗之至意。"[⑤] 从清廷颁布的谕旨中可以看出，近代以来蒙古人"起用汉名，又学习汉字文艺"的情况已十分普遍。在河北蒙古族中，甚至一些蒙古人诉讼也开始使用汉文书写诉状。在河北张家口一带，"居民除为关内移民外，汉蒙杂居，且互通婚媾，而蒙古人咸习汉文"[⑥]。近代以来，使用汉语在内蒙古已成为一种趋势，"准旗蒙人几乎皆通汉语，年少者作蒙语，反不若汉语之纯熟矣……郡王旗于汉语能纯熟者十分之二，简单者十分之三，盖愈近东部，能者愈多。札旗大多数能操简略之汉语……亦常与汉人接触，故其境内蒙人，均能操纯熟之汉语，约占全数十分之三。他处能作简单汉语者，亦有

① 沈鸣诗纂：《朝阳县志》卷二六《种族》，铅印本，1930。
② （清）朱寿朋：《光绪朝东华录》，第四册，北京，中华书局，1958。
③ 厉声主编：《近代新疆蒙古历史档案》，309 页，乌鲁木齐，新疆人民出版社，2008。
④ 《宣统政纪》卷四一宣统二年（1910 年）八月丁亥条。
⑤ 《清文宗实录》卷一〇三咸丰三年八月辛卯条。
⑥ 毛以亨：《俄蒙回忆录》，4 页，台北，文海出版社，1954。

十分之三，余则只知蒙语，不能汉语矣”[①]。以土默特部为例，在长期与汉人交往中，“语言文字，亦完全汉化，许多已受高等教育之蒙古青年和贵族，对于汉文甚有研究，而于蒙文蒙语已不知为何物也”[②]。

（三）饮食居住的变化

清代中叶，由于商业贸易发达，行商深入蒙古地区，茶叶供应便利，饮茶成为蒙古人普遍的习惯，不分贫富贵贱，茶叶是日常生活的必需品，茶已成为蒙古养命之源。但与内地不同的是，茶中混以牛乳，或少许之盐，谓之“蒙茶”，又名“奶子茶”，其煮食牛羊肉，亦入茶同煎。近时开垦地方，饮茶之法间与内地同风，然亦甚少也。[③]

随着热河、察哈尔等地的不断开发，农业和半农业区在沿长城一线形成并向北纵深发展，因受移民生产、生活方式的影响，在主食方面，热河、察哈尔的蒙古人已主要以粮食为主食了。开垦地方，均为汉、满移民，多用高粱、粟、小麦、黍，他之杂谷、野菜等类，鲜有用牛乳及相似之制品者。这样，入关的八旗蒙古人与满族饮食习惯已无二致，靠近农业区和从事种植业的蒙古族则与当地汉族饮食相近，以粮食为主。

在居住方面，热河、察哈尔相当多的蒙古人的居所，开始由毡帐向筑房定居过渡，出现了土木结构的蒙古包，即圆形的土墙屋。屋中央立一柱，顶上覆草，周围墙壁用砖或土坯子或以上涂黏土的柳条砌成。开有窗户，室内有半圆形的土坑。农业区的蒙古人，由于定居已久，逐渐习惯于居住汉式的平房，常见的有二间或三间，以木筑墙为外廓。四周植树，外廓正中筑路开门，院内贮藏车辆，房屋门向南开，南北有窗，东西有厢房。

在蒙古、汉文化交融的过程中，由于生产和生活的需要，蒙古、汉农牧民相互学习，不仅增进了彼此的友谊，而且还强化了对彼此文化的认同和吸收。同时，蒙古、汉民族之间相互通婚更加促进了彼此间的深入交往和融合。文化的交融，使他们在语言、饮食、居住、习俗等方面形成你中有我、我中有你、共同发展、共同提高的局面，从而丰富了蒙古草原的物质文化和精神文化。

---

① 绥远通志馆编：《绥远通志稿》，第七册，199页，呼和浩特，内蒙古人民出版社，2007。

② 蒙藏委员会西蒙调查组：《土默特特别旗调查报告》，482页，北京，远方出版社，2009。

③ 花楞编：《内蒙古纪要》，转引自丁世良、赵放主编：《中国地方志民俗资料汇编》（华北卷），732页，北京，书目文献出版社，1989。

第六章 民国时期河北蒙古族的觉醒

民国时期，为加强对蒙古族的控制，政府在蒙地相继设立了热河、察哈尔、绥远三个特别区，后改为行省，原来的盟旗制度遭到削弱，逐渐形成旗县交错的行政格局。民国初期，河北蒙古族的经济、文化得到一定程度的发展，但随着日本侵略者发动侵华战争，相继占领热河和察哈尔，并在察哈尔扶持德王建立伪蒙疆政府，实行殖民统治，河北蒙古族在政治、经济、文化上都出现了衰退。在中国共产党的领导下，河北蒙古族同胞积极投身反帝反封建和反对军阀反动统治的斗争，为中华民族的解放事业做出了重大贡献。尤其是内蒙古自治区的建立，标志着蒙古族在政治上得到彻底解放。

第一节 民国初期对河北蒙古族的统治

一、辛亥革命时期的河北蒙古族

1911 年辛亥革命爆发，各省纷纷响应起义。蒙古贵族，特别是蒙古驻京的王公们惊恐万分，他们对于自己即将面临的命运毫无把握，也不愿失去现有的特权，开始为挽救清王朝，借以维护自身利益而积极奔走。1911 年 12 月 1 日，外蒙古僧俗上层在沙俄的支持和援助下宣布“独立”。在那彦图和贡桑诺尔布等人的倡议下，几十位在京蒙古王公，于 12 月 24 日宣布成立蒙古王公联合会，“以开通蒙古风气，改良政治，保存权利，联合全体，互相辑睦为宗旨”[①]。以贡桑诺尔布为首的蒙古王公联合会一面向清王朝表示效忠，一方面频频向南方的革命党通电施压，反对共和。

① 渤海寿臣：《辛亥革命始末记》，台北，文海书社，1969。

蒙古王公之所以坚决反对共和，主要是从自身利益出发的，他们认为："惟以蒙古制度、风俗、语言、文字向与内地不同，又以地居全国大半，民风强悍，逼处强邻，一有变动，危险实多。而自民军起事以来，南北阻绝，谣诼繁兴，传闻各异。处此惊疑之地，自难免误会之端"①。蒙古王公认为蒙古的制度风俗与内地不同，担心受到汉人的排斥，他们所指的"谣诼繁兴"，无非是一些人散播的有关民族仇杀之类的谣言。这样的担心并不令人奇怪，毕竟当时革命党人的"五族共和"的民族政策还没有被广泛接受。在1912年1月17—23日清廷召开的御前会议上，部分满族大臣和蒙古王公那彦图、贡桑诺尔布坚决反对接受共和以及清帝退位。后来因为袁世凯以武力相逼，蒙古各王公和满族大臣眼见大势不可逆转，才掉转风向，并在后来的政治活动中倒向袁世凯。在清帝退位的前三天，蒙古王公联合会又通电南京政府，代表全蒙推举袁世凯担任中华民国临时大总统。

同时，贡桑诺尔布开始着手进行蒙古独立的准备。1911年12月，外蒙古"独立"的消息一传来，贡桑诺尔布就和宾图王棍楚克苏隆拜访俄国代理公使，探问若内蒙古独立能否获得俄国的实际援助。在得到俄国否定的回答后，贡桑诺尔布又立刻转向日本寻求帮助。经日本浪人川岛浪速的途径，他以全部领地为抵押，向日本正金银行提出借款两万两的请求。当时的川岛浪速正在积极筹划"满蒙独立"的计划。

1912年3月6日，贡桑诺尔布、扎嘎尔等蒙古王公乘曹锟兵变之机逃出北京，返回各自旗地，组织号召各旗独立。贡桑诺尔布回旗后，立即召集旗内官员举行秘密会议，宣布独立的计划和主张。他说："这几年来，开办学校，训练军队，振兴实业，这一切都是为了蒙古民族独立做准备工作。现在清朝颠覆，民国肇造，外蒙独立，正是我们行动起来的好机会，如果再拖延下去，就要前功尽弃了。由日本泰平公司订购的枪支弹药，即将运来，需要马上派人去取，希望你们深思熟虑。"② 同时，他还派管旗章京朝克巴达尔胡和商卓特巴喇嘛色日济扎木苏为代表，前往库伦向哲布尊丹巴政权表示归顺。其后，贡桑诺尔布又到赤峰召集卓索图盟和昭乌达盟王公会议，商讨归顺"大蒙古国"的问题。但出乎意料的是，与会王公大多担心起事不成反遭祸乱。在这样的情况下，贡桑诺尔布退而

① 《北京蒙古联合会复伍代表电》，载《申报》，1912年2月5日。

② 吴恩和、邢复礼：《喀喇沁亲王贡桑诺尔布》，见《内蒙古文史资料》，第32辑，12页，政协内蒙古自治区文史资料委员会，1988。

求其次，开始搞蒙汉联合地方自治。4月中旬，他在本旗成立了“喀喇沁五族联合会”，提出以“化除族界，同享共和”为宗旨。之后，贡桑诺尔布应袁世凯政府之请赴京，于同年9月9日担任蒙藏事务局总裁。

二、《蒙古待遇条例》颁布与第一次“东蒙古王公会议”

1912年2月12日，在袁世凯的威逼利诱下，清帝宣布退位，同时公布了清室优待条件，包括：优待皇室八条，待遇皇族四条，待遇满蒙回藏七条。“满蒙回藏各族待遇之条件”七项包括：①与汉人平等；②保护原有之私产；③王公世爵暂仍其旧；④王公中有生计过艰者，设法待筹生计；⑤兼筹八旗生计，于未筹定之前，八旗兵弁俸饷仍旧支放；⑥从前营业与居住等限制，一切蠲除，各州县听其自由入籍；⑦满蒙回藏原有宗教，听其自由信仰。这就以南北双方一致同意的正式文件的形式保证了满、蒙古、回、藏等族的平等地位及宗教和信仰自由。1912年3月，袁世凯就任中华民国临时大总统，开始了北洋军阀对中国的统治。

1912年3月6日，部分驻京蒙古王公乘曹锟兵变之机逃出北京，贡桑诺尔布等驻京蒙古王公为另谋出路纷纷返回蒙旗。袁世凯向“蒙古王公联合会”发出信函，解释说此次动乱是其失政所引起，请蒙古王公安心留在北京，同时还拨付一万两白银表示慰问。同年3月15日，那彦图、阿穆尔灵圭为首的蒙古王公联合向袁世凯政府提出了十一条内容的“蒙古特别待遇”要求。参议院根据袁世凯的批示，否决了第八条，删去了第十一条，并对其他各条加以修改，决议通过了《蒙古待遇条例》九条，8月19日，袁世凯以临时大总统令正式公布。其具体内容为：①嗣后各蒙古，均不以藩属待遇，应与内地一律。中央对于蒙古行政机关，亦不用理藩、殖民、拓殖等字样；②各蒙古王公原有之管辖治理权，一律照旧；③内外蒙古汗、王公、台吉世爵各位号，应予照旧承袭，其在本旗所享有之特权，亦照旧无异；④唐努乌梁海五旗、阿尔泰乌梁海七旗，原系副都统及总管治理，应就原来副都统及总管承接职任之人，改为世爵；⑤蒙古各地呼图克图、喇嘛等原有之封号，概仍其旧；⑥各蒙古之对外交涉及边防事务，自应归中央政府办理，但中央政府认为关系地方重要事情者，得随时交该地方行政机关参议，然后施行；⑦蒙古王公世爵俸饷，应从优支给；⑧察哈尔之上都牧权，牛羊群地方，除已垦设治之处，仍旧设置外，可为蒙古王公筹划生计之用；⑨蒙古通晓汉文并合法定资格者，得任用京外文武各职。

中华民国政府公布《蒙古待遇条例》，之后又公布了蒙古王公待遇条件，用新的法律形式肯定了旧的封建王公原有的统治权力；晋封原有蒙古王公勋爵，并扩大封建世爵制的范围，依据各旗札萨克王公的保举，任命贝勒、贝子、镇国公、辅国公。袁世凯通过《蒙古待遇条例》和加封晋爵等措施笼络蒙古王公，维护了蒙古封建王公制度，保护了他们的利益，从而使蒙古王公对新生的民国政府减少了敌意，维系了人心，保证了中央力量较为顺利地深入内蒙古各地。总之，袁世凯的这些拉拢活动在孤立乌泰、稳定哲里木盟其他各旗的活动中起到了积极的作用。

1912年初，内蒙古科右前旗郡王乌泰公开响应外蒙，宣布独立，并且发动了大规模武装叛乱。乌泰一面派人潜赴外蒙联络，请求外蒙和沙俄的支持援助，一面在本旗及周围各旗煽动蛊惑，挑唆民族仇恨，号召蒙古民众起事，驱逐汉人。为了发动更多不明真相的蒙古民众，他还特别唆使本旗地位最高的活佛葛根，号召全旗的喇嘛响应起事并鼓动民众参加。叛乱伊始，袁世凯即密电东北三省都督和热河都统，要求增派军队进驻蒙旗沿边各州府厅县，积极做好防范准备。最终，这次叛乱被镇压。乌泰叛乱被平息后，将安抚蒙古王公的政策真正落实到各蒙旗，稳定东蒙古局势，成为中华民国政府和东三省当局亟须解决的重要问题。9月9日，袁世凯任命张锡銮为东三省西边宣抚使。蒙藏事务局总裁贡桑诺尔布还呈文向袁世凯提出："恐张君于蒙古内情尚有隔阂，必须添加一蒙员中名望素孚者前往。"① 袁世凯后来特派阿穆尔灵圭赴东北出席蒙古王公会议，即是与贡桑诺尔布的这一要求分不开的。

乌泰"独立"失败，各旗局势趋于稳定时，哲盟盟长齐默特色木丕勒为了听取哲盟各旗对民国政府的态度和意见，向各旗发出于10月初在郑家屯召开全盟会议的通知。吉林都督陈昭常得此消息后，委派翻译伊克塔春至齐默特色木丕勒处，磋商各旗王公同至长春集会，联络感情等事宜，会议地点遂改在长春。民国中央政府对即将召开的东蒙古王公会议也十分重视，袁世凯在命东三省西边宣抚使张锡銮赴东北就职的同时，特派阿穆尔灵圭亲王为政府代表出席该会议。会议召开之际，袁世凯、蒙藏事务局等分别向参加会议的阿穆尔灵圭、陈昭常、盟长齐默特色木丕勒发出密电，再三强调中央政府保证对赞成共和之蒙古王公的封赏，并要求他们尽力做好安抚蒙古王公的工作，使之赞成共和。

10月28日，第一次东蒙古王公会议在长春西南路道道署召开。会议一开始，民国方面提出了议案十项：①蒙边要隘地点由国家派兵驻屯；

① 《蒙宣抚拟加派蒙员》，载《盛京时报》，1912年10月24日。

②蒙古王公不经中央批准，不得向外国借债；③蒙古王公取消“独立”后仍可享受优待条件；④各王公不得将产业抵押给外国，以保领土；⑤蒙人举办新政，得经中央批准；⑥增强蒙汉情谊；⑦发行蒙文报纸，以开民智；⑧蒙旗悬挂五色旗，以符国体；⑨蒙旗遵守民国法律；⑩各旗所需枪械由各都督代购，不准私运。

与会的蒙古王公及代表认可了现实，表示赞成共和，于11月1日，以签名的形式通过了民国政府提出的十项要求。同时还选举阿穆尔灵圭、科尔沁左翼中旗卓里克图亲王色旺端鲁布为国会参议员。为孤立外蒙古的哲布尊丹巴政权，明确哲盟各蒙古王公对其政治态度，民国政府还让蒙古王公在《取消库伦独立劝诱书》上签了字。

但是，为了维护蒙旗历来的权利，蒙古王公在会上也提出了自己的要求：①保全以前所属领土；②蒙旗具有自由练兵的权利；③赔偿因征蒙而带来的蒙人的损失；④驻屯蒙地的征蒙军迅速撤退；⑤承认已经开垦之地，其他地方不得再开；⑥不得设立行省。民国政府方面除对第三条赔偿蒙人损失这一项加以拒绝外，其余均予以接受，双方基本上达成了一致。

会后，郭尔罗斯前旗札萨克兼盟长齐默特色木丕勒代表哲盟十旗通电全国，明确表示拥护共和及民国中央政府。袁世凯政府对东蒙古王公的政策大获成功，不仅基本上稳定了乌泰动乱之后东蒙古地区的秩序，还起到了孤立外蒙古哲布尊丹巴的政治目的。

三、熊希龄与热河蒙防

1911年10月辛亥革命爆发后，沙俄趁机策动外蒙古活佛哲布尊丹巴和一些支持独立的蒙古王公发动叛乱，占领了外蒙全境，宣布独立，建立“蒙古国”，这就是历史上所谓的外蒙古第一次独立运动。为了胁迫当时的中华民国临时大总统袁世凯和北洋政府承认外蒙独立的既成事实，沙俄除了外交上向中国施加各种压力外，还支持哲布尊丹巴分裂势力，为其提供武器和军事顾问。1912年冬至1913年，外蒙古叛军在沙俄支持下，不断窜犯内蒙古。蒙古王公为主还组织了所谓的“远征军”，进犯伊克昭盟、乌兰察布盟、锡林郭勒盟及昭乌达盟。1912年11月30日，北洋政府任命熊希龄为热河都统。熊希龄在热河都统任上，面对严重的边疆危机，在缺少援助、困难丛集的情况下，积极加强热河的防卫能力，为粉碎叛军的进犯、保卫祖国领土完整做出了突出的贡献。

熊希龄上任伊始，库伦叛军内犯，扎鲁特旗蒙古反动上层分子起而响应，“聚众为乱，蹂躏城乡，开鲁县治，鞠为丘墟，人民财产，概被抢毁”①，造成数千蒙汉百姓为避战祸，抛家舍业，遁入山林，以致田园荒芜，百业萧条，税收锐减。当时热河全境只有6000防军，要扩军备战、置备武器，急需解决军费问题。1913年1月，熊希龄向北京政府申请拨款的要求被拒后，即与保商银行订立了借款100万元的合同。熊希龄还向德国银行借款1000万马克，用于购买枪支弹药。为整顿重建热河财政，熊希龄还整顿盐务、清理税收。为了加强防务，热河的防军增编了两个营，即一个骑兵营，一个步兵营。同时，熊希龄还说服两淮米占元部赴热御敌。熊希龄积极创办民团，起草了《热河全境团练章程》，发至热河各县及蒙古各旗。为此，还设立了“热河全境团练筹建处”，设总办一人、会办二人，并规定会办一人由蒙人担任，团练按协、标、营、队、排建制。同时，为民团配备了一万支毛瑟枪，以增强民团的战斗力。

就在熊希龄加紧布置蒙防之时，与内蒙古交界的阿巴哈纳尔旗、克什克腾旗一带叛军3000余人，经贝子庙（今内蒙古阿巴哈纳尔旗）等处南下，窜至大王庙（今内蒙古克什克腾旗西）、什巴尔台、米思庙、浩勒图庙（今内蒙古西乌珠穆沁旗南）、黄瓜梁（今内蒙古克什克腾旗北）等地，热河军队迎战先后失利。

1913年6月初，熊希龄会同毅军米振标、多伦镇守使傅良佐商定了反击作战部署，决定由米振标部从什巴尔台向他他庙、乌泊罗河（两地均在什巴尔台西）进攻，傅良佐负责攻击黄瓜梁之敌。6月26日，米振标部会同热河巡防统领张玉春、第一团团长奎文率骑、炮兵3000余人，在攻占他他庙后，进攻陈庙东北之喇嘛罕庙，此庙系叛军盘踞重地，经过激烈战斗，米振标部击溃叛军1500人。7月2日黎明，突有四万余众叛军分三路来攻，米振标部奋力抵抗，将敌击退，又以火炮予以反击，毙敌200余人。7月9、10日间战斗再次打响，叛军一时间攻陷经棚，围困林西，来势汹汹。经过激战，热河军队收复经棚，22日解除了叛军对林西长达三个月之久的围困。自此，内蒙古东部战线渐趋沉寂。

四、民国初期的治蒙政策与措施

（一）民国政府中央管理蒙古机构的演变

中华民国临时政府迁都北京后，虽忙于接收清王朝各衙门，组建新的

① 林增平、周秋光编：《熊希龄集》，397页，长沙，湖南人民出版社，1985。

中央机构，但面对日益严重的蒙地局势，如何有效管理边疆地区的问题也提上了日程。1912 年 4 月中旬，袁世凯让内务部接收清王朝理藩部，因该部“案册多半关系蒙藏，刻下蒙藏待治甚急”，准备将接收该部及将来整理蒙藏事宜都交与内务部，并设置一司专门管理。内务总长赵秉钧则认为，接收旧部与治理蒙藏是两个问题，同意暂时接收理藩部，而“将来治理蒙藏，应请专设机关”，可以“命名为边事局，直归内阁管辖，以昭郑重”。民国政府就此指出，“内阁事务过繁，不暇兼理”，仍决定将理藩部一切应办事宜归并内务部办理，待将来或须设立边务专局；又考虑到蒙藏事务，非得熟悉边事情形者难以胜任，遂任命前理藩部官员荣勋出任内务次长，并准许必要时“酌调理藩部旧人若干员襄办一切”①。

1912 年 4 月 22 日，袁世凯发布临时大总统令，重申“五族共和”原则，指出“凡蒙、藏、回疆等各地方，同为我中华民国领土”，蒙古、藏、回等少数民族“同为我中华民国国民”，不能“如帝政时代再有藩属名称”。他同时宣布，对于“蒙、藏、回疆”地区，中央政府将“统筹规画，以谋内政之统一，而冀民族之大同”；视这些地区“与内地各省平等，将来各该地方一切政治，俱属内务行政范围”，也不再像前清一样设理藩部管理这些地区的事务，原理藩院（部）的事务“归并内务部接管，其隶于各部之事，仍归划各部管理”；“在地方制度未经划一规定以前”，这些地区“应办事宜，均各仍照向例办理”。② 北京国民政府以内政统一、民族大同为指导，清理藩部所辖的事务由内务部接管，并将原属其他部门的事务仍由各部管理。内务部接管蒙藏事务后，于 1912 年 5 月设立蒙藏事务处，直接主管蒙藏事务。

1. 从蒙藏事务局到蒙藏院

1912 年 7 月 25 日，临时大总统袁世凯公布《蒙藏事务局官制》，规定蒙藏事务局直隶于国务总理，管理蒙藏事务，所设职官有总裁、副总裁各 1 人，均为简任官；参事 2 人、秘书 2 人、佥事 8 人，均为荐任官；主事 12 人、执事官 4 人，均为委任官。蒙藏事务局成立后，由姚锡光为蒙藏事务局副总裁，并暂兼署总裁，其办公地点最初在东单牌楼苏州胡同中间路南，后迁至八棵槐前理藩部旧署办公。9 月 9 日，任命贡桑诺尔布为总裁。蒙藏事务局设有总务处和民治、边卫、劝业、封赉、宗教五科，其中总务处又设有机要、文牍、会计、庶务四课和承值所。同时，还附设蒙

---

① 《治理蒙藏之预备》《藩部归并内部之手续》，载《申报》，1912 年 4 月 15、18 日。
② 《中国大事记（四月二十二日）》，载《东方杂志》，第 8 卷，1912 年，第 12 号。

藏研究会，出版蒙古、藏等民族文字的《白话报》等报刊。

蒙藏事务局成立之时，正值边疆形势危急之际，特别是外蒙古“独立”使北部边疆形势更为严峻。蒙藏事务局为稳定边疆形势、维护国家统一，在边疆调查宣慰、舆论宣传、联系边疆政教上层人士等方面做了大量工作。先后派人前往内蒙古、甘、新、青、滇、藏等地进行大规模的边疆调查和慰问边疆少数民族同胞。1912 年 9 月，派佥事范其光“前赴绥张一带调查路线，兼查现在蒙古情形”。10 月 28 日，任命姚锡光为口北宣抚使，对口北蒙古族同胞进行慰问。10—11 月，派叶大匡、钟岱文等前往内蒙古的伊克昭盟、哲里木盟等盟旗调查慰问。

1914 年 5 月，蒙藏事务局改组成蒙藏院后，贡桑诺尔布仍担任总裁，直至 1928 年，其间，他虽然几次短暂离任，但均不超过一个月。他在担任蒙藏事务局和蒙藏院总裁期间，在复杂的政治背景下，致力于促进民族团结、反对民族分裂、维护国家主权和祖国统一，维护少数民族权益，积极发展少数民族文化教育事业。

2. 蒙藏委员会

1928 年 3 月 21 日，南京国民政府公布《国民政府蒙藏委员会组织法》。6 月 8 日，公布《修正国民政府蒙藏委员会组织法》。6 月 9 日，国民政府派白云梯筹备蒙藏委员会，并接收原北洋军阀政府蒙藏院的一切事宜。7 月 11 日，蒙藏委员会在南京成立，直属行政院，由格桑泽仁、白云梯、刘朴忱、汪海清、丁超五位委员组成。12 月 9 日，国民党中央政治会议第 168 次会议，以及南京国民政府第 12 次国务会议，先后作出决定，蒙藏委员会委员增至 13 人，任命阎锡山为蒙藏委员会委员、委员长，任命恩克巴图、班禅额尔德尼、李培天、诺那呼图克图为蒙藏委员会委员。12 月 26 日，国民党中央政治会议又决定，任命赵戴文为蒙藏委员会委员、副委员长。蒙藏委员会下设蒙事处、藏事处、蒙藏教育委员会、编译室、调查室等，其直属机关有驻北平办事处、蒙藏学校、蒙藏训练班、驻印通讯处、蒙藏招待所、蒙藏旬报社、张家口台站管理局、杀虎口台站管理局、古北口台站管理局、喜峰口台站管理局。

蒙藏委员会成立以后，为更好地推进蒙藏工作，1929 年 7 月拟订了《蒙藏委员会施政纲领》，以作为蒙藏委员会在南京国民政府“训政时期”开展蒙藏具体工作的指导性文件。涵盖了会务、民政、军事、财政、外交、交通、实业、教育、卫生、宗教、司法 11 项主要内容，并对每个方面的内容又作了细化规定。这一施政纲领反映了当时南京国民政府努力争取我国多民族国家实际意义上的统一、维护中央政府对蒙藏地区的主权，以及加强对蒙藏地区行政管理的愿望和决心，对当时蒙藏委员会的实际工作开展具有宏观的、纲领性的指导作用。

蒙藏委员会还制定了一系列的计划、法令或规章。①在教育方面，1930 年 1 月向行政院递交了《修正蒙藏教育实施方案要目》[①]，该《要目》是蒙藏委员会依遵 1929 年 6 月中国国民党三届二中全会关于蒙藏决议案第四、五两项之决定而拟具的，主要包括教育行政、教育经费、教育图书、高等教育、普通教育以及社会教育 6 部分的内容。②在宗教方面，1930 年 6 月，蒙藏委员会颁布的《蒙古各旗及平热等处喇嘛寺庙管理条例》，将蒙古各旗及北平、辽宁、热河、五台、西安、归化、甘肃、东西陵等地的寺庙均纳入其管理范围，对寺庙概况以及主持管理均做了详细规定。如规定平、热等地喇嘛寺庙的主持由蒙藏委员会派人担任，而蒙旗地方的寺庙主持由其所属蒙旗长官委派，而寺庙内其他职务，概由主持按例委任。③在经济方面，蒙藏委员会为发展蒙古地区的经济提出了许多规划，如蒙古工业计划案、蒙古商业计划案、蒙古农业计划案、蒙古垦殖计划案、蒙古林业计划案，等等，涉及蒙古地区经济的诸多方面。1930 年，蒙藏委员会颁布的《改良蒙古畜牧计划案》[②] 是对上述议案的进一步落实。④在交通方面，由于交通关系到蒙古与其他地区的联系，所以也倍受重视。如当时最常见与实用的无线电台的架设，就是蒙藏委员会加强与蒙地联系的重要手段之一。1930 年，蒙藏委员会提出了《蒙古交通建设案》，共分铁道、邮政、电政、公路、航空五类，其中又以铁道为主。

（二）贡桑诺尔布主政蒙藏院期间的贡献

1912—1928 年，中国的政局复杂多变，政权更迭频繁，边疆地区又很不稳定，尤其是蒙古、西藏、新疆等少数民族地区频频受到强邻侵扰，作为蒙藏院总裁的贡桑诺尔布在处理属于内政范围的蒙藏事务时，经常要遇到涉外问题，如何稳定边疆始终是他和部属们不得不面对的问题。为此，蒙藏院既继承了清代经营边疆的传统政策，又进行了改进完善。比如，对于少数民族王公的封爵、俸禄、朝觐和藏传佛教的寺庙兴建、活佛转世、僧官的升迁等事务都有专门的规章。民国初年，蒙藏院就制定了《蒙藏回之王公及呼图克图等公谒礼节》《年班来京蒙古王公宴会礼节》《蒙回藏王公等爵章条例》《喇嘛印信定式》《蒙藏王公等服制条例》等规章制度，既保证了管理上的连续性，又根据时代变化做了一些调整。同

① 黄奋生:《蒙藏新志》，561～564 页，北京，中华书局，1938。
② 黄奋生:《蒙藏新志》，912～915 页，北京，中华书局，1938。

时，创办《白话报》宣传“五族共和”，组织选举西藏等地的国会议员，开展边疆调查，建议嘉奖、表彰、加封拥护中央的边疆爱国人士，致力于蒙藏地区经济、文化的发展，有力地抵制了反华势力支持的少数分裂分子在边疆民族地区的活动，为维护国家统一发挥了重要作用。

接待九世班禅是贡桑诺尔布任内的重大事件。由于种种矛盾和冲突，1923 年 11 月，九世班禅率少量随从，悄悄离开西藏，1924 年 3 月到达甘肃省境内。此事引起国内外的广泛关注，各大媒体纷纷跟踪报道，各种猜测、传言满天飞，甚至有人说班禅要到外蒙古去。国民政府对此颇为重视，多次派人慰问班禅，希望他前往北京。蒙藏院奉命专门设立了“招待班禅事宜处”，负责沿途各省协调、组织和接待工作。1925 年 2 月，班禅大师在专从北京赶来迎接的段宏业、蒙藏院代表贡桑诺尔布、蒙古王公扬桑巧和章嘉呼图克图等人的陪同下，乘专列到达北京，在中南海瀛台驻锡。临时执政段祺瑞几次会见班禅，班禅又到江苏、上海、浙江等地访问，蒙藏院则派人陪同。8 月 1 日，临时执政又给班禅加“宣诚济世”封号；12 月 1 日在北京举行了隆重的册封仪式。此后九世班禅在内地活动持续整整 14 年之久。这 14 年，作为一位著名的政治活动家，九世班禅高举爱国主义的旗帜，倡导和平，息战止争，拥戴中央，教化民众，在日寇入侵，分裂内蒙古的事件中，他不辞劳苦宣化抚慰，教导民众，受到了普遍的赞誉，有人对此予以高度评价：“九一八国难后，日本用种种方法，勾煽其间，而内蒙古官民，屹然不为所动者，大师宣化之力也。”① 而在争取班禅中，贡桑诺尔布功不可没。

（三）从特别区到行省

清末“新政”时期，清政府曾经筹划蒙古改制，即改变原有通过王公札萨克的间接统治为郡县制直接统治。热河都统廷杰、察哈尔都统诚勋、绥远将军贻谷及时任两广总督的岑春煊等人提出将内蒙古划为两省、三省的种种建议。如热河都统廷杰上奏指出，遵议西北全局，以改设行省为要，改设行省以人民财赋足敷分布为要，蒙古地区若划分为三省，“恐形逼窄”，应当依照左绍佐所奏，“以承德、朝阳二府两盟之地，再隶以张、多、独三厅，围场一厅，及察哈尔迤东各旗地，为热河省，以为畿辅左臂；以丰镇右翼四旗，并归绥道属之归化、萨拉齐、托克托城、和林格尔、清水河五厅，武川、五原、东胜三厅，而隶以乌、伊二盟，阿拉善一

① 陈文鉴：《班禅大师东来十五年大事记》，18 页，上海，大法轮书局，1942。

旗，为绥远省，以为畿辅右臂”。[①] 察哈尔都统诚勋上奏中提出，拟将察哈尔、绥远城、热河三处改为行省，再把直隶宣化、山西大同二府有关地方拨归察哈尔管辖，分设总督、巡抚各员。[②] 绥远城将军贻谷则从管辖、政令、防守、开垦四方面考虑，认为绥远城等应及时改建行省，他还提出了 16 条具体措施。[③] 清政府采纳了贻谷的建议，决定暂缓在外蒙古设立行省，而在内蒙古设立热河、绥远、察哈尔三个行省。虽然终清之世，由于辛亥革命的爆发，清政府在内蒙古地区遍设州县、改建行省的计划未能实现，但为后来民国时期设置特别区、行省奠定了基础。

1. 热河、察哈尔、绥远特别区的设立

1912 年，热河汉民代表呈请将热河改为特别区，作为设省之过渡。北洋政府蒙藏事务局批示称：“查原呈所称实行特别区制度，有便于行政、司法、议会、察吏、和蒙、边防、实业、交涉诸端，均属可行。”这一意见，后来实际上为袁世凯政府所采纳。三特别区中最早设立的是绥远特别区，热河紧随其后。

1913 年 2 月，热河都统熊希龄到任后，即与绅士艾知命等商议改建行省，3 月，电报中央政府的电文中即言：“热河政治尚属二百年来旧制，毫末更改，各属州、县蒙汉杂处，治理为难。”[④] 4 月，熊希龄致电中央政府提出《热河改建行省议案》，开宗明义地提出：“居近日而言，治理热河之政策，非先从改建行省入手不可”。5 月 10 日，熊希龄又电告袁世凯批准颁布了《热河官厅组织暂行章程》，其中第一条明确规定：“热河依现行规制，就现治区域设都统一人，为全境行政长官”；第二条规定：“都统之职任权限，依现行之规制兼任军政、民政及满蒙各旗事宜”。[⑤] 按照这些规定，热河都统实际上已具有省级行政区最高长官的职权，意味着热河地区已取得了省级行政区的地位。1914 年 7 月 6 日，根据北洋政府教令第九十三号，正式建立了热河、察哈尔、绥远三个特别区，设都统管辖。热河特别区，统辖卓索图、昭乌达两盟各旗及新设置的热河道；察哈尔特别区，统辖锡林郭勒盟十旗、察哈尔左右翼八旗及新设的兴和道。绥远、热河、察哈尔三个特别区均由袁世凯委派都统管理，都统独揽特别区军政、民政、司法、财政等大权，实际上其权力已同行省都督并无二致。

---

① 《清德宗实录》卷五七五光绪三十三年（1907 年）六月庚申条。

② 《清德宗实录》卷五七七光绪三十三年（1907 年）八月辛酉条。

③ 《清德宗实录》卷五七七光绪三十三年（1907 年）八月癸酉条。

④ 周秋光编：《熊希龄集》，第三册，189 页，长沙，湖南人民出版社，2008。

⑤ 周秋光编：《熊希龄集》，第三册，441 页，长沙，湖南人民出版社，2008。

“都统职权本不亚于督军、省长，不过因特别区缘故，沿用旧时名称而已。”[①] 至于其中所涉蒙古事件则由蒙藏院核转。

从当时国内的形势来看，三个特别区的设置，一定程度加强了中央对蒙地的直接控制和管理，对强化中央集权、削弱地方分裂势力具有一定的意义，“通过划分热、察、绥三特别区，割山西晋系的地盘划为绥远特别区、察哈尔特别区之一部，割直隶口北道的张北、多伦、独石三县为察哈尔特别区之一部，割承德、朝阳县为热河特别区之一部。袁诡秘地削弱了晋系、直隶等地方军阀”[②]。清朝时期，热、察、绥的盟旗均经理藩院直属中央，并不归有关将军、都统或行省直接辖治。

总的来说，三个特别区设立后，将热、察、绥各盟（部）旗分别划入各特别区辖治，各盟旗的地位和权力遭到极大地削弱，蒙古封建王公贵族传统自治性权益和土地所有权均遭严重剥夺，中央加强了对这一地区的直接控制。[③]

2. 改特别区为行省

南京国民政府成立后，“中国国势不振，俄国东进，首先侵及外蒙；日本继起，视东蒙为其特别利益之所在，蒙疆从此多事矣”[④]。自日俄战争后，日本便将满蒙地区视为其势力范围，不断渗透，并煽动和勾结蒙古王公独立。而热、察、绥地区作为战略要地，国民政府充分认识到这一地区的重要性，在北洋政府基础之上继续加强对这一地区的管理和统治。

1928 年 7 月 6 日，国民政府委员会举行第 77 次会议，国民党战地政务委员会主任委员蒋作宾提议将热河、察哈尔、绥远三特别区改为行省，并撤销都统名称。内政部长薛笃弼拥护这个提议。11 日，薛笃弼正式向国民政府提出热、察、绥三特别区改省的建议。8 月 29 日，国民党中政会作出决定，热河、察哈尔、绥远三特别区一律改为行省，并要求内政部拟定最后的改制办法和各省名称。9 月 5 日，国民党中政会第 153 次会议根据内政部最后拟定的改省方案，做出决议：“一、热、察、绥、青海、西康均改省；二、旧直隶省口北道各县划归察哈尔，察哈尔原划绥远之丰镇、凉城、兴和、陶林四县仍归还绥远；三、五省省府组织，委员暂定五

① 《中国大事记》，载《东方杂志》，第 12 卷，第 6 号。

② 王德胜：《北洋军阀对蒙政策几个问题的初析》，见《内蒙古近代史论丛》，第三辑，呼和浩特，内蒙古人民出版社，1987。

③ 白拉都格其：《袁世凯治蒙政策刍议》，载《中央民族大学学报》，2002（6）。

④ 方范九：《蒙古概况与内蒙自治运动》，25 页，上海，商务印书馆，1934。

人，设民政、财政二厅，并得酌设教育、建设厅，余照省府组织法办理。”①

热、察、绥的改省工作进行得比较顺利。1928 年 10 月 20 日，南京国民政府任命赵戴文等 7 人为察哈尔省政府委员，指定赵戴文为省政府主席，热河省政府主席为汤玉麟，绥远省政府主席为徐永昌。热河省省会为承德，辖 15 县 3 设治局 20 旗，卓索图盟和昭乌达盟建置仍旧，归热河省管辖。察哈尔省以张家口为省会，辖 16 县 18 旗 4 牧群。原直隶省口北道所辖之宣化、怀来等 10 县划归察哈尔省，原兴和道所辖丰镇、凉城、兴和、陶林及集宁 5 县划归新成立的绥远省。

热、察、绥等省的设置，是国民政府初期改建地方行政建置的重要组成部分，是国民政府完善全国行政体制的重要一环。其设置加强了中央政府对热、察、绥远等地区的有效控制，有利于抵御和反击苏俄及日本对内蒙古的侵略和渗透，有效地扩大了训政在内蒙古的推行，使内蒙古的民众建立了省域观念，同时也减消了盟旗封建王公的势力，使他们认同国家民族的一统，促进了全国的一体化。② 同时，三省改制加速了内蒙古地区经济社会结构的变迁，省县管理体制的确立使迁入内蒙古地区的农民事务管理得到强化，有利于这一地区经济的发展和社会的稳定，加速了蒙古地区与内地经济文化的联系，对推动蒙古社会的发展有着重要作用。③

（四）热河、察哈尔省地方行政机构

前面讲到，1912 年，中华民国政府设热河都统，监督、节制内蒙古卓索图盟 7 旗、昭乌达盟 13 旗，直辖原直隶省热河道所属的内蒙古朝阳、赤峰、阜新、平泉、绥东、凌源、建平、林西、开鲁、承德、滦平、围场、隆化、丰宁、经棚 15 个县以及鲁北、林东、天山 3 个设治局。1914 年，改设热河特别行政区。这些区域绝大部分系清代内蒙古盟旗辖地。1928 年，国民政府改热河特别行政区为热河省，省会承德，辖原热河特别行政区所辖旗、县、设治局。日伪统治时期，热河旗、县建置略有变化；1945 年 8 月抗战胜利后，基本恢复了 1933 年前的行政区划和赤峰、宁城、乌丹、新惠、平泉、建平等县建置。是年 11 月，在中国共产党领导下建立热河省政府，之后旗、县建置多次变易。1949 年 5 月，将昭乌

① 陆为震：《新六省之鸟瞰与西北之边防》，载《东方杂志》第 27 卷，1928 年，第 14 号。

② 刘忠和：《试论绥远建省》，载《广播电视大学学报》，2007（3）。

③ 周竞红：《清末民国时期内蒙古地区政区管理体制变迁及对蒙古族的影响》，载《中央民族大学学报》，2004（6）。

达盟划归内蒙古自治政府，其余旗、县仍归热河省管辖。

1912年，中华民国政府设察哈尔都统，辖内蒙古察哈尔左、右翼8旗及太仆寺左翼、太仆寺右翼、牛羊群、商都4牧群，监督、节制锡林郭勒盟10旗。1914年，改设察哈尔特别区，除辖上述旗、群外，将直隶省所辖口外原多伦、沽源、张北3县及山西省所辖归绥道之丰镇、凉城、兴和、陶林4县划入，并设兴和道，管辖上述7县。上述区域绝大部分系清代内蒙古盟旗辖地。1922年，又在察哈尔旗、群先后设商都、宝昌、康保、集宁4县。1928年，国民政府改设察哈尔省，将兴和道所辖之丰镇、凉城、兴和、陶林和集宁5县划归绥远省，又将直隶省口北道所辖之宣化、怀来等10县划归察哈尔省，形成新的察哈尔省行政区划。省政府实行委员制，其中一人为主席，其余委员中指派四人为各厅厅长。省政府内设秘书处，置秘书长一人，秘书主任一人，秘书四人，负责日常行政工作。此外还有四科：第一科“分总务铨叙军事外交会计庶务收发统计各股”，第二科“分民政财政司法各股”，第三科“分教育建设公报党务各股”，第四科“分盟务蒙务各股，掌管蒙旗铨叙民政等事项”。四科均设科长一人，有科员数名以及其他工作人员。省政府主要的管理机构还有四厅：民政厅“掌理户籍警察民团宗教事项”，下辖省立救济院，兼管赈务会；财政厅办理财务行政，综管全省收支；建设厅“管理全省交通水利农林垦牧工商矿务事项”；教育厅“管理全省教育行政事项”。① 四厅在人员建制方面区别不大，只是在设科办事上略有不同。此外还有警务处，全省保安司令部以及地方上的各县政府，各县公安局、法院，等等。在察哈尔省的各项管理事务中，除了日常行政事宜之外，处理好区域内蒙古地区事务也是其工作重点。如张家口台站管理局所辖之地与察哈尔省境有重叠之处，由于条件限制，产权不明的情况时有发生。例如1929年，察哈尔省财政、建设两厅筹划拍卖张家口台站旧有官产，以用作台站高小两级学校。张家口台站遂请求蒙藏委员会从中斡旋，于是蒙藏委员会委员长阎锡山向察哈尔省政府发电商议勿令财政厅、建设厅两部门拍卖此项土地，察哈尔政府也做出回应，最后双方和平地解决了此问题。此外，在任命察省境内札萨克、台站管理局局长时，蒙藏委员会也会发文给察省政府，以做到互通信息。这既是一种行政上的尊重，也是维持双方良好关系的重要举措。

---

① 宋哲元监修，梁建章总纂：《察哈尔通志》，2184～2187页，台北，文海出版社，1966。

五、河北蒙区的早期革命运动

（一）共产主义思想在河北蒙区的传播

1921年7月，中国共产党诞生后，中国革命的面貌从此焕然一新，河北蒙古族人民在中国共产党的领导下，开始了争取民族解放的光辉历程。早在1920年，李大钊便通过“马克思学说研究会”和北京共产主义小组，派遣何孟雄、高君宇、王仲一先后到京绥路及南口、张家口等地调查访问，联络工人，准备筹组工人组织。1921年12月20—26日，何孟雄再次考察京绥路工人运动，自张家口返回南口时，在“精业研究所”发表讲演，向工人们宣讲“胜利之母在联合”的道理。从这次访问开始，以李大钊为首的北方劳动组合书记部派何孟雄等为驻京绥铁路工运特派员。1922年初，何孟雄与王仲一在张家口、康庄、南口宣传组织工人，深入“锅伙”（工人食宿单位），开展工作。与此同时，北方区委和李大钊先后派邓中夏、张昆弟、范鸿劼、张国焘、罗章龙等到张家口宣传马列主义，组织工人运动，开展党的工作。1923年初，韩麟符、李铁然（又名陈镜湖）、荣耀先等率先加入中国共产党。在中共北方地区组织和党的创始人李大钊及革命活动家邓中夏、赵世炎、何孟雄、黄日葵等的精心培养下，1925年在北京蒙藏学校学习的，来自土默特旗和喀喇沁旗的蒙古族学生云泽（乌兰夫）、奎璧、多松年（多寿）、李裕智、吉雅泰、佛鼎、赵诚、高布泽博、白海风等数十人，成为中共党员，并建立了内蒙古地区的第一个党支部。随后，党组织为保护和继续培养他们，分批派往苏联莫斯科中山大学、蒙古党务学校、中国广州黄埔军校和农民运动讲习所，接受政治理论、农民运动、军事等知识和训练，为在河北蒙区建立党组织准备了干部条件。

李大钊同志作为中国共产主义运动的先驱者和中国共产党的创始人之一，也是大革命时期北方党组织的直接领导者和实际组织者。1925年，他数次至塞外山城张家口，具体指导革命活动。张家口地处内蒙古和内地结合部，中共北方区委和李大钊认为，张家口是除广东以外，当时西北（系泛指与“东北”相对而言的广大地区）革命的枢纽和关键，计划从京绥路、张家口打通与苏联、蒙古的联系，争取国际合作与帮助，以推动革命的进程。为此，1925年春，中共北方区委派乌兰夫（时名“云泽”）、吉雅泰、多松年、李裕智等人以张家口为基地，开展察哈尔、热河、绥远以及包头等地的革命工作，建立中共内蒙古的基础组织。接着一批蒙古族中共党员、社会主义青年团员和其他革命青年，相继从北京、天津、张家口等地至内蒙古各地进行革命活动。乌兰夫在民主革命时期，曾多次到张家口从事和领导革命运动，这里留下了他闪光的足迹。宝音巴特尔、纪松龄等察哈尔八旗地区的革命先驱在中共北方局的领导下，积极开展工作，他们时而奔走于军政间，时而呼号于学生中，把奎璧、多松年等编辑的革命刊物《农工兵》《蒙古农民》加以广泛宣传散发。当时在张家口读书的傅贤德、沙登、孟克鄂其尔等也深受其影响。

李大钊主持北方区委工作时，曾在1925年下半年，先后派何资琛、杨洪涛等在张家口近郊七里茶坊以及大境门外孤石村和东湾子察哈尔农林试验场进行考察，并发动建立了农民协会，会员达200人。“三一八”后，当时的地委农委书记乐天宇和附属农校担任刻印工作的地下党员冀明信、农运骨干贾荣等至西甸子、乌拉哈达、南地山、西湾子，进行农运调查，访问贫苦农牧民，提出了《张家口农委工作计划》。还在试验场发动农工开展“反霸增资”斗争，并把农运推进到邻近的张北、万全等地，会员发展到600人，掀起了察哈尔农民运动的早期波澜，同时建立了全区第一个农村党支部。根据李大钊的建议，团地委从京绥路、张家口选调郭保安、王建功、王冠三等9人去广州农讲所学习。李大钊十分重视民族团结，努力做好少数民族的工作。北方区委成立了民族委员会，有何资琛、王仲一（懂蒙古语）等参加，并通过蒙藏专门学校建立了党团组织。与赵世炎等一起，培养了吉雅泰、乌兰夫、多松年等一批党的蒙古族干部骨干。他们奉命长期留在张家口、丰镇、集宁等地散发红色书刊、革命传单，动员青年参加革命，影响力很大。奉军占领张家口后，新任察哈尔都统为了稳定其反动统治，大肆搜捕革命党人。宝音巴特尔、巴雅色格楞太首先被捕入狱，虽经严刑拷打，却始终坚贞不屈、正气凛然，充分表现出了革命党人的英雄气概。反革命势力的大肆反扑，激起了察哈尔蒙古族人民的强烈义愤，在莫杰、傅贤德等人的组织下，有三百多户人家联名出保，写出诉状，要求释放宝音巴特尔等人。这一义举触动了正红旗老总管富龄阿，由他亲自出面斡旋，再加上很多民族上层人士的协助，使得宝音巴特尔等人最终获释。

（二）“内蒙古农工兵大同盟”的建立

1925年7月，共产国际执委会给中国共产党中央委员会的信中强调，要加强和扩大自己的队伍，加强和扩大工农和手工业者的广泛的无党派组织，加强自己在这些组织中的组织影响，同时要采取各种措施使自己成为群众性的政党。当时，国民党的口号为大多数人所接受，中共和共产国际在领导内蒙古革命运动中坚持联合各革命阶级进行革命这一方针。同年秋，中共中央在《内蒙古问题议决案》中决定成立“内蒙古农工兵大同盟”。

1925年11月，根据中央扩大会议精神，为成立中国共产党指导之下的农工兵大同盟，在张家口桥东宝善街南头的诚洁旅馆（今宝善街75号）召开了西北农工兵代表大会。大会提出农工兵新形式的联盟，指出革命奋斗的目标，对团结西北各阶层人民，特别是察、热、绥人民进行民主革命，具有深远的历史意义和极大的推动作用。

大会以京绥铁路总工会和“西北同盟会”（绥西农民以原始的哥老会形式建立的革命性组织）的代表为骨干，并组织铁路分工会、电灯工会、人力车工会和绥西农民武装组织等农牧民代表共200多人与会。会期原定一周，但因与奉军战事紧迫而匆忙闭幕。

李大钊亲临大会，并在会上发表重要讲话。他在讲话中分析了当时全国反帝反封建的革命形势，介绍了俄国十月革命后政权建设的情况以及苏联人民在革命后从事和平劳动和生活提高的情况，指出了革命统一战线对中国革命胜利的意义，要求代表们多做一些实际的群众工作，努力发展和团结一切进步势力，以此反对帝国主义，特别是日本帝国主义，反对北洋军阀的反动统治和民族压迫，废除王公札萨克的封建特权制度。他再一次强调，蒙古族人民必须与汉族人民团结起来，才能谋求自身的彻底解放。

大会提出了西北地区各族人民革命的长远目标，批判了党内的右倾妥协思想。并提出了“农工兵大联合！”“反对帝国主义、封建军阀！”等口号，最后通过了《国民革命的任务》《和冯玉祥合作的关系》等决议。会议决定成立察哈尔、热河、绥远、包头地区和张垣（张家口市）、归绥（呼和浩特市）国民党六人党部。

大会选举了农工兵大同盟执行委员会，李大钊任大同盟书记，赵世炎、韩麟符任副书记。执行委员有吉雅泰（绥远代表）、张治平（察哈尔代表）、陈印潭（热河代表，后由杜真生担任）、王仲一、李若愚、郑丕烈等20多人。大同盟下属各级领导都由中共党员担任，会后决定出版刊物《农工兵》，由中共党员多松年任编辑。会后，张家口发展盟员百余名。大同盟执行委员李裕智在绥西一带工作，在秘密发展党团组织及西北青年互助社的同时，发展盟员70人。

大同盟安排韩麟符在国民革命军部队继续从事统战工作，并征得北方区委同意后，策划建立中共领导下的武装力量，借以发展工农红军。在鲍罗廷（苏联驻广东革命政府特别顾问）的资助下，1925年冬，建立起3支骑兵纵队（约3个团的兵力），命名为“内蒙古特别民军”。李大钊同志主持派选了30多名党员骨干。一纵司令乐景涛为国民党员，二、三纵司令分别由陈镜湖、郑丕烈担任，均为中共党员。同年底，配合国民革命军向奉系军阀进攻，与宋哲元部一起收复承德，赶跑了奉系军阀热河都统阚朝玺。内蒙古特别民军还独立出师北征，连克赤峰、建平、朝阳、开鲁数城，颇得当地人民的拥护。翌年，建立起内蒙古人民革命军，并在包头创办了内蒙古军政学校。

农工兵代表大会后的这年冬天，中国共产党在反帝反封建总的政治任务下，号召与组织工人积极支援国民革命军。面对国民革命军反击英、美、日支持下的奉系军阀的进攻，铁路工厂生产了两列钢甲车和迫击炮身二三十座及大批弹药，并组织"参战队"随军赴天津前线。电灯工人连夜拆装电机，在国民革命军南口阵地安上电网。机修、造币、人力车工会还组织了工兵、情报、运输、宣传、慰问等机构。在后方，工人纠察队用轧制钢管和大刀武装起来，人员由200人发展到600人，他们分编小队、健全组织，建立交通、通信联络机构，组织巡逻并协助军警维持治安，使当时的国民军大本营张家口建立起了空前良好的秩序。1926年8月，南口失守，张垣告急。为了帮助国民军在直奉联军大举进攻下实现转移西撤，根据李大钊的指示，张家口地委职工运动委员会与大同盟号召铁路和地方工人及沿途农牧民支援国民军。张家口、京绥路工会领袖34人及技术骨干近百人（其中中共党员约40人），成立"工人交通大队"及"民运工作委员会"（又称"工人政治工作队"）随军转战；同时国民军得到绥西一带农牧民沿途支援，从而顺利到达五原。①

内蒙古农工兵大同盟是具有民族特点、地区特点的农工兵大联合的革命组织，也是各民族革命群众大联合的革命组织。这是李大钊及中共北方区委从内蒙古地区的实际出发，创造性地领导内蒙古革命斗争的具体体现，为掀起内蒙古地区的革命高潮发挥了特殊的作用。在全国大革命高潮中，内蒙古地区的革命运动也蓬勃发展，工人运动、学生运动、农民运动、牧民运动广泛地开展起来。在归绥、张家口、包头等城镇的工厂和手工作坊组织了工会，京绥铁路的工会活动十分活跃，还组织了工人夜校等。共青团和学生会是最活跃的政治力量，在上述主要城镇都建立起了基层组织，此外还有外围组织西北青年互助社等。

① 蒋维权：《李大钊与张家口早期革命活动》，69页，见政协张家口市委员会文史资料委员会编：《张家口文史资料》，第36辑，2001。

（三）内蒙古人民革命党的成立①

1925年10月，中国共产党扩大执行委员会通过了《蒙古问题决议案》，指出领导内蒙古革命斗争的重要性和特殊性，分析了内蒙古地区的社会状况、民族关系和蒙古民族解放运动的形势，阐述了中国共产党关心蒙古民族的利益，尊重蒙古民族的风俗语言特点，领导蒙古民族解放斗争的基本主张，作出以党领导的农工兵大同盟联合蒙汉人民反对共同敌人，赞助成立内蒙古人民革命党的决定。

成立内蒙古人民革命党是李大钊根据内蒙古地区革命斗争的需要而提议建立的，它是一个统一战线组织，中共希望通过它广泛地团结蒙古各界人士，开展内蒙古地区的革命斗争。② 1925年10月12日，在中共和共产国际关怀指导下，内蒙古人民革命党在张家口成立（会址在上堡原德王府后院东屋），出席大会的有内蒙古各盟、旗代表及部分蒙古族青年学生100多人。出席大会的还有共产国际代表瓦切尔劳夫，中共代表江浩，蒙古人民革命党代表丹巴道尔吉，此外，中国国民党和冯玉祥的国民军都派代表参加了大会。

大会通过了成立内蒙古人民革命党的决议和宣言，制定了党的纲领，全面阐述了内蒙古人民革命党的性质、宗旨、纲领和方针政策以及任务。它简明透彻地分析了内蒙古乃至全中国的政局，指出帝国主义的侵略及其支持中国军阀混战，军阀的专制统治，蒙古王公与军阀、官僚、奸商的勾结，是蒙古民族蒙受巨大灾难的根源，也是汉族人民饱尝苦难的原因；蒙汉被压迫人民有着共同的命运，只有彻底完成1911年的革命，才能振兴国家，拯救民众，实现各民族平等、自由与解放；内蒙古人民革命党将致力于建立蒙汉被压迫人民的联合，以完成共同的革命事业。大会选举白云梯、郭道甫、金永昌、福明泰、乐景涛、色乐卿、李丹山七人为常务委员会委员，白云梯为委员长，郭道甫为秘书长。共产党员李裕智、吉雅泰、乌献文等，当选为候补执行委员。③

---

① 内蒙古人民革命党，当时也称“内蒙古国民党”“内蒙古国民革命党”“内蒙古平民革命党”或“内蒙古民族党”，这都是由于当时翻译上的不准确所致。它的准确译名应是“内蒙古人民革命党”。参见郝维民：《第一、二次国内革命战争时期的内蒙古人民革命党》，载《内蒙古大学学报》，1979（Z2）。乌兰夫革命史料编研室编：《乌兰夫回忆录》（北京，中共党史资料出版社，1989）即言为“内蒙古国民党”。

② 乌兰夫革命史料编研室编：《乌兰夫回忆录》，70～71页，北京，中共党史资料出版社，1989。

③ 乌兰夫革命史料编研室编：《乌兰夫回忆录》，70～71页，北京，中共党史资料出版社，1989。

内蒙古人民革命党是内蒙古地区的蒙古民族有史以来所组织的第一个革命政党，正如乌兰夫所言："当时为推动大革命高潮的到来，成立内蒙古国民党是正确的，也是内蒙古革命所需要的。参加这个党的大多数党员都是蒙古族爱国青年，他们在实际斗争中做了不少工作，对推动内蒙古地区初期的革命斗争起了一定的积极作用。对这一点，必须要尊重历史，实事求是地予以肯定。"①

在这次大会上，还决定建立内蒙古人民革命军。1925年秋，在中国共产党帮助下建立了内蒙古人民革命军。内蒙古人民革命党中央常委乐景涛从1925年底开始在昭乌达盟克什克腾旗组建军队。最初，他在该旗招募了一部分蒙古骑兵，配合冯玉祥的国民革命军在林西、经棚、赤峰一带同奉军作战。部队在战斗中不断扩充，发展至1100余人，共编成两个团，暂属国民军编制。乐景涛最初任国民革命军第一路第一纵队司令，后任热河第三路警备司令和蒙旗民兵训练处处长。蒙旗民兵训练处是专门招收蒙古族青年学习军事、培养军队干部的机构，是内蒙古军官学校的前身，最初招生40余名。② 1925年底1926年初，内蒙古人民革命党借助国民革命军在昭乌达、卓索图盟同奉军作战的机会，发展党务，组织军队，收到了较好的效果。

内蒙古人民革命党的领导机关初期设在张家口。1926年8月，国民革命军在南口失败以后，便向内蒙古西部地区撤退，内蒙古人民革命党中央也随之迁往包头，12月又随国民军迁至银川。内蒙古人民革命党的活动中心也转到了内蒙古西部地区，主要在伊克昭、乌兰察布、察哈尔、土默特、阿拉善等盟旗开展党务活动，发展党员，建立党的组织，宣传党的纲领和主张，受到了蒙古族人民的热烈拥护。③

（四）大革命时期河北蒙区中共党组织的建立及其活动

1. 中共张家口地委的成立

1925年，在张家口建立了中国共产党的支部，王仲一任支部书记。同年10月，我党长城以北第一个地区性的领导机构——中共张家口地方执行委员会（以下简称"张家口地委"）正式成立，由肖三任书记，王仲一、江浩分别任组织部长和宣传部长。张家口地委领导的地区包括热河、

---

① 乌兰夫革命史料编研室编：《乌兰夫回忆录》，72页，北京，中共党史资料出版社，1989。

② 《内蒙党军政情况》，载《民国日报》，1928年6月4日。

③ 郝维民：《第一、二次国内革命战争时期的内蒙古人民革命党》，载《内蒙古大学学报》，1979（Z2）。

察哈尔和绥远三个特别区。当时地委对三个特别区工作的指导是秘密的，而公开的是以国民党名义进行工作。

张家口地委成立后，十分注意党组织的建设。11月起，先后在地委机关、桥西小东关秘密举办了三期党员训练班，采取“统一食宿，学完出校”的办法，对党员进行共产主义教育，包括“新社会观”“共产主义ABC”“职工运动”“党章”等必修课。此外，还在大境门外东湾子农林试验场附属学校教室举办了多期农运、青运训练班，由乐天宇、穆雨琴及从广州农讲所第五期毕业分配来的农委书记李怀才等主持并讲课。从而使绝大多数党员提高了阶级觉悟，开始树立共产主义的人生观。[①]

在中共北方区委直接领导下，为开展民族工作，还建立了热河、察哈尔、绥远和包头四个工作委员会。各工委以热、察、绥、蒙古四个国民党党部的名义公开活动，培养先进分子加入中国共产党，扩大和建立党的基层组织，开展农民运动。大革命时期在这四个工委的领导下，热、察、绥的农民运动蓬勃发展，普遍建立了农民协会。尤其是热河、察哈尔工委在热察地区广泛发动群众，进行了一系列革命活动，有力地扩大了党的影响。[②] 到1926年初，热河特别区已建立县市党部8个，有党员3500余人，其中农民党员占80%，蒙古族党员占30%。张良翰、杨洪涛组建了国民党察哈尔特别区党部。到1926年初，察哈尔特别区已建县市党部6个，有党员3200余人，其中农民占80%，工人占5%，学生占10%，士兵占2%。[③]

1925年3月，中共热河特别区工委成立。其负责人陈镜湖，字印潭，号小秋，热河建平县人，曾化名李铁然，长期从事中共地下斗争，是中共早期资深党员。他以国民党省党部执行委员的公开身份，在承德建立了国民党热河特别区党部，领导热河反帝反封建的群众运动。同年冬，杜真生接替陈镜湖负责中共热河工委工作，并同时担任农工兵大同盟热河支部负责人。为了同反动军阀斗争，大同盟掌握的武装力量集中到多伦，加入冯玉祥的国民军，杜真生带领的部队改编为骑兵旅，随国民军转战西北。

李大钊去世之后，他在热河地区点燃的武装斗争的烈火并未熄灭。不久，中共北方局负责人蔡和森指派郑丕烈返回热河发动农民武装暴动，以响应南昌起义之后的全国总暴动。郑丕烈回到热河之后，建立了一支

---

① 蒋维权：《李大钊与张家口早期革命活动》，68页，见政协张家口市委员会文史资料委员会编：《张家口文史资料》，第36辑，2001。

② 郝维民、其其格：《李大钊与内蒙古革命》，载《近代史研究》，1981（4）。

③ 《内蒙古革命运动的高涨》，http：//www.nmglxs.com/web/artc/197.html。

1000多人的农民武装，在建平、赤峰两县交界处开辟了游击区。由于他们频频出击，使反动派十分恐慌，热河都统汤玉麟派大军镇压，这次农民武装斗争归于失败。之后，在热河地区，由共产党员参加或领导的群众斗争好像大海的怒涛，一波未平，一波又起，一刻也没有停止过。①

2. 多松年的革命活动

察哈尔特别区工委第一任书记为张良翰（又名张次平），蒙古族。1926年秋，多松年从苏联回国后，任工委书记。

多松年（1905—1927年），原名多寿，土默特旗人。1918年，入归绥石王庙小学读书。1923年，考入北京蒙藏学校。多松年从小深受民族压迫、阶级压迫之苦，勇于追求真理。在蒙藏学校学习期间，受到李大钊、邓中夏的指引，接受了马克思主义思想，先后参加了社会主义青年团和马列主义研究小组。1924年，经赵世炎介绍加入中国共产党，担任北京西城区党的宣传员，并与乌兰夫、奎璧一起，主持创办了内蒙古民族的第一个革命刊物《蒙古农民》。《蒙古农民》这个刊物的名称即是由多松年提议的，为了把刊物办好，他还专门到蒙古族聚居的察哈尔、绥远地区做了十多天的社会调查，发刊词也是由他执笔的。② 多松年亲自作画、刻印、撰写文章，以张家口为中心将《蒙古农民》散发到热河、察哈尔、绥远等地，传播革命思想，以期唤醒蒙古族人民参加革命。1925年，多松年受党组织派遣到莫斯科中山大学学习。1926年秋回国，担任察哈尔特别区党的负责人。他深入工厂、学校，特别是深入农村、牧区，广泛发动群众。截至1927年6月，在察哈尔特别区农村，建起村民会82个、区农会4个、县农会1个；同时，还与在包头工作的李裕智等密切配合，使察哈尔、绥远两地区的革命斗争出现蓬勃发展的局面。

1927年，蒋介石叛变革命，4月12日，发动了震惊中外的“四一二”反革命政变，大批共产党人惨遭杀害。为了应对国民党反动派的白色恐怖，中国共产党第五次全国代表大会于1927年4月27日—5月10日在武汉召开。多松年作为热河、察哈尔、绥远三特别区的唯一代表，出席了这次大会。5月中旬，多松年离开武汉返抵北平，当时正值李大钊被奉系军阀张作霖杀害，绥察党组织惨遭破坏之时，但他不避艰险，仍然来到张家口，组织转移革命同志，坚持地下斗争。他深知革命事业的胜利只靠

① 马熙群：《李大钊与热河地区早期革命斗争》，见《承德文史文库》编委会编：《承德文史文库》，第一卷，93页，北京，中国文史出版社，1998。

② 乌兰夫革命史料编研室编：《乌兰夫回忆录》，62～63页，北京，中共党史资料出版社，1989。

一个民族、一部分人是不行的，向群众宣传天下劳动人民是一家的道理，团结蒙古族、汉族人民共同为革命事业奋斗。

1927 年 8 月，因叛徒出卖，多松年不幸被捕。在敌人引诱和严刑拷打下，他坚贞不屈，表现出了一个共产党员的铮铮铁骨，后被残忍杀害于清河桥畔，牺牲时年仅 22 岁。①

（五）大革命失败后中共内蒙古特别支部（特委）的成立及其活动

1927 年蒋介石发动“四一二”反革命政变后，奉系军阀张作霖与之遥相呼应，于同月 28 日将李大钊等 20 多名革命者杀害，察哈尔、热河的党组织被摧毁，党的负责人被迫转移至天津，热河、察哈尔的革命斗争陷入低潮。1928 年 4 月，经中共中央批准，在顺直省委领导下，建立了内蒙古特别支部，委员 7 人，韩麟符任书记，负责指导热河、绥远、察哈尔三特别区工作。成员有杨洪涛、曲步霄、张述、芦东白、郑丕烈、云润、辛觉民。

在他们积极活动下，热河地区很快建立起中共赤峰、建平、朝阳 3 个支部，共有党员 20 人，并推选热河早期共产党员白海风（喀喇沁右旗人）到莫斯科出席了中国共产党第六次全国代表大会。为了使热河地方党组织能够掌握一支自己的武装队伍，韩麟符、郑丕烈亲自到朝阳县的朝阳寺（今北票上园乡）一带活动，组织农民运动。1928 年，陈镜湖至围场锥子山镇，在仁寿街、通俗教育馆等处，进行发动农民斗争和征兵扩大武装斗争等秘密工作。在此基础上，建立了围场县的蒙汉抗日同盟会。②

1929 年 1 月，内蒙古革命委员会杨洪涛等 10 余名领导干部被捕。2 月，中共中央决定成立中共内蒙古特别委员会（简称“内蒙古特委”），郑丕烈任书记，仍负责热河、察哈尔、绥远的工作。1930 年 6 月，中共内蒙古特委被敌人破坏，韩麟符、郑丕烈、杜真生等 70 多名干部被捕，内蒙古特委的工作被迫中断。

中央指示满洲省委重建内蒙古特委，以热河为中心开展内蒙古工作。原特委委员陈镜湖、刘刚等人在交通闭塞的热河山区与党组织失去了联系，便徒步穿越蒙古草原，到莫斯科找到共产国际，才与上海党中央接上

---

① 长期以来流行一种说法，即多松年是被敌人用大铁钉钉在大境门城墙上牺牲的，但经张家口文史工作者考证，确认此乃讹传。参见刘振瑛主编：《品味大境门》，129 页，冀出内准字〔2012〕。

② 李泽光：《河北蒙古族历史文化概述》，载《西部蒙古论坛》，2014（3）。

关系，后在满洲省委指导下重新组建内蒙古特委。1930 年 10 月 2 日，李铁然（陈镜湖）、刘刚等在热河滦平县金沟屯主持召开了内蒙古各旗县党部代表联席会议，决定重建内蒙古特委。10 月 16 日，成立了中共内蒙古临时特委，李铁然（陈镜湖）任书记兼组织委员，刘刚任宣传委员，张一川任农民委员，郭品端任工人委员，刘汉民任青年委员，肖生嘎任少数民族委员，军事委员为陈修元、宫恕孔、王仲华。

内蒙古特委重建后，首先整顿了组织。当时党员有 93 人，分布于张家口、多伦、围场、归绥、包头、乌拉特中旗、乌拉特前旗、绥西河套、克什克腾旗、锡林郭勒盟等地，共建立 5 个县党部、3 个旗党部、3 个特别支部；共青团员共 176 人，在热河、察哈尔、绥远等地区的学校、农村、铁路以及旧军队中，都有团的组织。这一时期，特委还投入很大力量开展军运工作，在热河汤玉麟部十一师三营进行了秘密活动，建立了进步组织；在围场、赤峰等地的保甲、团练、警察、土匪中，也开展了党的工作。特委还领导热河民众开展了声势浩大的抗捐抗税斗争。

“九一八”事变后，内蒙古特委以热河为中心，全力领导蒙汉各族群众开展抗日救亡运动，组织义勇军进行武装斗争。1932 年，日本侵略者大举进攻热河。9 月 15 日，内蒙古特委发表了《为纪念“九一八”一周年反对日本帝国主义进攻热河告蒙汉劳苦民众书》，号召蒙汉各族劳苦大众，在国难当头、民族危亡的紧急关头，团结起来以御外侮。

1933 年 1 月初，内蒙古特委召开紧急会议，贯彻中央指示，改组中共内蒙古临时特委，组成以李铁然、刘刚、王逸伦等为常委的领导核心，制定了中共内蒙古三个月工作计划草案。其主要内容为：成立蒙汉抗日同盟军军事委员会，以组织和领导抗日同盟军武装抗日；组建五路蒙汉抗日同盟军，发表蒙汉抗日同盟军事委员会《坚决抵抗日本帝国主义宣言》；把旗县党组织一律改为支部，大力发展党团员，加强和扩建党团组织；大力开展工人运动、农民运动、学生运动、士兵运动、牧民运动等反帝运动。2 月 22 日，中共内蒙古特委在围场召开紧急会议，传达中央指示，决定在农民运动方面，在围场、隆化、沽源县的新拨、大庙、大母子沟、一百家子、永宁镇发展农民协会，领导抗捐、吃大户及抗债的斗争。反帝运动方面，在张家口、锥子山（属围场县）等地，组织民众抗日会，发动民众没收日货、游行示威，并组织牧民开展反对蒙古王公的斗争，组织蒙古牧民义勇军，加入反日民族革命战争。①

① 李泽光：《河北蒙古族历史文化概述》，载《西部蒙古论坛》，2014（3）。

根据紧急会议的工作部署，内蒙古特委成员分赴各地开展工作。李铁然负责承德、围场、经棚、丰宁各县，刘刚负责建平、朝阳、凌源、平泉各县，王逸伦负责赤峰、开鲁、林东、林西等旗县。特委其他成员也分别随同前往各地工作。李铁然一路由于军阀阻挠，无法开展工作而撤回北平。刘刚等也因义勇军西撤而未能开展工作。王逸伦等人到达赤峰后，分别在赤峰、乌丹一带开展工作。经过半年的努力，发展党员30余人，建立支部5个。其间，进行了发动工人争薪罢工斗争，开展农民分粮斗争，发动民众欢迎、支持国民党孙殿英第四十一师赴热河抗日，动员民团等地方武装袭击日军运输队等工作。

1933年4月，中共内蒙古特委机关移驻张家口。特委成员李铁然、刘刚在张家口、归绥、包头等地和平绥铁路沿线，组织蒙汉抗日同盟会，帮助冯玉祥组建察哈尔抗日同盟军。这一时期，内蒙古特委的工作卓有成效：建立了平绥铁路党支部，组建了张家口洋车夫工会，群众性的抗日救亡团体——蒙汉抗日同盟会得到了普遍发展，在热河地区组织了为数众多的农民抗日十人团。此外，各地学生和牧民工作也初步开展起来。

5月12日，李铁然为筹组抗日同盟军事宜，从张家口赶赴张北。途中不幸遭民团杀害，时年33岁。由于特委书记李铁然遇害，常委刘刚重病在身，常委王逸伦在赤峰与特委失去联系，加之察哈尔抗日同盟军战事失利，新的内蒙古特委在坚持斗争两年之后，被迫终止了活动。

第二节　日伪统治下的河北蒙古族

“九一八”事变后，热河、察哈尔相继沦陷，蒙区成为河北最早遭受日军铁蹄蹂躏的地区。面对日本的侵略，河北蒙古族同汉族同胞一道，奋起反抗日伪统治。冯玉祥组织的“察哈尔抗日同盟军”，曾一度收复多伦，但终因国民党的压制而失败。在日本的扶持下，德王在张家口成立伪蒙疆政府，实行反动统治。河北蒙古族在中国共产党的领导下，开展了艰苦卓绝的斗争。

一、热河、察哈尔相继沦陷

（一）日本占领热河

1931年，日本侵略者发动“九一八”事变侵占我国东北，建立伪满洲国，东北和内蒙古东部地区完全变成日本帝国主义的殖民地。之后，日本帝国主义开始推行其“内蒙工作”。所谓“内蒙工作”，就是日本在侵占热河和发动卢沟桥事变期间，关东军直接负责策划的以帮助蒙古民族“独立”为诱饵，将内蒙古西部地区（当时包括锡林郭勒盟、察哈尔八旗、乌兰察布盟、伊克昭盟和归化城土默特部等）纳入日本侵略势力范围之内，扶植建立伪蒙政权，从而侵占内蒙古的阴谋活动。

山海关是关内外的重要门户，华北的屏障。1933 年元旦之夜，日军以搜查满蒙抗日分子为名，强行攻击山海关，反诬被中国军队射击，并通牒中国守军撤出山海关。山海关守城官兵坚决拒绝日军的无理要求，被迫自卫还击。终因实力悬殊，山海关失守。日军侵占山海关后，便进而大造侵略热河的舆论，并加紧作军事进攻的准备。2 月 21 日，日本关东军纠集伪满张海鹏等部共约 10 万人，在关东军司令官武藤信义指挥下，兵分三路进攻热河。此时北平军事委员会分会代理委员长张学良，为确保热河，也在调整部署兵力。他将 4 个军团约 20 万人配置在叶柏寿、朝阳、北票、开鲁一线和平泉、凌源、建平、赤峰等地，以阻止日军进攻，将 4 个军团在长城沿线和滦东地区布防。

战斗打响后，日军很快占领朝阳，热河守军节节败退，各线义军亦因指挥不一各自后撤，防线全部动摇。热河省主席兼第五军团总指挥汤玉麟部连同义勇军不下 10 万人，武器装备精良。汤玉麟身为封疆大吏，贪生怕死，畏敌如虎，毫无民族气节，在战斗的关键时刻，不是想着如何抗御外侮，而是扣留军用汽车及后援会汽车 200 余辆，从承德装载私物运往天津，并率特务队、辎重营千余人弃城而逃，将承德拱手让与日军。

日本侵略者虽然占领了热河，但并不满足。还在进攻热河之前，日本关东军司令官武藤信义在下达作战命令时，就赤裸裸地指令日军要不失时机地占领界岭口、冷口、喜峰口、古北口等长城要隘，并于 1933 年 3 月 24 日令在沈阳待命之混成第三十三旅团向绥中附近集结，准备进攻冷口以东长城各口。在长城沿线，日军遭到我守军的顽强抵抗，这就是著名的“长城抗战”。虽经我军浴血奋战，但终因实力悬殊，长城沿线相继失守，造成平津危急。之后，南京国民政府成立驻北平政务整理委员会，参谋部作战厅厅长熊斌作为中方代表，与日本代表冈村宁次签订《塘沽停战协定》，划定冀东 22 县为非武装区，中国军队不得进入，而日军退回长城以北。自此，包括热河省在内的广袤土地被置于伪满洲国的统治之下。

（二）察哈尔抗战

日军在进攻长城各口期间，还进袭滦西，严重威胁平津。同时，日军由赤峰出发，4、5 月间，相继侵占多伦、沽源等地，觊觎察东，察东形势危急。

1932 年 8 月 18 日，经张学良推荐，冯玉祥旧部宋哲元被国民政府任命为察哈尔省政府主席。冯玉祥自 1930 年反蒋失败后，隐居泰山读书。为了更好地发展抗日力量，在共产党的建议下，冯玉祥于 1932 年 10 月由泰山迁居张家口。1933 年春，日寇进犯热河、察哈尔等地，冯玉祥为了武装抗日，电调二十九军教导团（由汾阳军校学员改编）至张家口，扩编为师，归佟麟阁指挥，为冯玉祥的基本部队。这时原西北军将领、一直致力于抗日反蒋的共产党员吉鸿昌将军，根据中国共产党在察哈尔发动抗日斗争的计划，在察哈尔会聚旧部，积极组织抗日武装，并促成原西北军将领方振武与冯玉祥合作。

1933 年 5 月 26 日，在张家口召开察哈尔省民众御侮救亡大会，大会决议组织"察哈尔民众抗日同盟军"，公推冯玉祥为同盟军总司令。6 月 15 日，在中国共产党领导下，在张家口召开民众抗日同盟军第一次代表大会，决议组织抗日同盟军军事委员会，作为代表大会闭会期间的"最高权力机关"，"处理民众抗日同盟军区域内一切军事政治财政外交等事宜"[①]，并确定了同盟军的政治、军事、经济的纲领及抗日的具体方案。当时参加同盟军的武装力量和人员十分广泛，除冯玉祥、吉鸿昌等的旧部作为基干队伍外，较多的是从东北三省和热河退至察哈尔的抗日义勇军，同时还有原防守长城各口的部分爱国军队、察哈尔的地方武装，以及中国共产党领导的蒙古人民抗日武装，总人数达 10 万人。"察哈尔民众抗日同盟军"组建后，一批爱国青年还在察北组织了一支以保家卫国为目的的抗日队伍，即"察北民众抗日救国军"。中共党员康世俊是"察北民众抗日救国军"的主要组织者，此外还有乔廷瑗、张文礼等人。日伪在张北设立的伪蒙政权的"蒙古青年训练所"，其教练员赵和也积极参加了这抗日斗争。赵和，蒙古族，系出于察哈尔镶红旗，他策动该所 200 多名察哈尔蒙古青年携带武器反正。虽然这次斗争因泄密而失败，但是察北地区反抗日本侵略的斗争烈火并未由此而熄灭。在西蒙从事地下工作的乌兰夫做了大量工作，他动员内蒙古骑兵老一团的官兵奔赴张家口参加抗日同盟军，打击日本侵略者。[②]

1933 年 6 月上旬，日伪军先后陷宝昌、康保，张北告急，张家口震

① 赵谨三：《察哈尔抗日实录》，109 页，沈阳，辽东学院印制，1933。

② 左宝：《乌兰夫在张家口》，见河北省政协文史委编：《河北文史资料全书·张家口卷》，1213 页，北京，中国文史出版社，2012。

动。6月20日，察哈尔民众抗日同盟军挥师北上，冯玉祥以方振武为北路前敌总司令，吉鸿昌为北路前敌总指挥兼第二师师长。共产党所掌握的二师、五师、十六师及十八师均为这次北征的主力。22日，同盟军克复康保，7月1日收复宝昌和沽源。7月4日，同盟军又向多伦推进。7月7日，对多伦发动总攻。敌人飞机大炮火力甚猛，战斗极为惨烈，吉鸿昌多次亲率部队冲锋肉搏，受伤数处，冯玉祥在致蒋介石的电文中说："自上月二十日晨出发以来，官兵饮露餐风，食不果腹，阴雨则鞍马尽湿，昏夜则席地幕天。且际此酷暑气候，多有着皮衣皮帽以杀敌贼者，酸辛惨苦，困难万分。"① 经过浴血奋战，血战五昼夜，官兵伤亡一千六百余人，终于收复多伦。接着，同盟军乘胜追击，把日伪军全部驱逐出察哈尔省境。在收复康保、宝昌、沽源和多伦四县的战斗中，共击毙日伪军一千余人，俘虏数百人。

在收复多伦的战斗中，李海山领导的蒙古族骑兵奋勇杀敌，为光复多伦厥功至伟。李海山，又名李胜，字秀芝，蒙古族，光绪十五年（1889年）出生于科尔沁左翼中旗，出身行伍。1912年，任科尔沁左翼中旗卓哩克图亲王府统领。1931年始，历任辽北蒙边骑兵第一路司令、察哈尔民众抗日同盟军第一路军司令、察哈尔省商都警备骑兵第一支队司令等职。"九一八"事变后，李海山率领辽北蒙边骑兵第一路投入抗日斗争，转战吉林西部、辽宁北部、内蒙古哲里木盟等10个旗县的广大地区，先后与日伪军作战百余次，有力地打击了日伪军的嚣张气焰。1933年3月27日，李海山等部到达多伦县境。5月1日，奉命向康保移动，5日抵达康保。未几，国民政府派前察省主席刘翼飞充任华北军第二军团挺进总指挥，李海山部又被改编为陆军第二十五旅蒙古第一支队，李海山任司令，王铭任参谋长。冯玉祥组织察哈尔民众抗日同盟军，将李海山部改编为抗日同盟军蒙古骑兵第一路，仍以李海山为司令，王铭为参谋长。在进攻多伦的战斗中，李海山率一支五百多名蒙古骑兵猛攻庙仓及两侧之孤山敌军。由于日军以二十架飞机大肆轰炸，驻守城北大庙日军也以轻重火炮遥击我军，其他各路抗日同盟军，经肉搏战一昼夜，多伦仍未攻下。李海山率蒙古骑兵猛攻西门，迅及攻占多伦西城。12日拂晓，各路抗日同盟军进入城内，宣告收复多伦。②

① 转见王志之：《抗日同盟军见闻》，40页，见张家口市政协文史资料委员会编：《张家口文史》，第五辑，张家口，内部资料，2007。

② 刘毅政：《李海山领导蒙古骑兵抗日斗争述略》，载《内蒙古社会科学》，1985（6）。

多伦收复后，为了准备收复热河和东北三省，并扩大抗日战争的影响，“张垣于本月二十七日成立收复东北四省计划委员会，隶属同盟军”①，以冯玉祥为委员长。面对抗日同盟军的抗日斗争，蒋介石不仅不予以支持，始则阻挠破坏，继之则武力镇压。日军也同时向察省调动。8月5日，冯玉祥在蒋军及日军的双重逼迫下，通电宣布结束抗日军事行动，取消同盟军总部，离开张家口。震动一时的察哈尔民众抗日同盟军在日蒋夹击之下，至此最后失败。

同盟军失败后，方振武被迫逃亡国外，吉鸿昌则在天津继续进行抗日工作。1933年8月，宋哲元至张家口，组织察哈尔省政府，把李海山领导的抗日蒙古骑兵一路改编为商都警备蒙古第一支队，终止了李海山的抗日活动。1934年11月9日，国民党反动派在天津将坚持抗日的吉鸿昌逮捕；11月24日，吉鸿昌在北平英勇就义。

察哈尔民众抗日同盟军的崛起，表明在日寇加强侵略的严重形势下，国民党统治集团出现分化。抗日同盟军虽然最终失败，但其将近半年的英勇奋战，沉重地打击了日本侵略者的嚣张气焰，推迟了日寇对华北的大举进犯，而且激发了全中国人民的爱国热忱，推动了北方各省以至全国的革命斗争，其斗争业绩必将永载史册。②

（三）德王发动百灵庙“自治”运动

德穆楚克栋鲁普（简称“德王”），苏尼特右旗（今属锡林郭勒盟）人。其父那木济勒旺楚克为苏尼特右旗札萨克郡王，同时兼任锡林郭勒盟盟长。1908年，其父病逝，按照蒙古王公世袭制度，报清廷袭位，因德王尚幼，全旗政务由协理台吉主持。18岁时，行加冕礼，承袭苏尼特右旗札萨克和硕杜稜亲王，开始亲政。1925年，德王为锡林郭勒盟副盟长。1929年，察哈尔特别区改建为察哈尔省，27岁的德王被任命为察哈尔省委员。

德王为了抵制国民党政府在内蒙古设省，从1933年起发动了“民族自治”运动。他以维护民族利益、复兴蒙古为号召，首先招募蒙古青年，进行“自治”运动的准备。1933年初，他在锡林郭勒盟苏尼特右旗王府西营盘成立“蒙古干部学生队”，由受过教育的蒙古青年云继先、于福赓任教官，将从北平和各盟旗招收的近百名蒙古青年编入该队受训，同时把

① 《收复东北四省计划委员会成立》，载《晨报》，1933年7月31日。

② 郑全备、薛谋成：《察哈尔民众抗日同盟军的崛起和失败》，载《历史教学》，1983（2）。

从武汉、南京运来的武器拨归该队使用。为了扩大影响，德王还积极拉拢西藏的班禅。1933 年春夏间，班禅以国民政府“西蒙宣化使”的身份，在内蒙古各地巡游唪经。当班禅来到苏尼特右旗时，德王请他帮助劝说锡盟盟长、乌珠穆沁右旗札萨克索王（索特纳木拉布坦）加入“自治”运动。当时，乌兰察布盟盟长、达尔罕旗札萨克亲王云王（云端旺楚克）在蒙古王公中德高望重，德王派蒙藏委员会蒙事处长巴文峻（土默特蒙古人）前去劝说，最终云王也同意加入“自治”运动。

1933 年 7 月 26 日，所谓内蒙古自治第一次会议在百灵庙召开，会议由云王和德王主持。会议决定以锡盟、乌盟、伊盟三盟的名义致电南京中央政府，要求内蒙古高度自治，建立统一的自治政府。同时发出通知，邀请各盟旗王公、代表及内地蒙古各界人士会集百灵庙，拟于 9 月 28 日召开第二次自治会议以研究制订具体方案。会后，由德王主持起草了自治通电。

自治通电在全国政界、舆论界激起很大反响，绥远省主席傅作义、察哈尔省主席宋哲元和山西的阎锡山都竭力反对内蒙古自治，他们纷纷派员劝阻各旗王公上层参加百灵庙自治大会。由于国民党方面的阻挠，到 9 月 28 日召开自治会议时，除了乌、锡两盟外，来到百灵庙的各旗代表很少有王公上层实权人物。至 10 月 24 日，共举行了 5 次会议。会议通过了致南京政府的“请求中央准许自治”的电文，电文口气强硬，指责政府不仅不扶持蒙古，“反从而穷困之，始而开荒屯垦，继而设县置省，每念执政者之所谓富强之求，直吾蒙古致命之伤”①，因而要求“在总理主义及人道主义之下，以完成蒙古自治政府，必能挽我危亡，非蒙古之幸，亦国家之福也”②。

10 月 15 日的第二次会议上，通过了《自治政府组织大纲》，该大纲共分 5 章 36 条，其要点是：①应内蒙现时之需要，援国民政府建国大纲国内各民族自决自治之规定，在国民政府领导之下成立内蒙自治政府；②内蒙自治政府总揽内蒙各盟、部、旗之治权；③内蒙自治政府以原有之内蒙各盟、部、旗之领域为统辖范围；④除国际军事及外交事项由中央处理外，内蒙一切行政俱依自治政府法律、命令行之；⑤自治政府正副委员长及委员，由各盟、部、旗长官共选之，自治政府以政府委员会处理一切

① 《内蒙古自治区地方志》编纂委员会编：《内蒙古自治区志·政府志》，542 页，北京，方志出版社，2001。

② 范九：《蒙古概况与内蒙自治运动》，70～71 页，上海，商务印书馆，1934。

政务。这些条文更明确地体现了“高度自治”的含义。10 月 19 日的第三次会议上，讨论了政府预算案、政府建筑案、政府警卫案及职员薪俸案。10 月 21 日的第四次会议上，选举乌兰察布盟盟长云端旺楚克为自治政府委员长，锡林郭勒盟盟长索特纳木拉布坦、伊克昭盟盟长阿拉坦鄂齐尔为副委员长，德王任政务厅长。

百灵庙“高度自治”运动，本质上是由蒙古封建上层发动的以维护封建王公制度和封建特权为宗旨的运动，但它是在反对民族压迫和维护民族利益的呼声中产生的，在形式上具有一定的民主色彩，所以在蒙古族各阶层中引起了较大震动。

百灵庙“高度自治”运动，引起了国民党政府的高度重视，命令内政部、蒙藏委员会、参谋本部各自商讨对策，最终形成解决方案为：①改蒙藏委员会为边务部，直隶行政院，为处理蒙藏行政之中央最高机关；②在省政府下设置蒙古地方政务委员会，选任蒙古人士为正、副委员长，负责处理蒙旗事务，解决旗县间的纠纷；③中央或地方行政应尽量容纳蒙古人，在适宜地点设置中央军事政治分校，培养蒙古人才。这一解决方案仍然维持已设省县的行政系统，将各盟置于省政府下设的蒙古地方政务委员会之下，不允许设置内蒙古统一的自治机构。同时国民政府派内政部长黄绍竑、蒙藏委员会副委员长赵丕廉为中央专使赴蒙巡视，与百灵庙方面商谈解决方法。经过反复磋商，1934 年 3 月，国民党中央政治会议通过《蒙古地方自治政务委员会暂行组织法大纲》和《蒙古地方自治指导长官公署暂行条例》，并公布蒙古地方自治政务委员会（以下简称“蒙政会”）官员任命名单：何应钦为指导长官，云王为蒙政会委员长，索王和沙王（沙克都尔扎布，伊克昭盟盟长）为副委员长，德王为秘书长，此外还有一批国民党中央党政官员的蒙古人和各盟旗王公上层担任委员。

1934 年 4 月 23 日，“蒙政会”在百灵庙正式成立。它使蒙古王公上层的封建特权得到了承认和保护，盟旗也获得了一定限度的自治权，但对于广大蒙古族人民来说，却无实际利益可言。同时由于“蒙政会”仍然控制在国民党自治指导长官手里，他们千方百计阻挠破坏“蒙政会”的自治权，加上日本帝国主义侵略势力的渗透，所以“蒙政会”一开始就潜伏着解体的危机。①

① 明月：《德王发动百灵庙“自治”运动的起因、本质和结果》，载《内蒙古大学学报》，1997（4）。

（四）“张北事件”与《秦土协议》的签订

德王常以成吉思汗家族第三十世孙自居，并以振兴“成吉思汗之业绩”为己任，他曾放言：“蒙古为了自己的利益，跟谁都可合作，既可和日本合作，也可与外蒙合作。”① 德王为实现所谓复兴蒙古民族的愿望，在得不到国民政府支持的情况下，竟罔顾中华民族大义，开始与日本关东军勾结，逐步被日本关东军所利用。日本为实现吞并内蒙古的野心，在军事手段之外，还积极寻找、扶植代理人。在百灵庙“自治”运动后，日本便把德王作为主要的拉拢、收买对象，向他赠送汽车、飞机、电台和武器。1935 年 5 月，德王随同日本三名商人由多伦前往张北，故意不带察省政府的护照，欲强行入城。守城的国民党士兵极力阻拦，双方争闹不休，结果德王一行被守城士兵押到该部行营中软禁起来，此即所谓“张北事件”。日本驻张家口领事馆以此为借口，声称这是国军对日本人的侮辱，欲借机挑起事端。

1935 年 6 月 23 日，日本关东军特务机关长土肥原贤二、张家口特务长松井、日驻华大使馆武官高桥，同察哈尔省代主席秦德纯，以及北平政整会顾问程克、陈觉生，张北警备司令张允荣，在北平举行谈判。6 月 28 日，秦德纯代表察哈尔地方政府同土肥原贤二签订了《秦土协议》，又名《察哈尔协定》。该协定规定，割多伦等察东六县与日军，规定二十九军撤到张家口以南，解散排日机构，并处罚负责人。此外，日本还要求承认日满的对蒙工作，援助日本特务机关的活动，并且停止移民，停止对蒙古人所谓的压迫等。

根据《秦土协议》，国民党军队退出察北，国民党政府还保证不阻止日方对德王的工作，失去了对察哈尔部的控制。其后，日本关东军又支持李守信部占领察东。这样，察哈尔部大部已经处于日军的控制之下。

二、蒙古伪政权的建立

（一）“察哈尔盟公署”的成立

1935 年 9 月，德王来到乌珠穆沁右旗，在索王府会见了日本关东军副总参谋长坂垣征四郎。德王表示希望借助日本的帮助实现内蒙古独立建国，坂垣征四郎明确表示支持。12 月，德王又前往长春，会见了关东军

① 《德穆楚克栋鲁普自述》，见《内蒙古文史资料》，第十三辑，33 页，呼和浩特，内蒙古人民出版社，1984。

司令官南次郎、参谋长西尾等人，双方商谈决定，日本帮助德王在内蒙古西部地区先搞一个“独立”局面，然后再建立独立的“蒙古国”，并送给他50万日元和5000支步枪、200万发子弹，作为扩编军队之用。返回途中，德王又在多伦同伪察东警备司令李守信会晤，要求加强联系，必要时请李守信给予武力支援。随后德王前往百灵庙，按照日本方面的意见，向“蒙政会”委员长云王提议成立统一的指挥机构，其办法一是强化“蒙政会”，二是成立“蒙古军总司令部”。云王认为强化“蒙政会”将得罪绥远当局和国民党中央，只同意成立“蒙古军总司令部”。德王返回苏尼特右旗，在与日本关东军参谋田中隆吉商谈后，最后决定成立“蒙古军总司令部”。

在关东军的直接操纵下，德王与伪满洲国签订了“共同防共、经济提携、军事同盟、互派常驻外交代表”为基本内容的“满蒙协定”。不久，又与“冀东防共自治政府”缔结了以“政治上共同防共，经济上互相提携”为要旨的协定。日本将伪蒙古军政府、伪满洲国、伪冀东防共自治政府纠合在一起之后，更加猖狂地调动部队，加紧侵绥活动。

1936年1月2日，伪察东警备司令李守信所部突然进犯察北，“其兵力为伪军六百，又编练不久之伪蒙保安队卓什世部二三千，然而未及旬日，察北六县已完全入其掌握”①。李守信控制察北六县之后，在张北成立察哈尔盟公署，推卓特巴扎布为盟长。当蒋介石获悉日本军部怂恿德王成立“察哈尔盟公署”，便派尼玛敖斯德尔从南京赶至张北，阻止德王和卓特巴扎布。然而德王、卓特巴扎布二人非但不听忠告，反而要尼玛敖斯德尔出任察盟公署总务厅长之职，尼玛敖斯德尔坚辞不就，并力劝二人以民族大义为重，不要甘受日本人的愚弄和驱使。日本特务机关对尼玛敖斯德尔怀恨在心，当尼玛敖德斯尔乘车离开张北时，关东军冒充宋哲元的部队将其杀害。

“察哈尔盟公署”虽然建立了，但其仅辖察盟所属地区，并不能号令其他盟旗。为了统一指挥所有盟旗，1936年2月，德王在其王府成立“蒙古军总司令部”，德王自任总司令，李守信为副司令，由日本人组成的顾问部负指导军事、政治之责。“蒙古军总司令部”成立后，德王责成吴鹤龄拟具蒙古军政府和建立蒙古国的草案。为了商讨建立蒙古国事宜，4月24日，在乌珠穆沁右旗召开蒙古大会，与会者以锡、察两盟王公为主。为实现以内外蒙古和青海蒙古为一体建立“蒙古国”，会议决定设立

① 《李守信伪军占张北》，载《民智月报》，1936（2）。

蒙古国会案，在嘉卜寺成立蒙古军政府，并选举云王为军政府主席，索王和沙王为副主席。

伪蒙古军政府成立后，德王即着手招募新兵、扩充军队，共编成2个军9个师。第一军辖一至四师，主要由李守信旧部（汉族官兵）组成，李守信任军长。第二军辖五至八师和警卫师，主要由各盟旗原有和新招募蒙古族官兵组成，军长由德王自兼，师长有乌云飞、穆克登宝、包悦卿等。全军均为骑兵，号称万人，军费、武器多由日本关东军供给。①

（二）反对分裂蒙古的“百灵庙暴动”

德王组建保安队时，从察哈尔各旗的每个苏木抽马甲两员，招募了420人。又从乌兰察布盟和土默特旗招募300人，加上原来的队员，保安队总共近千人。朱实夫担任队长，4个中队长分别是马福聚（蒙古名豪仁嘎，察哈尔镶红旗人）、纪寿山（蒙古名福吉林嘎，察哈尔正黄旗人）、白福山（蒙古名扎拉风嘎，察哈尔正红旗人）、巴振玉（巴文峻的侄子），从保安队组成上看，察哈尔籍官兵占大多数。②

德王的投日行径，引起“蒙政会”内外的强烈不满。当时保安队官兵不愿与德王一同投日，有脱离德王的要求。1936年2月21日，“蒙政会”保安队爱国官兵九百多人，在保安队队长云继先和副队长朱实夫等人的领导下，发动了震惊全国的“百灵庙暴动”。百灵庙“蒙政会”及保安队中察哈尔籍人士大多参加了这次暴动，如纪贞甫、纪寿山、白福山、包太平、华林太、孟德、巴拉吉尼玛、阿格理、孟兆义、巴明孝、妥林、周自然、僧格等人。还有参加暴动的伪蒙军第七师马福聚团的官兵都是察哈尔八旗蒙古族人。当暴动队伍在云继先、朱实夫的带领下离开百灵庙，“蒙政会”的文职人员在纪贞甫的率领下，也随暴动队伍离开了百灵庙。③

在“百灵庙暴动”中，绥远省主席傅作义通过原蒙藏委员会蒙事处处长巴文峻和在“蒙政会”中任科长的任秉钧等人，利用同乡或旧识关系，策动保安队云继先、朱实夫等举行暴动。另外，中国共产党也发挥了至关重要的作用。为了做好这部分人的工作，中共西蒙工委让纪松龄从正黄旗特地赶来，配合乌兰夫策动“百灵庙暴动”。乌兰夫、纪松龄、李森等同志同德王的部下频繁接触交流，宣传党的民族政策、统战政策，并通

---

① 《德穆楚克栋鲁普自述》，见《内蒙古文史资料》，第十三辑，25～32页，呼和浩特，内蒙古人民出版社，1984。

② 武殿林：《察哈尔史迹》，166页，呼和浩特，内蒙古文化出版社，2004。

③ 内蒙古自治区政协文史和学习委员会：《内蒙古文史资料》，第五十一辑，132页，呼和浩特，内蒙古文史书店，2001。

过揭露德王勾结日本侵略军的罪恶活动，激发他们的爱国思想。针对保安队官兵中察哈尔、土默特人较多的实际情况，中共遂把工作重点放在动员土默特籍和察哈尔籍官兵身上。正如《察哈尔蒙古族史话》一书中指出的："我党地下工作者是通过土默特籍青年军官云继先、朱实夫和察哈尔籍的纪贞甫、纪寿山等开展工作的。"① "中共党员在这起暴动中起到了中流砥柱的作用。"②

"百灵庙暴动"队伍后来被绥远傅作义改编为蒙旗总保安队。但不久德王还想拉回该武装，派他的心腹煽动部队哗变，枪杀了云继先。在这紧要关头，中共北方局为了实现组建一支蒙古族革命队伍的目的，加强了对暴动队伍的收容和扩建的领导力量，遣派纪松龄担任代理总队长的职务，兼任一大队的大队长，二大队的大队长由朱实夫担任，总队长由白海峰挂职。后来又派去了乌兰夫、克力更、寒峰等同志担任领导职务。他们虽然吃国民党的军饷，穿国民党的军服，但实际上是共产党掌握的军队。抗战全面爆发后，这支部队在大黑河一带进行了抵御日寇侵占归绥的战斗，随后南渡黄河转移到伊盟坚持抗战，实际成为中国共产党掌握的最大一支蒙古族抗日武装，为保卫伊盟和陕甘宁边区北大门起到了重要作用。

（三）"七七事变"后伪蒙疆政府的建立

1937年7月7日，卢沟桥事变爆发，国民政府命令傅作义统一指挥进驻察哈尔、晋北及绥远的各部队，加强平绥铁路沿线之防卫。8月9日，日本关东军察哈尔派遣兵团（也称"东条兵团"）进驻察北，20日，与从北京方面北上的第五师团、独立混成第十一旅团相呼应，由张北向长城沿线发动大规模进攻。傅作义应察哈尔省主席刘汝明的要求，从怀来赴张家口增援，共同与沿平绥线西进的日军决战，但未能阻挡住日军的攻势。27日，张家口沦陷。9月13日，日军占领大同。23日和27日，日军分别占领丰镇、集宁，转而向西攻占归绥，10月17日，又占领包头。至11月间，除伊克昭盟大部、河套地区及阿拉善、额济纳旗以外，内蒙古西部地区的主要城镇和主要交通线平绥铁路相继沦陷。

日本关东军在武装侵占察哈尔、晋北和绥远等地的同时，随军特务机关沿路扶植傀儡政权，企图使新占领区成为巩固的后方基地，并从政治、军事、经济、文化等方面加强殖民统治。1937年8月13日，关东军制定

---

① 乌兰察布盟政协文史委员会、锡林郭勒盟文史资料工作委员会合编：《察哈尔蒙古族史话》，77页，1989。

② 武殿林：《察哈尔史迹》，166页，呼和浩特，内蒙古文化出版社，2004。

《察哈尔方面政治工作紧急处理纲要》，向陆军中央部提出了对新占领区政权的设想。纲要中说："随着帝国军占领平绥路沿线，先要安定察哈尔地区的治安，以此来安定与满洲国接壤地区，并解除对平津方面的威胁，以有利于将来对内蒙古及绥远、山西工作的进展为根本方针，为实施上述方针，由关东军及满洲国方面给予必要的支援。"在上述方针之下，主张在张家口建立"统辖察北、察南的统一政权"①，将其置于直属关东军司令官的张家口特务机关及日本顾问的指导之下。接着关东军司令部于8月14日的《对时局处理纲要》中也规定："成立察北、察南的统一政权……将来合并绥远省。"② 企图把察哈尔省作为"第三满洲国"进行吞并，然后将其范围扩大到绥远。

同时，关东军派出以金井章次为首的日本顾问团进入张家口，进行组织新政权的工作。9月4日，在张家口成立了"察南自治政府"，杜运宇、于品卿为最高委员。同时成立张家口特务机关，吉岗安直大佐任机关长。"察南自治政府"受吉岗安直及最高顾问金井章次的指导，管辖张家口市及察南宣化、怀来等10县。10月1日，关东军又制定了《蒙疆方面的政治工作指导纲要》，决定："在已成立的察南自治政府之外，又组织内蒙古自治政府及山西省大同地区的晋北自治政府。"③ 这表明日本改变了先前仅在察哈尔建立政权的设想，拟从察南、晋北、蒙古之"自治"政府派出委员，在张家口成立"蒙疆联合委员会"，用以协商、管理有关三政权的重大政务工作。

1937年11月22日，在日本人的授意下，察南、晋北、蒙古三个"自治"政府的代表于张家口缔结协定，宣布成立协商性机构"蒙疆联合委员会"，金井章次任最高顾问兼总务委员长。该委员会统一管辖三个"自治"政府的有关产业、金融、交通、总务等重大事项，实际上成为三个"自治"政府的指挥机关。1938年8月10日，在金井章次的操纵下改组了"蒙疆联合委员会"，使原先只是协商性质的机构变成了高居于三个傀儡政权之上的发号施令的机关。12月15日，日本政府提出《设立蒙疆统一政权纲要》，决定"合并蒙疆联合委员会和三个自治政府，建立统一

---

① 臼井胜美、稻叶正夫编：《现代史资料》（9）之《日中战争》（二），107页，东京，美铃书屋，1964。

② 江口圭一：《蒙疆政权》，见《内蒙古近代史译丛》，第一辑，251页，呼和浩特，内蒙古人民出版社，1986。

③ 臼井胜美、稻叶正夫编：《现代史资料》（9）之《日中战争》（二），121页，东京，美铃书屋，1964。

政权，称之为蒙古联合自治政府”，“采取高度的自治制度”。[①] 经过日本军部和金井章次的精心策划，1939 年 9 月 1 日，“蒙疆联合自治政府”在张家口正式宣告成立，推选德王为主席，金井章次为最高顾问，参议长、蒙古军总司令仍分别为吴鹤龄、李守信。政务院长为卓特扎普（后由吴鹤龄继任），补英达赉、松津旺楚克等分任最高法院院长、民政部部长等职。同时，仍沿用成吉思汗纪年，只是将政权旗帜改为红蓝黄白四色七条旗，红色居中象征日本，取“以日本为中心，大同协和汉、蒙、回各族”之意，充分暴露了“蒙疆联合自治政府”这个伪政权的傀儡性质。

“蒙疆联合自治政府”是日寇统治察绥蒙古的一个御用工具，事实上察绥蒙古已成为日本的殖民地。伪蒙疆政权成立后，伪蒙古军仍下辖 9 个师，司令部驻厚和豪特（今呼和浩特），参谋长乌古廷，各师分驻伪蒙辖境要地。伪蒙政府迁往张家口之后，伪蒙古军总司令部仍驻厚和豪特。

1941 年 2 月 15 日，德王赴日，参加祝贺日本皇纪二千六百年纪念典礼。他仍然妄图实现其“蒙古建国”的梦想，为此曾分别拜见日本天皇裕仁和首相近卫文麿等人。当时日本首脑未给予他明确答复。不久，太平洋战争爆发，日本为了强化对德王和伪蒙政权的控制，同意将“蒙疆联合自治政府”易名为“蒙古自治邦”，由德王任主席。

1942 年 4 月 12 日，伪满洲国成立十周年，德王赴新京（今长春）参加庆祝活动。这次“访问”伪满洲国，溥仪在东便殿接见他时，不用君臣礼节，而以“蒙古”政权首脑的礼仪相待。虽然，伪蒙、伪满政权，都是日寇直接操纵下的两个傀儡组织，但是，德王与溥仪，为争夺内蒙古东部盟旗的隶属权，时常明争暗斗。德王访“满洲国”归来，向日本驻“蒙疆”军部司令官莲沼蕃提出，要求把“满洲国”辖属的呼伦贝尔、哲里木、昭乌达三个盟旗的地区，划归“蒙古自治邦”统辖，但被拒绝。

此时，日本为加速对中国的侵略步伐，并强化对伪政权的控制，在日本设立“兴亚院”，在“蒙疆”设有联络部，成为日寇统治“蒙疆”地区的最高指挥机关。兴亚院驻“蒙疆”联络部长官竹下义晴，成为凌驾于伪蒙主席头上的太上皇，掌握着“蒙疆”的军、政、财、文各项大权。因此，德王与日本统治者之间的摩擦时有发生。在太平洋战争中，德王通过国民党在张家口的军统特务，暗中与重庆的蒋介石取得联系，表示愿脱离“蒙

① 复旦大学历史系编：《日本帝国主义对外侵略史料选编》，297 页，上海，上海人民出版社，1983。

疆”去重庆。蒋介石复电嘱他：“仍留蒙疆，忍辱负重，以图将来。”① 蒋介石给他的这一指示，不仅成为德王与日寇勾结的“护身符”，而且1945年日本投降后，他又以此为由，赴重庆向蒋介石要求“东山再起”。

三、日伪统治下的河北蒙区状况

（一）日伪时期河北地区的蒙旗组织

1933年3月，日军占领热河全境。伪满洲国以西拉木伦河为界，在原热河省范围内分设热河省和兴安西分省，并将兴安西分省划入兴安省。5月10日，伪满洲国发布命令，将原昭乌达盟扎鲁特左右翼二旗（此二旗于1935年5月合并为扎鲁特旗）、巴林左右翼二旗、阿鲁科尔沁旗、克什克腾旗和开鲁县、林西县划归兴安西分省；将原昭乌达盟的翁牛特左右翼二旗、敖汉左右南三旗、奈曼旗、喀尔喀左翼旗和原卓索图盟喀喇沁左中右三旗、土默特左右二旗、唐古特喀尔喀旗和库伦旗划归热河省。

同时，伪满洲国还对各省所属旗、县、市也进行了大幅度的调整。热河省翁牛特左旗划归兴安西省；热河省喀尔喀左翼旗和唐古特喀尔喀旗并入库伦旗，划归兴安南省；热河省土默特左右二旗划归新设的锦州省；通辽县由奉天省划归兴安南省；原哲里木盟郭尔罗斯前旗划归吉林省，郭尔罗斯后旗划归新设的滨江省，杜尔伯特旗和不属于盟的伊克明安旗划归新设的龙江省。后面的四旗一般被称为“省外四旗”。② 1937年1月，将翁牛特左旗从兴安西省划归热河省，将热河省的敖汉左、右、南三旗合并为敖汉旗。

伪满洲国成立后，颁布《旗制》规定：“旗为法人，承国之监督，于法令之范围内办理其公共事务及依法令属于旗之事务”，“旗以属于国行政区划之旗为其区域”。旗设旗长一人，为荐任官。“旗长统辖旗之行政，代表本旗”；“旗长指挥监督部下官吏，关于荐任官以上之进退呈由分省长转呈兴安局总长核办，委任官以下则专行之”；“旗长关于其主管事项，依职权或特别委任得发旗令”；“旗长遇非常事变需兵力时，得向地方驻扎军队司令官请求出兵”。③《旗制》的实施，改变了以往札萨克世袭制，派驻的旗长有任期限制。同时，废除了以往札萨克集军、政、财大权于

① 转自陈绍武：《内蒙德王和蒋介石的关系》，447页，见中国人民政治协商会议全国委员会文史和学习委员会编：《文史资料选辑》（合订本），第十二卷，北京，文史出版社，2009。

② 金海：《日本占领时期内蒙古历史研究》，29页，呼和浩特，内蒙古人民出版社，2005。

③ 《旗制（“教令”第56号）》，见李茂杰主编：《伪满洲国政府公报全编》，243页，北京，线装书局，2009。

一身的制度，旗长是政府所任命的地方官员，只是一旗的行政长官，没有军事指挥权。在蒙汉杂居的县份，设立县旗双重管理机构，实行蒙汉分治。

从1938年初开始，“兴安局”与有关部局和省公署之间为废除王公制度进行了十几次协商。最后决定在“开放蒙地奉上”的同时，要求兴安南省、兴安西省及省外四旗蒙古王公将“特权奉上”。为此专门制定《旧蒙古王公待遇要纲》，以蒙古王公自动“将向存之封建权益全部奉上国家”的名义，正式废除王公制度。1938年“蒙地奉上”的范围很大，涉及的地域达32县1市（四平街市）1特别市（新京特别市），约占伪满县份的五分之一。从1939年开始，“兴安局”会同各部与热河、锦州省公署以及锦热蒙旗旗长、王公代表等进行协商，着手解决一直悬而未决之锦热蒙地问题。所谓“锦热蒙地”，是指原卓索图盟五个旗（喀喇沁左、中、右三旗，土默特左、右二旗）和原昭乌达盟南部的翁牛特左旗、翁牛特右旗、敖汉旗的土地。6月，伪满洲国政府公布《锦热蒙地处理之大纲》，决定依照1938年“蒙地奉上”的成例，同样采取蒙旗方面自动将土地及一切特殊权益奉献给国家的办法，解决锦热蒙地所有权及征租权等问题。

根据《锦热蒙地处理之大纲》的规定，由伪满洲国政府从蒙旗土地收益中每年支给150万元，其中20万元作为锦热两省八旗的财政补助，130万元作为新设立的财团法人蒙民裕生会（设在新京）之资金。另外一次性支给蒙地奉上纪念事业费50万元。在地方行政建置方面，作为对“锦热蒙地奉上”的补偿，伪满洲国政府采取“废县存旗”的办法，从1940年1月1日起撤销了与喀喇沁右、喀喇沁中、喀喇沁左、土默特左、土默特右、翁牛特左、翁牛特右、敖汉等八个旗并存的建平、宁城、建昌、阜新、朝阳、赤峰、乌丹、新惠等八个县，从而解决了锦热两省境内的“旗县并存”体制。①

1935年底，李守信的伪军占领察北六县时，关东军多伦特务机关派出行政接收人员，接管了宝昌、沽源、张北、康保、化德、商都等县的行政权。1936年1月，成立察哈尔盟，下辖察哈尔左翼正蓝、正白、镶白、镶黄和明安、商都、太仆寺左、太仆寺右（以上四旗由明安牧群、商都牧群、太仆寺左翼牧群、太仆寺右翼牧群改建）八旗和多伦、宝源（7月

① 金海：《日本占领时期的内蒙古盟旗制度》，见《蒙古史研究》，第六辑，262页，呼和浩特，内蒙古大学出版社，2000。

合并宝昌、沽源二县成立)、张北、康保、化德(5月改称德化市,1937年10月又改称为德化县)、商都、崇礼、尚义八个县,盟公署设在张北县城。

1938年7月,伪蒙古联盟自治政府公布《盟公署官制》,规定盟公署设盟长、副盟长、主任、厅长等官职;盟长承政务院长之指挥监督,执行法律命令,管理盟行政,指挥监督盟内旗札萨克、总管、县长;盟公署设官房及民政、畜产、保安厅。除此之外,伪蒙古联盟自治政府还擅改察哈尔八旗群名称,废除原牧群名称,改称为某旗政府,如牛羊群即改称牛羊旗,太仆寺左翼牧群即改称太仆寺左旗。总管名义依旧,人选亦无变更,唯各旗政府均加聘日籍顾问一人。① 1939年9月,伪蒙古联合自治政府成立的同时,又公布了《盟公署官制》,规定盟公署设盟长、副盟长、参与官、厅长、事务官、秘书官、警正、技正等官职;盟长指挥监督盟内札萨克、总管、市长、县长及警察局长;盟长为维持安宁秩序起见必需兵力时应呈请政务院长,但于非常急变之际得向地方驻扎军队之长请求出兵;盟公署设官房及民政厅、警务厅、劝业厅。

1933年,在热河省建立翁牛特右翼旗赤峰协和会,当时的名称为"满洲国协和会赤峰办事处",管辖赤峰、围场、宁城三县及凌源县北部第四、第五区蒙汉杂居地带。1935年,改称"满洲国协和会赤峰县本部",1940年,旗县合并,撤销赤峰县,协和会遂改称"满洲国协和会翁牛特右旗本部"。街、村分会是协和会的基层组织,街、村长兼分会会长,配备专职书记一人,书记主要任务是收会费、宣传协和会纲领。1940年3月,组建"协和会奈曼旗本部"。任命旗长哈斯宝为会长,参与官小川宽为副会长。"协和会奈曼本部事务委会"为虚设单位,挂名的委员均是旗公署掌权人物。其中劝业科长官布扎布,财务股长金巴扎布,行政股长高东来,青年训练所副所长官保。

(二)笼络蒙古王公,蒙蔽普通民众

1939年8月,伪满洲国政府公布了《锦热蒙地处理要纲》《锦热蒙地权利整理要纲》两个文件。规定:"对于热锦两省内之蒙地,蒙旗及蒙古王公从来所有之特殊权益一律奉上国家";"政府为维持旧蒙古王公之生计与体面,发行公债交付之,鉴于蒙旗之特殊性,前项公债以兴安局总裁为名义人作为登录公债,将其利息分配给各旧蒙古王公,其支付额及旧王

① 《察北匪伪变更蒙旗组织》,载《边疆半月刊》,第二卷,1938(7)。

公之资格，依据旧蒙古王公裕生公债利息支付规则定之”；“政府对奉上有功绩之旗长及旧蒙古王公，给予相当之褒偿，以回报其功劳”。①

9月6日，旧蒙古王公资格审查委员会根据《旧蒙古王公裕生公债利息支付规则》的规定，确定了锦热两省蒙古王公资格者土默特左旗旗长云丹桑布贝勒、翁牛特左旗旗长拉沁旺楚克贝勒等15人。9月8日，锦热两省蒙古王公在伪满洲国国务院举行奉上仪式，递交《旧王公特殊权益奉上书》和《锦热蒙地特殊权益奉上书》。伪满洲国政府再次发行“裕生公债”249万元，从1940年开始每年将其99600元利息分4次，在每年3、6、9、12月发给锦热两省15名蒙古王公。②

在察哈尔、绥远等地，日本帝国主义扶持以德王为首的伪蒙疆自治政府，“派遣大批汉奸，到察哈尔、绥远等内蒙各省，勾结各地王公，企图把它的血手伸到内蒙去，以进攻蒙古人民共和国和苏联”③。

为了笼络蒙古民众，“日伪以热河清室行宫，年久失修，颓墙败垣，宫殿凋敝。日伪近特聘日人伊东博士勘测估算，拟定修葺全案计划，约需洋五百万元。日伪当局均一致赞许，准备进行。日人并安定东北人心计，表面仍宣传蒙民好佛，故兴修八大处及热河古庙古塔之计划，以欺骗民众”④。日本帝国主义对于热河行宫的修缮，并非出于保护文物，而是出自“博蒙古民众之欢心，而便羁縻王公喇嘛”⑤这一不可告人的目的。日本帝国主义还往河北蒙区派遣了大量特务，“出独石口入蒙境后，所到之地，沿途均见日人。所谓日人‘蒙古通’，熟悉蒙古社会人民生活情形，善蒙语，闻此类‘蒙古通’刻下在内蒙古不下数百，到处游历，组织所谓善邻协会，笼络蒙人，并代治疾病，施以小惠，企图收买人心，其意深远，我方无法杜绝”⑥。

为防止民众暴动，破坏铁路及公路交通，特意组织热河抚慰团，分施疗、廉卖、演艺、警备等班，抚慰长途汽车路之沿线民众，“其演出意义，不外日伪治下交通如何便利，劣货如何廉美，治安如何负责，王道如何廉明，及如何开发富源”⑦。另外，为了防止民众抵抗，日伪政府在其

---

① 《锦热蒙地处理之大纲》，载《盛京时报》，1939年8月24日。
② 金海：《日本在内蒙古殖民统治研究》，95页，北京，社会科学文献出版社，2009。
③ 《日本流氓勾结内蒙王公》，载《红色中华》，1934（173）。
④ 《日伪积极修理热河行宫》，载《东北消息汇刊》，第一卷，1934（2）。
⑤ 《日修热河寺塔羁縻蒙古王公喇嘛》，载《东北消息汇刊》，第一卷，1934（2）。
⑥ 《暴日图我内蒙愈急》，载《东北消息汇刊》，第一卷，1934（2）。
⑦ 《热河伪路局组织抚慰团怀柔热民》，载《东北消息汇刊》，第一卷，1934（2）。

统治区收缴民众枪械，向百姓宣传家里藏储武器，倘被匪人夺去，官家还要追究，自己还得受害，要求将所存武器尽数送至县署，免贻杀身之祸。“一般无知民众受其威迫柔词恐吓，不敢再留，均纷纷送缴。”①

（三）日伪政权的军警宪特机构的建立与强化

1937年10月，日本关东军组成第二十六师团，驻守晋北和集宁、归绥、包头、固阳等地。12月，日本军部决定成立直属天皇的驻蒙兵团，兵团司令部设在张家口。1938年1月，以第二十六师团为基础编成驻蒙兵团。3月，又决定组成独立混成第二旅团，编入驻蒙兵团序列。7月，驻蒙兵团改称驻蒙军，隶属日军华北方面军。驻蒙军由第二十六师团、独立混成第二旅团和1938年12月增调来的骑兵集团（1942年12月改为坦克第三师团）主力组成，约三万人。驻蒙军司令部和独立混成第二旅团驻扎张家口及周围地区。②

除驻蒙军外，张家口还驻有日本宪兵队。1937年10月，日本驻伪蒙疆宪兵队在大同临时编成，队长是板尾秀一中佐。翌年1月正式编成。2月改称驻蒙宪兵队。3月迁往张家口。8月，归入北支那方面军支那驻屯宪兵队指挥，称作张家口宪兵队。1941年5月，归入北支那派遣宪兵队指挥，直至日本投降。

1934年8月，日本陆军支那驻屯军司令部在张家口设立特务机关，松井源之助中佐被任命为首任机关长。1939年3月，该特务机关改组为兴亚院蒙疆联络部。1942年11月，又改组为大东亚省在张家口大使馆事务所。1936年1月，日本关东军还在张北设立特务机关，田中久中佐被任命为首任机关长。1937年8月该特务机关撤销。

日伪还搜罗大批地痞流氓充当爪牙，加上三个军的伪蒙古军和伪警察队等，使整个“蒙疆”地区形成密如蛛网的军、警、宪、特系统，对城乡各地实行法西斯统治。在它们统治十年中，各族人民处于亡国奴的地位，生活于水深火热之中。仅一个血案，从1940年7月起，前后被捕人员就有五六百人，其中109人惨遭杀害。被捕人员中有蒙古、回、汉、满各族人，其中有工人、教师、农民、商人、医药卫生、宗教，涵盖各族各界都有，不少人全家被捕，举家惨遭杀害，造成灭门绝户。③

---

① 《热河伪路局组织抚慰团怀柔热民》，载《东北消息汇刊》，第一卷，1934（2）。

② 郝维民主编：《内蒙古革命史》，316～317页，呼和浩特，内蒙古大学出版社，1997。

③ 聂德俊：《伪蒙疆时期的一大血案》，见全国政协文史和学习委员会编：《魔窟梦魇》，225页，北京，中国文史出版社，2005。

1941年，日伪当局为制造“千里无人区”，推行了“集家并村”政策。将昭乌达盟宁城、喀喇沁山区划入“无住禁作”地带，即不准住人，不准耕作。强迫农民离开世代居住的故乡到指定的“集团部落”居住，即所谓“民匪分离”，以破坏八路军的游击战术，封锁物资，围困解放区。由日本人和警察组成集家工作队，进行集家并村。在据点修筑部落，部落外一户也不留，拆掉房屋。如到期不拆，有镐头队去拆，有的用火烧。逾期不迁者，被指为“通匪”“通共”。1943年，在喀喇沁右旗实行集家并村，白石台沟70多户人家，房屋全部被拆除；在旺业甸一带制造无人区，不准到茅荆坝骆驼山子耕地采伐，如果没有证明书进入无人区，开枪打死勿论。在“集家并村”4年中，喀喇沁右旗共拆毁房屋15万多间，荒废耕地180万亩，损失大小牲畜1万多头，死亡人口4500人，被捕送往东北服苦役者8000多人。在宁城八里罕南壮场子、存金沟、黑里河山区、马架子、八素如等地制造无人区，实行惨无人道的“三光”（杀光、烧光、抢光）政策。部落内居民实行保甲连坐，每30户为1牌，若1家出事，全牌受累。18～50岁的男性青壮年编入“自卫团”轮流站岗，每天向警察所报告情况。部落设有协和会，属日本特务机关操纵的基层组织。①

（四）日伪对河北蒙区的经济掠夺

在内蒙古东部地区，日本占领当局为了扩大经济掠夺，设立所谓荒务局，以垦荒“借地养民”为由，招徕汉族农民和日本移民垦荒种地，由荒务局征收荒租。1938年9月，强制实行“开放蒙地”“蒙地奉上”，夺得了蒙旗的土地所有权。1939年，制定《满洲开拓政策基本纲要》，使更多的日本移民进入“满洲”，兴安南省、兴安东省、兴安北省等区域成为“开拓”的第一线至第三线地带。

日本占领当局在内蒙古东部地区推行的经济“统制”政策，是对包括蒙古族在内的各族人民的一场空前浩劫。1933年3月1日，公布了《满洲国经济建设纲要》。1937年5月1日，公布了《重要产业统制法》。之后陆续颁布《贸易统治法》《家畜交易市场法》《食盐火柴专卖法》《商业登记法》等，对重要产业，面粉、米谷、棉布、羊毛、皮革等各类农牧业产品实行统购与管制。1941年，日本侵略者强迫农牧民“出荷”农牧产品，即迫使生产者以官定价格和指定数量出售农牧产品，官定价格

① 内蒙古自治区人民政府《政府志》办公室编：《内蒙古自治区志·政府志》，550页，北京，方志出版社，2001。

有时只相当于市价的10%。在牧区，规定每5头牛出1头，每20头牛出1张皮，每10匹马出3匹，每10只羊出3只、2张皮，每1只羊出1斤毛等。沦陷时期，仅牲畜“出荷”一项，每年就从内蒙古东部地区掠去各类牲畜近70万头只。在农村，加紧收购粮食，称为“粮食出荷”。许多农牧民因交不齐“出荷”而被抓捕，农牧业生产遭到严重破坏。

1939年后，伪蒙疆政府逐渐实行贸易限制，官方设置谷物联合会、棉花配给所、杂米面配给所，又设立皮毛股份有限公司。1940年，张北县商会成立输入股份，商户入股，通过公司联系进货。8月，禁止民商自由输入货品，诸如布匹、煤油、纱线、皮革、皮类、公用纸张以及一切金属大多成为违禁品。畜产品收购，开始由洋行经营，后改为军部代办，特别是规定羊毛为“军用”。输入与输出股份有限公司于1938年1月成立，实由日本侵略军操纵的“蒙疆羊毛同业会”控制。该会由8家公司组成，事业基金300万元，分60股，每股5万元。这8家公司是“钟渊纺织株式会社（13股）、株式会社兼松商店（9股）、株式会社大蒙公司（2股）、满蒙毛织株式会社（10股）、日本毛织株式会社（10股）、三井物产株式会社（10股）、满洲畜产株式会社（2股）、三菱物产株式会社（4股）。华商收购羊毛必须领取购买证，就连猪鬃、羊肠等也均划入军用范围。这时，民商不得自由买卖，国营公司、洋行成为商品流通之主渠道。至此，张家口各家毛店的经营权都控制在日本人手里，所收购来的畜产品必须直接卖给日本人，皮毛归日本部队，统一交到张家口深沟、元台子皮毛店。各家毛店将货运到张家口指定货栈，先验货，再定价，最后过磅，一批批地装上火车运往港口再转船到日本本土。由于洋行压级压价，百般刁难克扣，民商被盘剥得连连亏本、无利可图，最终导致皮货贸易的衰落。

（五）进行思想精神奴役

日本占领当局在内蒙古东部地区开办了兴安学院、扎兰屯国民高等学校、海拉尔国民高等学校、喀喇沁旗王爷府国民高等学校等。1937年，开始推行所谓“新学制”，把日语列为“国语”，规定高等学校要用日语授课。在中小学开设“国民科”“建国精神”等课程，向学生灌输“日满亲善”“尊重日本天皇”的思想。各校都有校训，大意都是“日满不可分离”，要“一心一德”等。师生到校必须向日满国旗敬礼，同时，广招蒙古族青年入学，向他们灌输亲日反共思想。

日本帝国主义通过伪政权对张家口和“蒙疆”地区的人民实行奴化教育。日语学习的好坏，被规定为考核学生成绩的主要标准。他们编辑了一套奴化教育的教材，在这些教材中，大肆宣扬封建主义的奴隶道德，企图使青年学生做他们统治下的“顺民”。为了替“工业日本，农业蒙疆”的反动殖民政策服务，日本帝国主义只准许在张家口及“蒙疆政府”管辖的区域内设立农牧业中等学校，而不准开设或创办工科学校。在中小学的课本中，灌输亲日、反共的思想，妄图以此达其毒化儿童思想的罪恶目的，把中国人民变成俯首帖耳的亡国奴。为了巩固在张家口及“蒙疆”的反动统治，还在张家口设立了“蒙疆学院”和“察南学院”，院长和副院长都是日本人。这些学院的开办宗旨就是专门培养高级汉奸。同时，还在张家口组织了“排共青年团”“反共青年联盟”“排共少年团”“妇女防共会”以及“蒙疆新亚促进会”“蒙古新亚协力会”“蒙疆青年兴亚同盟”等群众团体组织，用来拉拢、收买各界人士，麻醉各族青年。此外，还在张家口设立了“蒙疆新闻社”“蒙疆通信总局”，发行日本版《蒙疆新闻》和汉文版《蒙疆新报》《蒙文新报》《蒙疆通讯》等报纸杂志，大肆进行“亲日防共、日蒙亲善，建立大东亚共荣圈，建立东亚新秩序”等反对宣传，企图以此来腐蚀沦陷区人民，磨灭他们的反抗意识。①

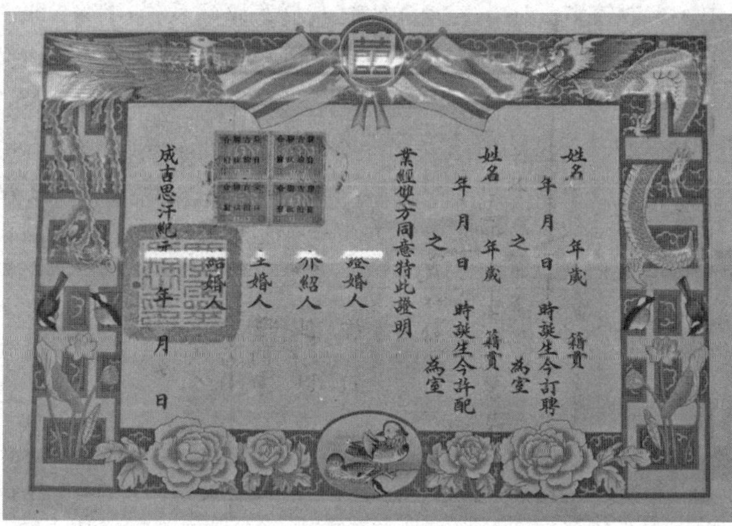

图 6-1　伪蒙时期的结婚证（冯金忠摄）

① 郭金奎：《伪“蒙疆自治政府”在张家口的反动统治》，见政协张家口市委员会文史资料委员会编：《张家口文史资料》，第八辑，45 页，张家口，内部资料，1985。

四、河北蒙古族自发、群众性抗日斗争

（一）察哈尔蒙兵游击队的抗日斗争

“九一八”事变后，内蒙古东部地区很快沦为日本帝国主义的殖民地，但侵略者的野心远不止于此，他们很快又把目标对准了察哈尔地区。为了反抗侵略，我党地下工作者积极开展反帝爱国的宣传活动，利用国民党抗战派将领的爱国热情，扩大抗日力量。1932 年，察哈尔各旗总管聚集到张家口的十二旗办事处，向国民党当局提出议案，要求成立蒙兵游击队，以便守疆卫土。国民党察哈尔省政府虽然批准了十二牧群成立游击队的要求，但不拨军饷，不发枪支，一切由各旗行筹备。为此，察哈尔各旗只得向牧民征收马匹同国民党政府交易枪支，游击队员的战马则由入伍者自己解决。于是，在原来各旗察克达（警察）的基础上，察哈尔左右翼地区分别成立了左右翼蒙兵游击队，左翼总队长是卓特布扎布，右翼总队长是福林阿。两翼游击队各自分东路、中路、西路蒙兵游击分队。在上述各分队中，人数较多、战斗力较强的是右翼东路蒙兵游击队，即“长胡子部队”，队长为达密凌苏龙，此人骁勇善战，在察哈尔蒙兵游击队中享有很高的声望。

1933 年，中共根据达密凌苏龙部队的实际情况，决定让纪松龄潜入该部，以期把该部队引上抗日救国的道路。纪松龄，1898 年生于察哈尔右翼正黄旗（现乌盟察右前旗）三苏木小淖尔西营千村的一个蒙古族农民家里，蒙古语名“赛胜阿”。1915 年入正黄旗六年制高小读书，后至张家口，进入冯玉祥创办的国民军西北陆军干部学校学习，后在李大钊、赵世炎等影响下，开始接触马克思主义，并于 1925 年加入中国共产党，是蒙古族早期党员。

达密凌苏龙非常欣赏纪松龄的才干，把他视为自己的贴身幕僚和智囊。由于“长胡子部队”是达密凌苏龙一手培植起来的，队伍中的骨干均是达密凌苏龙的拜把子弟兄，达密凌苏龙本人威信很高，故纪松龄十分重视做达密凌苏龙本人的思想工作。1933 年 5 月，达密凌苏龙在纪松龄的影响下，参加了绥察抗日同盟军，并代理福林阿骑兵军的军长职务，率领右翼蒙兵游击总队参加了察北抗战，该军当时为吉鸿昌将军的下属。6 月，达密凌苏龙同纪松龄根据抗日同盟军前敌指挥部的命令，率领东路蒙兵游击大队抵达察北重镇商都。不久，中、西两路蒙兵游击大队也抵达商都，与达密凌苏龙部汇合，一起奔赴抗日战场。

日本侵略军占领热河省后，驻守察北重镇多伦并准备侵犯察北的伪军

有刘桂堂三个旅、张海鹏一个旅、李守信两个旅。张海鹏原是辽宁一带土匪，后被收编为伪满正规军，是日本关东军的心腹。张海鹏为了替其主子效劳，特地委派爱将王永清率部在沽源县境内拦击抗日同盟军。抗日同盟军前敌指挥部把消灭王永清的任务交给了达密凌苏龙，主力部队进攻多伦。达密凌苏龙同纪松龄率部沿上都河（即闪电河）南岸绕过沽源县城，赶至王永远清的背侧，在平定堡与沽原县之间的山地间向敌发动了攻击。蒙兵游击队冒着滂沱大雨包围了王永清伪军司令部驻地，先由十几名游击队员纵马驰至敌军司令部所在的大院门侧，奋力向院内射击，驻司令部的200多名敌骑兵顿时乱作一团。这时，达密凌苏龙的大队人马乘势出击，经过半个多小时的激战，王永清部败退二十余里，自此一蹶不振，退到热河省境内。

察哈尔蒙兵游击队在察北配合主力英勇作战，打了不少胜仗，但是，蒋介石卖国集团竟驱使宋哲元军把枪口对准了抗日同盟军，冯玉祥将军被迫离开张家口，抗日同盟军浴血奋战夺取的多伦城也不久失守，轰轰烈烈的察北抗战就这样结束了。日本侵略军再次侵入察东地区。[①]

（二）孙永勤领导的抗日救国军

孙永勤（1890—1935年），河北兴隆县黄花川孙杖子村人，自幼习武，秉性刚直，在黄花川一带颇有威望，曾任黄花川民团团总。1933年3月，日军侵占兴隆后，为加强殖民统治，强迫农民交出枪支。孙永勤在共产党员关元有等的帮助下，12月中旬宣布成立抗日民众军，自任军长，竖起“天下第一军，杀富又济贫”的红旗，誓言“敌不灭，怒不休，头可断，志不屈”。

抗日民众军在内部共产党员的影响下，抗日方向愈发明确，至1934年初，发展到500多人。同年2月，孙永勤率民众军转移到五凤楼山地区活动。接连粉碎日伪军的数次围攻，主动袭击了伪潘家口税关署、武厂、黄杖等多处日伪军据点，缴获甚多。到5月上旬，队伍迅速发展到约5000人，集结于五指山（位于河北兴隆）一带。

这时，中共遵化县委派干部徐英，通过关元有会见孙永勤，向他介绍关内的抗日形势，宣传党的主张，建议把“均富济贫”的口号改为“团结一切可以团结的力量抗日救国”，加强部队纪律，密切联系群众，以取得广大人民的支持。孙永勤愉快地接受了这些建议，并将抗日民众军改编

① 乌兰察布盟政协文史资料工作委员会、锡林郭勒盟政协文史资料工作委员会合编：《察哈尔蒙古族史话》，107～109页，内部出版，1989。

为抗日救国军。改编后的部队面貌一新，深受群众欢迎。此后，抗日救国军以总队为单位，分散活动在兴隆、承德、青龙、平泉、迁安、遵化一带，不断打击日伪军。

抗日救国军在六个县的活动，引起日伪军的惊恐。日伪热河省当局先后两次派人前往“招抚”，均被孙永勤断然拒绝。这一招失败后，日伪军便转而纠集重兵围剿抗日救国军，并切断其兵源、武器和军需给养。孙永勤将总队化整为零分散活动，在群众的支持下与敌周旋。到1935年3月，抗日救国军在武器弹药和服装给养方面已十分困难，准备南移寻求支援。由于频繁作战，部队减员严重，到5月初，集中到青杏沟（位于河北兴隆）时，部队只剩下1700人。5月中旬，孙永勤率部南越长城，进入遵化、迁安一带。24日，在遵化茅山遭遇日军5000人、伪满军1000人和国民党特警数千人的合围。孙永勤率部英勇抵抗，除少数将士突出重围外，孙永勤、关元有等抗日救国军将士大部分壮烈牺牲。

孙永勤领导的抗日救国军，在日本法西斯严密控制下的沦陷区浴血奋战一年半，袭击、破坏日伪军据点上百座次，毙伤、俘虏日伪军（警）数千人，有力地打击了日本侵略者的嚣张气焰，激励了冀热地区人民抗日御侮的斗志。中共中央在1935年《为抗日救国告全体同胞书》（即“八一宣言”）中赞誉孙永勤是“为救国而捐躯”的“民族英雄”。

（三）察北、热边的人民自卫运动

河北蒙古族面对日寇的残酷压迫、伪政权的卖国求荣，表现出高涨的爱国热忱。伪蒙政权成立之后，察北、热边的河北汉族、蒙古族同胞，纷纷拿起武器反抗日伪政权的暴政。

察北六县沦陷以后，匪伪为虎作伥，“不惜献媚敌人，对教育文物，则任意破坏摧残，对当地人民，则极力苛征暴敛。察北六县之民众，本已处身水深烈火之中，今于吞声饮泣之余，不能不起同仇敌忾之念。加以今春察北旱荒綦重，时疫流行，人口牲畜，死亡不可胜数。而盘踞察北之敌人与匪伪，不独不加矜恤，反举行种种苛扰之调查。对于人口年龄，牲畜多寡，皆缜密详细统计。人民既感财产之难保，又觉生命之濒危”①，故纷纷揭竿而起，奋起反抗。

察北地区的民众起义，最早源于热河西部（察省交界处），起义军组织起来后，统称“国民自卫军”，也有的称为“抗日义勇军”“民众抗日

① 《察北民众纷起抗敌之观察》，载《大道》，1937（2）。

救国军”“抗日讨贼军”等。这些起义军是有组织、有计划、有领导、有行动的，他们之间互相联系，互相支援。在察北地区活动的有一支五千多人的“国民自卫军”，总司令李英，政治部主任程堪，参谋长杨成富，总司令部设在三道村。这支队伍由于保护人民的生命财产，所以深受当地人民的拥护。他们活跃在察北地区的商都、沽源、康保、张北、多伦、宝昌一带，甚至有时深入蒙古德王的巢穴嘉卜寺（今内蒙古化德县）一带活动。李英曾率部进攻沽源县城，首先占领了沽源县附近的中理镇，驻守沽源县城的伪蒙古军第十五团龟缩在城内，不敢出来。国民自卫军打下沽源、赤城独石口之间许多乡镇。他们在嘉卜寺的朝阳村一带，击垮了伪蒙古军，迫使他们向宝昌、张北一带撤退。活动在张北县周围的国民自卫军将张北城团团包围，伪蒙古军头子李守信正在城内，他急电日本关东军司令部，请示守城办法，并要求急派援兵救援。

在察北东部、热河西部共有两万五千余人的抗日国民自卫军，下属七个军。1937 年 5 月下旬，察北人民即开始酝酿成立“驱寇复土人民自卫军”。国民党爱国将领冯玉祥旧部、前热河抗日义勇军李廷芳为总司令，下设三个方面军，李英任第二方面军司令。三个方面军划分了明确的活动范围：第一、二方面军在冀东一带活动，第三方面军在察北一带活动。李英率部转战丰宁、隆化、围场一带，与察北地区起义军相互呼应，互相支援，有时共同作战。

察北各县预定在 1937 年 6 月 1 日发动一次大规模的武装起义，但由于消息泄漏，敌人和汉奸加强戒备，到处捉人，并把联络截断，只有崇礼县陶漱庙村的民众，在乡长赵祥春指挥下发动了起义，杀死了该村的伪公安局长，缴了警察的枪械，占领了陶漱村。同时，驻扎该村的伪警分所也被义军占领。伪匪闻此巨变，急忙调派驻扎张北的宝桂庭部四百余人前往镇压。因陶濑村无险可守，赵祥春遂于 6 月 3 日凌晨率义军退出陶漱村，藏匿于附近山村之中，暗中联络同志，企图再起。

此次起义，声势较大，应者颇众。张北、崇礼、尚义等地民众纷纷揭起抗日大旗，组织人民自卫军，捕杀汉奸，收缴土匪和伪警察枪支，包围日本特务机关。相隔百里之遥的尚义（当时未建县）南壕堑民众也举起抗日大旗，张北县城内的居民立即响应，他们将驻张北县的 6 个伪军官击毙。驻扎张北县城外的一批伪蒙军队，对民众起义抗日深表同情，并举行了起义。张家口市以东的拉开庙、张北县西南的乌立里特等地的伪警察驻地，都遭到起义军的袭击。

随着察、热各地人民自卫军的日益壮大，自卫军兵分四路进攻匪伪敌军。6月10日，李英、张海丰等部号称五个师，共四千人，由热西分道攻取沽源，收复了县南各村。邢自强、唐卓群两部合攻崇礼县。6月13日，商都、尚义间有张仲英部五百余人，本拟向南壕堑方向移动，但探听得知伪军李守信及张北某特务机关会合当地伪军陈明萱团防守严密，故不得已改变计划，转而进攻尚义县。蒙古族拉王松爷率领蒙汉武装民兵两千余人直捣德王府及嘉卜寺老巢。[①]

面对察北人民自卫军的猛烈进攻，6月18日，以德王为首的伪蒙疆政府首脑，在嘉卜寺圩内一道横街口特务机关长私寓召开秘密会议。嘉卜寺会议之后，伪蒙疆政府严查并缉拿各处反抗日伪蒙满分子，责由各村镇长及邻右互相检举告发，并实行连坐。在军事上，积极整备伪蒙军队，将其改编为内蒙古军，补足第七师空额，由包悦卿之侄任师长，完成十师编制。军司令部设在嘉卜寺，德王出任总司令，李守信为副司令兼参谋总长。张北县设内蒙古军行营，由李常川驻守。第八师师长包悦卿任察东警备司令官，司令部设在沽源。

人民自卫军方面，由于沽源、崇礼、尚义等处一时未能攻克，总司令李廷芳令各路后撤，积极扩充兵力，储备弹药给养。拉王松爷仍驻扎东西大庙附近，暂不移动，张仲英已退至绥东边境，邢自强、唐卓群两部放弃攻崇礼计划，开至热边经棚大道一带，梁品三仍在白河川训练，仍令李英部以游击方式与匪伪军周旋，察北形势暂时归于平静。

1937年6月，李英领导的国民自卫军，由热河西部向察北地区沽源进发，沿途的汉、蒙古群众纷纷加入，并在物资上积极予以支援。这支部队于6月15、16日，在沽源附近与伪军包悦卿部第八师发生激战。接着国民自卫军于6月下旬，在商都、沽源一带袭击了德王的蒙古军，大获全胜，迫使蒙古军后退，其一部向绥远方向遁去，另一部向热河方向溃逃。自卫军又于6月21日在热河经棚一带打击日伪军，缴获军车10辆。另一部国民自卫军逼近德王巢穴嘉卜寺，德王惊慌失措，准备逃往滂江（今内蒙古镇黄旗）。

8月中旬，察北地区民众抗日救国军袭击了驻守在崇礼境内的日伪军据点——警察署，将日寇指挥官野毛一郎击毙。在这支队伍中有一位蒙古族军官赵正，他原是德王的卫队长，目睹德王甘做汉奸，遂弃暗投明，参加了民众抗日救国军，并取汉名“赵正”，以示走正确的道路。这支队伍中有农、工、商、学、兵，不少人是自带武器、马匹投奔而来。他们捣毁

① 公行：《察北民众抗敌运动》，载《青年》，1937（6）。

日伪军据点、杀死日酋的消息传出后，民众无不拍手称快，高兴地编了一个顺口溜："救国军，一仗打得真漂亮，张家口第一次缴获拐把枪，万众一心齐抗日，东洋鬼子滚他娘。"①

在抗战前夕爆发的蒙、热、察边的人民自卫运动，在人民自卫军的旗帜之下，不仅集合了察北不愿做奴隶的汉人，而且也有大量蒙古人，他们开展了英勇的游击战，给敌人以重挫。虽然人民自卫军弹少枪劣，给养无着，与敌伪军相比力量悬殊，未取得最终的胜利，但是面对日伪的残酷统治，各族同胞不畏艰险、舍生取义的爱国精神，激励着更多的民众参与到反抗日伪统治的洪流中来。

（四）蒙旗独立旅的抗日斗争

蒙旗独立旅的前身是百灵庙蒙政会保安队。前面已提到，保安总队武装暴动成功后，国民党绥远当局将暴动队伍改编为蒙旗保安总队。"七七事变"后，又改编为蒙旗独立混成旅，简称"蒙旗独立旅"。1939 年，该旅扩编为新三师，师长为白海风。

白海风，蒙古族，喀喇沁右旗人，原名白锦岚，蒙古名都固仁仓。1903 年生于建平县叶柏寿北三家村的一个农民家庭。1923 年冬，白海风在热河承德师范求学时加入中国共产党。1924 年，经中共北方区委选派赴广东黄埔军校学习，为黄埔军校第一期学员。毕业后，被分配到国民革命军冯玉祥部工作，任连长。冯玉祥以白海风系黄埔生，又是蒙古族青年，欲大加培养，遂于 1926 年，派赴莫斯科东方劳动大学学习。1927 年 8 月，白海风在蒙古人民共和国参加内蒙古人民革命党特别会议，当选为内蒙古人民革命党中央常委。1928 年 6 月，参加了在莫斯科召开的中国共产党第六次全国代表大会。1930 年冬，从莫斯科东方劳动大学毕业后，回内蒙古从事革命斗争。1937 年，任蒙旗保安总队总队长。蒙旗保安总队先后改为蒙旗混成旅、蒙旗独立旅，皆任旅长。1938 年，任中共绥蒙工委委员、蒙旗独立旅军政委员会总负责人。

1937 年 10 月 12 日午夜，日军黑石旅团及三个伪蒙古师从凉城方向，还有一部分日伪军从大青山方向，总共约九个师的兵力夹击归绥，对归绥形成包围。蒙旗独立旅将部队部署在大黑河沿岸、桃花坂村、南茶坊一带。全体官兵同仇敌忾，决心以实际行动保卫家乡，保卫国土。蒙旗独立旅虽然装备简陋，但奋勇向前，顽强战斗。起初，日军侦察傅作义部队已

---

① 左宝：《抗战前夕察北同胞起义》，载《张家口日报》，2015 年 8 月 15 日。

撤出，满以为不会受到任何阻挡即可长驱直入，没想到会遭到如此顽强的阻击，又加之是夜间，日伪军担心中埋伏，故未敢前进。直到13日，蒙旗独立旅因寡不敌众，才边抵抗边后撤，撤到了城郊南茶坊。是日午后，日伪军兵临城下，形势异常严重，为了保存这支蒙古族抗日武装，由白海风、乌兰夫率部撤出归绥，乘火车向包头转移。

10月14日，日本侵略军矶谷师团和岩山、小岛两个机械化联队在德王和李守信的伪军配合下，从归绥向包头扩展。在这种情况下，乌兰夫坚决主张南下，渡过黄河向伊克昭盟进发，尔后向陕甘宁边区转移。1937年11月，部队经过长途跋涉来到了陕北府谷县的哈拉寨。

1938年春，南京国民政府将这支蒙古族武装正式编为蒙旗独立旅，白海风任旅长，政训处长纪贞甫（由科长云时雨，即乌兰夫代理），下辖两个团，纪松龄、朱实夫任团长。同年9月，奉命进驻伊盟郡王旗和杭锦旗。1939年夏，蒙旗独立旅扩编为国民革命军新编陆军第三师，划归傅作义的第八战区副司令长官部（驻绥西河套）指挥。师长白海风，参谋长包清华，政治部代主任云时雨（即乌兰夫）。下辖三个团和一个炮兵营，七团团长纪松龄，八团团长朱实夫，九团（骑兵）团长云蔚。师、团、营、连的主要领导骨干多数是共产党员，士兵中也有不少是中共党员。到1940年，全师已发展党员两百多名，师有党委，连有支部。党委成员是乌兰夫、孟纯、奇稀古、云飞扬、克力更、王允文，乌兰夫任党委书记。

新编第三师驻守伊克昭盟后，执行党的安定伊克昭盟、保卫陕甘宁边区、团结友军、争取伪军、打击日寇的方针，深得各族人民群众的拥护和支持。广大蒙古、回、汉族青年踊跃参军，使部队迅速扩大。到1939年，由原来的一千五百多人扩大到两千多人，蒙古族占百分之七十强，大部分是土默特旗和东四旗人，也有伊克昭盟人，师团营连干部绝大多数是蒙古族。

1940年，日寇在停止了对国民党正面战场的战略性进攻后，开始调拨主要兵力，加紧进攻我党领导下的抗日根据地。侵占绥远的日寇多次进行“大扫荡”，企图跨过黄河，侵占伊克昭盟，进而向陕甘宁边区钳入。新编第三师根据敌人的动向，于是年夏季，派步兵七团、八团和骑兵九团坚守达拉特旗的黄河沿岸，多次击退日伪军的进犯，保卫了伊克昭盟七旗一县，保障了陕甘宁边区北部的安全。

（五）赤源骑兵支队的抗日斗争

在抗日战争时期，有一支活跃在坝上草原的骑兵部队——赤源骑兵支队，对开辟坝上抗日工作、解放坝上起了重要作用。

赤源骑兵支队的前身是龙崇赤骑兵大队，隶属平北军分区。李忠志任大队长，吴广义任副大队长，刘德彪任政委，后改称赤源骑兵支队。1945年7月，察蒙地分委成立，又改称察蒙支队。

抗战期间，赤源骑兵支队从1941年成立到1945年8月抗战胜利与苏联红军张北会师期间，共进行有较大影响的战斗46次，毙伤、俘获敌人千余人，缴获军马一千余匹，各种武器数千件，粮油几十万斤。在此期间，支队为发动群众、组织群众、动员群众抗日救国，以及发展地方武装，发展党的组织，建立人民政权做了大量卓有成效的工作。① 这支部队转战坝上草原，战果辉煌，深受坝上人民爱戴，被誉为人民铁骑。曾有人编歌赞曰：

来！
快来，快欢迎；
欢迎铁骑军。
老百姓喜气盈盈，
铁骑军打仗真能行，
争先去冲锋，
消灭害民的顽固军。
一心保卫祖国立战功，
解放人民于水火享太平。

五、中国共产党领导下的河北各族群众抗日斗争

上面主要介绍了河北蒙地发生的基于民族大义的自发的群众斗争，有些虽然在中国共产党影响或者参与下进行的，但中共并非领导者，此部分主要介绍中国共产党领导下的抗日斗争。

（一）大南山、平西等抗日根据地的创立

1937年10月，杨成武率八路军一一五师独立团挺进察南，一个多月攻克城镇十余座，开辟了以蔚县、涞源、广灵、灵邱为中心的察南抗日根据地，并在蔚县成立了抗日民主政府，组建了抗日游击大队，建立了大南

① 陈凤芳主编：《红土骄子》，70页，中共永定县委党史研究室编印，2007。

山根据地，这也是张家口第一块抗日根据地。

蔚县大南山根据地，东西长100公里、南北纵深30公里，东依小五台，西凭北岳，南下倒马关、紫荆关，北逾襄山榆林关，地形险要，易守难攻，是开展游击战的极好地区。这里居住的百姓世代受封建地主阶级的剥削与压榨。在八路军开辟南山之前，这里既无共产党的组织，又无抗日的武装。八路军深入群众，宣传共产党的抗日主张，使贫苦群众解除了思想顾虑，积极投身抗日斗争。1938年2月23日，中共蔚县县委和抗日民主政府在王喜洞村成立，贾吉平任县委书记，段钟南任县长。随后在南山一带建立了三个行政村。在建立各级抗日政权的同时，县委、县政府还不失时机地组建起自己的抗日武装。党领导的武装部队和地方抗日游击大队以大南山为依托，坚持察南抗日斗争。

1938年3月，晋察冀军区第六支队司令员兼政委邓华率部向平西地区挺进，途经涿鹿县南山，打垮了反对抗日的地方武装，到达谢家堡村，召开了谢家堡、矾山一带有地主、绅士参加的群众大会，宣布在谢家堡建立宣（化）涿（鹿）怀（来）联合县，并成立了联合县抗日民主政府。郭永明任工委书记，王巍任县长。随之又建了昌（平）宛（平）涞（水）涿（县）联合县，形成以宛平县八区斋堂一带为中心的平西抗日根据地。

1939年11月，晋察冀所属的冀热察区党委和挺进军军政委员会提出“巩固平西，坚持冀东，开辟平北”三位一体的任务。1940年7月，中共平北地委和平北专员公署在大海陀山区成立，同时成立平北军分区。机关常驻在赤城县的朱家沟、南碾沟、西坡、鸭地一带，这里实际上成为平北抗日根据地的中心。从此，平北抗日根据地日益发展壮大。

1940年，为了粉碎日军对晋察冀抗日根据地的连续“扫荡”，八路军总部决定向日军占领的交通线发动一次大规模的战役，参战部队达105个团，这就是著名的“百团大战”。9月，部署在涿鹿县境内的冀热察挺进军第九团、宣涿怀县大队，攻打了涿鹿南部石门、倒拉咀和蔚县吉家庄、桃花堡一线的日军据点，并对向涞源、灵丘增援之敌进行了阻击。9月22日，日军调集100余人、伪军300余人，向八路军九团驻地疯狂扑来。激战到深夜，歼灭日伪军100余人，缴获重机枪3挺、轻机枪5挺、各种长短枪100余支。

1945年夏，冀察军区相继发动了察南战役和平北战役。怀安城，城墙高12米，顶部宽约6米，周长5.7公里，是张家口的重要支撑点之一，又是周围地区的中心据点，敌人兵力配置较强。5月9日，察南军分区向第二十团正式下达了攻打怀安城的战斗命令。13 日 1 时 30 分，攻城战斗开始。经过九个多小时的激战，终于全歼守敌，攻克怀安城。

平北骑兵，是一支特殊的武装，在平北军分区统一指挥下，从骚扰和袭击敌人，发展到袭击敌据点以及在运动中消灭敌人。从 1941 年至抗战胜利，在黄盖淖、红嵯子、海家窑子、南窑子、李家窑子等地战斗四十多次，毙伤俘敌千余人，缴获军马一千余匹、武器数千件。

尚义旗地 13 个自然村组织的六十多人持枪联庄会，多次打退日伪军上百人的进攻，成为抗战中未被日军侵占的独立地带。

（二）冀东（冀热辽）抗日根据地的创立

1938 年 11 月 25 日，毛泽东在《对冀热察区工作的意见》中指出，冀热察地区有许多有利条件，是可能坚持游击战争、创建游击根据地的。但同时又指出，也存在许多困难，要在长期艰苦斗争中才能达到。在中共中央召开六届六中全会期间，八路军副总指挥彭德怀、中央军委副主席王稼祥找一二〇师副师长萧克具体分析了冀热察游击战争的发展及建立根据地问题。为了加强对根据地的领导，中共中央决定成立八路军冀热察挺进军，由萧克负责组建，并成立军政委员会，统一领导军队及地方工作。

1939 年 1 月，在晋察冀军区司令部，聂荣臻司令员主持召开会议，讨论党中央和中央军委关于成立冀热察挺进军的决定。萧克任挺进军司令员兼政治委员。挺进军、区党委和军政委员会的使命，是领导平西、平北、冀东三个地区的党政军工作，中心任务是巩固平西根据地，坚持冀东和开辟平北的游击战争，创建冀热察抗日根据地。

1939 年 8、9 月间，萧克在区党委和挺进军军政委员会联席会议上提出了巩固平西抗日根据地，坚持冀东游击战争，开辟平北新的游击根据地的“三位一体”的任务。他在报告中对“三位一体”任务的内容、相互关系、实现这一任务的条件、可能性和困难，以及需要克服的各种错误倾向，作了全面的论述。这个战略决策，得到党中央、八路军总部的批准和敌后根据地军民的热烈响应。

为了进一步加强对冀东的领导，1939 年 5 月，萧克向冀热察区党委、挺进军发出了坚持冀东、扩大游击区、建立游击根据地的指示，并决定将中共冀东地方委员会改为中共冀热察委员会冀东分委，李楚离任书记。9 月，将冀东抗联武装和包森支队统编为八路军第十三支队，李运昌任司令员、包森任副司令员、李楚离任政治委员、曾克林任参谋长、刘诚光任政治部主任。从此，冀东党、政、军实现了统一领导。1940 年初，冀东区党分委召开阎老湾会议，由李运昌主持，讨论并决定了创建游击根据地的有关工作方针和具体任务。根据萧克的指示，将冀东部队编为挺进军十二、十三两个主力团和一些游击队，陈群任十二团团长，刘诚光兼政委，包森兼十三团团长和政委。当时留在冀东的游击队暂编为8个总队。决定李运昌在遵化中心区主持全面工作，刘诚光、陈群回丰滦迁地区，包森到盘山，分别开辟游击根据地。

1940年春，日军纠集大批伪军对冀东抗日根据地实行了疯狂大扫荡。中共冀东党分委为保存实力，派以周治国为队长的武工队深入都山、雾灵山一带发动群众，扩大武装，打击日伪军，建立游击区。为发展青平抗日根据地，扩大抗日游击区，尽力向锦承铁路以北发展，1942年4月，建立了以周治国为队长、崔建舟为副队长的中共冀东军分区第一远征工作队，挺进平泉西北部。周治国率远征队打下围场县东南的毛大坝伪警察所，扩大了武工队的影响，并相继在平泉、宁城两县交界地建立了4个抗日区政权。游击队亦壮大为下辖由包胜任一中队长、纪洪恩为二中队长、李青山为三中队长的游击大队。

1943年春节期间，大批日伪军对长城以北的热河地区抗日根据地进行围剿。周治国所率的远征工作队和高桥率领的三区武工队在光头山遭遇日伪重兵袭击，所建的4个抗日区政权亦被日伪军摧垮。为避敌之锋芒，周治国率远征工作队突出敌人的重围，转移至平泉至凌源铁路以北地区开展游击活动。

第三节　解放战争时期的河北蒙古族

在中国共产党的领导下，河北蒙古族积极反抗国民党的反动统治，实现了河北蒙区的彻底解放。在解放战争中，河北蒙古族积极参军、支前，为中国的解放事业做出了极大贡献。

一、河北蒙区相继解放

（一）苏联、蒙古对日宣战出兵东蒙

1945年7月，美国、英国、中国三国首脑在柏林郊外的波茨坦举行会议，26日发表了对日宣言，即《波茨坦宣言》，敦促日本投降，8月6日和9日，美国先后在日本的广岛和长崎各投下一枚原子弹。8月8日，苏联对日宣战，8月10日，蒙古人民共和国对日宣战。

苏联对日宣战后，在内蒙古西起乌兰察布、东到呼伦贝尔大草原的广

阔地区，由苏联外贝加尔方面军和蒙古人民共和国军队一起发动了对日军的进攻。苏军第十七、三十六、三十九、五十三集团军，近卫军坦克第六集团军和苏蒙骑兵机械化集群，突破了满洲里—扎赉诺尔与海拉尔、阿尔山两道日军坚固工事区，越过大兴安岭和内蒙古广阔的草原。

东路在8月10—14日先后占领满洲里、海拉尔、牙克石、突泉、索伦、王爷庙等地。8月14日，日本宣布无条件投降，但是，关东军仍在继续抵抗。8月15—17日，苏军占领林西、乌丹、通辽、赤峰、博克图、扎兰屯等城镇。8月18、19日，苏联空降兵在哈尔滨、长春、沈阳空降，占领机场，切断了关东军的空中通道。8月19日，关东军被迫投降。8月30日，关东军被完全解除武装。9月2日，日本正式签署无条件投降书。

在苏军对日本关东军发动进攻时，八路军冀热辽军区部队和东北抗日联军积极配合作战，并收复热河、山海关。从察北、晋绥、山东等解放区到东北反攻的人民军队，配合苏蒙联军解放了整个东北和内蒙古东部地区。遭受14年蹂躏的东北和内蒙古东部地区各族人民，终于彻底摆脱了日本帝国主义的殖民统治。

（二）张家口第一次解放

按照党中央“在平绥路北开辟一块根据地”的指示精神，1945年7月，察南地委派出察北地分委、察北办事处、察北支队，开辟张北县城以西地区，包括尚义、万全、兴和沿坝头一带；平北地委派出察蒙地分委、察蒙办事处、察蒙骑兵支队开辟张北县城以东地区。到8月初，张家口地区的各抗日根据地区连成一片，广大农村基本为八路军和抗日地方武装所控制。

8月10日，中国共产党中央委员会主席毛泽东发表了《对日寇的最后一战》的声明。同时，朱德总司令向所有解放区军队发布命令，向日伪军发动全面大反攻。8月11日，晋察冀军区部署，以第十二（平北）、第十三（察南）军分区的部队配合苏蒙联军夺取张家口。14日，苏蒙联军进入张北县城。15日，察蒙办事处主任柴书林、察蒙骑兵支队副支队长吴广义等奉命与苏军联络，经会谈于16日将张北县城交察蒙办事处接收。8月15日，日本天皇裕仁宣布无条件投降后，日军第二独立混成旅团一部，在张北狼窝沟一线仍凭借险要地形和坚固工事负隅顽抗。19—21日的狼窝沟之战，苏蒙联军共毙伤、俘虏日军860余人，缴获了大批弹药和物资。在战斗中，有54名苏联红军和6名蒙古人民军战士献出了宝贵的生命。

1945年8月23日，晋察冀军区冀察部队从日伪军手中收复了华北重镇张家口，日本侵略者扶持的伪蒙疆政府彻底垮台，被日伪侵占8年之久的这座塞外名城终于回到了祖国人民的怀抱。8月24日，张家口新华广播电台向全国人民宣告张家口解放。9月中旬，中共晋察冀中央局、晋察冀军区、晋察冀边区行政委员会等领导机关，由阜平迁到张家口。为进一步加强张家口市的工作，将张家口市划为边区直辖市，刘澜涛、宋劭文、萧克等分别兼任张家口市委书记、市长和卫戍司令员。张家口市成为晋察冀边区政治、经济、文化的中心。恢复了察哈尔的省制，省会设于宣化市。在察哈尔省委、省政府的领导下，张家口各县分属3个专区，其中察东的五专区包括赤城、龙关、延庆、怀来4个县；察南的六专区包括万全、怀安、涿鹿、蔚县、阳原、宣化6个县；察北的七专区包括张北、多伦、宝源、崇礼、尚义、商都、化德、康保8个县。除张家口、宣化两市外，又在涿鹿、张北设立了两个市。张家口当时划分为大小4个市18个县2000多个行政村，人口200多万。

张家口的收复，使晋察冀根据地和晋绥根据地以及东北新解放区进一步连成一片，促进了全国战局的发展。

（三）承德的第一次解放

1945年8月14日，晋察冀中央分局决定派胡锡奎、王国权、段苏权等领导干部，分别带一部分军队和干部开赴热河，筹建中共热河省委、省政府和省军区。又派杨雨民带一部分热河籍干部、战士回热河工作，准备接收敌伪政权。9月中旬，胡锡奎、王国权、段苏权以及李子光、杨雨民等一批党政军领导干部相继到达承德，开始建党、建政、建军工作。

承德，当时还在苏军的控制之下。日伪热河省长孙柏芳当上了热河省维持会会长，一些伪军、伪政、伪警人员麇集在维持会的旗下，继续为非作歹，欺压群众。他们公然张贴布告，宣称一切要经过伪省长处理；又明目张胆地挂了一天国民党的招牌；还不断地派特务打黑枪，搞暗杀，阴谋暴乱，造成社会秩序异常混乱的局面。①

9月15日，朱德、刘少奇、任弼时联合致电苏军元帅马林诺夫斯基，提出“在热河、辽宁之各一部，自1937年中日战争爆发后，即有八路军活动，并创建有根据地，请允许该地区八路军仍留原地”。这一点得到了苏军的承认。在中共中央、东北局与苏军交涉让出热河政权的同时，9月中旬，热河行政公署在承德成立，李子光、杨雨民分别担任正副主任，开

① 张丽华：《承德解放战争史概述》，见邓一民主编：《承德解放战争史料选》，3页，北京，人民日报出版社，1998。

始做接收热河省政权工作。9 月 20 日，晋察冀中央局决定，成立冀热辽区党委热河分委和热河军区，由胡锡奎兼分委书记和军区政委，段苏权为分委委员、军区司令员，李子光、王国权为分委委员、副书记。在这前后，还分别成立了热中、热东、热北、热西、热南 5 个地委、专署、军分区和中共承德市委、市政府，分别接管了各地方政权。中共承德市委书记由王国权兼任，市长郑旭，副市长史立德。

1945 年 10 月 14 日，经过召开各界人士会议，民主协商，热河省民主政府在承德宣告成立，李子光为主席，杨雨民为副主席，并举行了就职仪式和交接仪式，伪热河省省长、维持会会长孙柏芳正式交出政权。平泉、青龙、承德、兴隆、隆化、围场、丰宁以及热河省管辖的赤峰、朝阳等县市也分别接收了伪政权，建立了人民政权。热河成为全国诸省中共产党、八路军完全控制的唯一省份，实现了党中央控制热河的战略部署。

1945 年 10 月 19 日，美国军舰运送国民党十三军在秦皇岛登陆，准备用武力抢夺东北和热河。10 月 31 日，国民党军队向山海关发动进攻，11 月 16 日，山海关失陷，26 日，锦州失陷。与此同时，国民党军队亦抢占了北平、唐山等大城市，形成对承德三面包围之势。

1946 年 1 月上旬，蒋介石为在“停战令”生效前抢占承德，造成既成事实，纠集了十多万的兵力，从东、西、南三路大举进犯承德，经过激烈的战斗，由于敌众我寡，为保存实力，我军决定撤出承德。

（四）张家口、承德的第二次解放

1. 张家口的失陷及第二次解放

由于张家口战略地位十分重要，所以日本投降后，共产党与国民党就展开了争夺张家口的激烈斗争。1945 年 8 月上旬，蒋介石不顾张家口已被八路军包围的事实，命令第十二战区司令长官傅作义由绥远东进，抢占张家口。8 月下旬以后，国民党军沿平绥、同浦、平汉、津浦等铁路，由西向东、由南向北，逐步向我华北解放区推进。在西路，傅作义部四个军由绥西出动，在占领了归绥（呼和浩特）和绥东、绥南、集宁等地后，沿平绥路东进，直逼张家口。经过激战，1946 年 10 月 11 日，傅作义部队攻占张家口。

辽沈战役胜利结束后，东北胜利解放，解放张家口提上了日程。1948 年 11 月 24 日，毛泽东电令华北野战军第三兵团撤围归绥，迅速向东包围张家口。当时，傅作义将 12 个军 41 个师的兵力摆在了东起滦县、西至张家口一千多里长的战线上，其中蒋系军队驻守北宁线，傅系军队驻守平张线。华北人民解放军第三兵团司令员杨成武接到中央军委的命令之后，即刻组织部队，回兵张家口。11月26日，三兵团一纵队、二纵队、六纵队分别由卓资山、官村、隆盛庄、集宁等地出发，昼夜兼程，于29日挺进张家口附近，随即攻占了柴沟堡、万全、郭磊庄等地，歼灭未及逃窜的国民党军两千余人，切断了傅作义部队西退绥远之路，揭开了平津战役的序幕。

傅作义深知张家口所处位置的重要性，决定派其嫡系三十五军增援张家口。1948年12月22日7时，华北野战军第二兵团向困守新保安的国民党三十五军发起了总攻，经过10个小时的激战，全歼国民党三十五军军部及两个师共两万余人。12月24日，张家口宣告解放，鲜艳的红旗又一次飘扬在大境门城头。

2. 承德再次解放

1946年8月，我党政军机关从承德撤退，到1947年3月仅半年的时间，承德特别是热河的军事形势发生了根本变化。国民党军队由猖狂进攻转入点线困守，我军则由战略退却开始转入战略反攻，解放区日益巩固和扩大，共掌握兴隆、青龙、建昌等11座县城和310万人口。热河全境的地方部队和民兵也发展到10万多人。国民党的兵力分散在以承德为中心的31座城镇和长达1000公里的铁路线上，点线被困，日益被动。承德地区已处于战略反攻的前夜。

1947年初，中共中央决定将冀热察区划归中共冀热辽中央分局领导。因此，将分局名称改为中共冀察热辽中央分局，辖热河省委（由分局兼）、冀东、冀热察区党委和13个地委1个盟委82个县委29个旗委，总人口1600万，土地8000万亩。4月2日，中共冀察热辽中央分局第一次党代表会议在林西召开。这次会议，是冀察热辽地区历史上的一次重要会议，它标志着开展战略反攻、解放全承德的胜利时刻已经到来。

1948年初，国民党在热河的反动统治更加岌岌可危，他们被迫收缩在两条孤立的线上。一条是以承德为中心的由平泉、承德、隆化、滦平组成的通往北平的公路线；另一条是以锦州为中心的由义县、锦州、锦西、兴城、绥中组成的通往北平的铁路线，处在解放区军民的重重包围之中。当时，冀察热辽解放区所辖主力军、地区和县支队地方武装已达30多万人。

1948年5月，冀察热辽部队发起承德外围作战。5月24日，打响隆化战斗。至26日，历经21小时战斗，攻克隆化县城，除敌团长带少数残敌潜逃外，余敌1600余人全部被歼。著名战斗英雄董存瑞，就是在此次战役中手托炸药包炸毁敌碉堡而英勇牺牲的。隆化解放，使承德守军更加惊惶不安，紧急收缩兵力，妄图固守承德。5月26日，平泉守敌第八十九师二六七团两个营弃城西逃，在上、下坂城之间被我地方部队截击，歼敌406人，收复平泉县城及上、下坂城两镇。全国女战斗英雄郭俊卿就是在收复平泉的战斗中立功受奖的。5月29日，我军收复老滦平县城和距承德仅10公里的双塔山、三岔口，直逼承德。与此同时，丰宁守敌热河保安纵队2000多人弃城逃跑，在丰宁、隆化间的太平房子东北山地被冀热察部队全歼，随后我军收复丰宁。冀察热辽部队在承德外围作战一个月，收复6县8城，歼敌7600多人，承德外围全部解放。11月，承德再次解放，回到了人民手中。

承德解放后，中共承德工委改建为中共承德市委、市政府，市委书记郭洪德，市长张立文，副市长郭耀臣。各县也相继建立了县委、县政府和各级基层组织、基层政权。承德各地的解放，支援了东北、华北两大战场，在解放东北和解放全中国的伟大斗争中起到了重要作用。

二、解放战争期间河北蒙古族的历史贡献

（一）河北蒙古族积极参军和支前

据有关资料记载，仅在解放战争期间，当时总人口不足9000人的察哈尔正白旗牧区，就有900人自愿参军，其中在战场上牺牲的有143人，重伤全残54人，荣立特等功和一等功12人，当年转业复员的伤员473人。另据察哈尔正蓝旗资料统计，当时正蓝旗蒙古族不足1万人，自愿参军者1200余人，在战场上牺牲的达200余人。仅以上述两旗为例，察哈尔蒙古族总人口10%以上的优秀子弟（不包括各旗自卫队等地方武装）奔赴前线，其中约有15%为祖国的解放事业献出了宝贵的生命。赤城县东万口乡唐了营村蒙古族朱永奎，1944年5月参加革命，为晋察冀某部二旅战士，1946年10月在丰宁县大阁镇牺牲。同村蒙古族朱文太1946年5月参加革命，为杨苏（杨得志、苏振华）纵队战士，1947年在第二次解放丰宁县的战斗中牺牲。①

1946—1947年，是内蒙古解放战争最艰难、最残酷的时期。为保卫解放区，察哈尔蒙古族妇女纷纷送自己的亲人到前线参战。畜牧业生产、畜产品加工、营地转移、支前优属等重担都落在她们的肩上。前线在浴血奋战，后方工作也搞得热火朝天。战争初期，广大蒙古族妇女主动承担了部队和地方游击队冬季御寒服装的缝制和运送，拆洗缝补成了她们经常性

① 河北省地方志编纂委员会编：《河北省志·民族志》，273页，北京，民族出版社，1995。

的任务。由于国民党的经济封锁，物资匮乏、生活困难，牧民们把自己穿的衣服改成军装送给子弟兵，在找不到麻纳鞋底的情况下，妇女们拣榆树皮、野麻等搓线绳，有的甚至把自家蒙古包毡毛绳解下来和野麻搓成线绳做军鞋，有的还将皮褥改制成皮衣送给子弟兵。

1947 年，围场县满、蒙古、汉等各族群众，支援朱德骑兵旅“骑兵一旅”、“骑兵二旅”、骑兵二团军用物资。一年来，他们就支援骑兵师夹鞋 4500 双、棉鞋 2000 双、毡鞋 500 双、羊皮 7800 张、秋羊毛 3000 斤、春羊毛 4000 斤。[①] 1948 年 4 月 14 日，张家口大批军警宪特闯入察蒙师范学校，将 8 名教师及 30 余名学生逮捕。经过一个月的审讯，最后教师杨海清以“共党地下组织人员和阴谋搞学潮”的罪名被押至清水桥畔枪杀，他临刑时仍高呼“共产党万岁”的口号。[②]

1947 年 8 月，穆格登宝率部进犯察哈尔解放区，在查干额日格遭我军痛击后逃回张家口，与其同伙罗布僧却登利用巴彦玛伯父的宗教影响，授意其大肆进行反革命宣传。巴彦玛为镶黄旗八苏木支会委员，他得知后，毫不犹豫地揭露了伯父的罪恶活动，其伯父被我方逮捕处决。气急败坏的穆格登宝、罗布僧却登等人欲伺机杀害巴彦玛。1948 年农历四月十一，巴彦玛不幸被捕。面对残暴的敌人，巴彦玛大义凛然，保守了党的秘密，后在康保城外被敌人杀害。1948 年，张北县察北牧场宇宙营村蒙古族妇女英布，为保守党的秘密，也被敌人残忍杀害。[③]

1948 年 12 月，察哈尔盟工委代理书记肖诚、盟长苏剑啸和奉命调到察盟工作的朱玉珊等 27 人从贝子庙前往察盟的途中，遭到胡图林嘎匪帮的袭击。在反击匪徒的战斗中，苏剑啸身负重伤，朱玉珊等几人不幸牺牲。乌喜鹤接过其爱人朱玉珊手中的枪，与敌人继续战斗。战斗从早晨一直进行到下午 4 点，就在上马突围时，乌喜鹤腹部中弹摔下马来，被敌人包围，匪徒嘎比举枪向乌喜鹤的头部连发数枪，年仅 24 岁且怀有身孕的乌喜鹤同苏剑啸、肖诚等 18 人全部遇难。

在解放河北蒙区的过程中，河北蒙古族儿女积极参与、支援，他们在中国共产党的领导下，“男子上前线，妇女搞生产”，为解放战争的最后胜利做出了重大贡献。

---

① 李泽光：《河北蒙古族历史文化概述》，载《西部蒙古论坛》，2014（3）。

② 牛映霄、张百川：《国立蒙察师范概况》，见中国人民政治协商会议河北省张家口市委员会文史资料研究委员会编：《张家口文史资料》，第十辑，张家口，内部出版，1986。

③ 河北省妇女联合会编：《河北女烈士英名录》，87 页，石家庄，内部资料，1983。

（二）察蒙骑兵支队奋勇杀敌

前面讲到在抗日战争时期，活跃在坝上草原的骑兵部队——赤源骑兵支队。1945 年 8 月，骑兵支队与各县大队组成三个骑兵团，改称察蒙骑兵支队，由赖富任支队长，吴广义任副支队长，地分委书记刘书亭兼任政委，肖泽泉、方城任副政委，总共一千三百多人，战马七百多匹。对日大反攻开始后，该部与苏蒙联军于张北县会师并配合进攻狼窝沟日军。察蒙骑兵支队从成立到抗战胜利的四年中，共进行主要战斗四十多次，毙伤俘敌千余人，缴获军马千余匹，武器数千件。

抗日战争胜利后，以察蒙骑兵支队为主成立了晋察冀军区第十九分区（察北军分区）。1945 年 8 月—1946 年 6 月，参加了察北地区剿匪，共剿灭匪特两千余人。1947 年，改编为察蒙骑兵师，挺进大西北。1949 年 5 月，整编为中国人民解放军骑兵第三师，师长胡德礼。[①] 这支骑兵部队屡立战功，并参加了开国大典。

（三）内蒙古骑兵在解放战争中的功绩

在解放战争中，内蒙古地区建立了一支武装力量——内蒙古骑兵，在内蒙古乃至全国的解放战争中做出了独特的贡献。

“内蒙古自治运动联合会”成立后，内蒙古骑兵成为内蒙古人民自卫军的第一支武装部队，“四三”会议后，东蒙古人民自治军的 3 个骑兵师番号被取消，统编为内蒙古人民自卫军骑兵第一、二、四师。1946 年底，蒙古骑兵独立旅扩建为内蒙古人民自卫军骑兵第十六师。同时，在反正的伪蒙军第九师的基础上，扩建为内蒙古骑兵第十一师。1948 年 1 月，内蒙古人民自卫军统一整编，改称为内蒙古人民解放军，下辖骑兵第一、二、四、十一、十六师以及卓盟纵队、警卫团、独立骑兵第三团和第九团，并成立了内蒙古军区，乌兰夫任军区司令员兼政委。同年 9 月，骑兵第四师与卓盟纵队合编为骑兵第十师，开展了大规模的剿匪斗争。11 月，锡察军区成立，统一指挥骑兵第十一师和第十六师。

内蒙古自治政府成立时，内蒙古人民自卫军有 6 个骑兵师建制，包括 1 个炮兵团、1 个警卫团、3 个独立团。其中，除警卫团是步兵外，其余全部为骑兵。内蒙古骑兵第一、二、三师主要征战于东北战场，配合东北解放军部队参加了 1947 年的夏季攻势、秋季攻势和冬季攻势。第十六师、

---

① 张北县档案史志局编著：《中共张北县地方史》，第一卷，113 页，北京，中共党史出版社，2011。

十一师则配合华北战场作战，粉碎了国民党军队对锡察地区的三次军事进攻。后骑兵第十、十一、十六师分别整编为第三、四、五师，骑兵第三师留在锡察进行剿匪，第四、五师配合华北解放军主力参加了察绥战役。同年12月，骑兵第四师参加了平津战役中的张家口围攻战。

总之，为了保卫和推动内蒙古自治运动，反击国民党的军事进攻，剿灭土匪，改造和建立民主政权，内蒙古骑兵进行了顽强的战斗，为解放战争的胜利做出了突出贡献。①

第四节　从自治运动到内蒙古自治区的成立

河北蒙区解放后，在乌兰夫主持下，在张家口成立了具有政府性质的内蒙古自治运动联合会，同时在东蒙古地区成立了东蒙古人民自治政府。1946年在承德召开了具有历史意义的“四三”会议，内蒙古自治运动联合会和东蒙古人民自治政府合并，1947年5月1日成立了内蒙古自治政府，实现了内蒙古地区蒙古民族各阶层人民多年来渴望统一与自治的愿望，标志着蒙古民族在政治上得到了彻底的解放。

一、蒙区光复后中共领导的自治运动

（一）内蒙古自治运动联合会的成立及其活动

1945年8月，苏联军队进入中国东北及内蒙古地区，内蒙古全境光复。同年10月，外蒙古以“全民公决”的形式促使中国国民政府承认了它的独立。在此影响下，内蒙古地区一些具有激进民族主义思想的青年、开明上层人士以及广大蒙古族群众，迫切要求实现民族平等、民族自治的权利和内蒙古区域的统一，掀起了自治运动的洪流。与此同时，内蒙古地区的一些封建上层分子和原日伪官员也纷纷打出“自治”或“独立”的旗号，以期继续维持其统治。1945年在苏蒙军和八路军进入张家口之前，德王带领部分高级军政官员逃到北平，投靠了国民党，另一部分伪蒙疆联合自治政府的高级官员在锡林郭勒盟苏尼特右旗的温都尔庙，与“蒙古青年革命党”的领导人汇合，于8月下旬召开了有部分王公参加的“内蒙古人民代表大会”，宣布成立“内蒙古共和国临时政府”，补英达赉任

① 郑喜淑、王慧：《少数民族在中国革命的贡献》，184页，北京，中央民族大学出版社，2014。

主席，穆克登宝和德古来为副主席。“内蒙古共和国临时政府”在温都尔庙成立后，发表了“独立宣言”，随即向苏蒙驻军指挥官正式提出“内外蒙合并”的主张，并制订《内蒙古人民共和国临时宪法》。

1945 年 10 月 23 日，中共中央发出《关于内蒙工作意见》①，指出中共在内蒙古地区实行区域自治的基本方针，其方法是首先从各旗开始，争取时间放手发动与组织内蒙古自治运动，建立自治政府，筹备内蒙古自治筹委会，统一领导各盟旗自治运动。

中共中央派乌兰夫等人到苏尼特右旗开展工作。他们与“临时政府”各方面人士接触，团结广大群众和进步势力，广泛向蒙古族群众和青年知识分子宣传中国共产党的民族政策，剖析中国革命的形势和蒙古族民族解放的道路，争取蒙古族青年知识分子和进步上层人士，揭露补英达赉民族“独立”旗号的真实面目。最后通过选举，改组了“临时政府”，乌兰夫当选为主席。改组后的“临时政府”迁到张北。乌兰夫等人在解决了苏尼特右旗“临时政府”问题后回到张家口，即遵照中共中央的指示，根据内蒙古的具体情况，提出成立内蒙古自治运动联合会的意见和方案，为建立内蒙古自治运动联合会做准备。“临时政府”自行解散后，大部分临时政府成员参加了筹备成立内蒙古自治运动联合会的各项工作。

11 月 2 日，察哈尔人民代表会议在张家口宣化开幕，乌兰夫参加了会议，并当选为省人民代表。孟克图木尔以十二台蒙古上层人士的身份参加了会议。自治政府决定在张北设立内蒙办事处，下设内蒙察哈尔盟台站箭政所，各台站均改为蒙古族村。4 日上午乌兰夫发表了讲话。他首先代表绥蒙解放区全体蒙汉人民向察哈尔省人民代表会议致以热烈的祝贺，号召蒙汉等各族人民在民主平等的原则下团结起来，粉碎分裂蒙汉人民团结的阴谋。他强调指出，只有在中国共产党、八路军的帮助和领导下，内蒙古及绥远人民才能够得到彻底解放和建立民主的政权。

1945 年 11 月 26 日，内蒙古自治运动联合会成立大会在张家口远来庄礼堂举行，来自伊克昭盟、乌兰察布盟、巴彦塔拉盟、锡林郭勒盟、察哈尔、昭乌达盟、卓索图盟和哲里木盟 8 个盟，阿拉善、额济纳、索伦等 36 个旗的代表和军政各界人士共 79 人参加了会议。乌兰夫向大会作了《内蒙古自治运动联合会目前工作方针的意见案》的报告。他回忆了 20 年前，即 1925 年 7、8 月间，在中国共产党的领导下，内蒙古人民革命党

① 《中共中央关于内蒙工作的意见给晋察冀中央局和晋绥分局电》，见内蒙古自治区档案馆编：《内蒙古自治运动联合会档案史料选编》，1 页，北京，档案出版社，1989。

在张家口上堡原都统府里开过第一次代表大会，20 年后内蒙古自治运动联合会又在同一个地点举行成立大会。这两次大会虽然中间相隔 20 年之久，但是目的却只有一个，就是求得蒙古民族的彻底解放。他号召内蒙古人民团结起来，在中国共产党的领导下为彻底实现全内蒙古的地方自治而奋斗。他指出："联合会在政治上，应当广泛发动和组织各盟旗的群众，改选并帮助建立各盟旗民主政府和区、乡基层政权。这种政权是在民族平等和民主自由原则下的区域性自治政权，分别接受热、察、绥蒙民主省政府的领导，在各省政府的帮助下发展内蒙古各盟旗的政治、经济、军事、文化等事业。"① 报告经大会讨论通过后，正式确定为《内蒙古自治运动联合会目前工作方针》。大会一致通过了《内蒙古自治运动联合会章程》和《内蒙古自治运动联合会成立大会宣言》，选举产生了以乌兰夫为首的 25 名联合会执行委员会委员。大会经过深入讨论还通过了关于发展各盟旗经济建设、组织盟旗武装、推行医疗卫生保健、确定新民主主义的教育体系等决议，并向毛泽东主席、朱德总司令发了致谢电。11 月 28 日，大会胜利闭幕。29 日，新当选的内蒙古自治运动联合会执行委员会召开首次执委会议，选举乌兰夫、奎璧、克力更等 11 人为常务委员。乌兰夫当选为执委会主席兼常委会主席并兼任军事部长，刘春任秘书长，奎璧任组织部长，克力更任宣传部长，索德那木扎木掉任青年部长，乌兰任妇女部长，刘景干任秘书处长。联合会从上到下建立了由联合会总会、盟分会、旗支会、苏木支会和会员小组构成的严密系统，设置组织、宣传、军事、青年、妇女、秘书六个部门，基本上覆盖了从苏木、镇、旗、盟直至联合会总会的各级机构，初步具备了半政权性质。

内蒙古自治运动联合会成立后，首先在晋察冀中央局帮助下创办了内蒙古军政学院。乌兰夫兼任院长，晋察冀干部朱荣任教育长，下设行政部、军事部和中学部。招收各旗的青年学生和民族武装指挥员进行教育、培训，为自治运动培养军政干部。1946 年 3 月，自治运动联合会还在中共中央冀热辽分局的帮助下，在赤峰创办了内蒙古自治学院，金起铣任院长，为昭乌达盟、卓索图盟两盟的自治运动培养蒙古族干部。

1945 年 12 月，李秀山等率领的从国民党中起义的蒙古族官兵，与绥蒙地区的几支游击队合编为内蒙古人民自卫军骑兵独立旅，旅长李秀山、副旅长李森。整编后的内蒙古人民自卫军骑兵独立旅，成立不久就从集宁

① 《内蒙古自治运动联合会目前工作方针的意见案》，见内蒙古自治区档案馆编：《内蒙古自治运动联合会档案史料选编》，25 页，北京，档案出版社，1989。

转移到张家口以北驻防、整训。不久，乌兰夫将独立旅改编为十六师（即后来的骑兵第五师）。次年1月，由乌勒吉敖喜尔率领的原起义军官兵赴蒙古人民共和国整训后，返回察哈尔草原，组建为自治运动联合会与晋察冀军区共同领导下的蒙古人民游击队，乌勒吉敖喜尔任司令员，关保扎布任政委。

自治运动联合会还派出干部分赴各地开展工作，陆续建立了各盟旗联合会分会和盟旗民主政权。在察哈尔盟，先后建立了9个旗支会67个苏木支会437个小组，发展会员4091人，其中女会员439人，喇嘛536人。[①] 从1946年3月10日开始，察哈尔盟各旗蒙汉群众先后进行了自下而上的普选，于3月下旬选举产生了各旗政府委员和旗长，并选举产生了出席全盟人民代表大会的代表。人民代表的选举，采用无记名投票方式，每200人选举代表1人，共选出代表156人。[②] 1946年3月下旬，召开察哈尔盟人民代表大会，建立了盟人民政府和自治运动联合会盟分会。陈炳宇和色伯克扎布、哈斯瓦其尔当选为正副盟长；苏剑啸任盟分会主任，拉木扎布任副主任。

1945年底，内蒙古自治运动联合会委派刘春、克力更及东部地区出身的干部包彦、乌兰、孔飞等组成东蒙古工作团，前往内蒙古东部地区开展工作，并与东蒙古自治运动取得联系。在冀热辽解放区党政军负责人的指导和帮助下，与东蒙自治政府领导白云航等一起在赤峰组建了自治运动联合会卓索图盟分会，白云航任主任，孔飞任副主任，乌兰、金起铣任委员。

抗日战争胜利后，国民党为抢夺胜利果实，于1946年10月又挑起内战，将战火烧到晋察冀党政军领导机关所在地——张家口。在国内形势紧迫的情况下，乌兰夫等同志决定将内蒙古自治运动联合会由张家口迁到贝子庙（今锡林浩特）。

（二）内蒙古人民革命党（东蒙党部）及其领导下的东蒙古人民自治政府

日本投降后，内蒙古东部人民摆脱了伪满洲国十四年的统治枷锁，开始了新的生活。获得解放的东蒙民众，特别是青年知识分子、军官、学校

① 内蒙古自治区档案馆编：《内蒙古自治运动联合会档案史料选编》，66页，北京，档案出版社，1989。

② 内蒙古自治区档案馆编：《内蒙古自治运动联合会档案史料选编》，55页，北京，档案出版社，1989。

师生以及民族上层人士为了争得民族解放和民族自由的权利，强烈要求建立一个东蒙古人民自己的政府。为了达到上述目的，博彦满都、哈丰阿、特木尔巴根、阿思根等一批蒙古族上层人士和知识界的进步力量，广泛团结蒙古族青年军人、学生等，积极组建内蒙古人民革命党和筹建东蒙古人民自治政府。

1945年8月—1946年1月，在博彦满都、哈丰阿、特木尔巴根、阿思根等人的积极活动和组织下，东蒙古重新组建了内蒙古人民革命党，并在兴安军官学校师生的基础上建立了一支军队。有了国内外革命力量的支持，成立自治政府的条件臻于成熟。

1945年12月，哈丰阿、特木尔巴根、阿思根、博彦满都等人综合东蒙各阶层的意愿和要求，在征得苏军驻王爷庙城防司令部允许后，邀请中共代表参加，于1946年1月发表了《东蒙古人民自治政府树立宣言》《东蒙古人民自治法》等，东蒙古人民自治政府正式成立。它是以兴安、哲理木、昭乌达、卓索图四盟，呼伦贝尔地区、布特哈部，伊克明安、齐齐哈尔、苏鲁克3旗为管辖领域。2月15日，东蒙古人民自治政府经选举产生了15名政府委员，博彦满都当选为政府主席，玛尼巴达喇当选为副主席，哈丰阿为秘书长，选出由哈丰阿、特木尔巴根等45人组成的政府"小呼拉尔"，设立了政府工作部门4部3处。不久，还组建了东蒙古人民自治军。东北民主联军与东蒙古自治政府建立了合作关系，特别是东北民主联军西满军区与东蒙古人民自治军共同打击当地的反动武装，维护地方治安。

在东蒙古人民代表大会召开期间，中共西满分局派胡秉权、黄文飞二人出席，胡秉权代表中共作了热情洋溢的讲话，简述了中国共产党民族统一战线的根本理论。

东蒙古人民自治政府是在一个特定的历史环境中产生的，客观上代表了东蒙人民的愿望，维护了东蒙地区广大人民的利益。

二、承德"四三"会议的召开及其影响

内蒙古自治运动联合会成立后不久，内蒙古人民革命党东蒙党部的代表包玉琨等人至张家口，与内蒙古自治运动联合会取得了联系，介绍东蒙自治情况，了解自治运动联合会的主张。经乌兰夫提请，中共晋察冀中央局同意内蒙古自治运动联合会组成东蒙工作团，开展东蒙工作，并准备在东部的几个盟建立联合会的分、支会机构。内蒙古自治运动联合会常务委员会秘书长刘春担任东蒙工作团的团长，克力更任副团长，成员有包彦、

乌兰、孔飞、田户、庆格勒图等。

1945 年 12 月底，东蒙工作团抵达承德，向中共冀热辽分局汇报了工作，并商谈了关于在卓索图盟和昭乌达盟建立自治运动联合会分、支会等问题。此后，经围场分批到达中共热河省委所在地赤峰。乌力吉那仁、克力更等代表前往王爷庙，与东蒙古人民自治政府的领导人进行了接触。

东蒙古人民自治政府的成立及其进行的一系列活动，引起国内舆论的极大关注。国民党当局利用这一问题混淆视听，大肆攻击中国共产党。

1946 年 2 月 18 日，中共中央就东蒙局势致电乌兰夫、彭真以及东北等地领导人，指出："国民党现利用所谓内蒙独立问题大造谣言，已引起国内外注意，我们对蒙古民族问题应采取慎重态度，根据和平建国纲领要求民族平等自治，但不应提出独立自决口号。""内蒙人民革命党纲领过左，我们不能赞助。该党之纲领及活动如有可能，并应劝告其改变方针。并对国民党谣言加以揭破。"①

中共中央东北局西满分局派出胡昭衡等人到兴安盟王爷庙，于 1946 年 2 月同东蒙自治政府的领导人进行了联系。3 月 28 日，西满军区驻王爷庙办事处成立，张策担任全权代表，方知达、胡秉权、胡昭衡等人为成员。

1946 年 3 月 3 日，东北民主联军西满军区副政治委员黄克诚就东蒙局势向中共中央和东北局进行了汇报，他指出："东蒙自治领域四十个旗，热河有十六个旗，除了承德、滦平、隆化、围场、丰宁外，都是东蒙自治领域"，"热河蒙汉杂处占着广大面积，就是以热北来说，纯蒙地带只是某些区有，整个县的纯蒙古人没有，占多数的也没有，一般的说蒙古人占少数，这种情况在解决蒙汉关系时必须照顾"。②

3 月 14 日，内蒙古自治运动联合会决定派刘春与东蒙自治政府的代表包玉琨一同赴王爷庙，商谈内蒙古自治具体事宜。17 日，中共中央冀热辽分局致电东北局，明确指出刘春的任务："为了解该处情况，后方人民态度，并进行初步协商。并拟选请该处主要人，好来承德或赤峰与云泽会谈。"③

3 月中旬，东蒙古人民自治政府的领导人博彦满都、哈丰阿、特木尔巴根等在内蒙古自治运动联合会东蒙工作团成员克力更、包彦、乌力吉那

① 中共中央统战部编：《民族问题文献汇编》，1000 页，北京，中共中央党校出版社，1991。
② 中共中央统战部编：《民族问题文献汇编》，1014 页，北京，中共中央党校出版社，1991。
③ 中共中央统战部编：《民族问题文献汇编》，1028 页，北京，中共中央党校出版社，1991。

仁等人的陪同下抵达赤峰。经中共冀热辽分局提议，内蒙古自治运动统一会议改在承德举行。[①] 3月下旬，内蒙古自治运动联合会和东蒙古人民自治政府的代表转赴承德。经双方协商，决定各派7名代表参加会议。内蒙古自治运动联合会的代表是乌兰夫、刘春、克力更、包彦、田户、乌力吉那仁、庆格勒图，东蒙古人民自治政府的代表是博彦满都、哈丰阿、特木尔巴根、包玉琨、白云航、义达嘎苏隆、喀萨巴特尔，列席代表是黄静涛、常永新、厚和哈达、厚和巴图尔。[②]

3月30日—4月2日，先举行了5次预备会议，双方代表会谈的主要议题为：①内蒙古的民族自治是搞平等自治，还是搞独立自治；②内蒙古自治运动是由中国共产党来领导，还是由内蒙古人民革命党来领导；③内蒙古东西部的自治运动应采取何种统一的领导方式；④东蒙古自治政府、内蒙古人民革命党东蒙本部应保留，还是应予撤销解散；⑤东西蒙与各解放区政府军队的关系应如何协调、统一在反对国民党蒋介石反动派的自卫战争之中。内蒙古自治运动的统一是大势所趋，人心所向。这些问题的实质是内蒙古自治运动的路线和道路问题，也就是领导权问题。

会谈中，双方代表各陈己见，激烈争论时有发生。以云泽（即乌兰夫）为首的自治运动联合会代表，从历史和现实的角度，回顾了清王朝以来数百年间内蒙古民族的悲惨历史，列举了中国共产党创建以来对内蒙古民族解放事业的帮助和支持，分析了抗战胜利以来当前中国革命的发展趋势，批驳和揭露了所谓“蒙人治蒙”的反动政策及其险恶用心，利用马克思主义的民族理论、民族观和大量事实阐述了内蒙古自治运动必须由中国共产党来领导的历史必然性。经过内蒙古自治运动联合会代表的劝导和批驳，最终双方在一系列重大问题上统一了认识，为召开内蒙古自治运动统一会议的正式会议创造了条件。

1946年4月3日，内蒙古自治运动统一会议，即影响深远的“四三”会议在承德正式召开。云泽（即乌兰夫）在致词中指出：“东西两部蒙古同志们在这里能谈自己的自治和民族如何解放的问题，从内蒙古解放运动的历史来说是很有意义的。”“此次东蒙古代表同志为蒙古的事各处奔走，为的是解放蒙古，对这个我们是很钦佩的。我们蒙古人起来搞蒙古人的事，第一个问题是要内部的统一。”“在这几日内的讨论中，内蒙古的解放只有在中国共产党的领导之下去争取奋斗的一点上，意见是一致的，不

① 郝维民主编：《内蒙古革命史》，489页，呼和浩特，内蒙古大学出版社，1997。

② 郝维民主编：《内蒙古自治区史》，121页，呼和浩特，内蒙古大学出版社，1997。

约而同。”并在最后说：“只要站在为内蒙古民族有利益的一个立场上去争取、努力，那么，任何问题都不难解决的。”① 博彦满都在致词中说：“今天的会议是内蒙古民族最重要并且在内蒙古革命历史上也是很光荣的一个会议。”“我们的环境和我们蒙古民族的生存的道路已经打开了，我们应当按照我们的途径去努力。我们得到解放的好环境，就是因为中共八年抗战和北边的蒙古人民共和国的力量。我们认为中共是为解放民族，为民主主义而努力的，中共的目的和我们的要求是一样的。因这一样的关系，我们跟随中共，在中共领导下而迈进，这就是我们的途径打开了。”②

当天，会议通过了《内蒙古自治运动统一会议的主要决议》，其内容是：

一是内蒙古民族运动的方针是平等自治，不是独立自治，并且只有在中共领导帮助下才能得到解放。在目前的形势下，以内蒙古自治运动联合会为内蒙古自治运动统一领导机关，东西各盟旗均组织其分会、支会，实现其纲领。应建立各盟旗民选政府，分别接受各解放区民主政府领导及帮助。

二是东蒙古自治政府成立时曾申明内蒙古自治运动有统一机构后即撤废，现东西蒙已统一于联合会，决定东蒙代表回去就召开代表会议，施行解散，今后在东蒙设联合会总分会领导工作。

三是蒙汉杂居区实行蒙汉分治，盟管旗，专署管县，蒙人优势区或深入蒙人区之汉人区，汉人实行民主自治，受民主盟政府领导，盟旗政府按具体情形应有汉人委员。“九一八”以前未设县之地不再设县，设治局废除，不改设县。深入蒙地之汉县，八路军得在该地发动群众，改造政权，维持治安，以防特务活动。

四是联合会统一领导蒙古军队武装，并处理关于内蒙古建军、整编、训练、人事等问题。鉴于目前的形势条件，规定各蒙古军队应分别地域，属八路军各军区领导指挥。一切内蒙古军队必须使之真正为人民服务，（成为）保护人民民主自治的人民武装。

五是扩大原联合会机构为八部一处：组织部、宣传部、总务部、经济建设部、文化教育部、军事部、妇女部、青年部及秘书处。执委由 25 人增选至 63 人，候补执委由 2 人增选至 12 人，并由执委中推选常委 26 人。

① 内蒙古自治区档案馆编：《内蒙古自治运动联合会档案史料选编》，49 页，北京，档案出版社，1989。

② 内蒙古自治区档案馆编：《内蒙古自治运动联合会档案史料选编》，50 页，北京，档案出版社，1989。

云泽（即乌兰夫）为执委会兼常委会主席，博彦满都为副主席；组织部长奎璧、副部长朋斯克；宣传部长哈丰阿、副部长勇夫；文化教育部长包彦、副部长桑杰扎布；军事部长云泽（即乌兰夫），副部长阿思根、田户；经济建设部长特木尔巴根；妇女部长乌兰；总务部长玛尼巴达喇、副部长克力更；秘书处长刘景平，副处长乌力吉那仁、义达嘎苏隆；青年部长特木尔巴根，副部长宝音扎布、索德那木扎木绰；秘书长刘春、副秘书长哈丰阿（在东蒙古自治政府宣布解散前，不公布）。在联合会下设东蒙总分会，领导东四盟（哲里木、兴安、纳文慕仁、呼伦贝尔盟）工作。卓索图、昭乌达、锡林郭勒、察哈尔四盟受联合会直接领导，西蒙总分会领导西三盟（乌兰察布、巴彦塔拉、伊克昭）及宁夏蒙古之工作。

六是各解放区国大代表，应注意蒙古代表中已死或投敌、罪大者的名额。

七是各解放区政府、各军区帮助解决救济蒙民、培养干部、军队训练、给养及机关经费、服装等问题。西满多派干部参加王爷庙蒙古工作。

八是目前联合会之中心工作为大力放手以发动群众参加民主自治运动，发展会员建立分、支会，改选政权，预防特务破坏活动，给国民党反动派与一切反对内蒙古自治运动的行动以打击。

九是以赤峰为内蒙古临时中心区域地，联合会建于此，并在林东准备。①

“四三”会议确立了内蒙古自治运动联合会在自治运动中的绝对领导地位，在组织上解决了东西蒙实现统一的问题。“四三”会议后，内蒙古自治运动联合会东蒙总分会领导成立了所辖各盟的分会，并按照与西蒙地区相一致的原则改组了各盟旗政权。这样东西蒙初步实现了政权性质、组织机构、管辖区域及政令的统一。1946 年 5 月 26 日，召开东蒙古临时人民代表大会，决定撤销东蒙古人民自治政府，解散内蒙古人民革命党东蒙本部，成立了受内蒙古自治运动联合会东蒙总分会和东北人民民主政府双重领导的兴安省政府，中共东蒙工委改称兴安省工委，使东蒙地区完全置于内蒙古自治运动联合会和东蒙总分会的领导之下。同时，“四三”会议决定由内蒙古自治运动联合会统一领导蒙古军队武装并处理关于内蒙古建军、整编、训练、人事等问题，将东蒙古自治军改编为与八路军性质相一致的内蒙古人民自卫军。会议同时规定“各蒙古军队应分别地域，属八

① 内蒙古自治区档案馆编：《内蒙古自治运动联合会档案史料选编》，51～53 页，北京，档案出版社，1989。

路军各军区领导指挥”，这就将蒙区武装力量整合为一支编制、军令、指挥都统一的军事力量，并且能够得到八路军的支援与配合，增强了保卫自治运动胜利开展的能力。“四三”会议上，东西蒙双方进行了激烈的辩论，最终，联合会的代表们因其主张合乎实际、合乎历史潮流、合乎蒙古民族的根本利益而赢得了胜利。东蒙的代表放弃了“独立自治”的主张，接受了民族区域自治思想。会后，民族区域自治思想在蒙区广泛传播，深入人心。

总之，“四三”会议结束了内蒙古东西部长期的分裂状态，为建立内蒙古自治政府奠定了基础。明确了中国共产党是内蒙古自治运动的领导者，从理论上、思想上解决了内蒙古自治运动的方向、道路问题，是中国共产党民族政策和统一战线政策的伟大胜利，对于加强民族团结具有深远意义，同时，也为内蒙古自治区的成立创造了良好的条件。

三、内蒙古自治区政府的成立

1946年9月23日，晋察冀中央局向中共中央建议，并经批准成立了内蒙古党委，由乌兰夫、奎璧、刘春、王铎组成，乌兰夫任书记。乌兰夫在关于内蒙古土地问题致中共中央的电文中提出：“目前，我党在内蒙古所面临的问题首先是十一个盟一百七八十万人口的自治问题。过去阶段党已经克服了两次独立运动，承德会议在蒙人中影响极大，但蒙人一般不满目前的分盟自治与归省政府领导，要求统一自治。如何适当的满足蒙族这一要求，这与解决土地问题有着同等重要的意义。”① 对成立内蒙古自治政府问题提出了初步构想。

1946年11月15日，在由国民党一手操办的“国民代表大会”上，围绕内蒙古自治问题展开了激烈争论。蒙古族知识分子和封建上层提出了内蒙古自治要求，国民党当局继续消极对待，使蒙古族代表在内蒙古自治问题上一无所获。中共中央及有关中央局、分局在深入研究的基础上，对内蒙古自治问题采取了积极而审慎的态度。11月18日，西满分局在致中共中央及东北局并转云泽（乌兰夫）的电报中提出：“现东蒙无论老年、青年，进步的、落后的，都主张成立（内）蒙古自治政府。《大公报》记者亦有要求内蒙自治的呼吁。在此情况下，我们对内蒙自治政府问题应采取如何态度，是否召开内蒙人民代表会议，准备成立比自治运动联合会更

① 内蒙古自治区档案馆编：《内蒙古自治运动联合会档案史料选编》，106页，北京，档案出版社，1989。

具政权性质的机关。此问题根据全国形势，我们是否可以在国民党之先有一确定之主张。”①

针对西满分局向中共中央和东北局提出建立内蒙古自治政府的建议，中共中央于1946年12月26日复电：“中央认为，为了团结内蒙古人民共同抵抗蒋介石的军事进攻与政治经济压迫，现在即可联合东蒙西蒙成立一地方性的高度自治政府，发布施政纲领，但对蒙汉杂居地区仍容纳汉人合作，并避免采取独立国形式。此事请即考虑，提出具体意见，进行具体准备，以便于近期内实现。”② 中共中央认为，成立内蒙古自治政府的时机已经成熟，指示有关中央局、中央分局提出成立内蒙古自治政府的具体意见。在此之前，晋察冀中央局提出让内蒙古自治运动联合会东迁，将工作重点移向内蒙古东部，准备在东部建立内蒙古自治政府。为此内蒙古党委在乌兰夫的主持下，对东迁和建立内蒙古自治政府的问题进行了专门研究，开始了内蒙古党委和自治运动联合会总会机关的东迁工作。

1947年2月中旬，乌兰夫率内蒙古自治运动联合会机关工作人员抵达兴安盟王爷庙。自治联合会东蒙总分会、兴安省政府及内蒙古人民自卫军兴安军区代表和群众前往迎接，并召开了欢迎会，表达了各族各界群众拥护自治运动，对成立内蒙古自治政府的热切愿望。内蒙古自治运动联合会领导机关迁至王爷庙后，将中共中央的指示精神向各族各界群众进行了广泛宣传，为召开内蒙古人民会议、成立内蒙古自治政府开始进行紧张的筹备工作。

1947年3月14日，乌兰夫就筹备内蒙古人民代表会议及组织自治政府的有关情况向中共中央汇报。3月23日，中共中央向东北局、西满分局、热河分局、晋察冀中央局、晋绥分局、西北局，就内蒙古自治问题发出指示：“内蒙人民代表大会既已召开，且东蒙及热察蒙民久已要求成立统一的自治政府，我们不应再加劝阻。故原则上，我们同意就在这次代表大会，产生内蒙统一的民族自治政府”；并明确要求“在大会宣言中应确定内蒙自治政府非独立政府，它承认内蒙民族自治区仍属中国版图，并愿为中国真正民主联合政府之一部分”。③ 同时，中共中央对共产党的领导以及内蒙古人民革命党、内蒙古自治运动联合会等问题提出了初步意见。

---

① 内蒙古自治区档案馆编：《内蒙古自治运动联合会档案史料选编》，142页，北京，档案出版社，1989。

② 中共中央统战部编：《民族问题文献汇编》，1083页，北京，中共中央党校出版社，1991。

③ 中共中央统战部编：《民族问题文献汇编》，1094～1096页，北京，中共中央党校出版社，1991。

4月20日，中共中央复电东北局，原则同意《内蒙古自治政府施政纲领》和《内蒙古自治政府暂行组织大纲》草案，并责成东北局与内蒙古自治运动联合会共同商定具体条文。指示要求乌兰夫就内蒙古自治区域的划分、人口经济状况、政权划分、土地问题、宗教情况、武装部队、中共党员数量以及与各解放区关系等问题分别电告中央。

1947年4月23日，内蒙古人民代表会议在王爷庙隆重开幕。出席会议的有来自内蒙古大部分盟旗的蒙古、汉、回、满、达斡尔等族代表393人，代表包括工人、牧民、知识分子、农民、军人及宗教、工商界人士在内的各界人士。会议选举了以乌兰夫为首的25人组成的大会主席团和10人组成的资格审查委员会。5月1日，内蒙古第一届临时参议会以无记名投票方式进行了选举。乌兰夫当选为内蒙古自治政府主席，哈丰阿当选为副主席，博彦满都当选为议长，吉雅泰当选为副议长。内蒙古自治政府宣告正式成立。

内蒙古自治政府的成立，实现了内蒙古地区蒙古民族各阶层人民多年来渴望统一与自治的愿望，标志着蒙古民族在政治上得到了彻底的解放，极大地鼓舞了各族人民团结一致、共求解放的革命热情，对推动内蒙古地区的社会改革、经济文化等各项事业的发展具有深远的意义。

第五节　民国时期河北蒙区的社会状况

民国时期，河北蒙古族经济遭受巨大打击和破坏。农业方面，随着蒙区的进一步开发，河北蒙古族几乎失去了可放牧的农场。随着台站的取消，原来驿站的蒙古族士兵失去了赖以生存的经济来源，转而从事农业生产。由于日伪政府实行残酷的经济剥削，使河北蒙古族生活于水深火热之中。在文化教育方面，民国初期国民党政府虽采取了一些措施，但收效甚微。尤其是日伪时期实行文化殖民，实行奴化教育，使蒙古族同胞身心备受摧残。在社会风俗方面，与清晚时期相比变化不大。

一、经济状况

（一）蒙区放垦的进一步扩大

民国时期，对于蒙区继续施行移民放垦政策，塞外移民也继续保持着清末的增长势头。大规模地开垦蒙地始于清末，继续于北洋政府时期，在国民政府时期达至高峰。

1914年2月19日，北洋政府内务、农商、财政部及蒙藏院共同制定了《禁止私放蒙荒通则》和《辟垦蒙荒奖励办法》，次年，蒙藏院又制定发布了《边荒条例》，进一步扩大了放垦蒙地的范围。第一条规定："凡蒙、藏、青海等处暨热河、察哈尔、绥远城、东三省、新疆以及陕甘、四川边外开放荒地，均依此条例办理。"具体规定主要有：凡荒区，"如系蒙、藏、回游牧地段，由该扎萨克呈请蒙藏院转呈大总统核准开办……同时亦须呈该地方长官备案"；"凡放荒之处须责成附近县署办理"；"如所放系蒙藏回游牧地段，其所收荒价半归国家、半归该旗，由放垦县署和荒务局征收，分解分交"；"凡新垦荒地……如系蒙藏回游牧地段，则所收大小租应解国库若干，应分给该旗若干，亦照该地向例办理"。[①] 蒙垦方针确定后，各地方当局、各路军阀、官僚争相开垦蒙地，他们通过移民招垦和军队屯垦的方式，扩充实力，聚敛财富，已远远超过了清末蒙地开垦的规模和速度。

民国初年，由绥远当局继续办理垦务，绥远城将军潘炬楹在1915年1月24日给财政部的咨文中写道："本都统到任后，审量事实，默察情形……其在东垦者，如丰、凉、兴、陶四县，旧欠押荒，尚有十五余万亩，而察哈尔右翼余荒、夹荒，本属绥垦范围，或以争夺涉讼、或以盗卖告诉。迭据商民人等呈请，清理勘放，并由本都统派员勘查，如丰、兴两县，分隶红、黄二旗。黄旗计有十八个半苏木，红旗计有十二个半苏木。前留官弁随缺地等，历经私行盗卖、余荒、夹荒，计地已有二千余顷，其各苏木遗漏未放之地，随处皆有。而凉城所属红、蓝旗各苏木余地亦复不少。近复有商民私行包揽，设局招放。夹荒之多，已可概见。"[②]

在此之前，各地成立了不少清理地亩总局，开展清理事宜。1914年6月29日，绥远城将军、督办垦务潘炬楹出示晓谕察哈尔右翼清理地亩章程如下：

> 出示晓谕事，照得察哈尔右翼四旗地亩频年开放，孳生垦辟，疆理井然。推查创办之初，率以土广人稀，且间有山坡砂碱之故，丈放格外从宽。而其间夹荒余地，无不遗漏。迄于今大都渐次垦熟，或因余地而互相争夺，或因径界不清而狱讼繁兴。至

---

① 中国第二历史档案馆藏北洋政府蒙藏院档案，编号：1045—505。

② 阿木古隆、苏仁陶克图：《察哈尔历史沿革》，见政协察右中旗委员会文史资料研究委员会编：《察右中旗文史资料》，第二辑，内部出版，1988。

> 于私种官荒，盗卖旗地，更属指不胜屈。历任将军，均拟设法清查，因事未果。现在绥远划疆而治，各项要政，均待整理，此项地亩，尤应赶速清理，以正径界，而息纷争。本将军督办，现饬于归化城设立清理地亩总局，专理清查察哈尔右翼及土默特旗地亩事宜。并订定章程，派员分赴地所，实行清理。

从潘炬楹给财政部的咨文中可以看出，历经清末民初放垦，察哈尔蒙旗土地已纷乱不堪，因争夺盗卖土地而起纷争涉讼者屡见不鲜。蒙旗草场牧地，此时已经被分割得支离破碎。据《察哈尔乡土志（续）》记载："张北已垦熟地三万零三百顷，地粮额征四万四千两有奇；独石口已垦熟地六千四百九十七顷六十一亩一分，地粮额征一万零三十七两八钱九分八厘；多伦外三区二十一牌已垦地三千四百二十七顷三十六亩，未垦地尚千余顷，睿王、怡王、德公、豫王、毓公放垦地每年每顷额征地租一两四钱至一两八钱。"①

1921年前后，国民党政府财政部长孔祥熙，借口办试验农场在镶红旗北部无偿征用了大片牧场，设立大北、大陆、大成、大有、永大五大公司，至1946年，强占土地千余顷（已垦二百五十余顷）。另外，放地商人勾结蒙古上层，于1924年大量开垦牧场。正红旗的红旗庙一带，以张万武为首的大地主勾结蒙古上层章盖，在马莲滩五、六、七苏木南部大量开垦牧场，中特拉滩（今后旗当郎忽洞一带）的大地主高玺、三大头也勾结上层大量放垦牧场。此外，还把正红旗北部的大片草原划归集宁县礼乐公，把正黄旗北部地区（包括蒙古族群众）划归集宁县二区。总之，通过民国四年（1915年）二次放地，民国六年（1917年）清丈余地，民国九年（1920年）已垦至辉腾锡勒以北。民国十四年（1925年）清丈四旗巴拉古土地，使四旗耕地由南往北逐步扩展，草场愈来愈小。

《承德府志》载："热河土地丰腴，沟塍绣错，至于境内各蒙古，皆渐知稼穑，刀耕火种，斥卤日开，昔时龙沙雁碛之区，今则筑场纳稼，烟火相望，太平景物，亘古未有也！"② 由此可见，热河虽处于边塞之地，但土地肥沃、物产丰富，清代中期以来，移民大量涌入，农业渐渐发展起来，区内的蒙古人也渐渐接受农业，"蒙古昔种田撒种委之去，谓曰'靠

---

① 林传甲：《察哈尔乡土志（续）》，载《地学杂志》，1916（12）。

② （清）海忠修、林从炯等纂：《承德府志》卷二七《风土》，789页，台北，成文出版社，1968。

天收’——而今则不然，均可耘蓐务课”[1]。原来为皇室猎苑的围场地区，变化也甚大，“革命以后，打猎的地方对中国农民及移住者开放了，地首是仍然属于清室的，因有钱可征收，他们遂视此为最容易积钱的方法。移住者于是很快地将树林斫去，以打猎为职业的猎户进去，将大部分的普通的猎兽及别的兽类打杀了。到了今日，全个地面，已从茂密的林地，变成柔和的耕地”[2]。由此可以看出，民国时期河北蒙区土地基本开发完毕，原来的游牧经济已让渡于农业经济。蒙古民由于地权逐渐失落，草原牧场被开垦耕种，牧业破产，生活日益贫困。

民国建立后，八旗体制解散，生活在承德的蒙古达什达瓦部官兵的俸银和粮饷被取消。民国政府为维持其生计，每人发放银元，合交通券120元，当时此款可购买28亩土地，这些达什达瓦部官兵从此以种地为生。由于他们不懂耕作技术，粮食产量不高，又受到国民党军阀的压榨，许多人破产，不得已变卖土地，另谋其他生计。例如，蒙古营的老住户，总管之子寇喜臣从十九岁外出到围场和喀喇沁旗王爷府、公爷府一带当兽医，二十六岁返回承德途中，在茅荆坝一带遭到打杠子人劫持，财物被洗劫一空，回来后以开小店和豆腐房为生，生活十分清苦。狮子沟上二道河子村姓那的一家，原住在蒙古营，后迁居上二道河子。民国初年，那常荣、那常贵兄弟俩，八九岁开始给别人放牛羊，多是赤脚上山，饿了就摘一些野果充饥。成年后以给地主扛活维持生计，受尽人间凄苦。其他蒙古族的生活也十分窘迫，加之瘟疫流行，疾病折磨，使达什达瓦部的后裔只剩下了百十人。[3]

辛亥革命后，由于铁路、公路以及电报等现代交通通信业的兴起，台站的作用日趋削弱，但其设置与编制基本仍沿其旧。每十二个台仍以相当于一个旗的级别隶属张家口西路台站管理局，直接受国民政府蒙藏委员会领导。台站兵丁薪饷，每年四块银元。1914年，五台的章盖朝日布，伙同当地土豪扎丹巴和宋二圪达，乘坝上牧地开荒的机会，将五台的30顷草滩私自卖给梁万珍、冀秃子、三廷奎三人，得白洋2400元，身为五台孔都的孟克图木尔，受五台全体蒙古民的委托，前往参令图尔基格勒处控告。经张家口西路台站管理局，协同十二个台参令共同处理，撤掉了朝日布的章盖职务，将白洋如数分给五台的蒙古民。为此，年仅二十四岁的孟

① （清）和绅：《钦定热河志》卷二三《藩卫》。

② 建人：《清帝打猎地方的自然史》，载《东方杂志》，第24卷，第19号，1928。

③ 伊利民、刘宗和：《厄鲁特蒙古达什达瓦部在承德》，见政协承德市文史委员会编：《承德文史》，第五辑，192页，承德，内部资料，1989。

克图木尔受到上级官员的信任和蒙古民的称赞，次年升为五台章盖。[①] 1918 年，坝上土地大量开垦，台站兵丁的薪饷全部取消，转向以牧业为主。1940 年，太仆寺旗总管（旗长）夏日布，镶黄旗总管穆登宝二人，为了扩大势力范围，同时向察哈尔盟提议，要求将十二个台划归其管辖。双方各执一词，争执不下，而一至十二台的蒙古民，都不愿意划归他旗管理。孟克图木尔于是年秋，带领其老布尔和吴玉林，赴察哈尔盟，向伪盟长卓特巴扎普和日本顾问牵牛耕次郎介绍了台站的设立、建制和历史，陈述了十二个台蒙古民的意见。最后，他们不得不承认十二个台直属张家口西路台站管理局，相当于一个旗的地位。随后，伪蒙政府将十二个台改设为军马牧场。日伪时期，一至十二台改为内蒙古军政府军马牧场管辖，各台改为分场。编制与以前相同，仍以相当于一个旗的级别隶属内蒙古军政府。1942 年，四台蒙古民布特木吉被伪军团长图布升抓丁到绥远，逃跑时把日伪炮兵队长的骑马偷出并卖掉。图布升在五台又将布特木吉抓住，解往绥远，准备以军法处置。路经商都时，图布升带着布特木吉去看望孟克图木尔。最后，在孟克图木尔的劝说下，图布升将布特木吉释放了。1945 年，张家口第一次解放。内蒙古自治区政府主席云泽（即乌兰夫）在张家口召集内蒙古各旗上层人士会议。孟克图木尔以十二台蒙古族上层人士的身份参加了会议。自治政府决定在张北设内蒙古办事处，大成义（后任内蒙古自治区民族事务委员会主任）任处长。下设内蒙古察哈尔盟台站箭政所，孟克图木尔任主任，头台的朝格僧扎布（苏毓秀）任副主任。各台站均改为蒙古族村。[②]

国民党当政之初，地方军阀在内蒙古战乱不息，给蒙古民带来了深重的灾难。察哈尔地区军阀刘桂棠，将察哈尔蒙古民数百户的羊群抢去。20 世纪 30 年代，察哈尔各旗蒙古族人口四万余人，而牲畜只有一万余头。在国民党军阀的统治下，察哈尔蒙古族的境况日益恶化。政府对蒙古民除征收正当税收外，还对纯牧地和半牧地的蒙古民生产及其需要品，如牲畜皮毛及内地输入蒙古的商品等，设卡征税，使蒙古民只能得到最低限度的生产利益。察哈尔各旗群之牲畜、皮毛、麻茹、药材、盐碱等特产至张家口出售，沿途征收各种捐税均按价值抽 3%，并附加省教育费 1%，以后又骤增至 6%。

① 杨生格：《坝上蒙古族上层人士孟克图木尔》，见政协河北省尚义县委员会编：《尚义文史资料》，第一辑，61 页，尚义，内部资料，1986。

② 河北省地方志编纂委员会编：《河北省志 · 民族志》，264 页，北京，民族出版社，1995。

日伪时期，向河北兴隆等县迁徙了朝鲜移民，以种植水稻。令人发指的是，为了掠夺经济资源，在河北蒙区强制大量种植鸦片，以毒害中国人民，以热河尤甚。据于静远（曾任伪满民生部大臣）供述：“自从伪满成立后，于一九三三年在热河省强制种植鸦片四十万亩，每亩须交出二十两鸦片，共为八百万两，每两只给二元，而出卖的价格为八元，尚加二成料子，共剥削五千七百万元”；1943 年，“在热河省强收鸦片八百万两，由朝鲜输入四百万两，掺假一半每两卖四十元，共剥削四亿八千万元”。[①]据《伪满洲国史》称：“热河省鸦片产量较多，每年有数百万两流入华北。关东军为了获取华银券，就以第四科为中心，在伪满总务厅参与下，操纵鸦片走私活动……为了取得上海的各种物资，伪满的一个总务厅次长，坐着飞机，带着成吨的鸦片和黄金，到上海与侵华日军第十三军、宪兵队、海军陆战队、特务机关等进行活动。”[②]

1935 年 12 月，日军在占领察哈尔省张北县后，随即颁发文告，指出“内蒙古是个不毛之地，缺乏农产、矿产，其主要财源为畜牧业和鸦片交易”[③]。1935 年底，察哈尔盟的六个县（多伦、宝昌、沽源、张北、商都、康保）都已被日本的傀儡军队所占领，日本特务机关也同时进驻。李守信秉承日本侵略者的旨意，实行“麻醉政策”，奖励百姓增产罂粟，并在察北六县开设了许多海洛因店，在多伦建立起制造吗啡及海洛因的制毒工厂。[④] 在蒙古族比较聚集的尚义县，全县约半数村庄 9000 多户种植罂粟 2 万多亩，坝下一些村庄甚至 1/3 的土地种植罂粟。如地上村，1940 年全村 41 户 170 口人，种罂粟 100 亩，占耕地面积的 1/3，平均每户种 2 亩多。接着公布了《鸦片管理令》，设立“摧运总署”“土药公司”等机构，专门管理清丈鸦片地亩、查视烟田、征收烟税、收买烟土、贩运输出等。收获后又强令以官价收买，每两烟土以 5 元收买，然后运往沿海大城市，又以每两 40 元高价出售，从中牟取暴利。[⑤]

河北蒙区光复以后，中共中央高度重视河北蒙区的土地问题，乌兰夫曾多次到基层搞调查，他指出，蒙古族在土地占有上与汉族不同，农业

① 中央档案馆编：《伪满洲国的统治与内幕——伪满官员供述》，125 页，北京，中华书局，2000。

② 姜念东等编：《伪满洲国史》，425 页，长春，吉林人民出版社，1980。

③ ［日］江口圭一著，金海、白拉都格其译：《蒙疆政权》，见《内蒙古近代史译丛》，第一辑，243 页，呼和浩特，内蒙古人民出版社，1986。

④ 张同乐等著：《抗战时期的沦陷区与伪政权》，163 页，南京，南京大学出版社，2015。

⑤ 徐有祥：《尚义人民抗战纪实》，见政协张家口市委员会文史资料委员会编：《张家口文史资料·革命斗争史专辑》，第三十六辑，张家口，内部资料，2001。

区、半农半牧区、牧业区之间也不相同。农业区人口占多数，而且蒙古族与汉族杂居，蒙古族是少数，汉人是大多数，已从蒙古族手中取得土地与地权，因此蒙古族地主比汉族地主少得多。蒙古族农民占有土地少且地质差，而蒙古族地主的土地大都由汉人租种。[①] 1946 年 8 月 1 日，乌兰夫在关于内蒙古土地问题致中共中央的电文中提出："目前，我党在绥察热及东北蒙古所面临的问题，首先是 11 个盟一百七八十万人口的自治问题。过去阶段党已经克服了两次独立运动，承德会议在蒙人中影响极大。但蒙人一般不满目前的分盟自治与归省政府领导，要求统一自治。如何适当的满足蒙族这一要求，这与解决土地问题有同等重要的意义。"[②]

在《中华人民共和国土地改革法》实施过程中，乌兰夫结合内蒙古东、中部老解放区土地改革的经验，提出了土地改革的不同地区的不同做法：在农业区，按全国统一规定进行土地改革，但不分蒙古族小地主的土地、农具等；在半农半牧区，适当调整蒙古族大地主的土地，保护畜群，保护牧场；在牧区，实行不分、不斗、不划阶级、牧工牧主两利的政策。在旗县并存，蒙古族与汉族杂居的地区，组织联合土地改革委员会，配备适当数量的蒙古族干部，发动蒙古族与汉族群众联合起来进行土地改革。这些符合地区和民族特点政策的实施，保证了不同类型地区土地改革的顺利进行，既达到了消灭封建土地所有制和封建特权、解放农村生产力的目的，又缓解了农牧矛盾，促进了牧业生产，改善了民族关系，加强了民族团结。

考虑到蒙古族民众从畜牧业转为农业时间短，缺乏农业生产经验与独立经营的能力，耕作方法也比较落后，内蒙古自治区基层党组织大力引导蒙古族民众建立劳动互助和耕畜互助的组织，推广汉族农民的耕作方法与经验，向困难农民发放农业贷款和一定的工副业补助，帮助他们发展农副业和手工业生产。在牧区，派干部帮助总结牧民优良的放牧经验和饲养方法，开办兽医训练班和牲畜流动治疗所；帮助保护草场，预防灾疫。在自治区各级党组织的积极努力下，到解放前，河北蒙区的农业和畜牧业都得到了一定的恢复和发展。

（二）商　业

过去，蒙古族地区的道路多由骆驼、牛、马等牲畜踏出来或由大车轧

① 乌兰夫：《关于内蒙古土地和自治问题（1946 年 8 月 1 日）》，见《乌兰夫文选》（上），41 页，北京，中央文献出版社，1999。

② 内蒙古自治区档案馆：《内蒙古自治运动联合会档案史料选编》，106 页，北京，档案出版社，1989。

压而成，不仅各大道上每天都有众多骆驼、牛车运输盐木粮食等货物往来于各城镇之间，而且无数较小的道路也都行旅不断。商队由张家口至库伦须一个月行程。为加速贸易交往和商品运销渠道，1918年，修通了张家口至库伦（今蒙古国首都乌兰巴托）的汽车路，它是河北省历史上第一条公路（民间称“张库大道”），全长1070公里，这条公路初为商办，后改为官办。

据《察哈尔省通志》载，张库大道通车后，张垣市场更加繁荣，年贸易额达15000万两白银，其中年销砖茶30万箱，输入羊毛1000万斤，羊皮1500万张，成为张家口商务的全盛时期。据《张库通商》记载，对蒙古贸易的商号增加至1600多家，年贸易额达到15亿两白银。另据《察绥蒙民经济剖析》载：“英、法、美、日、德、意等国商人在张家口很活跃。张家口有大小商行7000余家，银行共38家，年进口贸易达3万万元。”

张家口是通向西北的商业和交通中心，号称“华北第二商埠”。当时，张家口的皮毛加工能力巨大，计皮毛540万张，毛绒500余万斤，其中大部分经天津转销国内和国外市场。天津有30余家外国洋行在张家口设立分支机构。从张家口运往天津出口的羊、驼毛370万斤，各种皮革29万张。张家口的皮毛制品不仅行销国内，在世界上也有影响。流行的说法是：“天下裘皮经此输往海内，四方皮市经此定价而后交易。”张家口是名副其实的“皮都”。[①]《万全县志》载：“张库通汽车后，贸易额高达一亿五千万两纹银，进口额8000万两，出口额7000万两，是张垣商务鼎盛时期。”[②] 在张北县，聚集着来自白旗、蓝旗、镶黄旗等地的蒙古商人从事皮货生意。就其范围而言，远处从锡林郭勒盟的东苏尼特旗、西苏尼特旗，一直扩展到贝子庙，再延伸到东、西乌珠穆沁。一般情况下，各家毛店的外购人员于每年农历二三月出发，雇用牛车、马车、骆驼队，运载着商品开始走“草地”，千辛万苦奔波半年之久，八月中秋节前后带着从蒙古地区收购好的皮毛返回张北。当时，旅蒙商运往“草地”的商品很丰富，多为蒙古人生活必需品，主要有砖茶、砂糖、棉布、绸缎、衣服、皮鞋（包括马靴）、马鞍、马鞭、烟酒、首饰、鼻烟壶等。这些商品多从张家口运来，但产地甚广，棉布、杂货均为京津产，绸缎乃是杭州、上海产，生烟产于山西曲沃，砖茶为汉口产。旅蒙商人凭借这些蒙古人喜

① 杨润平：《张家口开埠与城市近代化的起步》，见张家口市政协文史资料委员会编：《张家口文史》，第三十八辑，105页，张家口，内部资料，2003。

② 左宝：《漫话张家口》，101页，内部资料，2002。

爱的商品换回的皮毛货物主要有羔皮、老羊皮、山羊皮、灰鼠皮、狐狸皮、狼皮、獾子皮、牛皮、马皮、驼皮、羊毛、羊绒、驼毛、马鬃等。据不完全统计，复庆裕毛店年内收购各类毛 20 多万斤，各种畜皮 10 多万张，羊绒达四五十万斤。复合明毛店和福增祥毛店虽逊于复庆裕毛店，但年内收购羊毛各家不下十五六万斤，各种畜皮五六万张，羊绒至少 10 万余斤。张北县这一皮毛集散地，一年之内市场流通、交易羊毛高达 370 多万斤，各类畜皮 100 多万张，羊绒 150 万斤。[①]

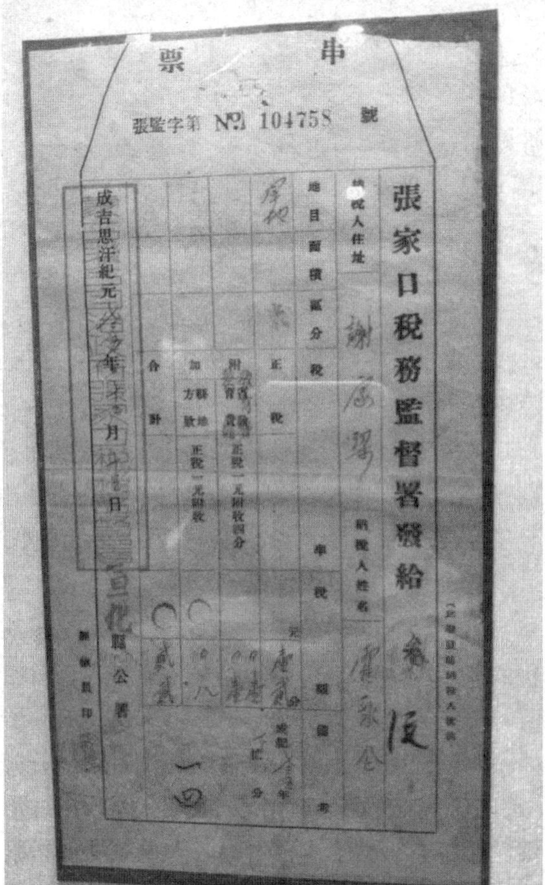

6－2　伪蒙时期的票据

（藏于河北经贸大学发票博物馆，冯金忠摄）

① 《张北毛店与旅蒙行商》，见中国人民政治协商会议张北县委员会文史资料委员会编：《张北文史资料》，第五辑，139 页，1999。

1929 年，中国国民政府与俄断交，蒙古国在沙俄支持下掀起反汉排汉浪潮，关闭了中国的所有商号，这次中国在苏蒙的四万多家商号损失约一亿两白银，人员死难者不计其数，张库大道被迫中断。至此，繁荣了近四个世纪的张库大道开始衰落。大境门外“外馆”市场萎缩，外国洋行纷纷撤离，张家口的许多商号倒闭。1933 年，张家口永大祥记汽车商行经理刘筱如经多方周折，获准前往库伦探讨张库商道开通之事。3 月 6 日，刘筱如一行分驾三辆汽车，载生烟、鼻烟壶、水果等商品出发。3 月 14 日，入蒙古境，沿途受到蒙古人民的热烈欢迎。23 日抵库伦，进入库伦市时，蒙古群众听说“汉商抵达，联袂而至，欣然接晤，欣喜欲狂，慰问周至，殊令刘等有意想不到的愉快”[①]。可见市场需求何等的迫切。不过最终因种种原因，未能开通张库商道。

1936 年，德穆楚克栋鲁普（即所谓“德王”）投靠日本侵略者，成立伪蒙疆政府。日本侵略军为了“以战养战”，提出“粮食就是子弹”“羊毛就是火药”“人力就是武力”三大原则。翌年，日军在温都尔庙设立善邻协会分社、大蒙公司、畜产公司等分支机构。利用这些机构，高价倾销日货，低价收购蒙古族地区物产。1939 年 9 月，伪蒙疆联合自治政府成立后，规定蒙疆地区各种牲畜和畜产品都必须由日本三井、三菱、大蒙等公司经营，其他商人不得经营。同时，日伪相继发布“粮谷管理令”“主要食料品搬出取缔令”“家畜搬出取缔令”“兽毛类输出取缔令”“牲畜输出禁止令”“毛皮类搬出取缔令”等，垄断和低价收购粮食和畜产品。当时，一只二岁羊只能换取一包东生烟，一只齐口大羊只能换取一块砖茶。旅蒙商与牧民交易收购的牲畜、皮毛畜产品等也只能卖给日本人。

据蒙古生计会合作部编印的《蒙古生活豪利希亚》第一集载：“蒙古民众在十年以前，每年售其牲畜之所孳生，以购当年所需之物品，其售牲畜之代价，恒有剩余。故蒙人于渡其简单闲逸之生活外，尚能为寺庙上之施舍。”迨至伪蒙政权建立以来，日本垄断资本势力侵入后五年，“物价暴涨，较之五年以前，竟有涨至十倍上下者，而蒙民所售牲畜、皮毛之价格，则最高不过三四倍，然为购求其日常生活必需品，遂不得不卖其基本牲畜以济之。似此输入悬殊太甚之危机，若不速为挽救，则仅以牧业为生之牧民，不久即有完全破产之虞。蒙人感觉及此，惶恐万状”[②]。1940 年，

① 刘振瑛：《张库大道春秋》，见张家口市政协文史资料委员会编：《张家口文史》，第二辑，142 页，2004。

② 巴雅尔主编：《苏尼特右旗志》，282 页，呼和浩特，内蒙古文化出版社，2002。

德王及其伪蒙疆政府，为其自身利益及牧民群众生计，决定组织“豪利希亚”（即合作社），并制定“豪利希亚大纲”。全旗民众不分贫富，集资入股。每户须担负一股至三百股，每股十元（交通券）。若无力缴款入股者，须按每户一股，由豪利希亚代表向富户借款，逐年以其应得之利润扣还。共筹集资金二十万元，在温都尔庙成立豪利希亚，在陶高图庙、浩勒图、乌日图高勒设三个分销店，并在张家口设立转运站；进行贸易活动。①

1945 年 8 月，八路军解放了张家口地区，察哈尔省人民政府成立。这时时局虽仍动荡，但互市贸易呼声强烈，人民政府顺应民心，决定开市。此次互市贸易之所，因诸多因素没有安排在张家口市区内，而是选择在张家口北边的康保县。3 月 30 日，“锡林郭勒、察哈尔两盟各旗蒙商安全抵达康保县进行交易”②。随后，察哈尔省人民政府为繁荣贸易，在张北、多伦等地组织了武装护队，保护商人运送货物。察盟、锡盟各旗蒙商与热河、集宁、张家口、北平等汉商纷纷前来贸易。蒙商以皮毛、牲畜换回布匹、砖茶、绸缎等。此后，由于解放战争和解放后的工商业改造，由于统购统销政策的实行，民间贸易基本停止。③

（三）金　融

抗战爆发前，“蒙疆”（指察哈尔南部、山西北部、绥远东部）当地流通的货币极为复杂，货币流通量在 2000 万元上下。其中，察南主要通行察哈尔商业钱局纸币，该局至抗战前发行额约 500 万元，其中在察南流通的有 300 万元，在平津流通的有 200 余万元。此外，该地区还有交通银行及河北省银行券等流通。1937 年 8 月，张家口沦陷。9 月 4 日，在日本侵略者的操纵下，汉奸于品卿、杜运宇在张家口成立了伪察南自治政府，辖蔚县、宣化等张家口周围各县。鉴于市面上流通大量的日本银行、朝鲜银行、伪满洲中央银行发行的纸币，货币市场极度混乱，在日本侵略者的授意下，伪察南自治政府于 1937 年 9 月 27 日组建了察南银行，并于 10 月 1 日开业。该行资本额为 100 万元，由伪察南自治政府出资，并向伪满洲中央银行商借了一部分款项。伪察南银行总行设在张家口，发行的伪察南券与日元、伪满元平价，并以整理旧货币为名，限期收回旧货币。伪察南券是用原东三省官银号纸币加盖了伪满洲中央银行字样后，再加盖伪察

① 巴雅尔主编：《苏尼特右旗志》，282 页，呼和浩特，内蒙古文化出版社，2002。

② 刘振瑛：《张库大道春秋》，见张家口市政协文史资料委员会编：《张家口文史》，第二辑，142 页，张家口，内部资料，2004。

③ 刘振瑛：《张库大道春秋》，见张家口市政协文史资料委员会编：《张家口文史》，第二辑，142 页，张家口，内部资料，2004。

南银行的行名，共发行500多万元。该行随着日军的侵略，后又收并了绥远平市官钱局、包头以东各分局，并在绥东及晋北发行纸币。

伪蒙疆联合委员会成立后，决定以察南银行为基础改组、扩大为中央银行性质的蒙疆银行，公布了“蒙疆银行组织法”“紧急通货保护令”等，决定以察南、晋北、蒙古三伪自治政府的名义，组织伪蒙疆银行，以统一币制。伪蒙疆银行于1937年11月13日宣告成立，12月1日接收了察南银行，正式开业。资本额定为1200万元，缴足四分之一即可开业，三伪政府各先行出资100万元，承受察南银行、绥远平市官钱局及丰业银行的全部资产。总行设在张家口鼓楼西街，总裁包悦卿（萨音巴雅尔），副总裁山田藏二（后改为寺崎英雄），监事久间猛（后为郑平甫）。至1939年，在怀来、大同等地设有9个分行，并在北平、天津及日本设有5个办事处。伪蒙疆银行是伪蒙疆地区统制金融的唯一机关，亦即伪蒙疆区域名义上之中央银行，在日本侵略者的直接控制和操纵下，该银行成为日本政府及驻蒙军以金融手段掠夺蒙疆的大本营。①

图6－3　伪蒙疆银行纸币（藏于宣化博物馆，冯金忠摄）

① 戴建兵、申玉山：《抗日战争时期华北经济研究》，77页，北京，团结出版社，2015。

1938年3月1日，又成立了伪蒙古联盟实业银行，隶属伪蒙古联盟自治政府，资本总额100万元，是没收归绥、包头、集宁、丰镇18家钱庄银号成立的。总行设在归绥（今呼和浩特市）平市官钱局旧址，在包头、丰镇、集宁、萨县、张北等县均设有分行。1942年9月5日，与察南实业银行和晋北实业银行合并，成立同和实业银行，原蒙古联盟实业银行改称同和实业银行厚和分行。同和实业银行成为伪蒙疆银行统制管理下的商业银行。伪蒙疆银行成立后，立即发行伪钞，所发行的钞票分100元、10元、5元、1元4种，并铸有钢质硬币，分5角、3角、1角3种，到1939年11月止，发行伪钞5400万元。伪钞与日元挂钩，后与美元联系。①

二、文化教育

（一）文　化

民国时期，一些蒙古族知识分子和政界人士受到先进社会文化和政治思想的影响，纷纷创办书社、发行报刊、结成文化团体，弘扬宣传民族文化，启发和提高民智，传播时事，抒发政见，以求振兴图强。

1918年，察哈尔牛羊群总管策楞栋鲁普在张家口主持创办了汉蒙翻译国华书局，先后翻译出版了汉蒙合璧的《幼学须知》《国文》等启蒙教材。特睦格图，喀喇沁右旗人，蒙古族，1924年在北京创办蒙文书社，自任经理兼总编辑，并创制了国内第一套蒙古文铅字。该社主要从事编纂、翻译、印刷和销售教科书、文史古籍，并承印蒙古、藏、汉、英、法等多种文字的书刊，其中包括《成吉思汗传》《元史演义》《三国演义》《聊斋志异》等文史著作和《蒙文分类词典》《蒙文教科书》等工具书和教科书。1930年底，蒙文书社迁至南京，专门承印教育部、蒙藏委员会和蒙古各盟旗联合驻京办事处的蒙藏汉文书刊、公牍和教科书。至1934年蒙文书社停办，该社共出版各类图书60余种、10万余册，为近代蒙古族文化教育事业的发展做出了重要贡献。

1935年，察哈尔十二旗群在张家口联合创办了察哈尔蒙古图书编译馆，先后编译出版了蒙古文教科书及文史书籍10余种，1937年张家口沦陷后停办。

1925年春，蒙古族第一批中共党员多松年、奎璧、乌兰夫（时称

① 于永主编：《内蒙古通史》，第四卷，433页，呼和浩特，内蒙古大学出版社，2007。

“云泽”）等人在北京蒙藏学校创办了内蒙古蒙古民族的第一个革命刊物《蒙古农民》周刊，宣传反帝反封建的民族民主革命思想，揭露军阀、帝国主义和王公贵族对蒙古农民的压迫和剥削。此刊物被中共北方区委确定为蒙藏学校党组织的刊物，通过它向内蒙古各地群众宣传马克思主义，宣传中国共产党的政治主张和党的民族政策，对唤起蒙古族群众、推动内蒙古地区的革命起了重要作用。但此刊物只编印了4期，后由于乌兰夫、奎璧、多松年先后离开蒙藏学校而停办。①

1925年11月，内蒙古人民革命党在张家口创办蒙古文《内蒙国民旬刊》，宣传该党的政治主张，报道内蒙古地区的情况。该刊石印，大16开，系内蒙古人民革命党中央机关刊，编辑主任齐庆毕力格图，出版主任阿拉塔。该刊是我国少数民族历史上最早用民族文字宣传人民革命的刊物，也是我国蒙古族第一个政党报刊。它公开申明：“我们现在刊行蒙古自己的报刊，一要保护和发展广大蒙古人民的生计权益；二要忠实报道真实情况，以清除广大人民的糊涂认识；三要以广大人民的自由和提高文化知识等为主。”该刊语言浅显通俗，内容分政治、党团、优秀作品、要闻等，在牧区有较大的影响。但因政局变化，出刊不久即停刊。②

1938年，伪蒙疆政府在接收绥远省民众教育馆、通志馆、图书馆的基础上成立蒙古文化馆，创办了蒙汉合璧月刊《文化专栏》，还出版了蒙古文译本《蒙古社会制度史》等图书。1941年，蒙古文化馆迁至张家口，改称“蒙古文化研究所”。蒙古文化研究所编印出版了一些蒙古族历史读物、日蒙辞典、青少年读物、识字小本以及一些科普读物。同时，还进行了蒙古古籍、民间传说、神话、歌谣的搜集和编纂，以及蒙旗的实态调查等。

1940年，一些蒙古族知识分子在张家口成立蒙古文化研究会，创办了蒙古文书刊《复兴蒙古之声》。此外，德王在张家口的主席府还设有专门出版处，从1939年开始先后出版蒙古历史、文学、语言等方面的图书30余种。

---

① 乌兰夫革命史料编研室编：《乌兰夫回忆录》，64页，北京，中共党史资料出版社，1989。

② 金海：《近代内蒙古地区文化史研究》，15页，呼和浩特，内蒙古人民出版社，2009。

1940 年蒙古文化研究会职员情况表

官职	姓名	年龄	籍贯	学历
所长	伊德钦	57	喀喇沁右旗	日本振武学校及帝国大学农科大学毕业
事务官	郭象及	51	厚和市	前清拔贡
主事代理调查官	久下司	38	日本琦玉县入间郡永富村大字根岸	二松学舍专站学校毕业
属官	平光银太郎	45	东京市本所区太平町 1－17	二松学舍专站学校毕业
	孟克宝音	45	阿拉善旗	宁夏蒙回学校毕业
	格什克巴图	42	鄂托克旗	宁夏蒙回学校毕业
	文都尔护	31	土默特旗	“国立”北京师范大学毕业
嘱托	王振廷	38	河北玉田县	河北省遵化第五高中毕业
	李蔚洛	37	厚和市	北平中国大学毕业
雇员	云从龙	29	土默特旗	蒙藏班教育行政组毕业
	薛景芳	26	喀喇沁左旗	热河省师范学校毕业 北京税务专门学校肄业
	满含札布	30	东科后旗	奉天省立第四高中肄业
	好瓦尔格	46	喀喇沁右旗	喀喇沁旗立崇正学校第一期师范毕业
	曹汝弼	41	清水河县	山西宁武中学毕业
	张乙清	40	河北徐水县	河北省国画艺术研究会学员
	萧兆铭	30	北京	北京求实中学肄业
	赵崇福	33	满洲正黄旗	绥远省立第一师范毕业
	吴勒吉图	31	喀喇沁右旗	喀喇沁旗立崇正学校毕业
	贺炳麟	31	北京	北京私立平民学校肄业
	杜宗尧	22	厚和市	包头乙级中学毕业
	宋念吾	38	哈尔滨市	哈尔滨俄国东方高等商业学院毕业

1938 年 5 月 14 日，伪蒙疆联合委员会公布了“蒙疆新闻社法”，着手筹备成立全区域性的“新闻社”，统一管辖全区的新闻出版事业。5 月 20 日，伪蒙疆新闻社在张家口正式成立，直属伪蒙疆联合委员会领导，理事长、理事、监事由伪蒙疆联合委员会任命。理事长先是日本人松本于

兔男，后改为细野繁胜，所有理事、监事也都由日本人担任。社址先在张家口上蒙古营大街，后迁至东山坡（即今张家口地区印刷厂所在地）。理事会以下，全社分为三个局，即经理局、编辑局、印刷局。

编辑局负责各种报刊的采访、编辑、出版工作，所辖报刊除已出版的汉文《蒙疆新报》、蒙古文《蒙古新闻》外，还有后出版的日文《蒙疆新闻》。《蒙疆新报》《蒙疆新闻》这两份报纸都是对开四版日刊，前者发行量较大，10 万多份，后者也有 3 万多份。蒙古文《蒙古新闻》为对开周刊，专发往各盟旗蒙古族聚居地。另外，还出版了伪蒙疆新闻社代管机构伪蒙疆通讯社编的刊物《蒙疆通讯》和华文编辑部编的文艺杂志《利民》半月刊。

抗战胜利后，随着内蒙古民族解放运动的兴起，蒙古族的报刊事业得到迅速发展。其中主要报刊有内蒙古人民革命党东蒙本部《人民之路》（蒙古文），东蒙古人民自治政府《东蒙新报》（日刊），内蒙古自治运动联合会《内蒙古周报》（蒙汉合璧）、自治运动联合会东蒙总分会的《群众报》（蒙汉文日刊）和《内蒙自治报》（蒙汉文日刊）等。这些报刊在唤醒民众投身民族解放、宣传中国共产党的革命理论和民族政策方面起到了重大作用。1948 年 1 月，内蒙古自治政府将《内蒙自治报》改为《内蒙古日报》。在内蒙古图书出版机构正式成立前，内蒙古日报社蒙古文编辑部还承担出版政治理论和文史、科学知识类图书工作。在短短一年多的时间里，该社先后编译出版了《共产党宣言》《论人民民主专政》《蒙古秘史》《刚毅英雄陶克陶胡传》《汉蒙辞典》《蒙古语语法》《蒙古民歌选》《农历》等各类图书百余种，为革命理论、蒙古历史文化和现代科学知识的广泛传播和普及做出了重要贡献。①

（二）教　育

中华民国成立之后，国民政府教育部颁布《普通教育暂行办法》《普通教育暂行课程标准》以及其他一些教育法令，对清末的教育做了一次重要改革。其中，小学教育发展较快，在河北蒙区各旗县大多建立了初级国民小学、女子初级小学和高级小学。此外，还有一些改良私塾，学校规模均不大。

1. 察哈尔地区

1915 年，察哈尔都统署成立蒙汉教育事务所，为管理教育的专设机

① 金海：《近代内蒙古地区文化史研究》，408 页，呼和浩特，内蒙古人民出版社，2009。

关。这个事务所直辖的学校为八旗四郡国民小学校。1916 年 8 月，成立蒙古十二旗群（察哈尔八旗、四牧群）小学，其中省立八旗第一高级小学校 1 所，初级小学校 11 所，每所学校有学生 32 ~60 名，为蒙汉双语教学。1919 年，察哈尔特别区设立师范学校，添招蒙民子弟 1 班。1922 年，又附设蒙古师范讲习科 1 班。1929 年 1 月，察哈尔省召开蒙旗教育会议，决定在张家口市建立蒙旗师范讲习所，以培养蒙旗师资。1934 年时改名为察哈尔省立张家口师范学校，设有蒙旗师范 1 班、高级师范 3 班，共 131 人，全年经费 30362 元。[①] 承德地区平泉县也于 1934 年建立“南五十家子第九国民小学”。孟克图木尔任十二台的参令之后，于 1937 年在七台旧址察汉察老（今商都城北）创办台站的第一所蒙民小学。其中有教师 3 人，各台站蒙古族学生 30 多名。该小学存在了 7 年时间，为各台站培育了一批有文化的人。其中有的早年参加革命工作，如镶黄旗武装部原部长其布格扎布、镶黄旗农机站原站长江生道尔基、正白旗二等残疾军人阿拉腾格日勒等。[②]

伪蒙疆时期，伪蒙疆政府设教育处、教育署及教育科、礼教科等行政机构。初级学校修业年限为 4 年，高级小学为 2 年。此外，还有成人扫盲教育性质的民众学校等，修业年限没有明确规定。中等教育包括普通中学、师范学校、职业学校等。高等教育修业年限 4 ~5 年，其中专修科2 ~3 年。这一时期，除了土默特旗、绥东四旗、察盟各旗保持旧设小学外，并责成锡、乌两盟各旗一律设置小学。各旗虽然按照指令筹设，但多是虚应故事。各旗小学设备非常简陋，多是蒙古包一两座，学生十数人。课程方面有的小学教蒙古文字头，有的学校教《圣谕广训》，而采用新教科书的很少。正如当时报纸上所揭露的：“各县衙署虽设有专科，司理教政，只空有其名，则教育非但无丝毫之发展，反日见没落。张北为察北首县，现仅存小学三处，他如昔日所有之乡村师范，女子小学等，伪政府不予经费，迄今尚未开学。旧日各种教科书及参考书，亦悉数焚毁，现在各小学完全采用伪满所定之课本。各地教堂所办之男女小学及中学，以及村镇私立之私塾，伪官方初不限制，仍照常上课，教科书亦未限制，唯迩来伪政府拟调查私塾用书，必将加以严格之统制矣……察北被占领后，各盟旗小学即告停办，教育厅所委之教职员，全数离职，近蒙政会鉴于盟旗教育关

① 李泽光：《河北蒙古族历史文化概述》，载《西部蒙古论坛》，2014（3）。

② 杨生格：《坝上蒙古族上层人士孟克图木尔》，见政协河北省尚义县委员会编：《尚义文史资料》，第一辑，63 页，内部资料，1986。

系重要，特将东四旗小学筹款开办，教职员均由蒙人担任，所授课程则完全改为蒙文。”①

这时日寇虽然没有派那么多的日语教员到牧区，但由各旗日本顾问兼教日语，推行奴化教育。德王利用日本兴亚院蒙疆联络部的补助费，在苏尼特右旗设立一所蒙古女子学校，由赛春阿主其事，学生不过数十人，设备不过蒙古包数座，这是伪蒙政权唯一的女子学校。同时，实行蒙汉分家，成立专收蒙古族学生的学校，只学日文和蒙古文，不得学习汉文。当时蒙古人中有的主张应学汉文，而主持教育的日本人却强调说，汉人文化不如日本文化高，与其学汉文，不如学习日文吸收现代科学知识快。因此规定兴蒙学院，张北、厚和、贝子庙、包头、百灵庙各兴蒙中学及锡、巴、察、乌、伊等盟所属各旗小学，只学日文和蒙古文，不准学习汉文。②

1936 年 5 月，伪蒙古军政府成立后，辖区内的小学开始采用伪满洲国编纂出版的教科书。1937 年 10 月，伪蒙古联盟自治政府成立后，仍采用伪满洲国的教科书。同时，蒙古文化馆下设教科书编译组，着手编辑中小学教科书及课外读物。因急于编纂以供所需，首先把伪满洲国文教部出版的小学教科书的国语一科中删去不适合伪蒙疆政权的内容，并加入适合伪蒙疆政权的内容，供各地小学使用。

为了培养伪蒙古军政府所需的干部，在德化成立了蒙古学院，郭尔卓尔扎布兼任院长，设师范班、电报班、补习班，招收蒙古青年施以短期训练，以应急需。同时将张北的农业学校改建为察哈尔盟蒙古青年学校，招收 200 名蒙古青年，聘任日本人为教官，进行军事及文化课教学。通过善邻协会选送胡尔沁毕力格、赛春阿、博和温都苏等 10 名蒙古青年到日本留学。在德化设立蒙日语文讲习所，鼓励军政府职员学习蒙古文、日文。③

1937 年 9 月以后，察南、晋北及蒙古联盟三伪自治政府相继成立，为培养各政府官员，在张家口、大同、厚和相应成立察南学院、晋北学院和蒙古学院。1939 年以后，日本政府决定将上述三个伪自治政府合并。伪蒙疆联合委员会以统一其管辖地区内的教育方针和教育机关为名，决定撤销三个学院，成立伪蒙疆地区最高教育机关——蒙疆学院。1939 年 4 月 15 日，伪蒙疆联合委员会制定公布了“蒙疆学院官制”，任命伪蒙疆

① 《一年来之察北教育状况》，载《蒙藏月报》，1936（1）。

② 陶布新：《伪蒙疆教育的忆述》，见政协内蒙古自治区委员会文史资料研究委员会编：《内蒙古文史资料》，第七辑，175 页，呼和浩特，内蒙古人民出版社，1982。

③ 金海：《日本在内蒙古殖民统治政策研究》，57 页，北京，社会科学文献出版社，2009。

联合委员会总务部部长、察哈尔盟盟长卓特巴扎普为蒙疆学院院长。6月4日，伪蒙疆联合委员会又制定公布了“蒙疆学院规则”，并于6月10日在张家口正式成立伪蒙疆政权的最高学府——蒙疆学院。[①]

伪蒙古联合自治政府成立后，蒙疆学院隶属“政务院长”管理。由“政务院总务部部长”关口保（日本人）任第二任院长。该学院设第一部和第二部。第一部学制一年以内，入学资格为大学、专门学校毕业或同等以上学力者经选拔考试合格的日、蒙古、汉、回四族学生（实际上，第一部只招收日籍学生）；第二部学制也是一年以内，招收日、蒙古、汉、回族中等学校毕业或同等以上学力者经选拔考试合格者。学院设院长、副院长、学生监、教官、事务官、助教、属官及参与、讲师、嘱托等职员。1939年6月，第二部先期招收学员，共招收蒙古族26名、汉族30名、回族14名。1941年6月1日，随着伪蒙古联合自治政府的机构改革，蒙疆学院改为中央学院。该学院从建院到1944年10月止，第一部先后共有370名日籍学生毕业，第二部共有520名蒙古、汉、回族学生毕业，第一、二部共计890名学生毕业。

1939年11月，在张家口成立蒙旗学校，“专收王公子弟受训”，由伪自治政府民政部长特克希卜彦（王宗洛）兼任校长，超克曼度夫为主事。1941年6月，该学院改称兴蒙学院，由伪民政部划归新成立的兴蒙委员会管理。除王公子弟外，也招收一般蒙古青年。[②]

1941年7月，伪蒙疆联合自治政府在今张北县城建立“德化蒙古中学”，后改称“兴蒙中学”，蒙汉学生兼收。同年8月1日，在张家口成立蒙古留日预备学校。该校先由“财团法人蒙古留学生后援会”主办，招收蒙古族学生，主要补习日语，为留学日本做准备，属于私立公助性质，由后援会理事长吴鹤龄任校长。1943年3月，伪蒙古自治邦政府将该学校改建为蒙古高等学院。

另外，在察哈尔盟（张北）建立“地方警察学校”。校长一职由盟长兼任，下设1名教头、3名教官、4名助教。地方警察学校同样分普通科、高等科、讲习科。普通科第一部招收初任警士，第二部招收担任三年以上警士职务者；高等科第一部专门招收警长，第二部招收警尉补生；讲习科则招收现职警察，学习特种科目。各科学习课程与“中央警察学校”大

① 金海：《近代蒙古历史文化研究》，337页，呼和浩特，内蒙古人民出版社，2009。

② 陶布新：《伪蒙疆教育的忆述》，见政协内蒙古自治区委员会文史资料研究委员会编：《内蒙古文史资料》，第七辑，181页，呼和浩特，内蒙古人民出版社，1982。

致相同。普通科第一部学习期限为6个月，其余为4个月。

伪蒙古联盟自治政府成立后，非常重视选派留学生的问题，留学所在国主要是日本。1938年3月相继制定公布了伪蒙古联盟自治政府“招考留日官费生遵守规则”“选派官员赴日留学办法”“选派留日官费生规程”“留日官费生遵守规则”等。4月底，经考试选派索特那木扎木苏、才喜雅尔图、德力格尔朝克图等10人作为官费生赴日留学。另外，将此前由善邻协会资助赴日留学的官木布扎布、德格吉勒图、那村卜和、布尔济格特4人作为官费生。1939年5月，又选派14名官费生到日本留学。① 到1941年6月，伪蒙古联合自治政府派遣的留学生达98名，其中蒙古族72名、汉族22名、回族4名。到1942年末，伪蒙疆政权派到日本的留学生共158名，其中蒙古族116名、汉人36名、回族6名，另有喇嘛留学生15名。②

1945年11月，内蒙古自治运动联合会成立。为了培养军政干部，12月，在晋察冀中央局帮助下在张家口创办了内蒙古军政学院。联合会执行主席乌兰夫兼院长，晋察冀干部朱荣任教育长，下设行政部、军事部和中学部。招收来自各盟旗的青年学生和民族武装指战员。开设的课程有社会科学、国际政治常识、蒙古语文和算术、音乐、美术等。学院实行公费待遇，学生毕业后由内蒙古自治运动联合会分配工作。1946年9月，国民党军队进攻张家口，学院撤离至林东地区，并入先期转移到这里的内蒙古自治学院。内蒙古军政学院共开办5期，有500余名学员经过培训投入到解放战争和自治运动中。

1946年12月，国立察蒙师范学校由北平（今北京市）迁往张家口，并于1947年2月开始招生。该校招收高小毕业生，蒙古族学生较少，多数是汉族学生。学制3年，课程除每周增设6节蒙古文课外，皆与普通师范学校相同。蒙古文课由蒙古族教师担任，有蒙古文课本。1947年下半年，调入了杨海清、杜格尔扎布等思想比较进步的教师，使学校有了一些生机。1947年8月，成立学生自治会，设有学生自治会理事会与监事会，均由全体学生选举产生。理事会下设学习组、生活组、文体组、卫生组。他们还成立了读书会，指导同学课外阅读。初招2个班，1948年底达到6个班，1949年增至8个班300多名学生。1950年，该校迁往呼和浩特。

---

① 田中刚：《“蒙疆政权”的留学生事业及蒙古人留学生》，见［日］蒙疆新闻社编：《蒙疆年鉴》，236页，张家口，蒙疆新闻社，1941。

② ［日］蒙疆新闻社编：《蒙疆年鉴》，380页，张家口，蒙疆新闻社，1944。

2. 热河地区

在热河，其教育状况大致和察哈尔相同。伪满洲国前的东蒙古教育非常落后，只有一些很不正规的私塾。至 1941 年底，兴安四省、热河省、锦州省及省外四旗蒙古族普通中等学校（国民高等学校）有 10 所，在校学生 1475 名（其中女生 137 名）。[①] 1941—1945 年，兴安省及省外四旗还建立了 7 所蒙古族女子学校，其中 4 所女子国民学校、3 所女子国民高等学校。与河北蒙古族有关的是建于 1942 年的喀喇沁中旗女子国民高等学校。[②]

日伪政权在热河建立了喀喇沁旗王爷府国民高等学校，并在原崇正学校的基础上增设国民优级学校。1937 年，开始推行“新学制”，以教授日语为主，把日语列为“国语”，在中小学开设“国民科”“建国精神”等课程，给学生灌输“日满亲善”“尊敬日本天皇”的思想。

1935 年 11 月，伪满蒙政部在王爷庙（今内蒙古乌兰浩特市）创办兴安学院，以培养具有必要知识技术的实业者和以实业为主的初等学校教员为宗旨。学制五年，开设国民道德、教育学、日语、蒙古语、农牧林业、历史、地理、数学、图画、手工、体育、音乐、英语等课程。主要从东蒙古各蒙旗范围内招收具有高级小学毕业学力的 12 ~ 25 岁的身心健康之蒙古族男青年。学生享受官费待遇，即不收学费、食宿费。兴安学院第一期招生 50 名，由各省各旗根据分配定额推荐入学。1938 年，为培养实业人才和初等学校教员，增设了师范科。该学院除蒙古语课之外，所有课程均用日语教授，教科书也使用日本的中学和专科学校的教材。

东蒙古学生中也有一些人考上了伪满洲国其他师道学校。例如，1941 年 11 月 21—23 日，在“国立吉林师道高等学院”进行了九年级第二次招生考试，在被录取的 7 名蒙古族考生中，来自热河的有 2 名，即翁牛特旗的朝格图和喀喇沁中旗的巴彦朝鲁。[③]

东蒙古蒙古族各级学校使用的教科书，起始仍沿用原东蒙书局（在沈阳）出版的蒙古文教科书。“兴安总署”成立之初，即着手编纂蒙古文教科书。1934 年 12 月，“兴安总署”改建为“蒙政部”以后，在其“民政司文教科”设“蒙文教科书编审官”，后来正式成立“蒙文教科书编审委员会”，“编审官”一职由蒙古族文化名人、原东蒙书局创办人克兴额

① 金海：《日本占领时期内蒙古历史研究》，61 页，呼和浩特，内蒙古大学出版社，2006。
② 《女子国民高等学校》，载《青旗》（蒙古文），1942 年 1 月 10 日。
③ 《蒙古新生入学》，载《青旗》（蒙古文），1942 年 1 月 24 日。

担任。“蒙文教科书编审委员会”先后编纂出版了小学《蒙文》《算术》《自然》《修身》以及《国民读本》等各科教科书。1937年7月，“蒙政部”被撤销后，该委员会及其业务划归“民生部教育厅教科书编审室”。克兴额后来还编译出版了《蒙语国民高等学校辅助读本》（上、下卷），在当时内蒙古东部地区较有影响。

伪满洲国留学生派遣工作初由“文教部”统一管理，学生不论公费或自费去日本或其他国家留学，一律要得到“民主部”“蒙政部大臣”的许可。“蒙政部大臣”主要管理东蒙古留学生。1939年“蒙民厚生会”成立后，采取鼓励和资助蒙古族留学生的措施，使得东蒙古升入伪满洲国各大学、专科学校和日本的大学、高等专科学校学习的人数逐渐增加。1941年，该会制定派遣留学生第一个五年计划，决定从1942年起向伪满洲国及日本各大专院校派遣440名学生，其中向日本派遣230人。[①] 热河地区那存布赫、厚和巴特尔、德格吉乐图等人被派往日本北海道帝国大学留学。

为控制和利用藏传佛教，让藏传佛教发挥有利于日本殖民统治的作用，日本侵略者在20世纪三四十年代侵占内蒙古期间，制定了一系列旨在控制和利用藏传佛教的方针、政策。1944年，伪满洲国在甘珠尔庙私立学校，称为“国民义塾”，招收学童20人，主授蒙古语，加授日本语，进行奴化教育。这一时期，一部分青年僧人被派往日本留学，日本人企图通过培养青年僧人的亲日感情来控制蒙古族乃至整个蒙疆地区的政治走向。其中，热河留日蒙古族僧人名单，见下表：

姓名	籍贯	寺庙	年龄
宝拉嚷扎布	喀喇沁中旗黑力河屯道尖子	热河普宁寺	23岁
常生	喀喇沁中旗平泉北二十家子	热河殊像寺	20岁
宝音图	喀喇沁右旗	零昭寺	25岁
罗布桑王楚格	喀喇沁右旗	咸应寺	23岁
伊希尼玛	喀喇沁右旗	福会寺	21岁
王钦道尔基	翁牛特右翼旗	福庆寺	19岁

① 忒莫勒：《满洲国兴安省蒙民厚生会始末》，见《蒙古史研究》，第七辑，呼和浩特，内蒙古大学出版社，2003。

三、社会风俗

（一）民　俗

由于长期与汉人接触，在社会风俗方面，河北蒙古族此时和汉族在吃穿住行等方面差别已越来越小，但仍然保留着一些独特的民族风俗。例如，在穿着方面，“蒙人喜着紫、黄二色。贫者着布衣，富者着绢缎。惟妇女首饰为最讲究，富家头戴均属金银、珍珠、宝石之属，价值千万”。在饮食方面，“蒙人昼间均饮奶子茶。将牛羊奶挤出，放置锅内，加以红茶熬之，再以炒米置碗内，以茶水冲之，谓之簞奶子茶。惟晚间吃饭一次，贫家吃莜面及小米之类，富家吃白水煮大块羊肉，不加五味，用刀切开大块嚼之，惟好饮奶子酒或烧酒”。在居住方面，“蒙人住蒙古包。搭以木架，外裹以毡，夏季将毡取开，冬季围裹周密。就地铺以牛皮及毛毯。富家陈设极其壮观，四面悬以玻璃窗，光耀夺目，亦颇敞亮。惟逐水草而居，随意迁徙，与汉人世居其地不同”。在出行方面，“蒙人出门，无论男女均以马代步。至运输一切货物，以牛车或骆驼。未有若汉人步行或肩挑之情形也”。①

祭祀敖包是蒙古主要传统祭祀活动，各盟、旗、苏木、努图克、艾勒都有自己的敖包，家族有家族敖包，寺庙有寺庙的敖包，也有区域性祭祀的大敖包。所以，祭祀敖包活动是季节性、群体性和制度性很强的祭祀活动。敖包的设立，大致上是由藏传佛教的神职人员来完成的。装满藏传佛教佛像的一种箱子作为奠基石被埋在地下，献祭仪式也在藏传佛教神职人员面前进行。这个时候除了有单个家庭主办的家庭祭祀敖包外，大部分情况是为整个部落的幸福安康而举行的。用动物祭祀时，一般举行摔跤比赛、赛马和集市贸易等活动，这种敖包崇拜和敖包祭祀仪式一直流传至今。蒙古族在每个重大生产活动时，一般都要进行相应的祭祀活动，如转场放牧、搬家、狩猎、捕鱼、割草开镰等。

（二）宗教信仰

近代以来，藏传佛教在蒙古地区尽管出现了衰落的趋势，但在蒙古人的精神生活及政治生活中仍占有相当重要的地位。

民国时期，僧人在整个蒙古族人口所占的比例仍然很高。仅以内蒙古为例，据20世纪40年代的调查统计，内蒙古东西部蒙古族总人口为138

① 《张北县志》卷六《礼仪民俗》，民国二十四年（1935年）铅印本。

万多人，僧人为 8 万多人，寺庙 1630 多座，僧人占蒙古族总人口的 5.8%，约占蒙古族男性人口的 11.6%。①

民国时期，仍沿袭清制，由边疆民族事务机关蒙藏院和蒙藏委员会掌管蒙古佛教事务。蒙藏院第二司设有宗教科，掌管寺庙僧人札符、度牒、印信、升迁、调补以及寺庙僧人册籍、封叙、奖给寺庙匾额、钱粮费用、呼毕勒罕转世掣瓶等事项。蒙藏委员会蒙事处第二科，具体制定对蒙古宗教的方针、政策、规则、条例，联络宗教领袖，管理对宗教上层人物的晋升、册封、转世、任用和蒙古宗教的整顿、监督、登记、度牒、钱粮、教育、纠纷等。蒙藏委员会还先后制定了《蒙古喇嘛寺庙监督条例》《喇嘛登记规则》《管理喇嘛寺庙条例》《喇嘛转世办法》《喇嘛任用办法》《喇嘛奖惩办法》《蒙古喇嘛寺庙登记条例》《蒙古各旗及平热等处喇嘛庙管理办法》以及《边疆宗教领袖来京展觐办法》等一系列有关藏传佛教的法律、法规，初步建立起有关藏传佛教管理的法制体系。

张北县海流图的崇禧寺，建于清康熙年间，由于多种原因，该寺从 1940 年开始往锡林郭勒盟搬迁，到 1946 年才迁走 7 个庙殿。此后由于形势混乱，战争频起，搬迁被迫停止，崇禧寺便分为两半，天长日久，庙宇破败，新中国成立时已近乎于一座废墟。此前该寺有耕地 3000 多亩，完全出租给周边的汉族农户耕种，一般每年收租 3 万 ~5 万斤粮食。此外还有草滩 3000 多亩。该寺每年农历六月有一次庙会，有白旗和明安旗的香客坐牛车到寺庙进香。一般进行七天左右，极盛时上千人参加，有佛事和跳鬼等带有宗教色彩的文娱表演。一次庙会可收牛羊数百头和很多金银。赶会时因外地香客人数众多，不能进庙居住，都是自带蒙古包，在三台草滩上临时搭起，场面十分壮观。②

1931 年，内蒙古东部沦陷以后，蒙古佛教事务由伪满洲国政府国务院下设的蒙政部和后来的兴安局负责。伪满洲国统治者通过成立佛教宗团、选派青年僧人赴日本留学等措施，对佛教进行了改革，并予以严密控制。

佛教宗团，1940 年 12 月成立，查干呼图克图活佛阿旺业喜拉哈巴僧格为宗团长。佛教宗团在伪满洲国境内共设兴安北、兴安南、兴安西、热河、锦州、奉天 6 个地方教区，旗下设 30 个分教区，分别成立教务所、

① 转引自乌云毕力格、白拉都格其主编：《蒙古史纲要》，325 页，呼和浩特，内蒙古人民出版社，2006。

② 安俊杰主编：《张家口灿烂的文化》，147 页，北京，党建读物出版社，2006。

教务分所。

东蒙古佛教热河教区教务所、教务分所一览表

教区	教务所所在地	教务所长	分教区：教务分所所在地	教务分所长
热河教区	狮子沟大佛寺	伊希扎拉萨	承德县（含隆化县、丰宁县、滦平县）大佛寺	巴克坦布
			翁牛特左旗：梵宗寺	索努瑞扎木苏
			翁牛特右旗：普庆寺	姜扬扎布
			喀喇沁右旗：新地村天祥寺	却扎穆苏
			喀喇沁中旗：大城子村法轮寺	道贰吉僧格
			喀喇沁左旗：建昌南门外关帝庙	吉格朗图
			敖汉旗：朝格巴图呼庙	同噶拉格

除藏传佛教外，民国时期信奉天主教的蒙古人也逐渐增多，主要集中在察哈尔八旗四牧群。20 世纪 20 年代末，在商都牧群、牛羊群及镶黄旗等蒙古人聚居地有好几处耶稣教堂及传教站，有瑞典、美国、加拿大的传教士向当地的蒙古人传教。

第七章　新中国时期河北蒙古族的跨越发展

中华人民共和国成立后，河北张家口市曾是内蒙古自治区首府，内蒙古自治区在张家口制定并完成了第一个五年计划。随着察哈尔、热河两省的相继撤销，大体奠定了今天河北蒙古族分布格局。蒙古族政治上彻底翻身，真正成为国家主人，积极参加国家和地方的政治、经济和文化教育等的建设、管理和发展。大批优秀的蒙古族先进分子当选为各级人大代表和政协委员，积极为国家的经济建设和社会发展建言献策。河北省积极落实民族区域自治政策，建立了民族自治县、民族乡，极大地促进了河北蒙古族的全面发展。尤其是党的十一届三中全会以后，河北蒙古族社会经济、文化教育等方面都得到了长足发展。

第一节　张家口作为首府时期的内蒙古自治区

一、内蒙古自治政府机关从乌兰浩特迁往张家口

1949 年 3 月 5—13 日，中共七届二中全会在西柏坡召开。会议期间，中共中央领导人对内蒙古的行政区划和自治形式等问题进行了讨论。毛泽东提出，要为恢复内蒙古历史地域积极创造条件，自治区领导机关先由乌兰浩特搬迁到张家口，等绥远解放以后再搬迁到归绥。这一意图就是要撤销热河、察哈尔和绥远三个省，为内蒙古形成东、西部统一的自治区域创造条件，彻底改变内蒙古地区东、西部长期被分隔的状态。[①] 4 月，中共

① 参见乌兰夫：《忆周总理与内蒙古自治区的创建和发展》，见乌兰夫革命史料编研室编：《乌兰夫回忆录》，254 页，北京，中共党史资料出版社，1989。

中央东北局和东北行政委员会致电内蒙古自治政府，决定从5月起，由热河省代管的昭乌达盟和由辽北省代管的哲里木盟（包括东科前旗）划归内蒙古自治政府。4月底，内蒙古自治政府致函热河省、辽北省，决定派出自治政府财经委员会主任王逸伦代表内蒙古自治政府，办理有关交接工作。①

1949年9月，内蒙古地区全境获得解放。中共中央提出恢复内蒙古历史地域的决策后，各族人民普遍认为这是解决内蒙古民族问题的重大举措。但是在一些具体问题，比如内蒙古自治区的规模以及政治中心应设在何处等问题上存在着不同意见。关于内蒙古自治区的政治中心，多数人主张设在归绥，也有人认为应设在承德、张家口或赤峰。② 经过内蒙古工委和自治政府召开有关会议进行讨论，取得了一致意见，决定先将自治政府搬迁到张家口，等到实现绥、蒙合并以后，再西迁到归绥。

1949年11月23日，内蒙古自治区政府主席乌兰夫向中央人民政府政务院正式提出将内蒙古自治政府机关从乌兰浩特迁往张家口的申请。11月24日，申请被批准。12月2日，中央人民政府决定将内蒙古自治政府改称为内蒙古自治区人民政府，乌兰夫任内蒙古自治区人民政府主席，哈丰阿为副主席。12月13日，经中共中央批准，成立中共中央内蒙古分局（乌兰夫任书记）、中共内蒙古分局东部区委员会和内蒙古自治区人民政府东部区办事处，指导绥远省委的工作和管理内蒙古东部地区的工作。③ 12月下旬，内蒙古自治区党政机关开始西迁张家口。

为了适应内蒙古党政机关西迁后对东部地区工作领导的需要，1949年12月，中央决定成立内蒙古东部区党委，东部区党委受内蒙古分局领导和受东北局的工作指导。东部区党委委员22名，常委有刘春、王逸伦、克力更、夏辅仁、胡秉权、胡子寿、高锦明、伍彤、特木尔巴根，刘春任书记，王逸伦任副书记。内蒙古自治区人民政府一部分机构和人员从乌兰浩特迁往张家口时，决定成立内蒙古自治区人民政府东部办事处，管辖兴安、呼伦贝尔、纳文慕仁、锡林郭勒、察哈尔五个盟。刘春兼任办事处主任、特木尔巴根任副主任。1950年3月，在张家口市成立内蒙古直属机关党委，夏辅仁兼任书记，方炎军任专职副书记。至同年6月25日，搬

① 内蒙古自治区档案馆编：《中国第一个民族自治区诞生档案史料选编》，155页，呼和浩特，远方出版社，1997。

② 王铎：《五十春秋：我做民族工作的经历》，368页，呼和浩特，内蒙古人民出版社，1992。

③ 《蒙古族简史》编写组：《蒙古族简史》（修订本），382页，北京，民族出版社，2009。

迁工作全部完成，内蒙古自治区党政机关开始在张家口全面展开工作。

1950年9月22日，内蒙古自治区人民政府和察哈尔省人民政府联合发出布告，宣布了双方的交界线："化德县除三区外之全部地区；宝源县境内张多公路线及其以北（即原宝昌县公路属内蒙古）地区及与沿太左旗南界紧相毗连之租银地全部；多伦除二号区以外之全部县区，均划归内蒙管辖。察北之康保、商都两县与内蒙之原界照旧，但该二县境内与其北边界线紧相毗连之租银地村庄，亦划归内蒙。"① 察哈尔省管辖下的多伦、宝昌、化德三县划归内蒙古自治区，基本上解决了由于历史原因造成的这一带的农牧矛盾问题，加强了民族团结，促进了当地的各项建设事业的发展。

二、蒙绥合署办公与撤销绥远省

内蒙古自治区党政领导机关迁到张家口后，在中共中央和华北局领导下，内蒙古分局和绥远省委为内蒙古自治区人民政府西迁归绥（今呼和浩特）和蒙绥合并做了准备工作。

1952年5月，中共中央决定，内蒙古自治区领导机关西迁归绥市，并实行蒙绥联合办公。内蒙古领导机关西迁归绥市，实行蒙绥联合办公是党中央对实施内蒙古民族区域自治的又一重大步骤。5月17日，在张家口市成立了蒙绥分局直属机关总党委，领导蒙绥机关合署办公期间的工作，党委由16人组成。王逸伦任书记，夏辅仁任副书记，总党委下设分局分党委、政府分党委和公安分党委，分别领导各系统机关党的工作。绥远省委为迎接内蒙古自治区党政机关迁到归绥，积极做了各方面准备工作。经过周密准备，内蒙古分局、内蒙古自治区人民政府于1952年6月27日迁往归绥市。6月28日，由中央人民政府政务院发布公告，正式宣布："为进一步加强内蒙古自治区人民政府和绥远省人民政府工作上的密切合作……绥远省人民政府由本院和内蒙古自治区人民政府双重领导，但各有重点；省的一般行政事宜和非民族自治区工作领导重点在中央，辖区内各盟旗民族事务领导重点在内蒙"；"内蒙古自治区人民政府机关即由张家口移往归绥市"；"绥远省人民政府主席董其武辞职业已照准，遗缺即由乌兰夫兼，苏谦益、杨植霖、奎璧、孙兰峰任副主席。杨植霖兼任内

① 《内蒙古自治区人民政府、察哈尔省人民政府联合布告》（1950年9月22日），见内蒙古自治区档案馆编：《中国第一个民族自治区诞生档案史料选编》，162页，呼和浩特，远方出版社，1997。

蒙古自治区人民政府副主席”。①

为了适应内蒙古和绥远省各项工作协调发展的需要，1952 年 8 月底，经中共中央批准，华北局做出决定，绥远省委与内蒙古分局合并，改称为蒙绥分局，“原绥远省委委员参加分局为委员；绥远省人民政府保存不变，并以乌兰夫兼任省府主席”②。9 月，中共中央蒙绥分局正式成立。10 月，蒙绥分局由张家口迁到归绥。中国共产党在内蒙古地区的领导机构得到了加强，为促进民族区域自治政策的进一步贯彻实施创造了更为有利的条件。

1953 年 10 月 30 日，内蒙古自治区人民政府和绥远省人民政府联合发出《关于蒙绥政府合署办公的通知》，指出：“为了加强民族工作，精简机构，减少层次，提高工作效率，抽出必要的干部转向经济建设。经两政府委员会于十月十七日召开联席会议研究决议：内蒙古自治区人民政府与绥远省人民政府，合署办公。”③ 决定自 11 月 1 日起正式合署办公。

1954 年 1 月中旬，绥远省召开第一届第三次各界人民代表大会，会议总结了绥远省的工作，讨论通过华北局关于蒙绥合并、撤销绥远省建制、统一由内蒙古自治区人民政府领导的决议。3 月，国务院决定撤销绥远省建制，划入内蒙古自治区管辖，中共中央蒙绥分局改称中共中央内蒙古分局。

蒙绥合并以后，中央对内蒙古党的组织机构及领导成员也做了新的调整。1955 年 7 月 1 日，撤销中共中央内蒙古分局，改设中共内蒙古自治区委员会。书记为乌兰夫，副书记为苏谦益、杨植霖、奎璧、王铎，常委为乌兰夫、苏谦益、杨植霖、奎璧、王铎、王逸伦、王再天、王文达、高增培。

三、察哈尔、热河撤省

1950 年 9 月，察哈尔省多伦、宝昌、化德三县划归内蒙古自治区。

① 《政务院对今后内蒙绥远双方工作关系的决定》（1952 年 6 月 28 日），见内蒙古自治区档案馆编：《中国第一个民族自治区诞生档案史料选编》，169 页，呼和浩特，远方出版社，1997。

② 《华北局关于绥远省委和内蒙古分局合并改称蒙绥分局电》（1952 年 8 月 25 日），见内蒙古自治区档案馆编：《中国第一个民族自治区诞生档案史料选编》，168 页，呼和浩特，远方出版社，1997。

③ 《内蒙古自治区人民政府绥远省人民政府关于蒙绥政府合署办公的通知》（1953 年 10 月 30 日），见内蒙古自治区档案馆编：《中国第一个民族自治区诞生档案史料选编》，170 页，呼和浩特，远方出版社，1997。

此后，根据中共中央关于调整行政区划的决定，中共中央华北局提出了撤销察哈尔省建制的具体方案。1952 年 11 月 15 日，根据中央人民政府委员会第十九次会议决议，察哈尔省建制正式撤销。至此，察哈尔省管辖的察哈尔盟和锡林郭勒盟被划回内蒙古自治区，其余各县划归河北省。

1954 年 8 月 21 日，中共热河省委向中共中央呈文，提出撤销热河省建制的问题："从历史上看，热河与察哈尔、绥远一样是特别区，不是一个省的建制"；"从民族各项来说，以赤峰为中心的热北各旗县，蒙民较多，历史上即属于内蒙昭乌达盟与卓索图盟，如划归内蒙后，对民族团结上有好处"。[①] 1955 年 6 月 30 日，又提出《关于撤销热河省建制并入辽宁省和部分划归内蒙的意见》，7 月 9 日，制定《关于撤销热河省建制几个问题的初步处理方案》，提出移交过程中涉及的财经、机构、人事安排等各方面的具体措施。

为了认真贯彻中国共产党的民族区域自治政策，随着各方面条件的成熟，国务院在 1955 年 7 月 27 日制定了《关于撤销热河等省的议案》，指出："为了适应国家计划建设的需要和便利国家行政工作的进行，经国务院全体会议第十五次会议决议，撤销热河省和西康省，将热河省所属行政区域，分别划归河北省、辽宁省和内蒙古自治区领导。"撤销热河省后，承德、围场、隆化、丰宁、滦平、平泉、青龙、兴隆八县和承德市划归河北省，在承德设立专员公署，领导八县一市的工作；朝阳、北票、建平、建昌、凌源五县和喀喇沁左旗划归辽宁省，由锦州专员公署领导；宁城、赤峰、乌丹三县和敖汉旗、喀喇沁旗、翁牛特旗划归内蒙古自治区，由昭乌达人民委员会领导。[②]

1956 年 1 月 1 日，热河省建制正式撤销。热河省的交接委员会成立了交接办公室，各单位也成立了交接小组。按照中共中央的要求，先成立新机构，后撤销旧机构，以免工作中出现中断和混乱。由热河省移交给内蒙古自治区的地方国营、公私合营工业企业 17 家，其中省直营厂矿 6 家；地方国营农牧场、站 8 个，其中省直营 3 个，即赤峰农业试验场、乃林农场、赤峰拖拉机站。热河省直属赤峰苗圃和鸭鸡山林场属地以及 69 处县级苗圃和林场，朝阳地区的批发站全部移交内蒙古，建立了赤峰批发站，同时移交的还有一个省级供销合作社；交通厅所属机构一个；教育厅所属

① 参见中共热河省委档案、河北省档案馆藏档案，684－1－482。

② 《中华人民共和国国务院关于撤销热河等省的议案》（1955 年 7 月 27 日），见内蒙古自治区档案馆编：《中国第一个民族自治区诞生档案史料选编》，183 页，呼和浩特，远方出版社，1997。

中学、中学教师业余进修学院、小学教师训练班、幼儿园等6个；省立第二医院和鼠疫防疫站。热河省移交给内蒙古自治区的事业、企业单位总计有1133个。[①] 原热河省的翁牛特旗、喀喇沁旗、敖汉旗、赤峰县、宁城县、乌丹县划归内蒙古自治区，昭乌达盟的历史地域基本上恢复了。

为解决内蒙古自治区与河北省行政区划和管理的遗留问题，经国务院批准，1962年7月，河北省商都县划归内蒙古自治区。[②] 此后，商都县归属内蒙古自治区乌兰察布盟。

四、张家口作为首府时期内蒙古自治区的施政

这一时期，中共中央蒙绥分局和内蒙古自治区人民政府领导全区各级党委和政府，积极宣传过渡时期的总路线和民族工作方面的总任务，同时从内蒙古自治区的实际出发，制定了自治区在过渡时期的具体任务。1953年，内蒙古自治区进入有计划的大规模的经济建设时期。4月30日，乌兰夫在庆祝五一国际劳动节暨内蒙古自治区成立六周年干部大会上，发表了《在国家统一计划下，建设与发展内蒙古》的讲话，指出："随着国家大规模经济建设的开始，内蒙古自治区的建设也步入了一个新的历史时期，即进一步发展自治区的政治、经济、文化等事业，向着富裕和繁荣的道路前进的时期。要完成这一艰巨的历史任务，关键是发展经济，因为只有经济发展了，其他事业的建设和发展才有可靠的物质保证。而要建设与发展自治区的经济以及其他事业，就必须与国家的整个建设相配合，把自治区的建设计划纳入国家统一建设计划的总轨道，在国家的统一计划、统一步骤下进行工作。"[③]

根据国家第一个五年计划的总要求和内蒙古自治区过渡时期的具体任务，制定了自治区发展国民经济的第一个五年计划。这个计划所确定的基本任务是："大力发展以互助合作为中心的农牧业生产，支持国家社会主义工业化；大力支持国家重点建设，特别是包头工业基地的建设，按计划积极发展地方工业、林业、运输业、邮电、商业、教育、卫生、文化等事业；积极地稳步地实行对农业、手工业和资本主义工商业的社会主义改造，保证社会主义经济成分的比重不断增长，完满实现国家计划，为改变

① 参见中共热河省委档案：《中共热河省委关于建制撤销后移交处理工作的总结报告》，河北省档案馆藏档案684－1－534。

② 周清澍主编：《内蒙古历史地理》，288页，呼和浩特，内蒙古大学出版社，1994。

③ 乌兰夫：《在国家统一计划下，建设与发展内蒙古》（一九五三年四月三十日），见《乌兰夫文选》（上册），266页，北京，中央文献出版社，1999。

自治区经济文化的落后面貌奠定初步基础。”① 内蒙古自治区发展国民经济的第一个五年计划，在服从国家整体计划的基础上，十分注重自治区的实际条件。

第一个五年计划期间，国家把内蒙古列为重点建设地区之一。1954年1月，乌兰夫在中共蒙绥分局召开的工业汇报会议上，提出了内蒙古自治区工业建设的总任务和方针，指出应配合国家和自治区经济建设计划，从促进农牧业生产的发展与改造出发，有步骤地、有计划地发展足以改变自治区面貌的工业，使自治区落后的经济状况得以逐步改观。② 在“一五”计划期间，自治区的工农牧业生产、交通运输、邮电通信、文化教育和医疗卫生等各项事业都得到了迅速发展。

五、内蒙古自治区首府由张家口迁往归绥

内蒙古自治区首府迁到张家口后与察哈尔省政府相处十分融洽，搬迁后恰逢中华人民共和国第一个国庆日，为了更好地迎接这一盛大的节日，察哈尔省政府和内蒙古自治区政府各机关、部队、学校、各人民团体代表在市文化馆礼堂集会，研究庆祝中华人民共和国国庆事宜。并成立张家口庆祝中华人民共和国国庆节筹备委员会，省主席张苏为主任。

但是，张家口作为内蒙古自治区首府只是一个过渡，两个省政府在一地办公并非长久之计。一次，乌兰夫到北京开会，他到中南海去看望毛泽东，毛泽东问道：“乌兰夫同志，你们现在搬家了没有啊?”“主席，我们还在张家口办公，没有搬家。”乌兰夫回答。“哦，你们怎么还在张家口?你这个内蒙古政府主席还在‘借荆州’啊!”毛泽东颇感意外。乌兰夫说：“目前还有些阻力，有些人不理解，我们正在做工作。”“这个问题要尽快解决，不能再拖了啊！你把这个情况向周总理报告，同总理商量商量，把事情办好。”毛泽东虽有些急，但还是说，“但一定要注意做好思想工作。”

乌兰夫找到周恩来，向他汇报了内蒙古政府为什么没有到归绥去的具体工作情况，听完了汇报，周恩来说：“这是中央和毛主席已经决定的，定了的事情就要执行嘛！这件事我再向主席说说，内蒙古自治区首府要马上搬到归绥去。”由于周恩来亲自过问，并向那些对内蒙古划界不理解的

---

① 乌兰夫：《十年来的内蒙古：为庆祝内蒙古自治区成立十周年而作》（一九五七年四月二十日），见《乌兰夫文选》（上册），457页，北京，中央文献出版社，1999。

② 王树盛、郝玉峰主编：《乌兰夫年谱》（上卷），307页，北京，中共党史资料出版社，1989。

人做了思想工作，内蒙古自治区政府终于在1954年6月28日迁到了归绥市（今呼和浩特）。①

第二节 河北蒙古族翻身做主

新中国成立后，建立了民族区域自治制度，河北蒙古族政治上彻底翻了身，成为国家的主人，不仅能够管理本民族事务，而且参与管理国家事务。河北蒙古族多人被选为全国人大代表、河北省人大代表、河北省政协委员以及各市县人大代表和政协委员。河北蒙古族积极参政议政，为河北社会经济繁荣、文化发展贡献了自己的智慧。

一、认真学习和贯彻党的政策，维护民族团结

（一）学习《共同纲领》

1949年9月21日，中国人民政治协商会议第一届全体会议在北平举行，乌兰夫率内蒙古自治政府代表团参会。9月29日，会议通过的《中国人民政治协商会议共同纲领》确立了中国共产党的民族政策。明确规定，新中国以民族区域自治解决国内的民族问题，实行单一制的国家结构形式。坚决保证民族平等，积极维护民族团结，努力消除历史上民族压迫制度遗留下来的消极影响和民族间存在的事实上的不平等现象。为大力宣传《共同纲领》，1950年10月17—20日，中国共产党察北地委召开蒙古族代表会议，蒙古族代表39人参加。通过学习讨论共同纲领中的民族政策，代表们表示，蒙古族人民与汉族人民决心团结一致，为建设新察北而奋斗。

（二）孟克图木尔等人代表河北蒙古族参加国庆大典

1950年6月，尚义县五台的孟克图木尔、巴图、那木色来扎布和汗淖台的察老等人参加了内蒙古察哈尔盟10个旗的各界人民代表大会。10月1日，察哈尔省政协代表团由田华秘书长带队，赴京参加国庆大典，孟克图木尔等人在北京受到毛泽东、朱德、刘少奇、周恩来等中央领导的接见。孟克图木尔按照蒙古族的习惯，向中央领导进献了哈达、黄油和奶食，中央首长赠其呢料制服一套。

---

① 张荣久：《内蒙古首府从张家口迁到归绥前后》，见政协张家口市文史资料委员会编：《张家口文史》，第三十九辑，98页，张家口，内部资料，2004。

孟克图木尔，1890 年出生，河北尚义四台蒙古营人，蒙古族。八岁丧父，主要靠给其舅父夏日布仁钦家劳动维持生活。孟克图木尔自幼勤奋好学，白天放牧，晚上自学蒙古文、满文和汉文。经过八年的努力学习，孟克图木尔的蒙古文、满文、汉文水平都达到初中程度。1907 年，年仅十七岁的孟克图木尔任四台的文书，1910 年任十二个台的参令秘书，1913 年兼任五台的孔都（副台长），1915 年升任五台的章盖（台长），1922 年升任十二个台的副参令，1935 年升任参令[①]，兼任台站防卫队队长。1940 年冬，一至十二台改设为伪蒙政府直属军马牧场，各台站改设为分场，十二个台仍相当于一个旗的级别，孟克图木尔任参令，兼任防卫队队长，授上尉军衔。1945 年，张家口第一次解放，内蒙古自治政府主席云泽（即乌兰夫），在张家口召集各旗上层人士会议，孟克图木尔以十二个台蒙古族上层人士的身份参加了这次会议。内蒙古自治政府决定在张北设内蒙古办事处，由大成义任处长。下设察哈尔盟台站箭政所，孟克图木尔任主任。箭政所辖七个台，即一台、二台、三台、四台、五台、汗淖台、察老格齐台。1950 年 11 月，孟克图木尔任尚义县民政科科长。1958 年，坝上四县合并为张北县，孟克图木尔任民族事务委员会副主任。1960 年，孟克图木尔任商都县民族事务委员会副主任。1961 年分县后，孟克图木尔任尚义县民政科副科长。1963 年退休。1968 年 9 月 7 日因病逝世。“文化大革命”期间，孟克图木尔受到了不公正的批判。中共尚义县委、尚义县人民政府，于 1979 年 7 月为孟克图木尔召开追悼会，宣布平反昭雪，恢复名誉。[②] 孟克图木尔先生的一生，经历了清朝、民国和日伪时期、中华人民共和国各个不同的历史阶段，为当地蒙古民族的生存和利益做了许多有益的工作，在当地人民群众中享有很高的威望。

（三）妥善解决坝上蒙古族村的归属问题

为解决张家口地区坝上蒙古族村的归属问题，1950 年底，中国共产党察北地委在张北县召开了五级政府蒙古族代表大会。参加会议的有察北地区、锡林郭勒盟、张北县、尚义县和有关区、村蒙古族代表。通过协商，决定将坝上蒙古族村由内蒙古移交察北有关县、区。[③]

1962 年，商都县划归内蒙古。因划定商都、尚义县边界发生了五台

---

① 十二个台相当于一个旗，副参令相当于副旗长，参令相当于旗长。

② 杨生格：《坝上蒙古族上层人士孟克图木尔》，见政协河北省尚义县委员会编：《尚义文史资料》，第一辑，61 ~ 63 页，尚义，内部资料，1986。

③ 河北省地方志编纂委员会编：《河北省志 · 民族志》，266 页，北京，民族出版社，1995。

蒙古营与高勿索公社八十五号大队之间的草滩纠纷，蒙古族群众上访到尚义县政府、张家口地区专员公署，直至派代表到中央上访。身为尚义县民政科副科长的孟克图木尔，一方面提供历史资料，另一方面对蒙古族群众做了大量的说服教育工作，为制止事态扩大、促进民族团结做了许多努力。这次地界纠纷经两省区、两地盟、两县领导的共同协商，以 1950 年五级政府划定的界线为依据，最终得以圆满解决。①

二、历届全国人大中的河北蒙古族代表

人民代表大会制度是中国人民民主专政的政权组织形式，是新中国的根本政治制度。根据宪法的规定，中华人民共和国的一切权力属于人民，人民行使国家权力的机关是全国人民代表大会和地方各级人民代表大会，各少数民族都应当有适当名额的代表。历届全国人大中，少数民族代表人数占代表总人数的比例，均高于同期少数民族人口占全国总人口的比例。这充分体现了新中国在民族关系上的民族平等、民族团结原则。

（一）三次当选全国人大代表的齐燕铭

齐燕铭，蒙古族，1907 年出生于北京，曾是第一届（1954 年）、第二届（1958 年）和第三届（1964 年）全国人大代表，三次代表河北蒙古族出席全国人民代表大会。

齐燕铭，本名齐利特氏，又名齐震、齐振勋，笔名有齐鲁、叶之余等。1924 年，考入北京大学预科，两年后升入北京大学国语系，曾参加学生爱国运动。1930 年大学毕业后，先后在北平大同中学、光华女子中学和保定第六中学任教。1931 年“九一八”事变后，支持并参加抗日救亡运动。1933 年起在北平中国大学任讲师，并在中法大学、东北大学授课，讲授中国文学史等课程，参与编辑《文史》杂志。1935 年，参加“一二·九”学生爱国运动，加入新学联，主编《盍旦》及《时代文化》杂志。1937 年，赴山东济南于十三路军干部训练班任教，并任济南《救国时报》总编辑。抗日战争爆发后，积极从事抗日救亡宣传工作。1938 年，加入中国共产党。同年冬，参加鲁西北聊城抗战，任范筑先将军中校秘书。此后，历任鲁西北区《抗战日报》主编、政治干部训练班教务长、冀南主任公署太行办事处主任等职，参加敌后抗日游击斗争并参与创建了鲁西北抗日民主根据地。1940 年，赴延安，在中共中央党校任教，后任

① 杨生格：《坝上蒙古族上层人士孟克图木尔》，见政协河北省尚义县委员会编：《尚义文史资料》，第一辑，63 页，尚义，内部资料，1986。

中央研究院历史研究室研究员，并在鲁迅艺术学院兼课。1943 年起参与创作新编历史剧《逼上梁山》《三打祝家庄》等，对推进戏曲改革起了带头作用。1945 年 7 月，任中国解放区人民代表会议筹备委员会副秘书长。抗日战争胜利后，先后任中国共产党赴重庆代表团和赴南京代表团秘书长，随毛泽东、周恩来工作。1947 年春，返回华北，先后任中共中央城工部秘书长和统战部秘书长。1949 年，参加新政协的筹备工作。中华人民共和国成立后，历任中央人民政府办公厅主任，政务院副秘书长，中共中央统战部副部长，国务院副秘书长，周恩来总理办公室主任兼国务院专家事务管理局局长，文化部党组书记、副部长兼国务院科学规划委员会古籍整理出版规划组组长，中共中央统战部副部长，中国科学院顾问兼国家计划委员会经济研究所顾问，中国社会科学院顾问，第五届全国政协秘书长，中国戏剧家协会常务理事等职。1978 年 10 月 21 日，因病在北京逝世。

齐燕铭好学深思、学识渊博，除文学、戏剧外，在文物、书法、金石和经济研究等方面均有深湛的造诣。

（二）第五届全国人大代表杜布信

杜布信，1919 年出生，蒙古族，全名为杜布信吉尔格勒，河北尚义县火营盘乡五台蒙古营村人。十二岁时父亲去世，他和哥哥以放牧、打草等为生。新中国成立后，杜布信积极响应党的号召，成立了互助组，担任组长。他带领牧民群众，在五台河上修筑土坝，用洪水灌溉，改造盐碱滩，使一片白茫茫的不毛之地长出了绿草。全蒙古营年产草量，由原来的几万斤增加到几十万斤，畜牧业得到迅速的发展，牧民生活也有了较大的改善。1952 年，杜布信出席了尚义县、察北专区、察哈尔省劳动模范代表会议，受到了各级领导的嘉奖。1952—1961 年，他历任互助组组长、初级牧业合作社社长、高级社副社长、副大队长等职。1957 年 4 月，出席了全国劳动模范代表会议，受到了毛泽东、刘少奇、周恩来、朱德等党和国家领导人的亲切接见。1959 年 10 月，参加了国庆十周年全国少数民族青年观礼学习团，又一次受到党和国家领导人的亲切接见。1978 年，杜布信当选为河北省人民代表、省人大常委会委员、第五届全国人民代表大会代表。1982 年，当选为政协尚义县第一届委员会委员、常务委员、副主席。1984 年，连任第二届委员、常务委员、副主席。

杜布信的一生，是维护民族团结、发展民族经济的一生，在当地人民中享有很高的威望。由于历史的原因，蒙汉之间经常因草场界线发生纠纷，对此，他一贯用党的民族政策教育蒙汉群众，始终坚持公正的立场，使各种复杂的矛盾能够得到顺利的解决。如 1962 年，解决五台蒙古营与商都高勿索八十五号大队之间草滩纠纷，为增进民族团结做出了贡献。①

（三）第五、六届全国人大代表拉希·扎木索

拉希·扎木索，1941 年出生，河北沽源人，蒙古族，曾两次当选中共人大代表。1963 年，他高中毕业后，回到了家乡红圪塄公社蒙古营村当上了一名教师。他教书育人，十年如一日，努力改变家乡农牧民世世代代文盲的状况。

“文化大革命”结束后，正是拨乱反正、落实政策的高峰期，鉴于全县少数民族多、信教群众多、台属和其他各界统战对象较多、情况复杂的状况，他亲自上门走访，骑自行车奔走几十公里，披星戴月，为“文化大革命”中受到不公正对待的宗教神职人员、国民党起义人员等重点统战对象百人澄清事实，落实政策，从而调动了各界统战对象的积极性，增强了党的凝聚力。1982 年，被选为中共十二大代表。1984 年，调任沽源县委统战部副部长。1987 年，当选为中共十三大代表、中国共产党河北省第三次代表大会代表。

20 世纪 90 年代初，拉希·扎木索任沽源县政协副主席兼统战部长。在统战部扶贫大二号乡天立泉村期间，他不辞辛苦跑县进市，为该村赊电杆，争取了 5 万余元资金通了电，还通过唐山民委争取到 5000 余件救灾衣物。1994 年，被评为全国民族团结进步模范，出席了第二届民族团结进步表彰大会，受到江泽民总书记及其他党和国家领导人的接见。1996 年，拉希·扎木索当选为沽源县政协主席，他还是河北省政协委员、张家口市政协常委。1998 年，沽源县遭遇严重的自然灾害，老百姓损失惨重、生活艰难，拉希·扎木索以强烈的社会责任感，通过仔细的调查研究，向省政协上报了一份《社情民意》，反映沽源县灾情严重、8 万农民缺粮的情况。《社情民意》经省政协印发后，引起了河北省委、省政府高度重视，省政府主要领导作了重要批示，要求有关部门调查核实，予以解决。

早在乡镇工作时期，拉希·扎木索便倡议成立“蒙汉联谊会”，以加强民族团结。他还与内蒙古签订了农牧区经常互访、联访的协议，使河北省和内蒙古这两个接壤省区的蒙古族和汉族同胞，像走亲戚一样地频繁往来，和睦相处。他曾多次深入民族聚居地，参与民族纠纷的调解，推动沽源与内蒙古相邻旗县缔结了兄弟般的友谊。2001 年秋，针对清真食品加工是否存在不规范的问题，他亲自带队，组织有关委员和民族宗教界人

① 杨生格：《杜布信先生生平简述》，见政协河北省尚义县委员会编：《尚义文史资料》，第一辑，63 页，尚义，内部资料，1986。

士，深入各清真肉食品加工厂视察。2003 年因病去世。①

拉希·扎木索还是一名优秀的诗人，他以一支生花妙笔，创作了大量歌颂家乡、歌颂民族大团结、歌颂新生活的诗作。

（四）第六届全国人大代表宝音

宝音，蒙古族，河北尚义县五台蒙古营人，曾任尚义县五台蒙古营生产大队大队长。1982 年当选为河北省劳动模范。1983 年当选第六届全国人民代表大会代表。1984 年 10 月因病去世。

（五）第六、七届全国人大代表豪杰

豪杰，1951 年出生，蒙古族，尚义县大营盘乡五台蒙古营村党支部书记。历任大营盘乡第六届人大代表，尚义县第八、九届人大代表，河北省第六届人大代表，第六、七届全国人大代表。1984 年，豪杰担任村党支部书记后，以改善牧民生活为己任，积极进取，奋力拼搏，引进资金 35 万元，为该村修建了高压输电线，兴建一万米草围栏。全村牧业有了长足的发展，牧民生活有了很大改善。五台蒙古营村党支部被国务院授予全国民族团结进步先进集体称号，他本人被国家民委评为全国民族团结先进个人，并授予金质奖章，先后荣获地区、市劳动模范称号。②

（六）第八届全国人民代表大会代表孙德民

孙德民，1941 年出生，蒙古族，著名剧作家，第八届全国人大代表，第八届河北省政协常委，曾任河北省文化厅副厅长、河北省作协副主席、河北省文联副主席、河北省戏剧家协会副主席，河北省首批省管专家，文化部首批部管专家，享受国务院特殊津贴。

1962 年，孙德民开始从事话剧创作。1972 年，他和剧团编剧张仲朋深入农村生活 8 个月之久，对剧团原来的戏剧和电影《青松岭》做了修改，并由长春电影制片厂重新拍摄。1966 年“文化大革命”开始，在长达 7 年的时间里，中国没有拍摄一部故事片，《青松岭》是当时中国第一批上映的三部电影之一。他先后创作大型话剧 22 部、电视连续剧 8 部，计 280 万字。戏剧代表作为《懿贵妃》《班禅东行》《十三世达赖喇嘛》《西太后》《圣旅》《秋天的牵挂》《青松岭》《雾蒙山》等。话剧获文化部第二、四、六、九、十届文化奖，四次获文华剧作奖，中宣部第三、

① 李敏：《永远的拉希·扎木索》，见张家口市政协文史资料委员会编：《张家口文史》，第五辑，364 页，2007。

② 《张家口人民代表大会志》编纂委员会编：《张家口人民代表大会志》，966 页，北京，中国民主法制出版社，2004。

五、八届“五个一”工程奖，曹禺戏剧文学奖等全国重点奖项23项。其中，戏剧《雾蒙山》几乎囊括了国家级的所有大奖，被评为“全国戏剧十大精品”。1993—1998年，中国戏剧出版社相继出版了《孙德民剧作选》（四集）、孙德民的戏剧理论文集《戏剧之旅》《孙德民话剧评论集》。

（七）第九届全国人民代表大会代表傅贵武

傅贵武，1944年出生，河北省隆化县人，蒙古族。1968年11月，毕业于天津工学院机械制造专业。曾任隆化县经委副主任、副县长，平泉县委书记，中共承德地委委员、组织部长、副书记，承德市委副书记。1994年11月起，任承德市代市长、市长、市委书记。后任河北省人大民族侨务外事工作委员会主任。

（八）第十届全国人民代表大会代表王亚洲、王学红

王亚洲，1960年出生，蒙古族，内蒙古林西人。民建成员，现任及曾任河北省秦皇岛市政府副市长，民建中央委员、民建河北省委副主任委员、民建秦皇岛市委主任委员，第十届全国人大代表、第九届河北省政协常委。

王学红，1974年出生，蒙古族，内蒙古赤峰人。北京师范大学计算机专业毕业，唐山一中教师，2009年当选第十届全国人民代表大会代表。

三、历届河北省人民代表大会蒙古族代表[①]

第一届（1954年）

普洛布	商都县喇嘛
苏毓秀	张北县民政科长
桑吉扎布	康保县土城子乡蒙汉农业生产合作社社长

第二届（1958年）

武尚志	承德农校校长
白静山	丰宁县县长
赵荣贤	易县太平峪村农业社副社长
普洛布	商都县喇嘛
桑吉扎布	康保县土城子乡蒙汉农业生产合作社社长
杜布信	尚义县程家蒙古族乡文教主任

第三届（1964年）

① 其中第四、八、九届资料缺。

杜布信　　　　尚义县大营盘公社蒙古营子村社员

第五届（1977 年）

王凤荣　　　　中煤七十三处工人

魏炳麟　　　　邯钢汽车队材料组副组长

工吉玛　　　　康保县小英图公社吴家地大队支委妇联主任

杜布信　　　　尚义县大营盘公社六顷地大队贫协委员

席　达　　　　中国人民解放军某部政委

宝音楚鲁　　　清苑县人民武装部部长

第六届（1983 年）

宝　音　　　　尚义县大营盘公社五台蒙古营生产大队

叶明远　　　　丰宁县委副书记、县长

傅贵武　　　　隆化县阀门厂总支书记

乌　兰　　　　定兴县固城中学教师

魏炳麟　　　　邯郸钢铁总厂汽车队队长

王　伟　　　　中国人民解放军某部副班长

高卫民　　　　迁安县人民武装部政委

第七届（1988 年）

巴雅尔　　　　省医药总公司总工程师

杜培檀　　　　张家口市第九中学副校长

白雅男　　　　隆化县隆化镇南街村个体联营综合厂厂长

杜改玛　　　　沽源红圪塄坊村农民

加米彦道尔基　张北县海流图土城子村主任

斯　琴　　　　尚义县医院护士

第十届（2003 年）

青　豹　　　　张家口市政协委员

范亚平　　　　河北省沽源县牧场副场长

吉久利　　　　承德医学院附属医院医生

宋文玲　　　　承德市平泉县县委书记

傅贵武　　　　承德市市委书记

敖艳芳　　　　承德教育学院教师

第十一届（2008 年）

敖艳芳（女）　河北承德教育学院教师

范亚平　　　　河北省沽源县牧场副场长

张树国　　　　承德市双桥区副区长

第十二届（2013 年）

宋振华　　　　河北省质监局局长

张树国　　　　承德市双桥区副区长

姬孟嘉　　　　承德市围场县腰站乡六合店村大学生村官

静天文　　　　承德市承秦高速公路管理处处长

薛寒（女）　　民建承德市主委，承德市人民政府副市长

侯东升　　　　张家口市下花园区政协副主席

王慧芬（女）　廊坊市文安县政协副主席

尹静（女）　　北华航天工业学院外语系主任

张桂云（女）　黄骅市政协副主席

杨凤芝（女）　炮兵指挥学院廊坊校区军队政治工作教研室讲师

四、历届中国人民政治协商会议河北省委员会蒙古族委员

中国人民政治协商会议，简称“人民政协”，是中国人民爱国统一战线的组织，是中国共产党领导的多党合作和政治协商的重要机构，是中国政治生活中发扬社会主义民主的一种重要形式。中国人民政治协商会议设全国委员会和地方委员会。

历届中国人民政治协商会议河北省委员会中蒙古族委员如下：

第一届（1955 年）

苏毓秀　　　　张北县人民政府民政科长

粼钦桑布　　　承德市大佛寺

先腊蒙　　　　尚义县五台蒙古营

第二届（1960 年）

朱耀庭　　　　平泉县五十家子中心小学校长

苏毓秀　　　　省参议室参事

普洛布　　　　张北县十八顷地公社小庙子生产队

第三届（1964 年）

苏毓秀　　　　省参议室参事

工吉玛　　　　康保县小英图公社吴家地生产队

普尔基　　　　张北县波罗素庙大喇嘛

朱耀庭　　　　平泉县榆树林子完小校长

第四届（1977 年）

格　玛　　　　张北县海流图公社土城子大队

朱耀庭　　　　平泉县白池沟公社中心小学校长

第五届（1983 年）
喇西道如巴　　承德市普宁寺喇嘛
朱耀庭　　　　平泉县榆树林子中心小学校长，县政协副主席
鲁布僧丹巴　　张北县海流图公社蒙古营牧业队会计
鲍庆丰　　　　承德市民委副主任
第六届（1988 年）
那存宝音　　　承德市普宁寺喇嘛
叶明远　　　　承德地区民政局局长
鲁布僧丹巴　　张北县牧民
第七届（1993 年）
陈秀琪（女）　华北煤炭医学院自然辩证法教研室主任
赵仲和　　　　围场满族蒙古族自治县高级工程师
鲁布僧丹巴　　张北县牧民
那存宝音　　　承德市普宁寺喇嘛
第八届（1999 年）
拉希·扎木索　沽源县政协主席
陈秀琪（女）　华北煤炭医学院自然辩证法教研室主任
那存宝音　　　承德市普宁寺喇嘛
第九届（2003 年）
韩雪松　　　　秦皇岛市开发区经济发展局副局长
于跃明　　　　河北医科大学第四医院外二科医生
白　钰（女）　河北兴隆县政协委员
代　林　　　　承德普宁寺喇嘛
第十届（2008 年）
于跃明　　　　河北医科大学第四医院外二科主任医师
代　林　　　　承德普宁寺喇嘛
第十一届（2013 年）
叶宝权　　　　河北省总工会
李秀昆　　　　中国建设银行河北省分行党委书记、行长
王学红（女）　唐山一中教师
莫日根图　　　承德市普宁寺主持

五、参与民族事务管理

新中国成立后，河北蒙古族作为国家的主人翁，不少人在民族事务机

构中任职，参与民族事务管理，从而真正掌握了自己的命运，为加强民族团结和建设新中国做出了贡献。苏毓秀、鄰钦桑布等为其代表。

（一）苏毓秀当选为河北省民族事务委员会委员

苏毓秀，1898年出生，蒙古族，蒙古名曹喀僧札布，河北张北县油篓沟乡东营盘人。他自幼读书，学习蒙古文和汉文。1914年春，入张家口蒙旗师范学校学习。1915年11月，任头台（张北县东营盘）蒙古文书记，负责文书工作。1919年，由察哈尔都统任命为头台章京（即副台长），常驻张北头台。1929—1930年，先后任察哈尔省警察厅督察员和第三收捐所所长。1936年，任伪蒙政府教育署教育科副科员。1939年6月后，在家务牧。当时日本侵华，他激于民族大义，憎恨日伪统治者，拒绝与日伪统治者合作。当时，日本侵略者扶植下的伪蒙疆政府主席德穆楚克栋鲁普（即德王）是苏毓秀的表弟，曾派人动员他给日伪政权做事，但遭到苏毓秀的严词拒绝。

中华人民共和国成立后，1950年2月在张北县第二届第一次各界人民代表大会上，苏毓秀被选为常务委员会委员和张北县人民政府委员会委员。他认真学习党的方针政策，团结同志，努力工作，在当选县政府委员后，表示愿意在中国共产党的领导下，加强民族团结，把张北建设好。1950年12月，张北县第二届第三次各界人民代表会议常务委员会发起组织“保卫世界和平，反对美帝侵略委员会张北支会”，苏毓秀和另一位回族代表提议发动募捐，慰劳朝鲜前线的指战员，并发动群众给前方战士写慰问信，以激发他们的战斗热情。1951年3月，被任命为张北县人民政府民政科科长。同年12月，当选为中国人民政治协商会议察哈尔省委员会委员。1955年，任河北省民族事务委员会副主任委员。1959年2月，任河北省人民委员会参事室参事。1977年7月因病去世。①

（二）鄰钦桑布等当选河北省民族事务委员会委员

1957年，张北县十八顷地公社小庙子生产队普洛布、承德市普宁寺喇嘛鄰钦桑布当选为河北省民族事务委员会委员。

1963年，张北县小庙子大喇嘛普尔基、尚义县五台蒙古营杜布信当选为河北省民族事务委员会委员。

1984年，平泉县喇嘛陈修源当选为河北省民族事务委员会委员。

① 张北县档案史志局编著：《中共张北县地方史》，第一卷，226页，北京，中共党史出版社，2011。

六、河北省蒙古族干部

在进行社会主义现代化建设中，少数民族干部是一支不可忽视的力量，特别是在处理涉及民族关系问题方面，少数民族干部往往会起到汉族干部不可替代的特殊作用。在各级党委的重视关怀下，各级组织人事部门把培养使用少数民族干部列入重要议事日程，少数民族干部队伍不断壮大。到2005年，河北省以满族、回族、蒙古族为主体的少数民族干部达到71529人，占各族干部总数的5.51%，高出少数民族人口比例1.35个百分点。其中，蒙古族干部4616人，占当年河北省少数民族干部总数的6.45%，仅次于满族和回族。①

第三节　落实民族区域自治政策

民族区域自治政策是新中国处理民族关系的基本政策，也是少数民族当家做主的基本制度保障。河北省委、省政府积极落实民族区域自治政策，并根据河北实际情况，在蒙古族聚集和散居较多的地区先后设置了蒙古族乡、蒙古族村。1987年底，河北省有民族乡180个，其中蒙古族乡10个，两个民族共建的民族乡39个。1988年，河北部分地方实行撤区并乡改革，又有部分民族乡合并或被撤销，还有部分民族乡改建为镇。到此年年底，河北共有民族乡159个，其中蒙古族乡6个，两个少数民族共建的民族乡35个，蒙古族村40余个。1989年，经国务院批准设立围场满族蒙古族自治县。2005年，河北省有蒙古族乡（包括民族联合乡）9个，民族村44个。民族区域自治政策的落实，有效保障了河北蒙古族的权益，促进了民族团结，为促进经济社会的发展奠定了基础。

一、蒙古族乡的建立及演变

在县域之下的，相当于乡级行政区域的少数民族聚居地，经省政府批准建立的民族乡，是我国特有的少数民族自己管理自己内部事务、依法行使当家做主权利的一种基层政权形式，是解决我国散杂居少数民族问题的一种较好的政治形式，是民族区域自治制度的一种必要的补充形式。在自

① 河北省地方志编纂委员会：《河北省志·民族与宗教志》（1979—2005），205页，石家庄，河北人民出版社，2019。

治县内，实行区域自治的主体少数民族不设民族乡。

（一）1956 年前后第一批蒙古族乡的建立

河北为蒙古族的散居省份，在新中国成立后首先建立的是基层的蒙古族乡和蒙古族村，如 1954 年 7 月，河北平泉县南五十家子蒙古族自治村人民政府成立，1953 年 6 月，保定市新市区前屯建立前屯回族蒙古族自治乡，这是河北省建立的第一个蒙古族自治乡。根据国务院 1955 年 12 月 29 日发布的《关于建立民族乡若干问题的指示》，决定撤销原民族自治乡，少数民族人口较多的地区建立民族乡。在这个背景下，1956 年后河北省第一批共建立蒙古族乡 13 个，蒙古族与其他民族联合建立的民族乡 4 个。

所在县	乡名	设置时间	人口	备注
平泉	南五十家子	1956 年 7 月		“南五十家子”是清康熙年间设置喜峰口至扎赉特旗由 50 户蒙古人家管理的第一个驿站，站名为蒙古语“浩沁塔比格尔”，意为“旧五十家子”，后改“南五十家子”
	北五十家子	1956 年 8 月	全乡 508 户 2398 人，其中蒙古族 71 户 346 人，占总人口的 14.43%	“北五十家子”称谓源于清康熙年间设置北京至扎赉特等各蒙旗的驿站，是内地进入蒙古地区的第二个蒙古驿站（五十户蒙古驿户），因其位于第一个驿站之北，古称北五十家子
	三家	1956 年 8 月	全乡 708 户 3688 人，其中蒙古族 76 户 378 人，占总人口的 10.25%	清代，山东灾民宋氏、吕氏、常氏三户出口外迁入，建房舍，故取名“三家”
	蒙和乌苏	1956 年 4 月		“蒙和乌苏”为蒙古语，意为“银水”
	榆树林子	1956 年 6 月	全乡 1245 户 6339 人，其中蒙古族 110 户 550 人，占总人口的 8.68%	
	白池沟	1956 年 5 月		原名蒙古语为“百勤爱拉”，意为“发家营子”，后因蒙古族和汉族杂居，改称“百勤沟”，现名“白池沟”
	茅兰沟满族蒙古族乡	1956 年 5 月		

续表

所在县	乡名	设置时间	人口	备注
隆化	牛录	1956 年 6 月		
	八达营	1956 年 6 月		“八达”为蒙古语，意为“吃饭”
	少府	1956 年 6 月		
	步古沟	1956 年 12 月		“步古”为蒙古语“步虎”，意为“摔跤”，为书写方便将“虎”写成“古”，地名称“步古沟”
丰宁	偏坡营	1956 年		1984 年改满族蒙古族乡
	长阁	1957 年		
	塔黄旗满族蒙古族乡	1957 年 1 月		
围场	沙巴尔汰满族蒙古族乡	1956 年 10 月		“沙巴尔汰”为蒙古语，意为沼泽地
尚义	程蒙	1956 年	全乡总人口 2893 人，其中蒙古族 267 人，占总人口的 9.23%	
保定	前屯回族蒙古族乡	1953 年月		

在 20 世纪 50 年代，民族乡初设阶段，河北蒙古族乡主要设在蒙古族人口最为集中的承德地区，特别是承德的平泉、隆化两县。而蒙古族另一集中地张家口的蒙古族乡则设立较少。这也是这一阶段河北蒙古族乡设立的一个重要特点。

1958 年人民公社化运动中，许多民族乡改为人民公社。有的稍后做了撤改，如 1961 年平泉八家蒙古族乡撤销蒙古族乡建制，并入打鹿沟人民公社。

（二）20 世纪 80 年代民族乡的恢复及增设

“文化大革命”结束后，在拨乱反正中开始清算 20 世纪 50 年代末以来在民族政策上的“左”倾错误。1982 年，第五届全国人民代表大会第五次会议通过了新的《中华人民共和国宪法》。根据这一新的宪法规定，国务院于 1983 年 12 月 29 日发出《关于建立民族乡问题的通知》。根据国务院的通知精神，河北省人民政府于 1984 年 1 月 23 日下发《关于建立民族乡若干问题的通知》，指出："凡是相当于乡的少数民族聚居地方，均应建立民族乡。民族乡，可以在一个少数民族居住的地方建立，也可以在两个或几个少数民族居住的地方建立。民族乡的规模原则上以原公社的管辖范围为基础，一社建一乡。少数民族干部、群众建乡要求强烈的地方，也可根据历史情况和地理条件适当划小。民族乡中少数民族人口在总人口中所占的比例，一般以百分之三十左右为宜。少数民族人口比例达不到百分之三十左右的，可根据民族关系、经济联系的现状及自然地理条件，适当划出一部分汉族村庄。承德、张家口地区原有的蒙古族乡，因受地理条件限制，蒙古族人口比例较低，但这些地方的民族关系显著，也可参照历史情况恢复建立蒙古族乡。"《关于建立民族乡若干问题的通知》为恢复建立民族乡提供了明确的政策依据。

1984 年以后，河北省共恢复建立蒙古族乡 12 个。

所在县	乡名	驻地	备注
平泉	蒙和乌苏	沟门村	
	南五十家子蒙古族满族乡	南五十家子村	1984 年恢复为南五十家子蒙古族乡，1989 年与下店满族乡合并，设立南五十家子蒙古族满族乡，2005 年改为镇
	平房满族蒙古族乡	平房	1987 年撤销平房乡、白池沟蒙古族乡建制，两乡合并而建
	茅兰沟满族蒙古族乡	烧锅营子	1987 年将茅兰沟、长胜沟两乡合并恢复而建
	榆树林子	榆树林子	1989 年由宋营子、范杖子、榆树林子三乡合并而建
隆化	八达营	八达营村	1986 年恢复
	蓝旗蒙古族满族乡	蓝旗村	1956 年 6 月建少府蒙古族乡，1958 年成立少府人民公社，1982 年更名蓝旗人民公社，1983 年建立蓝旗蒙古族满族乡
	牛录蒙古族满族乡	牛录村	1956 年 6 月建立牛录蒙古族乡，1958 年撤销，1986 年 3 月恢复改今名
	步古沟满族蒙古族乡	步古沟	1956 年 12 月建立步古沟蒙古族乡，1958 年撤销改称公社，1986 年改称今名
丰宁	长阁	长阁村	1984 年 2 月恢复
	塔黄旗满族蒙古族乡	塔黄旗村	1984 年 2 月恢复，1989 年撤销，与后营村合并，新建胡麻营镇
	南关	南关村	1984 年 2 月恢复

除以上恢复重建的民族乡外，1984年以后，又新增设了一批蒙古族与其他少数民族联合乡。

所在县	民族乡	备注	合计
平泉县	沙坨子蒙古族回族乡	1989年建立，现已撤销建制，由卧龙镇管辖	2
	许杖子满族蒙古族乡		
隆化	庙子沟蒙古族满族乡	1986年3月建	9
	白虎沟蒙古族满族乡	1986年3月建	
	七家满族蒙古族乡	1985年建	
	榆树林满族蒙古族乡	1986年3月建	
	通事营满族蒙古族乡	1986年3月建	
	北窝铺满族蒙古族乡	1986年3月	
	三道营满族蒙古族乡	1986年3月	
	山湾子蒙古族满族乡		
	西阿超满族蒙古族乡	1986年3月	
围场	姜家店蒙古族满族乡		19
	育太和蒙古族满族乡		
	张家湾满族蒙古族乡		
	宝元栈满族蒙古族乡		
	毛大坝满族蒙古族乡		
	殷家店满族蒙古族乡		
	四棵树满族蒙古族乡		
	艾林河满族蒙古族乡		
	银窝沟满族蒙古族乡		
	朝阳地满族蒙古族乡		
	北道满族蒙古族乡		
	杨家湾满族蒙古族乡		
	朝阳湾满族蒙古族乡		
	郭家湾满族蒙古族乡		
	广发永满族蒙古族乡		
	羊草沟满族蒙古族乡		
	哈里哈满族蒙古族乡		
	五道川满族蒙古族乡		
	新拨满族蒙古族乡		
丰宁	骆驼沟满族蒙古族乡	1986年7月改建	1

（三）20 世纪 90 年代后河北省的蒙古族乡（包括联合乡）

20 世纪 90 年代后，河北省的蒙古族乡又有所调整变化，数量有所缩减，截至 2005 年，有蒙古族乡 10 个。

	所在县	蒙古乡名称	数量合计
承德	丰宁满族自治县	南关蒙古族乡	1
	隆化县	庙子沟蒙古族满族乡	5
		偏坡营蒙古族乡	
		八达营蒙古族乡	
		西阿超满族蒙古族乡	
		白虎沟蒙古族满族乡	
	平泉县	平房满族蒙古族乡	4
		蒙和乌苏蒙古族乡	
		茅兰沟满族蒙古族乡	
		南五十家子蒙古族满族乡	

与 20 世纪 80 年代相比，蒙古族仍集中在承德，但具体所在县之分布则变化较大，最明显的变化便是围场 21 个民族乡的取消。这主要是由于 1989 年围场县改为围场满族蒙古族自治县。按照规定，在自治县内，实行区域自治的主体少数民族不设民族乡。在围场满族蒙古族自治县中，由于蒙古族为主体少数民族，故所在的民族乡均被取消。

二、围场满族蒙古族自治县的建立

围场是多民族居住地区，在 20 世纪 50 年代就成立了 3 个民族村。1981 年进一步贯彻落实国务院颁布的《关于恢复或改正民族成分的处理原则的通知》，到 1985 年民族状况有了很大的变化。全县总人口 479468 人，其中满族 143277 人、蒙古族 37042 人、回族 1758 人。少数民族人口从 1982 年第三次人口普查时的 22004 人上升至 182804 人。少数民族人口比例也从 5% 升至 37%。1986 年建立民族乡 44 个，民族人口比例进一步加大，升至 50.6%，这为民族自治县的建立奠定了基础。

围场县民族宗教事务委员会在开展民族状况调查和民族经济发展情况调研的同时，积极向县政府反映县内满族和蒙古族群众的意愿，申请建立少数民族自治县。围场县政府根据《中华人民共和国民族区域自治法》

的规定和全县各族人民的意愿，于1986年7月8日向承德地区行政公署正式呈报了《关于建立满族蒙古族自治县的请示报告》。1986年10月24日，承德地区行署将围场县人民政府的请示呈报河北省人民政府，同意在围场建立满族蒙古族自治县。中共河北省委、省人民政府责成省委统战部、省人大民族华侨外事委员会、省民政厅、省民族事务委员会及承德地区行署组成联合调查组进行考察。1987年11月1—5日，联合调查组在围场进行了5天的实地考察。考察后向省政府提交了考察报告，认为围场县少数民族人口已占相当大的比重，成立自治县，实行区域自治，是民族区域自治法赋予他们的民族平等权利，应当得到法律的保护；该县现有少数民族干部2579人，占全县干部总数的40.2%，也符合建立自治县的条件，建议省人民政府呈报国务院审批。中共河北省委、省人民政府研究讨论后，认为建立围场满族蒙古族自治县和宽城满族自治县的条件业已具备，于1988年6月29日向国务院正式呈报了《关于建立围场满族蒙古族自治县和宽城满族自治县的请示》。[①] 1989年6月29日，经中华人民共和国国务院批准，民政部行文撤销围场县，设立围场满族蒙古族自治县。[②]行政区域不变，不增加机构和编制。

1989年8月15日，成立围场满族蒙古族自治县筹备委员会，由县长陈志新任主任。副主任有赵曙光、许国友、徐树清、李书、徐德利、宋振华、吴凤勤、郝文成，委员26人，设立办公室负责具体工作。

1989年11月20日，县委、县政府办公室下发通知：从1989年12月1日起，各区、乡（镇）党委、政府、县直各部门及所属单位，在行文往来办事等活动中，一律使用“围场满族蒙古族自治县××单位”称谓，所使用的文件头，可暂冠“围场满族蒙古族自治县”汉字名称。随后，各单位名称、牌匾等一律用汉文、满文、蒙古文书写。

1990年5月4日，围场满族蒙古族自治县第一届政治协商会议召开，选举了自治县政协主席、副主席及常委会。5月11日，围场满族蒙古族自治县第一届人民代表大会召开，选举出县人大常委会主任、副主任及政府县长、副县长和检察院检察长、法院院长，完成了换届工作。

1990年6月16日，围场满族蒙古族自治县举行成立庆典大会。国家民委经济司副司长路林，全国人大民族委员会办公厅副主任张今友等，河

① 河北省地方志编纂委员会编：《河北省志·民族志》，339页，北京，民族出版社，1995。

② 《围场满族蒙古族自治县概况》编写组：《围场满族蒙古族自治县概况》，51页，北京，民族出版社，2009。

北省委常委、常务副省长叶连松以及辽宁、吉林、内蒙古等省、区的各少数民族自治县代表团与会。大会上宣读了国务院关于建立围场满族蒙古族自治县的批复。路林、叶连松、程子华、李运昌、段苏权、王国权分别在会上讲话。大会还进行了仪仗队、方队和民间花会等表演活动。大会期间举办了民族展览，展出具有民族特色的图片、文艺作品和文献资料、文物等 477 件。①

三、民族县的建立

滦平、隆化、平泉三县地处河北北部山区，是少数民族人口比较多的县份，少数民族人口分别占到全县人口的 50% 以上，是河北省民族工作重点县，也是国家重点扶贫开发县。在这三县中，特别是隆化、平泉蒙古族人口较多。清康熙十四年（1675 年），清廷将改编后的蒙古察哈尔部左翼四旗安置于今隆化、丰宁境内，乾隆元年（1736 年）设四旗厅，后废厅置县。为体现民族政策，参照国家自治区外列民族省（云南、贵州、青海）的做法，2001 年 12 月，河北省政府批准滦平、隆化为民族县，2004 年，平泉被河北省人民政府确定为民族县。民族县在经济社会事业发展方面享受自治县待遇。

四、民族村

在自治县、民族乡之外，对少数民族人口聚居的行政村，根据《村民委员会组织法》规定，按照规定程序批准设立民族村：由乡、民族乡、镇的人民政府提出，经村民会议讨论同意，报县级人民政府批准，报省、市民族工作部门备案。在自治县、民族乡内，实行民族区域自治的主体少数民族、民族乡主体少数民族，不设民族村。2005 年，河北省有民族村 1398 个，分布于 91 个县（市、区），其中蒙古族村 44 个（张家口市 25 个，承德市 17 个，保定市 2 个。②

---

① 杨振国：《围场满族蒙古族自治县志》，423 页，沈阳，辽海出版社，1997。

② 河北省地方志编纂委员会：《河北省志 · 民族与宗教志》（1979—2005），47～69 页，石家庄，河北人民出版社，2019。

市别	所在县	所在乡	民族村	县小计	市总计
张家口	崇礼县	石嘴子乡	六间房蒙古族村	19	25
			下四杆旗蒙古族村		
			摆察蒙古族村		
			麻地营蒙古族村		
			察汗陀罗蒙古族村		
		西湾子镇	二道沟蒙古族村		
			瓦夭蒙古族村		
			东南沟蒙古族村		
			上三道河蒙古族村		
			黄土嘴蒙古族村		
		高家营镇	高家营蒙古族村		
			南地蒙古族村		
			乌拉哈达蒙古族村		
			下新营蒙古族村		
			巴图湾蒙古族村		
		驿马图乡	小水泉蒙古族村		
			圪料沟蒙古族村		
		石夭子乡	下耗沁蒙古族村		
		红旗营乡	东红旗营蒙古族村		
	赤城县	东万口乡	官路房蒙古族村	3	
			塘子营蒙古族村		
		茨营子乡	碾子沟蒙古族村		
	张北县	海流图乡	土城子蒙古族村	1	
	尚义县	大营盘乡	五台蒙古营村	2	
		石井乡	四台蒙古营村		

续表

市别	所在县	所在乡	民族村	县小计	市总计
承德	隆化县	兰旗营镇	西头营蒙古族村	6	23
			北沟蒙古族村		
			煤窑蒙古族村		
			少府蒙古族村		
		七里家乡	白杨沟蒙古族村		
		偏坡营满族乡	哈沁营蒙古族村		
	平泉县	杨树岭镇	官窑蒙古族村	15	
		七家岱满族乡	杜岱营子蒙古族村		
		榆树林子镇	吴家店蒙古族村		
			百岱营子蒙古族村		
			喇嘛店蒙古族村		
			付家店蒙古族村		
			北景蒙古族村		
		黄土梁子镇	苏达营子蒙古族村		
			付营子蒙古族村		
			龙工庙蒙古族村		
		台头山乡	仓子蒙古族村		
			三官蒙古族村		
		沙陀子乡	八家蒙古族村		
			二十家子蒙古族村		
			三十家子蒙古族村		
	承德县	三家乡	三家蒙古族村	1	
	丰宁满族自治县	大滩镇	骆驼沟蒙古族村	1	
保定	新市区	富昌乡	西五里铺蒙古族村	2	2
	易县	梁格庄镇	下岭蒙古族村		

第四节 跨越式发展的河北蒙古族经济

新中国成立后，蒙古族翻身做了主人，政治地位的改善极大地提高了蒙古族人民的生产积极性。由于历史的原因，少数民族地区多是经济比较落后的地区，加之地理条件等因素，与内地经济上存在较大差距。国家对少数民族地区加大基础设施建设，在各方面予以政策上倾斜、照顾，经济扶持、对口帮扶、无偿援助等，使蒙古族的经济面貌为之一新。

党的十一届三中全会以后，恢复民族工作机构，肃清极“左”影响，平反民族领域的冤假错案，落实民族区域自治政策，使民族工作逐渐走向正轨。改革开放以来，河北省委、省政府加大对少数民族地区的财政投入和支持力度，在政策、资金、项目上给予大力支持和帮助，特别是建立了现场办公制度。凡有少数民族地方（自治县、民族县、民族乡、民族村、民族聚居街道）和民族用品生产企业的市、县（县级市、县级城区），都实行并坚持了现场办公制度，帮助解决民族经济和社会文化事业发展中的困难和问题，从而把党和政府对少数民族的关怀落到实处。其具体做法是，政府组织，集合部门，突出重点，分级负责，形成制度。省政府着重自治县、民族县的现场办公；市政府着重民族乡的现场办公；县（县级市、县级城区）政府着重民族村、民族社区的现场办公。上级政府深入基层，实地考察，现场办公，解决问题，扶持项目，助力发展，效果显著，深受少数民族和民族地方的好评。1980—2005 年，中共河北省委、河北省人民政府组织省直有关部门到自治县、民族县调查研究、现场办公 32 次，帮助解决社会经济发展中的实际困难和问题上千个，落实贷款、各种资金 6.5 亿元。[①] 对于河北蒙古族而言，1990 年 5 月，省政府副秘书长赵景才率领 22 个部门至宽城和围场，扶持项目 70 个。2004 年 8 月 14—17 日，河北省副省长柳宝全率领省计委、省财政厅、省民族宗教事务厅等省直 36 个部门和单位的负责人赴围场满族蒙古族自治县进行调查研究、现场办公，在短短两天时间里，确定帮扶项目 92 个，扶持资金 1.775 亿元。2008 年 8 月 21—23 日，副省长孙士彬率领省直 50 多个单位的负责同志，赴围场满族蒙古族自治县调查研究、现场办公，共确定帮扶

① 河北省地方志编纂委员会：《河北省志·民族与宗教志》（1979—2005），154 页，石家庄，河北人民出版社，2019。

项目170个，支持资金2.93亿元，支持贷款额度10.14亿元。河北蒙古族经济在农牧业、副业和特色旅游业等方面都取得了长足的进步，人民生活得到普遍改善，实现了跨越式发展。

一、牧　业

（一）张家口地区牧业

新中国成立初期，河北蒙古族大部分以从事农业为主，畜牧饲养只作为家庭副业。1950—1952年的三年经济恢复时期，一些地方先后设立了畜牧行政管理和畜牧兽医站机构。坝上地区建立了察北、御道口两座大型牧场和6处国营配种站。在引进和繁育良种的同时，开始采用人工授精等先进技术，对当地牲畜进行杂交改良。据1955年对张家口地区坝上5县的蒙古族村生产情况统计，共有蒙古族人口697人，当年饲养大牲畜1044头（匹），养羊1552只。

村　名	蒙古族人口（人）	牲畜数（头）	人均数（头）	养羊总数（只）	人均数（只）
张北县四区明安乡三台蒙古营村	42	120	2.9	120	2.9
张北县满井蒙古营村	19	132	6.9	198	10.4
张北县二区大洼乡二台蒙古营村	20	50	2.5	120	6
张北县二区永生乡蒙古营村	14	43	3.1	80	5.7
张北县八区脑包乡小庙村	23	95	4.1	128	5.6
沽源县六区延平乡头台蒙古营	20	113	5.7	80	4
康保县六区忠义乡赵钱村	23	13	0.6	37	1.6
康保县三区土城子乡南六顷村	21	32	1.5	29	1.4
尚义县四区小井洼乡蒙古营村	33	89	2.7	101	3.1
尚义县六区后石井乡四台蒙古营	38	75	2	46	1.2
尚义县七区程家乡蒙古营	111	230	2.1	382	3.4
崇礼县四区高家营乡高家营村	333	52	0.2	231	0.7
合　计	697	1044	1.5	1552	2.2

1957年后，由于"左"的影响，部分蒙古族村迁往内蒙古自治区。1978年，坝上仅剩下5个蒙古族牧业队，由于片面强调以粮为纲，牧业生产十分不景气。党的十一届三中全会以后，随着农村经济体制改革，坝

上蒙古族村根据民族和地区特点，重新调整产业结构，发展牧业生产。到1986年底，5个蒙古族村的牛存栏数达676头，户均10头；羊存栏数达3600只，人均12只，面貌发生了重大变化。[①]

新中国成立初期，河北尚义县四台蒙古营仅有8户39人，有大牲畜48头，羊90多只。尚义县五台蒙古营是纯蒙古族村，全村33户179人，全部从事牧业生产，有大牲畜80余头，羊200来只，共有土地75000亩，可放牧的草滩占总面积的30%，牧草稀疏，载牧能力很低。当时，全村仅有羊120只，牛71头，平均每人占有大小牲畜2.2头（只）。1955年以后，进行草滩改良，在五台河上游修建了一座长35米的4孔节制闸，拦洪淤泥，压碱肥滩，极大地提高了草滩载畜能力。

党的十一届三中全会以前，河北蒙古族牧民吃“草原大锅饭”的现象十分严重。突出表现是，放牧没计划，打草一窝蜂，好草抢着割，次草收不尽。结果使产草量逐年下降，每亩产草量由过去的250斤减少到152斤，草原生态平衡遭到破坏，影响了牧业生产。

党的十一届三中全会以后，通过落实党的民族政策，蒙古族人民在政治上得到了平等权利，经济上有了很大发展，蒙古族群众的生活有了大幅度提高。五台蒙古营1980年实行生产责任制时，有大牲畜296头，羊592只，人均收入只有115元。1984年，他们把5970亩天然草滩按牲畜数量、人口、草质划分给4个牧业组，实行草滩承包责任制，采取以组打草、以畜分草的办法，产草量有了明显的提高。这一年打青干草150万斤，比历史最高纪录的1980年多产30万斤，除备足全营子牲畜过冬的饲草外，还支援了汉族兄弟几十万斤。实行责任制的结果，草多、畜多，促进了当地畜牧业生产的迅速发展。[②] 同年，五台蒙古营大牲畜发展到525头，羊1928只，人均收入达600元。32户蒙古族社员中有23户盖起了新房，其中15户为砖瓦房。四台蒙古营1980年实行生产责任制时只有15头牛、24只羊，人均收入32元。到1984年，大牲畜发展到78头，羊135只，人均收入达250元。全村9户人家有6户盖起了砖瓦房，实现了多年来安居乐业的愿望。[③]

1986年以来，张家口地区坝上山区民族乡村畜牧业有了较快的发展。

---

① 河北省地方志编纂委员会编：《河北省志·民族志》，274页，北京，民族出版社，1995。

② 河北省社会科学院农村经济研究所：《小康之路》，101页，石家庄，河北科学技术出版社，1985。

③ 杨生格：《尚义县蒙古族的由来和现状》，见《尚义文史资料》，第二辑，33页，尚义，内部资料，1988。

地、县民族工作部门紧紧抓住50多万亩草地的资源优势，在畜牧部门的大力支持下，帮助民族乡村开展退耕还牧、种草种树和进行草滩建设。经过几年努力，少数民族畜牧业生产已初具规模，截至1990年底，36个民族村养牛存栏达7810头，比全区户均数高两倍，羊存栏51667只，比承包前增长10倍。羊的商品率，蒙古族达50%以上。同时，坝上山区的少数民族生活水平有了不同程度的提高。以牧业为主的张北县三台，尚义县四台、五台蒙古营发展较快。发展最快的五台蒙古营至1990年底，羊发展到2270只，人均12.5只；牛454头，人均2.5头；人均收入577元，其中畜牧业收入494元，占85.6%。其他两个蒙古族牧业村，人均收入也在450元以上。张北县的南号、西号、东友和石盖梁村，康保县的四号、大囫囵、马家营村，尚义县的南洼村等民族村也有了一定的发展和提高。康保县的四号、大囫囵和马家营3个民族村，1990年的人均收入均达390多元。①

图7-1　暮色中的尚义四台蒙古村（冯金忠摄）

广阔的草场，为发展畜牧业提供了优越的自然条件，20世纪90年代中后期，张北县已建成12万头牛、36万只羊、35万口猪、35万只兔养

① 宋葆民：《发展牧业经济加快脱贫致富》，见张家口地区民族事务委员会编：《张家口地区首次民族经济研讨会发言汇集》，57页，张家口，内部资料，1991。

殖规模的四大养殖基地。张北县背靠内蒙古的特殊地理位置，吸引了内蒙古各旗县大量的牲畜、畜产品到张北交易，成为晋、冀、蒙重要的畜产品集散地和华北地区重要的肉食品生产基地之一。①

（二）承德地区牧业

新中国成立后，党和人民政府制定了一系列发展畜牧业生产的方针、政策和具体措施，使承德畜牧业得到迅速恢复和发展。新中国成立初期，经过土地改革，翻身蒙古族农牧民劳动热情空前高涨，“保护现有，奖励繁殖”“严禁屠宰耕畜”等政策深得民心。1957 年，全市大牲畜发展到 5.5 万多头，比 1949 年增加近 1 倍。国民经济三年困难时期，承德的畜牧业大幅萎缩。1962 年与 1958 年相比较，大牲畜存栏数下降 2.8%。1963 年，党中央及时调整了有关农业政策，农村中“左”的倾向得到一定程度的纠正，农民又重新可以拥有自留畜，畜牧业因此得到迅速回升。经过十几年的休养生息，1975 年承德全市大牲畜达到 8.8 万头，比 1963 年增长了 32%，但羊只存量下降了 35.8%。

党的十一届三中全会以后，承德的畜牧业进入了稳步发展阶段。承德市人民政府相继制定了一系列的措施，鼓励发展畜牧业生产，并贯彻执行“以广大农户和专业户饲养为主，国家和集体一齐上”的方针，积极发展牛、羊、兔、鹅等草食畜禽，逐步提高了母畜存栏比例，提高了繁育能力，并建立起一批畜牧业生产基地，合理规划生产布局，使畜牧业走上了专业化、商品化、社会化、科学化的道路。全市涌现出一批养殖专业大户、联合体、畜禽场，出现了群众性学科学技术、掌握养殖业生产信息的可喜局面。到 1989 年底，全市“两户”达到 900 多户，年纯收入 400 多万元，占这些家庭总收入的 60% 以上。②

1988 年承德地区部分蒙古族乡牧业生产情况简表

乡　名	大牲畜存栏数（头）				羊存栏数（只）
	合计	牛（头）	马（匹）	其他（头）	
丰宁满族自治县南关蒙古族乡	4518	3915	260	343	5970
丰宁满族自治县长阁蒙古族乡	2594	1983	194	417	5170
丰宁满族自治县塔黄旗蒙古族乡	2898	1820	287	791	3453

① 张家口市人民政府编：《张家口经济年鉴 1995—2000》，75 页，北京，中国统计出版社，2002。
② 《今日中国历史文化名城系列丛书》编委会编：《今日承德》，127 页，上海，三联书店，1991。

续表

乡　名	大牲畜存栏数（头）				羊存栏数（只）
	合计	牛（头）	马（匹）	其他（头）	
丰宁满族自治县骆驼沟蒙古族乡	4668	2298	2181	189	9261
平泉县蒙和乌苏蒙古族乡	2083	1317	144	622	9108
平泉县南五十家子蒙古族乡	1430	989	19	422	3681
隆化县八达营蒙古族乡	1477	857	146	474	3865
隆化县牛录蒙古族满族乡	1814	1327	94	393	2511
隆化县蓝旗蒙古族满族乡	1824	1168	179	477	4416
隆化县北窝蒙古族满族乡	1003	676	84	243	4214
隆化县庙子沟蒙古族满族乡	2587	1648	248	691	5155
隆化县白虎沟蒙古族满族乡	2310	1898	158	254	2918

在承德平泉县，1949 年全县有耕牛 11204 头，随着农业合作化运动的发展，农民的生产积极性进一步提高，养牛量大增，1955 年牛存栏数达 28945 头，比 1949 年增长 158%，年递增 17.1%。1981 年实行联产承包责任制后，牛存栏数增加到 33605 头。1992 年底，牛存栏数略有下降，为 31344 头。畜牧局曾先后引进三河牛、延边牛（朝鲜牛），但繁殖甚少。1992 年底，本地牛仍占牛群体的 78.75%。新中国成立初期，马是该县主要运输役畜，1949 年仅有马 296 匹，1955 年增长到 1014 匹，平均年递增 27.6%。之后，马存栏数一直呈上升趋势，1981 年，存栏已达 5936 匹。实行联产承包责任制后，马匹渐少，1992 年下降为 2712 匹。

土地改革后，翻身农民养羊积极性很高，1949 年，全县羊只总数为 41180 只，1955 年猛增至 187206 只，增长了 354.6%。1956 年高级农业合作社各户羊只折价入社，由集体饲养后羊总数下降到 142578 只，比 1955 年下降 23.8%。1959—1977 年，为第二个起伏。1959 年，全县有羊 156952 只。1961 年实行“队有户养，三年本利平”的饲养取酬办法，养羊业有了新的发展。1963 年存栏 202858 只。“文化大革命”期间，羊收归集体饲养，羊只数量再次下落。1977 年仅存 127149 只，比 1963 年下降了 37.3%。1978 年开始解除禁养、限养束缚，农民养羊积极性空前高涨，全县养羊业迅速发展，1983 年和 1984 年，羊只存栏都超过 30 万只。①

① 平泉县地方志编纂委员会编：《平泉县志》，252 页，北京，作家出版社，2000。

在围场满族蒙古族自治县，畜牧业发展出现结构性变化，牛、羊发展迅速。到2005年，牛出栏8.05万头，比上年增长29.6%；牛存栏13.62万头，比上年增长21.3%。羊出栏12.62万只，比上年增长56%；羊存栏13.43万只，比上年增长34.3%。①

图7－2　围场满族蒙古族自治县养殖的生态有机肉牛
（河北省民族宗教事务厅提供）

二、农业及副业

承德地区蒙古族主要种植玉米、高粱、谷子、大豆、红薯、糜黍等作物。丰宁、隆化的部分蒙古族还种植水稻。张家口地区蒙古族主要种植小麦、玉米、高粱、谷子，坝上部分地区种有莜麦。新中国成立后，特别是在农业合作化运动中，河北大多数地区蒙古族、汉族联合组织了农业社，蒙古族人民进一步学习和掌握了农业耕作技术。目前，在耕作技术、种子品种、施用肥料、农药等方面，河北蒙古族均与当地其他民族相同。河北蒙古族在农机具的所有和使用上很不平衡。南部地区及北部自然条件较好的地区，一般使用大牲畜、拖拉机、柴油机、电动机、水泵、脱粒机等。而山区或条件较差的地区，仍大多使用人力拉犁，镐头刨，镰刀割，人背肩扛牲口驮。河北蒙古族大部分居住于高寒地区或深山区，无霜期短，加之气候多变，风、旱、洪、雹、虫等自然灾害频发，粮食产量低而不稳。

① 国家民族事务委员会经济发展司编：《中国民族统计年鉴2005》，285页，北京，民族出版社，2006。

正常年景下，承德地区蒙古族乡村，亩产玉米400公斤，高粱370公斤，谷子300公斤，火豆170公斤。张家口地区蒙古族聚居村，亩产小麦100公斤，玉米185公斤，谷子150公斤，高粱225公斤。①

平泉县蒙和乌苏蒙古族乡二道营子村，自1978年开始建立人参培植场，1981年初见成效，2亩参地收获鲜参360.5公斤，纯收益5133元。以后，人参种植面积逐年扩大，到1988年底，留存面积30亩。1988年鲜参种植9.8亩，种苗2亩，产值8万元，纯利润4.8万元。平泉县南五十家子蒙古族乡蒙古族农民钱玉臣于1985年承包荒山地178.6亩，种植苹果树100棵，梨树200棵，桃树300余棵，杏树10000棵，山枣嫁接11000棵。此外，还有部分风景树，其中龙爪榆1000棵，红花杨槐1500棵，槐树10万余株。1988年底已开始受益。

承德市委、市政府及有关部门在抓好原有民族经济发展优惠政策落实的同时，从实际出发给予了民族地区更优惠的民族政策，以加速民族地方经济发展。1994年，市委、市政府下发了《关于进一步加强民族工作的通知》。1995年，市政府又出台了《关于扶持重点民族乡镇的决定》，市财政、交通、银行、税务二十几个部门相继制定了落实《民族区域自治法》《河北省少数民族权益保障条例》的优惠政策和措施。1994—1996年，丰宁、围场、宽城3个自治县固定资产投入达22亿元；市扶贫办、财政等部门向3个自治县倾斜扶贫资金4994万元，扶持项目295个，实现产值3139万元，创利税659.3万元。市交通、农业开发、计划等部门向自治县投入大量资金，建起了京东板栗、百里双万张桑蚕、坝上万亩甘草、万头牛及马铃薯种繁育基地。②

改革开放后，张家口地区采取多种形式举办各种类型的科技培训班，使一批蒙古族农民掌握了科学种田、蔬菜栽培、果树管理、牲畜科学饲养等技术。现在农药、化肥、良种的使用率已达60%。地膜、大棚、脱毒、杂交、嫁接等先进技术也正在被他们所接受。地、县民族工作部门争取有关单位的支持，分类将民族村列入科技普及试验区，收到了良好效果。综合生态治理、土地系列开发、乡村企业的先进技术和管理方法正在少数民族地区生根、开花、结果。③

① 河北省地方志编纂委员会编：《河北省志·民族志》，279页，北京，民族出版社，1995。

② 《承德巨变》编辑部编：《承德巨变：纪念建国五十周年》，396页，北京，中国档案出版社，1999。

③ 张家口地区民族事务委员会编：《张家口地区首次民族经济研讨会发言汇集》，87页，张家口，内部资料，1991。

三、个体及乡镇企业

党的十一届三中全会以后，河北蒙古族逐步走上了致富之路。他们学文化，学技术，打开了致富的大门，拓宽了致富的路子，实现了由传统单一的种菜、种粮向多产业经营的转变。在党的富民政策指引下，他们率先冲破旧观念的束缚，抓住了开展多种经营、发展商品生产这把发家致富的“金钥匙”。他们有的购汽车跑运输，有的种植大棚蔬菜，有的开办旅馆、饭店。据 1986 年统计，平泉县杨树岭乡狮子沟村人均收入已达 520 多元。[①] 到 1990 年，人均收入已达 860 元。在狮子沟村的 30 户居民中，几乎家家都住进了宽敞明亮的新瓦房，有的还盖起了款式新颖的二层楼房，室内大都置备了现代化家电设备。[②]

历史上，河北蒙古族很少有人从事交通运输业，至多不过为人牵骆驼。改革开放后，尚义县大营盘乡五台蒙古营村班强、班杰、拉木扎布，1984 年组织汽车运输联合体。他们往返于张家口与内蒙古自治区各盟旗之间，贩运牛、羊、荆笆、木材、水果等，同时还为牧民代购发电机、电视机、砖茶、蔬菜等生活用品。仅 1984 年一年，拉木扎布一家收入就达到 14700 元，人均 2100 元；班强一家收入 15520 元，人均 3100 多元；班杰一家收入 14620 元，人均 2520 元。他们以运输率先致富。

承德围场碾子沟乡的蒙古族青年白尚清 1987 年被选为村长后，领导群众脱贫致富。他发动全村群众通过两年的奋战，封禁和管理好 4000 亩荒坡林地，整地造林 1200 亩。同时还带领群众修建了 5 公里长的山区公路，治理了河道，有效防止了山洪灾害。沙巴尔汰村的蒙古族盆匠傅广太，从 1982 年开始联合村中的 7 户贫困户开办盆窑，人均收入都在千元以上。[③]

河北蒙古族历史上基本没有工业。党的十一届三中全会后，各地蒙古族乡、村及广大蒙古族群众办起了一些小型工业、加工业。据承德地区 1988 年对丰宁、隆化两县 4 个蒙古族乡、3 个蒙古族满族乡调查，共有工业企业 11 家，产值 76.3 万元。丰宁满族自治县长阁蒙古族乡建有花炮厂、皮鞋厂、修造站，年产值 21.8 万元；南关蒙古族乡，建有修造站，

① 政协河北省承德市委员会文史资料研究委员会编：《承德文史》，第五辑，193 页，承德，内部资料，1989。

② 河北省政协文史资料委员会编：《河北文史集粹》（民族宗教卷），119 页，石家庄，河北人民出版社，1992。

③ 围场县志编纂委员会编：《围场满族蒙古族自治县志》，73 页，沈阳，辽海出版社，1997。

年产值4.8万元；骆驼沟蒙古族乡建有鞋垫厂，年产值6.7万元。隆化县八达营蒙古族乡建有修造站，年产值9万元；蓝旗蒙古族满族乡建有修配厂、敬老院制鞋厂和煤矿，年产值28万元；北窝铺蒙古族满族乡建有修造站，年产值1万元；白虎沟蒙古族满族乡建有电焊厂，年产值5万元。与北部相比，居住于河北省南部的蒙古族经济发展比较快，村办工副业也比较多。例如，保定市富昌乡前屯村是一个蒙古、回、汉联合村，全村共办有企业摊点340多处，年产值近8000多万元。

图7-3　全国最大单体风电场——围场满族蒙古族自治县红松风电场
（河北省民族宗教事务厅提供）

四、特色旅游业

河北蒙古族居住区旅游资源丰富，坝上草原、原始森林、木兰围场等都是闻名中外的旅游胜地。河北蒙古族同胞，充分利用旅游资源，积极发展特色旅游业。

1987年4月，林业部、河北省林业厅、河北省旅游局、承德行政公署、塞罕坝机械林场和围场满族蒙古族自治县正式签订了《关于在塞罕坝机械林场建狩猎场协议书》，依托当地独特的草原和森林风光，在坝上开办旅游业，并逐步建起了旅游宾馆、国际猎场、“猎人村”、蒙古包等各项旅游设施。

为向人们展示独特的森林草原风光，推动旅游事业发展，1999 年举办首届河北承德木兰围场森林草原节，森林草原节从每年 6 月 29 日至翌年 2 月底在木兰围场举行。木兰围场曾是清代皇家猎苑，是清帝秋游巡幸之地，自然风光旖旎，每年都有很多游客慕名而来。森林草原节期间，正是围场上景致最美的时节，从消暑骑马到滑雪狩猎，无不令游客流连忘返。进入 21 世纪以来，围场县委、政府制定了“旅游兴县”的战略思想，把发展全县旅游经济作为第一要务，倾力打造“皇家、生态、民族”精品特色旅游，抓住理顺体制、创新经营机制这条主线，整合围场旅游资源，按照“大旅游、大产业、大发展”方针，进一步优化旅游环境，全面提升旅游产业素质。2010 年，实施了总投资 30 亿元的皇家休闲体育产业示范基地等 7 个高端休闲旅游项目，景区功能不断完备。并成功举办了第二届塞罕坝金秋旅游文化节和“国际佳丽”走进木兰围场等主题宣传推介活动，使木兰围场知名度和影响力进一步提升。同时大力加强乡村旅游，全年新增农家游户 40 户，总数达到 300 户，户均收入 6000 元。全年共接待游客 78 万人次，实现旅游收入 4.2 亿元。[①]

图 7-4 美丽的塞罕坝（河北省民族宗教事务厅提供）

① 河北省人民政府编：《河北经济年鉴 2010》，232 页，北京，中国统计出版社，2010。

丰宁坝上草原被称为“京北第一草原”，夏季清凉宜人，万亩草滩一望无际，各种花卉点缀其间，令人心旷神怡。这里的娱乐项目丰富多彩，有骑马、射击、射箭、篝火晚会等，能让游客充分感受浓郁的蒙古风情。坝上草原涮羊肉、马奶酒、蕨菜、土豆、口蘑、莜面等风俗口味使游客大快朵颐、齿颊留香。在众多活动中，又以草原歌舞最具特色。坝上草原的蒙古族能歌善舞，他们的歌声浑厚、豪迈，给人一种“弯弓射大雕”的豪情。蒙古族女子跳的盅碗舞，舞者头顶瓷碗，手持双盅，伴随着音乐，按盅子碰击的节奏，两臂不停摆动，体现出草原居民的豪迈风格。摔跤是坝上蒙古族人民特别喜爱的一种体育活动。蒙古族青年摔跤时会穿上特有的民族服装，坎肩多用香牛皮、鹿皮制作，皮坎肩上有镶包，用铜或银制作。最吸引人的地方是，摔跤手的皮坎肩中央位置上饰有龙、鸟等图案，给人一种古朴庄重之感。

图 7－5　丰宁满族自治县富有蒙古族特色的京北草原度假村
（河北省民族宗教事务厅提供）

张家口市张北县、尚义县、康保县草原，有“京西第一草原”的美称。旅游区总面积 10212 平方公里（其中张北县 4185 平方公里，尚义县 2632 平方公里，康保县 3395 平方公里），是张家口市面积最大的旅游区。这里地理气候环境独特，自然生态系统完整，气候凉爽，空气清新，蓝天、白云、碧水、绿草，让人心驰神荡，是华北地区著名的避暑胜地。旅游景点大多以草原风光为特色，一望无际的草原，建有白色亮丽的蒙古包，如繁星点点，热情的蒙古习俗招待，生动活泼的骑马、滑雪、狩猎、划船等旅游项目，气氛热烈的敬酒、唱歌、篝火晚会、那达慕等民俗活动，无不在演绎着醇厚质朴的草原文化。

至20世纪90年代中后期，张北县旅游业累计投资2500万元，先后建成中都原始草原度假村、安固里草原度假村、中都游牧源、太子湖山庄等9个旅游景点，初步形成以坝上草原生态为特色，自然风光与历史文化为一体，观光、休闲、娱乐相结合，传统特色与现代风格并存的草原生态旅游新格局。2000年，张北县旅游业实现总收入6000万元，比“八五”末增长5倍。①

察汗淖尔草原之得名，源于草原深处的湖泊——察汗淖尔。察汗淖尔为蒙古语，意为“白色之湖”，总面积约35平方公里。尚义县五台蒙古营蒙古族同胞依托草原优势，建立了察汗淖尔蒙古度假村。每年从6月开始，当地旅游即进入旺季，吸引了大量来自国内外的游客。特色饮食有烤全羊、烤羊腿、手把肉、奶酪、奶豆腐、炒米、莜面等。

第五节 蓬勃发展的河北蒙古族文化

清代以来，由于封建统治者的文化禁锢主义，蒙古族的文化教育一直十分落后，进入近代以来，新式教育虽然开始起步，但发展迟滞，远远落后于全国平均水平。新中国成立后，大力发展少数民族教育科技文化事业，在少数民族地区，大力实施“科教兴民”战略，加大投资，改善民族中小学的办学条件。

河北省千方百计支持民族地区加快发展，实施一系列优惠政策，在大中专院校招生中，对自治县、民族县少数民族考生照顾10分，对其他散杂居地区少数民族考生照顾5分。还在河北师范大学等11所大学设立少数民族预科班，经过一年的预科学习，直接升入本科。河北十分重视少数民族的体育活动，坚持每四年举办一届少数民族传统体育运动会，每五年举办一次全省少数民族文艺会演，促进少数民族群众性体育、文艺活动的广泛开展。在此背景之下，河北蒙古族教育文化事业蓬勃发展，在实行蒙

① 张家口市人民政府编：《张家口经济年鉴1995—2000》，76页，北京，中国统计出版社，2002。

汉双语教学、提高教师素质、改善教学条件等方面取得了突出成绩。在文艺方面涌现出一批在全国较有影响的文艺工作者，创作出一大批反映民族团结、积极向上的文艺作品。在与汉族等其他民族长期接触交流中，河北蒙古族仍保留着独具特色的蒙古族风俗。

一、教　育

（一）蒙古族学校

新中国成立初，张北、尚义两县和平泉县的南五十家子、红花营子各有蒙古族小学一所。据1955年统计，张家口专区有蒙古族学龄儿童95人，已入学67人，入学率达70%以上。[①] 河北蒙古族中、小学大部分位于北部蒙古族乡及聚居村，因当地经济条件限制，校舍及办学条件比较简陋，有些小学仍是“泥房子、泥台子”，能达到标准化教室要求的只是极少数几所学校。

1987年，省委、省政府下发了32号文件，要求在安排教育经费时，民族中小学要高于普通学校5%。1995年，又规定各地市都要单独设立少数民族教育专项补助费解决民族学校的特殊困难。承德市政府规定民族学校的经费要高于一般学校15%。河北蒙古族高级中学学校领导也十分重视学校的基础建设，自筹资金750万元，省支持民族地区发展资金、民族教育专款54万元，建起了5100平方米教学楼的新校区，5400平方米的宿舍楼。新建了学生机房和教师电子备课室。张家口市尚义县五台蒙古族小学于2002年投资10万元，建教室16间，使河北省这个唯一的纯牧业村的蒙古族子弟都能在这所新建的学校里读书。平泉县的蒙和乌苏乡二道营子蒙古族小学得到美国通用电气公司资助的微机等设施，接入河北远程教育网，能快速地了解时代的最新信息。

为了解决师资问题，河北蒙古族学校从当地蒙古族中选取人才加以培养并从其他省区引聘人才，充实加强教师队伍。如张家口市尚义县从当地选拔两名蒙古族青年送到内蒙古培养，毕业后安排到蒙古营民族学校教授蒙古语。平泉蒙古族高中、二道营子蒙古族小学、黄土梁子中学和蒙和乌苏中学的蒙古语教师是从内蒙古赤峰市宁城县聘请的，他们到校不久，省市共同帮助解决了民办转为国办教师的实际困难。学校对这些教师在学习、工作和生活方面都给予了特别关心和照顾。

① 河北省地方志编纂委员会编：《河北省志·教育志》，591页，北京，中华书局，1995。

1996年，承德市有民族师范专科学校1所，民族师范学校2所，民族中学145所，民族小学867所，共有学生192000人。丰宁满族自治县中学连续9年在同级同类学校中高考成绩名列第一。民族学校办学条件的改善和教育质量的提高，为少数民族地区培养出大批各类人才，少数民族的文化事业也得到了较快的发展和提高。① 2004年，河北全省共建有蒙古族高级中学1所，蒙古族初级中学4所，蒙古族小学135所（蒙汉语双语教学的学校3所），其中承德市131所、张家口市3所（蒙汉语双语教学的学校1所）、保定市1所。当前，蒙古族自治地方的科学、文化教育事业正迅速发展。

尚义、平泉蒙古族学校情况统计表

学校名称	蒙古族在校生人数	师资情况		授课语言
		人数	学历	
尚义县蒙古营民族学校	50	2	大专1人 中专1人	蒙汉双语教学
平泉县二道营子蒙古族小学	286	3	大专2人 中专1人	蒙汉双语教学
平泉蒙古族高中	259	3	大专3人	蒙汉双语教学

在这些蒙古族学校中，平泉蒙古族高级中学是河北唯一一所县属蒙古族中学，位于平泉县南五十家子。该校建于1956年，初建校时仅有18间茅草房，部分学生借住附近农民家中。原计划当年招2个初中班，因蒙古族高小毕业生不足（全县仅68人），加上往届毕业生也仅有76人，及格者18人，降低录取分数后录取1个班57名学生。“文化大革命"前在全县招生。“文化大革命”中改为普通中学，1981年落实民族政策后恢复原称，兼收满族、汉族学生。当时也只有教室21间，宿舍24间，办公室12间，实验室8间。30名学生住在一个大房间内。学校没有餐厅，没有图书馆。1985年，在各级人民政府大力支持下，学校征地36.62亩，建起60间宽敞明亮的教室、办公室和标准化实验室。1990年，该校有3个教学班，全部是高中班，学生400多人，教职工60多人。2004年9月，平泉蒙古族中学被河北省批准为“河北蒙古族高级中学”，对蒙古族学生实行双语教学（加修蒙古语）。

---

① 伊利民：《承德少数民族概况》，见《承德文史文库》编委会编：《承德文史文库》，第二卷，372页，北京，中国文史出版社，1998。

图 7－6　河北蒙古族高级中学（河北省民族宗教事务厅提供）

白光宇，1941 年出生，蒙古族，河北省平泉县人。1963 年毕业于承德民族师专物理系，曾任河北省平泉蒙古族中学校长。他任校长后，认真学习探索学校的管理理论、大胆进行教育教学改革，卓有成效地开展师生的德育教育工作，在发展民族教育、改善办学条件中成绩卓著。30 多年来，亲手培养出 3500 多名优秀中学生，为全国各类大专院校输送了 1500 多名大学生，其中已获硕士学位的 5 人。1986 年带领全校高三师生创造出承德地区普通中学高考的最好成绩，大学本科一次上线率达 29%，总升学率达 85%。被评为承德地区民族团结进步先进集体，受到承德行署和平泉县政府的嘉奖，授予“高考成绩优异”锦旗一面。1995 年，在河北省民委的鼎力帮助下，代表河北省与内蒙古自治区达成相互交换培养学生的协议，为河北省的蒙古族学生升入大学拓宽了道路。1994 年撰写的论文《如何提高民族中学的教学质量》，被评为河北省少数民族教育学会第四次年会的优秀论文。1985 年荣获承德地区先进教师称号。1992 年被评为全国民族教育先进工作者，获国家民委、国家教委颁发的荣誉证书。1994 年评为河北省“优秀教育世家”。1998 年被“八省自治区蒙古语文工作协作小组”评为先进个人。①

① 任奎宇主编：《当代中国人才库（二）》，112 页，阿图什，克孜勒苏柯尔克孜文出版社，1999。

（二）蒙古语教学

宪法规定，各民族都有使用和发展自己的语言文字的自由，都有保持或者改革自己的风俗习惯的自由。新中国成立后，河北蒙古族教育一度以汉文化教育为主，教材采用全国统一的中、小学课本。只有平泉县北部的部分小学和尚义县五台蒙古营小学，在新中国成立初曾开设过蒙古文课，平泉县北部红花营子小学二年级以上的学生曾采用蒙汉双语教学。

党的十一届三中全会后，河北的蒙古族中、小学，大部分未开设蒙文课，只有平泉县南五十家子、白池沟、蒙古营子、二道营子4所蒙民小学和尚义县五台蒙古营小学，于1980年后陆继安排了蒙古文教师，开有蒙古文课，授课时间为每周两节，分年级把各班的蒙古族学生集中起来一起学习。有两种形式：一是师生均为蒙古族，以蒙古语为母语，进行蒙古语教学以帮助其他课程的学习，此类学校共3所，每天设一节蒙古语文课；二是蒙古族学生较多（全校在25名以上者），但通用汉语，开设蒙古语课属于补习性质，以小学毕业后能用蒙古语会话、看懂一般蒙古文报刊为目标，此类学校每周设两节蒙古语课。使用蒙古语教材情况较为复杂：有的选用内蒙古自治区编小学课本，有的选用《初级蒙文语言基础知识》，有的使用原热河省教育厅编蒙古语课本和承德地区民族事务委员会编《蒙语会话广播教材》《蒙古语音标会话课本》等。平泉县学校大体是1981年以前使用原热河省教育厅所编教材，1981年后使用承德地区所编教材。蒙古语文师资河北省不能培养，或派教师到内蒙古有关师范学校培训，或聘任编外教师，或从外地招聘，或由汉族教师兼任。1990年开设蒙古语课的学校有：尚义县五台蒙古营民族学校（九年一贯制），平泉县白池沟蒙民小学、二道营子蒙民小学、北五十家子蒙民小学和蒙古营子蒙民小学。[①] 1994年，10省、自治区蒙古语文工作协作会议在河北省承德市召开，与会者到平泉县蒙古族聚居较多的南五十家子与蒙古族群众座谈，参观了南五十家子蒙古族高中。

河北省4所实行蒙汉双语教学的学校，都把提高蒙古语文的教学质量作为重要工作来抓，规定了蒙古语文授课教师备课基本要求和课堂教学基本要求，使教学工作规范化、科学化，并制定了教学管理目标及考核标准。例如，平泉县蒙古族高中制定了《蒙古族学生学蒙语规定》，要求蒙古族学生热爱本民族，认真上好蒙古语课，并且对每个参加高考的蒙古族学生进

① 河北省地方志编纂委员会编：《河北省志·教育志》，594页，北京，中华书局，1995。

行交换生资格认定。积极创造学习与应用语言的环境，并要求学生在校尽量用蒙古语对话，蒙古文课堂用语必须是蒙古标准语，防止蒙古文课堂用混合语或汉语对话。有的蒙古族学校还开展了写蒙古语日记、蒙古语文知识竞赛、蒙古语文会话表演赛、诗歌朗诵等具有民族特色的活动。

多年来，河北省开展蒙汉双语教学的学校每年都召开教学研究会，组织教师相互听课，不断改进教学方法，派蒙古文教师到外省区参观学习。例如，平泉县蒙古族高级中学聘请内蒙古宁城县的蒙古语老教师，对蒙古文教学的各个环节做了具体指导。2004 年，学校还组织去阜新市观摩蒙古语授课，派蒙古语教师到锡林郭勒盟参加蒙古语标准化培训班。通过这些横向的学习、交流，使蒙古族教师的素质普遍得到提升，蒙古族学生的学习成绩也有了较快提高。2002 年，平泉县蒙古族高级中学高考本科一次上线 216 人，上线率在承德市 20 所农村高中中名列第一；2004 年，该校高考本科一次上线 315 人，继续名列全市前茅；1996 年，该校与内蒙古交换生指标为 5 人，2001 年增加到 12 人，接收学校由原来的内蒙古师范大学，扩展到内蒙古大学、内蒙古农业大学、内蒙古财经学院和内蒙古民族大学。[①] 1996—2005 年，平泉蒙古族中学向内蒙古各高校输送蒙古族学生 110 名；有 3 名学生被内蒙古大学推荐到北大学习，8 名学生已经考取了公助研究生。已毕业的学生中有的留在了内蒙古，有的到了北京、上海工作，还有两名同学回到平泉蒙古族中学任教。[②]

（三）大中院校中的蒙古族预科班、专科班

1951 年，热河省农林专科学校增设一个民族班，从热东地区招收具有高小文化程度的蒙古族学生 54 人；承德师范学校和卫生学校也招收了大量蒙古、满等少数民族学生；卫校也增设民族班。从 1986 年开始，省里要求河北师范大学、河北师范学院在招收保送生时要对山区、坝上少数民族较多的县给予适当照顾，尽量多为这些地区培养一些合格的高中教师；在承德师范专科学校试办民族班，廊坊师范专科学校每年从各少数民族较多的县定向招收两个班的少数民族学生，其他师专、中等师范和县师范也要定向从少数民族较多的县或乡招生，均在统一考试后降低分数段录取，并在音乐、美术专试中给予适当照顾。

经中共河北省委同意，省教委、省计委批准，河北师范学院接受河北

① 平泉县地方志编撰委员会编：《平泉县志（1993—2005）》，103 页，北京，方志出版社，2012。

② 特克寒：《河北省蒙古语教育发展状况及对策研究》，载《社会科学论坛》，2005（6）。

省民族事务委员会委托，从1985年开始，举办两年制全日制少数民族政教专科班，培养少数民族干部，每年招生50人，由河北师院马列主义教学部负责管理与教学。双方以委托培养协议书的形式明确了各自责任和义务。协议初定两年，续定两年，再定一年。到1991年，连续招生7届351人，毕业251人，在校生100人。①

河北师院少数民族政教专业蒙古族学生统计表

年份	招生数	蒙古族人数	所占比例
1985	50	1	2%
1986	50	5	10%
1987	51	1	2%
1988	50	5	10%
1989	50	2	4%
1990	50	1	2%
1991	50	4	8%
合计	351	19	5.4%

从1998年开始，河北省在河北师范大学附属民族学院开办少数民族预科班。民族预科是高等教育的特殊层次，是为尚不具备进入大学本科专业条件的少数民族学生进行补习。1984年，教育部、国家民委对有关民族预科班的教学和管理问题做了明确规定。预科阶段的任务是："根据少数民族学生的特点，采取特殊措施，着重提高文化基础知识，加强基本技能训练，使学生在德、智、体方面都得到进一步发展和提高，为在高等院校本、专科专业进行专业学习打下良好基础。"预科的学习年限一般为一年，对汉语成绩差的，学习年限为两年。凡报考预科班的少数民族考生，在所报考院校录取分数下降80分内择优录取。目前，民族预科班招生指标由最初的40人增至现在的600人，招生院校由原来的1所增至现在的11所（最初1所院校为河北师范大学，后又陆续增加河北大学、河北工业大学、燕山大学、河北农业大学、河北经贸大学、河北科技大学、石家庄铁道学院、河北理工大学、华北水利水电学院、廊坊师范学院）。民族预科班政策大大加快了河北省少数民族人才的培养进程，深受广大少数民族群众的欢迎。

① 河北省地方志编纂委员会编：《河北省志·教育志》，599页，北京，中华书局，1995。

河北师范大学附属民族学院少数民族预科班人数统计表

年份	2005	2006	2007	2008	2009
民族预科班人数	200	400	530	550	600

民族教育的长足发展，促进了各类少数民族科技人才的培养。据2004年统计，河北省蒙古族中，从事各类专业技术工作的人员达到4285人。他们之中有工程师、经济师、畜牧师、农艺师、医师等，也有从事科研工作的研究人员。

二、文艺活动

1949年7月，河北平泉县章京营子蒙民业余剧团成立，它是由蒙古族青年自发组织的一个小型业余剧团。团长傅俊祥，副团长傅金铎，主要演员有陈瑞生、傅玉昆、傅金英、傅俊英、傅金花、陈秀莲等。成立之初有16人，其中女演员4人。1950年发展到20余人。农闲时一般每10天演出一次，农忙时一个月演出一次。演出所需费用完全自给。演员利用业余时间种荞麦3亩、线麻2分以作剧团经费。为了节约开支，他们因陋就简，自备服装，并以白粉笔沫当粉，以红纸代胭脂，用线麻梳假发，拿羊毛做胡须等，坚持演出。演出的剧目小型多样，并经常结合当时生产、工作的形势，自编自演一些快板剧、活报剧等，很受群众欢迎。当时村里有一位军属，不但不用别人代耕，还帮助其他人生产。他们就根据这个事迹，排演了《模范军属》。1950年，政府号召生产自救，他们就演出了《跑运销》《算细账》等剧目。他们演出过的剧目还有《处处做模范》《香头害死人》《团圆年》《备荒年》《兄妹开荒》《安家生产》《新年乐》等40多个。1950年，该剧团曾为县文代会演出，获得奖旗一面。1957年8月，在平泉县人民委员会组织的那达慕大会业余剧团会演上，该剧团演出的反映蒙古族群众生活的小戏《花拉》荣获一等奖。该剧团于1958年解散。

1957年8月，平泉县人民委员会在北五十家子村举行那达慕大会。大会期间举办了业余剧团汇演，参加演出的有北五十家子、蒙和乌苏、白池沟3个蒙古族乡的7个业余剧团，演出有评剧、京剧、梆子，还有蒙古族戏《花拉》《劈羊毛》和卡戏庙堂音乐。演出后评出一、二、三等奖。其中，一等奖两名，由白池沟蒙古族乡章京营子蒙民业余剧团和蒙和乌苏蒙古族乡蒙民庙堂音乐（卡戏）获得；二等奖两名，由北五十家子蒙古族乡喇嘛沟农民业余剧团和蒙和乌苏蒙古族乡头道营子农民业余剧团获得；三等奖三名，由北五十家子蒙古族乡平房农民业余剧团、马泉子农民业余剧团和白池沟蒙古族乡小茅兰沟农民业余剧团获得。天津电影制片厂还为这次那达慕大会录制了纪录片。

“文化大革命”开始后，河北蒙古族的文艺事业遭受巨大打击。党的十一届三中全会以后，中共中央下达了《关于关心人民群众文化生活的指示》。河北省在民族文化工作中着重抓了公社文化站、大队俱乐部等基层文化组织的建设和群众性文化活动的开展。在青龙县，建起公社文化站24个，其中民族联合社16个，占建站总数的66.7%。在7个公社电影队中，有6个是在民族联合社建立的，占85.7%。在83个队办电影队中，有51个是民族联合的，占61.4%。在满、蒙古、回等少数民族散居的隆化县，全县8个民族乡中，有6个建起文化站，在133个民族联合大队中建起18个俱乐部、50个业余剧团、38个图书室，涌现出200多名少数民族业余文艺骨干。在遵化县少数民族比较集中的马兰峪工委，全区5个公社都建起了文化站，39个大队建起俱乐部或青年民兵之家，还建立了8个电影队、13个业余文艺宣传队。隆化县兰旗公社西头营大队党支部经过讨论研究，各族干部拧成一股劲，办起了俱乐部。党支部书记姜通（汉族）为俱乐部买图书、订报刊、安排活动计划，大队长包喜全（蒙古族）为俱乐部购买电视机，团支书包喜才（蒙古族）具体负责俱乐部的各项工作，他们既是各族群众的代表，又是各族群众的勤务员，群众非常满意。俱乐部建成后，全大队蒙古、汉、满族社员，上至白发苍苍的老人，下至几岁的娃娃，每天参加各项活动的群众多达四五百人。①

20世纪90年代，承德所辖各自治县的大多数乡建有文化工作站，各自治县和少数民族较多的县、区都建有少数民族社团等群众组织，使少数民族的文化生活丰富多彩。丰宁、宽城、围场等自治县编排演出了富有民族特色的文艺节目，在1995年河北省文化厅、民族宗教厅举办的自治县文艺调演中，承德市的3个自治县共获一等奖1个，二等奖3个，三等奖4个。全市有少数民族专业文艺工作者178人，业余文艺工作者1323人，有146人的文学作品获市级以上奖励。②

在河北文化战线上，涌现出一批全国知名的蒙古族演员、作家和文艺

① 河北省文化局：《少数民族文化工作情况》，见中华人民共和国文化部民族文化司编：《全国民族文化工作会议文件资料选编》，244页，北京，民族出版社，1983。

② 伊利民：《承德少数民族概况》，《承德文史文库》编委会编：见《承德文史文库》，第二卷，372页，北京，中国文史出版社，1998。

评论家。河北省艺术研究所研究员马龙文，1949 年毕业于冀察热辽联合大学鲁迅艺术文学院戏曲系，主要从事戏曲研究，研究成果有《河北梆子音乐概解》《现代戏曲音乐创作浅淡》《河北梆子简史》（与他人合作）等论著及论文多篇。河北省承德话剧团一级编剧孙德民，从事剧本创作 40 余年，参与创作的剧本有《青松岭》《懿贵妃》《班禅东行》《野百合》等 10 余部。承德地区文学艺术界联合会一级创作员白鹤龄，从 1953 年起开始从事业余文学创作，发表诗歌 200 余首、散文 100 余篇，还有杂文、剧本、评论文章等，出版散文集《迷宫神趣》。河北省承德话剧团国家一级演员敖文彬，曾在歌剧《白毛女》、话剧《烈火红心》《雷雨》《八一风暴》《青松岭》等 10 余部剧中担任主要角色。石家庄市评剧院评剧团一级演员李红霞，曾主演《绣鞋记》《无双传》《孔雀东南飞》等传统剧目，许多唱段由中国唱片社出版发行。中国作家协会河北分会会员、张家口地区文联副主席拉希·扎木索自 1964 年开始发表文学作品，先后在《中国农民报》《河北日报》《河北文学》《长城文艺》《内蒙古日报》《张家口日报》等报刊发表诗歌、散文、小说等 30 余篇（首）。①

2004 年，第四届中国评剧艺术节上，承德市评剧团的《达瓦丹珠》获得优秀演出奖，并荣获优秀唱腔设计、优秀舞台艺术设计、优秀导演和优秀演出共 4 个一等奖。此剧形象地再现了清代乾隆年间，新疆准噶尔蒙古达什达瓦部反对分裂、维护国家统一、增强民族团结的历史画面。在河北省举办的三次少数民族文艺会演中，蒙古族曲艺好来宝《阿赫杜导游围场》等蒙古族节目获一等奖。

三、民族古籍、歌谣等整理

1993 年，河北省加入八省自治区蒙古语文工作协会小组，除开展蒙古语文工作之外，还负责收集整理河北省的蒙古族古籍。截至 2005 年，已搜集蒙古族经文数十部，蒙古族家谱 6 部。②

2002 年，吴宝泉整理出版了《八沟厅备志译注》一书（冀出内准字 2002）。《八沟厅备志》，成书于清雍正十二年（1734 年），由八沟厅理事同知张缪编著。该书是清朝蒙古地方撰写较早的一部志书，具有较高的史料价值。今正本无存，手抄副本藏于北京师范大学图书馆，为海内之孤

① 河北省地方志编纂委员会编：《河北省志·民族志》，287 页，北京，民族出版社，1995。

② 河北省地方志编纂委员会：《河北省志·民族与宗教志》（1979—2005），186 页，石家庄，河北人民出版社，2019。

本。八沟，今属河北平泉，清代为喀喇沁右翼、翁牛特左右翼及巴林旗地。雍正七年（1729 年）设八沟直隶厅，管理喀喇沁等三旗旗民事务，雍正十一年（1733 年）始设理事同知。张缪作为第一任八沟厅理事同知，上任后“案牍之余，辄为博采民情兼及风土，积时半载，笔之成册”①。从书名“备志”一语来看，乃是张缪鉴于当地“金、元旧迹考证已艰，汉、晋、隋、唐尤难稽索，倘不及时记载，何以信今传后?”除了缘于抢救性搜集资料的目的之外，他还有一定的现实目的，即主要以此书作为了解当地舆地沿革、民情风俗等情况，以施政之参考，正如他所自言：“谨秘行笥，非欲示人，爰命钞胥，录此副本藏之衙斋，聊备浏览。”② 此书分上下两卷，上卷为《舆地志》，包括沿革、疆域、公署、坛庙、市集、里墟、山岭、川渎、桥梁、故卫、故城、古迹、冢墓；下卷为《蒙旗志》，包括本支、旁支、牧地、旗址、贡道、佐领、风俗、物产。吴宝泉之整理，将原书改为现今通行之直排简体，并作了详细注释。

2007 年，伊立民主编的《河北满族蒙古族碑刻选编》由作家出版社出版，该书所收录碑刻虽以满族碑刻居多，但其中也有不少珍贵的蒙古族碑刻，如《明户部尚书张守直墓碑》《清雍正御制克什图墓碑》《清四旗厅镶白旗杜氏墓碑》《清移建平泉书院碑记》《清四旗厅镶黄旗三间房关帝庙铭刻》《清义和水碑》等，多为县志所不载。这些蒙古族碑刻，一些墓主为名宦，身份显赫，一些碑刻虽然墓主为平民，但记载了他们在清初出关圈地，并在当地定居的史实。一些则记录了蒙古地区的文化教育、宗教活动，以及蒙古族与汉族人民协作建桥修路等活动，具有珍贵的史料价值。1988 年，河北省搜集编著了《承德地区歌谣卷》《承德地区谚语卷》《承德地区民间故事卷》等书，其中蒙古族歌谣《红革尔玛》《韩淑英》等一批反映生活及爱情的作品入选。

四、体　育

（一）那达慕大会

历史上，蒙古族的体育活动主要在那达慕大会上举行。“那达慕”是蒙古语的音译，意思是“娱乐”或“游戏”，多在每年七八月牛肥马壮的季节举行。明代以前，那达慕是一种民间的集会，由各部落单独举行，主要进行赛马、摔跤和射箭的比赛。清代以后，那达慕逐渐由官方定期组织

① （清）张缪：《八沟厅备志·叙》。

② （清）张缪：《八沟厅备志·叙》。

召集，规模、形式和内容都较以前有所发展，除传统项目外，又增加了转悠悠、马球赛等。新中国成立后，那达慕这种传统的民族体育比赛形式受到各级人民政府的重视，各蒙古族聚居区多次举办那达慕大会，不仅保留了蒙古族传统的体育比赛项目，还增加了部分现代体育比赛和文艺表演，同时，举办地也成为物资交流的场所。

1957 年 8 月，由平泉县体委主持，在该县北部黄土梁子区北五十家子村举办了新中国成立后平泉县的第一次那达慕大会。参加比赛的项目有赛马、摔跤、拔河、篮球、田径、射击等，参加的单位有茅兰沟村、白池沟村、平房村、蒙和乌苏村、黄土梁子村。

20 世纪 60 年代后，特别是“文化大革命”期间，那达慕大会被作为“四旧”加以取缔。党的十一届三中全会后，根据广大蒙古族人民的要求，1982 年 8 月 21—25 日，平泉县在黄土梁子村再次召开那达慕大会。大会期间进行的体育比赛、表演项目有摔跤、射击、拔河、转悠悠、秋千和篮球。参加比赛的有茅兰沟、平房、北五十家子、蒙和乌苏、黄土梁子等 13 村的代表队，共 133 名运动员。大会期间还进行了物资交流，并由县评剧团等单位演出了评剧、皮影戏等节目。中共平泉县委、县人大、县政府、县政协的领导和承德地区民委、体委以及承德市民委都派代表出席了大会。参加大会的各族群众每天多达 4 万人，盛况空前。

（二）蒙古族传统体育项目

1. 摔跤

摔跤是蒙古族传统体育项目之一，是那达慕的主要内容，流传范围很广，至今仍为各地蒙古族青年所喜爱。蒙古族摔跤，称为“搏克”，亦称蒙古式摔跤。参加者不受地区、体重的限制。比赛前，首先推举一位德高望重的老者将摔跤者进行编排和配对。比赛采取单淘汰式，失败者不允许再上场。摔跤手的服装，上身为牛皮或帆布制成的紧身半袖背心，裸臂盖背，边沿镶有铜钉，腰系围巾，下身穿肥大摔跤裤，脚蹬蒙古靴。摔跤手出场前要唱摔跤歌，然后双方跳跃出场。裁判员发令后，双方握手开始交锋，不限时间，不许抱腿和跪腿摔，膝盖以上任何部位着地都为失败。比赛结束后，双方再跳跃离开比赛场地。1982 年举办的河北省第一届少数民族传统体育运动会上，蒙古式摔跤被列为表演项目。保定跤术馆是蒙古式摔跤培训基地，除传统摔跤外，专门设有蒙古式摔跤训练项目，培养蒙古族摔跤运动员。

2. 赛马

蒙古族赛马不分男女老少，均可参加，少则几十人，多则上百人，一起上阵，直线赛跑，其距离为40、60、80里不等，先至终点者为胜。

3. 射箭

蒙古族射箭，一般使用牛角弓、皮筋弦、木质箭，距离为15米或20米，每个选手射5~10支箭，以射中目标多者为优胜。

4. 打秋千

打秋千是蒙古族男女老幼都喜欢的一项体育锻炼项目，在蒙古族地区比较普及，一般在春节前后进行。秋千架为六根立柱、一根檩子，高度在10米左右。打秋千者可以采用各种姿势，有单人站立、双人站立、一人站一人坐等。隆化县八达营公社台吉营大队是一个蒙古族人口占78%的民族大队，这个大队有个寺庙，新中国成立前有举办秋千比赛的传统，但新中国成立后长期废止。1981年春节，他们又把这个打秋千比赛恢复了起来，受到当地群众欢迎。[①] 2011年9月，河北蒙古族高级中学组队参加第九届全国少数民族传统体育运动会，表演项目“旋转秋千”获得银牌。

5. 转悠悠

“转悠悠”，最早是蒙古贵族中青年妇女的一种娱乐活动，主要流行于喀喇沁部。清代初年，传到承德地区民间，成为承德地区蒙古族那达慕大会上的主要运动项目之一。这项运动的器材是以高4~5米的硬木杆作轴心，用大绳架起，杆底部横穿木杠作推手，杆顶部拴上8对大绳，大绳垂直距地面1米左右，绳底部用弯木连接，活动时可上8人，足蹬横弯木，手持大绳，下边有人推动木杆转动，使参加活动者随绳悬空而起，忽高忽低，在空中悠荡，做出各种动作，如“天女散花”“开弓望月”“倒挂金钟”等。目前，平泉县北部的蒙古族聚居村在过年节时均有此项活动。[②] 在1986年举办的河北省第二届少数民族传统体育运动会上，蒙古族转悠悠被列为表演项目。

6. 叼羊

叼羊历史上曾盛行于承德地区蒙古族聚居地方，是那达慕大会中最激烈的一项比赛。其比赛方法，一般是选两岁山羊一只，杀死后把血放尽，用细绳结扎食道和血管，用青布包好羊的颈部刀口，然后放在高冈处。参

---

① 河北省文化局：《少数民族文化工作情况》，见中华人民共和国文化部民族文化司编：《全国民族文化工作会议文件资料选编》，242页，北京，民族出版社，1983。

② 河北省地方志编纂委员会编：《河北省志·民族志》，291页，北京，民族出版社，1995。

加比赛的选手在起跑线上乘马一字排开，号角一鸣，策马加鞭，争先抢羊。先抢到羊者，飞马向终点冲去，其他骑手齐追持羊者，互相夺抢，以持羊到达终点为胜。

大事记

宋金元时期

金泰和六年（1206 年）

铁木真在斡难河源举行忽里勒台大会，建九脚白旄纛，即大汗位，称为成吉思汗，建立了大蒙古国，至此作为一个民族的蒙古族形成。

金大安三年（1211 年）

二月，成吉思汗南下伐金，于野狐岭（今河北万全膳房堡北）大败金军三十万众，金朝主帅胡沙虎等仓皇逃遁，“金之精兵、猛将尽没于此”。

金贞祐三年（1215 年）

五月，蒙古军攻陷中都，金中都留守完颜福兴服药自尽，平章政事抹燃尽忠弃城逃遁，成吉思汗派失吉忽秃忽等籍中都帑藏，尽数运至漠北，任命札八儿为黄河以北铁门以南天下都达鲁花赤，与诸将守中都。

金兴定元年（1217 年）

八月，成吉思汗仿照金朝官号封木华黎为太师、国王、都行省承制行事，并赐以御用大驾所建的九旄大旗，授予了木华黎经略汉地的全权。

金兴定二年（1218 年）

八月，张柔于紫荆口，兵败投降蒙古军，木华黎命他仍以旧职，统领本部人马。于是，张柔召集部曲，连克雄、易、安（治今河北安新县新安镇）、保等州，驻于满城。

金兴定四年（1220 年）

秋，木华黎将攻略的重点转到河北，由燕徇赵，亲驻满城，遣史天祥攻真定。武仙穷蹙之下不得已出降，于是，真定复归蒙古。木华黎以史天倪为河北西路兵马都元帅、行府事，武仙副之。东平严实知南宋不可恃，籍所隶彰德、大名、磁、洺、恩、博、滑、浚等州户三十万诣军门降，木华黎承制授严实为金紫光禄大夫、山东西路行尚书省事。

金兴定五年（1221年）

十一月，宋京东安抚使张琳以京东诸郡来降，木华黎以张琳为沧、景、滨、棣等州行都元帅。至次年秋之前，蒙古已尽取河北之地。

金元光二年（1223年）

木华黎死后，由其子孛鲁继其职，继续经略河北。

金正大二年（1225年）

二月，武仙以设宴的名义，杀死了史天倪，复以真定降金，董俊判官李全亦以中山（今河北定州）叛蒙古，许多州县又随之叛蒙附金，导致河北形势急转直下，"河朔诸郡，十九俱叛"。国王孛鲁任命帐前军总领史天泽袭其兄史天倪之职为都元帅，招集史氏部曲攻中山，并遣肖乃台率蒙古精骑三千驰援，藁城董俊亦出兵会之。武仙遁去，河北诸州又全陷于蒙古。

金正大四年（1227年）

成吉思汗死，遗命第三子窝阔台继任大汗，由幼子拖雷监国。

金正大六年（1229年）

秋，窝阔台继立，庙号太宗。窝阔台即位后，正式设立汉地万户世侯，起初仅有刘黑马、史天泽、萧札剌汉军三万户，后增置为七万户，逐渐形成了真定（今河北正定）史氏、顺天（今河北保定）张氏、东平（今山东东平）严氏、益都（今山东青州）李氏等几股较大的封建割据势力。

太宗二年（1230年）

春正月，定诸路课税，酒课验实息十取一，杂税三十取一。十一月，耶律楚材又奏立燕京等十路征收课税所。"十路"指燕京、宣德、西京、太原、平阳、真定、东平、北京、平州、济南。

太宗六年（1234年）

正月，蒙古灭金，自此淮河以北的领土都归于蒙古。七月，窝阔台以失吉忽秃忽为中州断事官，主治汉民，中原各地户口、赋税、刑法等诸事统归其管理，设治于燕京，称为燕京等处行尚书省（燕京行台）。

太宗七年（1235年）

窝阔台分遣官员赴各路括户，以其养弟失吉忽秃忽为中州大断事官，总领其事。随处民户，不论侨居土著，均在其所居住州县入籍；僧、道、驿站等户分别登记，按规定免除差发。应属诸权贵的驱口，也通行立籍，附于本使户下。史称"乙未定籍"。

此年，建都和林（今蒙古国境内后杭爱省西北）。

太宗八年（1236 年）

在“乙未定籍”的基础上，更定天下赋税。这一年为旧历丙申年，史称“丙申税制”。“丙申税制”在华北确立了丁税、地税、丝料、商税等税目，后来又加上包银一项。它基本延续了汉地传统的赋税制度，奠定了有元一代北方赋税体制的基础。各路、府、州、县遍置达鲁花赤，位在地方长官之上。

太宗十三年（1241 年）

窝阔台死，由皇后乃马真摄政。

定宗元年（1246 年）

皇后乃马真遣使召集各支宗王在和林召开忽里勒台选汗大会，推举窝阔台长子贵由为大汗，史称定宗。

宪宗元年（1251 年）

蒙哥即位，庙号宪宗。蒙古大汗继承权由窝阔台一系转入了拖雷一系。任命其弟忽必烈主管“漠南汉地军国庶事”。忽必烈将藩府设在潮河上游的金莲川（今河北沽源小宏城村南）。

邢州所属沙河县达鲁花赤吕诚、进士马德谦等仰慕忽必烈之贤达，不远万里，赴漠北具言于本部，愿以所属之地归之忽必烈。忽必烈任命近臣脱兀脱、张耕为安抚使，刘肃为商榷使，以治邢州，史称“邢州新政”。

宪宗二年（1252 年）

重新登记户口，由燕京等处行尚书省主持其事，结果增户二十余万。

宪宗六年（1256 年）

忽必烈命刘秉忠于桓州东、滦河北之龙岗营建新城，名曰开平（今内蒙古正蓝旗北），作为王府的常驻之所，三年而毕。

中统元年（1260 年）

四月，忽必烈于开平即汗位。当时阿里不哥也在和林自称大汗，由此蒙古汗国陷入分裂，出现了两个大汗并存的局面。

四月，仿照宋金之制，在中央设立中书省，总全国政务；在地方设立行中书省，简称行省，治理地方。

五月，设十路宣抚司：燕京、益都济南、河南、北京、平阳太原、真定、东平、大名彰德、西京、京兆。赛典赤、李德辉为燕京路宣抚使，徐世隆为副使；孛鲁海牙、刘肃为真定路宣抚使；张文谦为大名彰德等路宣抚使，游显为副使。

七月，又立燕京行中书省，以祃祃为丞相，王文统、赵璧为平章政事。

忽必烈即位伊始，即发行中统钞，自十文至二贯文，凡十等，原来行用的旧钞、钱一律废止。命各路宣抚使选择通晓农事者，充随处劝农官。

中统二年（1261 年）

设劝农司，以姚燧为大司农，以陈邃、崔斌等八名精于农事的官员为使。

十一月，“罢十路宣抚司，止存开元路”，征诸路宣抚司官赴中都。

中统三年（1262）

二月，设立十路宣慰司，以继续实行对汉人世侯监察之职能。

李璮乘忽必烈与阿里不哥鏖战，胜负难分之际，发动叛乱。七月，济南城破，李璮被俘死。李璮之乱后，增加了以忽必烈为代表的蒙古统治者对汉人的疑惧心理，开始重用色目人。

忽必烈十二月癸亥诏：“各路总管兼万户者，止理民事，军政勿预。其州县官兼千户、百户者，仍其旧”；同月戊寅诏：“诸路管民官理民事，管军官掌兵戎，各有所司，不相统摄”，以限制分割世侯之权。

中统四年（1263 年）

五月，以开平为上都。

至元元年（1264 年）

八月，下诏燕京改名为中都，作建都的准备。

十二月，“始罢诸侯世守，立迁转法”。罢黜汉地世侯。

至元四年（1267 年）

忽必烈命张柔行工部尚书事，在中都旧城东北营建新城。

至元六年（1269）

八月，“诏诸路劝课农桑。命中书省采农桑事，列为条目，仍令提刑按察司与州县官相风土之所宜，讲究可否，别颁行之。”

至元七年（1270 年）

参知政事张文谦拜大司农卿，奏立诸道劝农司，巡行劝课。同年，又颁农桑之制一十四条。规定县邑所属村疃，凡五十家立一社，择高年晓农事者一人为之长。增至百家者，别设长一员。不及五十家者，与近村合为一社。地远人稀，不能相合，各自为社者听。

至元八年（1271 年）

取《易经》“大哉乾元”之义，改“大蒙古”国号为“大元”。

至元九年（1272 年）

二月，中都旧城东北所营建的新城改称大都。

至元二十七年（1290 年）

在全国范围内调整行省建制，全国置十行省。行省之下的地方统治机构有路、府、州、县。各路的政务机构是总管府，设达鲁花赤、总管各一员，兼管劝农事。河北时称腹里，归中书省直辖。

大德七年（1303 年）

元政府先是分别设置了大都盐运司和河间盐运司，此年，合并为大都河间等路都转运盐使司，秩正三品，掌场灶榷办盐货，以资国用。

大德十一年（1307 年）

元成宗病死，储位虚悬，海山回大都奔丧，六月，被拥立为帝，庙号武宗。

武宗即位伊始，便诏于旺兀察都之地（今河北张北县馒头营乡白城子）修建行宫，“立宫阙为中都”。七月，为了建造中都，置行工部于旺兀察都。

至大元年（1308 年）

秋七月，旺兀察都行宫成，立中都留守司兼开宁路都总管府。但这里所说的行宫建成，仅是指初具规模而已，实际上行宫并未完全竣工。

十二月，中都立开宁县。

至大二年（1309 年）

四月，又诏中都创修皇城角楼。

至大四年（1311 年）

武宗死，仁宗即位，下诏罢城中都，又罢中都留守司，复置隆兴路总管府，“凡创置司存悉罢之”。

至正十一年（1351 年）

韩山童（河北栾城人）、刘福通等利用白莲教发动反元起义。

至正二十七年（1367 年）

十月，朱元璋任命徐达为征虏大将军，常遇春为副，统兵二十五万，由淮入河，北取中原。朱元璋命宋濂起草了《谕中原檄》，提出了“驱逐胡虏，恢复中华；立纲陈纪，救济斯民”的口号。

明朝时期

洪武元年（1368 年）

正月，朱元璋称帝，定国号为明，年号洪武，建都南京，明王朝正式建立。

八月，明军攻占大都，改大都为北平府。都城大都的失陷，标志着蒙古统治者在中原统治的结束。

洪武二年（1369年）

元朝残余势力在开平恢复统治，史称“北元”。

洪武四年（1371年）

春，徐达赴北平等地练兵、筑城、备边，总领防御北方军事。徙宣府等地庶民17274户屯田北平；35800户散处卫所；又徙沙漠遗民32860户屯田北平。

洪武二十年（1387年）

六月，纳哈出降明，所获降众二十余万。

洪武二十二年（1389年）

也速迭儿改立坤帖木儿为汗，不久又自立为汗。自此，蒙古大汗之位由忽必烈一系转入阿里不哥一系。也速迭儿即大汗之位后，不再依照汉法为脱古思帖木儿立谥号、庙号，也不再使用大元国号，而径称蒙古。明人则依汉人旧称，称之为鞑靼。

五月，设泰宁、福余、朵颜三卫指挥使司于兀良哈之地，俾其头目自领其众。

永乐元年（1403年）

三月，改北平行都司为大宁都司，徙于保定，尽割大宁之地于兀良哈。大宁在乌龙江南，相当于今河北承德市、平泉县、建昌县及老哈河流域。至此，大宁、开平、长城以北成为兀良哈的游牧区。

永乐二十一年（1423年）

十月，也先土干来降，见成祖于万全，封也先为忠勇王，赐冠带织金袭衣，命坐于列侯之下，赐姓名金忠。

宣德三年（1428年）

八月，宣宗率领众臣巡视北边长城关塞。九月初，至蓟州，谍报称，兀良哈万众盗边，已入大宁，经会州（今河北平泉县南），将及宽河（今河北宽城县）。宣宗大败之。

宣德四年（1429年）

修建张家口堡，由万全指挥张文主持修筑。

宣德五年（1430年）

四月，薛禄奉命修筑宣府镇北的独石堡（今河北赤城北独石口）、云州堡、赤城堡、雕鹗堡。由于放弃兴和后，开平孤悬塞外，难以坚守，宣宗乃将开平卫南迁三百里，移守独石，为开平前屯卫。由此，独石以北之地遂入于蒙古，防御蒙古的北部防线由今内蒙古南部南移至河北北部，蹙地三百里，

六月，在宣府镇设万全卫都指挥使司，统辖十六卫。原来作为第二防线中心的宣府、大同已处于对蒙古的战略防御前沿。

宣德九年（1434 年）

脱欢在兀剌海大败阿鲁台部，七月，杀死了阿鲁台及其子失捏干，悉收其部。

正统四年（1439 年）

四月，太师脱欢死，其子也先继其位，称太师、淮王、中书右丞相。

正统十四年（1449 年）

七月，脱脱不花与也先统率 10 万大军，分四路攻入明境。八月，土木之变，明军全军覆没，明英宗被俘。十月，瓦剌大军由紫荆关和白羊口两路包围北京。在于谦的领导下，明军取得了保卫北京的胜利。十一月八日，瓦剌军全部退至塞外，京师解严。

景泰四年（1453 年）

冬，也先自称可汗，自称“大元田盛大可汗”，末曰“添元元年”，以示继承元朝的大统。“田盛”，犹言“天圣”。

景泰五年（1454 年）

也先被知院阿剌杀死。鞑靼部首领孛来趁瓦剌内乱，复攻杀阿剌，夺也先母妻并其玉玺，立脱脱不花之幼子麻儿可儿为可汗，明人称之为“小王子”。“小王子”之称始于此。孛来自任太师、淮王，与其属毛里孩等皆雄视部中，于是“鞑靼复炽”。

成化十五年（1479 年）

满都鲁去世，由于无嗣，巴图蒙克被立为汗，尊称“达延汗”。

正德五年（1510 年）

达延汗收服蒙古右翼土默特、永谢布等部，实现了蒙古左右翼的统一。在初步统一蒙古诸部的基础上，进行了比较全面的改革。

弘治十八年（1505 年）

五月，蒙古军从新开口（位于河北万全）毁城垣突入。在虞台岭，明军大败，遭遇了自“土木之变”以来最惨重失利。

正德十二年（1517 年）

达延汗去世。蒙古鞑靼土默特部强盛。

嘉靖二十年（1541年）

俺答为首，蒙古侵扰河北。明王朝正式设置宣大总督。宣大总督，全称“总督宣大、山西等处军务兼理粮饷”，建立了宣府、大同、山西三镇协调作战体制。

嘉靖二十三年（1544年）

俺答领兵远征朵颜、福余、泰宁等兀良哈三卫，三卫相继降服。

嘉靖二十九年（1550年）

达赉逊汗由于为俺答所逼，率蒙古左翼察哈尔和喀尔喀两个万户十余万落，由原来的驻牧地宣府塞外，徙帐于辽东，吞并了泰宁、福余二卫。老哈河以东，辽河以西，西拉木伦河流域及其以北的广袤草原地带，自此皆属察哈尔万户的驻牧地。史称察哈尔部东迁。

八月，俺答大举入侵，绕过明重兵防守的大同和宣府镇，顺潮河川南下，出其不意移兵至古北口，进犯京师，史称“庚戌之变”。

九月，始置蓟辽总督大臣，以蓟州、保定、辽东三镇隶焉。

嘉靖三十年（1551年）

春三月，下诏与俺答通马市。命于宣府、大同开马市，每年六月和九月开马市二次。

隆庆四年（1570年）

十月，把汉那吉率其属阿力哥等十人来降。

隆庆五年（1571年）

三月，明蒙之间达成了封王、通贡和互市的协议，史称“隆庆和议”。封俺答为顺义王，准许各部向明朝通贡，双方在大同、宣府、山西三镇的长城互市。宣府镇马市包括张家口和新开口两处。新开口马市出现较早，“庚戌之变”后宣府镇的马市即设于此。张家口离京师较近，交通便利，则后来居上，贸易量很快就超过其他各镇的市口。

万历九年（1581年）

十二月，俺答死，其子辛爱黄台吉继立，袭封顺义王。明张居正改革。

万历三十二年（1604年）

蒙古林丹汗继立，察哈尔部开始复兴。

万历四十一年（1613年）

四月，三娘子病逝，享年64岁。

七月，宣府巡抚汪道亨在张家口堡以北东西太平山一带修建新城堡——来远堡，九月完成土工，次年十月竣工。

崇祯八年（1635年）

皇太极将原属于满洲八旗之外的原有蒙古牛录，再加上新来的内外喀喇沁蒙古扩编成“蒙古八旗”。

崇祯九年（1636年）

四月，漠南蒙古十六部四十九个王公同满汉臣僚一起在盛京召开大会，尊奉皇太极为可汗，奉以“博克图彻辰汗”（或译作“博格达彻辰汗”）的尊号。也在这一年，皇太极改国号为清。设蒙古衙门，置承政、参政各官，专管蒙古事务。

清朝时期

清顺治元年（1644年）

李自成大顺军进北京，明朝灭亡。

清军入关，建立统一多民族国家。八旗军在长城及内地城市驻防。

康熙十四年（1675年）

三月，察哈尔布尔尼反叛，率大军数千人直扑张家口，威胁京师。叛乱被镇压后，察哈尔部被从辽西义州（今辽宁义县）迁徙至宣府、大同边外驻牧。清廷将改编后的蒙古察哈尔部左翼四旗，安置于今河北隆化、丰宁境内。

康熙二十年（1681年）

喀喇沁、敖汉、翁牛特诸旗敬献牧场，建立木兰围场。

康熙三十年（1691）

五月，蒙古各部首领在多伦诺尔（今与河北丰宁、围场县接壤的内蒙古多伦县）会盟。

康熙三十六年（1697年）

漠西蒙古丹济拉率众来附，被安插于张家口外，编入察哈尔旗，分佐领，其属下人酌可用者披甲，给以钱粮。

康熙三十七年（1698年）

将厄鲁特诺尔布、丹津阿拉布坦等属下之人编为十一个佐领，纳入察哈尔上三旗各二个，下五旗各一个。

康熙四十五年（1706年）

在围场南部的唐三营设置木兰围场总管衙门，派驻总管大臣。

康熙四十七年（1708 年）

热河行宫初步落成。五十年，康熙题曰“避暑山庄”。

雍正元年（1723 年）

设热河都统，又称“热河驻防都统”。

雍正二年（1724 年）

设张家口直隶厅，管理张家口外察哈尔八旗西翼正黄半旗、东翼镶黄旗分入官地亩，经征钱粮，旗民户婚、田土、斗殴、争讼及西翼察哈尔旗分蒙古汉人交涉、逃匪命盗等事。

雍正五年（1727 年）

中俄签订《恰克图条约》，中俄双方根据条约在边境着手开辟贸易点，以此条约为基础，促进了张家口至库伦的商路发展。

雍正七年（1729 年）

设八沟直隶厅，治于平泉，管理喀喇沁等三旗商民事务。

雍正十年（1732 年）

析张家口直隶厅东北境，设多伦诺尔厅，辖察哈尔东翼正蓝、正白、镶白、镶黄四旗及内札萨克、外喀尔喀一百三十余旗蒙民交涉命盗等案，并查缉逃匪审理汉铺户争讼窃劫人命各案之事。

雍正十二年（1734 年）

析张家口东境，设独石口直隶厅，分辖独石口外察哈尔东翼正白、镶白、镶黄、正蓝四旗逃匪命案等事务，并口内延庆、怀来、龙门、赤城四州县旗民互讼人命之事。

乾隆元年（1736 年）

设四旗厅，负责所辖区域蒙古族的户籍、官员任职所有事宜。厅治土城子（今河北丰宁满族自治县凤山镇）。

乾隆十五年（1750 年）

九月，漠西准噶部蒙古内战，其台吉萨喇勒率部众一千户附清，清廷将其安插于察哈尔正白旗（今河北隆化县郭家屯镇）。

乾隆十九年（1754 年）

七月，乾隆皇帝在避暑山庄的正殿澹泊敬诚殿亲自接见三车凌等人。

乾隆二十四年（1759 年）

正月，漠西蒙古达什达瓦部众在理藩院郎中三宝和总管布林的带领下，行程万余里，用时四个月，于五月初五抵达承德。清将其全部归入热河驻防八旗蒙古正黄、镶黄、正白上三旗。

乾隆二十六年（1761年）

设察哈尔都统，驻张家口，由于治于张家口，故亦称“张家口都统”。

乾隆二十七年（1762年）

三月，清廷从察哈尔左右翼选得察哈尔及新旧厄鲁特精壮兵丁1000名，携带家眷远赴伊犁。

乾隆二十八年（1763年）

四月，清廷组织第二批察哈尔单身贫困余丁1000名前往伊犁。

十二月，从承德达什达瓦部抽调官32员，兵丁500名，携家眷戍守伊犁花脑海，编为左翼。

乾隆三十六年（1771年）

九月，乾隆在承德接见万里回归的土尔扈特部首领渥巴锡。

乾隆四十三年（1778年）

改四旗厅为丰宁县，升热河厅为承德府，包括丰宁县在内的一州五县隶于承德府。

道光二十一年（1841年）

清廷任命裕谦为钦差大臣，办理江浙海防。十月十日，英国侵略军舰队兵分两路，同时进犯金鸡岭和招宝山。裕谦亲临前线指挥，结果战败，跳下泮池殉节。

道光二十二年（1842年）

清廷调包括河北蒙古族在内的各蒙旗官兵于天津防堵英国侵略者。

咸丰六年（1856年）

清廷欲在喀喇沁地方开采金矿，蒙古妇人宗室氏出面阻挠矿务。

咸丰八年（1858年）

清廷任命科尔沁亲王僧格林沁督办海防，重建大沽炮台。增派察哈尔兵二千名于天津驻防。调哲里木盟、昭乌达盟蒙古兵各一千名，暂驻热河听调。

咸丰九年（1859年）

六月，英法联军再次袭击大沽口，大沽口守军满、蒙古、汉各族官兵奋勇作战。经过一昼夜的激战，击沉进入内河的敌舰四艘，击伤六艘，俘获两艘，只有一艘逃走；登陆敌军被打死打伤半数以上。

是年冬，白凌阿随同王洛七在卓索图盟与奉天交界的九官台地方举旗反清。

咸丰十年（1860 年）

三月，清廷派赛音博勒格图办理铺捐。赛音博勒格图在增加厘捐抽成比例的同时，还将本不应抽捐的房屋计算在内，激起张家口汉、蒙古商户的不满，上、下两堡的铺户纷纷关门歇业，以示抗议。

八月，英法联军约五千人，乘清军北塘守备空虚，顺利登陆，占领北塘镇。虽经各族官兵奋力抵抗，终因实力悬殊，造成大沽口保卫战失利。

九月，蒙古族官兵在张家湾、通州堵截失败，英法联军占领北京城。

同治元年（1862 年）

夏，因热河仓米不敷散放，热河满蒙旗兵"因糊口维艰"，围住都统衙门索要军饷，后经主管官员开导，旋即散去。

同治二年（1863 年）

二月，清廷令热河都统瑞麟派协领及有关人等，会同驻木兰围场的两翼长官实地勘察，其结果是有可放垦的荒地 8400 余顷。

同治七年（1868 年）

一月，清廷调在热河驻防的骑兵，并卓索图、昭乌达两盟蒙古骑兵进行围剿，白凌阿被杀。

同治九年（1870 年）

十一月，清廷开始"腾围"，清理围场内越垦、越牧的汉、蒙古民众。

同治十二年（1873 年）

八月，哈密被围。常顺等派察哈尔官兵驰往巴里坤一带，会同前次派出达密兰防军，共图援剿。为加强新疆守备，清廷在察哈尔八旗内挑备官兵 1000 名，筹办军装口粮，由侍卫永德选定分起管带前赴乌里雅苏台驻防。

光绪元年（1875 年）

清廷开始开放坝上王公马厂等地，开垦地段 11 处，约 70 万亩。

光绪三年（1877 年）

七月，清廷从直隶总督李鸿章奏，开始委派专门人员试办张家口外诸山铅矿。

光绪六年（1880 年）

二月，为加强张家口防务，察哈尔都统祥亨于精锐营洋枪队拣选精壮四百名满、蒙古官兵作为马队，与额设官兵一体训练。

光绪二十年（1894 年）

八月，清廷派湘抚御前侍卫公桂祥统带马步各营，赶赴山海关一带驻扎。同时，于察哈尔马队官兵内，挑选 1500 名，迅速前往山海关驻扎，听候桂祥调遣。

十月，日军突破鸭绿江，进入辽东半岛。清廷令热河各府以及张、独、多三厅办理乡团。

光绪二十六年（1900 年）

八月，八国联军占领北京后，派兵四处攻城略地，扩大侵略。

十月，由德国约克上校率领的德意联军 2500 人，沿宣化向张家口进发。清廷调镇边新军、察哈尔兵队各一千人，于张家口一带分段防守，以阻其西趋之路。德意联军在烟囱山一带遭到了当地义和团群众的袭击和察哈尔镶蓝旗蒙古官兵的开枪阻截，约克身受重伤。

光绪二十八年（1902 年）

正月，清廷特派兵部左侍郎贻谷为督办蒙旗垦务大臣，赴绥远督办包括察哈尔在内的蒙古西部土地的开垦事务。

十月，喀喇沁养正学堂开学，后改名崇正学堂。

光绪二十九年（1903 年）

贡桑诺尔布在喀喇沁兴办毓正女学堂和守正武学堂。

光绪三十年（1904 年）

新任直隶总督袁世凯为筹措编练新军经费，说动练兵大臣庆亲王奕劻以练兵处的名义，上奏朝廷重办围场屯垦事宜，并为便宜行事，奏请将其地方行政机构围场粮捕厅从热河都统所辖承德府，划归直隶省宣化府。同时改名为围场抚民厅，两奏议皆获允准。

贡桑诺尔布在喀喇沁旗坯厂子村创办了一所综合性手工工场，设立织布、染色、造绒毡、肥皂、洋烛（蜡烛）、染料等各部门，聘天津北洋工厂实习回来的青年学生为学徒工。

光绪三十一年（1905 年）

卓索图盟喀喇沁右翼旗札萨克郡王贡桑诺尔布，向北京华俄道胜银行贷款三万两为资本，在王府西八家村开设三义洋行。

光绪三十二年（1906 年）

六月，放垦热河牧厂。

宣统二年（1910 年）

八月，清廷宣布废除蒙汉通婚禁令，客观上促进了蒙汉通婚的盛行。

宣统三年（1911 年）

武万义领导的察哈尔反清起义爆发。在王虎臣、武万义和张占奎的带领下，经过激烈战斗，曾占领了清军驻守的塞北要地丰镇县城。十二月中旬，清军统领陈希义率重兵赶到丰镇进行镇压，起义军自知寡不敌众，分三路撤退。

十二月，在那彦图和贡桑诺尔布等人的倡议下，在北京成立蒙古王公联合会。

民国时期

民国元年（1912年）

1912年1月29日，贡桑诺尔布与川岛浪速签订“契约”，企图谋求喀喇沁独立。3月6日，贡桑诺尔布、扎嘎尔等蒙古王公乘曹锟兵变之机逃出北京，返回各自旗地，组织号召各旗独立。4月中旬，贡桑诺尔布在本旗成立了“喀喇沁五族联合会”，提出以“化除族界，同享共和”为宗旨。

7月25日，临时大总统袁世凯公布《蒙藏事务局官制》。

10月28日，第一次东蒙古王公会议在长春西南路道道署召开。会后发表通电拥护五族共和。

11月30日，北洋政府任命熊希龄为热河都统。熊希龄在热河都统任上，积极提高热河的防卫能力，为粉碎叛军的窜犯、保卫祖国领土完整做出了突出的贡献。

民国三年（1914年）

5月，蒙藏事务局改组成蒙藏院后，贡桑诺尔布仍担任总裁。

7月6日，根据北洋政府教令第九十三号，建立热河、察哈尔、绥远三个特别区，设都统管辖。

民国八年（1919年）

察哈尔特别区设立师范学校，添招蒙民子弟1班。

民国十年（1921年）

国民党政府财政部长孔祥熙，借口办试验农场，在镶红旗北部无偿征用了大片牧场，设立大北、大陆、大成、大有、永大五大公司，开垦草原。

民国十四年（1925年）

2月25日，班禅一行乘专车抵达北京，内务总长龚心湛、蒙藏院总裁贡桑诺尔布和“中央”各部院官员及各社会团体和佛教、道教等各教派人士等数万人前往迎候。

9月，特支书记王仲一按北方区委和李大钊指示，筹备成立张家口地委，设地委办事处于张家口市桥东宝善街南头“八间房”。

10月12日，在中共和共产国际指导下，内蒙古人民革命党在张家口成立。乌兰夫、奎璧、多松年、吉雅泰、佛鼎、乌献文等人到会。

11月，根据中央扩大会议精神，成立中国共产党指导之下的内蒙古农工兵大同盟。

中共察哈尔特别区工委成立，负责人张良翰（蒙古族）。

11月16日，《内蒙国民旬刊》在张家口创刊，系内蒙古人民革命党中央机关刊物。

民国十五年（1926年）

多松年任中共察哈尔特别区工委书记。

民国十六年（1927年）

4月27日—5月10日，中共第五次全国代表大会在武汉举行。多松年作为热河、察哈尔、绥远三个特别区的唯一代表，出席了中共五大。5月中旬，多松年离开武汉，返回张家口，重建被破坏的党组织。8月，因叛徒出卖，多松年不幸被捕遇害，年仅22岁。

民国十七年（1928年）

4月，经中共中央批准，在顺直省委领导下，建立了内蒙古特别支部，委员7人，韩麟符任书记，负责指导热河、绥远、察哈尔三特别区工作。

陈镜湖到围场锥子山镇，进行发动农民斗争和征兵扩大武装斗争等项秘密工作。在此基础上，建起围场县的蒙汉抗日同盟会。

7月6日，国民政府委员会举行会议，国民党战地政务委员会主任委员蒋作宾提出热河、察哈尔、绥远三特别区改为行省，并撤销都统名称的建议。

民国十九年（1930年）

6月，中共内蒙古特委被敌人破坏，韩麟符、郑丕烈、杜真生等70多名干部被捕，中共内蒙古特委的工作被迫中断。

民国二十一年（1932年）

中共内蒙古特委发表了《为纪念“九一八”一周年反对日本帝国主义进攻热河告蒙汉劳苦民众书》，号召蒙汉各族劳苦大众，在国难当头、民族危亡的紧急关头，团结起来，一致反对日本侵略者进攻热河。

民国二十二年（1933年）

1月初，内蒙古特委召开紧急会议，贯彻中央指示，改组了中共内蒙古临时特委，组成了以李铁然、刘刚、王逸伦等为常委的领导核心，制定了中共内蒙古3个月工作计划草案。

2月21日，日军以关东军第六、第七、第八、第十二师团，独立混成第十四、第三十三旅团和骑兵第四旅团等部为主力，纠集伪满张海鹏等部共约10万人，在关东军司令官武藤信义指挥下，兵分三路进攻热河。

4月，中共内蒙古特委机关移驻张家口。特委成员李铁然、刘刚在张家口、归绥、包头等地和平绥铁路沿线，组织蒙汉抗日同盟会，帮助冯玉祥组建察哈尔民众抗日同盟军。

5月26日，在张家口召开察哈尔省民众御侮救亡大会，大会决议组织“察哈尔民众抗日同盟军”，公推冯玉祥为同盟军总司令。

6月15—19日，在中国共产党领导下，在张家口召开民众抗日同盟军第一次代表大会，确定了同盟军的政治、军事、经济的纲领及抗日的具体方案。

6月22日，察哈尔抗日同盟军克复康保。7月1日收复宝昌和沽源。7月4日向多伦推进，12日克复多伦。

7月26日，所谓内蒙古自治第一次会议在百灵庙召开，会议由云王和德王主持。会议决定以锡盟、乌盟、伊盟盟长、札萨克的名义致电南京政府，要求许可内蒙古自治，建立统一的自治政府。

8月5日，冯玉祥在蒋军及日军的双重压迫下，通电宣布结束抗日军事行动，取消同盟军总部，离开张家口。察哈尔民众抗日同盟军在日蒋夹击之下，最后失败。

12月中旬，孙永勤宣布成立抗日民众军，竖起“天下第一军，杀富乂济贫”的红旗，表示了“敌不灭，怒不休，头可断，志不屈”的抗日决心，孙永勤被推为军长。

民国二十三年（1934年）

3月，国民党中央政治会议通过《蒙古地方自治政务委员会暂行组织法大纲》和《蒙古地方自治指导长官公署暂行条例》。

4月23日，蒙古地方自治政务委员会在百灵庙正式成立。

民国二十四年（1935年）

5月，德王随同三名日本商人由多伦前往张北，故意不带察省政府的护照，要强行进城。守城的国民党士兵极力阻拦，双方发生争执，结果德王一行被守城士兵押到该部行营中软禁起来。此即“张北事件”。日本驻张家口领事馆借此提出这是国军对日本人的侮辱，中日双方通过谈判缔结了国民党二十九军从察北六县撤出的协定。即6月28日，由二十九军、察哈尔省代理主席秦德纯代表察哈尔地方政府同日本关东军特务机关长土肥原贤二签订《秦土协议》（又名《察哈尔协定》）。

民国二十五年（1936 年）

1 月 2 日，伪军李守信部进犯察北。控制察北六县之后，在张北成立察哈尔盟公署，推卓特巴扎布为盟长。

2 月，德王在其王府成立“蒙古军总司令部”，德王担任总司令，李守信为副司令，由日本人组成的顾问部负指导军事、政治之责。

2 月 21 日，在德王操纵的百灵庙“蒙政会”投靠日本侵略者的危急时刻，“蒙政会”保安队爱国官兵九百多人，在保安队队长云继先和副队长朱实夫等人的领导下，发动了震惊全国的“百灵庙暴动”。

民国二十六年（1937 年）

1 月，翁牛特左旗从兴安西省划归热河省，热河省的敖汉左、右、南三旗合并为敖汉旗。

5 月下旬，察北人民开始酝酿成立“驱寇复土人民自卫军”。

6 月，崇礼县陶濑庙村的人民在乡长赵祥春指挥下发动起义，杀死了该村伪公安局长，缴了警察的枪，占领陶濑村。

6 月 25 日，察北地区远靖一带农民群众反抗伪蒙军，李守信部下勒收税租，派八名伪军前往设税局，被农民驱逐。

6 月，李英领导的国民自卫军由热河西部向察北地区沽源进发，沿途的汉、蒙古群众纷纷加入自卫军，还积极在物资上支援，起义军声势大振。

8 月 9 日，日本关东军察哈尔派遣兵团（也称“东条兵团”）进驻察北。20 日，他们与从北京方面北上的第五师团、独立混成第十一旅团相呼应，由张北向长城线发动进攻。傅作义应察哈尔省主席刘汝明的要求，从怀来赴张家口增援，共同与沿平绥线西进的日军决战，但未能阻挡住日军的攻势。27 日，张家口沦陷。

9 月 4 日，在张家口成立“察南自治政府”，杜运宇、于品卿为最高委员。

9 月 27 日，伪察南自治政府组建察南银行，10 月 1 日开业，总行设在张家口。

11 月 22 日，在日本人的授意下，察南、晋北、蒙古三个“自治”政府的代表于张家口缔结协定，成立协商性机构“蒙疆联合委员会”，金井章次任最高顾问兼总务委员长。

12 月，日本军部决定成立直属于天皇的驻蒙兵团，兵团司令部设在张家口。

是年，在七台旧址察汉察老（今商都城北）创办台站的第一所蒙民小学。

民国二十七年（1938 年）

是年春，南京国民政府将蒙旗独立旅实行正式编制，白海风任旅长，政训处长纪贞甫，下辖两个团，纪松龄、朱实夫为团长。

7 月，伪蒙古联盟自治政府公布《盟公署官制》，规定盟公署设盟长、副盟长、主任、厅长等官职；盟长承政务院长之指挥监督，执行法律命令，管理盟行政，指挥监督盟内旗札萨克、总管、县长；盟公署设官房及民政、畜产、保安厅。

12 月 15 日，日本政府提出《设立蒙疆统一政权纲要》，决定合并“蒙疆联合委员会”和三个“自治”政府，建立统一政权，称之为“蒙古联合自治政府”，采取高度的“自治”制度。

民国二十八年（1939 年）

1 月初，在晋察冀军区司令部，聂荣臻司令员主持召开会议，讨论党中央和中央军委关于成立冀热察挺进军的决定。

9 月 1 日，“蒙疆联合自治政府”正式宣告成立，推选德王为主席，金井章次为最高顾问。“蒙疆联合自治政府”成立的同时，又公布了《盟公署官制》，规定盟公署设盟长、副盟长、参与官、厅长、事务官、秘书官、警正、技正等官职。

9 月 6 日，旧蒙古王公资格审查委员会根据《旧蒙古王公裕生公债利息支付规则》的规定，确定了锦热两省蒙古王公资格者土默特左旗旗长云丹桑布贝勒、翁牛特左旗旗长拉沁旺楚克贝勒等 15 人。

11 月，晋察冀所属的冀热察区党委和挺进军军政委员会提出“巩固平西，坚持冀东，开辟平北”三位一体的任务。

同月，在张家口成立蒙旗学校，专收王公子弟，由伪蒙古联合自治政府民政部长特克希卜彦（王宗洛）兼任校长，超克曼度夫为主事。

民国二十九年（1940 年）

7 月，中共平北地委和平北专员公署在大海陀山区成立，同时成立平北军分区。

是年，太卜寺旗总管（旗长）夏日布，镶黄旗总管穆登宝二人，为了扩大势力范围，同时向察哈尔盟提议，要求将十二个台划归其管辖。

民国三十年（1941 年）

日本侵略者在内蒙古东部地区施行畜产“出荷”，强迫生产者以官定价格和指定数量出售牲畜和畜产品。官定价格大大低于市价，甚至只抵市价的10%。

民国三十二年（1943年）

5月，中共晋察冀分局第十三地委为坚持和加快发展热辽地区的抗日工作，决定成立以杨雨民为书记的中共承（德）平（泉）宁（城）联合县工委和以周治国为主任的承平宁联合县办事处，以高桥为区队长的中共承平宁联合县工委三区队。

7月19日，中共承平宁联合县第五、六区基干武工队长张野溪在三区队二中队队长纪洪恩、指导员王楚聪所率武工队的配合下，于午夜奇袭日军所占宋杖子火车站，击毙日本高级特务、车站警务队队长马昶等人，俘虏了伪警务队的全部警察。

民国三十三年（1944年）

是年初，承平宁联合县武装部队攻克平泉县卧龙岗樱桃沟伪警察分驻所。

7月28日，中共中央指示，在晋察冀边区下成立中共冀察区党委、冀察行政公署和冀察军区。

民国三十四年（1945年）

7月，察蒙地分委成立，又改称察蒙支队。

8月9日，苏联百万红军在远东最高统帅部华西列夫斯基元帅统一指挥下，在总长4000公里的战线上，分路同时向日军发动进攻。

8月上旬，蒋介石不顾张家口已被八路军包围的事实，命令第十二战区司令长官傅作义由绥远东进，抢占张家口。

8月11日，晋察冀军区部署，以第十二（平北）、第十三（察南）军分区的部队配合苏蒙联军夺取张家口。

8月23日，晋察冀军区冀察部队从日伪军手中收复华北重镇张家口，日本侵略者扶持的伪蒙疆政府彻底垮台。

9月中旬，中共晋察冀中央局、晋察冀军区、晋察冀边区行政委员会等领导机关，由阜平迁到张家口。

9月中旬，热河行政公署在承德成立，李子光、杨雨民分别担任正副主任，开始做接收热河省政权工作。9月20日，晋察冀中央局决定，成立冀热辽区党委热河分委和热河军区，由胡锡奎兼分委书记和军区政委，段苏权为分委委员、军区司令员，李子光、王国权为分委委员、副书记。

10月14日，经过召开各界人士会议，民主协商，热河省民主政府在承德宣告成立，委任李子光为主席，杨雨民为副主席，并举行就职仪式和接交仪式。

10月23日，中共中央发出《关于内蒙工作意见》。

11月26日，内蒙古自治运动联合会成立大会在张家口远来庄礼堂举行，来自伊克昭、乌兰察布、巴彦塔拉、锡林郭勒、察哈尔、昭乌达、卓索图和哲里木8个盟，阿拉善、额济纳、索伦等36个旗的代表和军政各界人士共79人参加会议。

12月，李秀山等率领的从国民党中起义的蒙古族官兵，与绥蒙地区的几支游击队合编为内蒙古人民自卫军骑兵独立旅，旅长李秀山、副旅长李森。整编后的内蒙古人民自卫军骑兵独立旅，成立不久就从集宁转移到张家口以北驻防、整训。

是年底，内蒙古自治运动联合会委派刘春、克力更及东部地区出身的干部包彦、乌兰、孔飞等组成东蒙古工作团，前往内蒙古东部地区开展工作，并与东蒙古自治运动取得联系。

民国三十五年（1946年）

1月，在博彦满都、哈丰阿、特木尔巴根、阿思根等人的积极活动和组织下，东蒙古重新组成了内蒙古人民革命党。

2月15日，东蒙古人民自治政府经选举产生了15名政府委员，博彦满都当选为政府主席，玛尼巴达喇当选为副主席，哈丰阿为秘书长，选出由哈丰阿、特木尔巴根等45人组成的政府“小呼拉尔”，设立了政府工作部门4部3处。

3月14日，内蒙古自治运动联合会决定派刘春与东蒙古自治政府的代表包玉琨一同赴王爷庙，商谈具体事宜。

4月3日，内蒙古自治运动统一会议在承德正式召开，会议通过了《内蒙古自治运动统一会议的主要决议》。东蒙的代表放弃了“独立自治”的主张，接受了民族区域自治思想。“四三”会议明确了中国共产党是内蒙古自治运动的领导者，从理论上、思想上解决了内蒙古自治运动的方向、道路问题。

5月26日，召开东蒙古临时人民代表大会，决定撤销东蒙古人民自治政府。

9月23日，晋察冀中央局向中共中央建议，并经批准成立了内蒙古党委，由乌兰夫、奎璧、刘春、王铎组成，乌兰夫任书记。

民国三十六年（1947年）

围场县满、蒙古、汉等各族群众，支援朱德骑兵旅“骑兵一旅”“骑兵二旅”骑兵二团军用物资。

4月3—21日，内蒙古自治运动联合会执委会扩大会议在王爷庙召开。

4月23日，内蒙古人民代表会议在王爷庙隆重开幕。

5月1日，内蒙古第一届临时参议会以无记名投票方式进行了选举。乌兰夫当选为内蒙古自治政府主席，哈丰阿当选为副主席，博彦满都当选为议长，吉雅泰当选为副议长。

11月20日，察北分区三个骑兵团从多伦地区出发，长途奔袭正在张北波罗素庙和二台等地抓丁抢粮的张北保警队和李维业部。

民国三十七年（1948年）

5月29日，冀察热辽部队在承德外围作战一个月，收复6县8城，歼敌7600多人，承德外围全部解放。

9月，内蒙古骑兵第一师和第二师奉命参加了辽沈战役中的黑山、大虎山地区阻击战和围困长春、解放沈阳的战役，为解放东北作出了贡献。

9月15日，敌骑兵第十四纵队500余人窜到双爱堂村，夜间又从张北开来敌步兵1300多人，近2000的敌兵集中住到双爱堂村和朱家营村。

12月8日，察哈尔盟工委代理书记肖诚、盟长苏剑啸和奉命调到察盟工作的朱玉珊等27人从贝子庙前往察盟的途中，遭到胡图林嘎匪帮的袭击。

12月22日，华北野战军第二兵团向困守新保安的国民党三十五军发起了总攻，经过10个小时的激战，全歼国民党三十五军军部及两个师，共两万余人，张家口第二次解放。

民国三十八年（1949年）

4月，中共中央东北局和东北行政委员会致电内蒙古自治政府，决定从同年5月起，由热河省代管的昭乌达盟和由辽北省代管的哲里木盟（包括东科前旗）划归内蒙古自治政府。

9月，内蒙古地区全境获得解放。

新中国成立后

1949年

11月23日，内蒙古自治政府主席乌兰夫向中央人民政府政务院正式提出将内蒙古自治政府机关从乌兰浩特迁往张家口的申请。24日，申请被政务院批准。

12月2日，内蒙古自治政府改称为内蒙古自治区人民政府，乌兰夫任主席，哈丰阿任副主席。

12 月下旬，内蒙古自治区党政机关开始西迁张家口。

1950 年

3 月，在张家口市成立内蒙古直属机关党委，夏辅仁兼任书记，方炎军任专职副书记。

6 月 25 日，内蒙古自治区党政机关搬迁工作全部完成，开始在张家口全面展开工作。

9 月 22 日，内蒙古自治区人民政府和察哈尔省人民政府联合发出布告，宣布了双方的交界线。察哈尔省多伦、宝昌、化德三县划归内蒙古自治区。

10 月，察哈尔省政协组织代表团赴京参加国庆大典，孟克图木尔等人在北京受到毛泽东、朱德、刘少奇、周恩来等中央领导的接见。

10 月 17—20 日，中共察北地委召开蒙民代表会议，蒙民代表 39 人参加。

12 月，张北县第二届第三次各界人民代表会议常务委员会发起组织“保卫世界和平，反对美帝侵略委员会张北支会”，苏毓秀和另一位回民代表提议发动募捐，慰劳朝鲜前线的指战员，并发动群众给前方战士写慰问信，以激发他们的战斗热情。

1951 年

热河省农林专科学校增设民族班 1 个，从热东地区招收具有高小文化程度的蒙古族学生 54 人。

1952 年

5 月 17 日，在张家口市成立了蒙绥分局直属机关总党委，领导蒙绥机关合署办公期间的工作。

5 月，中共中央决定，内蒙古自治区领导机关西迁归绥市，并实行蒙绥联合办公。

8 月底，经中共中央批准，华北局做出决定，绥远省委与内蒙古分局合并，改称为蒙绥分局。9 月，中共中央蒙绥分局正式成立。10 月，蒙绥分局由张家口迁到归绥。

1953 年

6 月，保定市前屯建立“前屯回族蒙古族自治乡”，这是河北省建立的第一个蒙古族自治乡。

10 月，中共蒙绥分局分别向内蒙古自治区人民政府和绥远省政府提出两政府合署办公的建议。10 月 17 日，两政府召开联席会议进行讨论，通过了这一建议。20 日，中央人民政府政务院予以批准。

1954 年

3 月，国务院决定撤销绥远省建制，划入内蒙古自治区管辖，中共中央蒙绥分局改称中共中央内蒙古分局。

6 月 28 日，内蒙古自治区政府迁到归绥市。

7 月，河北省平泉县南五十家子蒙古族自治村人民政府成立。

8 月 21 日，中共热河省委向中共中央呈文，提出撤销热河省建制。

1955 年

是年秋，中共中央委托中共东北局召开热河省、内蒙古自治区、河北省及辽宁省的领导人会议，商讨撤销热河省建制的具体事宜。

1956 年

1 月 1 日，热河省建制正式撤销。

是年，根据国务院指示，撤销原民族自治乡，少数民族人口较多的地区建立民族乡。河北省共建立蒙古族乡 13 个，蒙古族与其他民族联合建立的民族乡 4 个。

承德平泉县南五十家子创办“平泉县蒙古族中学”。

1957 年

4 月，杜布信光荣地出席了全国劳动模范代表会议，受到了毛泽东、刘少奇、周恩来、朱德等党和国家领导人的亲切接见，并合影留念。

8 月，平泉县人民委员会在北五十家子村举行那达慕大会。

1962 年

7 月，河北省商都县划归内蒙古自治区。

1986 年

7 月 8 日，围场县向承德地区行政公署正式呈报了《关于建立满族蒙古族自治县的请示报告》。

1987 年

中共河北省委、省政府下发 32 号文件，要求在安排教育经费时，民族中小学要高于普通学校 5%。

1988 年

6 月 29 日，中共河北省委、省人民政府向国务院正式呈报了《关于建立围场满族蒙古族自治县和宽城满族自治县的请示》。

1989 年

6 月 29 日，经中华人民共和国国务院批准，民政部行文撤销围场县，设立围场满族蒙古族自治县。

1990 年

5 月 4 日，围场满族蒙古族自治县第一届政治协商会议召开，选举了民族自治县政协主席、副主席及常委会。

1991 年

7 月 27—29 日，河北省自治县民族立法研讨会在围场满族蒙古族自治县召开，省人大常委会副主任白石到会讲话。

1992 年

12 月 19 日，河北省第七届人民代表大会常务委员会第三十一次会议批准《河北省围场满族蒙古族自治县自治条例》。

1996 年

7 月 29—30 日，河北省自治县经济工作会议在围场满族蒙古族自治县召开。副省长何少存作了讲话。

11 月 23 日，河北省副省长何少存率领省计委、省财政厅等二十多个省直部门到围场满族蒙古族自治县调查研究，现场办公，帮助解决生产生活实际问题。

1998 年

4 月 3 日，河北省第九届人民代表大会常务委员会第二次会议批准《围场满族蒙古族自治县畜牧业管理条例》。

9 月 16—19 日，全国八省区蒙古语文工作协作小组第十次成员会议在承德市召开。国家民委副主任李晋有、河北省政府副省长何少存到会讲话。与会代表参观了河北平泉县蒙古族中学。

1999 年

6 月 28 日，围场满族蒙古族自治县举行成立十周年庆典。全国人大民委、国家民委、中共河北省委、省人大、省政府、省政协致电祝贺。省代表团团长、副省长何少存，省人大常委会副主任张建新，省政协副主席陈慧出席庆祝大会，参加活动。

9 月 29 日，中央民族工作会议暨国务院第三次全国民族团结进步表彰大会在北京人民大会堂举行。围场满族蒙古族自治县人民政府被授予全国民族团结进步模范集体称号。

2001 年

6 月 1 日，河北省第九届人民代表大会常务委员会第二十一次会议批准《围场满族蒙古族自治县土地管理条例》。

2003 年

8 月 14—16 日，副省长柳宝全带领省直部门负责同志，到围场满族蒙古族自治县进行现场办公。经过对口洽谈，共承诺支持项目 97 个，资金 1.75 亿元。

2008 年

8 月 21—23 日，副省长孙士彬率领省直 50 多个单位，到围场满族蒙古族自治县调查研究，现场办公，帮助解决该县经济和社会文化事业发展中的困难和问题。支持项目 170 个、无偿资金 2.86 亿元、贷款 9.72 亿元。

2009 年

8 月 12 日，国家和省有关部门负责人与围场各族干部群众上万人隆重集会，共同庆祝围场满族蒙古族自治县成立 20 周年。会上宣读了全国人大民委、国家民委和省委、省人大常委会、省政府、省政协的贺电。省代表团赠送了贺幛，省代表团团长、副省长孙士彬出席庆祝大会并讲话。

2014 年

6 月 3 日，河北省第十二届人民代表大会常务委员会第 8 次会议批准《围场满族蒙古族自治县城镇市容和环境卫生条例》。

7 月 17 日，省政府副省长许宁率 51 个省民委委员单位和省直部门、单位赴围场蒙古族自治县，进行现场办公，帮助解决实际问题。确定支持项目 338 个，支持资金 136.81 亿元。

参考文献

一、古籍资料类

[1] 薄音湖，王雄．明代蒙古汉籍史料汇编（第1—7辑）．呼和浩特：内蒙古大学出版社，2006，2007，2009，2011.

[2] 毕奥南．清代蒙古游记选辑三十四种．北京：东方出版社，2015.

[3] 陈祖墡．东蒙古纪程．哈尔滨：黑龙江教育出版社，2014.

[4] 陈高华，等．元典章．天津：天津古籍出版社，2011.

[5] 陈得芝．元代奏议集录．杭州：浙江古籍出版社，1998.

[6] 陈子龙．明经世文编．北京：中华书局，1962.

[7] 方龄贵．通制条格校注．北京：中华书局，2001.

[8] 谷应泰．明史纪事本末．北京：中华书局，1977.

[9] 顾祖禹．读史方舆纪要．北京：中华书局，2005.

[10] 贺长龄，魏源．清经世文编．北京：中华书局，1992.

[11] 黄淮，杨士奇．历代名臣奏议．上海：上海古籍出版社，2012.

[12] 柯劭忞．新元史．上海：上海古籍出版社，2012.

[13] 马可·波罗．马可·波罗游记．冯承钧，译．长春：吉林出版集团有限责任公司，2009.

[14] 毛以亨．俄蒙回忆录．台北：文海出版社，1954.

[15] 蒙疆新闻社．蒙疆年鉴．张家口：蒙疆新闻社，1941.

[16] 孟珙．蒙鞑备录校注．曹元忠，校注．续修四库全书本．

[17] 穆彰阿．大清一统志．上海：上海古籍出版社，2008.

[18] 彭大雅，徐霆．黑鞑事略校注．许全胜，校注．兰州：兰州大学出版社，2014.

[19] 钱大昕．元史氏族表．北京：中华书局，1991.

[20] 沈桐生．光绪政要．台北：文海出版社，1985.

[21] 萨囊彻辰．蒙古源流．道润梯步，译校．呼和浩特：内蒙古人民出版社，1980.

[22] 宋濂，等．元史．北京：中华书局，1976.

[23] 苏天爵．元朝名臣事略．姚景安，点校．北京：中华书局，1996.

[24] 苏天爵．滋溪文稿．陈高华，孟繁清，点校．北京：中华书局，1997.

[25] 苏天爵．元文类．北京：商务印书馆，1958.

[26] 陶宗仪．南村辍耕录．北京：中华书局，2004.

[27] 脱脱．金史．北京：中华书局，1983.

[28] 叶子奇．草木子．北京：中华书局，1959.

[29] 谢再善，译．蒙古秘史．北京：中华书局，1956.

[30] 许有壬：至正集．元人文集珍本丛刊（七）．台北：新文丰出版公司，1985.

[31] 元好问全集（增订本）．姚奠中，主编．太原：山西古籍出版社，2004.

[32] 佚名．元朝秘史．鲍思陶，点校．济南：齐鲁书社．2005.

[33] 贻谷．绥远奏议．台北：台湾文海出版社，1974.

[34] 王先谦．蒙古通鉴长编．北京：国家图书馆出版社，1996.

[35] 王恽．秋涧先生大全文集．四部丛刊初编本．

[36] 朱寿朋．光绪朝东华录．北京：中华书局，1958.

[37] 汪国钧．蒙古纪闻．呼和浩特：内蒙古人民出版社，2006.

[38] 文庆．筹办夷务始末．北京：中华书局，1979.

[39] 张穆：蒙古游牧记．续修四库全书本．

[40] 张廷玉．明史．北京：中华书局，1984.

[41] 赵尔巽．清史稿．北京：中华书局，1977.

[42] 明实录．上海：上海书店，1982.

[43] 清实录．北京：中华书局，2008.

[44] 钦定大清会典事例．台北：新文丰出版公司，1976.

[45] 佚名．庙学典礼（外二种）．王颋，点校．杭州：浙江古籍出版社，1992.

二、今人论著

[1] 阿·马·波兹德涅耶夫. 蒙古及蒙古人. 刘汉明，等，译. 呼和浩特：内蒙古人民出版社，1983.

[2] 巴菲尔德. 危险的边疆：游牧帝国与中国. 袁剑，译. 南京：江苏人民出版社，2012.

[3] 北京辽金城垣博物馆. 北京元代史迹图志. 北京：北京燕山出版社，2009.

[4] 蔡美彪. 八思巴字文物碑刻文物集释. 北京：中国社会科学出版社，2011.

[5] 蔡美彪. 元代白话碑集录. 北京：科学出版社，1955.

[6] 蔡美彪，等. 中国通史（第八册）. 北京：人民出版社，1993.

[7] 曹永年. 明代蒙古丛考. 上海：上海古籍出版社，2012.

[8] 陈高华，史卫民. 中国政治制度通史（元代卷）. 北京：人民出版社，1996.

[9] 达力扎布. 明清蒙古史论稿. 北京：民族出版社，2003.

[10] 董丛林. 河北经济史（第三卷）. 北京：人民出版社，2003.

[11] 戴建兵，申玉山. 抗日战争时期华北经济研究. 北京：团结出版社，2015.

[12] 方范九. 蒙古概况与内蒙自治运动. 上海：上海商务印书馆，1934.

[13] 符拉基米尔佐夫. 蒙古社会制度史. 刘荣焌，译. 北京：中国社会科学出版社，1980.

[14] 符海朝. 元代汉人世侯群体研究. 保定：河北大学出版社，2007.

[15] 葛剑雄. 中国移民史（第五卷　明时期）. 福州：福建人民出版社，1997.

[16] 葛剑雄. 中国移民史（第六卷　清民国时期）. 福州：福建人民出版社，1997.

[17] 韩儒林. 元朝史. 北京：人民出版社，1986.

[18] 韩儒林. 穹庐集. 石家庄：河北教育出版社，2002.

[19] 韩百诗. 元史·诸王表笺证. 张国骥，译. 长沙：湖南大学出版社，2005.

[20] 郝维民，齐木德道尔吉. 内蒙古通史纲要. 北京：人民出版

社，2006.

[21] 郝维民．内蒙古革命史．呼和浩特：内蒙古大学出版社，1997.

[22] 郝维民．内蒙古自治区史．呼和浩特：内蒙古大学出版社，1997.

[23] 河北省文物局长城资源调查队．河北省明代长城碑刻辑录．北京：科学出版社，2009.

[24] 河北省政协文史资料委员会．河北文史集粹（民族宗教卷）．石家庄：河北人民出版社，1992.

[25] 和田清．明代蒙古史论集．潘世宪，译．北京：商务印书馆，1984.

[26] 亨利·赛瑞斯．明蒙关系Ⅲ——贸易关系：马市（1400—1600）．王苗苗，译．北京：中央民族大学出版社，2011.

[27] 金海，等．清代蒙古志．呼和浩特：内蒙古人民出版社，2009.

[28] 李治安．忽必烈传．北京：人民出版社，2004.

[29] 李治安．元代政治制度研究．北京：人民出版社，2003.

[30] 李治安．元代分封制度研究（增订本）．北京：中华书局，2007.

[31] 李延墀，杨实．察哈尔经济调查录．民国新中国建设学会出版科刊本，1933.

[32] 李文治．中国近代农业史资料．北京：三联书店，1957.

[33] 刘振瑛．品评张库大道．北京：国家行政学院出版社，2012.

[34] 马·伊·戈尔曼．西方的蒙古史研究．陈弘法，译．呼和浩特：内蒙古教育出版社，1992.

[35]《蒙古族简史》编写组．蒙古族简史（修订本）．北京：民族出版社，2009.

[36] 内蒙古社科院历史所．蒙古族通史（修订版）．北京：民族出版社，2001.

[37] 内蒙古自治区编辑组．蒙古族社会历史调查．北京：民族出版社，2009.

[38] 内蒙古自治区图书馆．建国前内蒙古地方报刊考录，1987.

[39] 内蒙古自治区档案馆．内蒙古自治运动联合会档案史料选编．北京：档案出版社，1989.

[40] 内蒙古自治区档案馆．清末内蒙古垦务档案汇编．呼和浩特：内蒙古人民出版社，1999.

［41］潘小平，武殿林．察哈尔史．呼和浩特：内蒙古人民出版社，2012.

［42］任亚平．内蒙古自治区志．呼和浩特：内蒙古人民出版社，1999.

［43］若松宽．清代蒙古的历史与宗教．马大正，等，编译．哈尔滨：黑龙江教育出版社，1994.

［44］汝珩，成崇德．清代边疆开发．太原：山西人民出版社，1998.

［45］于永．内蒙古通史．呼和浩特：内蒙古大学出版社，2007.

［46］舒振邦，等．瀚海集．呼和浩特：内蒙古人民出版社，1995.

［47］汤晓芳．1979—1986 年蒙古史论文目录索引．中国蒙古史学会，内部刊印，1987.

［48］田山茂．清代蒙古社会制度．潘世宪，译．北京：商务印书馆，1987.

［49］乌云毕力格，等．蒙古民族通史．呼和浩特：内蒙古大学出版社，2003.

［50］武殿林．察哈尔史迹．呼和浩特：内蒙古文化出版社，2004.

［51］乌兰察布盟，锡林郭勒盟文史资料工作委员会．察哈尔蒙古族史话．内部资料，1989.

［52］乌兰夫．乌兰夫文选．北京：中央文献出版社，1999.

［53］乌兰夫革命史料编研室．乌兰夫回忆录．北京：中共党史资料出版社，1989.

［54］王锺翰．中国民族史（增订本）．北京：中国社会科学出版社，2006.

［55］翁独健．中国民族关系史纲要．北京：中国社会科学出版社，1990.

［56］萧启庆．内北国而外中国——蒙元史研究．北京：中华书局，2007.

［57］谢志诚．河北通史（宋辽金元卷）．石家庄：河北人民出版社，2000.

［58］邢亦尘．朔漠集．呼和浩特：内蒙古人民出版社，1995.

［59］闫天灵．汉族移民与近代内蒙古社会变迁．北京：民族出版社，2004.

［60］杨绍猷．俺答汗评传．北京：中国社会科学出版社，1992.

［61］杨强．清代蒙古族盟旗制度．北京：民族出版社，2004.

[62] 杨学琛，周远廉．清代八旗王公贵族兴衰史．沈阳：辽宁人民出版社，1986.

[63] 严兰绅，方尔庄．河北通史（清朝下卷）．石家庄：河北人民出版社，2000.

[64] 伊利民．河北满族蒙古族碑刻选编．北京：作家出版社，2007.

[65] 袁森坡，吴云廷．河北通史（清朝上卷）．石家庄：河北人民出版社，2000.

[66] 张家口市人民政府．张家口经济年鉴 1995—2000. 北京：中国统计出版社，2002.

[67] 张岗．河北通史（明朝卷）．石家庄：河北人民出版社，2000.

[68] 张岱玉．《元史·诸王表》补证及部分诸王研究．呼和浩特：内蒙古大学博士论文，2008.

[69] 张春长．元中都——1998—2003 年发掘报告．北京：文物出版社，2012.

[70] 札奇斯钦．蒙古史论丛．台北：学海出版社，1980.

[71] 赵云田．清代蒙古政教制度．北京：中华书局，1989.

[72] 中共中央统战部．民族问题文献汇编．北京：中共中央党校出版社，1991.

[73] 周金生，张爱萍．承德文史文库．北京：中国文史出版社，1998.

[74] 郑晓东，等．清史诗画·清帝承德三百六十五天．北京：人民出版社，2012.

三、方志类

[1] 查美荫．围场厅志．北京：全国图书馆缩微文献复制中心，1992.

[2] 鄂尔泰．钦定八旗通志．文渊阁四库全书本．

[3] 光绪畿辅通志．续修四库全书本．

[4] 海忠．承德府志．光绪十三年刻本．

[5] 和珅．热河志．续修四库全书本．

[6] 河北省地方志编纂委员会．河北省志·民族志．北京：民族出版社，1995.

[7] 河北省地方志编纂委员会．河北省志·民族与宗教志（1979—2005）．石家庄：河北人民出版社，2019.

[8] 河北省地方志编纂委员会．河北省志·教育志．北京：中华书局，1995.

[9] 河北省地方志编纂委员会．河北省志·长城志．北京：文物出版社，2011.

[10] 黄可润．口北三厅志．台北：成文出版社，1968.

[11] 平泉县地方志编纂委员会．平泉县志．北京：作家出版社，2000.

[12] 平泉县地方志编撰委员会．平泉县志（1993—2005）．北京：方志出版社，2012.

[13] 尚义县地方志编纂委员会．尚义县志．北京：方志出版社，1999.

[14] 张北县志．台北：成文出版社，1968.

[15] 察哈尔省通志．铅印本，1935.

[16] 杨振国．围场满族蒙古族自治县志．沈阳：辽海出版社，1997.

[17] 张家口市地方志编纂委员会．张家口市志．北京：中国对外翻译出版公司，1998.

[18] 永平府志（新修方志丛刊）．台北：学生书局，1968.

[19] 郑大进．正定府志（新修方志丛刊）．台北：学生书局，1968.

后　记

《河北蒙古族史》是《河北少数民族史》丛书的一个分册。在完成了《河北古代少数民族史》一书后，承蒙河北省民族宗教事务厅原厅长鞠志强先生的抬爱，又受命承担了此书的编纂任务。对于我而言，此书的难度远超《河北古代少数民族史》，故接受任务后，一直战战兢兢、如履薄冰。蒙古族是河北省四个世居少数民族之一，尽管学术界已出版了《蒙古族通史》《蒙古族简史》等一系列关于蒙古族的著作，但迄今似乎尚无一部以省（市、区）为单位的综合性专史。从这个意义上讲，《河北蒙古族史》具有一定的拓荒性质，这也是我虽倍感压力，但仍然乐于从命的主要原因。

河北蒙古族是全国蒙古族的重要组成部分，故对河北蒙古族的研究离不开全国蒙古族这个大的背景，而且与蒙古史研究密不可分。蒙古史资料不仅有汉文、蒙古文、藏文、满文等中国各族典籍，还有波斯文、俄文等大量域外史料。对本人而言，蒙古族史研究最大的困难就是民族文字上的障碍。另外，蒙古史研究作为一门世界性学问，迄今已有百余年的历程，欧美、日本等学者建树颇丰，甚至一度代表了蒙古史研究的最高水平，处于执牛耳的地位。自从晚清西北史地之学兴起以来，蒙古史研究日益受到中国学者的重视，在资料整理、语言文字、名物制度考订等方面成果斐然。起初蒙古史研究附庸于蒙元史、明清史、民国史等专业，属于断代史下的一个专门史。1979 年，中国社会科学院和内蒙古社会科学院等单位联合筹建了中国蒙古史学会；1984 年，创办了以刊发蒙古史研究为内容的专门学术刊物《蒙古史研究》，标志着中国蒙古史研究趋于独立化，这也是蒙古族史研究进入一个新阶段的重要标志。

河北蒙古族史研究，从研究时段而言，涉及蒙元、明代、清代、民国、现当代，在研究越来越趋于专门化和细碎的当下，不建立研究团队，而仅凭一已之力进行河北蒙古族史的通贯性研究，其难度可想而知。中国自古就是一个统一的多民族国家，无论是作为主体的汉族，还是蒙古族、藏族、回族、满族等少数民族都不是孤立存在的，都是与其他民族在相互影响、相互渗透以至相互融合的过程中不断向前发展的。因此，对河北蒙古族史的研究，离不开对其他民族，特别是汉族、满族、藏族等关系的考察。所有这些无疑都增加了撰写的难度。

2014 年，我从河北省社会科学院历史研究所调入《河北学刊》杂志社，随着工作性质的改变，杂事缠身，分身乏术，为了不影响丛书的进度，征得鞠厅长同意，由陈瑞青先生承担了近代以后三章的写作任务。我们二人分工大致如下：本人承担前言和第一至四章，陈瑞青承担第五至七章。2017 年初，陈瑞青提交了初稿，本人进行了较大幅度的删改补充，有些部分乃至进行了重写。

在撰写过程中，鞠厅长安排编写组赴承德、张家口等市县进行实地考察。一方面搜集资料，更重要的是走入“现场”，亲身接触聚居区的蒙古族。对于我这个汉族人而言，沉醉于茫茫苍穹下的蓝天白云，纵览了当地的山川河流、人文古迹，领略了草原的独特风情习俗，真切感受到蒙古族同胞的豪爽和蒙汉之间浓浓的民族情谊，以及改革开放后当地各方面天翻地覆的变化。承德、张家口之行，虽然只有短短的半个月时间，但增加了许多直观认识，而这些知识是单纯从书本中难以获得的，真可谓“纸上得来终觉浅，绝知此事要躬行”。

写作过程并不顺利，花开花落，已六阅寒暑。感谢鞠厅长的宽容和谅解，虽然本人数次延宕交稿时间，但鞠厅长仍保持了高度的耐心和信任。这份长者对后辈的信任和提携，令人时刻感铭于心。

初稿完成后，承蒙中国社会科学院民族学与人类学研究所尹虎彬、刘正寅、陈晓伟，张家口历史学会会长杨润平，承德市民族宗教事务局原副局长伊利民，河北师范大学历史文化学院朱建路博士等审阅了全部或部分书稿，提出了很多宝贵的修改建议，在此致以深深的谢意。

感谢张春长、刘振瑛、李宏欣、脱炳勋、赵艳玲、梁勇、赵生泉、万广宝、薛志清等诸位先生（女士）不厌其烦，无私地提供图片或托人代为寻觅。他们或为师长，或为友朋，但有的仅仅一面之缘，甚者从未谋面。这份厚谊令人没齿难忘。

感谢民族出版社的大力支持，自《河北古代少数民族史》与杨青老师首次合作以来，即保持了很好的合作关系。感谢虞农主任和唐海琴老师的辛勤付出！

记得一个老师说过这样的话，一个人最好的著作是第一本。对于本人而言，《河北蒙古族史》不是第一本著作，相信也不会是最后一本。由于已佚出自己的专业之外，这本书肯定不是自己最好的，这一点本人还有自知之明，但也付出了数载辛劳，当然付出与回报可能远非成正比。在民族史领域的艰难跋涉中，尽管踏出的脚印歪歪斜斜，但毕竟代表了自己一个阶段的学术历程。虽为覆瓿之作，或亦不无细壤涓流之助。借用原来写的一句话：书完成了就不再属于自己，褒扬，当然我闻之欣喜；批评，我也会勇于面对和承受。

是为记。

冯金忠
2018－6－22
于石门

图书在版编目(CIP)数据

河北蒙古族史/冯金忠,陈瑞青著.—北京:民族出版社,2020.3(2020.10 重印)
(河北少数民族史/鞠志强主编)
ISBN 978-7-105-16034-1

Ⅰ.①河… Ⅱ.①冯… ②陈… Ⅲ.①蒙古族—民族历史—河北 Ⅳ.①K281.2

中国版本图书馆 CIP 数据核字(2020)第 040537 号

责任编辑:唐海琴
封面设计:金 晔
出版发行:民族出版社
地　　址:北京市和平里北街 14 号
邮　　编:100013
网　　址:http://www.mzpub.com
印　　刷:北京艺辉印刷有限公司
经　　销:各地新华书店
版　　次:2020 年 5 月第 1 版　2020 年 10 月北京第 2 次印刷
开　　本:787 毫米×1092 毫米　1/16
字　　数:770 千字
印　　张:42
定　　价:148.00 元
ISBN　978-7-105-16034-1/K·2806(汉 1608)

汉文编辑一室电话:010-64271909　　发行部电话:010-64224782